工程项目管理

（第四版）

成虎 陈群 著
丛培经 审

中国建筑工业出版社

图书在版编目（CIP）数据

工程项目管理/成虎等著.—4版.—北京：中国建筑工业出版社，2015.3
ISBN 978-7-112-17519-2

Ⅰ.①工… Ⅱ.①成… Ⅲ.①工程项目管理 Ⅳ.①F284

中国版本图书馆CIP数据核字（2014）第269747号

本书以工程项目全过程为主线，全面论述了工程项目管理的理论、方法和工具，主要包括工程项目的前期策划、系统分析、组织、计划、实施控制、沟通和信息等方面内容，介绍了目前项目管理中现代信息技术的应用情况和计算机软件的主要功能。本书注重项目管理理论和工程实践相结合，可作为高等院校工程管理专业和工程技术专业的教科书，也可以作为在实际工程项目中从事工程技术和管理工作的专业人员学习和工作的参考书。

责任编辑：向建国
责任设计：张　虹
责任校对：姜小莲　党　蕾

本书配套课件请进入 http://edu.cabplink.com/resource/resourceindex.jsp 页面，免费注册用户后点击下载。

工程项目管理
（第四版）

成虎　陈群　著
丛培经　审

*

中国建筑工业出版社出版、发行（北京西郊百万庄）
各地新华书店、建筑书店经销
霸州市顺浩图文科技发展有限公司制版
北京建筑工业印刷厂印刷

*

开本：787×1092毫米　1/16　印张：26½　字数：642千字
2015年1月第四版　2019年3月第四十五次印刷
定价：**49.00**元
ISBN 978-7-112-17519-2
(26729)

版权所有　翻印必究
如有印装质量问题，可寄本社退换
（邮政编码 100037）

第四版前言

从本书的第一版1997年出版，至今已有18年。在不断的教学、研究和工程实践过程中，本书经过持续修改、充实、提高，于2000年出版第二版，2009年出版第三版。这次是第4版。本书修改基于如下原因：

1. 在最近十几年中，工程项目管理受到人们的普遍重视，它的研究、教育和实际应用都得到了长足的发展，成为国内外项目管理领域最为重要的部分，又一直是管理领域中的一大热点，该学科也日趋成熟。对我国工程项目管理发展有重大影响的因素有：

（1）国内外项目管理的学术研究与实践不断取得新的成就和新的发展，我国的项目管理的国际化进程加快，国际标准《质量管理——项目管理质量指南（ISO 10006）》、项目管理知识体系（PMBOK）新版本，国际标准《项目管理（ISO 21500）》等已为人们熟知。

（2）我国工程项目管理的研究、应用和标准化工作一直不断发展，取得了很大的进步。如我国国家标准《建设工程项目管理规范（GB/T 50326—2006）》、新的工程施工合同文本、新的工程量清单标准和计价规范等的颁布。这显示，我国工程项目管理工作已逐步规范化。

（3）我国以及国际上有许多新的管理理念、理论和方法在工程项目中广泛应用，它们赋予工程项目管理的学术研究与实践许多新的内容，如：

工程全寿命期管理理论和方法；

集成化管理理论和方法；

新的融资模式、承发包模式和管理模式；

现代信息技术，特别是PIP（项目信息门户）和BIM（建筑信息模型）等。

（4）国家提出科学发展观，建设资源节约型和环境友好型社会的治国理念。这给我国工程项目管理提出了许多新的要求。工程界应该将它落实在工程项目中，作为工程项目基本的指导思想。

2. 我国正处于大规模的工程建设时期，给工程项目管理的研究和应用提供了一个很好的平台。这在国内外是非常少有的机遇。东南大学工程项目管理研究所参与国内一些大型工程项目管理的研究和实践工作，特别是参与了南京地铁建设项目、南京太阳宫广场施工项目、江苏省沪宁高速公路扩建项目、国家电网全寿命期设计和管理研究项目、核电施工项目管理标杆建设、马鞍山大桥建设项目管理、建设部"施工阶段质量对工程全寿命期影响"等，在工程全寿命期设计和管理、工程项目系统分析（如EBS、WBS）、工程项目集成化管理、项目组织、管理系统建设等方面取得一些新的应用性研究成果。

3. 本书出版后一直受到国内工程管理领域专家学者的关注，被作为教材和参考书。许多专家学者通过各种途径提出了不少意见，希望本书更具有实用性，更能够符合专业教学的要求，增加工程案例及案例的分析。

本书在 2013 年被评为国家"十二五"规划教材，又被江苏省教育厅评为"江苏省重点建设教材"。这既是对本书前面版本的肯定，又给本书的再版提出了更高的要求，鞭策笔者更为努力地工作。

本书以工程项目为对象，从工程全寿命期角度，全面论述项目的前期策划、系统分析、组织、各种计划和控制方法、沟通和信息管理方法。本书注重实用性，可操作性，力求将管理学基本原理、项目管理的基本理论和方法与工程项目的特殊性相结合。力求使读者通过对本书的阅读，能对工程项目管理的特殊性有深刻的认识，能对工程项目形成一种系统的、全面的、整体优化的管理观念，掌握常用的工程项目管理理论和方法。

本书修订的分工为：绪论、第 4、9 章由成虎撰写，第 2、6、15 章由陈群撰写，第 8、19、20 章由成于思撰写、第 7、16、18 章由徐伟撰写，第 1、5、13 章由董建军撰写，第 3、10、11 张双甜撰写，第 12、14、17 章由徐芬撰写。最后由成虎统稿。

在本书以前历次修订过程中，许多老师作为参加者，为本书撰写作出了贡献，如广东工业大学马振东教授、南京工业大学余健俊老师等；我的历届学生，如王延树、胡海燕、贡晟珉、胡峰、江萍、汤凯惠、汪金敏、宋悠优、高星、王忠辉、侯永春、曾莹莹、姚巍、于海丰、叶少帅、虞华、张科阳、郑宇、周红、陆彦、林基础、纪凡荣、宋晖、任睿、王枢、徐鹏富、路晶晶、宋媛媛、曾胜英、李俊娜、丁东洲、孔小明、祝嘉、谢磊、冯烨、陈斐娉、徐广、郝亚琳、赵宪博、王能、韩豫、杨武、王建强、赵新、范红伟、陈礼仪、张昌栋、蒋铮鹤、李争力、杜文涛、卢静、华晨杰、孙莹、雒燕、朱建国、浦德才等在相关领域做了许多研究工作，完成了大量的翻译、誊写、绘图工作。国内许多高校的老师提出了许多很好的修改意见，在此我向他们表示衷心的感谢。

在本书的写作过程中还参考了许多国内外专家学者的论著，这在附录中列出。作者向他们表示深深的感谢。

本人觉得，工程项目管理这门学科依然较新，它的理论体系尚不完备。本人学术见识有限，书中难免有疏忽，甚至错误之处，敬请各位读者、同行批评指正，对此本人不胜感激。

成虎

2014 年 10 月

于东南大学

目　　录

绪论 ………………………………………………………………………………………… 1

第一篇　工程项目系统

第一章　工程项目和项目管理 …………………………………………………………… 14
　　第一节　工程项目 ………………………………………………………………………… 14
　　第二节　工程项目的目的、使命和成功的标准 ………………………………………… 26
　　第三节　工程项目系统的总体描述 ……………………………………………………… 28
　　第四节　工程项目管理系统描述 ………………………………………………………… 32
　　复习思考题 ………………………………………………………………………………… 37

第二章　工程项目的前期策划 …………………………………………………………… 38
　　第一节　工程项目的前期策划工作 ……………………………………………………… 38
　　第二节　工程项目的构思 ………………………………………………………………… 41
　　第三节　工程项目的目标设计 …………………………………………………………… 43
　　第四节　工程项目的定义和总方案策划 ………………………………………………… 53
　　第五节　工程项目的可行性研究和评价 ………………………………………………… 56
　　第六节　工程项目前期策划中应注意的几个问题 ……………………………………… 59
　　第七节　案例：某高速公路工程建设目标系统设计 …………………………………… 61
　　复习思考题 ………………………………………………………………………………… 64

第三章　工程项目系统分析 ……………………………………………………………… 66
　　第一节　工程项目常用的系统分析过程和方法 ………………………………………… 66
　　第二节　工程项目范围的确定 …………………………………………………………… 69
　　第三节　工程系统分解结构（EBS） …………………………………………………… 72
　　第四节　工程项目工作分解结构（WBS） ……………………………………………… 77
　　第五节　工程项目系统界面分析 ………………………………………………………… 84
　　第六节　工程项目系统的描述体系 ……………………………………………………… 86
　　复习思考题 ………………………………………………………………………………… 90

第二篇　工程项目组织

第四章　工程项目组织策划 ……………………………………………………………… 91
　　第一节　概述 ……………………………………………………………………………… 91
　　第二节　工程项目组织的基本原则 ……………………………………………………… 95
　　第三节　工程项目组织策划的基本原理 ………………………………………………… 100
　　第四节　工程项目的资本结构 …………………………………………………………… 102
　　第五节　工程项目承发包方式 …………………………………………………………… 105
　　第六节　工程项目管理模式 ……………………………………………………………… 108

复习思考题 110

第五章　工程项目组织结构 112
第一节　工程项目中常见的组织形式 112
第二节　企业中的项目组织 114
第三节　工程项目组织形式的变化 122
第四节　虚拟项目组织——现代跨空间的项目组织 125
复习思考题 127

第六章　项目管理组织 128
第一节　概述 128
第二节　项目经理部 129
第三节　项目经理 134
第四节　项目管理的社会化和专业化 139
复习思考题 142

第三篇　计　划

第七章　工程项目计划系统 143
第一节　概述 143
第二节　工程项目计划过程 147
复习思考题 150

第八章　工期计划 151
第一节　工期计划过程 151
第二节　工程活动持续时间的确定和逻辑关系分析 153
第三节　横道图和线形图 160
第四节　网络计划方法 162
第五节　工期计划中的几个实际问题 176
复习思考题 180

第九章　工程项目成本计划 182
第一节　概述 182
第二节　工程项目成本的结构分解 187
第三节　工程项目计划成本的确定 192
第四节　工程项目成本模型 200
第五节　工程项目资金计划 201
复习思考题 205

第十章　工程项目资源计划 206
第一节　概述 206
第二节　资源需求计划 209
第三节　资源供应过程安排 215
第四节　资源计划的优化 221
复习思考题 225

第四篇　实　施　控　制

第十一章　工程项目实施控制体系 226

  第一节 概述 ·· 226
  第二节 工程项目实施控制系统 ··· 228
  第三节 工程项目变更管理 ·· 234
  第四节 工程项目结束阶段的管理工作 ······························· 237
  复习思考题 ·· 239

第十二章 进度控制 ··· 240
  第一节 概述 ·· 240
  第二节 实际工期和进度的表达 ··· 242
  第三节 进度拖延原因分析及解决措施 ······························· 246
  复习思考题 ·· 252

第十三章 成本控制 ··· 253
  第一节 概述 ·· 253
  第二节 工程承包项目成本控制工作流程 ·························· 256
  第三节 工程成本核算 ·· 259
  第四节 成本跟踪和诊断 ·· 262
  第五节 成本和工期动态控制方法 ····································· 270
  复习思考题 ·· 272

第十四章 工程项目质量管理 ··· 273
  第一节 概述 ·· 273
  第二节 工程项目质量管理体系构建 ································· 278
  第三节 设计质量的控制 ·· 282
  第四节 工程施工质量的控制 ·· 288
  第五节 项目结束阶段质量管理 ······································· 294
  复习思考题 ·· 295

第十五章 工程项目的环境、健康和安全管理 ··························· 296
  第一节 概述 ·· 296
  第二节 工程项目的环境、健康和安全管理体系 ················· 299
  第三节 工程项目环境管理 ··· 303
  第四节 工程项目职业健康和安全管理 ···························· 306
  第五节 某工程 HSE 管理文件示例 ····································· 309
  复习思考题 ·· 312

第十六章 工程项目合同管理 ··· 313
  第一节 概述 ·· 313
  第二节 工程合同策划 ·· 316
  第三节 工程项目招标投标 ··· 322
  第四节 合同实施控制 ·· 331
  复习思考题 ·· 337

第十七章 工程项目全面风险管理 ··· 338
  第一节 概述 ·· 338
  第二节 工程项目风险因素识别 ······································· 341
  第三节 风险评价 ··· 344
  第四节 风险应对计划和风险控制 ··································· 351

  复习思考题 ·· 358

第五篇 沟通和信息管理

第十八章 沟通管理 ··· 359
 第一节 概述 ··· 359
 第二节 项目的组织行为问题 ·· 362
 第三节 项目中几种重要的沟通 ·· 365
 第四节 项目沟通中的问题和冲突管理 ··· 369
 第五节 项目沟通方式 ·· 372
 第六节 项目手册 ·· 377
 复习思考题 ·· 380
第十九章 信息管理 ··· 381
 第一节 概述 ··· 381
 第二节 项目管理信息系统 ·· 384
 第三节 工程项目报告系统 ·· 390
 第四节 工程项目文档管理 ·· 393
 第五节 项目管理中的软信息 ·· 396
 第六节 某工程承包企业项目管理系统设计案例 ··· 397
 复习思考题 ·· 401
第二十章 现代信息技术在项目管理中的应用 ··· 402
 第一节 概述 ··· 402
 第二节 项目管理中应用软件的主要功能 ··· 405
 第三节 信息技术在项目管理中应用的新发展 ·· 409
 复习思考题 ·· 411

参考文献 ··· 412

绪　　论

一、工程项目管理在现代社会中的重要作用

1. 在现代社会中，项目十分普遍。人们的工作任务和工作对象越来越多的是项目。项目存在于社会的各个领域、各个地方，大到一个国家、一个地区，甚至一个国际集团，如联合国、世界银行、北大西洋公约组织，小到一个企业、一个职能部门，都不可避免地参与或接触到各类项目。其中，工程项目是当今社会最为普遍，也是最为重要的项目类型，它在社会生活和经济发展中发挥着重要作用。

工程项目是以一个工程技术系统的建设和（或）运行为任务的过程。工程项目的范围极其广泛，种类丰富多彩。常见的工程项目有：房屋建筑工程项目、软件工程项目、军事工程项目、工业工程项目、基础设施建设项目等。

进入20世纪80年代后，我国经济高速发展，国家建设欣欣向荣，最显著的标志之一就是处处在上新"项目"，我国一直是工程建设项目大国。例如：

国家各个五年计划中都有许多重点工程项目，如宝山钢铁厂、二滩水电站、京九铁路、大亚湾核电站、三峡水电站、青藏铁路、南水北调、西气东输等工程建设项目；

各个地区、城市都有区域性工程项目，如高新技术开发区、高速公路、高速铁路、城市地铁、住宅区等工程建设项目；

各个地方都有新的校区、新的工厂、新的图书馆、新的办公大楼的建设项目；

许多企业都有新产品生产流水线、新厂房的工程建设项目。

在现代社会，工程项目对社会经济的发展，人民生活水平的提高起着越来越大的作用。企业的兴旺、地区的繁荣、国民经济的发展、社会的进步、国防力量的提升、科学技术的发达，已越来越依赖这些项目的成功。

2. 通常，一个工程项目必须经过构思、决策、设计、招标、采购、施工和竣工交付的全过程。其中，涉及管理的工作可分成两个层次：

（1）战略管理。任何工程项目都来自上层系统的战略研究和计划。上层组织从战略的高度研究宏观的全局性（如全社会、全国、全市、全企业）问题，以确定发展方向、战略目标和总体计划。这些目标和计划常常必须通过许多具体的工程项目实现。例如，企业通过对国际、国内市场的调查研究确定开发某种新产品的构思，经过严格的科学的论证（可行性研究）做出战略决策，确定总体的实施计划，提出解决问题的办法和手段，如产品种类、工程规模、投入时间及地点、生产方案和融资方案等，这些都是战略问题。

（2）项目管理。它是将经过战略研究后确定的工程项目构思和计划付诸实施，用一整套项目管理方法、手段、措施，以确保在预定的投资和工期范围内实现总目标。所以项目管理是实现战略目标的手段，并且服从于战略目标。

3. 战略管理和项目管理是近几十年来国际管理领域里的两大热点，它们之间有着密不可分的联系。

在国家、地方、企业和企业的职能部门中，战略管理任务是确定宏观的、全局的、长期的目标和计划，属于高层次的研究、决策和控制，是高层领导者的主要任务。

而项目管理涉及面广，具有丰富的内涵，各层次的管理人员（包括战略管理人员、职能管理人员、实施层的管理人员）以及各种工程技术人员都会不同程度地参与项目和项目管理工作。在现代社会，项目管理已经渗透到各个层次的管理和专业工作中，各类人员都必须具有项目管理的知识和技能。

（1）战略管理者在进行战略研究，确定战略目标和战略计划时必须考虑它们的可行性，在对项目构思做出选择时必须考虑时间、投资、资源和环境的限制，否则战略目标和计划就会不切实际，变成纸上谈兵。同时在项目的整个实施过程中，他们必须一直从战略的高度对项目进行宏观控制，保证项目实施符合战略目标，确定是否修改、调整，甚至放弃原定的项目目标。上层战略管理者对项目问题的任何决策必须根据项目及其环境的具体情况，必须深入地理解和把握项目实施和管理过程，这样才能减少决策失误，减少非程序和不科学的干预。所以他们也必须学习和掌握项目管理理论和方法。

（2）项目管理者为项目实施提供专职的管理服务，如：

进行项目的可行性研究和技术经济评价，为战略决策提供依据；

建立项目的目标体系，如功能和技术要求、时间及费用限制等，协调项目目标关系；

合理确定项目范围，安排各子系统、各工程活动之间的逻辑关系；

按照项目总目标制定详细的计划，确定各项目活动的时间、费用、技术安排和要求，以最有效地利用资源；

使项目有秩序、按计划实施，协调各参加者的工作，实现最有效的控制；

建立合理的有效率的组织结构，确定项目参加者之间的沟通和协调机制等。

以上这些管理服务是项目工作的重要组成部分，是实现项目目标的保证。

（3）企业的职能管理人员也要参与项目管理工作，为项目提供各种论证，拟定本部门的计划，为项目提供各种职能管理服务和资源，对企业的各个项目进行协调，从各方面保证项目顺利实施。目前，在许多企业（例如建筑工程承包企业，国际经济技术合作公司，飞机制造公司，成套设备的生产和供应公司等）中，企业管理的主要对象就是项目。

（4）参与项目的专业工程技术人员也必然有着相应的项目管理工作。现代工程项目中纯技术性工作已经没有了，任何工程技术人员参与项目，承担项目的一个子部分（任务或工作），必然在项目组织中承担一个角色。他必须要管理自己所负责的工作，领导自己的助手或工程小组；在设计技术方案、采取技术措施时必须考虑时间问题和费用问题；必须进行相应的质量管理，协调与其他专业人员或专业小组的关系，向上级提交各种工作报告，处理信息等。这些都是项目管理工作。

现代管理实践和研究表明，项目管理不仅是对大型、复杂的工程项目进行管理的有效方法，而且已经成为政府或企业管理许多事务的一种主要组织形式，越来越广泛地被应用于各行各业，对社会发展起着越来越重要的作用。

二、工程项目管理的历史发展

（一）我国古代的工程项目管理

工程项目的存在已有久远的历史，相应的项目管理工作也源远流长。随着人类社会的发展，政治、经济、宗教、文化生活和军事等方面对某些工程产生了需要，且当时社会生产力发展水平又能满足该需要，因此就出现了工程项目。历史上最典型的是建筑工程项目，主要包括：

房屋（如皇宫、庙宇、住宅等）工程项目；

水利（如运河、沟渠、船闸等）工程项目；

道路桥梁工程项目；

陵墓工程项目；

军事工程（如城墙、兵站等）项目等。

以上这些工程项目又都是当时政治、军事、经济、宗教和文化活动的一部分，体现了当时社会生产力的发展水平。现存的许多古代建筑，如长城、都江堰水利工程、大运河、故宫等，规模宏大、工艺精湛，至今还发挥着经济和社会效益，令人叹为观止。

有项目必然有项目管理。在如此复杂的工程项目中必然需要高水平的项目管理与之相配套，否则很难获得成功。虽然现在从史书上很难看到当时工程项目管理的详细情景，但人们仍可以从一些文献中管窥我国古代的项目和项目管理一斑。如：

1. 工程项目管理程序。在我国古代对工程建设项目就有一套独特的规划、设计和施工管理程序、管理组织。

《春秋左传》中记载东周修建都城的过程，在取得周边诸侯同意后，"士弥牟营成周，计丈数，揣高卑，度厚薄，仞沟洫，物土方，议远迩，量事期，计徒庸，虑材用，书糇粮，以令役于诸侯"。这比较具体记载了在2500多年前我国古代城墙工程建设的过程，包括工程规划，测量放样，设计城墙的厚度和壕沟的深度，计算土方工程量，计划工期，计算用工量和用料量，准备粮食的后勤供应，并向诸侯摊派征调劳动力。

到了清代，工程建设项目程序已经十分完备，包括选址、勘察地形、设计、施工及竣工后保修一套完整的流程。在整个过程中有计划、勘估（工程量和费用预算）、成本控制（估价、预算、成本控制、工程审计等）、施工质量管理、竣工验收和保修等管理工作。这个流程与现代工程建设过程十分相似。

2. 计划管理。在我国古代经常要进行大规模的宫殿、陵寝、城墙、运河的建设，为了保证工程项目的成功，必须在实施前进行缜密的计划管理。

孙子兵法中有"庙算多者胜"，是指国家对于战争必须事先做详细的预测和计划。可以想象当时国家进行大型工程的建设必然有"庙算"，必然有"运筹帷幄"，必然有工程项目时间（工期）的计划和控制，对各工程活动也必然有统筹的安排。

如北宋皇宫遭大火焚毁后，由丁谓负责建造，建设过程遇到几个问题：烧制砖头需要泥土，大量的建筑材料（如石材、木材）需要采用适当的运输方式，建设完成后建筑垃圾需要处理等。他计划和组织建造过程：先在皇宫中开河引水，通过人工运河运输建筑材料；同时采用开河挖出的土烧砖；工程建成后再用建筑垃圾填河，最终该工程建设项目节约了大量投资。

3. 质量管理。在我国古代工程中就有预定的质量要求，有质量检查、控制的过程和方法。在我国古代很早之前的一些建筑遗址中就发现在建筑结构和构件上刻写生产者的名字的做法。这就是当时的一种简单而有效的质量管理责任制形式，与现在规定设计人员必须在图纸上签字雷同。

最典型的是明代南京城墙的建设，其质量控制方法和责任制形式是在城墙砖上刻生产者的名字，如果出现质量问题可以方便地追究生产者责任。

到了清代工程质量管理体系已经十分完备。例如对不同种类的工程有不同的保修（保固）期规定，工程如在保固期限内坍塌，监修官员负责赔修并交由内务府处理，如在工程保固期内发生渗漏，由监修官员负责赔修。

4. 投资管理。我国在工程的投资管理方面很早就形成一套费用的预测、计划、核算、审计和控制体系。

北宋时期，李诫编修的《营造法式》就是吸取了历代工匠的经验，对控制工料消耗做了规定，可以说是工料计算方面的巨著。

《儒林外史》第40回中描写萧云仙在平定少数民族叛乱后修青枫城城墙，修复工程结束后，萧云仙将本工程的花费清单上报工部。工部对他花费清单进行全面审计，认为清单中有多估冒算，经"工部核算：……该抚题销本内：砖、灰、工匠，共开销19360两1钱2分15毫……核减7525两"。这个核减的部分必须向他本人追缴，最后他回家变卖了他父亲的庄园才填补了这个空缺。该工程审计得如此精确，而且分人工费（工匠），材料费（砖、灰）进行核算，则必然有相应的核算方法，必有相应的费用标准（即定额）。同时可见当时对官员在工程项目中多估冒算，违反财经纪律的处理和打击力度是很大的。

到了清代，出现了专门负责工程估工算料和编制预算的部门——"算房"。它的职责是根据已做出的工程规划和设计，计算出工料数量和所需费用。

按照清代工程的程序，算房在勘察阶段、设计阶段、施工阶段和工程完工阶段都要进行工程的工料测算（量），有一整套的计算规则，进行全过程费用控制。

5. 项目组织形式。我国古代工程项目管理有自己适宜的组织模式，一般都采用集权管理方式，有一套严密的军事化的或准军事化的组织形式。例如都江堰工程由太守李冰负责建造，秦代万里长城的建设由大将蒙恬和蒙毅负责。这种以政府或军队的领导负责大型工程项目管理的模式在我国持续了很长时间，直到建国后，使许多工程建设项目获得了成功。这和中国的文化传统、政治和经济体制相关。但由于当时科学技术水平和人们认识能力的限制，历史上的项目管理是经验型的，不系统的。

（二）现代项目管理的发展过程

现代项目管理是在20世纪50年代以后发展起来的。它的起因有两方面：

（1）生产力的高速发展，大型及特大型的工程项目越来越多，如航天工程、核武器研制工程、导弹研制、大型水利工程、交通工程等。项目规模大，技术复杂，参加单位多，又受到时间和资金的严格限制，需要新的管理手段和方法。例如1957年北极星导弹计划的实施项目被分解为6万多项工作，有近4000个承包商参加。

现代项目管理理论和方法通常首先是在大型的，特大型的工程项目中研究和应用的。

（2）现代科学技术的发展，产生了系统论、信息论、控制论、计算机技术、运筹学、预测技术、决策技术，对现代项目管理理论和方法的产生和发展提供了可能性。

由于项目的普遍性和对社会发展的重要作用，项目管理的研究、应用和教育也越来越受到许多国家的政府、企业界和高等院校的广泛重视，得到了长足的发展，成为近60年来国内外管理领域中的一大热点。它的发展大致经历了如下几个阶段：

1. 20世纪50年代，国际上人们将网络计划技术（CPM和PERT网络）应用于工程项目（主要是美国的军事工程项目）的工期计划和控制中，取得了很大成功。最重要的是美国1957年的北极星导弹研制和后来的登月计划。当时及此后很长一段时间，人们一谈起项目管理便是网络计划方法，一举例便是上述两个项目。

在我国，学习当时苏联的工程管理方法，引入施工组织设计与计划。用现在的观点看，那时的施工组织设计与计划包括业主的工程项目实施计划和组织（工程项目施工组织总设计），以及承包商的施工项目计划和组织（如单位工程施工组织设计，分部工程施工组织设计），其内容包括工程项目的组织结构、工期计划和优化、技术方案、质量保证措施、资源（如劳动力、设备、材料）计划、后勤保障（现场临时设施等）计划、现场平面布置等。这对我国建国后顺利完成国家重点工程建设项目具有重要作用。

2. 20世纪60年代，国际上利用计算机进行网络计划的分析计算已经成熟，人们可以用计算机进行工期的计划和控制。在此基础上又实现了用计算机进行工期、资源和成本的计划、优化和控制。这虽然扩大了网络技术的作用和应用范围，但由于当时计算机不普及，上机费用较高，一般的项目不可能使用计算机进行管理。

20世纪60年代初，华罗庚教授将网络计划方法介绍到我国，将它称为"统筹法"，并在纺织、冶金和建筑工程等领域中推广。网络技术的引入不仅给我国的工程施工组织设计中的工期计划、资源计划和优化增加了新的内涵，提供了现代化的方法和手段，而且在现代项目管理方法的研究和应用方面缩小了我国与国际上的差距。

在我国的一些国防工程项目中，系统工程理论和方法的应用提高了项目管理水平，保证了我国许多重大国防工程项目的顺利实施。

3. 20世纪70年代初，信息系统方法被引入项目管理中，提出项目管理信息系统模型。

在整个20世纪70年代，对项目管理过程和各个管理职能进行全面地系统地研究。同时项目管理在企业组织中推广，人们研究了在企业职能组织中项目组织的应用。

在工程项目的质量管理方面提出并普及了全面质量管理（TQM）或全面质量控制（TQC），依据TQC（TQM）原理建立起来的PDCA（计划—执行—检查—处理）循环模式一直是工程项目的质量、职业健康、安全和环境管理中一种有效的工作方法。

4. 到了20世纪70年代末80年代初，计算机得到了普及。这使项目管理理论和方法的应用走向了更广阔的领域。由于计算机及软件价格降低、数据获得更加方便、数据处理时间缩短、调整容易以及程序与用户友好等优点，寻常的项目管理公司和中小企业均可使用现代项目管理方法和手段，提高了工作效率，收到了显著的经济和社会效果。

同时，项目管理的应用领域在扩展，被广泛地应用于建筑工程、航空航天、国防、农业、IT、医药、化工、金融、财务、广告、法律等行业。

5. 20世纪80年代以来，人们进一步拓展了项目管理研究领域，有许多热点：

（1）加强合同管理、风险管理、项目组织行为和沟通的研究和应用，提倡双赢或多赢，关注各方面的利益，使项目相关者满意。

（2）计算机和现代信息技术（特别是互联网）的广泛应用，对现代项目管理各项工作有着十分巨大的促进作用。

（3）在工程项目中出现许多新的融资模式、承发包模式和管理模式，有许多新的合同形式和组织形式。在我国的施工企业中逐渐推行了项目管理（项目法施工），在投资领域推行工程建设投资项目业主全过程负责制，在工程建设项目中实行监理制度。近年来，在我国政府工程建设项目中又推行代建制。

这些研究和应用也是工程项目管理最富特色的内容。

（4）从工程项目的社会责任和历史责任，以及工程的可持续发展出发，更关注工程的全寿命期管理、集成化管理、人性化管理、健康－安全－环境（HSE）管理等。

（5）由于现代社会大型和特大型项目越来越多，越来越复杂，项目管理研究的深度和广度也进一步拓展：

以大型特大型项目，以及巨项目为管理对象的研究；[44]

由对一个项目的管理向多项目管理、项目群管理、组织项目管理（OPM）发展；

由以项目职能管理为重点向集成化、复杂项目管理、项目（工程）与环境协调管理方面发展；

由以项目管理技术和方法应用为重点向项目管理理论、价值观、组织文化、社会影响、管理哲学等方面的研究发展。

随着科学技术的发展和社会的进步，对工程项目的需求也愈来愈多。工程项目的目标、计划、协调和控制也更加复杂，这将进一步推动工程项目管理理论和方法的发展。

三、现代工程项目管理的特点

1. 项目管理理论、方法和手段的科学化

这是现代项目管理最显著的特点。现代项目管理的发展历史正是现代管理理论、方法、手段和高科技在项目管理中研究和应用的历史。现代项目管理吸收并使用了现代科学技术的最新成果，具体表现在：

（1）现代管理理论的应用。现代项目管理理论是在系统论、信息论、控制论、行为科学等基础上产生和发展起来的，并在现代工程项目的实践中取得了惊人的成果。它们奠定了现代项目管理理论体系的基石，同时推动项目管理学科的发展。从本书后面论述可见，项目管理实质上就是这些理论在项目实施过程和管理过程中的综合运用。

（2）现代管理方法的应用，如预测技术、决策技术、数学分析方法、数理统计方法、模糊数学、线性规划、网络计划技术、图论、排队论等，它们可以用于解决各种复杂的工程项目问题。

（3）现代管理手段的应用，最显著的是计算机和现代信息技术，包括现代图文处理技术、通信技术、精密仪器、先进的测量定位技术、多媒体技术和互联网等的使用。这大大提高了项目管理工作效率。

（4）近十几年来，管理领域中新的理论和方法，如创新管理、以人为本、学习型组织、变革管理、危机管理、集成化管理、知识管理、虚拟组织、柔性管理、物流管理和并行工程等在项目管理中应用，大大促进了现代项目管理理论和方法的发展，开辟了项目管理一些新的研究领域。同时项目管理的研究和实践也充实和扩展了现代管理学的理论和方法的应用领域，丰富了管理学的内涵。如何应用管理学和其他学科中出现的新的理论、方法和高科技手段，一直是项目管理领域研究和开发的热点。

2. 项目管理的社会化和专业化

在现代社会中，由于工程规模大、技术新颖、参加单位广泛，且项目数量越来越多，社会对项目的要求也越来越高，使得项目管理越来越复杂。按社会分工的要求，需要专业化的项目管理公司，专门承接项目管理业务，为业主和投资者提供全过程的专业咨询和管理服务。专业化的工程项目管理已成为一个新的职业，一个新的工程领域。国内外已探索出许多比较成熟的工程项目管理模式，极大地提高了工程项目的整体效益，实现投资省、进度快、质量好的目标。

随着项目管理专业化和社会化，近十几年来，项目管理的教育也越来越引起人们的重视。在许多高校中，工科、理科、商学、法学，甚至文科专业都设有项目管理相关课程，并有项目管理专业的学位教育，最高可达到博士学位；在国家注册监理工程师、造价工程师、建造师等的培训和执业资质考试中都将工程项目管理作为主要内容。

3. 项目管理的标准化和规范化

项目管理是一项技术性很强的十分复杂的管理工作，要符合社会化大生产的需要，项目管理必须标准化、规范化。这样才能逐渐摆脱经验型的管理状况，才能实现专业化、社会化，才能提高管理水平和经济效益。

在我国，工程项目管理的标准化和规范化体现在许多方面，如：

规范化的定义和名词解释；

统一的工程费用（造价、成本）的划分方法；

统一的工程计量方法和结算方法；

网络计划表达形式的标准化，如我国《工程网络计划技术规程》（JGJ/T 121—99）；

标准的合同条件和招投标文件；

国家标准《建设工程项目管理规范》（GB/T 50326—2006）等。

4. 工程项目管理国际化

（1）在当今世界，国际合作项目越来越多，如国际工程、国际咨询和管理业务、国际投资、国际采购等，在项目管理领域的国际交流也日益增多。

现在，中国的工程承包市场已成为国际承包市场的一部分，不仅一些大型工程项目，甚至一些中小型工程项目的要素（如参加单位、设备、材料、管理服务、软件系统、资金等）都呈国际化趋势。

项目要素的国际化带来项目管理的困难，这主要体现在不同文化和经济制度背景的人们，由于风俗习惯、法律背景和项目管理模式等的差异，在项目中难以协调。这就要求按国际惯例进行项目管理，采用国际通用的管理模式、程序、准则和方法，这样就使得项目的实施和管理有一个统一的基础。

（2）工程项目管理国际惯例比较典型的有：

世界银行推行的工业项目可行性研究指南；

世界银行的采购条件；

国际咨询工程师联合会颁布的 FIDIC 合同条件；

国际上处理一些工程问题的惯例和通行的准则；

国际上通用的项目管理知识体系（PMBOK）；

国际标准《质量管理——项目管理质量指南（ISO 10006）》；

国际标准《项目管理（ISO 21500）》等。

（3）项目管理知识体系（PMBOK，即 Project Management Body of Knowledge）。

PMBOK 的概念首先由美国的项目管理协会（PMI）提出。它划定了项目管理的知识范围界限，并将其结构化，分为十大知识体系：综合管理、范围管理、时间管理、成本管理、质量管理、人力资源管理、沟通管理、风险管理、采购管理、项目相关者管理等。

将项目管理知识结构化和标准化，使项目管理的知识的范围和体系清晰明了，更便于项目管理知识的学习和培训。近几十年来项目管理在全球范围内的普及和推广，PMBOK发挥了很大的作用。国际项目管理专业资质认证（IPMP）体系和美国项目管理专业资质认证（PMP）体系也都以它为基础。

但是项目管理知识体系并不等同于项目管理的理论体系，项目管理知识的结构化容易造成研究者和学习者思维的僵化。

（4）项目管理质量指南（GB/T 19016：2005 idt ISO 10006：2003）

2005年9月，我国国家质量技术监督检验检疫总局和国家标准化管理委员会联合颁布了中华人民共和国国家标准GB/T 19016：2005 idt ISO 10006：2003《质量管理体系——项目管理质量指南》，于2006年1月1日正式实施，在该指南中，项目管理包括如下四个过程：

1) 战略决策过程，它对项目的实施进行组织和管理的过程。

2) 资源管理，包括资源和人员有关的管理过程。

3) 与实施项目有关的管理过程。包括综合管理过程、与范围有关的过程、与时间有关的过程、与成本有关的过程、与资源有关的过程、与人员有关的过程、与沟通有关的过程、与风险有关的过程、与采购有关的过程。

4) 管理绩效的测量和分析，总结项目经验，以保证持续的改进的过程。

（5）国际标准《项目管理（ISO 21500）》将项目管理划为5大过程组，包括启动、规划、实施、控制、收尾；分为10个专题组，包括综合管理、项目相关者管理、范围管理、资源管理、时间管理、成本管理、风险管理、质量管理、采购管理、沟通管理。

四、工程项目管理工作的基本准则

1. 现代工程，特别是大型和特大型工程都有很长的设计（使用）寿命，它们的建设和运行对社会的经济、文化和科学技术的发展有重大促进，同时又需要消耗大量的社会资源和自然资源，对社会、环境和历史影响大。近几十年来，我国是工程建设大国，很多工程建设项目投资大，建成后的运行期长，它们不仅对当代，而且对后世有不可低估的社会和生态环境影响。

如三峡工程的兴建不仅能够有效地防止长江上特大洪水灾害造成的大量人员伤亡，良田被毁，房屋倒塌，交通中断；而且可以蓄水发电，缓解我国的能源紧张状况；还可以改善航运。但他的建设和运行带来的社会和历史影响是非常大的：

（1）所需动态投资（考虑物价、利息变动等因素）为2000多亿元人民币，它将在很多年内影响我国社会和国民经济的发展目标。

（2）三峡工程在建设过程中耗费大量的建筑材料和能源，其主体建筑物土石方挖填量、混凝土浇筑量、钢结构和钢筋工程量等在世界水利工程中都是最大的。

（3）在三峡工程建设中要有数百万人口迁移，离开他们祖居的生息繁衍之地，是世界上移民最多、移民工作最为艰巨的水利工程。

这不仅有大量的拆迁和安置工作，需要大量的费用，而且会给这些人的生存和发展带来新的问题，影响迁入地原居住人的生活；还会造成许多千年古城被拆除，使许多已发现的和尚未发现的文物遗址永久性浸入水底，导致大量物质和非物质文化的灭失。

（4）对当地的生态造成难以预测的影响。工程是人类改造自然和征服自然的产物，是在自然界的人造系统，会导致永久性占用土地，破坏植被和水源，原有的生态状况不复存在，而且将来也不可能恢复。

因此，对任何一个工程项目特别是重大工程项目的决策和建设应该是慎之又慎。

2. 项目管理者是工程的建设者之一，在工程建设中具有重要的作用。与厨师做菜不同，他的工作是有重大的社会性和历史性影响，甚至是"人命关天"的工作。如果建设一个成功的工程，则会被人们长期地赞誉和敬仰。例如都江堰工程就是李冰父子的历史丰碑，几千年来，人们一直都在供奉他们，他们就是我国工程界的先贤，是工程之神！

而如果工程出现问题，不仅会浪费大量钱财和物资，还会影响很多人的生活，甚至生命，在工程使用的几十年甚至上百年中人们也都会记得、批评，甚至咒骂它的建设者！如在 2008 年汶川大地震中倒塌的学校建筑就是相关建设者的耻辱柱。

3. 由于工程项目管理工作对社会和历史有重要影响，所以对项目管理者要有很高的职业道德要求，他的工作基本准则是：

必须有社会责任感和历史责任感，为工程提供客观、公正、诚实的专业服务；

应遵守法律和法规，将公共利益、安全和健康放在第一位；

在工程中必须以应有的理性和良知工作，珍惜社会财富、节约资源、保护环境；

以科学的态度勤勉、慎重地工作，努力追求项目的成功，而不能追求不当利益等。

五、本书中重要的术语界定

本书对一些主要专业名词与术语的应用进行了一定程度的界定和规范，最重要的是"工程"、"工程项目"、"工程项目组织"和"项目管理组织"等相关联的术语。主要有：

工程，主要指工程的技术系统，通常由建筑物、构筑物、设备、软件工程等组成；工程有自身的系统分解结构（EBS）；工程的"全寿命期"，是指工程构思产生直到拆除为止的过程；工程交付后进入"运行"（非"运营"）维护阶段。

工程项目是指一个工程的建设过程，工程项目"全过程"，是指从项目构思产生到工程竣工交付，项目结束为止；工程项目由专业工作（如勘察，各个专业的设计、施工、供应等）和项目管理工作组成，可以进行项目工作结构分解，得到 WBS。为了简洁起见，本书中"项目"也就是指工程项目，有时为了强调起见，也用"工程项目"一词。

工程项目组织，是指为完成整个工程项目工作的个人、单位、部门按一定的规则或规律构成的群体，通常包括业主、施工单位、项目管理单位（监理单位、咨询单位）以及设计和供应单位等，有时还包括投资者、为项目提供服务的或与项目有某些关系的部门，如政府机关、鉴定部门等。

项目管理组织，一般以项目经理部、项目管理小组等形式出现，按项目管理职能设置职位（部门），按项目管理流程，完成项目管理工作。

其他，如"融资模式"、"承发包模式"和"项目管理模式"等，本书也力求给出清晰的界定。

六、工程项目管理的多样性和本书的角度

（一）工程项目管理的多样性

工程项目管理具有广泛的适用性和多样性。

1. 工程项目的种类很多，如软件工程项目、房屋建筑工程项目、核电站工程项目、

水电工程项目、交通工程项目、化工工程项目、军事工程项目等，由于这些工程项目的交付成果存在很大的差异，项目管理者需要管理不同的专业工作和实施过程，例如，软件工程项目的目标、分解结构、网络图式、成本划分、组织结构、质量管理方法、风险类型等与房屋建筑工程项目差异很大，所以要求项目管理者有相关的专业背景。

2. 在同一个工程项目中不同的层次和角色的参加者，如投资者、业主、承包商、设计单位、项目管理公司，甚至分包商和供应商，他们在不同阶段承担不同范围和内容的工作任务，都有各自的项目管理工作职责和相应的项目管理组织。所以在一个工程项目中，"项目管理"一词是分角度和层次的，通常主要包括如下6个方面：

（1）投资者的项目管理

投资者为项目筹措并提供资金，进行投资项目管理，要对投资方向、投资分配、投资计划、项目规模、建设管理模式等重大的和宏观的问题进行决策和控制。

国外大企业或项目型公司确定的投资责任中心、参与项目融资的企业和金融单位，以及我国实行的建设项目业主投资责任制中的业主就是以投资者的身份进行项目管理。

投资者通常不具体地管理工程项目，而是委托业主或项目管理公司进行项目管理。

（2）业主的项目管理

业主以项目所有者的身份，主要承担工程的建设管理任务，居于项目组织最高层。

业主对工程项目的管理深度和范围由项目的承发包方式和管理模式决定。在现代工程项目中，业主不承担具体的项目管理任务，不直接管理承包商、供应商、设计单位，而主要承担项目的宏观管理以及处理与项目有关的外部事务。

（3）项目管理公司（监理公司或咨询公司）的项目管理

按照项目管理模式的不同，业主可以将项目全部、全过程的管理工作委托给项目管理公司（项目管理承包），也可以委托一些阶段性管理工作（如可行性研究、设计监理或施工监理），也可以委托专项咨询工作（如造价咨询，招标代理，合同管理等）。

项目管理公司受业主委托，提供项目管理服务，进行工程合同管理、投资管理、质量管理、进度控制、信息管理等，协调与业主签订合同的各个设计单位、承包商、供应商的关系，并为业主承担项目中的事务性管理工作和决策咨询工作等。该类型项目管理是最重要的，也是最典型的。

（4）承包商的项目管理

这里的承包商是广义的，包括设计单位、工程承包商、材料和设备的供应商。虽然他们的角色不同，但他们都在同一个组织层次上进行项目管理。

在施工阶段，承包商承担的施工任务常常是项目实施过程的主导活动。他的工作质量、进度和价格对工程项目的目标影响最大。所以他的项目管理是最具体、最细致，同时又是最复杂的。

（5）政府的项目管理

政府的有关部门履行社会管理职能，依据法律和法规对项目进行行政管理，提供服务和开展监督工作，目的是维护社会公共利益，使工程的建设符合法律的要求，符合城市规划的要求，符合国家对工程项目的宏观控制要求。

政府的项目管理工作包括：对项目立项的审查和批准；对建设过程中涉及建设用地许可、规划方案、建筑许可的审查和批准；对项目涉及公共安全、环境保护、消防、健康方面的审查和批准；从社会的角度对工程的质量和安全进行监督和检查；对项目过程中涉及的市场行为的监督；对在建设过程中违反法律和法规的行为处理等。

（6）其他方的项目管理，如工程保险单位等对项目的管理等。

所以在同一个工程项目中有投资项目管理、工程总承包项目管理、工程设计项目管理、施工项目管理、工程咨询项目管理、工程建设监理等。

3. 尽管对同一个工程，如果采用不同的融资模式、承发包模式、管理模式，使工程项目参加者有不同的工作范围、责任，则对他们而言就是不同的项目管理工作。

4. 在一个项目管理组织中，不同的管理人员有不同的项目管理工作，如项目经理、计划管理人员、成本管理人员、合同管理人员、质量管理人员、资源管理人员等。他们在不同的岗位上承担不同的项目管理职能工作任务。

（二）本书的角度

由于工程项目的普遍性和多样性，带来工程项目管理多元化的发展，使工程项目管理学科的界限难以划定。本书并不拘泥于某一类工程项目，或一个角度或层次，而是从一个工程项目的总目标出发，着眼于一个工程完整的建设过程，即从项目构思产生到建设过程结束为止的全过程，探索和思考工程项目管理问题。这主要基于如下考虑：

1. 不同类型的工程项目的差异性主要体现在专业工作上，而总体的建设过程和管理过程是有相似性的，而所用的项目管理理论和方法（如系统结构分解方法、计划方法、控制方法、组织和信息处理方法等）又是相同的。

2. 整个工程的建设过程是最常见、最重要的、涉及各个方面的"工程项目"。项目各个参加者都在围绕着同一个工程的建设过程进行"项目管理"，所采用的基本管理理论和方法都是相同的，所遵循的程序和原则又是相近的。例如：

业主要进行项目前期策划、设计及计划、采购和供应、实施控制等；

承包商也要有项目构思（得到招标信息后），确定目标，也要作可行性研究、环境调查，进行方案设计和计划，也要分包、材料采购，作实施控制等。

同时，由于项目管理是过程管理，项目的实施过程和管理过程有很大的固定性，而不同的承发包模式和管理模式仅仅是任务分配方式的差异。

3. 现代工程推行工程总承包、项目管理、代建制，业主、总承包商、项目管理单位、代建单位都是对工程建设承担总体责任，都要从项目全过程、总体目标角度出发管理项目。

4. 项目参加者各方人员都应有工程项目总目标和工程全寿命期管理的理念，都应从工程项目总目标和整个工程项目流程出发，这是他们共同工作的基础。

5. 工程项目管理是一般管理理论和方法（如系统论、控制论、信息论、PDCA 循环、目标管理、专家咨询、头脑风暴法等）在工程项目中的应用，本书将重点放在工程项目管理的专业性工作上，而较少介绍所用到的一般管理理论和方法的基本原理。

同样，在项目管理中还会用到工程经济学（如在项目可行性研究、资源计划优化中）、工程估价（成本计划）、合同管理等课程的相关知识，但本书不探讨这些学科的具体理论和方法，而注重它们在项目过程中的应用，注重相关管理工作的思路、准则和出发点。

七、本书学习注意点

《工程项目管理》是工程管理专业的主干课程，也是其他工程专业（如土木工程专业）

的一门重要课程。该课程对培养学生的专业工作能力具有重要作用。在本书的学习和应用中应注意如下问题：

1. 虽然工程项目管理作为管理学、组织学的一个分枝，具有软科学特点，但它又有很强的技术性，学科特点介于工程技术和管理学之间，不仅需要学习者有一定的工程技术基础，而且需要系统的严谨的思维方式。

2. 注意与其他学科的界面划分和交融。项目管理作为一门独立的学科，有自己的理论体系，但它又是一个交叉学科，知识具有高度的系统性和综合性，与其他学科之间有着密切的联系。要想学好项目管理知识，增强项目管理能力，除了需要掌握相关的工程技术知识和项目管理知识外，还应具有管理学、工程估价、工程经济学、工程合同和合同管理、系统工程、计算机应用以及与工程项目相关的法律和法规等方面的知识。但在项目管理的教学中应注意项目管理与这些学科的联系和区别，不能出现过多的交叉和重复。

在现代工程项目中，各种工程技术人员和管理人员（如企业经理、项目经理、部门经理、估价师、律师、合同工程师等）的工作之间存在复杂的分工和协作关系。所以人们的知识结构也必须交叉和多样化，即项目管理者必须对各种职能工作有很深的了解，而各职能人员或参与项目的各种技术人员也必须了解项目管理，不能"隔行如隔山"。这样才能形成一个知识上互相渗透、能力上互相补充的管理群体。

3. 注重项目管理理论和工程实践相结合。由于项目管理注重实务，注重理论与实践相结合，所以项目管理知识的学习必须结合自己所从事的工程项目，以此类项目为研究对象，培养自己分析和解决实际问题的能力，领导小组工作的能力和应变能力。项目管理的知识并不难，一看就懂，但要掌握和应用却是十分困难的，学习者不仅需要具备一定的工程专业知识，而且应对工程技术系统的机理及其建立、实施、运行过程要有深入的了解，在工程实践中不断地丰富自己的感性知识。项目管理者的经验和经历对项目的成功十分重要。

在我国当前社会，到处都是已经建成或在建的工程，如学生们上课的教室、教学楼、所住的住宅小区、乘坐的地铁等，所以工程实践是很容易的事。老师在讲课中应考虑如何将工程项目管理的理论和方法与日常见到的工程结合起来，而不要像20世纪60年代一样，一谈工程项目管理就是北极星导弹和航天飞机计划——使人们觉得可望而不可即。

在工程项目管理的教学中，要求学生阅读实际工程项目的案例资料，学会工程项目建议书、项目管理规划、报告文件的编写。在本课程教学后安排大作业，这是很重要的。

4. 注重项目管理的基本思想、管理方法和手段的学习和掌握。项目管理是解决工程项目问题的系统方法和思路，它的基本理论和方法，如系统分析方法、计划方法、控制方法、组织和信息处理方法都是通用的。作为一般的项目参加者或工程项目管理者应注重项目管理的基本思想、管理方法和手段的学习和掌握，培养严谨的系统的思维方式，而不必将过多的时间和精力放在研究数学模型（例如网络计算模型）上，尽管这些模型对研究者来说是十分重要的。由于计算机的普及和项目管理软件的商品化，作为一般的项目管理者应最大限度地利用这些软件以提高工作效率，并将学习和工作的重点放在计算机干不了的专业性（专家）工作上，如项目范围确定和工作分解，工程活动逻辑关系安排，实施方案的拟定、比较和评价，管理程序的制定，报告系统和文档系统的建立，项目实施和管理过程的控制，组织协调、沟通和激励等。

同时，在日常生活和工作中要注重项目管理基本方法的使用，培养自己的组织管理和协调能力，以及有秩序、按程序、有条理的工作习惯。这些正是项目管理者应具备的良好素质。

5. 注重对项目组织，以及对项目组织行为的研究。项目管理者还要注重对项目中"人"的研究，注意人们的组织文化、行为方式对项目的影响，把握一次性的多企业合作的工程项目组织的特殊性，不同利益群体和不同文化背景的人的组织行为问题，必须探讨在我国的投资管理体制、传统文化、社会价值观和社会状态下的项目管理问题，特别是组织和组织行为问题。现代项目管理理论和方法必须结合我国特点，才有可操作性和适用性，同时才能有"中国特色"的工程项目管理。

6. 追踪学科前沿，完善理论体系。工程项目管理学科较新，目前它的理论体系尚不完备，甚至学科的系统范围界定尚存在问题，所以除了书本的学习外，还要多看一些最新的科技文章，了解项目管理的发展动态和前沿问题。在我国，工程项目管理中翻译的资料多，存在许多矛盾和错误，甚至专业术语的解释都不统一。这有待于学术界和工程界的共同努力。

第一篇　工程项目系统

第一章　工程项目和项目管理

内容提要：本章主要介绍项目、工程项目、项目管理的基本概念。
（1）项目的概念。在现代社会中，项目的范围十分广泛，人们会接触到大量的项目。
（2）工程项目的特点。这些特点使得工程项目管理区别于其他类型的项目管理、企业管理，社会团体管理，政府机关管理和军队管理。这些特点对项目的系统分析、组织结构、计划管理、实施控制、沟通管理、信息管理等都有决定性的影响。
（3）工程寿命期和工程项目的阶段划分。
（4）项目相关者。在项目的全过程中必须关注项目相关者的利益和期望。
（5）工程项目的使命，成功项目的标准，取得项目成功的条件。
（6）工程项目系统透视，包括环境系统、目标系统、对象系统（工程技术系统）、行为系统、行为主体（组织）系统和项目管理系统。它们从不同的角度定义了项目的形象。
（7）项目管理系统结构。本书后面各章是这些内容的细化和具体化。

第一节　工程项目

一、项目的概念

（一）项目的定义

"项目"一词已越来越广泛地被应用于社会经济和文化生活的各个方面。人们经常用"项目"来表示一类事物。"项目"定义很多，有几十种，许多管理专家和标准化组织都企图用简单通俗的语言对项目进行抽象性概括和描述。最典型的有：

1. 国际标准《质量管理——项目管理质量指南（ISO 10006）》定义项目为，"由一组有起止时间的、相互协调的受控活动所组成的特定过程，该过程要达到符合规定要求的目标，包括时间、成本和资源的约束条件"。[2]

2. 项目管理知识体系（PMBOK）定义项目："是为提供某项独特产品、服务或成果所做的临时性努力。"[11]

但是，这个定义还不能将项目与人们常见的一些连续生产同样产品或重复提供同一服务的过程（如生产作业过程、制造业务和会计业务等）相区别。

3. 德国国家标准 DIN 69901 将项目定义为[3]，"项目是指在总体上符合如下条件的具有唯一性的任务（计划）：

具有预定的目标；

具有时间、财务、人力和其他限制条件；

具有专门的组织。"

（二）项目的广义性

在现代社会生活中符合上述定义的"项目"是十分普遍的。最常见的项目有：

各类开发项目，如资源开发项目、经济开发区项目、新产品研发项目等；

各种工程建设项目，如城市基础设施建设、住宅区建设、机场建设、港口建设、高速公路建设等项目；

各种科研项目，如高科技 863 计划、科技攻关项目、企业的研发项目等；

各种环保和规划项目，如城市环境规划、地区规划等；

各种社会项目，如星火计划、希望工程、申办和举办奥运会、人口普查、工业普查、扶贫工程、社会调查、选举活动等；

各种投资项目，如银行的贷款项目、政府及其企业的各种投资和合资项目等；

各种军事和国防工程项目，如新型武器的研制项目、"两弹一星"工程、航空母舰的制造、航天飞机计划等。

如此等等，不胜枚举。

项目已成为社会经济和文化生活中不可缺少的部分，它推动社会的发展和人类的进步。随着我国社会和经济的发展，项目还将会越来越多，越来越广泛。

1. 由于科学技术的进步和我国社会主义市场经济体制的逐步建立，市场竞争日趋激烈，产品周期越来越短，企业必须不断地进行技术更新和新产品开发。因此企业内的科研项目、新产品开发项目、投资项目必然越来越多，成为企业基本发展战略的重要组成部分。现代企业的创新、发展、生产效率的提高，竞争力的增强一般都是通过项目实现的。如：企业重组、企业改制、多种经营、灵活经营、更新改造、资本运作，以及企业的发展战略研究、规划和实施等都是通过项目运作的。

此外，随着我国进一步改革开放，企业逐步走向世界，为了适应市场、增强竞争能力，必然会更多地采用多种经营和灵活经营方式，进行多领域、跨地域（或跨国）的投资，各种引进项目、合资项目、合营项目将会日益增多。

2. 现在有许多企业就是通过一个项目发展起来的，人们将这种企业称为"项目启动型企业"，例如三峡工程总公司，常见的合资公司，由 BOT 项目产生的项目公司等。通常，一个新企业，特别是工业企业的建立过程必然是一个项目过程，或其中包容许多项目。

有许多企业的业务对象和利润载体本身就是项目，例如建筑工程承包公司、船舶制造公司、成套设备生产和供应公司、房地产开发公司、国际经济技术合作公司等。这些企业常常又被称作"项目导向型企业"。这些企业经营管理的对象就是项目。

3. 随着经济的发展和社会的进步，各地区、各城市都有许多公共工程项目，用来改善投资环境，提高人民生活水平，所以，城市规划、旧城改造、基础设施建设、环境保护等项目将日益增多。

4. 随着综合国力的增强，国家投入到科研、社会发展和国防工程的资金也在逐年增加，这样的项目也会越来越多。

5. 随着我国经济与国际经济的高度融合，国际经济合作项目越来越多，国家间的竞争实质上就体现在这些项目上的竞争。

从上述可见，项目已渗入到了社会的政治、经济、文化、外交、军事的各个领域，社会的每一层次和每一角落，可以说国际组织、国家和地方政府、企业、部门各层次的管理人员和工程技术人员都会以各种形式参与项目和项目管理工作。

（三）项目的基本特征

虽然人们对项目定义的角度和描述各不相同，但通常项目都体现出如下特征：

1. 项目是一项唯一性的任务。这个任务通常是完成一项可交付的成果。这个可交付的成果是项目的对象。项目的对象决定了项目的最基本特性，是项目分类的依据，同时，它又确定了项目的工作范围、规模及界限。

在"项目"一词前常常有一个限定词，人们用这些词对项目进行专门的定义。例如，"某城市地铁工程建设"项目、"某工程承包"项目、"某新产品开发"项目、"2008年北京奥运会"项目等。它通常描述的是项目对象的名称、特性、范围。整个项目的实施和管理都是围绕着这个对象进行的。

由于项目的范围极其广泛，项目的种类丰富多彩，所以项目的对象也是丰富多彩的。常见的项目对象，即可交付的成果可以分为如下几个方面。

（1）工程技术系统。工程项目的对象就是一个明确范围和功能的工程技术系统，例如，一定生产能力（产量）的流水线、一定生产能力的车间或工厂、一定长度和等级的公路等。

（2）新产品。对新产品开发或研制项目，成果是一个新的产品。

（3）软件、运行程序、操作规程等，如IT项目、企业的管理系统开发项目等。

（4）活动。如举办一个运动会和举行一个舞会等，这类项目的成果就是这些活动。

（5）状态的改进，如企业革新项目、企业的业务流程再造项目等，它们的结果是企业经营或管理状态的改进。

（6）文字型成果、图纸、研究报告或状态报告、专利等，如社会调查、市场调查、各种类型的科学研究项目、工程设计、咨询项目等。

（7）其他，如资本运作项目的成果是资本的增值量等。

所以，项目的对象可能是实体的，也可能是抽象的，有一定的范围，可以用功能、范围、技术指标等描述。在现代社会，许多项目通常是上述的综合体。例如，举办2008年北京奥运会是一个项目，该项目的成果是上述各种类型成果的综合体：

从总体上，它是一个体育活动，包括开幕式、闭幕式、各种体育项目的比赛；

它需要建设体育场馆、奥运村，以及许多相关联的工程，又包含大量的工程建设项目；

需要有许多复杂的系统工程和软件；

有许多图形的、文字型的成果；

包括许多科研和社会调查项目等。

所以2008年北京奥运会是一个大型的综合性群体项目。

2. 任何项目都有预定的目标。ISO 10006规定，项目目标应描述要达到的要求，能够用时间、成本、产品特性来表示，且尽可能定量描述。项目"过程的实施是为了达到规定的目标，包括满足时间、费用和资源约束条件"。[2]所以，项目目标通常有：

（1）所要完成的项目对象的要求。包括满足预定的产品的性能、使用功能、范围、质量、数量、技术指标等，这是对预定的可交付成果的质和量的规定。

（2）完成项目任务的时间要求。如开始时间、持续时间等。

（3）完成这个任务所要求的预定的费用等。

3. 项目是由完成可交付成果所必需的活动构成的，由活动形成过程，所以项目是行为系统，项目管理又是过程管理。[2]对项目所作的计划、控制、协调、合同管理等通常都是针对项目的活动进行的。

4. 项目具有特定的制约条件。包括时间（如开始和结束，以及持续时间）的限制，资源（如人力、资金、设备等）的限制，环境（如法律、自然等）的约束条件等。

5. 一次性。任何项目从总体上来说都是一次性的、不重复的。它经历前期策划（概念）、设计和计划、施工（生产、制造）和结束阶段。即使在形式上极为相似的项目，例如两个相同的产品、相同产量、相同工艺的生产流水线的建设，也必然存在着区别：它们的建设时间、地点、环境、使用的资源、限制、项目组织、利益相关者、风险等都不同。所以，项目与项目之间无法等同，无法替代。

项目是一次性的、独特的，则项目管理也是一次性的，即对任何项目都有一个独立的管理过程，它的计划、控制、组织都是一次性的。项目的一次性是项目管理区别于企业管理最显著的标志之一，它对项目的组织和组织行为的影响尤为显著。通常的企业管理工作，特别是企业职能管理工作，虽然有阶段性，但它却是周而复始、循环的，具有继承性。

6. 专门的临时性组织

前面这些特征还不能将项目与企业业务（日常的生产运作、经营管理、财务管理等）工作非常严格和清晰地相区别。而专门的临时性组织才是项目区别于其他管理对象的最显著的特征，项目管理的难点是对专门的临时性组织的管理。

所以，项目管理在学科性质上又属于组织学。

二、工程项目的概念

（一）工程的概念

本书所指的"工程"是有着预定要求的工程技术系统，通常可以用一定的功能（如产品的产量或服务能力）要求、实物工程量、质量、技术标准等指标表达。例如：

一定生产能力（产量）的某种产品的生产流水线；

一定生产能力的车间或工厂；

一定长度和等级的公路；

一定发电量的火力发电站，或核电站；

具有某种功能的产品；

某种新型号的武器系统；

一定规模的医院；

一定规模学生容量的大学校区；

一定规模的住宅小区等。

（二）工程项目的概念

本书所指的"工程项目"是以完成一定的工程系统的建设为任务的项目，包括前期策划、设计和计划、施工、竣工交付等的过程。在这个过程中，工程系统通过项目的前期策划和决策从概念上被确定；在设计和计划阶段被逐渐分解细化和具体化，通过项目任务书、设计图纸、规范、实物模型等定义和描述；通过工程的施工过程形成实体，并在运行（使用）过程中实现其价值。

（三）工程项目的特征

工程项目不仅具有一般项目的特征，还有自身的一些特殊性。

1. 工程项目的交付成果是一个一定规模的工程技术系统

工程项目的交付成果有明确的系统范围和结构形式，具有完备的使用功能。

2. 工程项目具有特定的目标

从总体上说，工程项目的存在价值通常是为了解决上层系统的问题，实现上层组织的战略。所以对上层系统问题的解决程度，或项目任务的完成对上层组织战略的贡献是项目的总体目标。但对项目组织本身，具体地说有如下特定的目标：

（1）质量目标。即要达到预定的工程系统的特性、使用功能、质量、技术标准等方面的要求。项目的总目标是通过提供符合预定质量和使用功能要求的产品或服务实现的。

（2）成本目标。即以尽可能少的建设费用（投资、成本）完成预定的项目任务，达到预定的功能要求，提高项目的整体经济效益。任何工程项目必然存在着与任务（目标、工程项目范围和质量标准）相关的（或者说相匹配的）投资、费用或成本预算。

（3）时间目标。人们对工程项目的需求有一定的时间限制，希望尽快地实现项目的目标，发挥工程的效用，没有时间限制的工程项目是不存在的。这有两方面的意义：

1）一个工程项目的持续时间是一定的，即任何工程项目不可能无限期延长，否则这个项目是无意义的。例如，规定一个工厂建设项目必须在四年内完成。

2）市场经济条件下工程的作用、功能、价值只能在一定历史阶段中体现出来，则一个工程项目必须在一定的时间范围（如2012年1月~2015年12月）内进行。例如，企业投资开发一个新产品，只有尽快地将该工程建成投产，产品及时占领市场，该项目才有价值。否则因时间拖延，被其他企业捷足先登，则该项目就失去了它原有的价值。

因此，工程项目的时间限制通常由项目开始时间、持续时间和结束时间等表示，构成项目管理的一个重要目标。

3. 工程项目实施的约束条件

工程项目的实施有一定的限制条件。广义地说，上述项目目标实质上也属于项目的约束条件。此外，工程项目的约束条件还可能包括：

（1）资金限制。任何工程项目都不可能没有财力上的限制，常常表现在：

1）必须按投资者（企业、国家、地方等）所具有的或能够提供的资金策划相应范围和规模的工程项目，编制工程项目的实施计划；

2）必须按项目实施计划编制资金计划，并保障资金供应。

现代工程项目资金来源渠道较多，投资多元化，人们对项目的资金限制越来越严格，经济性要求也会越来越高。资金和经济性问题已成为现代工程项目能否立项，能否取得成功的关键。这就要求尽可能做到全面的经济分析，精确预算，严格的投资控制。

（2）人力资源和其他资源的限制，如劳动力、材料和设备的供应条件和供应能力的限制，技术条件的限制，信息资源的限制等。

（3）环境条件的限制，工程项目受环境的影响大，如：自然条件的限制，包括气候、水文和地质条件，地理位置、地形和现场空间的制约；社会条件的限制和法律的制约，如环境保护法对工程施工和运行过程中废弃物排放标准的规定，劳动保护法的规定等。

4．特殊的组织和法律条件

（1）由于社会化大生产和专业化分工，现代工程项目都有几十个、几百个，甚至几千个独立的企业和部门参加，其组织是多企业合作的组织。

（2）工程项目参加单位之间主要靠合同作为纽带，建立起项目组织，以合同作为分配工作、划分责权利关系的依据，作为最重要的组织运作规则。工程项目适用与其建设和运行相关的法律条件，例如《合同法》、《环境保护法》、《税法》、《招标投标法》、《城市规划法》等。

（3）工程项目组织是一次性的，多变的，动态的，不稳定的。一个单位会因项目任务的承接而进入项目组织，因项目任务的完成而退出项目组织。

由于工程项目组织和法律条件的特殊性，合同对项目的管理模式、项目运作、组织行为、组织沟通有很大的影响，合同管理在工程项目管理中有特殊的地位和作用。

5．复杂性

现代工程项目的复杂性体现在：

（1）现代工程项目投资大、规模大、科技含量高、持续时间长、多专业的综合、参加单位多，是复杂的系统工程。

（2）现代工程项目可交付成果不仅包括传统意义上的建筑工程，而且有复杂的设备系统、软件系统、运行程序、操作规程等，还包括大量高科技、开发型、研究型工作任务。

（3）现代工程项目常常是研究过程、开发过程、施工过程和运行过程的统一体，而不是传统意义上的仅按照设计任务书或图纸进行工程施工的过程。

（4）现代工程项目的资本组成方式（资本结构）、承发包方式、管理模式是丰富多彩的，需要国际合作，合同形式和合同条件越来越复杂。

现在我国有许多工程项目，如三峡工程、青藏铁路工程、南水北调工程、大型国防工程、城市地铁工程等建设项目，都是特大型的、复杂的、综合性的工程项目。

三、工程寿命期和工程项目阶段划分

（一）工程的寿命期

任何一个工程就像一个人一样，有它的寿命期，在这个期限中工程经历了由产生到消亡的全过程。工程寿命期是指从构思产生到工程报废的全过程。不同类型和规模的工程寿命期是不一样的，但它们都可以分为如下几个阶段（图 1-1a）：

1．前期策划阶段。这个阶段从工程项目构思产生到批准立项为止，其工作内容包括工程项目的构思、目标设计、可行性研究和工程评价。它是工程的孕育阶段。

2．设计和计划阶段。这个阶段从批准立项到现场开工为止，其工作包括设计、计划、招标投标和各种施工前准备工作。

3．施工阶段。这个阶段从现场开工开始，按照设计和计划完成各部分各专业工程的施工，逐渐形成具有生产产品的功能或服务能力的工程系统，并通过竣工验收为止。这是工程技术系统实体的形成阶段。

4．工程的运行阶段。在这个阶段中，工程通过运行实现它的使用价值。在这个过程

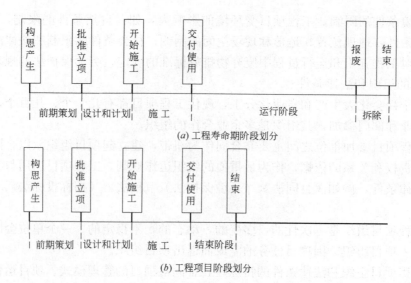

图 1-1 工程寿命期和工程项目阶段划分对应图

中需要对工程进行经常性维护（维修），可能有对工程的更新改造、扩建等工作。最终工程完成它的历史使命，退出运行，报废。

5. 拆除阶段。工程被拆除，整个寿命期结束。通常在工程所在的土地上还会建设新的工程，进入下一个工程寿命期循环。虽然对旧工程的拆除工作一般由新工程的建设者负责，但从保证工程全寿命期的完整性和科学性角度，拆除阶段仍应作为原工程寿命期的一部分。

（二）工程项目阶段划分

工程项目是一个工程系统的建设，并交付使用的过程，很显然，它是工程寿命期的一部分。工程项目由前期策划、设计和计划、施工和结束四个阶段构成（图1-1b）。在不同的阶段有不同的任务，有不同的可交付成果，有不同的组织，有不同的专业工作和管理工作。

1. 项目的前期策划阶段（又被称为概念阶段）

这个阶段从项目构思产生到批准立项为止，主要包括如下工作：

(1) 工程项目构思的产生和选择。它是对项目机会的寻求、分析和初步选择。
(2) 确定工程项目建设要达到的预期总体目标。
(3) 项目的定义和工程总体方案策划。
(4) 提出《项目建议书》。
(5) 进行项目的可行性研究，对实施方案进行全面的技术经济论证。
(6) 工程项目的评价和决策。

在我国，可行性研究报告经批准后，项目即立项，经批准的可行性研究报告就作为工程项目的任务书，作为项目初步设计的依据。

2. 设计与计划阶段，即开发阶段

这个阶段从批准立项到现场开工为止。通常这个阶段的主要工作有：

(1) 项目管理组织筹建。项目立项后，就应正式组建工程建设单位，即通常意义上的"业主"，由他负责工程的建设管理。尽管有些大型工程项目在可行性研究阶段就有项目管理班子，但由于项目尚未立项，所以当时的项目管理班子还不能算是"业主"。

（2）土地的获得。在工程建设前通过办理土地使用权证获得在工程所在土地上建设工程的法律权利——土地使用权。

（3）工程规划、勘察和设计工作。

1）工程规划是在总目标和工程总方案基础上确定工程的空间范围，并对工程的系统范围、工程的功能面结构和它们的空间布置进行描述，确定各个单体建筑的位置。

2）工程勘察是指对工程所在地的工程地质情况、水文地质情况进行调查，对工程场地进行测量，为工程的设计和施工提供基础资料。

3）设计是对工程技术系统的定义和说明，通过编制工程设计文件，如图纸、规范、模型，对拟建的工程技术系统进行详细的描述。

根据我国基本建设程序，对一般的工程项目，设计分为两个阶段：初步设计和施工图设计。对技术上比较复杂的工业工程项目，可以分为三个阶段设计：初步设计、技术设计、施工图设计。而其他国家的设计程序与我国略有差异，设计阶段划分为工艺（方案、概念）设计、基础工程设计、详细工程设计三个阶段。

（4）计划。计划是对工程建设的实施方法、过程、费用（投资预算、资金）、时间（进度）、采购和供应、组织作详细的安排，以保证项目目标的实现。

在项目立项后就应作项目实施计划，随着设计的不断深入，计划也在同步细化。

（5）工程招标，即通过招标委托项目范围内的设计、施工、供应、项目管理（咨询、监理）等任务，选择这些项目任务的承担者。对承包商来说，就是通过投标承接项目任务。

（6）完成各种审批手续。按照我国的建设法律和法规，在设计和计划阶段有许多审批手续，它们是项目行政性管理工作的一部分。有些必须经过政府部门的审批，如建设用地规划许可、工程建设规划许可、施工许可的审批等；有些必须由投资者、项目的上层组织审批，如每步设计成果、实施计划的审批，设计和实施计划重大修改的审批等。

（7）现场准备。包括征地、拆迁、场地平整、施工用水电气、通讯等的条件准备等。

3．施工阶段

这个阶段从现场开工直到工程竣工并通过验收为止。

在这个阶段，工程施工单位、供应商、项目管理（咨询、监理）公司、设计单位按照合同规定完成各自的工程任务，并通力合作，按照实施计划将工程设计经过施工过程逐步形成符合要求的工程。

当工程按照项目任务书，或设计文件，或合同完成规定的全部内容，即可组织竣工检验和移交。如果工程项目由多个承包商承包，则每个承包商所承包的工程都有竣工检验和移交的过程。整个工程都经过竣工检验，则标志着工程整个施工阶段的结束。

在工程移交，投入试运行前应有工程的运行准备工作。

这个阶段是项目管理最为活跃的阶段，资源投入量最大，管理难度最大、最复杂。

4．工程项目结束阶段

（1）工程由业主移交运行单位，或进入运行（生产或使用）阶段，则标志着工程建设阶段结束。移交过程有各种手续和仪式，对工业工程项目，在此前要共同进行试生产（试车）。

（2）工程竣工后有许多事务性工作，包括竣工决算，竣工资料的总结、交付、存档等工作。

（3）工程的保修（缺陷通知期）和回访。在运行初期，工程建设任务承担者（如设计、施工、供应、项目管理单位）和业主按照项目任务书或合同还要继续承担因建设问题产生的缺陷责任，包括维修、整改和进一步完善等。他们还要对工程项目作回访，了解工程的运行情况、质量以及用户的意见等。

（4）工程项目的后评价。项目的后评价指对已经完成的，且已投入运行的工程的目标、策划和建设过程、运行效益、作用和影响等进行系统而客观的总结、分析和评价。

通常，至此工程项目就结束了。

在项目过程中上述阶段可能会出现交叉和重叠，例如，有些设计工作，招标投标工作会延伸到施工阶段中；施工阶段的有些工作会延伸到结束阶段。

（三）工程全寿命期管理的理念

1. 工程全寿命期管理的起因

过去，人们将工程按照寿命期阶段割裂开来构建相对独立的管理系统，将前期策划阶段作为"开发管理"，工程立项到交付作为工程项目管理，交付后作为物业管理（或设施管理）。工程项目管理就以建设过程为管理对象，以质量、工期、成本（投资）为三大目标，由此产生了项目管理的三大控制。这种工程项目管理是近视的、有局限性的，造成项目管理者的思维过于现实和视角太低。这种状况损害项目管理理论的发展和学科体系的建立。

近十几年来工程全寿命期管理的研究和应用对工程项目有很大的影响。

（1）工程全寿命期管理是基于工程寿命期自身的规律性和内在的逻辑性

工程寿命期各阶段之间存在着十分紧密的联系。

1）工程项目是为工程的运行服务的。工程项目的价值是通过建成后的工程运行提供产品和服务满足社会需要，促进社会发展实现的。

2）工程运行阶段时间更长，消耗的社会资源和自然资源更多。但工程的基本禀赋又是在建设阶段形成的，工程项目实施过程中存在的任何设计、施工等问题都会在运行阶段体现出来。

3）如果不将工程的寿命期作为一个整体进行一体化的管理，则在工程项目过程中会忽视工程的运行问题，忽视工程对环境、社会和历史的影响，不关注工程的可持续发展能力，则不能实现工程项目的总目标。

（2）现代社会对工程全寿命期管理的需求

近十几年来，由于如下原因使得工程全寿命期管理受到广泛的重视：

1）现代工程项目高科技含量大，是研究、开发、建设、运行的结合，而不仅仅是传统意义上的建筑工程。建设过程，特别是施工过程的重要性、难度相对降低，而投资管理、运行管理、资产管理的任务和风险加重，难度加大。人们越来越要求对工程进行从构思产生、目标设计、可行性研究、设计、施工，直到运行的全寿命期管理。

2）工程建设项目业主全过程投资责任制的实行。作为投资主体的业主，负责工程项目的前期策划、设计、计划、融资、建设管理，还承担运行管理、归还贷款的重任。因此，他的管理对象就是一个从构思产生开始直到运行结束的工程全寿命期。

由于市场竞争激烈和技术更新速度加快，许多制造业企业不仅必须在短期内完成新产品开发和投产，而且更需要在工程建设和运行中持续运用和改进新技术、不断更新产品类型。工程全寿命期管理能够满足这种需要[4]。

3）现代工程"设计-供应-施工"总承包、项目管理承包、代建制的推行，以及承包商参与项目融资（如 BOT 项目）的要求。这些总承包商、项目管理公司、代建单位都要承担工程全寿命期管理的责任。

4）现代工程承担越来越大的社会责任和历史责任，对工程与环境的协调和可持续发展的要求越来越高，要求工程在建设和运行全过程都经得住社会和历史的推敲。这些都体现在工程的全寿命期中。

2. 工程全寿命期理念的内涵

在现代工程项目中，工程全寿命期理念是非常重要的，是工程项目的灵魂。它主要体现在如下方面。

（1）以工程全寿命期的整体效率和效益最优作为管理的总目标，注重工程可靠、安全和高效率运行，在全寿命期中资源节约、费用优化、与环境协调、健康和可持续发展，经得住社会和历史的推敲。

（2）在工程项目的任何一个阶段中工作（包括技术工作、管理工作等）都要立足于工程的全寿命期，不仅注重建设期，更注重工程的运行阶段。

（3）将项目管理作为工程全寿命期管理的一个组成部分。从工程全寿命期集成化管理角度进行项目管理目标、组织责任、信息过程设计，进行项目的计划和控制，将工程项目过程与工程的运行过程构建成一个统一的、连续的、集成化的管理系统。

3. 工程全寿命期理念对项目管理的影响

工程全寿命期理念不仅扩大了项目管理的时间跨度和内涵，而且提升了工程项目管理的认识层次：

（1）项目目标设置必须从工程全寿命期出发，反映全寿命期要求，进而保证了项目总目标的完备性和一致性。

（2）在工程全寿命期中能够形成具有连续性和系统性的管理组织责任体系，能够极大地提高项目管理的效率，改善工程的运行状况。

（3）能够提升项目管理者的伦理道德、对历史和对社会的使命感。工程全寿命期的管理理念更能反映出项目的组织文化和品位，反映项目管理者良好的管理理念、思维方式、价值观、伦理道德和管理哲学。

（4）促进项目管理的理论和方法改进，如工程全寿命期评价理论和方法、项目的可持续发展理论和方法、项目集成化管理方法等。

（5）能够改进项目的组织文化，促进项目组织沟通。工程项目的所有参加者应就工程全寿命期的目标达成共识。虽然，他们在不同的阶段承担项目任务，有各自的目标，但他们都应有工程全寿命期的理念，有为工程全寿命期负责的精神。

四、工程项目的相关者

1. 项目相关者概念

项目相关者，又叫项目的干系人，或项目利益相关者。他们是在项目全过程中与项目有某种利害关系的人或组织，他们还会对项目的目标和可交付成果施加影响。ISO 10006

定义项目相关者可能包括："顾客，项目产品的接受者；消费者，如项目产品的使用者；所有者，如启动项目的组织；合作伙伴，如在合资项目中；资金提供者，如金融机构；分承包方，为项目组织提供产品或服务的组织；社会，如司法机构或法定机构和广大公众；内部人员，如项目组织的成员"。[2]

2. 项目相关者对工程项目的影响

项目相关者参与项目，为项目提供资金、材料和设备、劳务或服务，承包工程，或使用项目的产品或服务。他们对项目的立项、工程的建设和运行都有各自的作用，做出应有的贡献，项目是他们合作的结果。项目的成功必须经过所有项目相关各方的共同努力。

项目相关者参与项目，有着自己的目标和期望。他们对项目支持程度、认可程度和他们在项目中的组织行为，是由他们对项目的满意程度、目标和期望的实现程度决定的。因此，项目的总目标应该包容项目相关各方的目标和利益，体现各方面利益的平衡，使各相关者满意。这样有利于团结协作、互相信任，确保项目的整体利益，有利于项目的成功。

在国际上，人们曾研究过许多工程项目的案例，将项目成功的因素分为4个方面，67个相关因素。其中参加者各方的努力程度、积极性、组织行为和对项目支持等是一个主要方面。而这一切是由他们对项目的满意程度决定的。[6]

过去人们过于强调工程项目的投资者或业主的利益，忽视项目其他相关者的利益。实践证明，在这种情况下，没有各方面的满意，会出现对抗情绪和行为，不可能有成功的项目。近十几年来，现代国际工程项目越来越显示出如下趋向：

（1）人们强调项目相关者之间的合作，讲究诚实信用，强调利益的一致性，而不强调利益冲突、斗争、利己。业主与承包商、供应商是伙伴关系，应争取实现"多赢"。[6]

（2）更理性地认识到项目相关者各方面的权利和责任的平衡，公平地对待各方，公平合理地分配风险和解决项目中的冲突。

（3）在项目中人们加强组织沟通和信息公开，重视合同管理和项目的组织行为的研究，通过有效沟通，加强相关者之间的互相理解和协作，减少误解和消极影响。

（4）强调项目的组织文化和团队精神。在项目相关者之间形成共有的价值观念、职业道德、行为准则和团队精神，以增强各方的合作，减少矛盾和冲突。

3. 工程项目的相关者各方以及对项目的需求

由于工程项目的特殊性，工程项目的相关者的范围非常广泛，超出传统的工程项目组织的范围。从总体上，主要包括（见图1-2）：

（1）工程项目产品的用户（顾客），即直接购买或使用或接受工程运行所提供的最终产品或服务的人或单位。例如，房地产开发项目产品的使用者是房屋的购买者或用户；城市地铁建设项目最终产品的使用者是乘客。有时工程项目产品的用户就是项目的投资者，例如，某企业投资新建一栋办公大楼，则该企业使用此大楼的职能科室是用户。

用户购买项目的产品或服务，决定项目的市场需求和存在价值。项目的产品和服务要有市场，就必须使"用户满意"，通常用户对工程项目的要求有：产品或服务的价格合理；在功能上符合要求，同时讲究舒适、健康、安全性、可用性；有周到、完备、人性化的服务；"以人为本"，符合人们的文化、价值观、审美要求等。

项目产品或服务的市场定位、功能设计，产品销售量和价格的确定必须从产品使用者的角度出发。在所有项目相关者中，用户是最重要的，因为他们是所有项目参加者最终的

"用户"。当用户和其他相关者的需求发生矛盾时，应首先考虑用户的需求。

(2) 投资者，为项目提供资金或财务资源的个人或集体。如项目的直接投资单位、参与项目融资的金融单位，或项目所属的企业。在现代社会，工程项目的融资渠道和方式很多，资本结构是多元化的，可能有政府、企业、金融机构、私人投资，可能是本国资本或外国资本等。例如：

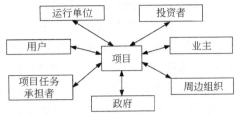

图 1-2 工程项目主要相关者

某城市地铁工程建设项目的投资者为该市政府；

某企业独资新建一条生产流水线，则投资者是该企业；

某企业与一外商合资建设一个新的工厂，则该企业和外商都是该建设项目的投资者；

某发电厂工程是通过 BOT 融资的，参与 BOT 融资的有一个外资银行、一个国有企业和一个国外的设备供应商。他们都是该项目的投资者。

投资者为项目提供资金，注重工程最终产品或服务的市场，并从工程的运行中获得预期的投资收益。他承担投资风险，行使与风险相对应的管理权利，如参与项目重大问题的决策，在工程建设和运行过程中的宏观管理、对项目收益的分配等。

投资者的目标和期望可能有：以一定量的投资完成工程项目；通过工程的运行取得预定的投资回报，达到预定的投资回报率；承担较低的投资风险等。

(3) 业主。"业主"一词主要应用在工程的建设过程中，实施一个工程项目，投资者或项目所属的企业、政府必须成立专门的组织或委派专门人员以业主的身份负责项目的管理和控制，如我国的基建部门、建设单位等。相对于设计单位、承包商、供应商、项目管理单位（咨询、监理）而言，业主以项目所有者的身份出现。

业主的目标是实现工程全寿命期整体的综合效益，他不仅代表和反映投资者的利益和期望，而且要反映项目任务承担者的利益，更应注重项目相关者各方面利益的平衡。

(4) 项目任务的承担者，如承包商、供应商、勘察和设计单位、咨询单位（包括项目管理公司、监理单位）、技术服务单位等。他们接受业主的委托完成项目或项目管理任务。他们又可以分为两类角色：

1) 项目管理（咨询或监理）公司。在现代工程项目中，业主通常将具体的项目管理工作委托给项目管理（咨询或监理）公司承担。他为业主提供专业的项目管理和咨询服务，协调承包商、设计单位和供应单位关系。所以他主要代表和反映业主的利益和期望，追求工程全寿命期的整体的综合效益。

2) 承包商、供应商、勘察和设计单位、技术服务单位等。他们通常接受业主的委托在规定工期内完成合同规定的专业性工作任务，包括设计、施工、提供材料和设备，并为这些工作提供设备、劳务、管理人员，对相关的项目工作进行计划、组织、协调和控制。他们希望通过项目的实施取得合理的工程价款和利润、赢得信誉和良好的企业形象。

(5) 工程运行单位，例如对城市地铁建设项目，指地铁的运行公司和相关生产者（包括运行操作人员和维护管理人员）。

运行单位在工程建成后接受运行管理任务，直接使用工程生产产品，或提供服务。它的任务是使工程达到预定的产品生产能力或服务能力,以及质量要求等。运行单位(或员工)希望有安全、舒适、人性化的工作环境,且工程运行维护方便、成本低。

(6) 工程所在地的政府、司法、执法机构,以及为项目提供服务的政府部门、基础设施的供应和服务单位。它们为项目做出各种审批(如城市规划审批)、提供服务(如发放项目需要的各种许可)、实施监督和管理(如对招标投标过程监督和对工程质量监督)。

政府注重工程项目的社会效益、环境效益,希望通过工程项目促进地区经济的繁荣和社会的可持续发展,解决当地的就业和其他社会问题,增加地方财力,改善地方形象,使政府政绩显赫。

(7) 项目所在地的周边组织,如项目所在地上的原居民、周边的社区组织、居民、媒体、环境保护组织、其他社会大众等。项目周边组织要求保护环境,保护景观和文物,要求就业、拆迁安置或赔偿,有时还包括对工程的特殊的使用要求。

从上面的分析可见,项目相关者的目标往往彼此相距甚远,甚至互相冲突。在项目管理中对项目相关者的识别和界定,对他们的目标、期望、组织行为的研究和确定是十分重要的。项目管理者必须在项目的全过程中解决项目总目标和项目相关者需求间的矛盾,分析他们对项目的影响,并一直关注项目相关者需求的变化,以确保项目的成功。

第二节 工程项目的目的、使命和成功的标准

一、工程项目的目的

工程是人类为了解决一定的社会、经济、文化和生活问题而建造的,具有一定功能或具有一定价值的系统。工程项目的根本目的,是通过工程的建设和运行为社会提供合格的产品或服务,促进社会的可持续发展。

1. 人们通过工程项目改善自己的生存环境,提高物质生活水平。例如通过房屋工程建设项目提供舒适的住宅条件。1979年,我国城市人均住宅建筑面积仅$6.7m^2$,经过房屋建筑工程的发展,到2012年,我国城市人均住宅建筑面积翻了近两番,达到$26.1m^2$。

2. 人们认识自然,进行科学研究,探索未知世界,必须借助工程项目所提供的平台。

例如,人类通过建造的正负离子对撞机、大型空间站、宇宙探索装置等,逐渐认识大至外层宇宙空间的宏观世界,小到基本粒子的微观世界。

3. 人们通过工程项目改造自然,改变自然的特性,降低自然的负面影响。例如近一百多年来,长江上先后爆发了五次特大洪水灾害,每次爆发,都伴随大量人员伤亡,良田被毁,房屋倒塌,交通中断。而通过三峡工程项目不仅能够有效地防止这些自然灾害,还可以蓄水发电、改善航运。

4. 工程项目为人们提供社会文化生活、特别是精神生活所需要的场所,如近十几年来我国到处兴建大学城,为我国普及大学教育,扩大大学招生提供了可能;又如奥运场馆的建设为举办2008年北京奥运会提供了优良的基础设施。

5. 工程项目作为社会经济发展的动力,具体体现在如下方面:

(1) 我国城市化进程高速发展,直接依赖大量的房屋和城市基础设施工程建设项目。

(2) 国民经济各部门的发展都依赖工程项目所提供的设施(如厂房、生产流水线、铁路、公路等)。

（3）工程项目相关产业，特别是建筑业是国民经济的重要行业，直接通过工程建设项目完成建筑业产值，获取利润，提供税收，对国民经济做出很大的贡献。

（4）工程项目也是解决劳动力就业的主要途径。工程建设项目吸纳了大量的劳动力，提供就业机会，缓解我国就业压力，特别是为解决农村剩余劳动力转移问题，促进农村产业结构的调整，有效地增加农民收入，促进城乡协调发展做出了很大贡献。

（5）工程建设项目要消耗大量的自然和社会资源，消耗其他部门的产品，带动了建筑业、机械制造业、建筑材料、纺织业、服务业、石油化工、能源、环境工程、金融业和运输业等相关产业的发展。

二、工程项目的使命

使命的本义是指重大的责任。现代工程项目投资大，对社会的影响大，工程建成后的运行期长，因此，工程项目承担很大的社会责任和历史责任。

1. 通过建成后的工程的运行为社会，为上层组织（如国家、地方、企业、部门）提供符合要求的产品或服务，以解决上层系统问题，或满足上层系统的需要，或实现上层组织的战略目标和计划。这是工程项目存在的价值。

2. 承担社会责任。现代项目投资大、消耗的社会资源和自然资源多，对环境影响大，所以它必须承担重大的社会责任，必须满足项目相关者的利益和期望，必须满足社会各方面对项目的要求，必须与环境协调。

3. 承担历史责任。一个工程的建设和运行（使用）过程有几十年，甚至几百年。所以成功的工程项目不仅要满足当代人的需求，而且要承担历史责任，能够持续地符合将来人们对工程的需求，必须有它的历史价值。

工程项目的使命应是项目管理者对于业主、社会和历史的一个承诺，集中体现了他们应有的价值观和职业道德准则，这是工程项目目标的出发点。它对整个项目组织和整个项目管理过程具有规定性和指导作用，是项目组织沟通的基础和组织凝聚力的根源。

三、工程项目成功的标准

在工程项目过程中，人们的一切工作都是围绕着一个目的进行的——为了取得一个成功的项目。但怎样才算一个成功的工程项目？对不同的项目类型，在不同的时候，从不同的角度（不同的项目参加者），就有不同的认识标准。成功的项目标准应包含着项目相关者对项目的总体要求和期望，包含着社会、环境、历史对工程项目的要求。通常针对一个工程建设过程，从总体上说，它的成功至少必须满足如下条件：

1. 提交的竣工的工程应能够满足预定的使用功能要求（包括功能、质量、工程规模、技术标准等），达到预定的生产能力或能提供预定要求的产品或服务，能经济、安全、高效率地运行，并提供完备的运行条件（如运行软件系统、操作文件、操作人员、运行准备工作等），工程产品或服务能够为社会、为市场接受。

2. 在预算费用（成本或投资）范围内完成，尽可能地降低费用消耗，减少资金占用，保证项目的经济性要求。

3. 在预定的时间内按计划、有秩序、顺利地完成工程的建设，不拖延，不发生事故或其他损失，较好地解决项目过程中出现的风险、困难和干扰，及时地实现投资目标。

4. 项目相关者各方都感到满意。特别能够为使用者（用户）接受、认可，投资者、承包商获得应得的利益，同时又照顾到社会各方面的利益。

5. 与环境协调,即项目能为它的上层系统所接受,包括:
(1) 与自然环境的协调,没有破坏生态或恶化自然环境;
(2) 与人文环境的协调,没有破坏或恶化优良的文化氛围和风俗习惯,具有良好的审美效果;
(3) 工程的建设和运行与社会环境有良好的接口,为法律所允许,有助于社会就业、经济发展;
(4) 合理、充分、有效地利用各种自然资源等。
6. 工程项目具有可持续发展的能力和前景
(1) 工程符合城市和地区可持续发展的要求,对地区和城市可持续发展有持续的贡献。
(2) 工程具备可持续发展能力,能"健康长寿",符合将来社会发展、人们生活水平的提高、审美观念的变化、科学技术进步的要求;能够方便地进行功能的更新、结构的更新、产业结构的调整、产品转向和再开发。

要取得完全符合上述每一个条件的工程项目是十分困难的,因为这些指标之间有许多矛盾。在一个具体的工程项目中常常需要确定它们的重要性(优先级),有的必须保证实现,有的是尽可能满足。

四、取得项目成功的条件

要取得一个成功的工程项目,有许多前提条件,必须经过各方面努力。通常,最重要的有如下三个方面:

1. 做好战略管理
(1) 进行充分的战略研究,制定正确的、科学的、符合实际的、有可行性的项目总目标和总体计划,选择正确的投资方向。如果项目选择出错,就会犯方向性、原则性错误,给工程项目带来根本性的影响,造成无法挽回的损失。这是战略管理的任务。
(2) 在项目实施过程中上层组织对项目的全力支持,包括:
1) 组建得力的项目管理组织;
2) 对项目经理的充分授权;
3) 按计划保障资金的供应,保障项目所需资源(人力、材料和设备)的投入;
4) 沟通和协调项目的相关者各方,保证对项目全力支持;
5) 及时对项目做出审批和决策,在项目出现危机、矛盾情况下及时提出解决方案等。
2. 工程的技术设计科学、经济,符合要求,选用先进、安全、经济、高效率,符合法律、市场和用户要求的生产工艺(如产品方案、设备方案)和施工技术方案。
3. 有高质量、高水平的项目管理。项目管理者为战略管理、技术设计和项目实施提供各种管理服务,如进行项目的可行性论证、拟订计划、实施控制,将上层的战略目标和计划与具体的项目实施活动联系在一起,凝聚项目的所有参加者的力量,保证项目实施的各项活动健康有序地进行。

第三节 工程项目系统的总体描述

一、概述

"系统"一词的定义很多。人们通常引用的是:"系统是由若干个相互作用和相互依赖的要素组合而成，且有特定功能的整体"。[1]

从前面的项目定义可见，任何工程项目都是一个系统，具有鲜明的系统特征。在项目管理中，系统方法是最重要，也是最基本的思想方法和工作方法，这体现在项目和项目管理的各个方面。任何项目管理者首先必须确立基本的系统观念。这体现在：

1. 全局的观念，系统地观察问题，解决问题，做全面的、整体的计划和安排，减少系统失误。同时要考虑各方面的联系和影响，例如，考虑项目结构各单元之间的联系，各个阶段之间的联系，各个管理职能之间的联系，组织成员之间的联系，而且还要考虑到项目与上层组织、与环境系统的联系，使它们之间相互协调。为此，项目管理强调综合管理，综合运用知识，并采取综合措施。

2. 追求项目整体目标的最优化，强调项目的总目标和总体效益。在此，常常不仅指整个工程的建设过程，而且指工程的全寿命期，甚至还包括对项目的整个上层系统（如企业、地区、国家）的影响。

二、工程项目系统的总体框架

工程项目自身一个复杂的系统，是技术、物质、组织、行为和信息系统的综合体。它可以从各个角度、各个方面进行描述。通常，工程项目最重要的系统角度有工程项目环境系统、目标系统、工程技术系统、行为系统、组织系统、管理系统等，它们从各个方面决定着项目的形象。工程项目的各系统之间存在着错综复杂的内在联系，它们构成了一个完整的项目系统（图1-3）。

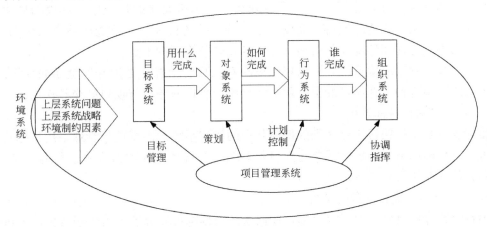

图1-3 工程项目总体系统模型

（一）工程项目环境系统

任何工程项目都是处于一定的社会历史阶段，在一定的时间和空间中存在的。工程项目的环境是指围绕项目或影响项目成败的所有外部因素的总和，它们构成项目的边界条件。环境对工程项目有重大影响，主要体现在：

1. 工程项目产生于上层系统和环境的需求，它们决定着项目的存在价值。通常环境系统的问题，或上层组织新的战略，或环境的制约因素产生项目目标。工程项目必须从上层系统，从环境的角度来分析和解决问题。

2. 工程项目作为一个开放系统，它的实施过程又是项目与环境之间互相作用的过程，受外部环境条件的制约，需要与环境有如下的输入和输出（图1-4）。

(1) 工程项目需要环境提供资源，包括土地、资金、原材料、设备、劳动力、能源、信息以及技术和服务等。这些输入是顺利地进行工程建设和运行的保证。

(2) 与此同时，工程项目向外界环境输出产品或服务、资金、废弃物、信息及其他（如输出新的工程技术、管理人员和管理系统等）。

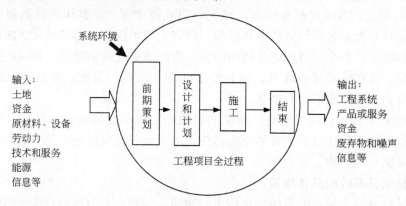

图 1-4　工程项目开放系统模型

所以，环境决定着工程的技术方案和实施方案以及它们的优化。如果项目没有充分地利用环境条件，或忽视环境的影响，必然会造成实施中的障碍和困难，增加实施费用，导致不经济的项目。

3. 环境是风险产生的根源。工程项目处在一个迅速变化的环境中。环境的变化形成对项目的外部干扰，会造成项目不能按计划实施，偏离目标，甚至造成整个项目的失败。所以环境的不确定性和环境变化对项目的影响是风险管理的重点。

为了充分地利用环境条件，降低环境风险对项目的干扰，必须开展全面的环境调查，获取大量的环境资料，在项目的全过程中注意研究和把握环境与项目的交互作用。

(二) 工程项目目标系统

目标系统是工程项目所要达到的最终状态的描述系统。由于项目管理采用目标管理方法，因此，在前期策划过程中就要建立目标系统，并将其作为项目实施过程的一条主线。工程项目目标系统具有如下特点：

1. 项目目标系统有自身的结构

项目总目标可以分解为系统目标，任何系统目标都可以分解为若干子目标，子目标又可分解为可执行目标。

2. 完整性

项目目标因素之和应完整地反映上层系统、项目相关者和环境对项目的要求，所以项目目标系统通常是由多目标构成的一个完整的体系。目标系统的缺陷会导致工程技术系统的缺陷，项目范围不完备，项目计划的失误和实施控制的困难。

3. 目标的均衡性

目标系统应是一个稳定的、均衡的体系，片面地过分地强调某一个目标（子目标），常常是以牺牲或损害另一些目标为代价的，会造成项目的缺陷。特别要注意工期、成本（费用、投资）和工程质量（功能）目标之间的平衡。

4. 动态性

（1）目标系统有一个动态的发展过程。它是在项目目标设计、可行性研究、技术设计和计划中逐渐建立起来，并形成一个完整的目标保证体系。

（2）由于环境不断变化，上层组织对项目的要求也随之变化，目标系统在实施中也会产生变更，例如，目标因素的增加、减少，指标水平的调整。这会导致设计方案的变化、合同的变更、实施方案的调整等。

项目目标系统是抽象系统，它通常由项目任务书、技术规范、合同文件等说明（定义）。

（三）工程项目对象系统

工程项目的目标最终是通过工程系统的建设和运行实现的。这个工程系统是项目的可交付成果，是项目的对象。它通常表现为实体系统形式，有一定的功能、规模和质量要求，有自身的系统结构形式——工程系统分解结构（EBS）。它是由许多互相联系、互相影响、互相依赖的功能面和专业工程系统组合起来的综合体。

工程系统决定着项目的类型和性质，决定着项目的基本形象和本质特征。它是由项目的设计任务书、技术设计文件（如实物模型、图纸、规范、工程量表）等定义的，并通过施工完成。项目对象系统的基本要求有：

1. 空间布置合理，各功能面和专业工程系统结构合理，没有冗余，协调一致（包括功能协调、生产能力等协调）。

2. 它必须是一个均衡的、简约的，能够安全、稳定、经济、高效率运行的整体，达到预期的设计效果（运行功能），运行费用（如生产成本）低，资源消耗省。

3. 各功能面、各专业工程系统投资比例合理，质量均衡和设计寿命匹配。

4. 与环境的协调。不仅能符合上层系统的要求，还必须与自然环境协调，与当地的交通、能源、水电供应、通讯等多方协调，和谐地融合于环境大系统中。

（四）工程项目行为系统

工程项目的行为系统是由实现项目目标、完成工程建设任务所有必需的工程活动构成的，包括各种设计、施工、供应和管理等工作。这些活动之间存在各种各样的逻辑关系，构成一个有序的动态的项目实施过程。项目行为系统的基本要求有：

1. 它应包括实现项目目标系统必需的所有工作，并将它们纳入计划和控制过程中。

2. 保证项目实施过程程序化、合理化，均衡地利用资源（如劳动力、材料、设备），保持现场秩序。

3. 保证各分部实施和各专业工程活动之间良好的协调。通过项目管理，将上千个、上万个工程活动导演成一个有序的、高效率的、经济的实施过程。

项目的行为系统也是抽象系统，通常由项目的范围描述文件、项目工作分解结构图（WBS）、工作活动表、网络计划、实施计划和管理计划等描述。

（五）项目组织系统

项目组织是由项目的行为主体构成的系统。由于社会化大生产和专业化分工，一个项目的参加单位（企业或部门）可能有几个、几十个，甚至成百上千个，常见的有业主、承包商、设计单位、监理单位、分包商、供应商等。它们之间通过行政的或合同的关系连接并形成一个庞大的组织体系，为了实现共同的项目目标承担着各自的任务。

项目组织是一个目标明确、开放的、动态的、自我形成的组织系统。

（六）项目管理系统

项目管理系统是由项目管理的组织、方法、措施、信息和工作过程形成的系统，是由一整套过程和有关的管理职能组成的有机整体。总体上说，管理系统有如下作用：

1. 对项目目标系统进行策划、论证、控制，通过项目和项目管理过程保证目标的实现；
2. 对项目的对象系统（工程系统）进行策划、评价和质量的控制；
3. 对项目的行为系统进行计划和控制；
4. 对项目组织系统进行沟通、协调和指挥。

第四节 工程项目管理系统描述

一、工程项目管理的概念

（一）项目管理的概念

项目管理的定义很多，人们可以许多角度对它进行描述。

1. 将管理学中对"管理"的定义进行拓展，则"项目管理"就是以项目作为对象的管理，即通过计划、组织、人事、领导和控制等职能，设计和保持一种良好的环境，使项目参加者在项目组织中高效率地完成既定的项目任务。[8]

2. 按照一般管理工作的过程，项目管理可分为对项目的预测、决策、计划、控制、反馈等工作。

3. 按照系统工程方法，项目管理可分为确定项目目标、制定方案、实施方案、跟踪检查等工作。

4. 项目管理就是以项目为对象的系统管理方法，通过一个临时性的、专门的柔性组织，对项目进行全过程的计划、组织、监督和控制，以保证项目目标的实现。

5. ISO 10006《项目管理质量指南》定义："项目管理包括在项目过程中对项目的各方面进行策划、组织、监测和控制等活动，以达到项目目标"。[2]

6. 美国的《项目管理手册》定义项目管理，是在项目活动中运用知识、技能、工具和技术，以满足或超过项目相关者对项目的需求和期望。[9]

7. 美国项目管理学会（PMI）标准《项目管理知识体系指南》定义："项目管理是把项目管理知识、技能、工具和技术应用于项目活动中，以达到项目目标"。[11]

（二）工程项目管理的概念

1. 将项目管理的定义延伸到工程项目，则工程项目管理就是以工程的建设过程为对象的系统管理方法，通过一个临时性的专门的组织，对工程项目的全过程进行计划、组织、指导和控制，以实现工程项目的目标。

2. 英国建造学会《项目管理实施规则》定义工程项目管理："为一个建设项目进行从概念到完成的全方位的计划、控制与协调，以满足委托人的要求，使项目在所要求的质量标准的基础上，在规定的时间之内，在批准的费用预算内完成。"[7]

3. 我国建设工程项目管理规范（GB/T 50326—2006）中定义：工程项目管理是运用系统的理论和方法，对工程项目进行的计划、组织、指挥、协调和控制等专业化活动。[38]

由于工程项目的特殊性，工程项目管理不仅适用于一般的管理学原理和方法，系统工程的理论和方法，组织学理论和方法，而且有自己独特的理论和方法体系。

二、工程项目管理的基本目标

确保项目的成功是项目管理的总体目标，所以成功的项目指标就是项目管理的总目标，各个层次的项目管理者都必须有这个理念。

但成功的项目指标主要是针对工程全寿命期的，是项目的总体目标。项目参加者和项目管理者在某个阶段参与项目，承担阶段性任务，又有各自的具体的阶段性目标和任务。对仅以工程建设作为基本任务的项目管理，其具体的目标是在限定的时间内，在限定的资源（如资金、劳动力、设备材料等）条件下，以尽可能快的进度、尽可能低的费用（成本或投资）提交满足要求的工程系统，圆满完成项目任务。

因此，项目管理目标主要包括三个方面：质量目标（生产能力、功能、技术标准等），工期目标和费用（成本、投资）目标，它们共同构成项目管理的目标体系（图1-5）。

项目管理的三大目标通常由项目任务书，技术设计和计划文件，合同文件（承包合同和管理合同）等具体地定义。这三者在项目全过程中具有如下特征：

1. 项目管理作为工程项目工作的一部分，它的目标应反映工程项目总目标。

2. 三大目标之间互相联系，互相影响，共同构成项目管理的目标系统。但这三重制约是矛盾的，某一方面的变化必然引起另两个方面的变化，例如，过于追求缩短工期，必然会损害工程的功能（质量），引起成本增加。所以，项目管理应追求它们三者之间的均衡性和合理性，任何强调最短工期、最高质量、最低成本都是片面的。三者的均衡性和合理性不仅体现在项目总体上，而且体现在项目的各个单元上，构成项目管理目标的基本逻辑关系。

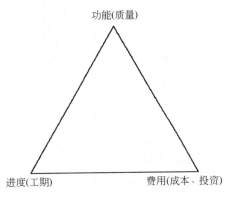

图1-5 项目管理目标体系

3. 这三个目标在项目的策划、设计和计划过程中经历由总体到具体，由概念到实施，由简单到详细的过程。项目管理的三大目标必须分解落实到具体的各个项目单元（子项目、活动）和项目组织单元上，这样才能保证总目标的实现，形成一个控制体系，因此，项目管理又是目标管理。

4. 项目管理目标受环境影响大。自然条件的变化、市场物价的上涨、法律的变化、政局的动荡、上层战略的调整等都会引起目标的变动。所以在项目过程中要保证目标体系的动态平衡。

5. 在现代社会，人们要求工程项目承担更多的、更大的责任，使得项目管理的目标在进一步扩展。在传统的三大目标的基础上，在现代工程项目管理中人们又强调：

（1）环境目标，即在工程的建设和运行中不污染环境。这是ISO 14000对工程项目管理的要求。

（2）职业健康和安全目标，即在工程的建设和运行中必须保证施工工人、现场周边的人员、运行操作人员、工程产品的使用者的健康和安全，不出现事故。

（3）与业主及其他相关者建立友好合作关系，提高企业信誉等。

这不仅赋予项目管理更多的职能和工作任务，同时，会带来项目管理理论和方法的进步。

三、工程项目管理系统结构

为了实现项目管理目标必须对项目进行全过程的、多角度的管理。从总体上说，工程项目管理系统是指为实现项目目标所必需的管理过程（活动和流程）、管理组织、管理职能、管理规则、管理信息、管理方法和工具等所构成的系统。

采用系统分析方法，工程项目管理是一个多维的体系，可以从多个角度进行分析（图1-6）。

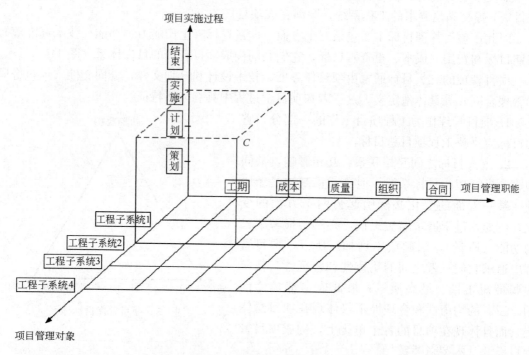

图1-6 项目管理的系统结构

（一）整个工程系统范围

工程本身是一个非常复杂的系统，它由许多功能面和专业工程系统构成，项目管理必须包括由工程系统范围定义的全部专业工程系统（子系统）。工程范围定义确定了项目管理对象的范围。

（二）项目全过程各阶段

工程项目管理是对项目全过程的管理。在工程项目的不同阶段，项目管理的重点和工作任务不同。按项目实施过程，项目管理工作可分为：

1. 前期策划阶段的管理工作。本阶段，项目尚未立项，没有专业性实施工作，主要有投资者或上层组织对项目的构思、目标设计、可行性研究，以及评价和决策等工作。

在该阶段，项目管理工作包括为投资决策提供信息、咨询意见和建议，如对上层系统的问题、条件与资源进行调查研究，收集数据；项目目标系统的建立、分析和优化；提出总体实施方案的建议，编制项目建议书；进行可行性研究，作项目评价报告等。

2. 设计和计划阶段的管理工作。包括：

(1) 项目管理系统构建

1) 项目的范围管理,包括确定工程范围和项目工作范围,进行项目工作结构分解(WBS);

2) 对项目的环境进行调查和分析;

3) 协助制定项目的实施方针和策略;

4) 编制项目的实施计划,包括实施方案、实施程序、工期计划、成本(投资)预算、成本(投资)计划、资源计划和优化,资金需求计划等;

5) 项目管理组织设置,包括提出项目管理模式的建议,建立项目管理系统,构建项目管理组织机构,选择项目管理人员,分配管理工作与职责,编制项目手册;

6) 项目的信息管理,包括构建项目的报告系统和文档管理系统等。

(2) 对勘察设计的管理

1) 提出勘察设计要求、确定项目质量标准和编制勘察设计任务书(或招标文件);

2) 对勘察设计工作的管理,包括勘察设计工作控制和协调、勘察设计文件的审查;

3) 设计文件的行政性审批工作等。

(3) 招标投标管理

包括协助业主进行合同策划,提出分标建议;在业主授权范围内起草各种文件,召集各种会议,组织开标、评标、作评标报告;分析合同风险并制定风险应对策略,安排各种保险和担保等。

(4) 实施前准备工作的管理

牵头进行施工准备,为现场准备、技术准备、资源准备等拟定各种计划,与各方面进行协调。

3. 施工阶段的项目管理工作,包括:监督、跟踪、诊断项目实施过程;协调设计单位、施工承包商、供应商的工作,具体完成项目的范围管理、进度控制、成本(投资)控制、质量控制、风险控制、材料和设备管理、现场和环境管理、信息管理等工作。

本阶段是项目管理最为活跃的阶段,资源投入量最大,管理难度也最大,最复杂。

4. 建设过程结束阶段的管理工作,包括:组织工程的验收与交接,费用结算,资料的交接;进行工程的运行准备;协助项目审计;进行项目后评价,总结项目经验教训和存在的问题;按照业主的委托对工程运行情况、投资回收等进行跟踪。

(三) 按照项目管理的职能分解

项目管理的主要工作可以分为许多管理职能,这是项目管理专业化的表现,在项目经理部中一般都是按照管理职能落实部门责任。通常工程项目管理职能有:

1. 工期管理。它是在工程量计算、实施方案选择、施工准备等工作基础上进行的,包括如下具体的管理活动:

(1) 工期计划,包括按照总工期目标安排各工程活动的工期,确定工程活动的持续时间、明确活动之间的逻辑关系。

(2) 进度控制。包括审核实施方案和进度计划,监督项目参加者各方按计划开始和完成工作,预测进度状况,调整(修改)进度计划等。

2. 成本(投资)管理。它包括如下具体的管理活动:

(1) 成本(投资)的预测和计划,包括工程成本(投资)的估算、概算和预算;

（2）工程估价，对工程编制标底和报价，以及在工程施工中对工程变更进行估价；

（3）编制工程项目的支付计划、收款计划、资金计划和融资计划；

（4）成本（投资）控制，包括对已完工程进行量方，指令各种形式的工程变更，处理费用索赔，审查、批准进度付款，审查监督成本支出，成本跟踪和诊断；

（5）编制和审核竣工结算以及最终结算，提出结算报告。

3. 资源管理。包括制定资源供应计划，控制资源采购和供应过程。

4. 质量、安全、环境和健康管理。包括：

（1）审核承包商的质量管理体系和 HSE（健康-安全-环境）管理体系，并监督体系的执行；

（2）对材料采购、实施方案、设备进行事前认定和进场检查、验收；

（3）对工程施工过程进行监督、中间检查；

（4）对不符合要求的工程、材料、工艺的处置；

（5）对已完工程进行验收，以及组织整个工程竣工验收，安装调试和移交；

（6）为工程运行作各种准备，如使用手册、维修手册、人员培训、运行物质准备等。

5. 组织和信息管理。它包括如下具体管理活动：

（1）项目组织策划；

（2）建立项目管理机构和安排人事，培训项目职能人员，促进团队建设；

（3）落实各方面责权利关系，制定项目管理工作流程和工作规则；

（4）领导项目经理部工作，解决出现的各种问题和争执；

（5）信息管理，包括建立管理信息系统，确定组织成员（部门）之间的信息流，收集项目实施过程中的各种信息，并予以保存，起草各种文件，向承包商提供图纸、发布指令，向业主、企业和其他相关各方提交各种报告；

（6）沟通管理。包括协调各参加者的利益和责任，举行协调会议，调解争执等。

6. 工程合同管理。它包含如下具体管理活动：

（1）工程合同策划；

（2）招标投标管理，包括招标准备工作、起草招标文件、合同审查、主持各种会议等；

（3）合同实施控制；

（4）合同变更管理；

（5）索赔管理，解决合同争执等。

7. 风险管理。包括风险识别、风险分析、风险应对计划和风险控制。

8. 其他，如项目的范围管理等。

一个完整的项目管理系统应将上述各方面融合成一个完整的有序的整体。例如图 1-6 中 C 点为工程子系统 2 在实施中的成本控制工作。

（四）不同层次和角色的项目管理

在同一个工程项目中，项目主要参加者的工作都符合项目的定义，都有自己的项目管理工作任务和项目管理组织。如业主有项目经理、项目经理部；项目管理公司（监理公司）也有项目经理和项目经理部，承包商、设计单位、供应商甚至分包商都可能有类似的组织。他们各自的项目管理内容、范围和侧重点有一定的差异，共同构成一个工程项目的管理系统。

四、工程项目管理的集成化

虽然项目管理分为不同的对象，不同的阶段，不同的职能部门，不同层次和角色的管理工作，在现代项目中，人们越来越强调集成化管理。这是从一个新的高度和广度构建项目管理系统，要求项目管理有更高层次的系统性、连续性、稳定性、有效性。

项目集成化管理要求项目管理者必须有工程全寿命期的理念，系统地观察问题，解决问题，综合的计划和控制，良好的界面管理，良好的组织协调和信息沟通。主要体现在：

（1）将项目构思、目标系统设计、可行性研究、决策、设计和计划、供应、施工和工程运行等综合起来，形成工程全寿命期一体化的管理过程。

（2）把项目的各部分有机地结合在一起，保证项目目标、工程系统、实施过程和管理活动、组织单位结合起来，形成一个协调运行的综合体。

（3）将项目管理的各个职能，如成本管理、进度管理、质量管理、合同管理、信息管理等综合起来，形成一个有机的整体。

（4）将投资者、业主、承包商、设计单位、项目管理公司等各方面的管理集成化和一体化，消除项目组织责任的盲区和组织成员的短期行为，使整个项目组织实现无障碍沟通和运作。

（5）项目管理信息系统的集成，如通过构建所有项目参加者共享的信息平台，构建工程全寿命期的信息体系，实现工程全寿命期各阶段、各组织成员和各个职能管理部门之间的信息无障碍沟通。

项目管理的集成化是目前项目管理研究的热点之一。

复习思考题

1. 收集不同书籍中对项目的定义，并分析它们的差异。
2. 列举常见的项目的可交付成果。
3. 工程寿命期阶段划分和工程项目阶段划分有什么联系和区别？
4. 分析你所从事的项目的相关者有哪些？他们各自对项目有什么要求？
5. 工程项目的使命对项目管理有什么影响？
6. 怎样才能算作一个成功的工程项目？如何才能取得工程项目的成功？
7. 什么是项目的对象系统、目标系统、行为系统和行为主体系统？它们之间有什么联系？以三峡建设工程为例，简述其目标系统、对象系统、行为系统、行为主体系统。

第二章 工程项目的前期策划

内容提要：本章主要介绍工程项目立项前的管理工作。本章的重点有：
(1) 工程项目的前期策划工作过程，包括项目构思、环境调查、问题定义、提出目标因素、建立目标系统、项目定义、项目建议书、可行性研究、项目决策等工作。
(2) 项目的前期策划是项目的孕育阶段，对工程的整个寿命期，甚至对整个上层系统有决定性的影响，所以项目管理者，特别是上层决策者应重视该阶段的工作。
(3) 项目前期策划主要从上层系统（国家、地方、企业）的角度出发，所以必须对上层系统的问题、战略和环境作全面的调查研究。

在本章的学习中最好能够结合阅读一些战略管理、目标系统优化和项目可行性研究等方面的书籍。

第一节 工程项目的前期策划工作

一、概述

在本书中将项目构思产生到项目批准正式立项定义为项目的前期策划阶段（在有些书中称为"概念阶段"）。工程项目的立项是一个极其复杂，同时又是十分重要的过程。尽管在该阶段主要是从上层组织（如国家、地方、企业），从全局的和战略的角度出发研究和分析问题的，主要是上层管理者的工作，但同时又有许多项目管理工作。要取得项目的成功，必须在该阶段就进行严格的项目管理。

谈及项目的前期策划工作，许多人一定会想到那就是项目的可行性研究。这有一定的道理，但不完全。因为尚存在如下问题：

1. 可行性研究的意图是如何产生的？为什么要做，并且对什么做可行性研究？
2. 可行性研究需要很大的花费。在国际工程项目中，常常可行性研究的费用就要花几十万、几百万甚至上千万美元，它本身就是一个很大的项目。所以，在此之前就应该有严格的研究和决策，不能有一个项目构思就作一个可行性研究。
3. 可行性研究的尺度是怎么确定的？可行性研究是对方案完成目标程度的论证，因此在可行性研究之前就必须确定项目的目标，并以它作为衡量的尺度，同时确定一些总体方案作为研究对象。

项目前期策划工作的主要任务是寻找项目机会，确立项目目标，定义项目，并对项目进行详细的技术经济论证，使整个项目建立在可靠的、坚实的和优化的基础之上。

二、工程项目前期策划的过程和主要工作

工程项目的立项必须按照系统方法分步骤进行。项目前期策划的过程如图 2-1 所示*。

---

* 在实际工程项目中，不同性质的项目执行该程序的情况不同。对全新的高科技工程项目，大型的或特大型的项目，投资类项目等一定要采取循序渐进的方法；而对于那些技术已经成熟，市场风险、投资（成本）和时间风险都不大的工程项目，或在发展战略等基础上产生的项目，可加快前期工作的速度，许多程序可以简化。

1. 项目构思的产生和选择

任何项目都起源于项目的构思。项目的构思是对项目机会的寻求、分析和初步选择。它产生于为了解决上层系统（如国家、地方、企业、部门）问题的期望，或为了满足上层系统的需要，或为了实现上层组织的战略目标和计划等。

2. 项目目标设计和项目定义

主要通过对上层系统情况和存在的问题进行进一步研究，提出项目的目标因素，进而构成项目目标系统，通过对目标的书面说明形成项目定义。该阶段包括如下工作：

（1）环境调查和问题的研究。即对上层系统状况、市场状况、组织状况、自然环境进行调查，对其中的问题进行全面罗列、分析、研究，确定问题的原因，为正确的项目目标设计和决策提供依据。

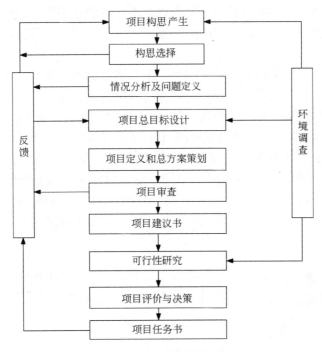

图 2-1　项目前期策划过程

（2）项目的目标设计。针对上层系统的情况和存在的问题、上层组织战略，以及环境条件提出目标因素；对目标因素进行优化，建立目标系统。这是项目要达到的预期总目标。

（3）项目的定义和总体方案策划。项目的定义是指划定项目的目标系统范围，对项目各个目标指标作出说明，并根据项目总目标，对项目的总体实施方案进行策划。

（4）提出项目建议书。项目建议书是对环境条件、存在问题、项目总体目标、项目定义和总体方案的说明和细化，同时，提出在可行性研究中需考虑的各个细节和指标。

3. 可行性研究

即对项目总目标和总体实施方案进行全面的技术经济论证，看能否实现目标。它是项目前期策划阶段最重要的工作。

4. 项目的评价和决策

在可行性研究的基础上，对项目进行财务评价、国民经济评价和环境影响等评价。根据可行性研究和评价的结果，由上层组织对项目立项作出最后决策。

在我国，可行性研究报告经批准后项目就立项了，并作为工程项目的任务书。

5. 其他相关工作

（1）必须不断地进行环境调查，客观地反映和分析问题，并对环境发展趋势进行合理的预测。环境是确定项目目标、进行项目定义、分析可行性的最重要的影响因素，工程项目前期策划的科学性常常是由环境调查的深度和广度决定的。

（2）有一个多重反馈的过程。必须设置几个阶段决策点，对阶段工作结果进行分析、评价和选择。要不断地进行调整、修改、优化，甚至放弃原定的构思、目标或方案。

三、项目前期策划工作的重要作用

项目的前期策划是工程项目的孕育阶段，其工作主要是识别项目的需求，确定项目的方向，对项目作出决策，通常由项目的上层组织（如投资者、项目发起人、政府部门、企业主管等）负责。

按照现代医学和遗传学研究结果证明，一个人的寿命和健康状况在很大程度上是由他的遗传因素和孕育期状况决定的，而工程项目与人类有生态方面的相似性。前期策划决定了工程项目的"遗传因素"和"孕育状况"。它不仅对工程建设过程、将来的运行状况和使用寿命起着决定性作用，而且对工程的整个上层系统都有极其重要的影响。

1. 项目构思和目标设计是确立项目方向的问题。方向错误必然会导致整个项目的失败，而且这种失败常常又是无法弥补的。图2-2能清楚地说明这个问题。项目的前期费用投入较少，其主要投入在施工阶段；但项目前期策划对工程寿命期的影响最大，稍有失误就会造成无可挽回的损失，甚至会导致项目的失败，而施工阶段的工作对工程寿命期影响相对较小。

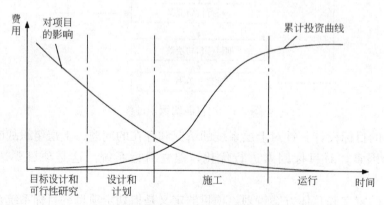

图2-2 项目累计投资和影响对比图

项目前期策划阶段的失误，常常会产生如下后果：

（1）工程建成后无法进行正常的运行，达不到使用效果；

（2）虽然可以正常运行，但其产品或服务没有市场，不能为社会接受；

（3）运行费用高，效益低下、缺乏竞争力；

（4）项目目标在工程建设过程中不断变动，造成超投资，超工期等现象。

2. 项目构思和项目目标影响全局。工程的建设必须符合上层系统的需要，解决上层系统存在的问题。如果上马一个项目，其结果不能解决上层系统的问题，或不能为上层系统所接受，往往会成为上层系统的包袱，给上层系统带来历史性的影响。一个工程项目的失败不仅会导致经济损失，而且会带来社会问题，导致环境的破坏。

例如，一个企业决定投资一个项目，开发一个新产品，其资金来源是企业以前许多年的利润积余和借贷。如果该项目失败，如产品开发不成功，或市场上已有其他新产品替代，本产品没有市场，未能产生效益，则不仅企业以前多年的积蓄和项目期间人力、物力、精力、资金投入白费，而且让企业背上一个沉重的包袱，必须在以后许多年中偿还贷款。厂房、生产设备、土地虽都有账面价值，但不产生任何效用，则企业竞争力会下降，甚至一蹶不振。

第二节 工程项目的构思

一、构思的产生

任何工程项目都从构思开始，根据不同的项目和不同的项目参加者，项目构思的起因不同，可能有：

1. 通过市场研究发现新的投资机会、有利的投资地点和投资领域。例如：
（1）通过市场调查发现某种产品有庞大的市场容量或潜在市场，应该开辟这个市场；
（2）企业要发展，要扩大销售，扩大市场占有份额，必须扩大生产能力；
（3）企业要扩大经营范围，增强抗风险能力，搞多种经营、灵活经营，向其他领域、地域投资；
（4）由于技术的进步，出现了新技术、新工艺、新的专利产品；
（5）市场出现新的需求，顾客有新的要求；
（6）当地某种资源丰富，可以开发利用这些资源。

这些产生对项目所提供的最终产品或服务的市场需求，都是新的项目机会。工程项目应以市场为导向，具有市场的可行性和发展的可能性。

2. 解决上层系统运行存在的问题或困难。例如：
（1）某地方交通拥挤不堪；
（2）市场上某些物品供应紧张，如住房供应特别紧张；
（3）企业经营存在问题，产品陈旧，销售市场萎缩，技术落后，生产成本增加；
（4）环境污染严重等。

这些问题和困难需要通过工程运行解决，也产生了对工程的需求。

我国目前许多大型和特大型城市一下暴雨就被淹没，对人们的生命财产和社会生活带来极大危害，可以预见，这些城市将会有大量的地下工程建设。

我国目前各地环境污染严重，到处是垃圾围城、水污染、空气污染（雾霾），这也预示着我国将有大量的环境治理工程项目。

3. 实现上层组织的发展战略

上层组织的战略目标和计划常常都是通过工程项目实现的。例如，为了解决国家、地方的经济和社会发展问题，促进经济腾飞，必须依托于许多工程项目完成使命。因此，一个国家或地方的发展战略，或发展计划常常包含许多新的工程项目。一个国家、地方或产业部门如果正处于发展时期、上升时期，则必将拥有许多工程项目机会。

例如，我国的交通发展战略、能源发展战略、区域发展战略等，都包含大量的工程建设需求，或者它们都必须通过工程建设实现。

通过对国民经济计划、产业结构和布局、产业政策以及社会经济发展计划的分析可以预测项目机会。在作项目目标设计和项目评价时必须考虑该项目对上层战略的贡献。

4. 一些重大的社会活动，常常需要大量的工程建设，如 2008 年奥运会、2010 年世博会、2010 年亚运会，以及每一次全国运动会等，都会有大量的工程建设需求。

5. 通过工程信息寻求项目业务机会

许多企业以工程项目作为基本业务对象，如工程承包公司、成套设备的供应公司、咨询公司、造船企业、国际合作公司和一些跨国公司，则在它们业务范围内的任何工程信息（如工程建设计划、招标公告），都是承接业务的机会，都可能产生项目。

6. 通过生产要素的合理组合，产生项目机会

现在许多投资者和项目策划者常常通过国际的生产要素的优化组合策划新的项目。最常见的是通过引进外资，引进先进的设备、生产工艺，与当地的廉价劳动力、原材料、已有的厂房组合，生产符合国际市场需求的产品。在国际经济合作领域，这种"组合"的艺术已越来越为人们重视，通过它能演绎出各式各样的项目。例如，许多承包商通过调查研究，在业主尚无项目意识时就提出项目构思，并帮助业主进行目标设计、可行性研究、技术设计，甚至提供建设资金，以获得该项目的总承包权。最终业主和承包商都能获得很高的经济效益。

7. 其他。如社会特殊的需要、国防的需要、抗震救灾或灾后重建的需要、科学研究的需要等。

项目构思的产生是十分重要的。它在初期可能仅仅是一个"点子"，但却是一个项目的萌芽，投资者、企业家及项目策划者对它要有敏锐的洞察力，要有远见。

二、项目构思的选择

在一个具体的社会环境中，上层系统的问题和需要很多，使项目机会很多，项目的构思丰富多彩，有时甚至是"异想天开"的。人们可以通过许多途径和方法（即项目或非项目手段）达到目的，所以不可能将每一个构思都付诸更深入的研究，必须淘汰那些明显不现实或没有实用价值的构思。同时，由于资源的限制，即使是有一定可实现性和实用价值的构思，也不可能都转化成项目。一般只能选择少数几个有价值和可能实现的构思进行更深入的研究和优化。由于构思往往产生于对上层系统直观的了解，而且仅仅是比较朦胧的概念，所以对它也很难进行系统的定量的评价和筛选，一般只能从如下几方面来把握：

1. 上层系统问题和需求的现实性。即上层系统的问题和需要是实质性的，而不是表象性的，同时，预测通过采用工程项目手段可以顺利地解决这些问题。

2. 考虑到环境的制约，充分利用资源和外部条件。

3. 充分发挥自身既有的长处，运用自己的竞争优势，或在项目中实现合作各方竞争优势的最佳组合。

对此综合考虑"构思——环境——能力"之间的平衡，以求达到主观和客观的和谐统一。经过认真研究后，判断某个工程项目是可行的、有利的，经过权力部门的认可，将项目的构思就转化为目标设计，可做进一步更深入的研究。

第三节 工程项目的目标设计

一、目标管理方法

目标是对预期结果的描述。工程项目不同于一般的研究和革新项目。研究（如科研）和革新项目的目标在项目初期常常是不太明确的。它们往往通过在项目过程中分析遇到的新问题和新情况，对项目中间成果进行分析、判断、审查，探索新的解决办法，作出决策，逐渐明确并不断修改目标，最终获得一个结果，可能是成功的、一般的，或不成功的，甚至可能是新的成果或意外的收获。对这类项目必须加强变更管理，做好阶段决策和阶段计划工作。

而工程项目必须采用严格的目标管理方法，这主要体现在如下几方面：

1. 在项目实施前就必须确定明确的总目标，精心优化和论证，经过批准，将它落实到项目的各阶段，作为可行性研究的尺度，经过评价和批准后作为工程技术设计和计划、实施控制的依据，最后又作为项目后评价的标准。通常不允许在项目实施中仍存在目标的不确定性和对目标过多的修改。当然在实际工程项目中，有时也会出现调整、修改、甚至放弃目标的现象，但那常常预示着项目的失败。

2. 项目目标设计是一个连续反复循环的过程，必须按系统工作方法有步骤地进行。通常在项目前期进行项目总体目标设计，建立项目目标系统的总体框架，再采用系统方法将总目标分解成子目标和可执行目标。更具体的、详细的、完整的目标设计在可行性研究阶段以及在设计和计划阶段中进行。

3. 目标系统必须包括工程建设和运行的所有主要方面，并能够分解落实到各阶段和项目组织的各个层次上，将目标管理同职能管理高度地结合起来，使目标与组织任务、组织结构相联系，建立自上而下，由整体到分部的目标控制体系，并加强对项目组织各层次目标的完成情况的考核和业绩评价，鼓励人们竭尽全力圆满地实现他们的目标。所以，采用目标管理方法能使项目目标顺利实现，促进良好的管理，使计划和控制工作十分有效。

4. 在现代项目中人们强调工程全寿命期集成化管理，必须以工程全寿命期作为对象建立目标系统，以保证在工程全寿命期中目标、组织、过程、责任体系的连续性和整体性。

5. 但在项目管理中推行目标管理存在许多问题，主要表现在：

（1）在项目前期就要求设计完整的、科学的目标系统是十分困难的，这是因为：

1）项目是一次性的，项目目标设计缺乏直接可用的参照系；

2）项目初期人们掌握的信息较少，对问题的认识还不深入、不全面，目标设计的根据不足；

3）项目前期，设计目标系统的指导原则和政策不够明确，很难作出正确的综合评价和预测；

4）项目系统环境复杂，边界不清楚，不可预见的干扰多；

5）影响项目目标实现的因素多，相互之间的关系复杂，容易引起混乱。

（2）项目批准后，由于如下原因使得目标的刚性增大，不能随便改动，也很难改动：

1）目标变更的影响大，管理者对变更目标往往犹豫不决；

2) 行政机制的惯性，目标变更必须经过复杂的程序；
3) 项目已经实施，已有大量资源投入，人们不愿意承担责任；
4) 项目决策者常常因情感或面子，不愿意否定过去，不愿意否定自己；
5) 对项目的将来还有侥幸心理，希望通过努力可以挽回失败等。

这种目标的刚性对工程项目常常是十分危险的。有时，修改总目标，甚至中断项目，是一个较有利的选择，可以避免更大的损失。

（3）在目标管理过程中，人们常常注重近期的局部的目标，因为这是他的首要责任，是对他考核、评价的依据。例如在建设期人们常常过于注重建设期的成本（投资）目标、工期目标，而较少注重运行成本问题；承包商也比较注重自己的经济效益，降低成本，加快施工速度，但这有时会损害项目的总目标。

（4）影响项目目标实现的因素很多，如项目的复杂程度和特殊性、风险状况、时间限制、资源供应条件、项目相关者要求的一致性、环境影响等，这些并不是项目管理者能够控制的。

（5）其他问题。例如，人们可能过分使用和注重定量目标，因为定量目标易于评价和考核，但有些重要的和有重大影响的目标很难用数字表示。

这些问题体现了工程项目管理自身的矛盾性，使项目早期目标系统的合理性和科学性受到限制。

二、环境调查

（一）环境调查的作用

环境调查是为项目的目标设计、可行性研究、决策、设计和计划、控制服务的。环境调查是在项目构思的基础上对环境系统状况进行调查、分析、评价，以作为目标设计的基础和前导工作。工程实践证明，正确的项目目标设计和决策需要熟悉环境，并掌握大量的信息。

1. 通过环境调查可以进一步研究和评价项目的构思，将原来的目标建议引导到实用的理性的目标概念，使目标建议更符合上层系统的需求。

2. 通过环境调查可以对上层组织的目标和问题进行定义，从而确定项目的目标因素。

3. 通过环境调查确定项目的边界条件状况。这些边界条件的制约因素，常常会直接产生项目的目标因素，例如法律规定、资源约束条件和周边组织要求等。如果目标中不包括或忽略了这些因素，则这个项目是极其危险的。

4. 为目标设计、项目定义、可行性研究，以及设计和计划提供信息。

5. 通过环境调查可以对项目中的风险因素进行分析，并提出相应的防范措施。

（二）环境调查的内容

项目环境调查的内容非常广泛，具体如下：

1. 项目相关者

特别是用户、项目所属的企业（业主）、投资者、承包商等的组织状况：

（1）项目产品的用户需求、购买力、市场行为等。

（2）项目所属企业（或项目发起人）状况，包括组织体系、组织文化、能力、战略、存在的问题、对项目的要求、基本方针和政策等。

（3）合资者的能力、基本状况、战略、对项目的企求、政策等。

（4）工程承包企业和供应商的基本情况，如技术能力、组织能力、可用资源。

（5）主要竞争对手的基本情况。

（6）周边组织（如居民、社团）对项目的需求、态度，对项目的支持或可能的障碍等。

2. 社会政治环境

（1）政治局面的稳定性，有无社会动乱、政权变更、种族矛盾和冲突，有无宗教、文化、社会集团利益的冲突。一个国家政治稳定程度对工程项目的各方面都会造成影响，而这个风险常常是难以预测和控制的，直接关系到工程项目的成败。

（2）政府对本项目提供的服务，办事效率，政府官员的廉洁程度。

（3）与项目有关的政策，特别对项目有制约的政策，或向项目倾斜的政策。

（4）国际政治环境。对国际工程项目，相应的国际、国家、地区和当地的政治状况。

3. 社会经济环境

（1）社会的发展状况。该国、该地区、该城市所处的发展阶段和发展水平。

（2）国民经济计划安排，国家的工业布局及经济结构，国家重点投资发展的工程领域和地区等。

（3）国家的财政状况，赤字和通货膨胀情况。

（4）国家及社会建设资金的来源，银行的货币供应能力和政策。

（5）市场情况：

1）拟建工程所提供的服务或产品的市场需求，市场容量，现有的和潜在的市场，市场的开发状况等。在项目的目标设计过程中市场研究一直占据十分重要的地位。

2）当地建筑市场（例如设计、工程承包、采购）情况，如竞争的激烈程度，当地建筑企业的专业配套情况，建材、结构件和设备生产、供应及价格等。

3）劳动力供应状况以及价格，技术熟练程度、技术水平、工作能力和效率、工程技术教育和职业教育情况等。

4）城市建设水平，基础设施、能源、交通、通讯、生活设施的状况及价格。

5）物价指数。包括全社会的物价指数，部门产品和专门产品的物价指数。

4. 法律环境

工程的建设和运行受工程所在地的法律的制约和保护。

（1）法制是否健全，执法的严肃性，项目相关者能否得到法律的有效保护等。

（2）与项目有关的各项法律和法规的主要内容，如合同法、建筑法、劳动保护法、税法、环境保护法、外汇管制法等。

（3）与本项目有关的税收、土地政策、货币政策等。

5. 自然条件

（1）可以供工程项目使用的各种自然资源的蕴藏情况。

（2）对工程有影响的自然地理状况：如地震设防烈度及工程寿命期中地震的可能性；地形地貌状况；地下水位、流速；地质情况，如地基的稳定性，可能的流砂、暗塘、古河道、滑坡、泥石流等。

（3）气候情况，如年平均气温、最高气温、最低气温，高温、严寒持续时间，主导风向及风力，风荷载，雨雪量及持续时间，主要分布季节等。

6. 技术因素

即与工程项目相关的技术标准、规范、技术能力和发展水平，解决工程施工和运行问题技术方面的可能性。

7. 工程周围基础设施、场地交通运输、通讯状况

（1）场地周围的生活及配套设施，如粮油、副食品供应、文化娱乐，医疗卫生条件。

（2）现场及周围可供使用的临时设施。

（3）现场周围公用事业状况，如水、电的供应能力、条件及排水条件、后勤保障。

（4）通往现场的运输状况，如公路、铁路、水路、航空条件、承运能力和价格。

（5）各种通信条件、能力及价格。

（6）项目所需要的各种资源的可获得条件和限制。

8. 其他方面

如社会人文方面，如项目所在地的人口、文化素质、教育、道德、种族、宗教、价值取向、习惯、风俗和禁忌等。

9. 同类工程的资料

如相似工程项目的工期、成本、效率、存在问题，经验和教训。这对目标设计、可行性研究、计划和设计、控制有很大的作用。

（三）环境调查方法

工程项目的环境调查可以通过各种途径获得信息：

1. 新闻媒介，如通过互联网、报纸、杂志、专业文章、电视、新闻发布会等。在国内，如工程建设或招标方面的公共信息平台。

2. 专业渠道，如通过学会、商会、研究会的资料，或委托咨询公司作专题调查。

3. 向合作者、同行、侨胞、朋友调查。

4. 派人实地考察、调查。

5. 通过业务代理人调查。

6. 专家调查法。即采用德尔菲（Delphi）法，通过专家小组或专家调查表调查。

7. 直接询问。特别对市场价格信息可以直接向供应商，分包商询价等。

（四）环境调查的要求

1. 详细程度。通常对环境调查，不能说越详细越好。过于详细会造成信息量大，管理费用增加，时间延长。业主在批准立项前，承包商在投标阶段，如果调查太细太广泛，而结果项目不能被批准，或未中标，则损失太大；但如果因调查不细或不全面，而造成决策失误或报价失误，则要承担经济损失。一般在立项前调查比较宏观的和总体的情况，而在立项后设计、计划中所作的调查必须逐步具体和详细。

2. 侧重点。不同的管理者所需资料不同，业主、投资者、施工单位、设计单位环境的调查内容、范围和深度都不尽相同。例如，投资者注重工程产品或服务的市场和投资风险，估价师比较注重资源市场价格、通货膨胀，工程师在做实施方案前多注重自然条件和技术条件。

3. 系统性。环境调查和分析应是全面的、系统的，应按系统工作方法有步骤地进行：

（1）在着手调查前，必须对调查内容进行系统的分析，以确定调查的整个体系，国外大的工程公司和项目管理公司针对不同类型的项目建立标准的、完整的环境调查内容的框

架。这是将项目的环境系统结构化，使调查工作程序化、规范化，不会遗漏应该调查的内容。

（2）委派专人负责具体内容的调查工作，并要求其对调查内容的准确性承担责任。

（3）对调查内容作分析，数据处理，推敲它的真实性、可靠性。

（4）登记归档。这些调查内容不仅目前有用，而且在整个项目过程中，甚至在以后承担新的项目时还可能用到。这是企业和项目的信息资源，必须保存。

对调查内容可以作环境调查分析表（表2-1）。

××项目环境调查分析表　　　　　表2-1

序号	调查内容编码	调查内容	调查对象	调查负责人	调查日期	调查结果简述	调查结果评价	文档号	备注

4. 客观性。实事求是，尽可能量化，用数据说话，要注意"软信息"的调查。

5. 前瞻性。由于工程的建设和运行是未来的事，所以环境调查不仅着眼于历史资料和现状，应对今后的发展趋向作出预测和初步评价，这是非常重要的。

三、问题的定义

项目构思所提出的问题和需求主要表现为上层系统的症状（表象），经过环境调查可以从中认识和导出上层系统的问题，并对问题进行定义和说明。问题定义是目标设计的诊断阶段，进一步研究问题的原因、背景和界限，从中可以确定项目的目标和任务。

对问题的定义必须从上层系统全局的角度出发，并抓住问题的核心。问题定义的步骤为：

1. 对上层系统问题进行罗列、结构化，即上层系统有几个大问题，一个大问题又可分为几个小问题。例如企业存在利润下降、生产成本提高、废品增加、产品销路差等问题。

2. 采用因果关系分析法对原因进行分析，将症状与背景、起因联系在一起。

如产品销路不佳的原因可能是：该产品陈旧老化，市场上已有更好的新产品出现；产品的售后服务不好，用户不满意；产品的销售渠道不畅，用户不了解该产品等。

3. 分析这些问题将来发展的可能性和对上层系统的影响。有些问题会随着时间的推移逐渐减轻或消除，相反有的却会逐渐加重。如产品处于发展期则销路会逐渐好转，但若处于衰退期，则销路会越来越差。由于工程在建成后才有效用，因此，必须分析和预测工程投入运行后的状况。

四、提出目标因素

（一）目标因素的来源

项目的目标因素通常由如下几方面决定：

1. 问题的定义，即按问题的结构，提出解决其中各个问题的程度，即为目标因素。

2. 有些边界条件的限制也形成项目的目标因素，如资源限制、法律制约、工程项目相关者（如投资者、项目周边组织）的要求等。

3. 对于为完成上层系统战略目标和计划的项目，许多目标因素是由上层组织设置的，上层战略目标和计划的分解可直接形成项目的目标因素。

由于问题的多样性和复杂性，同时由于项目边界条件的多方面约束，造成了目标因素的多样性和复杂性。

（二）常见的目标因素

通常，工程项目的目标因素一般包括如下几类：

1. 问题解决的程度。这是工程建成后所实现的功能，所达到的运行状态。例如：

（1）产品的市场占有份额；

（2）产品的年产量或年增加量；

（3）新产品开发达到的销售量、生产量、市场占有份额、产品竞争力；

（4）拟解决多少人口的居住问题，或提高当地人均居住面积；

（5）增加道路的交通流量，或所达到的行车速度；

（6）拟达到的服务标准或产品质量标准等。

2. 与工程建设相关的目标，包括：

（1）工程规模，即所能达到的生产能力规模，如建成一定产量的工厂、生产流水线，一定规模、等级、长度的公路，一定吞吐能力的港口，一定建筑面积或居民容量的小区。

（2）经济性目标，主要为项目的投资规模、投资结构、运行成本，工程投产后的产值目标、利润目标、税收和该项目的投资收益率等。

（3）项目时间目标，包括短期（建设期）、中期（产品占领市场的时间、产品寿命期、投资回收期）、长期（厂房或设施的寿命期）的目标。

（4）工程的技术标准、技术水平。

3. 其他，如由法律或项目相关者要求产生的目标因素：

（1）生态环境保护，对烟尘、废气、热量、噪声、污水排放的要求；

（2）职业健康保护程度、事故的防止和工程安全性要求；

（3）降低生产成本，或达到新的成本水平；

（4）提高劳动生产率，如达到新的人均产量、产值水平、人均产值利润额等；

（5）吸引外资数额；

（6）提高自动化、机械化水平；

（7）增加就业人数；

（8）节约能源程度或资源的循环利用水平；

（9）对企业或当地其他产业部门的连带影响，对国民经济和地方发展的贡献；

（10）对企业发展能力的影响、用户满意程度、对企业形象影响等。

（三）各目标因素指标的初步确定

目标因素应尽可能明确，尽可能定量化，能用时间、成本（费用、利润）、产品数量和特性指标来表示，以便能进一步地进行量化分析、对比和评价。在此仅对各目标因素指标进行初步定位。确定目标因素指标应注意如下几点：

1. 应在环境调查和问题定义的基础上，真实反映上层系统的问题和需要。

2. 切合实际，实事求是，既不好大喜功，又不保守，一般经过努力能实现。如果指标定得太高，则难以实现，会将许多较好的可行的项目淘汰；定得太低，则失去优化的可能，失去更好的投资机会。要顾及工程产品或服务的市场状况、自己的能力，以及边界条件的制约，避免出现完全出自主观期望的指标水平。

3. 目标因素指标的科学性和可行性并非在项目初期就可以达到。按照正常的系统过程，在目标系统优化、可行性研究、设计和计划中，还需要对它们作进一步分析、对比和优化。

4. 目标因素的指标要有一定的可变性和弹性，应考虑到环境的不确定性和风险因素，有利的和不利的条件，设定一定的变动范围，如划定最高值、最低值区域。这样在进一步的研究论证（如目标系统分析、可行性研究、设计）中可以按具体情况进行适当的调整。

5. 工程项目的目标因素必须重视时间限定。一般目标因素都有一定的时效，即目标实现的时间要求。该问题往往分为三个层次：

（1）通常工程的设计是针对工程的使用寿命，如工业厂房一般为30～50年。

（2）基于市场研究基础上提出的产品方案有其寿命期。一般在工程建成投产后一段时间，由于产品过时，或有新技术和新工艺，必须进行工程的更新改造，或采用新的产品方案。由于市场竞争激烈，科学技术进步，现在产品方案的周期越来越短，一般5～10年，甚至更短。

（3）工程的建设期，即项目上马到工程建成投产的时间，这是项目的近期。

这就要求与时间相关的目标因素的指标应有广泛的适用性和足够的可变性，既防止短期"优化"行为，如建设投资最省，但投产后运行费极高，项目的优势很快消失；同时又应防止在长时间内仍未达到最优利用的目的（如一次性投资太大，投资回收期过长）。一般工程项目的目标因素的确立以新产品的寿命期作为重点。

6. 项目的目标是通过对问题的解决而最佳地满足上层系统和相关者各方对项目的需要，所以许多目标因素都是由项目相关者各方提出来的。只有在目标设计时考虑到各方面的利益，项目的实施才有可能使项目各方满意。在该阶段必须向项目相关者各方调查询问，征求他们的意见。由于在项目初期有些相关者（如承包商和用户）尚未确定，则必须向有代表性的或潜在的相关者调查。

7. 目标因素指标还可以采用同类（或相似）项目比较法，指标（参数）计算法，费用/效用分析法，头脑风暴法和价值工程等方法确定。

在工程项目的经济性目标因素中，投资收益率常常占据主要地位，该指标对工程项目立项有重大意义。它的确定通常考虑如下因素：

（1）资金成本。即投入该项目的资金筹集费用和资金占用费用。

（2）项目所处的领域和部门。在社会经济系统中不同的部门有不同的投资收益率水平，例如电子部门、化工部门与建筑部门相比投资收益率差别很大。人们可以在该部门社会平均投资利润率基础上进行调整。当然一个部门中不同的专业方向，投资收益率水平也有差异，如建筑业中装饰工程项目比土建项目利润率高。

（3）工程建设过程和工程产品在生产、销售中风险的大小。一般风险大的项目期望投资收益率应高，风险小的项目可以低一些。一般以银行存款（或国债）利率作为无风险的收益率，作为参照判断。

（4）通货膨胀的影响。因为在工程寿命期中资金的投入和回收时间不一致，所以要考虑通货膨胀的影响。一般为了获得项目实际的收益，确定的投资收益率一般不低于通货膨胀率与期望的（即假如无通货膨胀情况下）投资收益率之和。

（5）对于合资项目，投资收益率的确定必须考虑各投资者期望的投资收益率。

（6）其他因素。如投资额的大小，建设期和回收期的长短，项目对全局（如企业经营战略、企业形象）的影响等。

五、目标系统的建立

（一）目标系统结构

对众多的目标因素进行分类、归纳、排序和结构化，并对它们的指标进行分析、对比、评价，可以构成一个协调的目标系统。通常工程项目目标系统可分为如下三个层次（图2-3）：

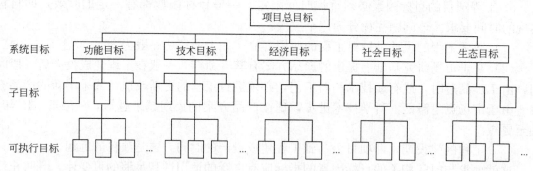

图 2-3 项目目标系统图

1. 系统目标。系统目标是由项目的上层系统决定的，对整个工程项目具有普遍的适用性和影响。系统目标通常可以分为：

（1）功能目标，即工程建成后所达到的总体功能。功能目标可能是多样性的，例如通过一个高速公路建设项目使某地段的交通量达到日通行4万辆，通行速度每小时120公里。

某医院的功能目标包括医疗、预防保健、康复、教学和科研等。其中医疗功能包括500张床位，21个临床中心和科室，4个医技中心。

对工程的功能目标的设定有时还要确定产品或服务的市场定位（如所满足的层次或针对的收入人群），以及项目的性质（民用还是军用、公益性的还是以盈利为目的商业营运）。

（2）技术目标，即对工程总体的技术标准的要求或限定，例如该公路符合中国高速公路建设标准。

（3）经济目标，如总投资、投资回报率等。

（4）社会目标，如对国家或地区发展的影响，对其他产业的影响等。

（5）生态目标，如环境目标、对污染的治理程度等。

2. 子目标。系统目标需要由子目标来支持。子目标通常由系统目标导出或分解得到，或是自我成立的目标因素，或是对系统目标的补充，或是边界条件对系统目标的约束。例如生态目标可以分解为废水、废气、废渣的排放标准，绿化标准，生态保护标准；如三峡工程的功能目标可能分解为防洪、发电、水运、调水等子目标。

子目标仅适用于对某一个方面，或一个子系统的要求，可用于确定子项目（或专业工程系统）的范围。例如生态目标（标准）常常决定了对"三废"处理装置和配套的环境绿化工程（子项目）的要求。

3. 可执行目标。子目标可再分解为可执行目标。可执行目标以及更细的目标因素，一般在可行性研究以及技术设计和计划中形成、扩展、解释、定量化，逐渐转变为与设计、施工相关的任务。例如，为达到废水排放标准所应具备的废水处理装置规模、标准、处理过程、技术等均属于可执行目标。这些目标因素决定了工程的详细构成，常与工程的技术设计或施工方案相联系。

因此，目标遗漏常常会造成工程系统的缺陷，如缺少一些专业工程子系统。

（二）目标因素的分类

1. 按性质，目标因素可以分为：

（1）强制性目标，即必须满足的目标因素，通常包括法律和法规的限制、政府规定和强制性技术规范等，例如环境保护法规定的排放标准，事故的预防措施，技术规范所规定的系统的完备性和安全性等。这些目标必须纳入项目系统中，否则项目不能成立。

（2）期望的目标，即尽可能满足的，有一定弹性范围的目标因素，例如总投资、投资收益率、就业人数等。

2. 按表达方式，目标因素又可以分为：

（1）定量目标，即能用数字表达的目标因素，它们常常又是可考核的目标，如工程规模、投资回报率、总投资等。

（2）定性目标，即不能用数字表达的目标因素，它们常常又是不可考核的目标。如改善企业或地方形象，改善投资环境，使用户满意等。

（三）目标因素之间的争执

诸多目标因素之间存在复杂的关系，可能有：相容关系、相克关系、其他关系（如模糊关系、混合关系）等。最常见的是目标因素之间存在争执，即相克关系。例如环境保护标准和投资收益率，自动化水平和就业人数，技术标准与总投资等。

目标因素之间的争执通常包括以下几种情况：

1. 强制性目标与期望目标发生争执，例如，当环境保护要求和经济性指标（投资收益率、投资回收期、总投资等）之间产生冲突时，则首先必须满足强制性目标的要求。

2. 强制性目标因素之间存在争执，即若不能保证两个强制性目标均能实现，则说明本项目存在自身的矛盾性，可能有两种处理：

（1）判定这个项目构思是不可行的，应重新构思，或重新进行环境调查。

（2）消除某一个强制性目标，或将它降为期望目标。在实际工作中，不同的强制性目标的强制程度常常是不一样的。例如国家法律是必须满足的强制性目标，但有些地方政府的规定，地方的税费，尽管也对项目具有强制性，但有时有一定的通融余地，或有一定变化的幅度，则可以通过一些措施将它降为期望的目标，或降低该目标因素的水准。

3. 期望目标因素间的争执，可分为以下两种情况：

（1）如果定量的目标因素之间存在争执，则可采用优化的办法，追求技术经济指标最有利（如收益最大、成本最低、投资回收期最短）的解决方案。

（2）定性的目标因素的争执可通过确定优先级（或定义权重），寻求它们之间的妥协和平衡。有时可以通过定义权重将定性的目标转化为定量的目标并进行优化。

4. 在目标系统中，系统目标优先于子目标，子目标优先于可执行目标。

解决目标因素的争执是一个反复的过程。通常在目标系统设计时尚不能完全排除目标之间的争执，有些争执还有待于在可行性研究、技术设计和计划中，通过对各目标因素进行更进一步的分析、对比、修改、增删和调整来解决。

（四）目标系统设计的几个问题

1. 项目的目标系统应注重工程的社会价值、历史价值，体现综合性和系统性，而不能仅顾及经济指标。

2. 由于许多目标因素是项目相关者各方提出的，或为考虑相关者利益设置的，所以很多目标争执常常又是不同群体的利益争执。

（1）项目相关者之间的利益存在很大矛盾，在项目目标系统设计中必须承认和照顾到项目相关不同群体和集团的利益，必须体现利益的平衡。若不平衡，项目就无法顺利实施。

（2）项目目标中最重要的是满足用户、投资者和其他相关者明确的和隐含的需要。他们的利益（或要求）权重较大，应优先考虑。当项目产品或服务的用户与其他相关者的需求发生矛盾时，应首先考虑满足用户的需求，考虑用户的利益和心理需要。

（3）许多用户、投资者、业主和其他相关者的目标或利益在项目初期常常是不明确的，或是隐含着的，或是随意定义、估计的。甚至在项目的初期，业主或决策者对顾客和相关者的对象和范围都不清楚，这样的项目目标设计是很盲目的。应进行认真的调查研究，以界定和评价用户和其他相关者的要求，以确保目标体系能够满足他们的需要。最好是能够吸引他们参与项目的决策过程，并认同项目总目标。这对于项目的成功至关紧要。

（4）在实际工作中，有许多项目所属企业的部门人员参与项目的前期策划工作，他们极可能将他们部门的利益和期望带入项目目标系统中，进而容易造成子目标与总目标相背离，所以应防止部门利益的冲突导致项目目标因素的冲突。

3. 在目标设计阶段尽管没有项目管理小组和项目经理，但它确实有复杂的项目管理工作，需要大量的信息和各学科专业知识，对于大型项目，应在有广泛代表性的基础上构建一个工作小组负责该项工作，小组成员包括目标系统设计的组织和管理人员、市场分析诊断人员、与项目相关的实施技术和产品开发人员等；同时，吸引上层组织的部门（如法律、合同、财务、销售、经营、后勤、人事和现场管理等）人员围绕在它的周围，形成一个外围圈子，广泛咨询，倾听各方面的意见。应防止盲目性，避免思维僵化和思维的近亲繁殖。

4. 在确定工程的功能目标时，经常还会出现预测的市场需求与经济生产规模相矛盾：对一般的工业生产项目，只有达到一定的生产规模才会有较高的经济效益；但按照市场预测，可能在一定时期内，产品的市场容量较小。

这对供需矛盾存在于许多工程项目中，而且常常不易圆满地解决。例如，按照经济分析，一般光导纤维电缆厂的经济生产规模为年产 20 万公里以上。在 20 世纪 90 年代初，我国每年光导纤维电缆的铺设量约为 2 万多公里，而我国当时共上马了 25 个光导纤维电缆制造厂。而且该现象普遍存在于我国的许多工业领域。

对一个有发展前景的同时又是风险型的工程项目，特别对投资回收期较长的项目，最好分阶段实施。例如，一期先建设一个较小规模的工程，然后通过二期、三期追加投资扩大生产规模。对近期目标进行详细设计、研究，远期目标则通过战略计划（长期计划）来安排。其主要作用体现在以下三个方面：

（1）前期工程投产后可以为后期工程筹集资金，以减少一次性的资金投入，降低项目的财务风险；

（2）逐渐积累建设经验，培养工程项目管理和运行管理人员；

（3）使工程建设进度与逐渐成熟的市场发展过程相协调，降低项目产品的市场风险。

但是，分阶段实施工程项目会带来管理上的困难和工程建设成本的增加。因此，对这样的项目,在项目前期就应有一个总体的目标系统的设计,考虑到工程扩建、改建及自动化的可能性,注重工程的可扩展性设计,使长期目标与近期目标协调一致。

5. 在项目前期策划中应注意上层系统的问题、目标和项目之间的联系与区别。例如,问题:某两地之间交通拥挤,随着社会和经济的发展会越来越严重;目标:解决交通拥挤问题,达到每天 40000 辆车的通行量,通行速度 120 公里/小时;项目:两地之间高速公路的建设。

第四节 工程项目的定义和总方案策划

一、项目构成界定

上层系统有许多问题,各方面对项目都有许多需求,边界条件又有很多约束,造成目标因素名目繁多,形成非常复杂的目标系统。但并不是所有的目标因素都可以纳入项目范围的,因为一个项目不可能解决所有问题。在此必须对项目范围作出界定。通常分析获得的目标因素可以通过以下手段解决:

1. 由本项目解决;
2. 用其他手段解决,如协调上层系统,加强管理,调整价格,加强促销等;
3. 采用其他项目解决,或分阶段通过远期项目安排解决;
4. 目前不予考虑,即尚不能顾及。

所以,对目标因素按照性质可以划分为三个范围:

1. 最大需求范围,即包括前面提出的所有目标因素的集合 U_1;
2. 最低需求范围。这由必需的强制性目标因素构成,是项目必须解决的问题和必须满足的目标因素的集合 U_2;
3. 优化的范围。它是基于目标优化基础上确定的目标因素的集合 U_3。可行性研究和设计都在做这个优化工作。当然,优化的范围必须包括强制性的目标因素,即 $U_2 \subset U_3 \subset U_1$ (图 2-4)。通常以 U_3 所确定的项目目标作为项目的系统范围。

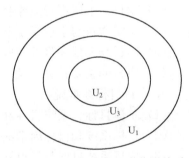

图 2-4 目标因素的三个范围关系

U_3 所包容的目标因素应有重点,数目又不能太多,否则目标系统分析、评价和优化工作将十分困难,同时,计划和控制工作的效率很低。应避免将不经济的又非必需的附加约束条件引入项目而造成项目膨胀和不切实际,或不能有效地利用资源的结果。例如,企图通过一个工程建设项目过多地安排企业富余人员,这样的目标因素会导致项目不经济。

我国正处于经济改革时期,社会和企业的问题繁杂,各方面的利益平衡十分困难,稍不注意就会干扰项目目标设置的科学性和经济性。

二、提出项目总体方案

目标设计的重点是针对工程使用期的状况,即工程建成以后运行阶段的效果,如产品产量、市场占有份额、实现利润率等。而项目的任务是提供达到该状态所必需的具备生产产品或服务功能的工程系统。

在本阶段,必须提出实现项目总目标与总体功能要求的总体方案或总的实施计划,以作为可行性研究的依据。属于项目总体方案的问题包括：
1. 工程规划、建设和运营的标准，如按照国内或国际标准；
2. 工程总的功能定位和主要部分的功能分解、总的产品（或技术）方案；
3. 建筑总面积，工程的总布局，总体的建设方案，实施的总的阶段划分；
4. 工程建设和运行中环境保护和工作保护方案；
5. 总的融资方案、设计、实施、运行方面的组织策略等。

在此应有多方案的建议，而方案的选择在可行性研究中进行。如在 20 世纪 90 年代，南京长江大桥交通十分拥挤，要解决长江两岸的交通问题，这是项目的总体目标。工程总体方案可能有扩建南京长江大桥，建新大桥（二桥、三桥），建江底隧道，或建轮渡码头等。

三、项目定义

在确定项目构成及总体方案以后即可进行项目定义。项目定义是指以书面的形式描述项目目标系统，并初步提出完成方式的建议。它是将原来以直觉为主的项目构思和期望引导到经过分析、选择，有根据的项目建议，作为项目目标设计结果的检查和阶段决策的基础，是项目目标设计的里程碑。项目定义通常以一个报告的形式提出，其内容包括：

1. 提出问题，说明问题的范围和问题的定义
（1）项目的名称，项目构思的产生，前提条件，目标设计的过程和结果说明。
（2）对问题和环境的调查和分析，说明项目问题的现实性和主要的边界约束条件。

2. 项目对上层系统的影响和意义
（1）项目与上层系统战略目标的关系。
（2）说明项目与上层系统其他方面的界面，确定对项目有重大影响的环境因素。
（3）项目与其他项目的界限和联系。
（4）项目的主要相关者及其影响。

3. 项目目标系统说明
（1）总体目标、系统目标和重要的子目标，近期、中期、远期目标。
（2）目标系统和目标因素的价值，目标优先级及目标因素的可实现性、必要性。
（3）项目系统目标与子目标，短期目标与长期目标之间的协调性。

4. 提出项目可能的解决方案和实施过程的总体建议，包括实施方针或总体策略、原则、总体技术方案、组织方面安排、实施时间总安排等方面的设想

5. 经济性说明，如投资总额、预期收益、价格水准、运行费用、财务安排等

6. 项目实施的边界条件分析和风险分析
（1）项目实施的限制条件，如法律、法规、相关者目标和利益的争执。
（2）项目产品市场可行性、所需资源和必要的辅助措施条件。
（3）对风险的界定，如主要风险因素以及出现的概率，风险对目标的影响，避免风险的策略等。

如果预计项目中有高度危险性及不确定性，应作更为深入的专题分析。

7. 需要进一步研究的各个问题和变量。

四、项目定义的审查和选择

（一）项目审查

对项目定义必须进行评价和审查，主要是目标决策、目标设计价值评价、风险评价，以及对目标设计过程的审查，而具体的方案论证和财务评价则要在可行性研究中进行。

在审查中应防止自我控制、自我审查。项目定义一般由未直接参加目标设计，与项目没有直接利害关系，但又对上层系统（大环境）有深入了解的人员进行审查。必须提出书面审查报告，并补充审查部门的意见和建议。

（二）项目选择

上层组织（如国家、企业）常常面临许多项目机会的选择（如许多招标工程信息，许多投资方向），但企业资源是有限的，不能四面出击，抓住所有的项目机会，一般只能在其中选择自己的主攻方向。应该确定一些指标，以作为项目的选择依据。

1. 通过项目能够最有效地解决上层系统的问题，满足上层系统的需要。对于提供产品或服务的项目，应着眼于有良好的市场前景，如市场占有份额、投资回报等。

2. 使项目符合上层组织的战略，以项目对战略的贡献作为选择尺度，例如，对企业竞争优势、长期目标、市场份额、利润规模等的影响。可以详细并全面地评价项目对这些战略的贡献，有时企业可通过项目达到一个新的战略高度。

3. 使企业的现有资源和优势得到最充分的利用。必须考虑自己筹建项目的能力，特别是财务能力。现在人们常常通过合作（如合资、合伙、项目融资等）建设大型的、特大型的且自身力所难及的项目，这具有重大的战略意义。要考虑各方面优势在项目上的优化组合，取得各方面都有利的成果。

4. 通过风险分析，选择成就（如收益）期望值大的项目。

五、提出项目建议书，准备可行性研究

项目的定义通过了审查，并经批准，就要提出项目建议书，准备进行可行性研究。

1. 项目建议书是对项目任务、目标系统和项目定义的说明和细化，同时作为后继的可行性研究、技术设计和计划的依据，将项目目标转变成具体的工程建设任务。

2. 提出要求，确定责任者。项目建议书是项目前期策划人员与可行性研究人员，以及设计人员沟通的文件，若选择责任人，则这种要求即成为责任书。

3. 项目建议书必须包括项目可行性研究、设计和计划、实施所必需的信息、总体方针和说明。对此应表达清楚，不能有二义性，必须注意以下问题：

（1）系统目标应转变为项目任务，应进一步分解成子目标，初步决定系统界面，以便今后能验证任务完成程度，同时使可行性研究人员能够明了自己的工作任务和范围。

（2）应提出最有效地满足项目目标要求的、可行的实施备选方案。

（3）提出内部和外部的、项目的和非项目的经济、组织、技术和管理方面的措施，说明完成该项目所必要的人力、物资和其他支持条件及其来源。

（4）应清楚说明环境和边界条件，特别是环境以及各种约束条件。

（5）明确区分强制性的和期望的目标、远期目标、近期目标和分阶段目标，并将近期目标具体化、定量化。

（6）对目标的优先级及目标争执的解决作出说明。

（7）对可能引起的法律问题、风险作出界定和分析，提出风险应对计划。

（8）初步确定完成系统目标的各种方法，明确它们在技术上、环境上和经济上的可行性和现实性，对项目实施总体方案、基本策略、组织、行动计划提出构想。

建议书起草表示项目目标设计结束，经过上层组织审查批准，提交做可行性研究。前述的项目目标设计及项目定义过程可见图 2-5。

第五节　工程项目的可行性研究和评价

一、可行性研究前的工作

可行性研究作为项目立项前最重要的工作，是项目全过程中最关键性的一步，不仅起到细化项目目标的承上启下的作用，而且其研究报告是项目决策的重要依据，在项目立项后又作为设计和计划的依据，在项目结束后又作为项目后评价的依据。

可行性研究前，除了做好前述的项目目标设计等工作外，还要完成如下工作：

1. 任命项目经理。对大的工程项目进入可行性研究阶段，相关的项目管理工作很多，必须有专人负责联系工作，做各种计划和安排，协调各部门工作，文件管理等。

2. 成立研究小组或委托研究任务。如果企业自己组织人员作研究则必须有专门的研究专家小组，对于一些大的项目可以委托咨询公司完成这项工作，必须洽谈商签咨询合同。

3. 指定工作圈子。无论是自己组织还是委托任务，在项目前期常常需要上层组织许多部门配合，如提供信息、资料，提出意见、建议和要求等，需要建立一个工作圈子。

4. 明确研究深度和广度要求，确定研究报告的内容。这是对研究者提出的任务。

5. 确定可行性研究开始和结束时间，安排工作计划。这与项目规模，研究的深度、广度、复杂程度以及项目的紧迫程度等因素有关。

二、可行性研究步骤和内容

（一）可行性研究的步骤

可行性研究是从市场、技术、法律、政策、经济、财务、环境等方面对项目进行全面策划和论证，它是一个很大的概念，实质上在整个项目前期策划阶段都是围绕着项目的"可行性"研究的。在有些领域，人们将项目前期策划工作按照研究重点和深度的不同分为：

1. 一般机会研究。在项目的最初阶段，在项目的构思形成后进行一般机会研究，目的是在上层系统中寻求合适的项目机会，确定项目的方向和发展领域，以作进一步的研究。其研究重点是上层系统（如国家、地区、部门）的问题和战略，以寻求可行的项目机会。

2. 特定项目机会研究。在确定项目方向和领域后，主要研究项目的市场、外部环境、项目发起者（参加者）的状况，提出项目的总方案构想。

3. 初步可行性研究，是对项目的初步选择、估计和计划，要解决的问题有：工程建设的必要性，工程建设所需要的时间、人力和物力资源，资金和资金的来源，项目财务上的可行性，经济上的合理性。

4. 详细可行性研究，是对项目的市场研究、生产能力、地点选择、工程建设的过程和进度的安排、运行的资源投入、投资与成本估算、资金的需求和来源渠道等作更深入的研究。

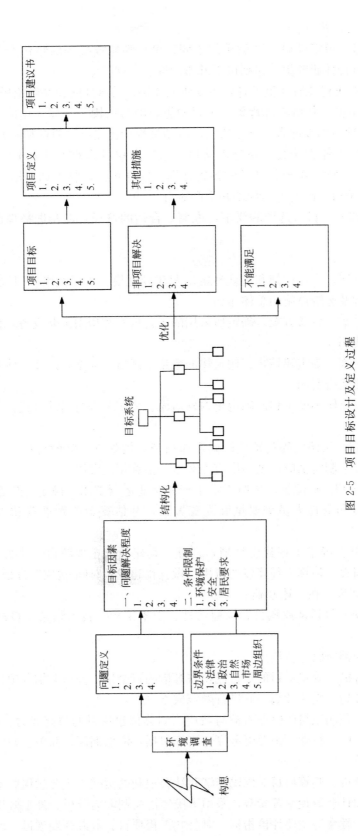

图 2-5 项目目标设计及定义过程

（二）可行性研究的内容

不同的工程项目，可行性研究的侧重点不同，可行性研究报告的结构会有很大的差别。通常工业项目可行性研究报告包括以下基本内容。[10]

1．实施要点。对可行性研究报告各章主要研究成果、关键性问题和结论做扼要叙述。

2．项目背景和历史。介绍项目背景（项目构思，项目宗旨，工程建设的必要性、理由和预期目标等）、项目的发起人、项目历史、启动过程和已完成的调查和研究工作。

3．市场和工厂生产能力研究。在分析项目产品过去和目前的市场需求状况基础上，预测将来需求的增长，确定本项目产品的销售计划，估算年销售收入和费用（本国货币/外币）。进一步确定项目产品的生产计划和生产能力。

4．厂址选择。按照项目对选址的要求，说明最合适的选择，以及选择理由，估算与选址有关的费用。

5．工程方案

（1）按照产品方案、生产计划和选址确定工程建设规模、工程范围，以及生产系统、公用工程、辅助工程及运输设施的总体布局。

（2）工程技术方案、设备方案。确定所采用的工艺技术和拟用主要设备，估算技术和设备费用和年运行费用。

（3）土木建筑工程。确定建筑物、构筑物的数量、规格、类型，以及总体布置，估算土建工程费用和年均运行费用。

（4）总体运输与公用辅助工程。确定场内外运输、公用工程与辅助工程方案，并估算费用。

6．原材料和供应。按照工程正常生产确定原材料、构配件、辅助材料、用品及公用设施等的年均需要量，制定供应计划和供应方案，并估算相关费用。

7．工厂组织机构和人员配置。按照正常生产和企业运营要求，确定工厂组织机构设置，工人、技术人员和管理人员需要量和配置方案，并估算企业管理费和人员相关的费用。

8．工程建设计划。确定工程建设计划，划分工程建设的主要阶段、主要实施工作、时间目标和实施时间表，估算工程建设的费用，做工程建设"时间-费用"计划。

9．财务和经济评价。在上述基础上：

（1）总投资测算。包括地皮购价、场地清理、土木工程、技术设备、投产前资本费用、周转资金等。

（2）生产成本和销售收入估算。

（3）项目资金筹措。确定项目的资金流及需筹措的资金量，分析并推荐项目的融资方案，编制投资使用计划、偿还计划，并进行融资成本分析。

（4）财务评价。预测项目的财务效益与费用，测算拟建项目的盈利能力、偿债能力，以判断项目在财务上的可行性。主要财务评价指标包括：清偿期限、简单收益率、收支平衡点、内部收益率等。

（5）国民经济评价。测算项目对国民经济和社会福利的贡献，主要运用影子价格、影子汇率、影子工资和社会折现率等参数，采用国民经济盈利能力分析、外汇效果分析、就业机会、社会保障、教育等主要评价指标。对公共工程项目、资源开发项目、涉及国家经济安全的项目，这个评价十分重要。

10. 社会影响评价。分析拟建项目对当地社会的影响和当地社会条件对项目的适应性和可接受程度，评价项目的社会可行性。

11. 环境影响评价及劳动安全和健康保护。识别和评价工程建设和运行对生态、自然景观、社会环境、基础设施等方面的影响，以及可能产生的对劳动者和财产不安全和有损健康的因素，提出治理和保护环境的措施。

12. 不确定性与风险分析。分析上述预测和估算中的不确定性与风险因素，识别项目的关键风险因素。不确定性分析包括盈亏平衡分析和敏感性分析等。

13. 总结论。在前述各项研究论证的基础上，归纳总结，提出推荐项目方案，并对推荐方案进行总体论证，提出结论性意见和建议，指出可能的主要风险，并做出项目是否可行的明确结论。

三、工程项目的评价

项目评价是对可行性研究报告的全面评价，有时还包括对项目前期策划工作过程的评价。项目评价是项目决策的依据，对立项后筹措资金、设计和计划以及防范风险有重要作用。

项目评价主要围绕着市场需求、工程技术、财务经济、生态、社会等方面，对拟实施项目在技术上的先进性、可行性，在经济上的合理性和盈利状况以及实施上的可能性和风险进行全面科学的综合分析。评价内容通常与可行性研究内容相对应。

1. 市场评价。这是核心问题，包括项目产品和服务的市场前景。
2. 项目与企业概况评价，项目承办者和合作者优劣势分析。
3. 产品结构、工艺方案、技术和设备方案、生产规模或生产能力的评价。
4. 工程建设的必要性、工程建设规模和工程标准评价。
5. 项目需要资源、原材料、燃料及公用设施条件评价。
6. 项目外部环境，如建厂条件和厂址方案及服务设施评价。
7. 项目实施进度、实施组织与经营管理评价。
8. 人力资源、劳动定员和人员培训计划评价。
9. 投资估算、现金流量和资金筹措评价。
10. 项目的财务效益评价。
11. 国民经济效益评价。
12. 社会效益评价。
13. 环境保护评价。
14. 项目风险评价。
15. 其他。

第六节 工程项目前期策划中应注意的几个问题

1. 应重视项目前期策划工作安排。长期以来，前期策划工作在国内外没有引起人们足够的重视。财务专家、技术专家、项目管理专家和经济专家常未介入，或介入太少或太迟。在许多项目过程中存在如下现象：

（1）不按科学的程序办事。投资者、政府官员拍脑袋上项目，直接构思工程方案，直接下达指令作可行性研究，甚至直接作技术设计。

（2）在该阶段不愿意花费时间、金钱和精力。项目构思一经产生，不作详细的、系统的调查和研究，不作细致的目标设计和方案论证，常常仅作一些概念性的定性的分析，立即就要上马项目。在我国的建设项目中该阶段的花费很少，而且持续时间也很短。

在现代国际工程项目中，人们越来越重视前期策划阶段的工作。咨询工程师甚至承包商在项目目标设计，甚至在项目构思阶段就开始介入项目。这样不仅能够防止决策失误，而且保证了项目管理工作和责任的连续性，进而保证项目的成功，提高项目的整体效益。

2. 一般在项目的前期策划阶段，上层管理者的任务是提出解决问题的期望，或将总的战略目标和计划进行分解，而不必过多地考虑目标的细节以及如何去完成目标，更不能立即提出解决问题的方案。许多上层管理者喜欢在项目早期，甚至在构思产生后就提出具体的实施方案甚至提出技术方案，这会带来如下问题：

（1）在构思产生时就急于确定项目目标和完成目标的手段（措施或方案），会冲淡或妨碍对问题和环境充分的调查研究和对目标的充分优化，不利于集思广益和正确的决策。

（2）该阶段的工作主要由高层战略管理者承担，由于行政组织和人们行为心理的影响，高层管理者若提出实施方案将很难被否决，尽管它可能是一个不好的方案，或还存在更好的方案。这使得后面的可行性研究常常流于形式。

项目的可行性研究应从市场、法律和技术经济等的角度来论证项目可行或不可行，而不只是论证其可行，或已决定上马该项目了，再找一些依据证明决策的正确性。

（3）过早构思方案，缺少对环境和问题充分的调查，缺少目标系统设计的项目有可能是一个"早产儿"，将对该工程的全寿命期带来无法弥补的损害。

3. 应争取高层组织的支持。前期策划工作主要是项目的上层组织（国家、地区、部门）的责任。在此应关注如下问题：

（1）工程项目的立项必须由高层人士，如投资者、权力部门、企业管理者决策。所以在这个阶段他们起着主导作用。实践证明，上层组织的支持不仅决定项目是否立项，而且决定在项目实施过程中能否得到必需的资源和条件，是项目成功的关键因素之一。

（2）由于项目是由上层组织驱动的，常常政治因素在左右项目。上层管理者的政治目的、形象、政绩要求，甚至他们的知识结构、文化层次、生活水平以及与项目的利益关系都会产生对项目不同的评价，进而影响项目的决策。

（3）协调好战略层和项目层的关系。上层管理者一般不懂项目管理，也不是技术经济或财务专家，但要作项目决策。只有他们在决策时得到财务、工程经济和项目管理专家的支持，才有科学的依据。因此，在项目前期就应在组织上、工作责任和工作流程上建立战略层和项目层之间的关系，使整个前期工作有条不紊地进行。

4. 应保证项目前期策划工作成果的客观性，特别是可行性研究和项目评价。最好委托独立身份的具有专门知识和技能的第三者，站在公正的立场上进行研究和评价，项目发起单位不能自我评价。

在我国工程项目中，经常有这样的情况：人们过多地考虑到自身的局部利益，为了使项目能够获得上级的批准，编写非常乐观的可行性研究和评价报告，提出十分诱人的理想化的市场前景和财务数据，忽视了项目中的风险，最终导致项目决策失误。

5. 可行性研究内容应详细和全面，所采用的研究和分析方法应是科学的和可靠的；定性和定量分析相结合，用数据说话，研究报告应十分透彻和明了，多用图表表示分析依据和结果。

应大胆地设想各种方案，进行精心的研究论证，无论是项目的市场定位、产品方案、项目规模、技术措施、厂址的选择、时间安排、筹资方案等，都要进行多方案比较。按照既定目标对备选方案进行评估，以选择经济合理的方案。

通常对于工程项目，它所采用的技术方案应是先进的，同时又是成熟可行的。而研究开发型项目则追求技术的新颖性，技术方案的创新性。

6. 在前期策划中，许多考虑是基于对将来情况的预测基础上的，而预测结果中包含着很大的不确定性，例如项目的产品市场，项目的环境条件以及参加者的技术、经济、财务等方面的能力等都可能存在风险，因此要加强风险分析。

7. 一个工程项目的实施需要许多要素，包括：产品或服务的市场、资金、技术（专利、生产技术和工艺、施工技术等）、生产设备、原材料、土地、厂房、劳动力和管理人员、工程建设力量等。要使项目有高的经济效益，必须对这些要素进行优化组合。随着国际经济的一体化，人们有越来越多的机会和可能性在世界范围内取得项目要素。

在项目前期策划中应考虑获取这些要素的渠道和它们的优化组合问题，注重充分开发项目的产品市场，充分利用环境条件，选择有利地址，合理利用自然资源和当地的供应条件、基础设施，充分考虑与其他单位的合作机会和可能性。

8. 现代工程项目的立项关键问题通常是产品或服务的市场定位和市场规模、融资方案、环境问题、社会影响等，而技术问题，特别是施工技术的难度相对降低。但在实际工作中，人们（特别是工程技术人员）常常过于注重对工程设计、建设计划、施工有影响的问题和目标因素的研究。这对项目总体效益是极为不利的。

第七节 案例：某高速公路工程建设目标系统设计

一、项目构思

我国某地区的两个大城市之间直线相距约250公里，有六个大中城市相连接。该地区是我国经济最发达的地区之一。考虑到当地的交通条件，该地区的社会和经济发展状况，拟建一条沟通这六大城市的高速公路。

二、环境调查和问题的定义

（一）两地之间的交通状况

目前，连接两地的公路的路基路面较差，多为三级和四级公路，交通流量大大超过公路网的承受能力，交通阻塞，事故频繁，进一步调查后，发现问题及其原因如下：

1. 在两个城市间驱车常需8～10小时，行车时速平均为30多公里，交通"瓶颈"问题严重。

2. 交通混乱，经常出现堵塞和排队现象，主要表现在：

（1）交通管理问题，许多小商小贩侵占道路，交警太少，许多驾驶人员不按照交通规则行车；

（2）交叉路口多，许多无红绿灯；

(3) 出现事故或堵塞状况时，排障不及时等。

3. 交通事故多，其原因有：

(1) 交通混乱，容易引起事故；

(2) 告示牌少，路面窄，岔路口多，弯道多；

(3) 非机动车辆抢道，行人经常横穿马路等。

4. 污染严重，原因如下：

(1) 车速低，堵车造成废气排放量大；

(2) 燃油质量不符合标准，特别是路边许多私人加油站的燃油质量无法保证；

(3) 许多旧车、破车的废气排放超过国家规定的排放标准；

(4) 车辆太脏；

(5) 周边居民向路上抛垃圾。

(二) 该地区社会和经济发展对公路交通的需求预测

1. 该公路沿线地区面积占全国的 0.3%，人口占全国的 3%，而其国内生产总值却占全国的 9.4%，其经济地位在全国举足轻重。该地区又是外商投资的重点地区之一。然而，该地区人均公路占有里程屈居全国之末。

2. 该地区具有优越的地理条件，雄厚的人才资源和较好的经济基础，尤其是第三产业飞速发展和乡镇企业的异军突起，都会带来公路运输量的增加。

3. 随着改革开放，该地区的旅游业将有更大的发展，对公路运输的需求会持续大幅度上升，并将长盛不衰。

(三) 建设高速公路的必要性

1. 世界各国的经济发展的经验表明：在经济建设中，交通运输业必须超前发展，并有一定的储备能力，经济要大发展，必须构筑大通道。

2. 公路运输所具备的优势。公路运输的密度大大高于铁路网与水运网，能深入到其他运输方式不能达到的地区，是城乡交流的纽带，具备灵活、机动、迅速、方便等特点。

(四) 存在的制约条件

1. 该地区现有的交通已有一条国道，有铁路复线，有江河水道。

2. 该地区人多地少，土地资源稀缺，建设高速公路要占用大量耕地，将会影响农业生产。

3. 修建高速公路投资大，工期长，见效慢，资金缺口大，技术难度高。

(五) 相关法律、法规

土地管理法、城市规划法、水土保持法、环境保护法、文物保护法、公路工程技术标准、公路网规划编制办法等。

经国内外专家共同论证，在该两城市之间建设高速公路的构思获得初步批准。

三、目标因素

项目总体目标：建成国内领先水平的，能展现沿线现代化风貌的标志性高速公路工程。

项目的系统目标和主要子目标包括：

(一) 功能目标：符合我国高速公路标准的交通和服务功能

1. 交通功能（问题的解决程度）：

(1) 正常运行后，2000 年日平均交通量将达 2 万辆，2010 年日平均交通量达 5.5 万辆，设计的最大交通量 6 万辆。

(2) 设计最高时速为 120km，两地间的行车时间由原来的 10 小时缩短为 3～4 小时。

2. 服务功能。预计运行期间，日均有 2500 辆车停靠服务区休息，日均加油 90000 公升。

全线设 6 处服务区，有较为齐全的人、车服务系统，具备：

(1) 汽车服务功能：加油、汽修、停车、洗车等；

(2) 旅客服务功能：休息、卫生、购物、餐饮等。

3. 安全功能。降低事故发生率，为保证车辆快速安全行使，全线设有齐全的交通安全设施，包括标志、标线、护栏、隔离栅、防眩晕、防落物网、防反光等。

4. 交通管理功能。

(1) 监控功能：全路设总监控中心及六市分监控中心，沿路设备主要包括车辆检测器、可变情报板、可变限速标志、气象检测器、电视摄像机等。

(2) 通信功能：主要包括光纤数字传输系统、光纤视频传输系统、程控数字交换系统、指令电话系统、紧急电话系统等。

(3) 事故排障功能：达到确定的事故排障能力和排障速度要求，设置巡逻车辆和排障车辆，以及每公里 1 部报警电话。

(4) 收费功能：共设置 2 个立交收费站，一个支线收费站，17 个匝道收费站。采用入口发卡，出口收费的封闭式收费方式，采用不接触 IC 卡人工收费系统和不停车电子收费系统。

(5) 能源供应功能：为全线的管理、服务设施提供正常用电。

(6) 照明功能：交通立交、收费广场、服务区等处均设较齐备的照明系统。

(7) 公路的运行维护功能。

(二) 技术目标：符合我国高速公路的技术设计规范

1. 全封闭，全立交，高速公路全长约 280 公里。

2. 路基宽 26m，中央分隔带宽 3m，双向四车道。

3. 按照我国高速公路标准确定：

(1) 路线：平面线型、纵面线形、平纵组合设计，全线采用最大平面曲率半径和最小平面曲率半径，设置弯道的数量等。

(2) 路基：路基宽度、边坡、排水工程和防护工程要求。

(3) 路面：主线为沥青混凝土路面，设计年限为 15 年；收费站广场、通道连接线为混凝土路面，设计年限为 30 年。

(4) 桥梁涵洞：按照线路要求设置 431 座桥和 616 道涵洞，按照设计标准确定桥梁和涵洞的净宽度和设计车辆荷载。

(5) 互通式立交：按照公路周边和规范要求共设互通式交叉 20 处，通道 294 条。

(三) 经济目标：高于国内已建成运行的几条高速公路的经济效益

1. 总投资（建设成本）：项目总概算为 90 亿元人民币。

2. 预计 2000 年前建成通车，本高速公路为收费道路，在各个互通立交上设收费站。持续经营 30 年，其收益现值为 X_1 亿元。

3. 预计 X_2 年收回投资，项目内部收益率为 $Y\%$。

4. 投资结构。采用股本融资和债务融资，包括国家股、法人股以及银行贷款。

（四）社会目标：促进当地国民经济和社会的发展

1. 加快沿线地区经济的发展，将沿途 6 城市纳入一个统一的经济带，促进沿线乡镇经济更快发展。预计国民经济的产出效益为投入量的 X_3 倍。

2. 带动沿线旅游业、餐饮业的发展。

3. 促进铁路部门提高列车运行速度，改善服务。

4. 创造良好的投资环境，改善地区投资形象。

5. 邮电业以高速公路为依托开通快速邮路。

6. 促进劳动就业程度。

7. 改善交通环境，减少事故发生率。

（五）生态目标

1. 环保绿化。为净化空气，美化环境，中央分隔带、边坡均设草皮绿化，服务区要单独进行绿化和景观设计。

2. 服务区污染治理要求，妥善解决好环境污染问题（如噪音、废气、废水等）。

3. 公路周围景观要求。使高速公路的路、桥、构筑物等相互配合，并与沿途山水地貌和沿线环境协调，保证公路建成后沿线路通、水通、管线相通。

4. 防噪声要求。在穿越城镇或居民区的路段必须按照国家标准设置防噪声屏障。

但是，有些要求不能满足，如周边许多小乡镇要求建立入口通道，若此将造成公路的不封闭。

复习思考题

1. 工程项目的目标因素是由什么决定的？
2. 简述工程项目目标系统的结构。
3. 简述工程项目可行性研究的主要内容。
4. 假设某领导视察某地长江大桥，看到大桥上拥挤不堪，则产生在该地建设长江二桥的构思。他翻阅了该地区长江段地图，指示在大桥下游某处建设长江二桥，并指示作可行性研究。试分析该工程项目在构思过程中存在的问题。
5. 分析题：在某中外合资项目中参加者各方有如下目标因素：

外商：投资回报率，增加其产品在中国市场的占有份额；

当地政府：发展经济，吸引外资，增加就业，增加当地税费收入，改善地方的形象；

法律：环境保护法要求的"三废"排放标准，税法，劳动保护法；

中方企业：吸引外资，对老产品进行更新改造，提高产品的技术水平，增加产品的市场占有率，产品年产量，充分利用现有的厂房、技术人员、工人和土地。

试分析：

（1）在上述目标中哪些属于期望的目标？哪些属于强制性目标？哪些属于定量目标？哪些属于定性目标？

（2）在上述目标因素中，哪些目标因素之间存在争执？

（3）哪些目标因素可以通过项目解决？哪些不能依靠项目解决？

6. 按照规模效益的要求，任何一个工程项目必须达到一定的规模才能取得经济效益，但工程规模必须按照将来的市场需求确定，试分析，如果两者之间发生矛盾应如何解决。

7. 绘制第七节案例的目标系统结构图。
8. 阅读有关战略管理方面的书籍，考虑在项目的前期策划阶段，战略管理和项目管理这两个层次有什么区别和联系？它们在工作程序上应如何沟通？
9. 讨论题：工程建设项目与科研项目、技术革新项目、新产品开发项目有什么不同点？

第三章 工程项目系统分析

内容提要：本章主要包括如下内容：
(1) 工程项目常用的系统分析方法。
(2) 工程项目范围的确定。
(3) 工程项目系统结构分解方法，主要介绍工程系统分解结构（EBS）和项目工作分解结构（WBS）。它们是项目管理最基本，也是最重要的方法。
(4) 工程项目的系统界面分析。
(5) 工程项目系统的描述体系。

在以后各章的学习中应考虑如何充分利用项目系统分析的结果。

第一节 工程项目常用的系统分析过程和方法

一、工程项目系统特点

按照系统理论，工程项目具有如下系统特点：

1. 结合性。任何工程项目系统都由许多互相联系、互相影响、互相依赖的要素组合起来的，不管从哪个角度分析项目系统，如组织系统、行为系统、对象系统、目标系统等，都可以按结构分析方法进行多级、多层次分解，得到子单元（或要素），并可以对子单元进行描述和定义。这是项目管理方法使用的前提。

2. 相关性。即各个子单元之间互相联系、互相影响，共同作用，构成一个严密的有机的整体。项目的各个系统单元之间、项目各系统与环境系统之间都存在复杂的联系与界面。

图 1-3 显示了工程项目几个系统之间有内在的逻辑性，即它们之间存在决定和被决定的逻辑关系，以及出现的时间顺序。这种内在相关性对整个工程项目管理有很大影响，特别对计划、变更管理、项目组织设置、风险管理都有重要作用。

3. 目的性。工程项目有明确的目标，这个目标贯穿于项目全过程和项目实施的各个方面。由于项目目标因素的多样性，它属于多目标系统。

4. 开放性。任何工程项目都是在一定的社会历史阶段，一定的时间和空间中存在的。在它的发展和实施过程中一直是作为环境系统的一个子系统，与环境系统的其他方面有着各种联系，有直接的信息、材料、能源、资金的交换。

5. 动态性。项目的各个系统在项目过程中都显示出动态特性，例如：
(1) 整个项目是一个动态的渐进的过程；
(2) 在项目实施过程，由于业主要求和环境的变化，必须相应地修改目标，修改技术设计，调整实施过程，修改项目范围；
(3) 项目组织成员随相关项目任务的开始和结束，进入和退出项目。

6. 不确定性。现代工程项目都包含着许多风险，由于经济、政治、法律及自然等环境因素的变化造成对项目的外部干扰，使项目的目标、项目的实施过程有很大的不确定性。

二、项目系统分析的作用

按系统工作程序，在具体的项目工作，如设计、计划和实施之前必须对这个系统作分析，把所有的工程和工作都考虑周全，透彻地分析各系统（子系统）的构成和内部联系。

项目系统分析是项目管理的基础工作，又是项目管理最有力的工具。实践证明，对于一个大型复杂的项目，没有科学的项目系统分析，或分析的结果得不到很好的利用，则不可能有高水平的项目管理，因为项目管理是分层次的，精细的目标管理。项目的设计、计划和控制不可能仅以整个笼统的项目为对象，必须考虑各个部分，各个专业工程系统和具体的工程活动。如果不进行项目的系统结构分析，在项目的设计和计划阶段，人们常常难以把所有的工作（工程）都考虑周全，也很难透彻地分析各子系统的内部联系。这会导致项目设计和计划的失误，项目实施过程中频繁的变更，实施计划被打乱，功能不全和质量缺陷，激烈的合同争执，甚至可能导致整个项目的失败。

三、项目系统分析过程

对于不同种类、性质和规模的项目，从不同的系统角度，其分析方法和思路有很大的差别，但分析过程却很相近，其基本思路是：以项目目标体系为主导，以工程系统范围和项目的总任务为依据，由上而下，由粗到细地进行。一般经过如下几个步骤：

1. 对项目的系统总目标和总任务进行全面研究，以划定整个项目系统的范围。

2. 采用系统分解方法，将项目系统按照一定规则自上而下，由粗到细地进行分解。

（1）分析项目系统的主要组成部分，将项目系统范围分解成有独立性且范围明确的子部分（单元）。

（2）研究并确定每个子部分的特点、结构规则和构成，再分解到下层的系统单元。

（3）汇集各层次项目系统单元，按系统规则将项目单元分组，初步构成项目分解结构图。项目的系统结构一般是树状图形，它反映了项目系统的基本结构框架。

（4）分析评价各层次分解结果的正确性、完整性，分解的程度是否必要而且充分，是否遵循项目系统结构分解的原则。

（5）最终确定项目系统分解结构图（表），并建立项目系统编码规则，对分解结果进行编码。

3. 系统单元联系（界面）分析，包括界限的划分与定义、逻辑关系的分析，实施顺序安排。通过界面分析，将全部项目单元还原成一个有机的整体。

这是进行网络分析、项目组织设计、项目管理工作流程设计、沟通管理的基础工作。

4. 项目系统说明。通过设计文件、计划文件、合同文件和项目工作分解结构表等对各层次的单元进行说明，赋予项目系统单元具体的实质性内容。

项目系统分析是一个渐进的过程，它随着项目目标设计、规划、工程设计和计划工作的进展而逐渐细化。

四、项目系统分解方法

系统分解是将复杂的管理对象进行分解，以观察其内部结构和联系，是项目系统分析最重要的工作，也是项目管理最基本的方法之一。常用的项目系统分解方法有：

（一）结构化分解方法

任何项目系统都有它的结构,都可以进行结构分解,分解的结果通常为树型结构图。工程项目中最常用的系统分解结构如下:

1. 项目的目标系统可以分解成系统目标、子目标、可执行目标,得到目标分解结构(OBS);

2. 工程的技术系统可以按照一定的规则分解成功能面和专业工程系统(EBS);

3. 项目的总成本可以分解为各成本要素,形成成本分解结构(CBS)。

此外还有,环境系统分解结构、组织分解结构(OBS)、工作分解结构(WBS)、资源分解结构(RBS)、合同分解结构(CBS)、风险分解结构(RBS)等。

(二)过程化分解方法

项目由许多活动组成,活动的有机组合形成过程。过程还可以分为许多互相依赖的子过程或阶段。在项目管理中,可以从如下几个角度进行过程分解:

1. 项目实施过程分解

根据系统原理,把工程项目科学地分为若干发展阶段,如前期策划、设计和计划、施工、建设过程结束等阶段,每一个阶段还可以进一步分解成工作过程,如项目的前期策划可以形成如图 2-1 所示的工作程序。

不同的项目实施过程会有些差别,例如美国海军部将武器研制项目分为七大阶段:任务需求评估、初步可行性研究、可行性研究、项目决策、计划与研制、生产以及使用等阶段。每两个阶段之间有一个决策点和正式评审程序。同样每个阶段又可分解为许多工作过程。[13]

项目实施过程的划分和界定是项目管理的一项重要工作。它对项目目标的分解,项目结构分解,责任体系的建立,进度、成本和质量的控制,风险分析等都有重要影响。

2. 管理工作过程分解

项目管理工作在项目实施过程中形成一定的工作过程。

(1)项目管理系统按照职能分解为进度管理、成本(投资)管理、质量管理、合同管理等。每一种管理职能都可以分解为相应的预测、决策、计划、实施控制、反馈等管理活动,形成管理过程。后面各章就展示了各种职能管理的工作流程和内容。

(2)项目管理按照阶段可以分解为计划过程、实施控制过程等。

如图 7-2 为项目的计划工作流程图,它清楚地描述了计划的构成和各种计划之间的关系。

从图 11-1 可见,监督、跟踪、诊断、采取调控措施等形成项目实施控制过程。

项目管理系统过程描述了项目管理工作的基本逻辑关系,是项目管理系统设计的重要组成部分,是项目信息系统设计的基础。

(3)事务性管理工作分解。在项目实施过程中还有各种申报和批准的过程,招标投标过程等。在图 16-4 中可以看出工程招标的工作过程。

3. 专业工作的实施过程分解

如一个房屋基础工程的施工可以分解为挖土、做垫层、扎钢筋、浇捣混凝土等工作。这种分解对工作包内工序(或更细的工程活动)的安排和构造工作包的子网络是十分重要的。

由于项目管理就是对这些过程的管理,它们对项目管理者是十分重要的。

第二节 工程项目范围的确定

一、概述

（一）项目范围的概念

在项目管理中，范围的概念主要针对如下两方面：

1. 项目可交付成果的范围，即项目的对象系统的范围。

对工程项目而言，就是指工程系统的范围。工程系统有自身的结构，可以用工程系统分解结构（EBS——engineering breakdown structure）表示。

2. 项目工作范围：指为了成功达到项目的目标，完成项目可交付成果而必须完成的所有工作的组合，即项目的行为系统的范围。对它可以进行项目工作结构分解，可以用项目工作分解结构（WBS——work breakdown structure）表示。项目工作应包括：

（1）为完成项目可交付成果（工程）所必需的专业性工作，如规划、勘察、各专业工程的设计、工程施工、供应（制造）等工作。这些工作受工程的种类和应用领域影响，有专业特点，不同的工程项目，有不同的专业性工作。

（2）为保证专业性工作顺利实施所必需的项目管理工作，如计划、组织、控制等。由于现代项目管理的专业化，管理工作包含了许多职能，如合同管理、进度管理、成本管理、质量管理、资源管理等。

（3）其他工作。如规划的审批、工程施工许可证的办理、招标过程中会议的组织等。通常人们将这类工作也作为项目管理工作。

（二）项目范围管理的概念

范围管理是现代项目管理的基础工作，是项目管理知识体系（PMBOK）中十大知识体系之一。[11]人们已经在这方面做了许多研究。[12]在现代项目管理中范围管理已逐渐成为一项职能管理工作，在有些项目组织中设立专职人员负责范围管理工作。范围管理的目的是：

1. 按照项目目标、用户及其他相关者要求确定项目范围，并详细定义、计划这些活动。

2. 在项目过程中，确保在预定的项目范围内有计划地进行项目的实施和管理工作，确保成功完成规定要做的全部工作，既不多余又不遗漏。

3. 确保项目的各项活动满足项目范围定义所描述的要求。

（三）确定项目范围的重要性

确定项目范围就是按照项目总目标划定项目可交付成果和工作的系统范围，对项目系统进行结构分解，用可测量的指标定义项目的工作任务，并形成文件。

1. 项目范围是项目管理的对象，是分解项目目标，确定项目的费用、时间和资源计划的前提条件和基准。范围管理对组织管理、成本管理、进度管理、质量管理和采购管理等都有规定性。

2. 项目范围是工程项目设计和计划、实施和评价项目成果的依据。

对承包商来说，招标文件定义了工程承包项目的范围，他在接到招标文件后必须确定项目范围，以精确地计划和报价。

3. 有助于落实和分清项目组织责任。通过设计任务书、各种合同、施工任务书、管理规程等落实项目范围和范围管理责任，对项目任务的承担者和项目成果进行考核和评价。

4. 项目范围是项目实施控制的依据。

（1）必须保证在项目范围内实施工程。识别所实施的工作是否属于项目范围，是否遗漏或多余，工作内容和标准（如质量）是否符合要求等。

（2）作为变更管理的依据。在项目实施过程中，许多种类的变更最终都会归结为范围的变更，如工程量的改变，增加或删除某些工作，工作性质的改变等。而项目范围变更常常伴随着对成本、进度、质量或项目其他目标调整的要求，伴随着设计和计划的更新，所以范围变更应该符合变更管理的一般程序，应与目标控制、设计和施工方案变更、合同变更等形成一个完整的体系。

（3）在工程项目的结束阶段，或在工程竣工时，应对工程范围进行审查，核实项目范围内规定的各项工作或活动是否已经完成，项目范围是否完备和符合规定的要求。

二、工程项目范围确定过程

在工程项目过程中，项目范围的确定，以及项目范围文件是一个相对的概念。项目建议书、可行性研究报告、项目任务书，以及设计和计划文件、招标文件、合同文件都是定义和描述项目范围的文件，并为项目进一步实施（设计、计划、施工）打下了基础。它们是一个前后相继，不断细化和完善的过程。前期范围说明文件作为后面范围确定的依据，如起草招标文件，就是确定项目的范围（招标范围），它的依据是项目任务书和设计文件、计划文件；而项目任务书又是按照可行性研究报告和项目建议书确定的一份项目范围文件。

按照前面图1-3项目系统的逻辑过程，工程项目由目标决定工程系统，由工程系统决定项目的行为系统，即项目工作的范围。通常，项目范围的确定过程如图3-1所示。

1. 项目的总目标、环境条件和制约条件分析

（1）全面分析研究项目目标，包括项目建议书、可行性研究报告、项目立项批准文件（或任务书）、项目的总计划。

（2）项目环境调查与限制条件分析。

1）环境调查资料。如法律规定，政府或行业颁布的与本项目有关的各种设计和施工技术标准，现场条件，周边组织的要求等。

2）项目的其他限制条件和制约因素分析。如项目的总计划、上层组织对项目的要求，实施总策略、项目实施的约束条件和假设条件，如预算的限制、资源供应的限制、时间的约束等。

2. 项目最终可交付成果（工程系统）范围和结构的确定

（1）按照项目的总目标、市场和用户要求界定项目产品用途，确定项目的最终产品的范围或服务的要求。这是针对工程建成后运行考虑的。项目产品范围所定义的，是要提交给用户的产品，它必须满足项目相关者的需要和期望，如地铁项目最终功能是对乘客提供运载服务，汽车制造厂是每年提供一定数量和一定标准的小汽车，而高速公路是对一定量的汽车提供的通行和各种服务的功能。

应对这些产品或服务结构和要求进行详细描述，包括项目最终产品或最终服务的性

质、质量、数量，它们对工程系统（如城市地铁、汽车制造厂、高速公路系统）具有规定性。

（2）在工程项目中，还有很多工程的功能（子功能）并不是项目最终产品或服务所必需的，而是由如下因素决定的：

1）法律要求，如按照环境保护法，要配套兴建污水、垃圾处理设施，采用防噪声装置。

2）环境要求。包括项目相关者的要求，如工程中针对原居民的拆迁和安置工程；自然环境的影响，对周边建筑物的防护工程、特殊环境条件下对工程的保护设施。

（3）在上述基础上，确定工程系统的功能和子功能结构，列出功能分析表，定义各子系统、各部分的功能，由此可以确定工程系统的要求（范围、规范、质量标准）。

（4）功能是通过工程技术系统的运行实现的，工程系统应保证功能的完备性，包括实现所有功能和子功能，并保证提供满足工程系统安全、稳定、高效率运行所必需的硬件（如结构工程、设备、各种设施）和软件（信息系统、控制系统、运行程序或服务）。

对工程系统的分解就可以得到工程系统分解结构图或表（EBS）。

3. 项目工作范围的确定和工作结构分解（WBS）

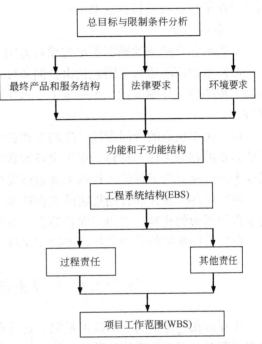

图 3-1　工程项目范围确定的因素和过程

（1）由项目的过程责任决定的项目工作范围。整个工程系统必须经历项目实施的各个阶段，由项目的任务书或合同定义形成项目工作，委托给项目任务承担者。如：总承包商承担的工程项目的范围包括了设计、施工准备、设备采购、施工、竣工交付、保修、运行维护等，而施工承包商的工程项目范围则包括施工准备、施工、竣工交付、保修。

（2）有些项目的工作或工程活动是由其他责任产生的，或是为实施过程服务的，如在施工过程中运输大件设备时要对通往现场桥梁进行加固，搭设临时防护设施以保护周边建筑物等。

三、工程承包项目范围的确定

工程承包项目的总体目标是完成工程承包合同，其项目范围（即承包商应完成的工程活动）由如下因素确定：

1. 工程系统（可交付成果）范围的确定

工程承包项目最终可交付成果与合同有关。

（1）对工程施工合同，业主在招标文件中提供比较详细的图纸、工程说明（规范）、工程量表以及合同文件等，则可交付成果由如下文件确定：

1) 工程量表。工程量表是可交付成果清单,是对可交付成果数量的定义和描述。

2) 技术规范,主要描述了项目的各个部分在实施过程中采用的通用技术标准和特殊标准,包括设计标准、施工规范、具体的施工做法、竣工验收方法、试运行方式等内容。

(2) 对"设计-施工-采购(EPC)"总承包合同,在招标文件中业主提出"业主要求",它主要描述业主所要求的最终交付的工程的功能和技术系统,从总体上定义了工程系统的范围。承包商必须根据业主要求做初步设计(标前设计),编写详细的工程范围说明书(在承包商的项目建议书中)。

2. 合同条款

工程承包合同条款确定了承包项目范围。

(1) 承包商的项目范围包括由合同条件定义的项目过程责任,如某承包工程范围包括拟建工程的施工详图设计、土建施工、永久设备和设施的供应和安装、竣工验收、缺陷维修等。

(2) 由承包商的合同责任产生的工作和活动,如他应为完成上述项目范围内的工程提供所需要的临时工程、材料、施工设备和其他物品,以及劳务、施工管理人员和所必需的其他人员;完成为了保证工程施工和运行安全而进行的试验研究工作等。

(3) 由环境条件和合同规定的工作任务,如为运输大件设备要加固通往现场的道路,为了保护周边的建筑,或为了保护施工人员的安全和健康而采取的保护措施。

(4) 合同规定的其他责任,如购买保险、提交保函等。

第三节　工程系统分解结构（EBS）

工程是在一定空间上的技术系统,它具有一定的功能,通过它的运行生产最终产品,或提供服务。对工程系统的结构分解,是假设工程已经建成,对它进行系统分解。

工程系统范围通常可以从两个角度定义:

1. 工程的空间范围,如建筑工程的红线范围,是城市规划部门确定的工程法定占用的土地范围。例如沪宁高速公路的总体功能是为上海和南京两地间的车辆运输提供通道,它在两地之间延伸,占据着一定的土地空间。

2. 工程系统的结构框架,即工程系统构成。一个工程由许多分部组成,可以按照系统方法进行结构分解,工程系统由一些功能面和专业工程系统构成(图3-2)。

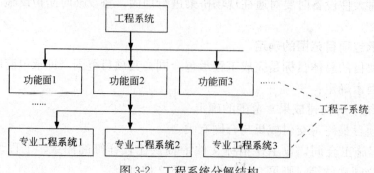

图3-2　工程系统分解结构

一、功能面

(一) 功能面的定义

功能是工程建成后应具有的作用,它与工程的用途有关,常常是在一定的平面和空间上起作用的,所以被称为"功能面",有时又被称为"功能区"。

一个工程系统通常是由许多"功能面"组合起来的综合体。工程的总功能以及工程的运行是所属的各个功能面综合作用的结果。最常见的是一个工程系统由许多单体建筑组成,每个单体建筑在总系统中提供一定的使用(生产)功能。

例如,一座工厂由各个车间、办公楼、仓库和生活区等构成;

一条高速公路由各段路面、服务区、收费区、绿化区、桥梁等构成;

一个校区由教学楼、图书馆、宿舍楼、实验楼、体育馆和办公楼等单体建筑物组成。

对功能面的分析、分解、综合、说明是工程规划、技术设计的重要工作。通常在工程设计前应将工程总功能目标逐步分解成各个部分功能目标,再作功能面目录,详细地说明该功能的特征,如面积和技术的(如建筑,结构,装备)、物理的(如采光、通风)要求等。

对一个复杂的工程,功能面还可能分为子功能面。

(二) 常见的工程系统的功能面分解方法

1. 按产品结构进行分解。如果项目的目标是建设一个生产一定产品的工厂,则可以将它按生产(或提供、加工)的一定的中间产品或服务分解成各功能面(分厂或生产体系)。

例如:新建一个汽车制造厂,则可将整个工程分解成发动机、轮胎、壳体、底盘、组装、油漆等分厂以及办公区、库房(或停车场)等几个大区。

这类似于我国的单项工程,有时它们本身就是一个自成体系的独立的工程。在这一层次的分解中要注意产品生产流程方向和产品生产过程的系列组合。

2. 按平面或空间位置进行分解。如一个分厂可以按几何形体分解成几个建筑物(车间、仓库、办公室),一条道路可以分为几个区段。

3. 每一个车间,一栋建筑物还可以分解为多个功能面(或子功能面),但这里的功能是在局部被定义的,例如,一个车间厂房可能要划分为生产区和服务区,如油漆、冲压、装配、运输、办公、供应等。

又如一栋办公楼,可分为办公室、展览厅、会议厅、停车场、交通、公用区间等。办公室还可分为各个科室,如人事处、财务科、工会等。

当然,有些工程功能比较单一,如一栋教学楼工程的功能面分解结构就很简单。

二、专业工程系统

1. 专业工程系统的概念

(1) 每个功能面(每栋建筑)是由许多专业工程系统构成的。这些专业工程系统具有明显的专业特征,一般不能独立存在,它们必须通过系统集成共同组合成功能面。

例如学校的教学楼提供教学功能,它包括建筑、结构、给水排水、电力系统、消防、通风系统、通信、多媒体系统、语音系统、智能化、电梯、控制系统等专业工程系统。

一个办公楼可以分解为建筑、结构、供电系统、供排系统、通信系统、环卫系统、交通系统(如电梯)、办公设备。

一个车间可分为建筑、厂房结构、吊车设施、生产设备、电器设施、器具、系统工程等。

所以工程又是各个专业工程系统紧密结合、相互配合、相互依存的体系。

（2）专业工程系统的分解。有些专业工程系统还可以进一步分解为子系统。例如：厂房结构可分解为基础、主体结构及装饰工程等；供排设施可以分为给排水系统、供暖系统、通风系统等。

（3）对于大型工程项目，在整个工程中起作用的，或属于多功能面上统一的专业工程系统常常可以作为独立的功能面对待，例如地铁工程中的控制系统、通信系统、闭路电视系统、轨道系统等。

2. 专业工程系统的形态

专业工程系统有不同的形态，有的是实体系统，如结构、给排水系统、通风系统等；有的是软件系统，如智能化系统、自动控制系统、信号系统、运行管理系统等。在现代工程中，软件系统工程也是工程技术系统的一个重要组成部分，它发挥着越来越重要的作用。

随着科学技术的发展和人们对工程功能要求的提高，将会有新的专业工程系统出现。

三、工程系统分解结构（EBS）的概念

将一个工程的所有专业工程系统提取出来，就得到该工程所包含的专业工程系统结构，如地铁工程包括四十多个专业工程系统。

由于通过上述系统分解，得到这个工程所包含的专业工程系统结构，则其分解结果可以用 EBS（engineering breakdown structure）表示。

同类工程（如南京地铁和北京地铁、不同学校的校园）的功能面形态和布置差异可能很大，但它们的专业工程系统结构是相同的。

专业工程系统的分解对高等院校里的工程专业设置、工程设计、施工和供应企业分类，甚至工程设计专业小组和施工专业班组的划分都有很大的影响。

对工程系统的结构分解思路与我国过去常用的分解方法是相似的，即一个工程可以分解为许多单项工程，单项工程分解为单位工程，进一步还可以分解为分部工程、分项工程。

四、工程系统范围确定和分解结构（EBS）案例

（一）项目目标和环境分析

1. 项目背景。某高校根据学校的发展战略规划，市中心老校区发展空间受限，确定建新校区的构想。

2. 经过学校发展战略研究确定，新校区建设总体功能目标：

将来最大招生规模 30000 个学生（包括一定比例的全日制本科生、硕士生、博士生，以及国外留学生）；

按照学校学科和专业发展战略，将来新校区相关的院系和专业设置、国际化发展定位（外籍教师比例和规模）（略）。

新校区建设定位：在国内新建校区中，20 年内不落后，50 年内仍"耐看"。

3. 选址及环境调查：经选址，确定在城郊某地征地 3700 余亩，东西约 1.8km，南北约 1.4km。环境条件、周边基础设施、限制条件分析（略）。

（二）功能确定的依据

1. 按照校区学生、专业发展和教师规模，以及他们生活、学习、工作、后勤保障确定对功能的需要。

2. 法律要求，如国家校园设计规范（如《普通高等学校建筑规划面积指标》）[48]。

3. 环境要求，该地区为新开发区，地势平坦，交通方便，周边有较好的市政基础设施条件和生活设施条件。

（三）按照功能需求确定功能面结构

1. 学生学习、生活等相关的功能

（1）教学功能：公共教学楼、研究生院教学楼、图书馆等。

（2）实验功能：电工电子实验中心、机电综合工程训练中心、工业发展与培训中心等。

（3）学生住宿和生活功能：宿舍（本科生、硕士生、博士生、外国留学生）、餐厅。

（4）体育功能：体育馆、运动场、其他体育设施。

2. 各学院行政和学术研究功能

（1）各学院行政办公：土木工程学院、机械学院、经济管理学院、人文学院、艺术学院、法学院、材料科学与工程学院、物理系、能源学院等。

（2）学科发展：相关的专业实验室，如土木实验室、电子实验室、微波实验室等。

3. 学校行政管理功能：校行政以及各处室、后勤管理处、学生处/团委等办公楼。

4. 教师生活功能：教工食堂、青年教师公寓、教员休息室（不安排教师住宅区以及附属生活、福利设施）。

5. 后勤服务功能：宾馆、校区医院、保卫处等。

6. 公共活动功能：大会堂、大学生活动中心等。

7. 交通功能：与市政道路相接，校区内交通、停车场（校车、教师汽车、学生自行车等停放点）等。

8. 其他功能：生态系统、大门、围墙（护城河）、公共厕所。

（四）各功能面规模（面积）确定

1. 对上述各个功能规模需求和规划要求进行细致的调研，确定拟建新校区各功能面使用面积和分配等方面的要求。例如某学院办公楼的功能面面积确定过程。

（1）按照专业发展战略，预测将来在职教授、副教授、讲师、访问学者、在站博士后、博士生、硕士生等的数量。

（2）学院领导机构、各科室、实验室、学生组织等用房需求结构表。

（3）各机构需求面积确定。在国家规定用房配置指标的基础上，按照具体情况进行适当调整。如，教师办公室按照教授每人一间 $20m^2$ 的办公室；讲师、访问学者、博士后每 2 人一间 $20m^2$ 的办公室；每个博士 $8m^2$，每个硕士 $4m^2$；院系领导办公室每人一间 $20m^2$，按 10 名领导的定额计算；教务每人 $6m^2$ 办公面积等。

2. 汇总各个功能面的面积需求，并进行综合平衡，该校区规划累计建筑总面积 $1074500m^2$，各功能面规模如下：

（1）教学区（$509000m^2$）：公共教学楼（$100000m^2$），图书馆（$50000m^2$），学校行政办公楼（$20000m^2$），各学院（系）专业用房（$339000m^2$）。

(2) 学生生活区（315000m²）：研究生公寓（60000m²）、本科生公寓（200000m²）、学生食堂（40000m²）、大学生活动中心（15000m²）；

(3) 教师生活区（教工公寓60000m²）；

(4) 外事活动区（30000m²）：国际交流中心（20000m²）、留学生楼（10000m²）；

(5) 科研区（87000m²）：科技创业中心（15000m²）、科研大楼（30000m²）、研发基地（42000m²）；

(6) 后勤、保卫区（58000m²）：综合楼（20000m²）、后勤服务中心（10000m²）、接待中心及教工活动中心（15000m²）、幼儿园（3000m²）、医院（8000m²）、车库（2000m²）；

(7) 体育运动场地（15500m²）：体育馆（14000m²）、室外游泳池（1500m²）。另外标准田径场3个、篮球场93个、排球场120个、网球场9个、足球场3个；

(8) 其他，如人工湖、道路工程、绿化工程等。

（五）功能面布置图

该校区工程红线范围和功能面总体布置（图3-3）。

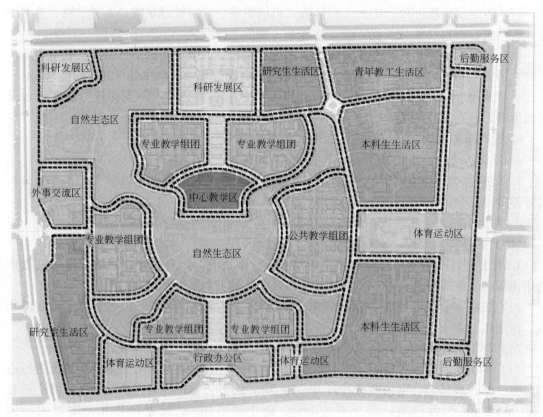

图3-3 某学校功能面总体布置图

在每一个功能面中还有许多子功能面，如公共教学区中的B区（图3-4）。它由8栋教学楼，5个楼梯间，楼间连接通道，楼外道路和景观绿化等子功能面组成。

（六）专业工程系统分解

将该校区上述功能面各专业工程系统提取出来，便得到该校区的专业工程系统结构。

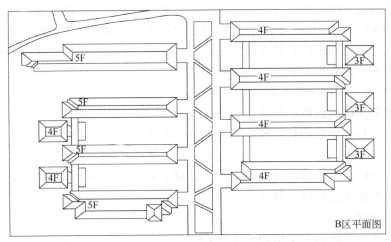

图 3-4　该校区公共教学区 B 区图

它包括：规划、建筑、土木工程（结构工程）、给排水、供电、园林绿化、道路工程、设备工程、卫生系统、装饰工程、信号系统、卫星接收系统、多媒体系统、通信网络系统、交通系统、消防系统、人防工程、环境工程以及校园智能化系统工程等。

五、某城市地铁 1 号线工程系统的分解结构

某城市地铁一号线工程是联系该市南北的大通道，其工程系统分解结构为：

1. 功能面的划分

（1）车站：本工程共有 17 个车站。各个车站还可以划分为不同的子功能面，如出入口通道、地下大厅、票务和检票处、商务中心等。

（2）区间段：为两车站之间的隧道或高架桥。

（3）车辆站（段）基地。它还可细分为综合维修中心、车辆段、材料库房、培训中心等。

（4）总控制中心。

（5）办公行政大楼。

（6）变电所等。

2. 专业工程系统结构

将整个地铁工程的专业工程系统提取出来，主要包括规划、建筑、土建结构工程、水文地质工程、给排水工程、照明、空气调节工程、装饰工程、综合布线、隧道工程、桥梁工程、道路工程、轨道工程、电梯、动力工程、消防工程、设备安装工程、供电系统、机车工程、自动检售票系统（AFC）、环境监控系统、各种防灾报警系统（FAS）、各种信号系统（ATS、ATP、ATO）、各种通信系统（有线、无线）、广播系统、报时系统、闭路电视系统和综合监控系统等。

走进地铁，人们就能感受到各个功能面和专业工程系统的运行状况。

第四节　工程项目工作分解结构（WBS）

一、项目工作结构分解的概念

项目是由许多互相联系、互相影响和互相依赖的活动组成的行为系统。按系统工作程序，在具体的项目工作，如设计、计划和施工之前就必须对这个系统进行分解，将项目范围规定的全部工作分解为较小的、便于管理的独立活动。通过定义这些活动的费用、进度和质量，以及它们之间的内在联系，将完成这些活动的责任赋予相应的单位和人员，建立明确的责任体系，达到控制整个项目的目的。在国外，人们将这项工作的结果称为工作分解结构，即 WBS（work breakdown structure）。

二、项目工作结构分解的结果

项目工作结构分解是项目管理中一项十分困难的工作，专业性很强，显示了不同种类工程项目的专业特点。它的科学性和实用性主要依靠项目管理者的经验和技能，分解结果的优劣也很难评价，只有在项目的设计、计划和实施控制过程中才能体现出来。项目工作结构分解的结果通常包括以下两种：

1. 树型结构图

常见的工程项目的树型结构如图 3-5 所示。

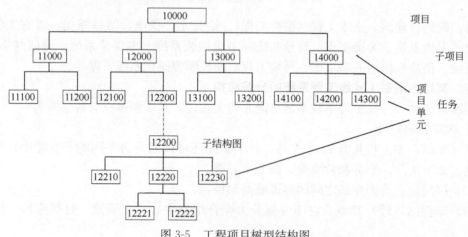

图 3-5　工程项目树型结构图

项目工作分解结构图表达了项目总体的结构框架。结构图中各层次的命名（技术术语）也各不相同，许多文献中常用"项目"、"子项目"、"任务（概括性工作）"、"子任务"、"工作包（工作细目）"、"活动"等表示项目结构图上不同层次的名称。本书中将图中的单元（不分层次，无论在项目的总结构图中或在子结构图中）又统一称为项目单元或工程活动。

2. 项目工作结构分析表（项目活动清单）

将项目工作结构图用表来表示则为项目工作结构分析表，它既是项目工作任务分配表，又是项目范围说明书。它的结构类似于计算机文件的目录路径。例如上面的项目工作分解结构图可以用一个简单的项目工作结构分析表来表示（表 3-1）。

工作结构分析表中包含了这些工作的编码、名称、范围定义或工作说明以及可交付成果描述、负责单位、开始和完成日期、必要的资源、成本估算、合同信息、质量要求等信息。

三、工程项目工作结构分解方法

项目工作结构分解是在工程系统分解结构（EBS）基础上进行的。由于整个工程系统、每一个功能面或专业工程系统必然都贯穿项目实施的全过程，通过项目实施活动逐渐由概念形成工程实体，因此可以按照过程化方法进行分解。

××项目工作结构分解表（项目活动清单） 表3-1

编码	活动名称	负责人(单位)	预算成本	计划工期	……
10000					
11000					
11100					
11200					
12000					
12100					
12200					
12210					
……					
13000					
14000					

项目工作结构分解的实际工程应用表明，对大型工程项目一般在项目的早期就应进行结构分解，它是一个渐进的过程。首先，按照设计任务书或方案设计文件进行工程技术系统的结构分解，得到工程系统分解结构图，它是对工程项目作进一步设计和计划的依据。在按照实施过程作进一步的分解时，必须考虑项目实施、项目管理及各阶段的工作策略，所以项目的实施方式（承发包方式和管理模式）对项目工作结构分解有很大的影响。

对常见的工程建设项目按照具体的实施过程可以分解为以下工作内容：

1. 设计和计划。在对设计和计划工作进行进一步分解时，必须在工程系统的基础上考虑设计工作的实施策略，包括：

（1）按照设计阶段划分，可分为初步设计、技术设计、施工图设计等工作。

（2）不同的专业工程系统可能还有不同的设计工作的委托方式。

（3）按照设计工作的管理模式，可分为设计监理和设计审查（有时将它归入"项目管理"中）。

（4）对大型和特大型工程项目（如城市地铁），可能还要分总体设计和不同标段（区段）的设计。

2. 招标投标。在对招标投标工作进行进一步分解时，必须在工程系统的基础上考虑整个工程项目的发包（分标）策略，包括工程功能面标段的划分；设计、采购、施工、项目管理（包括咨询、监理）的发包方式等。

3. 实施准备。对实施准备工作做进一步分解，必须在工程系统的基础上考虑整个工程实施准备工作（如现场准备、技术准备、设备和材料的供应、采购、订货和制造）内容划分和实施准备工作责任归属（如业主责任、承包商或供应商责任）。

4. 施工。施工阶段工作进一步分解的子结构与工程系统的结构有很大的相似性，即在图3-6中"施工"单元下的分解在很大程度上就是技术系统的分解。有时要考虑如下问题：

（1）施工承发包方式，如采用设计-施工-供应总承包，还是采用分阶段分专业施工（土建、机械和电器安装、装饰工程）平行承包。

（2）在施工中功能面（标段）的划分。

（3）工程分阶段实施，还是一次性全面实施。

（4）有时还要考虑按照专业工作的内容分解。例如，对基础工程的施工，可以分解为：打桩，挖土，基础混凝土工程，回填土等工程活动。

（5）对施工承包商，其项目任务是完成施工合同，施工项目范围由承包合同限定，则承包合同工作分解结构就是工程承包项目工作分解结构。

5.试生产/验收。试生产/验收的进一步分解通常考虑两个方面：

（1）试生产的准备工作安排，如生产的原材料准备、操作人员培训、管理人员培训、运行管理系统建立等。

（2）工程验收的模式和验收工作的划分，如是否分阶段、分专业工程系统验收。

6.对项目管理工作的分解。项目管理是工程项目的工作任务之一，则在WBS图中必须有"项目管理"工作单元。项目管理工作包括项目的咨询工作、监理工作等。在工程项目工作结构分解图中可以分不同阶段的项目管理，或不同职能（如投资咨询、造价咨询、招标代理、施工监理等）的项目管理工作。

四、项目工作结构分解示例

例如某项目包括一栋楼和楼外工程的建设，其结构分解图式如图3-6所示。

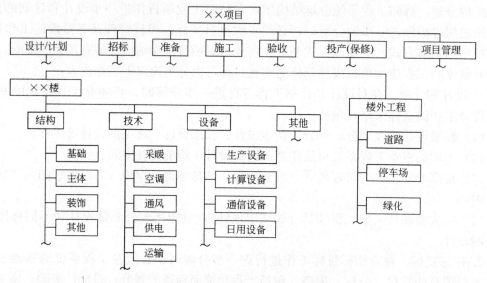

图3-6 某办公楼工程项目工作分解结构图

五、工程项目工作分解结构编码设计

对每个项目单元进行编码是现代信息化管理的要求。为了便于计算机数据处理，在项目初期，应进行编码设计，建立整个项目统一的编码体系，确定编码规则和方法，并在整个项目中使用。这是项目管理规范化的基本要求，也是项目管理集成化的前提条件。

通过给每个项目单元以唯一的不重复的数字或字母标识，使它们互相区别。编码能够标识项目单元的特征，使人们以及计算机可以方便地"读出"这个项目单元的信息，如属于哪个项目、功能面（子项目）、专业工程系统和实施阶段等。在项目管理过程中网络分析，成本管理以及数据的储存、分析、统计，均依靠编码识别。编码设计对整个项目的计划、控制和管理系统的正常运行都很关键。

项目的编码一般按照项目工作分解结构图，采用"父码＋子码"的方法编制。例如在

图 3-5 和表 3-1 中，项目编码为 1，则属于本项目次层子项目的编码是在项目的编码后加子项目的标识码，即为 11、12、13、14，如此等等，而子项目 11 的分解单元分别用 111、112、113 等表示。从一个编码中能"读"出它所代表的信息，如 14223 表示项目"1"的子项目"4"，功能面"2"，专业工程"2"，工作包"3"。

六、项目工作结构分解的作用

在整个项目管理中，WBS 具有十分重要的地位，是对项目进行设计、计划、目标和责任分解、成本核算、质量控制、信息管理、组织管理的工作对象。所以在国外被称为"项目管理最得力的、有用的工具和方法"。[1] 工程项目结构分解的基本作用有：

1. 项目工作分解结构既描述了项目的系统结构，又定义了项目的全部工作范围，不能有遗漏。通常列入项目工作分解结构中的工作即属于本项目的工作范围，反之则不属于本项目的工作范围。这样保证了项目结构的系统性和完整性，从而保证项目的设计、计划和控制的完整性。这是项目工作结构分解最基本的要求。

2. 通过工作结构分解，使项目的形象透明，使人们对项目范围和组成一目了然。使项目管理者，甚至不懂项目管理的业主、投资者也能方便地观察、了解和控制项目全过程。

3. 用于建立项目目标保证体系。工作分解结构能将项目实施过程、项目成果和项目组织有机地结合在一起（如表 3-1 所示的项目工作责任分配表），是进行项目任务承发包，建立项目组织，落实组织责任的依据。所以项目工作分解结构图对项目组织形式具有规定性。

4. 作为工程项目的工期计划、成本和费用估计的依据，有利于资源分配。

5. 将项目质量、工期、成本（投资）目标分解到各项目单元，这样可以对项目单元进行详细设计，确定实施方案，作各种计划和风险分析，进行实施控制，对完成状况进行评价。

如：在项目工作结构分解基础上，根据各活动间的逻辑关系，构建网络图，再确定完成各工作所需的持续时间、项目的开工日期，就可以确定整个项目的进度计划。

6. 作为项目报告系统的对象，是进行各部门、各专业的协调的手段。项目工作分解结构和编码在项目中可以充当共同的信息交换语言，项目中的大量信息，如资源使用、进度报告、成本开支账单、质量检查、变更、会谈纪要，都可以项目单元为对象进行收集、分类和沟通。

工程项目工作结构分解的作用可用图 3-7 表示。

由于 WBS 在项目管理中的重要作用，在国外它又被称为"计划前的计划"或"设计前的设计"。项目规模越大，技术越复杂，越显示出该项工作的重要性。

七、项目工作结构分解的基本原则

项目工作结构分解工作非常重要，但人们常常由于缺少经验和科学方法，分解时不系统不科学，分解后不重视或不能充分地利用分解的结果。这往往是项目计划失误、实施失控的重要原因。目前对一些工程项目尚无统一的普遍适用的分解方法和规则，它常常受到管理者的工作经验和管理水平的影响和制约。在工作结构分解过程中应注意如下基本原则：

1. 应在各层次上保持项目内容上的完整性，分解结果代表项目的范围和组成部分，

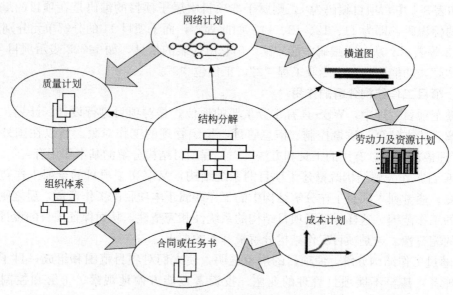

图 3-7 工程项目工作结构分解的作用

它应包括项目的所有工作，不能有遗漏，要不断地检查项目工作分解结构（WBS）的完整性。

任何一个单元 J 在被分解成几个低一层次单元 J_1、J_2……J_n 时，应存在集合关系：

$$J = J_1 \cup J_2 \cup J_3 \cup \cdots$$

而 J_i 和 J_j 之间互不重叠，存在关系：

$$J_i \cap J_j = \phi \qquad (i \neq j)$$

在工作内容上，完成了 J_1、J_2……J_n，即完成了 J。

J_1、J_2……J_n 的成本之和应等于 J 的总成本：

$$C_J = \sum C_{Ji}$$

J 的工期由 J_1、J_2……J_n 的开始时间的最小值和结束时间的最大值所定义。

2. 一个项目单元 J_i 只能从属于某一个上层单元 J，不能同时交叉属于两个上层单元 J 和 I。如果发生这种情况，则可能是在上层分解时 I 和 J 的界面不清楚。这个问题可以通过如下办法解决：

（1）重新定义 I、J，使它们界限清楚；

（2）将 I、J 合并，再作分解；

（3）将 J_i 分解成两部分，使它们分属于 I 和 J。

3. 由一个上层单元 J 分解得到的几个下层项目单元 J_1、J_2……J_n 应有相同的性质。例如 J_1、J_2……J_n 都表示功能面，或都为专业工程系统，或都为实施过程。不能出现 J_1 表示过程，J_2 却表示功能面，而 J_3 却表示专业工程系统的情况。这样容易造成混乱。

4. 项目单元应能区分不同的责任者和不同的工作内容，应有较高的整体性和独立性，单元之间的工作责任界面应尽可能小而明确，考虑工作任务的合理归属。这样能方便地进行项目目标和责任的分解和落实，能方便地进行成果评价和责任的分析。如果无法划定责任者，如必须由两个人（或部门）共同负责，则必须清楚说明双方的责任界限。

项目结构分解应适应组织管理的需要。由于工程项目的任务经常是通过合同委托的，而每个合同又是独立的，所以项目的分解结构应考虑项目的承包方式和合同结构。

5. 由于项目结构分解是为项目的计划和实施控制服务的，是计划和控制的主要对象，所以它还应符合项目实施者的要求和后继管理工作的需要，体现在：

（1）分解后的各个项目单元应该有可管理、可度量和相对独立的可交付成果，能方便地应用工期、质量、成本、合同、信息等管理方法和手段，符合计划和实施控制的需要。

通常，工作包是项目计划和控制的最小单元，项目目标的分解、信息、核算、组织责任要能落实到工作包。否则，这一层次的分解就没有意义。

（2）应符合工程的特点，考虑工程的功能或技术的特殊性，注意功能之间的有机组合，有利于提高项目的物流、工作流、资金流和信息流的效率和质量。

6. 项目工作分解结构应有一定的弹性，应能方便地扩展项目的范围、内容和变更项目的结构。在项目实施中设计变更、计划修改以及工程范围的扩大和缩小是难免的。分解结构若无弹性，则一个微小的变更就可能对结构图产生较大的影响，甚至导致一个新的分解版本或一套新的计划的出现。在此，项目编码体系设计的科学性很重要。

7. 要求适当的详细程度。对一个项目进行工作结构分解，究竟要达到什么样的详细程度比较适合？例如分解到多少层次，分解到多少个工作包比较适合？对此很难定量地规定。

总体方针是，在一个结构图内不要建立太多的层次。层次太多，不能进行有效的管理。

（1）如果项目工作分解层次和单元过少，则项目单元上的任务和信息容量太大，难以具体地、精细地设计、计划和控制，则失去分解的意义。项目工作分解较细，能够提高计划和控制的精度。

工作包上的成本（价格）量不要太大，工期不要太长，否则很难进行精确地控制。如工作包的持续时间跨几个控制期（或结算期），则它的进度和成本可控性就很差。

（2）但如果分解得过细，层次与单元太多，结构图、表将极为复杂，则会产生如下问题：

1）项目结构失去弹性，机动灵活性较小，项目调整的余地较小，或变更的影响面太大。

2）给计划工作带来困难，计划费用增加。例如网络计划的节点、工作包说明表大量增加，则计划必须十分细致，这使得计划不可行。同时，将基层的执行者（工作包责任人）的工作细节都做了详细的规定，这会束缚他工作的积极性、灵活性和创造力。

3）项目管理中信息的处理量会成倍增加。每个项目单元都是信息管理的对象，项目结构图中每增加一个单元，实施中就要增加许多相关的图表文件和管理工作量，则相应的管理费用会大幅度增加，从而降低管理工作效率。

4）有的项目管理者主观地想分解很细，但难以实现。项目工作结构分解是专业性很强的工作，应吸引项目相关任务承担者参与结构分解工作，听取他们的意见，吸取他们的经验。这样不仅能保证分解的科学性和实用性，而且能够使他们理解和接受分解结果。

5）会造成项目组织跨度太大和（或）组织层次太多。

（3）通常确定结构分解的详细程度要综合考虑如下几方面因素：

1) 项目承担者的角色。项目工作结构分解与项目管理者所处的层次和所负责的工作范围有关。不同的项目参加者对结构分解有不同的要求，如业主要求按项目任务书进行总体的全面的分解，即以整个项目为对象，将项目的全过程、全部空间、所有专业均纳入分解范围，而且业主的结构分解主要用于合同体系策划和阶段控制，常常比较粗略，一般主要抓住上面几个层次。在业主的项目工作结构分解中，一个承包商所完成的项目任务（合同）可能仅作为一个项目单元。

而承包商的任务是完成合同规定的全部工程内容，要具体地组织施工，进行现场管理，他必须对合同所规定的承包范围进行分解，而且分解得较细。

对工作包的继续分解通常由工程小组或分包商完成。

2) 工程的规模和复杂程度。大型复杂的工程项目的分解层次和单元较多；反之，小型简单项目则较少。

3) 风险程度。对风险程度较大的项目或项目单元（如子项目、任务等），如使用新技术、新工艺，在特殊环境内实施等，则分解得较细。这样就能详细周密地计划，可以透彻地分析风险。而对于风险较小的，常规性的，技术上已经成熟的项目可以分解得较粗些。

4) 承（分）包商或工程小组的数量。项目单元要区分不同的实施者，特别在最低层次的工作包上。则项目实施组织方式（如承包方式，采用专业班组或综合班组）对项目工作分解结构有很大的影响。如果专业化分工较细，承（分）包商数量较多，则项目单元也应分解得较细。

5) 项目实施的不同阶段。项目工作结构分解是一个渐进的过程，它随着项目目标设计、规划、设计和计划工作的进展而逐渐由粗到细，由上而下进行（图7-1）。虽有不同的版本，但它们应前后连贯，保持稳定性。

6) 管理者要求。各层次管理者（特别是上层管理者）对项目计划和实施报告的结构、详细程度和深度的要求，如果项目成本、工期、质量报告要求详细则应分解得较细些。

第五节 工程项目系统界面分析

一、界面的概念

项目系统分解是将一个项目分解成各自独立的项目单元，通过结构图对项目进行静态描述。但项目是一个有机的整体，是一个动态的过程，系统的功能常常是通过系统单元之间的互相作用、互相联系、互相影响实现的。各类项目单元之间存在着复杂的关系，即它们之间存在着界面。系统单元之间界面的划分和联系分析是项目系统分析的重要内容。

在工程项目中界面作为项目的系统特性具有十分广泛的意义，项目的各类系统，如目标系统、技术系统、行为系统、组织系统等，它们的内部系统单元之间，各类系统之间，以及各个系统与环境之间都存在界面。例如：

1. 目标系统的界面。目标因素之间在性质上、范围上互相区别，但它们之间又互相影响，有的有相互依存性，如产品的销售量与利润之间；而有的目标因素之间存在冲突，如环境保护标准的提高会导致投资的增加和投资利润率的下降。

2. 技术系统的界面。

（1）项目单元在技术上的联系最明显的是专业上的依赖和制约关系，例如结构和建筑之间，结构、建筑和工艺、设备、水、电、暖、通风各个专业之间。

(2) 工程技术系统是在一定的空间上存在并起作用的，必然存在空间上的联系。例如给排水、暖通工程对结构工程有依赖性，弱电的综合布线依附于结构工程。

又如，各个功能面之间，各个专业工程系统之间都存在技术上的区别与复杂的联系。它们共同构成一个有序的工程技术系统。应按照生产流程安排各车间、仓库、办公楼等的位置，使工程运行有序、效率高、费用省。

技术系统界面的划分对项目工作结构分解和合理分标的影响很大，涉及合同界面划分及界面上工作责任的归属。

3. 行为系统的界面。行为系统的界面最主要的是工程活动之间的逻辑关系，通过对逻辑关系的安排将静态的项目结构转化成一个动态的整体过程，最终以网络计划的形式描述项目的过程。这在第八章中再作详细讨论。

在项目阶段的界面上（如由可行性研究到设计、由设计到招标、由招标到施工，由施工到运行的过渡），各种管理工作，如计划、组织、指挥及控制最为活跃，也最重要。里程碑事件和许多项目控制点都位于项目阶段界面处。

4. 组织系统的界面。组织界面的涉及范围很广，包括以下内容：

(1) 项目组织划分不同的单位和部门，它们有各自不同的任务、责任和权利，项目组织责任的分配、项目管理信息系统设计和组织沟通主要任务就是解决组织界面问题。

(2) 不同的组织有不同的目标、组织行为和处理问题的风格，它们会带来组织冲突。

(3) 组织之间有复杂的工作交往（工作流），信息交往和资源（如材料、设备和服务等）的交往。

(4) 项目经理与协助本项目的企业职能经理之间、与业主之间以及与企业经理之间的界面是最重要的组织界面。

(5) 组织责任的互相制衡是通过组织界面实现的。

(6) 合同是项目组织的纽带，则签订合同实际上是一种关键性的组织界面活动。

(7) 为了取得项目的成功，项目组织必须疏通与环境组织，如外部团体、上层组织、用户、承包企业、供应单位的关系，特别要获得上层系统的授权与支持。

5. 项目的各类系统（包括系统单元）与环境系统，与上层组织系统之间存在着复杂的界面。总体上，项目所需要的资源、信息、资金、技术等都是通过界面输入的；项目向外界提供产品、服务、信息等也是通过界面输出的（图1-4）。

环境对项目的影响是深远的，项目能否顺利实施并达到预期的目标在很大程度上依赖于项目与环境系统界面的啮合程度。

二、界面管理

在项目管理中，界面是十分重要的，大量的矛盾、争执、损失都发生在界面上。项目管理的大量工作都需要解决界面问题，如制定各种计划、组织设计、实施控制、召开相关职能会议、解决组织矛盾、项目变更、信息管理等。因此，对于大型复杂的工程项目，界面必须经过精心组织和设计，作为项目管理的一个重要对象。

1. 界面管理首先要保证系统界面之间的相容性，使项目系统单元之间有良好的接口，有相同的规格。这种良好的接口是工程安全、稳定、经济和高效率运行的基本保证。

2. 保证系统的完备性，不失掉任何工作、设备、信息等，防止发生工作内容、成本和质量责任归属的争执。在实际工程中人们特别容易遗忘界面上的工作；同时，项目参加者们常常推卸界面上的工作任务，引起组织之间的界面争执。

3. 对界面进行定义，并形成文件，在项目的实施中保持界面清楚，当工程发生变更时特别应注意变更对界面的影响。

4. 大量的管理工作（如检查、分析和决策）都集中在界面上，必须在界面处设置检查验收点、里程碑、决策点和控制点，应采用系统方法从组织、管理、技术、经济和合同等方面主动地进行界面管理。

5. 在项目的设计、计划和施工中，必须注意界面之间的联系和制约，解决界面之间的不协调、障碍和争执，主动地、积极地处理系统界面的关系，对相互影响的因素进行协调。

现代项目管理强调集成化和综合化，界面管理尤为重要。

三、项目系统界面的定义文件

由于界面具有非常广泛的意义，而一个工程项目的界面不胜枚举，数量极大，一般仅对重要的界面进行设计、计划、说明和控制。

项目系统界面定义文件应能够综合地表达界面的信息，如界面的位置、组织责任的划分、技术界限、界面工作的归宿、工期界限、活动关系、资源和信息的交换、成本界限等（表 3-2）。

界面说明　　　　　　　　　　　　　　　　　　　　表 3-2

项目：		子项目：	
界面号：			
部门：		部门：	
技术界限		已清楚	尚未清楚
工期界限		已清楚	尚未清楚
成本界限		已清楚	尚未清楚
签字：		签字：	

在项目实施过程中，通过图纸、规范、计划等进一步详细描述界面。如果项目目标、工程设计、实施方案、组织责任发生任何变更，都可能引起上述内容的变更，则界面文件必须做相应的修改。

对于开发型项目，特别是软件开发项目，或信息系统开发项目，界面的说明文件特别重要，常常关系到项目的成败。

第六节　工程项目系统的描述体系

一、工程项目系统描述体系

项目结构图展现的是项目的总体范围和构成。对各个项目单元应有具体内容的定义，包括目标分解、功能要求、质量标准、时间的安排、责任人、工程活动的安排、成本及工期等。它们是各阶段项目目标设计、技术设计和计划的成果，同时又是进一步设计和计划的基础，也是实施控制的依据。按照项目管理的需要，项目系统的说明文件应是完备的，对项目的各个方面都应具有规定性，可以从各个角度系统地描述项目的形象。

广义地说，项目系统是通过许多文件说明和定义的，包括项目目标设计、项目建议书、可行性研究报告、项目任务书、规划和设计文件（包括规范、模型和图纸）、项目工作分解结构图、计划文件（工期、费用计划）、招标文件、合同文件以及操作说明等。

工程项目的系统描述体系可以分解为以下几个层次：

1. 项目系统目标文件

项目系统目标文件是项目最高层次的文件，对项目的各方面都有规定性，它包括项目建议书、可行性研究报告、项目任务书等。

2. 工程系统设计（说明）文件

工程系统设计文件按照目标文件编制，主要通过工程规划文件、产品要求说明书、图纸（或 CAD）、规范、工程量表和模型等，描述工程系统的要求、技术原则与特征。

（1）工程规划文件。这是按照项目目标设计和批准的项目任务书对工程系统进行的总体策划。首先是对项目的总体目标和总功能的说明，并在建筑场地上进行区域和总体功能的布置。例如，对工业工程项目，最重要的有如下内容：

1）工艺流程图：反映拟建工厂的工艺加工和物料处理的基本方法，包括所选择的工艺设备及型号，物料的流动方向，原材料燃料和中间物品仓库的容积和储存时间。

2）总布置图：按照工艺流程图布置各车间（功能面）的位置，提出各车间的总体要求。

3）系统的技术说明：对各车间的技术要求、设施的描述、工艺的选择、建筑和结构形式、水电风气的用量及来源、运输系统、维修设施、所使用的规范和标准、产品验收标准等。

4）工艺和仪表系统图：作为管道施工和仪表定购的依据。

5）电气系统图。

6）设备清单和设备技术规定：设备的编号、名称、能力等。

7）该系统设计说明，以及主要的技术经济指标及投资预算限额。

8）其他，如办公楼、停车场、公共设施、绿化及构筑物、道路等的面积分配及平面布置。

（2）各功能面或各栋建筑物的规划文件。它包括建筑造型、楼层总面积，结构、水电等的设计要求，以及设备布置、功能说明和各建筑空间功能面的布置及面积的分配。

不同的工程对功能面的要求说明各不相同，通常是采用图表的形式（表 3-3）。

功能面说明表 表 3-3

项目号	建筑物号	功能面号	
	总功能要求： 工作岗位数，职员： 办公设施： 其他设施：		能源供应要求： 电器要求： 通讯： 供热、空调要求： 照明要求：
	结构要求： 基本面积、层次、层高： 荷载： 其他要求：		给排水要求： 消防要求： 隔热保温要求： 其他要求：

(3) 专业工程系统设计说明。它主要说明功能面的某一专业工程系统的技术要求，在功能面上的布置，与其他专业工程系统之间的关系以及技术标准、材料等各方面的要求。如某宾馆工程房间的装饰工程分析表，见表3-4。

专业工程系统设计说明表　　　　　　　　　　　　　　　　　　　　表3-4

项目名：		日期：	版次：	页码：
建筑物名：××宾馆工程			功能面名：客房	功能面号：

编码	专业工程系统名称	内容说明	标准	设计要求	落实情况
……					
×××	通讯	卧室电话			
		厕所电话			
		电话信息提示			
		浴室SOS信号			
……					

(4) 专业工程设计文件，如各专业工程系统的施工图和技术规范等。

3. 实施方案和计划文件

这一类文件是按照项目目标文件和工程设计文件编制的，说明如何完成工程建设工作，包括工程的施工方案、各种实施计划、投标文件、技术措施、项目组织、项目管理计划等。

4. 工作包说明

为了进行有效的控制，必须将项目目标和任务分解落实到具体的项目单元上，从各个方面（质量、技术要求、实施活动的责任人、费用限制、工期、前提条件等）对它们作详细的说明和定义。这个工作应与相应的技术设计、计划、组织安排等工作同步进行。项目任务书、承（分）包合同、供应合同、施工组织设计、工作包说明表等都是对项目单元综合性的定义文件。

在项目工作分解结构中，最低层次的项目单元是工作包，它是计划和控制的最小单位，是项目目标管理的具体体现。工作包所包括的工作范围的大小没有具体的规定，工作包说明表的格式、结构、粗细程度因项目管理的不同要求会有很大的变化，但它的实质内容是相似的。常见的工作包说明表的格式见表3-5。

工作包说明表　　　　　　　　　　　　　　　　　　　　　　　　　表3-5

项目名：_____ 子项目名：_____	工作包编码：_____	日期：_____ 版次：_____
工作包名称：		
结果：		
前提条件：		
工程活动（或事件）：		
负责人：		
费用： 计划： 实际：	其他参加者：	工期： 计划： 实际：

(1) 子项目名，即该工作包所属的子项目名称。

(2) 工作包编码。

(3) 日期和修改版次。项目结构分解随着项目实施过程逐步细化、深入，不可能一次成功，因此在项目过程中会有不同的版次更替。而且，合同的变更，项目任务和目标的变更也是难免的。这些变更将会导致实施计划、责任关系等的变更，引起一些工作包内容的变更。这里记载着最近一次的变更日期和变更次数。

(4) 工作包名称。工作包名称是标志该活动的短语或标签，以便将该工作包与其他工作包相区别。通常要简要说明工作包的任务范围或总体要求。

(5) 工作包任务（交付成果）描述。指按项目任务书或合同要求确定的该工作包的工程范围、工程量、位置、质量标准、技术要求及实施工作的说明等。对它们更进一步的、详细的说明和定义，则在相关的工程量表、规范和图纸中表示。

(6) 前提条件。说明开始或完成该工作包所规定的工作应有的条件，相关的紧前工序（工作包），按计划应先完成的活动等。这通常由项目单元的关系分析和合同分析得到。它确定了工程活动之间的逻辑关系，由此即可以构成网络计划。

例如，某工程基础混凝土的施工，前导工作包括：完成土方工程，清理现场，交付基础图纸，搭设现场混凝土搅拌设备以及材料进场等。

(7) 工序描述。说明工作包由哪些工序（工程活动）组成，例如：

1) 基础工程的施工包括挖土、垫层、支模、扎钢筋、浇混凝土、拆模和回填土等工作；

2) 一个设备的安装可能分为预埋件、初安装、主体安装、外部装饰性工程等。

这些工序之间同样存在着逻辑关系，由此构成了一个子网络图。最低层次的，最详细的网络分析就是从此开始的。对大的工作包，要描述它的里程碑事件，设置检查点。

(8) 责任人。即负责该工作包的承包商（分包商）或工程小组或专业职能部门。他应为该工作包的主要责任人，按合同规定或项目管理者授权由他完成该工作包。

(9) 其他参加者。即其他有合作和协调责任的项目参加者。

(10) 费用（成本或投资），包括计划数额和最终实际数额。

(11) 工期，包括该项目单元的计划开工期，结束期，实际工期。

(12) 其他内容，如所需资源用量的估计，实施工作的地区或地点，特殊的制约因素。

从上述可见，工作包说明是项目的目标分解和责任落实的文件，它包括项目的计划、控制、组织和合同等各方面的基本信息，另外还可能包括工程的实施方案、各种消耗标准等信息。因此，定义工作包的内容是一项非常复杂的工作，需要各方面的密切配合。

二、项目系统描述体系的关系

项目系统的描述包含了上述几个层次，它们共同构成对项目的系统描述体系。在项目的实施过程中，上述文件之间存在时间顺序和依存关系。通常由目标文件决定技术设计，再共同决定实施方案和计划，以此类推（图3-8）。

在该描述体系中，上层文件的修改必然会引起下层文件的变更。例如目标的变更会引起设计方案的变更，设计方案的修改会引起实施方案和计划的变更。而上述的任何一项变更都会引起工作包说明内容的变更。根据上述系统描述的关系可以分析一项变更（如目标变更、设计方案或图纸变更、实施方案变更）的影响范围和相应必须修改的文件的范围。

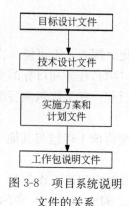

图 3-8 项目系统说明文件的关系

三、项目系统描述体系的管理

在工程项目实施过程中,需要对项目的系统描述文件进行管理。

1. 对项目系统状态描述体系进行标识并形成文件。在项目前期策划、设计和计划阶段,用一系列文件、规范和图纸来描述项目系统状态,使人们一开始就对项目的系统目标、系统构成、工程技术状态(技术性能、功能特性和物理特性)和系统实施过程等具有总体的、清晰的概念,并了解它们是由哪些文件表示的或实现的。同时,所有的系统描述应形成文件和状态报告,应建立各种文档,记录并报告其实施状况。

2. 在系统描述文件确定后,对项目系统状况的任何变更应进行严格控制,以确保工程项目变更不损害系统目标、性能、费用和进度,不造成混乱。这种对项目系统状态的把握能确保对项目实施过程以最低费用和最快的速度进行跟踪、变更和控制。

3. 在项目运行过程中可以应用项目系统描述文件对设计、计划和施工过程进行经常性的检查和跟踪,例如对设计的完整性、技术方案的性能、实用性和安全性等做出审查、评价。

4. 在工程竣工交付前,应以项目系统描述体系对项目的实施过程和最终工程状况进行全面审核,其目的是验证项目的目标和范围是否全面完成,技术系统性能与功能状态是否符合规范和合同要求,并将这项工作成果带入工程的运行阶段。

在现代工程中,人们可以通过更直接明了的方法反映项目的系统状况,如通过模型、CAD 技术透视工程技术系统的状况。通过 BIM 技术可以集成项目的整个描述体系,如不仅可以展示工程规划成果、各专业工程系统结构和相互关系,各个专业工程系统特性,而且可以展示虚拟施工过程或运行过程,使人们能够更好地把握项目的系统结构和动态过程。

复习思考题

1. 在项目管理中有哪些系统可以采用树型结构方式来描述?
2. 试分析一份招标文件,说明承包商的承包项目范围由哪些因素决定的。
3. 以自己工作的办公楼或上课的教学楼的建设为例进行项目结构分解。角度为承包商的项目经理,采用设计-施工总承包方式。
(1) 对工程的建筑、结构、设备和设施等作简单描述;
(2) 对项目的组织策略和实施过程做出说明;
(3) 在上述的基础上画出项目工作分解结构图。
4. 为什么说项目结构分解并非越细致越好?
5. 针对您所熟悉的或所管理的工程项目,简述该类项目结构分解的基本准则。
6. 在以后每章学习中,考虑如何最有效地利用项目工作结构分解的结果(WBS)。

第二篇 工程项目组织

第四章 工程项目组织策划

内容提要：工程项目组织是指由业主、承包商、设计单位、供应商和项目管理公司等组成的组织。本章主要介绍如下内容：
(1) 工程项目组织的概念、基本结构、特殊性和基本原则。
(2) 工程项目组织策划的过程和主要工作。
(3) 工程项目的资本结构、承发包模式和管理模式。它们决定了项目组织结构的基本形式。

第一节 概 述

一、工程项目组织的基本概念

1. 组织的概念

"组织"一词，其内涵比较宽泛，人们通常所用的"组织"一词一般有两层含义：
(1) 对一个过程的组织，对行为的策划、安排、协调、控制和检查，如组织一次会议，组织一次活动；
(2) 人们（单位、部门、个人）为某种目的，按照某些规则形成的职务结构或职位结构，如项目组织、企业组织等。

2. 工程项目组织的定义

国际标准 ISO 21500 定义，项目组织是从事项目具体工作的组织，是临时性组织。它包括项目参与方、责任、层级结构和界限等。[46]因此，本书中的"**工程项目组织**"是指为完成整个工程项目工作分解结构图中的各项工作的个人、单位、部门按一定的规则或规律构成的群体，通常包括业主、施工单位、项目管理单位（监理单位）以及设计和供应单位等，有时还包括投资者、为项目提供服务的或与项目有某些关系的部门，如政府机关、鉴定部门等。

工程项目组织中的某一参加者从事项目的一部分工作，如勘察工作、设计工作、施工工作、监理工作、供应工作等，也符合项目的定义，也需要建立相应的"项目组织"。如设计单位承担了工程设计的任务，其组织即为"设计项目组织"；施工承包商承担了工程施工的任务，其组织即为"工程施工项目组织"等。

3. 工程项目组织的基本形式

工程项目是由目标产生工作任务，由工作任务决定承担者，由承担者形成组织。按照工程项目的范围管理和系统结构分解，在工程项目中有两种性质的工作任务。

（1）为完成项目对象所必需的专业性工作任务

项目的专业性工作任务包括工程设计、建筑施工、安装、设备和材料的供应、技术鉴定等。这些工作一般由设计单位、工程承包公司、供应商、技术咨询和服务单位等承担，他们构成项目的实施层，其主要任务和责任是按合同规定的工期、质量完成自己承担的项目任务（如工程设计、供应、服务、施工和保修责任）。

（2）管理工作

在工程项目全过程中，相关的管理工作可分为以下四个层次。

1）战略决策层。该层是项目的投资者（或发起者），包括项目所属企业的领导、投资项目的财团、参与项目融资的单位。它在项目的前期策划和实施过程中负责战略决策和宏观控制工作。它的组成由项目的资本结构决定，但由于它通常不参与项目的具体实施和管理工作，所以一般不出现在项目组织中。

2）战略管理层。投资者通常委托一个项目主持人或建设的负责人作为业主，以项目所有者的身份进行项目全过程总体的管理工作，包括：

① 确定生产规模，选择工艺方案，选择和批准重大的技术和实施方案。

② 批准项目的设计文件、实施计划和它们的重大修改。

③ 确定项目组织策略，选择承发包方式、管理模式，委托项目任务，并以项目所有者的身份与项目管理单位和项目实施者（承包商、设计单位、供应单位）签订合同。

④ 审定和选择工程项目所用材料、设备和工艺流程等，提供项目实施的物质条件，负责与环境的协调，取得官方的批准。

⑤ 对项目实施过程进行宏观控制，做重大问题的决策，给项目管理单位以持续的支持。

⑥ 按照合同规定向项目实施者支付工程价款和接收已完工程等。

3）项目管理层。它通常由业主组建的，或委托项目管理公司或咨询公司构建的由项目经理领导的项目经理部（或小组），在项目实施过程中承担计划、协调、监督、控制等具体的项目管理工作。他的责任是保护业主利益，保证业主投资目的和项目整体目标的实现。

4）实施管理层。工程的设计、施工、供应等单位，为完成各自的项目任务，分别开展相应的项目管理工作，如质量管理、安全管理、成本管理、进度管理、信息管理等。这些管理工作由他们各自的项目经理部承担。

因此，工程项目组织的基本形式如图 4-1 所示。

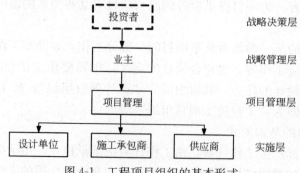

图 4-1　工程项目组织的基本形式

二、工程项目组织的特殊性

项目组织不同于一般的企业组织、社团组织和军队组织，它具有自身的组织特殊性。这是由项目的特点决定的，同时，它又决定了项目组织设置和运行的原则，在很大程度上决定了人们在项目中的组织行为，决定了项目沟通、协调以及信息管理。

1. 项目组织是为了完成项目总目标和总任务而建立的，所以具有目的性，项目目标和任务是决定项目组织结构和组织运行的最重要因素。

但项目组织成员来自不同企业或部门，按合同和项目计划进行工作，各自承担一定范围的项目责任，有独立的经济利益和权利。

2. 项目组织是为完成项目的所有任务而建立起来的，即通过项目结构分解得到的所有工作（专业性工作和管理工作），都应无一遗漏地落实承担者。所以项目工作分解结构对项目组织结构具有很大的影响，它决定组织结构的基本形态和组织工作的基本分工。每个参加者在项目组织中的地位是由他所承担的任务决定的，并非由其企业规模、级别或隶属关系决定的。

同时，项目组织应力求结构的简单化。增设不必要的机构，不仅会增加项目管理费用，而且常常会降低组织运行效率。

在工程项目过程中组织成员由工作任务决定，所以出现较迟。这是工程项目组织与企业组织最大的区别之一。

3. 每一个工程项目都是一次性的、暂时的，所以项目组织也是一次性的、暂时的，具有临时组合的特点。项目组织成员在完成它所承担的项目任务（由合同规定）后就退出项目组织；整个项目结束后，项目组织就会解散或重新构建其他项目组织。即使有一些经常从事相近项目任务或项目管理任务的机构（如项目管理公司、施工企业），尽管项目管理班子或队伍人员未变，但由于不同的项目有不同目的、不同的范围、不同的对象和不同的合作者（如业主、分包单位等），其项目组织仍然是一次性的。

项目组织的一次性和临时性，是它区别于企业组织的一大特点，对项目组织的运行、参加者的组织行为、团队建设和沟通管理影响深远。

4. 项目组织与企业组织之间有复杂的关系。这里的企业组织不仅包括投资者和业主的企业组织，而且包括承包公司、设计院等。工程项目的组织成员实质上是各个参加企业的委托授权机构，例如某学校建设一栋教学楼，该工程项目组织关系（图4-2）。

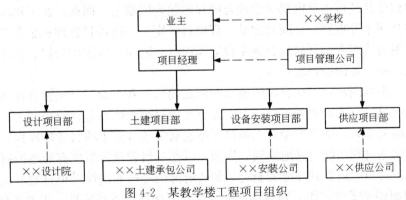

图4-2 某教学楼工程项目组织

项目组织成员通常扮演两个角色，如土建项目部既是本工程项目组织成员，又是土建承包公司中的组织成员。研究和解决企业对项目的影响，以及它们之间的关系，在企业管理和项目管理中都具有十分重要的意义。而企业组织与项目组织之间的障碍也是导致项目失败的主要原因之一。

无论是企业内的项目（如研究开发项目），还是由多企业合作进行的项目（如工程建设项目、合资项目），企业和项目之间存在如下复杂的关系：

（1）由于企业组织是现存的，是长期的稳定的组织，项目组织常常依附于企业组织，项目的人员常常由企业提供，有些项目任务直接由企业部门完成。一般项目组织必须适应而不能修改企业组织和管理体制。企业的运行方式、企业文化、责任体系、运行机制、分配形式、管理机制直接影响项目的组织行为。

（2）项目和企业之间存在一定的责权利关系，这种关系决定着项目组织成员的独立程度。既要保证企业对项目的控制，使项目实施和运行符合企业战略和总计划，防止失控，又要保证项目的自主权，充分调动项目部的积极性，这是项目顺利成功的前提条件。

（3）由于企业资源有限，则在企业与项目之间及企业同时进行的多项目之间存在十分复杂的资源优化分配问题。

（4）企业管理系统和项目管理系统之间存在十分复杂的信息交往。

（5）项目参加者和部门通常都有项目的和自己原部门工作的双重任务，甚至同时承担多项目任务，则不仅存在项目和原工作之间资源分配的优先次序问题，而且项目参加者在工作中常常要改变思维方式。

5. 工程项目内部存在多种形式的组织关系。以下两种是其中最主要的关系。

（1）专业和行政方面的关系。这与企业内部的组织关系相似，上下级之间为行政和专业的领导和被领导的关系，这种组织关系主要存在于企业（如承包商、供应商、分包商、项目管理公司）内部的项目组织中。

（2）合同关系或由合同定义的管理关系。不同隶属关系（不同法人）的项目组织成员之间以合同作为组织关系的纽带，如业主与承包商之间的关系由承包合同确立。合同签订和解除（结束）表示组织关系的建立和脱离。项目参加者的任务、工作范围、经济责权利关系和行为准则均由合同规定。项目组织按照合同运行，所以工程项目的合同体系与项目的组织结构有很大程度的一致性。

虽然承包商与项目管理者（如监理工程师或项目管理公司）没有合同关系，但他们责任和权利的划分及其行为准则仍由管理合同和承包合同限定。因此，在工程项目组织的运行和管理中合同十分重要，合同管理是工程项目区别于一般项目管理和企业管理的最有特色的部分。项目管理者必须通过合同手段运作项目，同时，应采用合同、法律和经济等措施解决问题，而不是借助行政手段。

但通常一份合同确定了项目组织成员两两之间的关系，而一个项目有许多合同，容易造成项目组织成员行为准则的不统一，由此导致项目组织联系是比较松散的。

除了合同关系外，项目参加者在项目实施前通常还订立了项目管理规程，使各项目参加者在项目实施过程中能更好地协调、沟通，以便项目管理者能更有效地控制项目。

此外，项目组织还受到环境的制约，如政府部门等按照法律对项目的干预。

6. 项目组织是柔性组织，具有高度的弹性、可变性、不稳定性。主要表现在：

（1）许多组织成员随着项目任务的承接、实施和完成进入或退出项目组织，或扮演不同的角色。

(2) 项目组织呈过程化组织的特征,组织不再是由静止的结构和角色所组成,而是按照"目标—任务—工作流程—组织成员"这种逻辑关系确定,成员之间的关系是同盟、伙伴、合作关系、合同关系。这关系立足于共同的目标、共同信念和利益共享。

(3) 采用不同的项目组织策略、承发包模式和实施计划,则有不同的项目组织形式。

(4) 在项目的不同阶段,不同层次的项目组织成员承担的任务不同。

1) 在项目的前期策划阶段,主要由投资者或上层组织进行目标设计和高层决策工作,在其后期(主要在可行性研究中)将有业主和咨询工程师介入。

2) 项目一旦被批准立项,工作的重点就转移到业主、项目管理层和设计单位。业主要参与方案的选择、审批和招标的决策工作。

3) 在施工阶段,项目任务是"战术"性的,以项目管理层及项目实施层为主体。

4) 在交工和试运行阶段,项目组织的四个层次均有较大的投入。

所以,工程项目组织是多变的,早期组织比较简单,在实施阶段则十分复杂。

7. 由于项目的一次性和项目组织的可变性,很难像企业组织一样建立自己的组织文化,即项目参加者很难在一段时间内形成自己较为统一的、共同的行为方式、信仰和价值观,从而带来了项目管理的困难。

三、工程项目组织的三个主要方面

从图4-2可见,在工程项目组织体系和组织关系中,有三个最主要的方面:

1. 由业主、项目管理公司(或监理公司)、承包商、供应商、设计单位等构成的"工程项目组织",这是最基本的,是完成项目任务的行为主体构成的组织系统。

2. 各"项目部"。它是"工程项目"组织中的一个单元,由各单位委派,负责完成具体的项目工作。最典型的是业主委托(或组建)的项目经理部和工程施工承包项目部。它有自身的结构和组织运作规则。它是工程项目组织系统和企业组织系统的交集点。

3. "企业—项目部"组织。各项目部又是各所属企业的委托授权机构,属于企业组织系统的一部分。如施工项目部是工程承包公司组建的,属于承包公司的一个组织单元。工程承包公司对它承担责任,为它的运作提供资源和条件。

研究和解决企业项目管理问题,在工程承包企业管理和项目管理中都具有十分重要的意义。

第二节 工程项目组织的基本原则

项目组织的设置和运行(包括组织结构形式的选择、组织运作规则的制定、组织运作和考核)必须符合组织学的基本原则和规律,如具有共同的目标,需要不同层次的分工合作,具有系统性和开放性,要结构合理,能高效率和低成本运行等,但这些基本原则体现在工程项目中具有特殊性。

一、目标统一原则

一个组织要有效地运行,各参加者必须有明确的统一的目标。但是由于工程项目分阶段实施,项目组织成员隶属于不同的单位(企业),具有不同的利益和目标。所以在项目中存在着项目总目标与阶段性目标以及不同利益群体目标之间的矛盾,使项目实施的组织障碍增大。项目组织成员各自的目标不同却又有高度的相互依存性,这是项目组织的基本矛盾。为了使项目顺利实施，实现项目的总目标，必须做到以下四点：

1. 项目参加者应就总目标达成一致，形成共识。
2. 在项目的设计、合同、计划和组织规则等文件中必须全面贯彻总目标。
3. 在项目的全过程中必须承认并顾及各方面的利益，使项目相关者各方满意。
4. 为了实现总目标，在项目的实施过程中必须有统一的指挥、统一的方针和政策、统一的管理规则。

二、责权利平衡

在项目组织设置过程中应明确项目投资者、业主、项目管理公司、承包商，以及其他相关者间的经济关系、职责和权限，并通过合同、计划、组织规则等文件定义。这些关系错综复杂，应符合责权利平衡的原则，形成一个严密的体系。

1. 任何组织单元都应有相应的目标责任，没有目标责任就缺乏管理的积极性。
2. 权责对等。各个项目组织单元的目标责任与资源运用的权利和经济利益相联系。

对于组织任何一方，他有一项权益，则他必然又有与此相关的一项责任。例如业主有变更工程范围的权利，但他就应承担由于变更造成损失的责任。

同样，当要求组织成员承担一项工作任务或责任时，应赋予他为完成该任务所必需的条件，以及由此责任延伸的权利。如：项目经理必须具有为完成项目任务所必需的资源使用的权利和相应的保证条件。

3. 权利的制约。如果项目组织成员行使权利时对项目和其他组织成员产生影响，则该项权利应受到制约，以防止他滥用这个权利。这个制约常常体现在，如果他不适当地行使该权利，就应承担相应的责任。

例如，业主和项目经理对承包商的工程和工作有检查权、认可权、满意权、指令权，有权要求对承包商的材料、设备和工艺等进行合同中未指明或规定的检查，甚至包括破坏性检查，承包商必须执行。但这个权利的行使应有相应的合同责任，即如果检查结果表明材料、工程设备和工艺符合合同规定，则业主应承担相应的损失（包括工期和费用赔偿）。[28]

4. 组织成员各方责任和权利的制约关系复杂，责任和权益是互为前提条件的。例如，合同规定承包商有一项责任，如果他完成该责任需要满足一定的条件，而这些前提条件应由业主提供（或完成），则这些前提条件应作为业主的一项责任，应对业主作出明确的规定。如果没有这些规定，则双方责权利关系就不平衡。

5. 应通过合同、组织规则、保险、保函和奖励政策加强对项目组织各方的权益保护。如对承包商，在承包合同中应有工期延误罚款的最高限额的规定、索赔条件、仲裁条款，以及在业主严重违约情况下中止合同的权利及索赔权利的条款。若无这些规定，会增加他们的风险。但若采取过多的保护措施，会导致组织摩擦加大和效率降低。

6. 应按照责任、工程量、工作难度、质量要求、风险程度和最终工作成果给予相应的报酬，或给予相应的奖励。

7. 公平地分配风险。在项目中风险的分配是个战略问题。风险是一项责任，风险承担者应有相应的机会收益和风险管理的效益，应有相应的采取风险防范措施的权利。

通过风险分配，加强组织责任，能更好地发挥各方面管理的和技术创新的积极性。

三、适用性和灵活性原则

在工程项目组织设置中，有许多可选择的融资模式、承发包模式、管理模式和组织结构形式，由此带来项目组织形式选择的多样性。通常，各种模式没有先进、落后之分，主要是保证项目组织运作的有效性、适用性和灵活性。灵活的项目组织有利于获得和充分使用人力资源，而固定的组织会造成僵化和管理的困难。

项目组织形式通常是灵活多样的，在同一个企业内，不同的项目，其组织形式不同；甚至在同一个项目的不同阶段，项目组织也是动态的，有不同的授权方式和组织形式。通常要考虑如下因素：

1. 应确保项目组织结构适合项目的范围、项目的特殊性（如数量、规模、难度、目标的紧迫性等）、环境条件及业主的项目实施策略。

2. 项目组织结构应考虑到原组织（业主的和/或承包商的企业组织）的特点（如管理体制、组织文化等），并与它们相适应。应充分利用业主和项目管理者过去的项目管理经验，选择最合适的组织结构，并最大程度地使用企业现有部门中的职能人员。

3. 项目组织必须顾及前期策划、设计和计划、施工、供应、运行过程的规律性和一体化要求。

4. 项目组织结构的设计应有利于所有项目相关者的交流和合作，使决策过程快捷和信息流畅通。

5. 项目组织要保持最小规模，组织机构简单，工作人员精简。

四、组织制衡原则

项目组织的特殊性要求组织设置和运作必须有严密的制衡，它包括以下四个方面。

1. 权责分明，任何权利须有相应的责任和制约。应十分清楚地划定组织成员之间的任务和责任的界限，这是设立权利和职责的基础，如果任务界限不清会导致有些任务无人负责完成，互相推卸责任，产生权利争执、组织摩擦、弄权和低效率。

2. 设置责任制衡和工作过程制衡。由于工程活动和管理活动之间有一定的联系（即逻辑关系），则项目参加者各方的责任之间必然存在一定的逻辑关系，所以应加强过程的监督，包括阶段工作成果的检查、评价、监督和审计等。

3. 通过组织结构、责任矩阵、合同、管理规程、管理信息系统保持组织界面的清晰。

4. 通过其他手段达到制衡，例如保函、保险和担保等。

但是过于强调组织制衡和采用过多的制衡措施会使项目组织结构复杂、程序烦琐，会产生沟通的障碍，破坏合作气氛，容易产生"高效的低效率"。即项目组织运作速度很快，但产出效率却很低，有许多工作和费用都消耗在组织制衡中，例如：

（1）过多的责任连环造成责任落实的困难和争执，恶化合作气氛；

（2）制衡造成管理过程的中间环节太多，如中间检查、验收、审批，使工期延长，管理费用增加；

（3）许多制衡措施需要费用，如保险和担保需要费用，为了制衡监理工程师，人们又设置了争执裁决人，则又增加了一笔花费。

在市场经济发达，人们讲究诚实信用，项目参加者资信又很好的情况下，可以适当减少制衡，以达到最佳的经济效益。

五、保证组织成员和责任的连续性和统一性

由于项目存在阶段性，组织成员隶属于不同的企业，组织人员的投入又是分阶段的，且不连续的，容易造成责任体系的中断、责任盲区和短期行为，在项目阶段的界面上出现信息

衰竭，所以应尽可能保持项目管理人员、组织责任、过程、信息系统的连续性、一致性。

1. 许多项目工作最好由一个单位或部门全过程、全面负责。例如实行建设项目全过程业主责任制，采用"设计-采购-施工"总承包方式。

2. 项目的主要承担者应对工程的最终结果负责，应使他的工作与项目的最终效益挂钩。现代工程项目中业主希望承包商能提供全面的（包括设计、施工、供应）、全过程的（包括前期策划、可行性研究、设计和计划、工程施工、物业管理等）的服务，甚至希望承包商参与项目融资，采用目标合同，使他的工作与项目的最终效益息息相关。

3. 防止责任的盲区，即出现问题或造成损失无人负责的情况，或有工作但无人承担责任。对业主来说，应防止出现非业主自身原因造成损失，而最终却由业主承担责任的现象。例如在设计、施工分标太细的工程中，由于设计单位拖延造成施工现场停工，业主必须赔偿施工承包商相应的工期和费用，而设计单位对业主不承担或仅承担很少的赔偿责任。在工程项目中的许多索赔事件都是如此发生的，而采用"设计-采购-施工"总承包就可以在很大程度上避免这种情况的出现。

4. 减少责任连环。在项目中过多的责任连环会损害组织责任的连续性和统一性。例如在一个工程项目中，业主将土建施工发包给一个承包商，而土建工程所用的商品混凝土供应仍由业主与供应商签订合同；商品混凝土中所用的水泥仍由业主与水泥供应商签订供应合同。在这种情况下若出现混凝土质量问题或供应时间拖延，责任的落实是极为困难的，而且项目的计划和施工组织协调也将十分困难。

5. 应尽量保证项目组织目标、人员、方针政策、组织规则和程序的稳定性，但过于稳定的组织结构和程序会使组织僵化。

六、减少管理层次，组织扁平化

组织结构的选择常常要在管理跨度和组织层次之间权衡。管理层次是指一个组织总的结构层次，管理跨度是指某一组织单元直接管理下一层次的组织单元的数量，通常管理跨度小会造成组织管理层次增多，反之管理跨度大可使管理层次减少（图4-3）。

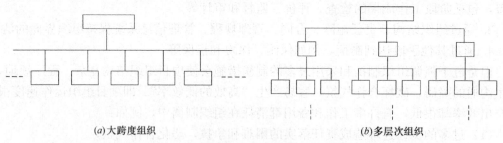

(a)大跨度组织　　　　　　　　(b)多层次组织

图4-3 管理跨度和管理层次关系图

现代工程项目规模大，单体建筑多，参加单位多，造成组织结构非常复杂，例如南京地铁1号线分为40多个标段（单体项目），有几百个参加单位。同样现代工程承包企业以及项目管理企业（如监理公司）由于同时承接很多项目，也容易使组织结构复杂。

1. 采用小跨度、多层次组织结构的问题

（1）组织层次多，最低层与最高层之间的距离过长，则决策慢，容易造成指挥失灵，组织对环境变化反应迟钝；失去组织总目标的明确性和一贯性，计划和控制很困难。

（2）造成组织成员只是被动地执行任务，缺乏主动参与意识，降低了组织成员的积极性和创造性，使项目参与各方之间的目标矛盾和利益冲突更加突出。

（3）层次多则组织管理人员和设施增加，管理费用增加；组织内部各层级之间，以及与外部组织之间联系复杂，协调困难，信息处理量大，协调工作量增多，组织效率低下。

（4）在多层次组织中容易会出现信息流通不畅、不及时、扭曲、失真、遗漏现象，决策指令在贯彻中容易偏离，造成了信息孤岛和信息不对称现象。

（5）层次多造成项目的低效率、工期延长、实施过程延缓，例如需要多层次的检查验收，多层次的报告，多层次的分配和下达任务等。

通常，多级分包或转包会增加工程项目组织的层次。

2. 现代项目组织（特别是矩阵式项目组织）和现代信息技术的应用能够减少组织层次，使组织扁平化。现代大型、特大型的项目，以及项目型企业的组织一般都采用扁平化的、层次较少的组织结构，可以同时同步管理几十个项目或子项目。

这种组织形式灵活，反应敏捷，富有柔性，运行效率高；决策层贴近执行层，能对市场环境变化做出快速反应，使用户满意。

采用扁平化组织结构时，上层必须对下层有较多的授权，必须谨慎地选择下级管理人员，并通过训练提高他们的素质。同时，必须制定明确的组织运作规则和政策，建立有效的项目管理系统。

七、合理授权和分权

1. 项目的任何组织单元在项目中为实现总目标扮演一定的角色，有一定的工作任务和责任，则他必须拥有相应的权利、手段和资源去完成任务。项目组织设置必须形成合理的组织职权结构和职权关系。

2. 由于项目的使命和项目特殊性，项目组织鼓励多样性和创新，则项目组织在权利的分配方面应体现授权管理和分权管理，才能调动各方面的积极性和创造力。

（1）在企业和项目之间，企业经理、业主对项目经理是授权管理。例如业主授权项目管理公司管理承包商和供应商；施工企业授权施工项目经理负责施工项目的实施管理。

（2）在矩阵式组织中，企业的职能部门经理和项目经理之间实行分权管理，保证项目组织的有效运行。这不仅是项目管理的内容，而且是企业管理的内容，它在很大程度上决定了一个企业的管理模式。

3. 没有授权和分权，或授权和分权不当就会导致组织没有活力或失控，使决策渠道阻塞，而且项目上的许多日常琐碎的不重要的问题将被提交高层处理，使高层人员陷于日常的琐碎事务中，无力进行重要的决策和控制。授权和分权的原则如下：

（1）依据要完成的任务和预期成果进行授权，明确目标、任务和职权之间的逻辑关系，并订立完成程度考核的指标。

（2）根据要完成的工作任务选择人员，分配职位和职务。分权需要强有力的实施层项目管理人员。

（3）采用适当的控制手段，确保下层恰当的使用权利，以防止失控，不能由于分权导致独立王国。

（4）在组织中保持信息渠道的开放和畅通，使整个组织运作透明。

（5）对有效的授权和有工作成效的下层组织给予奖励。

（6）谨慎地进行授权。授权和分权的有效性与组织文化有关，人们的价值观念、行为准则对此有很大的影响。如果上层人员比较专制，对下层缺乏信任（包括道德和能力），则不可能有真正的授权和分权；作为下层人员应有信用、诚实、敬业，具有健康向上的个人价值观。否则容易导致混乱，失去整体目标和控制。

在最近30年来，我国推行的建设项目业主责任制和施工项目承包责任制中普遍出现授权过大和授权不当的情况。

第三节 工程项目组织策划的基本原理

一、工程项目组织策划要解决的主要问题

工程项目组织策划有许多宏观和微观的问题需要解决，对项目组织有最重要影响的是如下三方面（图4-4）：

1. 工程项目的资本结构，即项目所采用的融资模式。它决定了项目所有者（或发起人）的组成方式。它通常由上层组织决定的，一般不作为项目管理的任务，但它对项目管理的影响很大，是现代工程项目领域研究和应用的热点。

2. 承发包方式。它决定了项目实施和管理工作任务的委托方式，决定了工程项目组织结构的基本形式。

3. 项目管理组织方式，即项目所采用的管理模式。它决定了业主委托项目管理的组织形式和管理工作的分担。

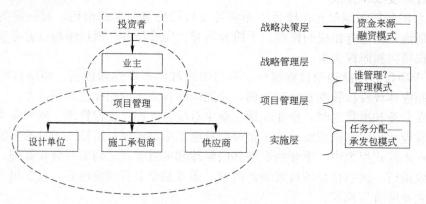

图4-4 项目组织策划要解决的主要问题

二、工程项目组织策划过程

工程项目组织策划是项目管理的一项重要工作，主要包括如下内容（图4-5）：

1. 在项目组织策划前应进行项目总目标分析，环境调查和制约条件分析，完成相应阶段的工程技术设计、项目范围确定和结构分解工作等。这些是项目组织策划的基础。

2. 确定项目的实施组织策略，即确定项目实施组织和项目管理模式总的指导思想：

如何实施该项目？业主如何管理项目？控制到什么程度？

总体确定哪些工作由企业内部组织完成？哪些工作由承包商或管理公司完成？

业主准备面对多少承包商？选择什么样的承发包方式？

业主准备投入多少管理力量？

采用什么样的材料和设备的供应方式？

3. 涉及项目实施者任务的委托及相关的组织工作

（1）项目承发包策划

即对项目工作结构分解得到的工程活动进行具体分类和打包，决定工程承发包方式。

这对项目的组织结构形式起决定作用。

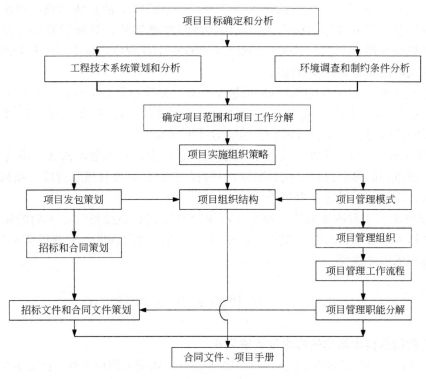

图 4-5 项目组织策划过程

（2）招标和合同策划工作

1）招标策划。项目招标的总体安排，各项招标过程和招标文件策划，招标工作安排。

2）合同策划。合同形式的选择和合同条件的选择，通过合同定义项目工作内容，划分责权利关系，定义项目控制的权利，定义项目管理工作过程。

（3）起草招标文件和合同文件。

4. 涉及项目管理任务的组织工作

（1）项目管理模式的确定。即业主所采用的项目管理模式，如全部委托项目管理公司，或业主派人与监理公司共同管理。它与项目的承发包方式有密切的联系。

（2）项目管理组织设置。通常在工程施工任务委托前，业主委托项目管理公司（咨询公司、监理公司），建立项目实施的管理组织体系。

1）组建项目经理部或管理小组，确定合适的项目管理组织结构。

2）项目管理组织职能分解和落实。应将整个项目管理工作在业主委派的人员、委托的项目管理公司（如监理单位）和承包商之间进行分配，清楚划分各自的工作任务、目标和范围，分配职责，授予权利。

3）项目管理工作流程设计。确定项目管理部门的工作规则和沟通规则，它们包括极其重要的、同时又是十分复杂的内容，如招标投标程序、质量控制程序、采购和库存控制程序、工程变更程序、协商会办制度、成本（或投资）控制程序等。

5. 组织策划的结果通常由招标文件、合同文件和项目手册（包括项目组织结构图、项目管理规程和组织责任矩阵图）等定义。

三、工程项目组织策划的依据

1. 业主方面：项目的资本结构，投资者（或上层组织）的总体战略、组织形式、思维方式、项目目标以及目标的确定性，业主的项目实施策略、具有的管理力量、管理水平、管理风格和管理习惯，业主对工程师和承包商的信任程度，期望对工程管理的介入深度，对工程项目的质量和工期要求等。

2. 承包商方面：拟选择的承包商的能力，如是否具备施工总承包、"设计-施工"总承包，或"设计-施工-供应"总承包的能力，承包商的资信、企业规模、管理风格和水平、抗御风险的能力、相关工程和相关承包方式的经验等。

3. 工程方面：工程的类型、规模、基本结构、特点、技术复杂程度、质量要求、设计深度和工程范围的确定性，工期的限制，项目的营利性，项目风险程度，项目资源（如资金，材料，设备等）供应及限制条件等。

4. 环境方面：工程所处的法律环境、市场交易方式和市场行为，人们的诚实信用程度，人们常用的工程项目实施组织方式，建筑市场竞争激烈程度，资源供应的保障程度，获得额外资源的可能性等。

第四节 工程项目的资本结构

一、工程项目资本结构的概念及其重要性

总体上说，工程项目的资本结构，即建设和运行所需资金组成主要包括资本金和负债。

1. 资本金。资本金是投资者能够用于工程建设的款项，它构成工程的股东（产权）资本，反映了工程投资（即股本）结构。资本金来源包括国家拨款、企业自筹（企业现金、资产变现、产权转让、增资扩股等）、在资本市场募集（包括私募和公开募集）等。

2. 负债。负债即债务资金，主要反映了工程项目的融资结构。通常有如下来源：

（1）贷款。包括国内外商业银行贷款、政府政策性银行贷款和金融组织贷款，以及通过项目融资获得的贷款等。由工程的所有者通过工程建成后运行或其他途径还本付息。

（2）发行债券。包括国内发行债券、国外发行债券和可转换债券。

（3）预售融资模式。即在工程建设中，将未来工程的产品或服务预售给用户，以提前获得产品或服务的收益，并用于工程建设。例如在房地产开发项目中，通过预售楼花筹集建设资金。

（4）资产证券化（ABS）融资模式。它是指以工程所属资产为基础，以该工程将来运行可能获得的预期收益为保证，通过信托机构在资本市场上发行工程项目债券募集资金。

（5）其他形式的负债，如通过对工程承包商和供应商推迟支付工程款以占用他们的资金等。

对一个工程项目，特别是大型工业项目、基础设施建设项目，采用什么样的资本结构，以什么样的融资方式取得资金，是现代战略管理和项目管理的重要课题，它不仅对建设过程，而且对工程建成后的运行过程都有极为重要的作用。它决定了项目的法律形式，即项目以及由项目所产生的企业的法律性质；决定了项目法人的形式和结构；决定了项目投资各方在组织中的法律地位；在很大程度上决定了项目的组织形式和项目管理模式；也决定了工程建成后的经营管理权利和利益的分配。

二、工程项目资本金结构的主要形式

工程项目的资本金来源属性通常有两大类，即私人资本和公共资本。按照它们的组合，工程项目资本金结构可以分为如下三类：

（一）独资

1. 私人资本工程。这是由私人资本投资建设的工程，如由私人投资建造的私有房屋，工业工程等。许多外资工程也属于这一类。

2. 公共资本工程。主要是国家投资的公共事业工程和基础设施工程，以及国家垄断领域的工程。它主要是由政府投资建造的，为了社会公共服务的目的。我国过去几乎所有的大型工程建设项目，特别是基础设施工程建设项目都是政府独资的。

（二）合资

由国内外两个或两个以上的企业通过合资合同，共同出资，建设一个工程，按照出资比例和合资合同的规定，共同经营管理，双方共担风险和共享收益。

该项目可以为非法人形式（如采用合伙方式），也可以专门成立一个独立于出资企业的、具有法人地位的公司来建设和经营。

我国近30多年来大量的新企业都是通过合资形式建立起来的。目前，在许多公共基础设施建设项目中采用的PPP项目融资模式也都属于这一类。

三、项目融资

1. 项目融资的概念。许多大型基础设施建设项目，如铁路、公路、港口设施、机场、供水、污水处理设施、通讯和能源等建设，都需要大量的投资，完全由政府或一个企业作为项目投资者独立出资，对负债（如商业贷款）承担全部责任，风险太大。它的技术力量、财力、经营能力和管理能力有限，则可以采用项目融资模式。

项目融资是一种无追索权或有限追索权的融资或贷款方式。按照美国财会标准手册（FASB）所下的定义，"项目融资是指对需要大规模资金的项目而采取的金融活动。借款人原则上将项目本身拥有的资金及其收益作为还款资金来源，而且将其项目资产作为抵押条件来处理。该项目主体的一般性信用能力通常不被作为重要因素来考虑。"

2. 项目融资的特点。

（1）项目融资涉及的主体至少有项目发起人、项目公司、贷款方三方。

1）项目发起人。他发起该项目，为项目公司提供部分资金和信用支持，以股东身份组建项目公司，其投入的资本形成项目公司的权益。

项目发起人可以是一个企业，也可以是多个投资者组成的联合体。

2）项目公司。按照项目的合资协议建立，它的法律形式可以为有限责任公司或股份有限公司，作为一个与股东分离的独立法人运作。

3）项目贷款人。贷款人通常为大型企业或银行，向项目提供贷款，通过持股的形式拥有项目公司，或参与项目公司的管理委员会。他有权参与项目的投资、建设和经营管理，对项目进行全过程的监控；有权获得项目收益的分配。

（2）项目公司作为融资主体，是项目直接主办人，具体负责项目的融资、建设，他自主经营、自负盈亏。所借的债务不进入发起人的资产负债表，不影响发起人的信用。

（3）贷款的偿还主要依靠项目未来的运营收益和资产。因此，项目融资是一种无追索权或有限追索权的融资或贷款方式，项目投资风险由项目参与各方共同承担，贷款企业

(或银行）对项目公司之外的项目发起人的资产没有追索权或仅有有限追索权。

（4）由于项目周期长，资金数额巨大，涉及面广，贷款人承担的风险大，所以所要求的投资回报较高。对项目发起人来说项目融资的成本较高。同时，要求项目的风险分担合理，必须有完善的融资合同和担保文件作为项目各方行为的依据。

近几年，我国在进行投资体制的改革，许多基础设施领域都向私人资本开放，项目融资方式将来会有很大的发展空间。

3. 项目融资的主要模式。

现在许多国家对基础设施（如能源、交通、电信、供水、排污、环保等工程）都采用项目融资的方式进行开发、建设、经营、维护、更新改造以及扩建等。按照资本来源的属性分类，项目融资模式可以分为：

（1）PPP（Public Private Partnership）模式，即私人企业（资本）与政府合作参与公共基础设施建设的模式。政府注重利用私人或私有企业的资金、人员、设备、技术、管理等优势，从事基础设施项目的开发、建设和经营，提高项目的经济效益，为公众提供更好更优质的服务。而私人资本通过项目的建设和运行获得相应的收益。

该模式通过协议明确参与合作各方共同承担的义务和风险，明确项目各流程环节的权利和责任，最大限度地发挥各方优势，使政府不过多干和限制工程建设，又充分发挥民营资本在资源整合与经营上的优势，达到比各方单独进行项目实施更有利的结果。

（2）PFI（Private Finance Intiative）模式，即是私人（或民间）主动参与的项目融资方式，由私营机构进行基础设施建设，或提供公共物品的生产和服务。政府通过购买私营机构提供的物品和服务，或给予私营机构以收费特许权，实现资源配置的最优化。PFI除了应用于基础设施项目，也可以应用在学校、医院、监狱等公共工程上。

4. 项目融资的实施方式。

项目融资最常见的实施方式是 BOT（Build-Operate-Transfer）即"建造－经营－移交"方式。BOT 适用于可以经营的基础设施项目，由项目所在国政府或所属机构与项目的发起人签订一份特许经营权协议，政府授给项目公司以特许经营权，项目公司按照协议的要求进行项目的融资、建设、经营和管理，直接通过建成后的项目运行收入偿还贷款，在规定的特许经营期之后，将此工程无偿转让给所在国政府。在特许经营期限内，项目公司仅拥有该项目的使用权和经营权。

与 BOT 相似，还有其他许多种运作方式。如：

（1）BOO（Build-Own-Operate），即建设-拥有-经营。

（2）BTO（Build-Transfer-Operate），即建设-转让-经营。

（3）BOOT（Build-Own-Operate-Transfer），即建设-拥有-经营-转让。

（4）BROT（Build-Rent-Operate-Transfer），即建设-租赁-经营-转让。

（5）BT（Build-Transfer），即建设－转让。

（6）TOT（Transfer-Operate-Transfer），即转让－经营－转让。

不同的形式有不同的项目过程、不同的产权关系、不同的权利和风险的分配。

四、项目资本结构多元化趋向

在现代工程项目中，人们越来越倾向于采用合资方式或项目融资方式进行大型项目的实施。它的优势体现在以下四个方面。

1. 通过合作，多渠道筹集资金，能够满足一个企业难以独立承担的大型工程建设需要。

2. 通过合资和项目融资，降低和共担投资风险。

3. 资本结构多元化的项目更适宜商业化经营，能够提高项目的经营效益。

4. 合资或项目融资形成了多元化的项目所有者的状态，不仅能够更科学地进行战略决策，而且在项目经营管理中可以互相制衡，防止腐败行为，使项目获得高效益。

第五节　工程项目承发包方式

一、概述

对项目工作分解结构（WBS）得到的各个项目单元（工作），必须由一定的组织去完成，则业主必须将它们委托出去，通过承发包方式选择承包商和供应商，通过合同的签订和执行完成任务，保证工程总目标的实现。这对业主来说是发包，对承包商来说是承包。

由于社会化大生产和专业化分工，现代工程项目中承发包范围通常包括：

（1）工程施工，即通过工程的招标委托工程的承包单位，签订工程承包合同。

（2）物资供应，包括各种材料、生产设备和施工设备等的供应。

（3）服务，如设计、劳务、项目管理（监理、造价咨询、招标代理等）、技术服务等。设备的租赁也可以归入这一类。

（4）其他，包括计算机软件、信息、控制系统、专利技术和场地等的供应。

项目的承发包方式就是决定将整个项目任务分为多少个合同包（或标段），以及如何划分这些标段。它是项目实施的战略问题，对整个项目实施有重大影响。

1. 它必须反映项目战略和企业战略，反映业主的经营指导方针和根本利益。

2. 承发包策划决定了与业主签约的承包商的数量，决定着项目的组织结构的基本形式及管理模式，从根本上决定了工程项目的组织关系。

3. 工程承发包是实施项目的手段。业主通过发包和合同委托项目任务，形成项目的合同体系结构，并通过合同实现对项目目标的控制。只有正确的承发包和合同策划才能摆正工程过程中各方面的重大关系，才能保证圆满地履行各个合同，减少组织矛盾和争执，顺利地实现工程项目的总目标。

4. 承发包方式又属于工程承包的市场交易方式，影响工程项目的交易费用，它需要承包市场的培育和逐步完善。

二、工程项目中主要的承包模式

对一个具体的工程项目，其承发包方式（即 WBS 中活动的发包组合方式）是非常多的。但在现代工程项目中，承包模式只要有如下几类，它们各有优点、缺点和适用条件。

1. 分阶段分专业工程平行承包，即业主将设计、设备供应和土建、电器安装、机械安装、装饰等工程施工任务分别委托给不同的承包商。各承包商分别与业主签订合同，对业主负责（图 4-6），各承包商之间没有合同关系。

分阶段分专业工程平行承包方式的特点如下：

（1）业主有大量的管理工作，管理太细，需要对出现的各种工程问题作中间决策，有许多次招标，项目的设计和计划必须周全、准确、细致，需要严格地实施控制，因此在项目前期需要比较充裕的时间。

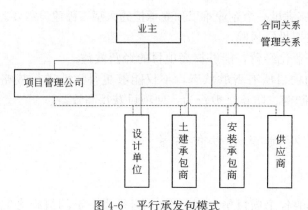

图4-6 平行承发包模式

（2）业主必须负责各承包商之间的协调，确定他们的工作范围和责任界限，对各承包商之间互相干扰造成的问题承担责任，在整个项目的责任体系中会存在着责任"盲区"。例如，由于设计单位拖延造成施工现场图纸延误，土建和设备安装承包商向业主提出工期和费用索赔。而设计单位又不承担，或承担很少的赔偿责任。所以，在这类工程中组织争执较多，索赔较多，工期比较长。

（3）业主可以分阶段进行招标，通过协调和组织管理加强对工程的干预。同时各承包商的工程范围容易确定，责任界限比较清楚。承包商之间，以及设计、工程承包、供应之间存在着一定的制衡，如各专业设计、设备供应、专业工程施工之间存在制约关系。

（4）设计和施工分离，设计不管施工，缺乏对施工的指导和咨询，而施工单位对设计没有发言权。设计单位和施工承包商对技术方案的优化和创新的积极性都不高。

（5）在大型工程项目中，采用这种方式业主将面对很多承包商（包括设计单位、供应单位、施工单位），直接管理承包商的数量太多，管理跨度太大，容易造成项目协调的困难，造成项目中的混乱和失控现象，最终导致总投资的增加和工期的延长。

因此，业主必须具备较强的项目管理能力，当然他可以委托项目管理公司进行工程管理。

长期以来，我国的工程项目大都采用这种承发包方式。例如某城市地铁工程，业主签订了四千多份合同。这是我国建设工程项目许多问题的最主要原因之一。

2．"设计-采购-施工"（EPC）总承包（全包，或一揽子承包），即由一个承包商承担工程项目的全部工作，包括设计、设备采购、各专业工程的施工以及项目管理工作，甚至包括项目前期筹划、方案选择和可行性研究等。承包商向业主承担全部工程责任。

业主常常需要委托一个咨询公司代表业主承担项目的宏观管理工作，如审查承包商的设计、审批工程实施方案和计划、发布指令、验收工程等（图4-7）。

当然，总承包商可以将部分设计、施工、供应工作分包出去。

EPC总承包方式的特点如下：

（1）通过全包可以减少业主面对承包商的数量，这给业主带来很大的方便。业主事务性管理工作较少，例如仅需要一次招标。业主主要提出工程的总体要求（在FIDIC合同中被称为"业主要求"，如工程的功能要求、

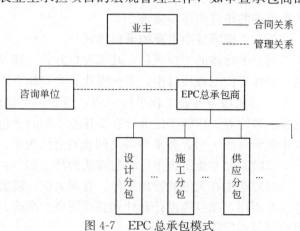

图4-7 EPC总承包模式

设计标准和材料标准),进行宏观控制和成果验收,一般不干涉承包商的工程实施过程和项目管理工作,责任较小。

(2)这使得承包商能将整个项目管理形成一个统一的系统,避免多头领导,方便协调和控制,减少大量的重复性的管理工作,降低管理费用;使得信息沟通方便、快捷、不失真;有利于施工现场的管理,减少中间检查、交接环节和手续,避免由此引起的工程拖延,能缩短工期(招标投标和建设期)。

(3)承包商为业主提供全过程、全方位的服务,包括工程的设计、施工、供应、项目管理、运行管理,甚至参与项目融资,在工程项目中的持续时间很长,责任范围很大。项目责任体系是完备的。无论是设计、施工和供应之间的互相干扰,还是不同专业之间的干扰,都由总承包商负责,业主不承担任何责任,所以合同争执较少,索赔也较少。

(4)能够最大限度地调动承包商对工程的规划、设计、施工技术和过程的优化和控制的积极性和创造性。所以采用EPC总承包对双方都有利,工程整体效益高。

(5)对承包商的要求很高,对业主来说,承包商资信风险很大,必须加强对承包商的宏观控制,选择资信好、实力强、适应全方位工作的承包商。承包商不仅需要具备各专业工程施工力量,而且需要很强的设计能力、管理能力和供应能力,甚至需要很强的项目策划和融资能力。

目前,这种承包方式在国际上受到普遍欢迎。国际上有人建议,对大型工业建设项目,业主应尽量减少他所面对的现场承包商的数目(当然,最少是一个,即采用全包方式)。据统计,国际上最大的承包商所承接的工程项目大多数都是采用总承包形式。

3. 采用介于上述两者之间的中间形式,即将工程委托给几个主要承包商,如设计总承包商、施工总承包商、供应总承包商等。这种方式在工程项目中是极为常见的。

在现代工程项目中,还有许多其他形式的总承包,例如:

(1)"设计-施工总承包"(即DB模式);

(2)"设计-管理"总承包。业主签订一份设计加管理合同,由一个单位负责工程设计和项目管理。其施工合同有以下两种方式:

施工承包商、供应商直接和业主签订合同(图4-8a);

施工承包商、供应商直接和"设计-管理"承包商签订合同(图4-8b)。

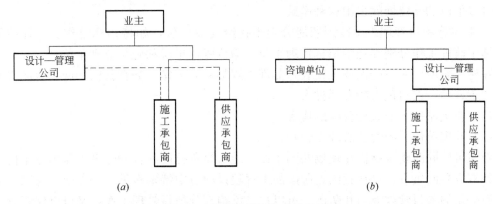

图4-8 "设计-管理"总承包模式

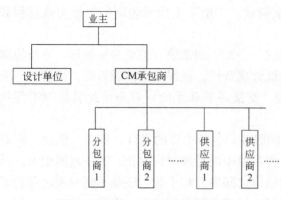

图 4-9 非代理型 CM 承包模式

4. 非代理型的 CM 承包方式，即 CM/non-Agency 方式

CM（Construction Management）有两种形式，其中非代理型的模式（图 4-9）。CM 承包商直接与业主签订合同，接受整个工程施工的委托，再与分包商、供应商签订合同。可以认为它是一种工程承包方式[19]。

5. 风险型"项目管理总承包"。它与非代理型的 CM 承包相似，项目管理公司直接与业主签订合同，接受整个工程项目管理的委托，再与分包商、供应商签订合同。项目管理公司承担工程承包的风险，也可以认为它是一种工程承包方式。

6. 设计-建造和运行（即 DBO——Design, Build and Operate）承包方式

DBO 是国际上一种新的工程承发包方式，即：将工程的设计、施工和安装、运行维护，归入一份合同中，由一个承包商承包。DBO 承包商将对设计和施工负责，工程竣工后，承包商继续承担工程运行管理、员工培训、维修责任，并保证运行绩效。一般 DBO 承包商是由设计单位、施工承包商和运行维护单位组成的联合体或联合企业。

DBO 模式能够在更大程度上保证工程项目责任体系的完备性和一体化，可以优化工程的全寿命期费用，促进工程建设和运行效率的提高。

第六节　工程项目管理模式

工程项目管理模式是指业主所采用的项目管理任务的分配与委托方式，以及相应的项目管理组织形式。项目管理模式的选择必须依据业主的项目实施策略和项目的特殊性，常常要求与项目的承发包方式连带考虑。

1. 业主自行管理。投资者（项目所有者）委派业主代表，成立以他为首的项目经理部，以业主的身份负责整个项目的管理工作，直接管理承包商、供应商和设计单位。过去我国许多单位的基建处就采用这种模式。

2. 业主将项目管理工作按照职能分别委托给其他单位，如将招标工作、工程估价工作、施工监理工作分别委托给招标代理单位、造价咨询单位和施工监理单位。

在施工阶段，业主委派业主代表与监理工程师共同工作。如在我国的施工合同文本中定义"工程师"的角色可能有两种人：

（1）业主派驻工地履行合同的代表；

（2）监理单位委派的总监理工程师。

业主可以同时委派他们在现场共同工作。通常投资控制和合同管理工作由业主代表负责，或双方共同负责。这在我国近阶段的工程建设项目中特别常见，一方面，我国许多业主具有一定的项目管理能力和队伍，可以自己承担部分项目管理工作，又可以保证业主对项目的有效控制；另一方面，在我国，建设工程项目推行法定监理制度。

在英国，按照 NEC 合同确定的项目管理模式也属于该类型（图 4-10）。其中，监理工程师仅仅负责工程的质量检查与监督，提供质量报告。而业主代表则以项目经理的身份负责整个工程项目管理工作。

3. 业主可以将整个工程项目的管理工作以合同形式委托出去，由一个项目管理公司（咨询公司）派出项目经理作为业主的代理人，管理设计单位、施工单位等，承担工程项目的计划、招标、实施准备和施工控制等工作，管理工程的质量、成本、进度、合同、信息等。业主主要负责项目的宏观控制和高层决策工作，一般与承包商不直接接触。

当工程采用"设计—采购—施工"总承包方式时，由工程的总承包商负责项目上具体的管理工作，业主仅承担项目的宏观管理与高层决策工作。

4. 代理型 CM（CM/Agency）承包模式。CM 承包商接受业主的委托进行整个工程的施工管理，协调设计单位与施工承包商的关系，保证在工程中设计和施工的搭接。业主直接与工程承包商和供应商签订合同，CM 单位主要从事管理工作，与设计单位、施工单位、供应单位之间没有合同关系（图 4-11），在性质上属于管理工作承包。这种形式是一种独特的项目管理模式。

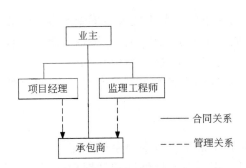

图 4-10 NEC 合同确定的管理模式

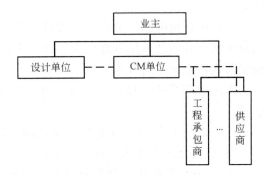

图 4-11 代理型 CM 承包模式

5. 代建制式管理模式。"代建制"是我国对政府投资的非经营性工程建设项目采用的一种管理模式。根据 2004 年 7 月国务院出台的《关于投资体制改革的决定》，"代建"是指"通过招标等方式，选择专业化的项目管理单位负责建设实施，严格控制项目投资、质量和工期，竣工验收后移交使用单位"。代建单位在工程建设期内，履行传统项目中业主（建设单位）的职能，可以直接与设计、监理、施工、材料供应等各方签订合同（图 4-12），承担工程建设管理责任。

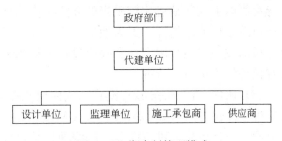

图 4-12 代建制管理模式

采用代建制模式，政府部门主要负责工程规划、筹融资、宏观控制等工作，不介入具体的工程项目实施和管理工作。

6. 其他形式。

（1）由项目参加者的某牵头专业部门或单位负责项目管理。例如：

1) 由设计单位承担项目管理,即"设计-管理"承包。在许多国家,由建筑师承担工程建设项目管理工作,就属于这种模式。

2) 施工承包商牵头,即"施工-管理"总承包。在我国许多工程项目中采用该模式。

3) 由供应商牵头,即采用"供应-管理"承包模式。这主要适用于以大型设备(或成套装置)供应为主的工程建设项目中。

4) 在有些企业内,以及一些联营体承包项目中,选择项目主导单位(人员,或部门)牵头负责项目管理。

选择该模式的优点是:牵头部门一般为项目的主导专业单位,在项目实施中任务最大、最重要,而且工作任务的持续时间最长,能起到主导和总协调的作用。

该模式的缺点表现为:

① 牵头部门(单位)一般较多地考虑自己利益,从自己角度观察项目,进行项目管理,它的公正性、客观性经常受到质疑。

② 通常牵头部门(单位)负责的任务也仅在项目的某阶段,而非全过程,有时不同阶段需要不同的牵头部门,这样会造成在整个项目过程中管理工作没有连续性,协调困难。

(2) 项目指挥部的形式。由项目的各个参加部门(单位)派出代表组成委员会,领导项目实施,各委员单位负责完成各自的项目任务,通过定期会议协调整个项目实施。在合资项目或几个承包商(或供应商)联营总承包的项目内多采用这种管理组织形式。

采用指挥部模式的优点是组织协调比较容易,能照顾到各方利益。但它也有明显的缺点:

1) 缺少一个居于全面领导地位的项目管理者。

2) 各参加者首先考虑自己的利益和工作范围,较少甚至不顾项目整体利益。

3) 日常协调的重点多为眼前出现的问题,而对将来、对全局性问题把握较差。

4) 容易造成项目组织的散漫和指挥失调。

克服以上这些缺点比较妥当的办法是由当地政府或上级主管部门,或企业最高领导作为项目总经理或总指挥。因为他的权威较大,具有很强的影响力,组织协调方便,容易获得项目的成功。在我国,许多政府投资项目都采用这种形式,常常以副市长、副部长,或副省长等作为项目总指挥。

(3) 伙伴(Partnering)模式。伙伴模式在美国的工程建设项目用得较多。在采用前述某种承发包方式(如 DB、EPC、CM 等)的工程项目中,项目参与各方(主要是业主、承包商、设计单位、供应商等)围绕项目总目标和共同的利益,签订伙伴关系协议,构成项目的利益共同体,采用具有柔性化的项目管理机制,营造互相信任、互相理解的合作氛围,达到提高项目实施效率、降低工程成本、促进创新、持续提高产品质量和服务质量等目的。

伙伴关系模式能够避免或减少项目参与方之间的利益冲突,实现利益共享和多赢。

复习思考题

1. 在项目组织中投资者、业主、项目经理、承包商各有什么工作职责?
2. 项目组织的责权利平衡主要体现在哪些方面?

3. 在项目中组织制衡与组织效率之间有什么关系？如何才能既保证组织运行顺利，又达到高效率？
4. 简述项目组织策划的工作内容和过程。
5. 简述工程项目的主要融资方式，它们各有什么优缺点？
6. 论述多级分包对项目控制的影响？为什么我国要禁止多级分包？
7. 讨论题：我国许多业主喜欢分标很细，较多采用"分专业平行承包"方式，希望掌握材料和设备供应权利，这会带来什么问题？这对业主的项目管理有什么影响？

第五章　工程项目组织结构

内容提要：本章主要介绍如下内容：
(1) 工程项目中常见的直线型、职能型、矩阵型组织形式。
(2) 企业中的项目组织形式，有寄生式组织、独立式组织、矩阵式组织。企业项目组织形式的选择。
(3) 工程项目组织形式的变化过程及其影响。
(4) 虚拟项目组织。

第一节　工程项目中常见的组织形式

为了实现工程项目目标，使人们在项目中高效率地工作，必须设计项目组织结构，并对项目组织的运作进行有效的管理。通常可以用组织图表示项目参加单位之间的关系。

一、直线式项目组织形式

通常独立的单个中小型工程项目都采用直线式项目组织形式（图5-1）。它主要描述"业主-项目管理公司-承包商（包括设计单位，供应商）"之间的组织关系。这种组织结构形式与项目的结构分解图具有较好的对应性。

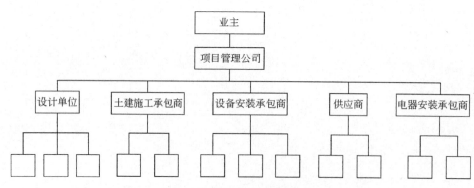

图5-1　直线式项目组织形式

（一）直线式项目组织的优点

1. 保证单线领导，每个组织单元仅向一个上级负责，一个上级对下级直接行使管理和监督的权利，一般不能越级下达指令。项目参加者的工作任务分配明确，责任和权利关系清楚明确，指令唯一，这样可以减少扯皮和纠纷，协调方便。
2. 项目经理有指令权，能直接控制资源，对业主负责。
3. 信息流通快，决策迅速，项目容易控制。
4. 组织结构形式与项目结构分解图式基本一致。这使得目标分解和责任落实比较容易，不会遗漏项目工作，组织障碍较小，协调费用低。

（二）直线式项目组织的缺点

1. 当项目（或子项目）比较多、比较大时，每个项目（或子项目）都要对应一个完整的独立的组织机构，使资源不能达到充分合理利用。

2. 项目经理责任较大，一切决策信息都来源于项目经理，这就要求其能力强、知识全面、经验丰富，否则决策较难、较慢，容易出错。

3. 不能保证项目组织成员之间信息流通的速度和质量，权利争执会使项目组织成员间合作困难。例如施工单位发现设计问题不直接找设计单位，必须先找项目经理再转达给设计单位；设计变更后，先交项目经理，再下达到施工单位。

4. 如果工程较大，专业化分工太细，会造成多级分包，进而造成管理层次的增加。

二、职能式项目组织形式

职能式项目组织形式是专业化分工发展的结果，最早由泰勒提出。它通常适用于工程项目规模大，但子项目又不多的情况。它包括了工程项目经理部的组织结构，例如，某工程项目的组织形式（图5-2）。

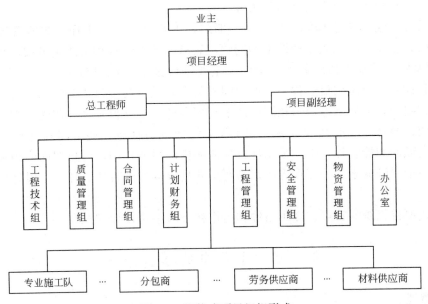

图 5-2 职能式项目组织形式

1. 职能式项目组织的优点

职能式项目组织强调职能部门和职能人员专业化的作用，大大提高了项目组织内的职能管理的专业化水平，进而能够提高项目的整体效率，项目经理主要负责协调。

2. 职能式项目组织的缺点

职能式项目组织中权利过于分散，有碍于指令的统一性，容易形成多头领导，也容易产生职能工作的重复或遗漏。

三、矩阵式项目组织形式

当进行一个特大型工程的建设，而这个工程可分为许多自成体系、能独立实施的单项工程时，可以将各单项工程建设看作独立的项目，则相当于进行多项目的实施，可以采用矩阵式项目组织形式。例如，我国的某大型工程组织结构图（图5-3）。

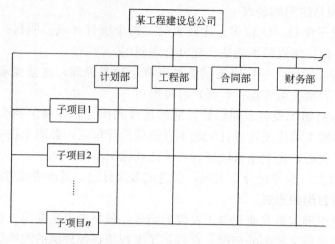

图5-3 我国某大型工程建设项目组织结构图

矩阵式项目组织一般由两类部门组成：

1. 按专业任务（或管理职能）分类的部门，主要负责专业工作、职能管理或资源的分配和利用，主要解决怎么干和谁干的问题，具有与专业任务相关的决策权和指令权。

2. 按项目（或子项目）分类的组织，主要围绕独立的项目对象，对它的目标负责，进行计划和控制，协调项目过程中各部门间的关系，具有与项目相关的指令权。

矩阵式组织是由原则上价值相同的两个管理系统——项目管理和职能管理——的有机融合，由项目经理和职能经理双方共同工作，完成项目任务，使部门利益和项目目标一致。它是在纵向职能管理基础上强调项目导向的横向协调作用，信息双向流动和双向反馈机制。在两个系统的集合处存在界面，需要具体划分双方的责任、任务，以处理好两者之间的关系。

矩阵式项目组织的特点、应用条件和运作在下节中再作详细探讨。

第二节 企业中的项目组织

一、概述

（一）现代企业对项目的需求

现在许多企业都推行项目管理，项目组织被越来越广泛地应用于各种类型的企业中，成为现代企业管理的有力工具。企业中的项目组织越来越引起人们的重视。不仅是传统的以工程承包企业为代表的项目型企业，而且许多制造业和服务业企业也越来越呈现如下状态：

1. 市场需求和用户类型日益呈现多样性和个性化。大量的业务对象是一次性的，有一个独立的过程，用户对产品和服务的质量和时间要求却越来越高，需要综合性的、全过程持续的服务，要求将产品市场、工艺设计、生产、使用连接为一个整体，形成柔性生产（服务）过程。

2. 科学技术不断飞速发展，新科学、新工艺、新产品不断涌现，造成产品生命期不断缩短,产品更新换代加快,技术创新和管理创新的要求不断提高。要求企业有持续的创新能力,构建具有足够弹性和适应性的、更加灵活的组织形式、生产过程和管理模式。

3. 与其他企业之间更加强调伙伴关系、相互信任、相互合作,实现双赢的目标。在项目上,通过总分包、联营、战略联盟等方式进行合作。

4. 通过项目形式实现企业组织的变革和创新。[49]如:

(1) 在各部门和职能岗位上进行工作的再设计和工作的丰富化;

(2) 鼓励在各个层次和岗位上提出合理化建议,组织参与管理小组和质量小组,构建跨职能团队和自我管理团队等;

(3) 鼓励进行技术革新、市场研究与发展规划;

(4) 推行学习型组织、目标管理、分权和授权管理;

(5) 进行企业组织变革,压缩规模、扁平化,增加柔性、灵活性和多变性;

(6) 大量的决策由下层管理人员完成,决策向程序化、规范化、智能化方向发展;

(7) 给下层组织授权,给下层组织人员更大的发展机会和自主权。

这些都是通过不同类型的项目进行的。在一个企业中,这些项目越多越能够体现企业具有强的活力和持续发展能力。

(二) 企业项目的种类

所以,现代企业的项目形式是多样性的。工程承包企业会同时有如下类型的项目:

1. 工程承包项目。这是企业的主要业务,大型承包企业会同时承担几十个,甚至上百个工程承包项目,这些项目可能会处于不同的阶段,如投标阶段、施工准备阶段、施工阶段和保修阶段。

2. 投资项目,如施工企业参与BOT项目融资,企业搞多种经营,向其他领域投资。

3. 市场研究项目。为了开拓一些地域市场或工程领域市场,企业进行市场研究。与此相似的还有企业进行战略研究项目。

4. 科研项目、技术革新项目。如施工企业进行工法研究,在一些大型复杂施工项目中对一些专门问题立项进行研究,与高校结合进行一些工程技术和管理方面的研究。

5. 企业管理体系建设项目。如施工项目管理标杆建设,进行施工流程和管理流程的优化。

6. 面向工作问题的研究项目等。企业各部门和施工项目遇到一些突出问题,可以立项进行专题研究。

二、企业中的项目组织形式

这些项目会以不同的形式存在于企业组织中,与企业固有的组织体系存在复杂的关系。

(一) 寄生式项目组织形式

1. 寄生式项目组织的基本形式

对小型的项目且任务不很重要的项目,可建立寄生式项目组织(图5-4)。

项目经理可能是某个副总裁(如项目A、B),有时项目落实给一个职能部门(如项目C),它又被称为职能(或专业)部门中的项目组织。

2. 寄生式项目组织的应用

这是一种弱化的非正式的项目组织形式。项目组织的功能和作用很弱,项目经理对项

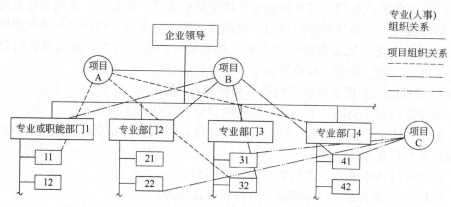

图 5-4 寄生式某项目组织

目没有或仅有很少正规的指令权、指挥权和决策权。对各参加部门，项目经理仅作为一个联络人，从事信息的收集、处理和传递等工作，提供咨询服务。与项目相关的决策主要由企业领导做出，所以项目经理对项目目标不承担责任。项目经理凭借谈判艺术，利用其与各方面的人事关系进行工期和成本监督，协调、激励项目参加者。

这种项目组织对企业项目组织的运作规则要求不高，项目经理和项目组成员都是兼职的。发生矛盾和冲突，一般通过企业组织协调解决。

这种形式适用于偏向技术型的，对环境不敏感的项目。在一般企业内，这种项目组织是非常多的，例如：

企业为解决某些专门问题，如开发新产品、设计公司信息系统、重新设计办公场所，或完善公司的规章制度，解决某个行政问题而采用这种项目组织；

在一些企业内进行工作的再设计和工作的丰富化，组建参与管理小组和质量小组，构建跨职能团队，进行技术革新、市场研究与发展规划等；

对工程建设项目，通常在项目的前期策划阶段就采用这种组织形式；

对施工项目，在投标阶段就采用寄生式的组织形式，一般由经营科牵头。

此外，在高等院校中一般中小型的科研项目也都采用这种组织形式。

3. 寄生式项目组织的优点

（1）由于项目寄生于企业组织之上，不需要建立新的组织机构，对企业原组织机构影响小。

（2）项目管理成本较低。它适用于低成本、低经济风险、规模小，且项目各参加者之间界面处理方便，时间和费用压力不大的项目。

（3）项目组织设置比较灵活。

4. 寄生式项目组织的缺点

（1）项目经理没有组织上的权利，无法对最终目标和成果负责，项目目标无法保证。不同职能部门之间的协调困难，常常会引起组织摩擦、互相推诿和因多头领导而带来的混乱。

（2）由于项目由职能部门负责，常常比较狭隘、不全面，项目中的决策可能有助于项目经理所在的职能部门，而不反映整个项目的总目标和公司的最佳利益。

（3）对环境变化的适应性差。

(4)项目实施和管理工作作为人们的一项附带工作,项目责任淡化,组织责任感和凝聚力不强。项目工作没有挑战性,企业和项目的人员对它都不重视,限制了管理人员的发展。

(5)存在其他方面对项目的非正式影响,有拖延决策的危险,缺乏对项目的领导,对项目实施无法进行有效的控制。项目组织本身无力解决争执,必须由企业上层解决。

(二)独立式项目组织形式

独立式项目组织是对寄生式项目组织的硬化,即在企业中成立专门的项目机构(或部门),独立地承担项目实施和管理任务,对项目目标负责。这种组织模式见图5-5。

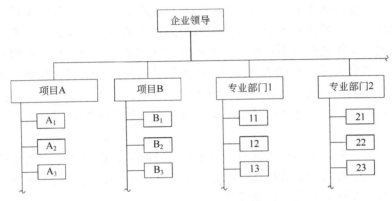

图5-5 独立式项目组织

1. 独立式项目组织的应用

在企业组织里,每个项目如同一个微型公司开展运作,所以,这种组织形式有时被称为"企业中的企业"。在项目过程中,项目组成员已摆脱原职能部门的任务,完全进入项目,项目结束后,项目组织解散,成员回归原所在部门,或重新构建其他项目组织。

项目经理专门承担项目管理任务,对项目组织拥有完全权利,完成项目目标所需的资源,如人力、材料、设备等完全归项目经理全权指挥调配,并承担相应的责任,在工作中不需要改变思维方式。项目管理权力集中,与其他项目、企业职能部门,没有优先权的问题。

独立式项目组织适用于对环境特别敏感的、特大型的、持续时间长的、目标要求高(如工期短、费用压力大、经济性要求高)的项目。

2. 独立式项目组织优点

(1)完全集中项目参加者的力量于项目实施上,能独立地为项目工作,决策简单、迅速,对外界干扰反应敏捷,管理方便。

(2)协调容易,内部争执较少,可避免权利和资源分配的争执。便于加强领导,统一指挥,指令唯一。项目的组织任务、目标、权利、职责透明且易于落实,目标能得到保证。

(3)独立的项目组织能迅速有效地适应环境的变化,更好地满足用户的要求。

(4)企业对项目的管理比较容易,不需要完全规范化的运作制度。由于企业和项目之间,项目和部门之间,以及项目之间界面比较清楚,项目上的责任制易于落实和考核。

(5)项目经理独当一面,全权负责整个项目管理工作,能够最大限度地调动项目经理及其成员的积极性,有利于项目管理人才的培养。

3. 独立式项目组织缺点

(1) 独立的项目组织效率低,成本高。由于企业的各项目自成系统,需要组织人员、办公场地、设施及器械等。但由于单个项目过程的不均匀性会造成不能充分利用这些人力、物力、财力资源,带来浪费。例如项目需要某种专业人员,仅在部分时间内,间断性地每天只有4个小时的专业工作量,但因为项目是独立的,组织成员完全隶属于项目,则每个项目必须配置一个专业人员,而且由于不同项目组织的成员不能共享知识或专业技能,造成了资源的浪费。

如果企业同时承担多个项目,采用独立的项目组织会存在大量的资源重复配置,企业会一直处于资源的高度紧张状态中。此外项目拖延还会造成资源在该项目上的闲置。

(2) 由于项目工作过程是不均衡的,带来资源计划和供应的困难。特别在项目开始时要从原职能部门调出人员,项目结束又将这些人员退回原职能部门,这种人事上的波动不仅会影响原部门的工作,而且会影响项目组织成员的组织行为。他们会比职能组织中的人员更能感到失业的威胁、专业上的停滞不前以及个人发展的问题,以致影响他们的工作积极性。

(3) 难以集中企业的全部资源优势实施项目,特别是关键的技术人员和设备难以充分发挥作用,企业也很难向每个项目都派出最强的专业人员和管理人员。所以企业很难同时进行多个大型和特大型项目的实施和管理。

用户会感到项目实施主要依靠项目部几个成员,企业的优势和综合能力在项目上无法体现,所以又很难使用户满意。

(4) 每个项目都建立一个独立的组织,在该项目建立和结束时,由于人员的调动,会对原企业组织产生冲击,因此组织的弹性和适应性不强。

(5) 这种企业内的"小企业",以承包责任制的形式独立完成项目任务,容易产生小生产式的项目管理。在我国20世纪80和90年代,许多施工企业在项目中实行经营承包责任制,每个项目像小企业似地运行,项目管理有明显的小生产式特征。

(6) 企业风险大,由于项目经理权利太大,企业的信息、人力、资金和物资等资源调配都集中在项目经理这个瓶颈上,容易造成项目失控。

通常纯独立式的项目组织是不存在的,也是行不通的,除了特殊的军事工程,如我国的"两弹一星"工程,对项目组织实行全封闭式的管理才属于这种情况。

(三) 矩阵式项目组织形式

1. 矩阵式项目组织在企业中的应用

在企业中矩阵式项目组织形式通常应用于企业同时承担多个项目实施和管理的情况。各个项目起始时间不同,规模及复杂程度也有所不同,如工程承包公司、IT企业,以及一些以小订单小批量产品生产为主的企业。

由于企业同时进行许多项目的实施,则要求职能部门能弹性地适应变化的、不同规模、不同复杂程度的项目任务,适应很多项目对企业有限资源的竞争,也要求这些项目尽可能有弹性地存在于企业组织中。这样矩阵式组织形式才能显示其优越性(图5-6)。

2. 矩阵式组织的优点

矩阵式组织克服了寄生式项目组织和独立式项目组织的缺点。它的主要优点有:

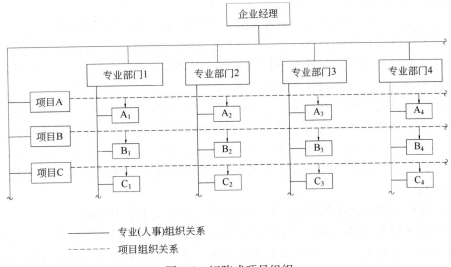

图 5-6　矩阵式项目组织

(1) 能够形成以项目任务为中心的管理，对环境变化迅速做出反应，及时满足顾客的要求，确保项目全过程和各项目之间管理的连续性和稳定性，保证项目目标的实现。

(2) 企业对资源实行统一管理，能够形成全企业统一指挥，协调管理，使资源能够最有效地、均衡地、节约地、灵活地得到使用，特别是能充分发挥企业稀缺人才的作用，实现企业多项目共享资源。一个企业承担项目越多，虽然增加了企业部门计划和平衡的难度，但上述效果却更加显著。

(3) 项目组成员仍归属于一个职能部门，这不仅保证企业组织和项目工作的稳定性，而且使得人们有机会在职能部门中通过参与各种项目，积累丰富的经验和阅历，获得专业上更大的发展，进而保证项目部和部门工作的稳定性和高效率。

(4) 矩阵式组织结构富有弹性，有自我调节的功能，能更好地体现动态管理和优化组合，适用于时间和费用压力大的多项目和大型项目的管理。例如增加一个项目，对于职能部门仅增加了一项专业任务，仅影响计划和资源分配；项目结束时，也不影响整个组织结构。所以它更适合于灵活的项目数量和规模的情况。

(5) 矩阵式组织的结构、权利与责任关系趋向灵活，能在保证项目经理对项目最有力控制的前提下，充分发挥各职能部门的作用，保证信息和指令的传递途径较短，组织层次少，企业组织扁平化，"决策层—职能部—实施层"之间的距离小，沟通速度快。

(6) 组织上打破了传统的以权利为中心的管理模式，树立了以任务为中心的理念。这种组织的领导不是集权的，而应具有分权的、民主的、合作的领导风格。

(7) 各部门相对独立于它的上级领导，有较大的决策空间，工作有挑战性，所以通常人们的工作热情和积极性较高。同时，矩阵式组织能兼顾产品（或项目）和专业职能活动，职能部门和项目组共同承担项目任务，共同工作，各参加者独立地追求不同部门和不同项目利益的平衡，能够发挥双方的积极性。

(8) 矩阵式组织的运作是灵活的、公开的，其运行过程也是管理人员的培训过程。在组织中，人们积极承担义务，互相学习，互相信任。通过知识交流和信息共享，促进了良好的沟通，组织成员容易接受新思想，促进创新。

3. 矩阵式组织的缺点

（1）存在组织上的双重领导，双重职能，双层汇报关系，双重的信息流、工作流和指令界面，界面管理的难度和复杂性增加，所以信息处理量加大，会议多，报告多。

（2）企业对项目经理只是部分授权，项目经理没有项目的全部经营管理权利，常常依赖于部门经理的支持，向部门经理委托任务。

项目经理和部门经理双方容易产生争权、扯皮和推卸责任现象。所以必须严格区分两大类工作（项目和部门）的任务、责任和权利界限。这对企业管理规范化和程序化要求高，要求有完备的、严密的组织规则、程序，明确的职权划分，有效的企业项目管理系统。否则极易造成项目经理或部门领导的越权、双方矛盾，容易产生混乱和争执，甚至会出现对抗状态。

（3）企业必须拥有足够数量的、经过培训的、强有力的项目经理。

（4）由于许多项目同时进行，导致项目之间竞争专业部门的资源。而一个职能部门同时管理许多项目的相关工作，其资源分配是关键。由于企业内各项目间的优先次序不易确定，所以带来协调上的困难，为获取有限资源，职能经理与项目经理之间容易发生矛盾。项目经理要花许多精力和时间周旋于各专业部门之间，以求搞好人事关系。

（5）采用矩阵式的组织结构将对已建立的原企业组织结构和规则产生冲击，如企业职权和责任分配方式、资源的分配模式、管理工作程序、业绩评价指标等需要做相应的变化。更进一步，会对企业的管理习惯、组织文化产生冲击。

（6）需要很强的计划与控制系统，由于项目上对资源数量和质量的需求高度频繁地变化，难以准确估计，容易造成混乱、低效率，使项目的目标受到损害。

4. 弱矩阵型和强矩阵组织形式

矩阵式项目组织是项目管理体系和职能部门管理体系的交合，按照管理权利和责任在项目经理和部门经理之间分配的不同，矩阵式组织又分为强矩阵、弱矩阵和平衡矩阵式组织。

（1）强矩阵式项目组织，具有独立式组织的许多特征，项目上设有专职的项目经理和项目管理人员，权利向项目经理倾斜，而部门经理的权利较弱。

（2）弱矩阵式的项目组织，具有矩阵式组织的形式，但保留了寄生式组织的许多特征，建立相对明确的由职能部门人员组成的项目班子。项目经理的权利和责任较小，作用较弱，而且是非专职的，仅作为项目协调人和监督人。相应的部门经理的权利则相对较大。

（3）平衡矩阵式项目组织，是指项目经理和部门经理拥有同样的权利和责任。通常真正平衡式矩阵的组织是不存在的。

三、企业项目组织形式的选择

（一）不同的组织形式指令权的分配

由于项目与企业部门之间存在复杂的关系，其中最重要的是指令权的分配。不同的组织形式决定了职能经理和项目经理之间有着不同的指令权分配方式（图5-7）。

（二）项目组织形式的选择需要考虑的主要问题

从上述可见，一个企业有许多种项目组织形式可以选择，如寄生式组织、独立式组织、矩阵式组织。企业和项目的不同关系和项目不同的责任制形式也决定了企业内项目不

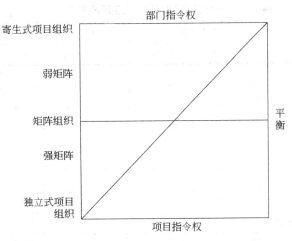

图 5-7 不同项目组织形式指令权的分配

同的运作方式。

这些项目组织形式，各有其使用范围、使用条件和特点（图 5-8）。不存在唯一的适用于所有企业或所有情况的最好的项目组织形式，即不能说哪一种项目组织形式先进或落后，好或不好，必须具体情况具体分析。

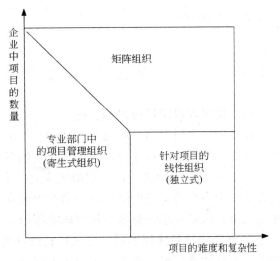

图 5-8 企业项目组织形式的选择

1. 项目自身的情况，如规模、难度、复杂程度、项目结构状况、子项目数量和特征。

2. 企业组织状况，同时进行的项目的数量，及其在项目中承担的任务范围。若企业同时承担的项目（或子项目）很多，必须采用矩阵式的组织形式。

3. 应采用高效率、低成本的项目组织形式，使参与各方有效地沟通，责权利关系明确，能进行有效的项目控制。

4. 应使决策简便、快速。

5. 从企业控制的角度，许多企业的项目组织更为灵活，对同时承接的各个项目，其矩阵式组织的强弱程度是不一样的，对相对重要的项目（如大型工程、形象工程，或预算和进度很紧的工程），将权利偏向于项目经理，即采用强矩阵式组织；反之，则是弱矩阵式组织。即使对同一个项目，不同的管理职能，部门和项目上的权利分配不同。例如，在施工企业，生产管理相关的权利偏向项目经理，而财务管理权利偏向职能部门经理。

6. 通常，强矩阵式的组织形式比弱矩阵或平衡矩阵式组织更能确保项目目标的实现，而比独立式项目组织形式更有效地利用资源、降低项目成本。

企业项目组织形式选择的指标如表 5-1 所示。

企业项目组织形式选择的指标　　　　　表 5-1

项目领导	寄生式组织			独立式的组织			矩阵式组织		
	差	中	好	差	中	好	差	中	好
对项目相关的指令权清楚	√					√			√
项目目标的独立性	√					√			√
独立的监督	√					√			√
项目管理人员费用			√	√				√	
信息流畅通	√				√				√
项目任务的可变性	√				√				√
合作者最佳投入的可能性	√					√		√	
任务分配、责任和权利的透明度	√				√				√
人力负荷峰值调整的可能			√			√			√
参加者之间的合作	√					√			√
专业部门之间协调费用			√		√				√

第三节　工程项目组织形式的变化

一、工程项目组织形式的变化

在工程的寿命期内，项目组织结构会不断改变，即在不同阶段可以采用不同的组织形式。例如，某大型工程建设项目的组织结构形式经历如下变化（图 5-9）：

1. 在项目构思形成后，上层组织成立一个临时性的项目小组做项目的目标研究工作。它仅为一个小型的研究性组织，挂靠在市政府的一个职能部门内，没有专门的办公室和专职的人员。该研究小组跨多个政府职能部门，为寄生式的组织形式。

2. 在提出项目建议书后，进入可行性研究阶段，就成立了一个规模不大的项目领导班子，项目的参加单位很少，主要为咨询公司（做可行性研究）和技术服务单位（如地质的勘探单位）。项目自身的组织已经形成，有专职的人员，为直线式组织形式。

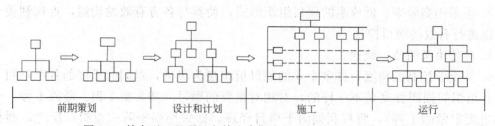

图 5-9　某大型工程项目在其生命期中组织结构形式变化示意图

3. 在设计和计划阶段，正式成立建设项目公司（作为业主）。由于设计管理工作复杂，还要进行工程招标、前期准备等工作，项目公司下设八个职能部门，项目参加单位也逐渐增加，采用职能式项目组织结构。

4. 在施工阶段，有 40 多个子项目（标段）同时施工，有许多承包商、供应商、咨询和技术服务单位共同参与，则为一个多项目的组织，采用矩阵式的组织结构。

5. 工程竣工后交付运营公司，它作为一个企业独立地进行运营。则相关的工程运行维护组织作为企业组织一部分。

许多企业的投资项目和许多工程建设项目也都经历了与此相似的组织演变过程。

二、工程施工项目组织形式的变化

在工程施工项目中，项目组织形式也同样经历一个变化的过程。对施工项目组织的分析涉及两个相关的角度：

（1）施工项目部自身的组织结构形式。

（2）施工企业与施工项目的组织关系。

施工项目组织形式以及变化与施工企业所采用的项目责任制形式相关。例如在某大型施工企业中，施工项目组织形式变化经过如下过程（图5-10）。

1. 投标阶段。施工企业在投标阶段成立临时性投标小组，它通常是以经营科牵头的跨部门小组，包括技术、管理、经济（成本）、市场方面的专家。

在施工企业组织内，它属于寄生式组织形式。如果施工企业同时投标的项目很多，会有呈弱矩阵形式的项目组织。

2. 施工准备阶段。签订施工合同后，企业任命施工项目经理，成立施工项目部，其组织逐渐完备，项目部呈直线职能型组织。

在施工准备中要集中企业的优势编制实施方案，调动资源，安排人员，采购材料和设备，所以企业的职能部门的权利要大些，施工企业与项目部的组织关系呈弱矩阵型。

3. 施工阶段。由于大型施工项目区段（子项目）较多，分包商、供应商较多，施工项目部呈矩阵式项目组织。

施工项目部负责现场的施工实施和管理，企业职能部门负责资源的供应和总体控制，则施工企业与项目经理部呈矩阵型组织关系。

4. 保修阶段。在竣工后施工项目部解散，施工项目的结束工作由企业负责（保留项目部的部分人员）。保修期的维修工作由企业的保修（分）公司负责。

如果企业有许多施工项目处于维修阶段，其维修组织属于弱矩阵型项目组织。

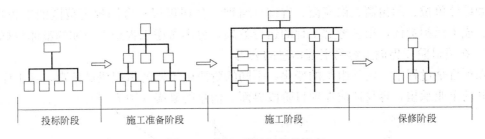

图 5-10 施工项目组织的演变

有些施工企业采用项目经理完全经济承包责任制，由项目经理组织投标，安排施工组织，采购资源，负责施工，则在施工项目过程中呈独立的项目组织形式。

三、项目组织演变带来的基本问题

项目组织结构在项目过程中呈现高度的动态性，这是项目的特点之一，也是项目管理的难点之一。

1. 在工程项目的各阶段，组织的主要任务存在差异性

(1) 前期策划阶段，主要为战略管理、市场分析、投资决策、可行性研究方面的工作。

(2) 在设计和计划阶段，主要为勘察、规划、设计、招标、项目管理等方面的工作。

(3) 施工阶段，主要为现场各专业工程的施工、供应、监理等方面的工作。

(4) 工程运行阶段，主要为运行维护、维修、产品的市场经营等方面的工作。

由此带来各阶段任务的性质、承担单位、相应的管理工作差异很大，使组织结构形式变化大，很难构建统一的项目组织责任体系和组织规则。

2. 项目组织责任体系的断裂和责任盲区十分普遍，项目总体目标的落实非常困难

(1) 组织责任体系断裂，是指在项目过程中组织成员责任是阶段性的、不连续的。如：

1) 项目前期策划设置了项目的总目标，对整个项目过程产生根本性影响，但负责建设过程的业主对投资决策失误不能承担责任；

2) 工程决策、建设中的许多问题只有在运行阶段才会出现，但运行维护人员不能对此负责；

3) 施工承包商对设计错误不负责；

4) 在施工项目中，负责现场施工的项目经理对投标阶段报价失误不承担责任。

(2) 责任盲区是指出现工作责任遗漏，无人负责的情况，包括出现问题或事故无人承担责任，工作无人做等。如：

在设计和计划中人们很难将 EBS 和 WBS 做得很科学和完备，其中的遗漏和缺陷会造成责任盲区，如缺少有些专业工程系统、工作任务，则自然缺少相关责任的落实。

项目分标细、合同多、合同缺陷会导致界面上的工作责任的遗漏。

3. 由此造成在项目组织中短期行为的现象比较严重

(1) 工程组织成员来自不同的单位，只关注自己的目标和局部利益。

(2) 大多数组织成员对工程项目的最终成果和整体效益不承担责任，也没有直接的利益关系。所以，他们并不关心项目总目标的实现。

如设计单位、承包商、供应商、咨询（监理）公司仅仅对合同规定范围的工程进度、质量、成本承担责任，很少考虑工程的运行效果，更不考虑工程全寿命期的整体目标。

4. 在项目阶段界面上容易引起信息的衰竭

在项目全过程中，由于组织的变化，不同的阶段由不同的组织成员负责，其工作任务由不同的企业承担，容易造成在项目阶段界面上信息的衰竭（图 5-11）。

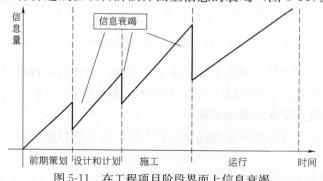

图 5-11 在工程项目阶段界面上信息衰竭

（1）项目前期策划阶段获得大量信息，一般只有可行性研究报告能够传递到工程的设计和计划中。而相关的许多调查研究信息，以及一些软信息并不能被勘察设计单位、项目管理单位和施工单位共享。

（2）在施工阶段，施工企业只有通过招标文件、合同、图纸等获得信息，而项目前期策划以及在工程规划、勘察、设计中的大量信息并不能为施工企业所用。

（3）工程交付运行，施工单位提交竣工图，以及运行维护手册等。而项目前期策划、设计和计划、施工和供应等大量的信息并不能为运行维护单位使用，随着工程项目的结束，项目组织的解散，许多信息就会消亡了。

这种信息的衰竭对工程项目的总目标的实现危害极大，不仅引起费用增加，效率降低，而且导致大量的项目实质上是不成功的，或人们实质上还可以做得更好。

工程项目组织高度的动态性、多变性带来了项目管理和企业管理的许多问题，对工程项目的组织结构设计、组织规则制定、工程承包方式和管理模式的选择、工程项目信息化都会带来深刻的影响。

第四节 虚拟项目组织——现代跨空间的项目组织

一、虚拟组织的概念

20世纪80年代以后，虚拟组织出现并被人们广泛研究和应用。虚拟组织有如下特征：

1. 虚拟组织是指两个以上的、在法律意义上独立的公司、机构和（或）个人，包括供应商、制造商、开发商和客户，为迅速向市场或用户提供某种产品和服务，组成的一种临时性的、非固定化的相互合作的组织联盟。他们的合作关系是动态的，一旦目标实现、产品寿命期或项目结束，组织自动解散或重新开始新一轮的组合运作过程。

2. 虚拟组织不具有法人资格，也没有固定的组织层次和内部管理系统，而是一种开放式的组织结构，参与单位提供各自的核心能力进行横向或纵向的合作。

3. 虚拟组织按照平等的原则组建，其成员之间是平等合作的伙伴关系，在信任的基础上实现知识产权、技能和信息资源的共享。

4. 虚拟组织以网络技术、计算机技术以及电子商务技术等为依托，跨越空间界限，组织成员可以遍布世界各地，通过信息技术和通信系统进行协调。

5. 虚拟组织实现目标的方式是通过提供各自的核心能力和资源的优化配置，优势互补。在互联网上，通过竞争招标或自由选择等方式确定合作伙伴关系，通过资源的整合利用和能力的互补，迅速形成各专业领域中独特的竞争优势，以低成本和快的速度对市场做出反应，完成单个企业难以承担的项目。

二、虚拟项目组织的应用

从上述分析可见，虚拟组织实质上就是一种特殊的跨企业，且跨空间的项目组织。在现代工程项目领域，虚拟组织的应用比较典型的有：

1. 在一些高科技工程项目中，可以应用虚拟组织构成一个跨行业、跨地域的联合体，充分利用全球的知识和信息资源去开拓市场，形成合作伙伴关系，构建虚拟化的项目实施过程（图5-12），为顾客提供高科技产品或服务。

2. 对一个大型高科技工程项目的设计，可以通过互联网将世界各地的设计分部（或合作单位）组合在一起，形成一个虚拟设计工作室。某些成员提供核心开发能力，某些成员提供专业系统设计能力，某些成员提供相关工程市场的信息等（图 5-13）。

3. 设备供应商和制造商构建虚拟项目组织平台。例如在某城市地铁机车招标中，某国外的供应商在投标和与业主谈判过程中就采用虚拟组织的运作方式。该供应商派出很少的专家与业主主谈，将业主的招标文件和要求通过互联网发给它在世界各地方的合作伙伴，如机车设计单位、制造商、系统开发单位，材料和构件的供应商等，让他们提出方案和报价。由专家进行集成，很快就提出总体方案和报价。

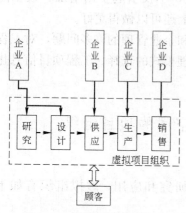

图 5-12 虚拟项目组织形式

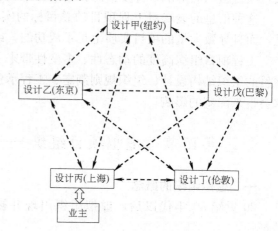

图 5-13 虚拟工程设计室

虽然在与业主谈判中仅几个专家，但却有一个很大的虚拟组织系统提供支持（图 5-14）。

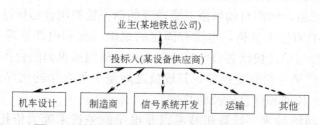

图 5-14 某地铁设备供应商构建的虚拟项目组织

三、虚拟项目组织的特点和应用条件

虚拟组织与传统的层级式组织相比有很大区别。它体现了现代项目管理许多新的理念，给工程项目管理带来活力的同时又带来许多新的问题。

1. 虚拟组织的优点。虚拟组织可以使项目过程在时间、空间和组织结构三个方面实现虚拟化。作为一种特殊的项目组织形式，它的优点有：

（1）组织结构无层级或扁平化，允许各组织成员在适当层次上自主决策，使组织决策高效率。虚拟组织能提高生产效率、缩短项目时间，提高服务质量和服务能力，实现低成本运作，快速反应，可以迅速占领世界范围内的市场。

（2）通过现代信息和通信技术，实现智力资源和信息资源的共享。

（3）通过全球范围内的资源共享，优势互补，强强联合，实现资源配置最优化，能获得极大的竞争优势，可以联合承担大型的或特大型的特别复杂的项目。

（4）组织成员在组织中地位完全平等，共同承担风险，互惠互利。这样能高度地相互信任和相互依赖，组织运作更加民主化。

（5）可以通过动态的组织结构和灵活的合同策略使组织有高度的灵活性和活力。

2. 虚拟组织存在的问题

（1）虚拟组织的控制力较弱。项目组织有可能失去对信息、技术和一些外部资源的控制。传统的项目组织可以通过严格的层级制度对组织成员的行为、信息、资源和技术加以控制，工作中出现问题可以通过项目组织机构协调和实施控制加以解决。而虚拟组织是建立在相互合作基础之上的，每个组织成员只能控制工程项目中的一小部分，如果某个环节或合作者出现问题会导致整个项目过程的断裂，导致项目的失败。

（2）通过信息技术无法获得的软信息，容易使信息反馈失真和项目失控。

（3）与传统组织不同，虚拟组织的管理者需要花更多的时间在组织成员之间进行协调与沟通，做好工作业绩评价和对组织成员的激励，以提高组织整体效率。

3. 虚拟组织的应用条件

（1）用于高科技，需要大量知识和信息的项目。只有产品和服务的信息化和知识化才能发挥虚拟组织的优势，才能使各成员知识和能力互补和共享的效益更高。

（2）现代信息技术的使用。现代信息技术使得虚拟组织的各个成员可以以较低的成本、最快的速度实现跨地域的合作和协调，从而形成一个跨地域的虚拟化的项目过程。

（3）人的素质的提高。人们必须高度自律和诚实信用，需要非常完善的信用机制。从某种意义上说，相互信任是虚拟组织取得成功的关键，是组织顺利运行的基础。

（4）虚拟组织的顺利运行需要组织成员在运行程序、管理规范、信息系统等方面协调统一，需要周密的程序、精确的预算和报告系统、有效的管理系统和管理的规范化；要求不同的组织成员之间实现过程和系统的集成。

（5）项目组织成员具有高度一致的价值取向和共同目标，有合作共赢的理念。

复习思考题

1. 寄生式组织形式有哪些优缺点？
2. 独立式项目组织有哪些优缺点？为什么独立式项目组织被认为类似微型企业？
3. 企业选择项目组织形式应考虑哪些问题？
4. 矩阵式项目组织有哪些优缺点？有哪些适用条件？
5. 项目组织与军队组织，企业组织，社团组织的差别。
6. 项目组织的变化有什么影响？
7. 有人说，"中国的传统文化适应集权管理，适合人治，不太适应矩阵式组织形式。"您觉得对吗？为什么？
8. 矩阵组织中的项目经理与独立的项目组织中的项目经理所扮演的角色有什么不同？
9. 讨论题：在一个企业中，矩阵式项目组织与独立的项目组织相比，谁对管理制度和信息系统的依存度高？为什么。
10. 讨论题：甲乙双方合资建设一个新的工厂，双方签订合作协议，该工厂作为一个新企业运营。试分析在整个计划中投资项目管理，工程建设项目管理，企业管理的联系与区别。

第六章 项目管理组织

内容提要：本章主要包括如下内容：
(1) 项目管理组织的概念，以及与项目组织的区别。
(2) 项目经理部，包括项目经理部的结构、运作和团队建设。
(3) 项目经理。现代工程对项目经理的素质、能力和知识的要求，项目经理的发展过程和特点。
(4) 项目管理社会化和专业化问题。

第一节 概 述

一、项目管理组织的概念

1. 项目管理组织的定义

项目管理组织是由完成项目管理工作的人、单位、部门组织起来的群体。[2]项目管理组织一般以项目经理部、项目管理小组等形式出现，按项目管理职能设置职位（部门），按项目管理流程，完成项目管理工作。

2. 广义的项目管理组织

对一个工程项目，广义的项目管理组织是在整个项目中从事各种项目管理工作的人员、单位、部门组合起来的群体。

由于工程项目参加者（投资者、业主、设计单位、承包商、咨询或监理单位，甚至工程分包商），都将自己的工作任务称为"项目"，也都有相应的项目管理组织，如业主的项目经理部、项目管理公司的项目经理部、承包商的项目经理部、设计项目经理部等。它们之间有各种联系，有各种管理工作、责任和任务的划分，形成该项目总体的管理组织系统。

3. 狭义的项目管理组织

在本书中，如果不专门指出，"项目管理组织"是指由业主委托或指定的负责整个工程项目管理的项目经理部（或项目管理小组）。该项目经理部居于项目组织的中心位置，以整个工程项目为对象，进行相关的管理工作。

二、项目管理组织和项目组织的联系与区别

在工程项目实践中，项目组织与项目管理组织是常被提及的两个概念，但许多文献常常将两者混淆，这不仅影响了工程项目组织问题的深入研究，甚至会带来工程项目的融资模式、承发包模式、项目管理模式和合同结构等定义的混乱。

这是两个既有区别，又互相联系的概念（表6-1）：

1. 工程项目组织是由业主、承包商、设计单位、供应商和项目管理单位等构成的群体，可以用项目组织结构图表示，它受项目工作分解结构（WBS）限定，按项目工作流

程（网络）开展工作，其成员各自完成规定（由合同、任务书、工作包说明等）的任务。

2. 项目管理组织是由项目经理、项目管理职能部门或人员构成的项目经理部，完成项目管理工作（包括工期、成本、质量、资源、合同等的计划和控制）。

3. 项目管理是项目中必不可少的工作，它也是项目 WBS 中的一个单元，由专门的人员（单位）来完成，因此，项目管理组织也必然作为项目组织中一个单元。

工程项目组织与项目管理组织比较表　　　　　表 6-1

对象	工程项目组织	项目管理组织
目标	项目总目标	项目管理目标
任务分解	专业性工作，由 WBS 表示	职能（成本、合同、资源等）管理工作
主体	业主、承包商、设计单位等	项目经理和项目职能管理部门（人员）
组织关系	主要为合同关系	协调与管理关系
组织实施方式	工程承发包模式	项目管理模式
组织类型	专业型	职能型
任务分配方法	合同、任务书	责任矩阵、管理规程
组织流程	网络计划	管理流程（如计划流程、合同管理流程等）

第二节　项目经理部

在工程项目组织中，业主建立或委托的项目经理部居于中心位置，在项目实施过程中起决定性作用。工程项目能否顺利实施，能否取得预期的效果，实现目标，直接依赖项目经理部，特别是项目经理的管理水平、工作效率、能力和责任心。

一、项目经理部的结构

项目经理部以项目经理为核心，一般按项目管理职能设置职位（部门），按照项目管理规程工作。项目经理部的组成和人员设置与所承担的项目管理任务相关。

1. 对中小型的工程项目通常设项目管理小组，有项目经理、专业工程师（土建、安装、工艺等专业）、质量管理人员、合同管理人员、成本管理人员、信息管理员等，有时还可能有负责采购、库存管理、安全管理和计划等方面的人员。

一般项目管理小组职能不能分得太细，否则不仅信息多，管理程序复杂，组织成员能动性小，而且容易造成组织摩擦。

2. 对大型工程项目，常常必须设置一个管理集团（如项目经理部或项目公司），项目经理下设各个部门，如计划部、技术部、合同部、财务部、供应部、办公室等。例如，某大型工程项目经理部的结构（图 6-1）。

由于在项目实施过程中，项目管理的任务是动态的，所以项目经理部的组织结构和人数经常会随着项目的进展而发生变化。

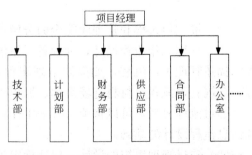

图 6-1　某大型工程项目经理部的结构示意图

二、项目经理部的组建和运作

项目经理部的组建和运作是一个持续的过程。建设高效的项目管理组织是项目经理的首要职责,他需要掌握领导技巧,全面把握项目的组织结构、组织界面、责任分配和激励方法。项目经理部是一个团队,它的建立过程符合团队建设的一般规律。

(一)项目管理系统设计

1. 工程项目管理系统的作用

要使项目管理组织尽快地投入,高效率地运行,必须构建项目管理系统。一般项目管理公司或工程承包公司都有标准化的项目管理系统,但必须按照业主的要求、项目管理模式和项目的特殊性进行改进使用。构建标准化的项目管理系统的作用如下:

(1)规范项目管理过程,提高项目管理的运作效率;

(2)为投标工作提供整套的项目管理运作程序文件;

(3)作为进入企业新成员的工作规范和岗前培训的内容;

(4)作为项目管理工作考核的依据等。

2. 工程项目管理系统设计的特殊性

与一般的企业管理不同,工程项目管理是过程管理。在项目管理系统设计时应注意:项目管理过程是固定的,而管理模式是多样性的和灵活性的,所以企业(如项目管理公司)的项目管理系统设计一般可以先不考虑项目管理模式。其原因如下:

(1)不管项目管理公司承担全部或部分项目管理任务,它都要站在项目全过程和整个项目的高度,体现工程全寿命期管理和集成化管理的要求,要有为业主全过程服务的能力。

(2)企业应适应不同模式的项目管理工作,以保证工程项目的系统性和项目管理公司工作的灵活性。

(3)实质上,不同的项目管理模式仅仅体现项目管理工作阶段的划分和承担者的不同,但不管是一家承担,还是几家承担,从总体上说,项目的总目标和项目管理的总体过程是不变的。

3. 项目管理系统设计工作内容

项目管理系统设计是以项目实施全过程和全部的项目管理工作为对象。

(1)按照项目总目标确定项目管理工作范围,划分项目管理的主要过程。

(2)构建项目管理系统结构(子系统构成),一般从以下两个角度着手:

1)按照项目阶段划分:如前期策划(或投资咨询)、计划和实施控制子系统等;

2)按照项目管理职能:进度管理、质量管理、成本管理、安全管理和合同管理子系统等。

(3)按项目过程和管理职能全面分解项目管理工作,列明项目管理工作目录。

(4)管理工作流程设计,理顺各子系统的管理工作逻辑关系。可以从不同的角度用流程图描述管理工作流程,如前期策划流程、计划管理流程、实施控制流程、变更管理流程、合同管理流程、材料进场流程、账单审查流程和竣工检验流程等。

通过流程分析,可以将项目管理工作构成一个动态的过程。管理工作流程又是项目管理信息流程设计的基础。

(5)项目管理组织的设计,包括确定项目经理部组织结构、运作规则、责任体系、人员配备计划、责任分配矩阵、沟通机制等。

（6）相关项目职能管理体系文件的编制。如质量管理体系、合同管理体系、进度管理体系、HSE管理体系、资源管理体系等文件系列。项目管理体系文件可以作为企业标准化文件直接颁布（如对工程承包项目），也可以由项目管理组织讨论后制定（如对大型工程建设项目）。

针对各个阶段具体的项目各职能管理工作，提出管理工作所应达到的要求，如工作的详细程度、准确程度、工作文件范围等。

（7）项目管理标准文件设计，如报告系统、文档系统、合同文件、招标文件、表格。

（8）项目管理手段和工具的应用，如项目管理软件、互联网系统等。

最终的管理系统设计文件通常包括，管理流程、管理组织结构图、人员配备计划、项目管理责任矩阵和项目管理体系文件等。

项目管理责任矩阵是最常用的组织工具之一，它反映了项目管理组织与管理工作的对应关系，能保证每项管理工作均已分配落实到具体的部门，且责任关系明确（表6-2）。

某项目经理部责任矩阵（摘要） 表6-2

管理职能	工作内容	项目经理	技术组	施工组	计划财务组	合同组	质量组	资源组	安全组
前期工作	现场七通一平、现场及周边勘察	J	C	F	C		C	C	J
设计协调、技术管理	图纸会审、设计交底、预算审查	J	F	F	C	F	C		
	总包施工组织审查	P	F	C	C	C	C	C	
现场管理	施工总平面图	P	F	F			C	C	
	现场管理、周边协调	F		F			C	C	J
	与主管部门协调	F		C	C	C	C		
工程进度管理	施工进度、网络计划	P	F	C	C	C	C	C	
	进度监督、协调各单位进度	F	C	C	F		C	C	
	向甲方提供进度信息	F		C	C		C	C	
工程质量管理	建立质量管理体系、质量监督	J	C	C			C	C	
	施工材料半成品质量监督	J	C	C			F	C	
	协助确定甲供材料、设备					C		F	
工程造价管理	审核预算、审查设备、材料、工程价款	J				F		C	
	编制已完工程报表	J		C	F			C	
	工程成本分析、控制、评估	J		C	F	C		C	
设备、材料管理	材料设备计划及采购申请	P		C	C	C		F	
	甲方委托材料设备管理	J						F	
	协助签订采购合同				C	C	F	C	
	制定保管制度、材料设备保护	J		C				F	

续表

管理职能	工作内容	项目经理	技术组	施工组	计划财务组	合同组	质量组	资源组	安全组
财务管理	编制用款计划、月进度款支付表	P		C	F	C		C	
	协助甲供材、设备结算	P		C	F	C		C	
资料管理	档案、变更、图纸资料保管	J	F	F	C	C	F	C	
安全管理	安全措施督促、检查	J		C		C			F
	安全协议签署	J				C			F

表例：F——负责；J——监督；C——参与；P——批准

（二）项目管理组织计划

项目管理组织计划是为了满足具体项目的需要，对管理组织人员拟定的一整套需求、招聘、安置、报酬、培训、提升和考评等计划。

通过管理组织计划，确定项目管理角色、职责、组织关系，并安排适当人选。人员需求要按照项目管理的模式、任务、职能、工作内容和以往项目管理经验决定。

通常，项目管理（或咨询）公司可以承接不同类型的工程项目，在项目经理部中，大部分是通用型工程项目管理人员，如合同工程师、计划工程师、财务经理、造价工程师、资源管理人员、信息管理员和秘书等，仅有小部分专业人员与所承接的工程类型相关，如承接化工工程，则需要增加化工工艺方面的专门人才，承接核电工程项目，则需要增加核电方面的专门人才。

（三）项目管理团队的组建

项目管理团队的组建经过如下过程。

1. 组建阶段，即项目经理部的形成阶段

（1）按照项目的组织策划和管理组织计划，成立项目经理部。它应结构健全，囊括项目管理的所有工作职能，同时力求保持最小规模。

（2）应依据项目管理组织计划的要求选择（或招聘）管理人员。项目经理部成立后，必须选择合适的成员，形成一个联合的工作群体。

1）上层领导要积极支持项目，保证有效的符合计划要求的管理人员投入。

2）项目经理部的许多职能管理人员是由企业的职能部门派遣的，所以，管理人员配备常常需要企业各个职能部门的支持，特别要考虑人力资源部门能提供的协助和支持程度。只有得到部门的支持，才能获得在各相关领域有经验与技能的人力资源。

对重大项目，项目经理应有权选择关键岗位的项目经理部成员。

3）对以项目作为经营管理对象的工程承包公司、项目管理（监理）公司等，应尽可能设置相对稳定的项目管理组织机构。这样尽管项目是一次性的、常新的，但项目经理部却是相对稳定的，组织成员之间均为老搭档，彼此了解，彼此适应，协调方便，可大大减小组织摩擦，容易形成良好的组织文化。若项目经理部成员变动过于频繁，不利于组织的稳定，容易缺乏凝聚力，组织摩擦大，效率低下。

4）将人员分配到项目各职能部门时，应考虑该岗位所需要人员的才能、知识背景和经验等方面的要求，同时考虑选派人员的兴趣、特点、经验及人际关系，实现人尽其用。

被任命人应理解并接受项目管理工作职能的要求,应有项目工作的积极性。

5)建立绩效考核和评估体系,对整个项目经理部、项目经理部内的各职能部门(或小组)的工作进行分解、落实、监控,进行全方位的绩效考评。

有时,还要顾及其他因素,如项目靠近公司,则可以配备较少的人员,若远离公司则要求组织人员配备齐全。

2. 项目管理人员培训要求

项目经理部成员应具备项目管理工作所需要的素质、知识和技能。如果配备的人员缺乏必要的管理或者技术技能,或承担的是新的特殊领域的工程项目,则应进行专门的培训,以提高项目经理部的管理效率。

(1)对有些专业性非常强的职能管理岗位,或对特殊类型的工程项目,在招聘新人时会遇到困难,很难有合适的人选,则应给予充分的准备时间进行培训。

(2)由于项目是一次性的,每个项目都是新的,所以要求项目管理公司,以及项目经理部是研究型、学习型、创新型组织。项目经理部成员应接受经常性的培训,以确保知识的更新,更好地适应项目管理发展的需要。

(3)培训要有针对性,特别要顾及企业规范化的项目管理系统的运作方式、所承接工程项目的专业特殊性和所采用的项目管理模式等。

3. 项目成员进入项目团队后,项目经理要颁布项目管理规程,对各个职能部门人员的安排和授权。

(1)应使项目经理部成员尽早了解项目目标,介绍项目工作范围、质量标准、预算限制及进度计划指标、目标的优先次序、工作评价、奖励与表彰方法等。

(2)宣布对组织成员的授权,确定每个人在项目经理部中的角色和各岗位职责(如谁该做什么?如何做?什么结果?需要什么?谁决定什么?)、报告关系和组织界面,指出管理职权(使用资源、资金等)使用时应注意的问题等。

(3)向各项目管理人员介绍项目管理系统和项目组织规则,将管理系统向各参加者交底,使大家了解、掌握本项目的"规矩",以便更好地组织协调。

(四)项目管理组织的运作

项目管理组织的运作一般经历如下4个阶段:

1. 项目经理部成员互相适应阶段。随着大家从各部门、各单位进入项目经理部,项目目标和工作内容已明确,成员相互认识,开始执行分配到的任务,项目工作缓慢推进。

在该阶段,由于大家彼此生疏,成员之间有一个互相适应的过程,同时对项目管理系统的运作不熟悉,所以沟通障碍较大,难免有组织摩擦,会产生许多矛盾。但另一方面,由于项目工作有明显的挑战性,能够独立决策,项目成果显著,因此也增强了职能管理人员工作的新鲜感和动力。

在这个阶段,项目经理需要影响型的领导风格,要能容忍成员的工作疏忽、错误、不满和意见,积极引导,通过协调解决矛盾,保持对项目经理部的领导和控制。

2. 项目管理组织的规范化阶段。项目经理与各部门人员一起参与讨论解决问题,共同做出决策。他应创造一种有利的工作环境,激励项目经理部朝预定的目标共同努力,鼓励每个组织成员出色工作,积极创新。

在这个阶段,项目经理需要采取参与、指导和顾问式的领导方式,起导向和教练作用。

3. 项目管理成效阶段。项目经理部各方互相信任，互相适应，能很好地沟通和公开地交流，关系和谐，管理效率逐渐提高，各项工作顺利开展，整个项目的工作进度加快。项目经理应充分授权，营造良好的组织环境，激励组织成员取得成功，使大家全力以赴，高效率地完成目标。

4. 项目管理组织解散。在工程项目结束阶段，项目组织和项目经理部都要逐渐解散，有许多职能工作会逐渐减少，最后完全结束。由于在此阶段，项目工作任务不饱满，项目管理的组织职能逐渐弱化，有些人员虽在项目上工作，但又要承担其他部门或新的项目工作，或要寻找新的工作岗位，则会有不安、不稳定情绪，对本项目的剩余工作失去兴趣，失去激情，导致工作效率降低，从而影响项目的结束工作。

因此，项目经理一方面要做好后期组织和计划工作，同时又应为管理人员顺利进入到新项目或新岗位工作提供条件和帮助，以稳定军心，提高士气。

在项目的结束阶段应该对项目管理成员进行考核、评价，并报告给所属的部门。

三、项目管理团队精神建设

由于项目管理组织的特殊性，团队精神对项目经理部的运作有特殊的作用，是项目组织文化的具体体现。要取得项目的成功，必须最有效地使用项目成员，激发和调动项目组织成员的积极性，培养健康向上的团队精神，使项目组织高效率运作。

1. 有明确的共同的目标，所有成员对总目标应有共识。大家都知道项目的重要性，每个成员都追求项目的成功，项目初期就要激发项目组成员的工作使命感。

2. 有合理的分工和合作。项目经理部成员有不同的角色分配，对完成任务应有明确的承诺，接受项目组织规则，同时大家又不拘泥于分工，在工作中互相"补台"，形成合力。由于项目经理部成员都是从部门临时"借调"来的，他们虽在项目上工作，但对他们的管理、评价以及职务晋升等通常仍在原职能部门，因此，项目经理应讲究领导艺术，懂得如何激励这些职能人员。

3. 项目经理应创建一种工作环境，鼓励每个人积极参与，出色地工作，全身心地投入于项目管理工作中，相互信任，互相尊重。

4. 在项目经理部中公平、公正处理事务。人们渴望公平，这个公平不仅是按照自己的贡献和所得相比，而且还要与他人的贡献和所得报酬相比。如果工作过程中出现明显不公平的情况，或有些成员感到不公平，就会产生消极情绪。

5. 在项目经理部内部，以及与项目涉及的所有部门建立良好的工作关系。培养成员的团队意识，团队中有民主气氛，使沟通交流经常化。

6. 项目经理应关心组织成员，注重每个成员的发展。充分发挥项目组织成员的积极性，倡导创新精神，鼓励他们自我管理，独立地完成工作任务，努力改进项目管理工作，使学习和创新成为项目经理部经常性的活动，使项目过程成为人才的培养过程。

第三节 项 目 经 理

一、项目经理的作用

项目经理部是项目组织的核心，而项目经理领导着项目经理部工作。项目经理居于整个项目的核心地位,他对项目经理部以及对整个项目有举足轻重的作用,对项目的成功有决定性影响。工程实践证明,一位能力强的项目经理领导一个弱小的项目经理部,比一位能力弱的项目经理领导一个强的项目经理部能使项目取得更大的成就。

在现代工程项目中,由于工程技术系统更加复杂化,实施难度加大,项目经理对项目的效益影响越来越大,业主在选择承包商和项目管理公司时十分注重对其项目经理的经历、经验和能力的审查,并赋予一定的权重,作为定标、授予合同的重要指标之一。而许多项目管理公司和承包商将项目经理的选择、培养作为企业的一个重要发展战略。

项目经理在工程项目中的作用主要体现在以下几个方面。

(一) 作为业主的代理人提供专业化的服务

项目经理的首要作用是,作为业主的代理人,为业主提供专业化的项目管理服务。这具有如下优点:

1. 方便、简单、省事。业主只需和项目管理公司签订管理合同,支付管理费用,在项目中按合同检查、监督项目经理的工作。对项目实施过程只需作总体把握,答复请示,作决策,而具体事务性管理工作都由项目经理承担。

2. 与业主自行管理工程相比较,业主可以获得一个高效益的工程项目

(1) 经济上有利,费用省。业主只需按管理合同支付费用,工程结束,则合同失效。

(2) 由于项目经理的管理水平高,计划周密,管理中的失误少,对投资实施最有效的控制。这能有效地减少业主的违约行为,减少工程索赔,减少投资的追加。

(3) 通过项目经理卓有成效的工作,能排除或降低各种干扰的影响,保证工程按预定计划投入运行,交付使用,及早实现投资目的,业主能获得一个整体效益高的工程。

3. 促进项目管理工作的专业化,不断积累项目管理经验,提高管理水平

项目经理熟悉项目实施过程,熟悉工程技术,具有丰富的项目管理知识、经验和经历,能将项目的设计、计划做得十分周密和完美,能够对项目的实施进行最有力的控制。

(二) 在合同双方之间起协调、平衡作用

由于承包合同双方利益和立场不一致,会造成双方行为的不一致和矛盾,项目经理能站在公正的立场上,公正地、公平合理地处理和解决各种问题和纠纷,协调各方面的关系,起缓冲作用,调解争执,使合同双方的权益都能得到保护和平衡。他的具体作用如下:

1. 保证业主能够及时地获得承包合同所确定的合格工程,并保护业主利益

一般业主,不懂工程技术和管理,不精通承包合同和相应的法律,所以他很难有效地保护自身的利益。项目经理首先必须保护业主利益,这不仅因为他受雇于业主,而且通常业主的根本利益是节约投资,尽早实现投资目标,这与工程项目的总目标是一致的。

2. 使承包商获得合同规定的合理报酬,保护承包商的合法权益

由于利益、立场、专业知识的局限和偏见等原因,业主常常不能公正地对待承包商。在工程中,业主处于有利的主导地位,例如,他通过起草合同条件使合同中的风险分配不平等、不合理;在工程中滥用指令权、检查权、满意权等,苛刻地要求承包商;不承认承包商的合理要求等。这一切使得承包商的地位极为不利。

由于承包商的权益受到侵害不仅会造成法律上的问题,而且影响工程承包市场的均衡性,影响承包商履约积极性,加大承包商的风险,最终对业主、对工程的整体效益不利。

因此，项目经理不仅要保护业主利益，而且还要劝说业主正确地对待承包商的利益。

3. 从工程整体效益和社会效益的角度出发，客观公正地解释合同，处理工程事务

通常工程承包合同赋予项目经理许多权利和职责。在工程中，业主和承包商一般不直接交往，具体事务都由项目经理负责。所以项目经理作为双方的桥梁和纽带，可以缓冲矛盾，缩短双方的距离，保证双方共同营造一个良好的合作环境和氛围。

二、工程项目经理的发展过程和特点

（一）国际上工程承发包和项目管理者的演变

古代的工程建设是业主自营，由业主直接雇用工匠进行工程建设。

14~15世纪营造师出现，作为业主的代理人管理工匠，并负责设计。

15~17世纪，建筑师出现，承担设计任务，而建造师专门管理工匠，负责施工。

17~18世纪，工程承包企业出现，业主发包，签订工程承包合同。建筑师负责规划设计、施工监督，并负责业主和承包商之间纠纷的调解，实质上就是为业主进行项目管理。

19~20世纪出现总承包企业，形成一套比较完整的总承包——分包体系。

20世纪，工程的承包方式出现多元化发展，建筑领域的高度社会分工导致设计和施工的专业化。同时在设计和施工中分离出专业化的项目管理（咨询）。

（二）建筑师作为工程项目经理的利弊分析

几百年来，在国外的工程项目中，建筑师一直承担项目管理者的角色。直到20世纪80年代在德国的工程项目组织中，建筑师仍处于中心地位。许多工程项目的计划、估价、控制，甚至索赔报告的处理都由建筑师承担。建筑师担任工程项目经理的原因如下：

1. 在工程中建筑学是主导专业，建筑方案是其他专业工程方案的基础，与其他专业的联系最广泛。

2. 建筑方案体现美学、艺术、哲学，体现传统文化风格。

3. 建筑师注重工程的运行与环境的协调，注重工程的历史价值和可持续发展。

这些正是工程和业主最需要的。但建筑师承担项目管理责任的问题也是明显的：

1. 建筑师常常缺少经济思想。

2. 作为艺术家，具有创新思维，但往往不够严谨。

3. 建筑师常常有非程序化和非规范化思维和行为。

这些会影响项目总目标的实现，不利于项目的成功。

（三）我国工程项目经理的状况

长期以来，我国缺少专门的项目经理的教育和培训，项目经理均来自其他不同的工作岗位，有不同的知识背景、经历，具有不同的特点：

1. 军队指挥员。在新中国成立后相当长的时间内，工程建设项目经理由军队指挥员担任，如20世纪50年代和60年代的一些重点工程建设项目。

他们的特点是：忠诚，原则性强，有坚定的完成目标的信念；办事干练、果断，采用军队式的管理方式管理项目，靠军事命令指挥工程施工；但经济观念比较薄弱，制定的目标和计划弹性较小，比较适合计划经济体制下的工程项目管理，而且对下级的作风比较强硬。

2. 政府行政领导。在20世纪80年代和90年代，我国大量的基础设施建设项目都由

政府行政领导（如副市长、副省长、副部长）担任负责人（总指挥）。他们能进行多方面的协调，全局把握较好，工作中鼓动性强，对政绩要求高，追求项目的形象，项目目标（特别是工期目标）的刚性大；但他们不太重视技术问题，经济观念淡薄，常有"为建设而建设"的思想，喜欢搞大会战，以行政命令的方式指挥工程实施。

3. 企业经营管理者。现在大量的企业投资项目由企业的经营管理者负责管理。他们有经济思想，市场观念根深蒂固，对市场敏感，能够面向用户，有使用户满意的理念，思维灵活，常常按照市场要求制定项目目标。但是，较少考虑工程技术和项目过程的特殊性和要求，目标容易多变。

4. 工程技术人员，如总工程师。他们有成熟的技术经验，熟悉工程建设过程，作为工程专家，在工程项目中有发言权和权威；但常常过于严谨，注重数据，对项目中的软信息不敏感，市场观念淡薄，注重技术细节，项目战略上的把握性较差。由于他不是管理者，可能不会委托任务、协调工作和控制项目。实践证明，纯技术人员是不能胜任项目经理工作的。

三、现代工程项目对项目经理的要求

由于项目和项目管理的特点，以及项目经理对项目的重要作用，人们对他的知识结构、能力和素质要求越来越高，许多书籍均提出了相应的标准，达到几乎苛刻的程度。

（一）项目经理的素质

在市场经济环境中，项目经理的素质是最重要的，特别对专业化的项目经理。他不仅应具备一般领导者的素质，还应符合项目管理的特殊要求。

1. 项目经理应有使命感和很高的社会责任感，有工程全寿命期的理念，注重项目对社会的贡献和历史作用，注重社会公德，保障社会利益，保护生态环境，严守法律和规章，具有全局的观念。

2. 项目经理对业主，对企业和其他项目相关者负有职业责任。他必须具有很好的职业道德，将用户利益放在首位，不谋私利，有工作热情和敬业精神，勇于挑战，勇于承担责任和风险，努力完成任务。

他不能因为项目是一次性的，与业主是一次性合作，管理工作不易定量评价和项目的最终成果与酬金无关等原因，而怠于自己的工作职责，应全心全意地管好项目。

3. 由于项目是一次性的，项目管理是常新的工作，富于挑战性，所以他应具有创新精神，务实的态度，有强烈的管理雄心和愿望，不安于现状，勇于决策，并努力追求高的目标。如果他不努力进取，定较低的目标，作十分保守的计划，则不会有成功的项目。

4. 为人诚实可靠，讲究信用，言行一致，正直，实事求是，有敢于承认错误的勇气。他的行为应以项目的总目标和整体利益为出发点，应以没有偏见的方式工作，正确地解释并执行合同，公平、公正地对待各方利益。

5. 能承担艰苦的工作，任劳任怨，忠于职守。在项目组织中，项目经理是一个特殊的角色，处于矛盾的焦点，常常得不到业主和承包商的理解。由于其责权利不平衡，项目经理要做好工作是很艰难的，可能项目组织各方对他都不满意。例如：

（1）有许多业主经常有新的主意，随便变更工程，而对由此产生的工期的延长和费用的增加又不能理解，常常反过来责怪项目经理。

（2）由于业主和承包商利益不一致，会产生各种矛盾。例如业主希望项目经理听从他

的指令，无条件维护他的利益；而承包商又常常抱怨项目经理不能正确执行合同，偏向业主，不公平。所以双方的矛头都可能指向项目经理。

(3) 长期以来，人们常常认为项目经理与经济效益、与项目成功无直接的关系，对其工作不重视。在工程项目取得成功时，人们常常将它归功于技术人员攻克了技术难关，或业主决策、领导有方；而如果项目实施失败，出现故障、困难，则常常归咎于项目经理，尽管许多失败的因素他不能控制。

(4) 人们常常将项目管理仅看作监督工作，容易产生抵触情绪。所以在实际工作中，项目管理工作很少能够使各方面都满意的，甚至可能都不满意，都不能理解。所以项目经理不能因受到业主的批评和不理解而放弃自己的职责，不能因为自己受雇于业主或受到承包商不正常手段的作用（如行贿）而不公正行事。不仅要经得住批评指责，化解矛盾，而且能够宽容对待，不放松自己的工作，使大家理解自己。

6. 具有团队精神，能够与他人合作共事，能够公开、公正、公平地处理事务，不能搞管理上的神秘主义，不能用诸葛亮式的"锦囊妙计"来分配任务和安排工作。

7. 项目经理在工程项目中除了自己的酬金外不应获取另外利益，也不能与项目其他相关者有利益关系，这样易于公正办事。

8. 胸怀坦荡，有坚强的意志，能自律，具有较强的自我控制能力。

(二) 项目经理的能力

1. 成熟的判断能力、思维能力和随机应变能力

项目经理应具有长期从事工程项目管理工作的经历和经验，特别要求具有同类项目成功的经验和业绩，对项目的专业工作和管理工作具有敏锐的洞察力和成熟客观的判断能力。由于项目是常新的，所以他又必须具有应变能力和灵活性，能够适应不同的项目和不同的项目组织。

2. 具有很强的沟通能力、激励能力

项目经理职务是个典型的低权利的领导职位，他主要靠领导艺术、影响力和说服力而不是靠权利和命令行事。由于项目组织的特点，他能采取的激励措施也是十分有限的，应努力做到以下三点：

(1) 充分利用合同和项目管理规程赋予的权利管理项目；
(2) 注意从心理学、行为科学的角度调动项目经理部成员的积极性；
(3) 项目经理要掌握沟通艺术，能够与外界交往，与上层组织和企业各部门有较好的人际关系；在项目中充当激励者、教练、活跃气氛者、维和人员和冲突裁决人。

3. 有较强的组织管理能力与冲突管理的能力

(1) 能胜任小组领导工作，知人善任，敢于和善于授权；
(2) 协调好各方面的关系，善于处理矛盾与解决冲突；
(3) 能处理好与业主（或顾客）的关系，设身处地地为他人考虑；
(4) 工作具有计划性，能有效地利用时间；
(5) 具有追寻目标和跟踪目标的能力等。

4. 较强的语言表达能力

在国际项目中，需要项目经理具有熟练运用外语的能力，并掌握谈判技巧。

5. 一定的工程技术技能

项目经理应具有一定的工程技术技能，但又不能是纯技术专家，他必须对工程技术系统的机理有成熟的理解，对项目实施过程（包括行政过程、专业技术过程和管理过程）十分熟悉；能够及时发现问题，提出问题，能迅速设计解决问题的方法、程序；能够从容地处理紧急情况，具有应对突发事变和风险的能力。

6．综合能力

项目经理应具有战略观念，具有系统思维和决策能力，统筹兼顾，对整个项目系统进行全面观察，统一指挥，统一管理。

（三）项目经理的知识结构

1．项目经理通常要接受过大学以上的专业教育，他必须具有专业知识，一般来自工程的主要专业，最好是土木工程或其他专业工程方面的专家，否则很难真正介入项目工作，并被人们认同。

2．要接受过项目管理的专门培训或通过再教育掌握项目管理的知识。目前国外和我国都有一整套项目经理的教育培训的途径和方法，有比较成熟的经验。最典型的是美国 PMI 提出的项目管理知识体系（PMBOK），确定项目经理需要掌握如下三方面的知识：[11]

（1）项目所在领域的相关专业知识，如相关的工业、农业、建筑知识等。项目管理是分领域的，不同领域的项目管理的差异性很大。项目经理就需要掌握相关的工程专业知识，这是他的专业根底。

（2）一般的管理知识，如管理学、经济学、工程经济学、系统工程、组织行为学、战略管理、相关法律、财务管理与会计等理论和方法。

（3）项目管理知识，包括综合管理、范围管理、时间管理、成本管理、人力资源管理、采购管理、质量管理、信息管理、风险管理、利益相关者管理等十大知识体系。

3．他需要综合的、广博的知识面，能够对所从事的工程相关专业有一定的了解，具有工程系统知识。

第四节　项目管理的社会化和专业化

在现代社会中，项目管理越来越趋向社会化。将工程项目管理任务以合同形式委托出去，让项目管理公司负责管理事务，这是现代工程项目的一大特点。

不同的项目管理模式，其社会化程度有所不同（图6-2）。

项目经理为专业项目管理人员，这有利于项目管理经验的积累和项目管理水平的提高，在国内外都已非常普遍。现在这方面的名称很多，如监理工程师、工程师（按照 FIDIC 合同）、建造师、咨询工程师、项目管理师等。在下面的讨论中，将业主委托的项目管理公司派到项目中负责项目管理的人员称为"项目经理"，他最能体现项目

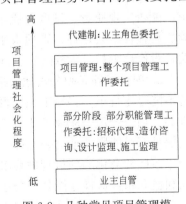

图6-2　几种常见项目管理模式社会化程度比较

管理的社会化和专业化。

一、项目经理的任务定义

在不同的项目管理模式中，项目经理的任务、职责、权利不一样。这常常跟业主对项目经理的信任程度、依赖程度、工程需要和业主自身的工程管理能力、水平等因素有关系。项目经理的工作任务由如下三个方面决定：

1. 业主与项目管理公司签订的项目管理合同。在该合同中，具体规定了业主与项目经理之间的责权利关系，明确了业主赋予项目经理管理承包合同和项目的职责。

2. 工程承包合同。虽然项目经理不是承包合同的签约者，但按照惯例，承包合同（如 FIDIC 合同）对项目经理的作用、权利、责任都有明确的具体的规定。承包合同是在工程项目中解决业主、项目经理和承包商三者关系的最根本的依据。

3. 业主对项目经理权利的限定。即使使用标准的 FIDIC 合同条件，业主仍有权书面限定项目经理的权利，或要求项目经理在行使某些权利时得到业主的批准。

二、项目管理的社会化的问题

（一）社会化项目管理的基本矛盾

社会化项目管理并不是完美无缺的，它本身也存在着许多矛盾，一个最基本的矛盾是项目管理者责权利不平衡。这主要表现在如下四个方面。

1. 承包合同（如 FIDIC 条件）赋予项目经理以很大的权利，负责具体的项目管理工作，如制定计划、调整计划、决定新增工程的价格，并直接给承包商、供应商下达指令，进行组织协调，但他不作为承包合同的签约方。尽管项目管理公司与业主之间有管理合同，项目经理的行为必须受管理合同的制约，但他作为业主的代理人和委托人，对项目管理工作中的失误不承担法律的和经济的责任，由业主负责对承包商赔偿。通常只有出现以下情况，项目经理才在一定范围内承担责任。

（1）明显失职和犯罪行为；

（2）违法行为；

（3）侵犯第三方专利权、版权；

（4）明显的错误决策、指示造成损失。

所以项目经理的权利和责任是失衡的。

2. 项目经理责任重大，在项目组织中扮演了一个举足轻重的角色，项目能否顺利实施，能否实现质量、进度、成本（投资）目标等，直接依赖于项目经理的工作能力、经验、积极性、公正性、管理水平等。但项目经理又受雇于业主，与工程最终经济效益无关，没有决策权，无权进行合同变更，必须听从业主的指令。

3. 项目经理必须公正地行事，不偏向任何一方，以没有偏见的立场解释和执行合同。若不能公正行事，将给工程项目管理带来许多弊病。但他的公正性是很难衡量、评价和责难的。项目经理的职业道德、工程习惯、文化传统、工作能力、工作的深入程度、甚至民族偏见都可能影响他的公正性。

按照社会化的项目管理要求，项目经理不能与其他方（业主、承包商和供应商等）存在利益联系，这样才能公平公正地处理事务，但也容易产生不负责任的行为。

4. 项目经理为业主、为工程提供的是咨询、管理方面的服务。他的工作很难用数量来定义，他的工作质量很难评价和考核。

鉴于以上问题，在国际上，许多人对该管理制度提出批评，甚至有人建议取消项目经理对争执的决定权。但在业主与承包商这两个利益不一致的合同组合体中，又需要有一个第三者来协调，这对工程项目总目标有利。

（二）推行社会化项目管理应注意的问题

随着项目管理社会化程度的提高，项目经理在工程项目组织中的地位不断提升，业主对他的依赖性增大，他对工程的整体效率和作用影响加大。现代工程不仅要他对业主承担责任，而且还要承担更大的社会和历史责任。

项目经理在工程中发挥着极其重要的作用，但工程项目管理制度本身又有许多问题。无论是推广社会化项目管理，还是业主选择项目管理公司，或承包商投标报价和进行工程施工，都必须注意这些问题。

1. 推行项目管理制度，必须建立一整套管理和制约的机制以发挥项目管理的优越性，扬长避短。

（1）必须建立一套严格的项目经理资质考核、审查、批准制度

推广社会化项目管理需要大量的、合格的项目经理。项目管理工作需要综合性人才，它不是一般的工程技术和管理人员（如施工工程师）所能胜任的。如果项目经理滥竽充数，会对工程建设带来很大的影响。要成为一名合格的能胜任工作的项目经理，必须不断学习，积极参与工程实践，具体如下：

1）接受系统的工程项目管理方面专业知识和技能的培训。

2）积累实际工程管理的经验和经历。由于现代工程系统非常复杂，项目经理的工作综合性强，他必须具有处理和解决实际工程问题的能力。

3）接受职业道德教育，增强工程的社会责任感和历史责任感。

同时，政府有关部门应对项目经理的资质进行考核、审查、批准，建立一套相应的社会机制，从质的方面进行控制。

（2）项目管理工作应程序化、规范化和标准化

在项目管理诸多的工作内容中，最重要的是建立工程项目的工作程序，详细划分工程各阶段的工作，并确定各阶段项目经理的职责、权利和相应的取费标准等，形成一套惯例或规章、规范。这有如下优点。

1）对项目经理的工作有比较明确的具体的定义和考查，出现问题比较容易追究责任。

2）项目管理的工作程序化、规范化和标准化，才能提高项目经理的水平。

3）业主可以根据自身情况、工程需要，明确地、有依据地委托项目经理开展工作，或限定其权利；承包商和业主也可以对项目经理的工作进行监督。

在我国，通常业主都有基建部门，具有一定的项目管理能力（尽管是不完备的），所以常常不需要将全部项目管理工作委托给项目经理，则可以仅委托某些阶段性管理工作，或由项目管理公司提供一些专门的特殊的工作和服务，以便充分利用业主的人力资源。

（3）建立对项目经理工作的监督、评价、复议的社会机制

具体如下：

1）对项目管理公司的信誉进行评价、评级，取缔信誉不高、职业道德差的管理公司。

2）建立项目管理工作的评价方法和评价指标体系。

3）对项目管理工作中产生的争执或合同双方的争执，除了按合同仲裁和按法律诉讼

解决外，还应有一定的社会复议和评审制度。

应强化项目经理的经济责任，对项目经理怠于职守，或人为失误造成的工程损失，除了不支付管理费外，还可以考虑有一定的经济赔偿，以保护业主和承包商的利益。在这些方面，项目管理的行业协会应担负起它的责任。

（4）项目管理公司内部应有完善的管理机制

它对企业内部职员的行为负责，不仅应在管理能力、水平方面把关，而且应加强职业道德教育，建立一整套责任体系和工作监督机制。

2. 业主委托项目管理公司，授权项目经理具体完成工程管理任务，应注意如下问题：

（1）选择资信好、管理水平高、有丰富工程（特别是同类工程）管理经验的项目经理。

（2）订好管理合同，明确项目经理的权利和义务。在一定情况下可以书面限制项目经理的权利，规定哪些权利（同时又是工作）归业主，或项目经理在行使这些权利时必须经过业主同意。

（3）业主应加强对工程必要的参与，经常了解工程问题，熟悉工程实施状况，提高自身的决策能力和决策水平，这样既能监督项目经理工作，又能充分发挥项目经理的作用和积极性。

（4）业主应该认识到，项目管理服务是高智力型的工作，对工程项目的成功有重大的贡献，所以，对项目管理服务工作要有合理的支付。

复习思考题

1. 简述工程项目中常见的项目管理模式。
2. 分析 FIDIC 合同，罗列工程师的主要工作、职责及权利。
3. 简述项目团队建设的基本过程。
4. 过去我国的建设工程项目经理是军队指挥员、政府官员、企业经营管理人员、技术人员。试分析他们在项目中的组织行为各有什么特点？
5. 项目经理需要哪些素质、能力和知识？如何才能培养合格的项目经理？
6. 某工程采用代建制。在代建合同规定，如果工程造价节约，按照一定比例给项目管理公司奖励，以激发其管理的积极性。试分析这个规定的合理性和可能带来的问题。
7. 讨论题：在某大型工程承包企业，一个项目经理提出：按照责、权、利平衡原则，要项目经理对施工项目三大目标承担责任，企业就应该将工程施工所需要的物资采购、分包商招标、管理人员招聘、资金的使用等权利给项目经理？您觉得这种观点对吗？为什么？

第三篇 计 划

第七章 工程项目计划系统

内容提要： 本章是工程项目计划篇的总体概括。通过本章的学习主要掌握：
(1) 项目计划的基本要求。为了保证项目的顺利实施，必须做完备的项目计划。
(2) 项目计划内容。各种管理职能都要有相应的计划，它们之间存在复杂的逻辑关系。
(3) 计划系统过程。计划是一个渐进的过程，它贯穿于项目全过程中。

第一节 概 述

一、工程项目计划的作用

工程项目计划是指对项目的实施过程（活动）进行各种计划、安排的总称，是对项目实施过程的设计。计划是项目管理的重要职能，又是项目管理过程中极为关键的一个环节，它在工程项目管理中具有十分重要的作用。

1. 在项目总目标确定后，通过计划可以分析研究总目标能否实现，总目标确定的费用、工期、功能要求是否能得到保证，是否平衡。如果发现不能实现或不平衡，则必须修改目标，修改技术设计，甚至可能取消项目。所以计划又是对项目构思、目标、技术设计更为详细的论证。计划的核心是目标，编制计划时必须加强对目标的研究和论证。

有时，项目目标是由业主或上层管理者随意提出的，其中可能存在不明确、要求不清、矛盾、不完备之处，通过计划可以分析并解决这些问题。

2. 计划既是对目标实现方法、措施和过程的安排，又是目标的分解过程。计划结果是许多更细、更具体的目标的组合，它们将被作为各级组织的责任，是对项目组织进行监督、核算、业绩考评和奖励的依据。

由于项目是一次性的、唯一的，项目的实施成果评价困难，通常只能与计划比较，与目标比对。这样也使得项目计划工作十分重要，同时又富于挑战性。

3. 计划过程又是优化的过程，通过各种技术经济分析和优化，提高项目的整体效益。

4. 在项目实施过程中，计划常常又是中间决策的依据，因为对每一个计划的批准都是一项重要的决策工作。

5. 计划经批准后作为项目实施基准，是实施控制的依据。通过科学的计划能合理地科学地分配资源，明确监控程序，协调各单位、各工种、各专业之间的关系，能充分利用时间和空间，保证有秩序地工作。

6. 沟通的工具。业主和项目的其他相关者（如投资者）需要利用计划的信息，以及计划和实际比较的信息了解和控制项目，作项目阶段决策、安排资金及后期生产准备，通过计划协调一致。

显然，如果没有周密的计划，或计划得不到贯彻和保证，工程项目就无法取得成功。

二、计划的要求

由于项目的特殊性和计划在项目管理中的作用，对项目计划有特殊的要求：

1. 目标是计划的灵魂，必须按照批准的项目总目标和任务范围作详细的计划。如果对目标和任务理解有误，或不完全，必然会导致计划的失误。

计划必须符合上层组织对项目的要求。业主和上层管理者应使总目标、计划过程、计划的要求和前提条件透明，以方便和简化计划工作，同时计划工作（包括工作过程、工作内容、文本格式）应程序化和规范化。

对工程的承包商、供应商来说，必须弄清楚招标文件和合同文件的内容，正确地全面地理解业主的要求，了解项目总目标和总体安排。

2. 符合实际，不能纸上谈兵。只有符合实际的计划才有可靠性，可行性。在实际工作中计划的失误经常是由于人们不了解实际情况，缺少和实际工作者的沟通造成的。符合实际主要体现在如下方面：

（1）符合环境条件。项目计划必须受环境的制约，考虑到环境的因素，如场地的限制、当地气候条件、当地市场的供应能力、运输条件等。同时最大限度地利用当地已有的资源条件，如当地的人力、市场、自然资源、基础设施等，以求达到更经济的效果。

所以进行大量的环境调查和充分利用调查结果，是制定正确计划的前提条件。

（2）反映项目本身的客观规律性。按工程规模、复杂程度、质量水平、工程自身的逻辑性和规律性编制计划。

在计划中应充分利用以往同类工程的资料。最好选择结构特点、技术、性质、地区、时间较近的同类工程，了解该工程的特殊性和经验教训，如技术难点、重点、失误、特殊状况等问题。这些资料对于项目的计划和控制以及风险管理都是十分重要的。

（3）反映工程各参加者的实际情况，包括：

1) 业主的支付能力、设备供应能力、管理和协调能力；

2) 承包商的施工能力、劳动力供应能力、设备装备水平，生产效率和管理水平，以往同类工程的经历等，承包商现有在手工程的数量，对本工程能够投入的资源数量；

3) 所属的设计单位、供应商和分包商的能力等。

因此，编制计划时必须经常与业主商讨，邀请有关的相关者参与，向任务承担者（承包商、工程小组、供应商、分包商等）作调查，征求意见，一起安排工作过程，确定工作持续时间，确定计划的细节问题，切不可闭门造车。

3. 经济性要求。项目计划的目标不仅要求项目任务能够安全、优质、高效率地完成，而且要求有较高的整体经济效益，即费用省、收益（效用）高，同时要求项目在财务上平衡（即资金平衡），有效地使用资源。这不仅是项目计划的要求，而且是项目计划的内容。所以在计划中必须提出多个方案进行技术经济分析，可以采用价值分析、费用/效用比较、"工期一费用"优化和资源平衡等方法进行优化。

4. 全面性和系统性要求。要使项目顺利实施，必须安排各方面的工作，提供各种保证。计划遗漏必然会导致失误。项目计划必须包括项目实施的各个方面和各种要素：

(1) 通过项目工作结构分解得到的所有项目单元；

(2) 项目单元的各个方面，如质量、数量（范围）、实施方案、工序的安排、成本计划和工期的安排；

(3) 项目的全过程，即从项目开始直到项目结束的各个阶段；

(4) 项目所需资源或条件的各个方面，如资金、人力、材料、设备、仓储、运输、临时设施和工作面等的安排。

(5) 所有的项目任务承担者。项目的计划工作具有普遍性，各层次的管理人员和项目实施者都要制定计划，如业主（项目管理单位）、设计单位、施工单位、供应单位等。

这样才能形成一个非常周密的多维的动态的计划系统。

5. 计划的弹性要求。项目的计划是建立在预定的项目目标、以往工程的经验、环境状况以及对将来合理的预测基础上的，所以计划的人为因素较强。在项目实施过程中计划受到许多方面的干扰需要改变或调整。这些干扰因素包括：

(1) 外界环境变化，如市场变化、气候变化，或发生了一些人力不可抗拒的灾害；

(2) 投资者情况的变化，资金短缺，新的主意、新的要求；

(3) 可能存在目标、计划、设计中考虑不周、错误或矛盾，造成工程量的增加、减少和方案的变更，以及由于工程质量不合格而引起返工；

(4) 实施过程中管理工作或技术工作的失误，管理者缺少经验，能力不足，项目参加者协调出现问题等；

(5) 其他方面的干扰，如政府部门的干预，新的法律的颁布，供应不足，如停水、断电、材料和设备供应受阻等。

因此，计划必须具有弹性，要考虑特殊情况和风险的备用方案，在工期、费用和材料采购等方面留有余地。例如工期安排中必须考虑可能的阴雨天，费用计划中必须考虑通货膨胀的影响，必须安排一定量的备用金。当然这又可能会产生一定的浪费。

同时，计划应是积极的、适当的。这要求计划不能太松，否则对组织没有激励作用，效率得不到发挥；但计划太紧，对组织成员的压力过大，也会适得其反。机动余量一般由上层管理者控制，不能随任务下达。否则会被下层实施者在没有干扰或问题的情况下滥用；或者会使下层管理者预先已有机动余量的概念而不去积极追求更高的经济效益。

6. 计划详细程度的要求。项目计划不可太细，太细则束缚了实施者的活力，使下级丧失创造力和主动精神，造成执行和变更的困难，同时造成信息处理量大，计划费用多；但如果计划很粗，计划精度很低，就达不到指导实际工作和进行实施控制的要求。

计划是随项目的进展向前推进，逐步细化，重复多次的连续过程。其详细程度通常与如下几个因素有关（图7-1）：

(1) 工程技术设计的深度。计划是为了解决工程技术系统的实施问题，所以它必须与工程技术设计的深度相适应。

(2) 项目工作结构分解的程度。计划的许多内容是落实在项目单元（工程活动）上的，所以计划与工作结构分解相协调。例如，进度计划就有项目总进度计划；子项目进度计划；工作包作业计划等。计划的质量在很大程度上依赖于工作结构分解的正确性和科学性。

(3) 项目组织层次。不同的组织层次作不同的计划，有不同的计划深度和详细程度。例如企业经理只掌握项目的控制性总体计划；而项目经理则应作全面的，较细的项目实施

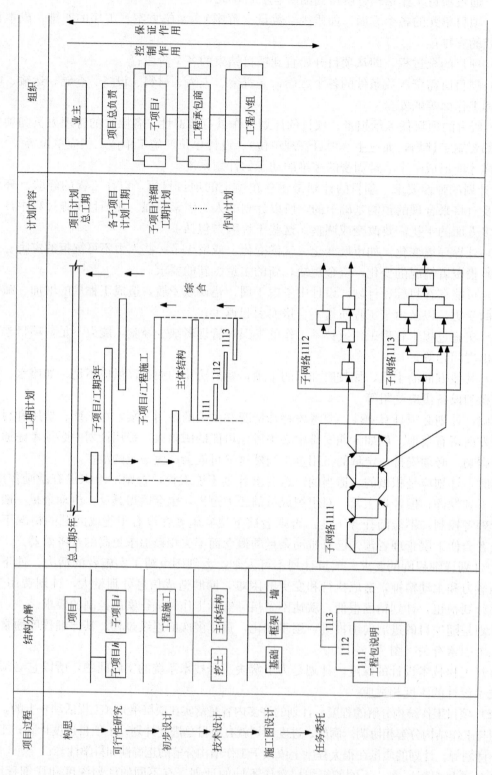

图 7-1 工程项目计划过程及对比图

计划；工程小组掌握相关工程活动的操作计划；职能部门仅掌握相关专业工作计划。

（4）工程规模及其复杂程度。对有新工艺，技术密集的部分工程应详细计划。

（5）计划期的长短。任何工程项目要作详细的科学的计划，都必有一个较为充裕的计划期，例如工程招标时应给承包商一个合理的做标时间，这样承包商的报价、实施方案和工期计划才能比较科学和合理。

在实际工程中，由于工期较紧，许多上层管理者都企图通过压缩设计和计划期来压缩总工期，例如缩短招标文件起草的时间，缩短承包商做标期和评标期，缩短施工准备期。许多工程项目实践证明：这一切都会导致计划的失误，结果是欲速则不达。

第二节　工程项目计划过程

一、项目过程中的计划工作

计划作为一大管理职能，贯穿于项目的全过程。项目计划随着项目的进展不断地发展、细化和具体化，同时又不断地进行修改和调整，有许多版本，形成一个前后相继的体系。

1. 项目的目标设计和项目定义实质上就是一个初步计划，它包括预计的项目规模、生产（或服务）能力、实施总方案、建设期和运行期、所需资源及其来源、总投资及其相应的资金来源安排等。任何项目构思选择必须有科学的计划支持。

2. 可行性研究既是对目标的论证，又是一套较细和较全面的计划，包括产品的销售计划、生产计划、工程建设计划、投资计划、筹资方案等，不仅有总投资的估算，而且有各个子项投资估算；不仅有总工期安排，而且有主要阶段和重大里程碑事件（Milestone）时间安排（以横道图形式）；有现金流量计划等。对可行性研究的批准实质上是对一套计划的认可。

3. 项目批准后，设计和计划平行进行。每一步设计之后就有一个相应的计划，随着设计的进展，计划也不断细化、具体化。这些计划作为工程设计过程中阶段决策的依据。

4. 由于计划期编制的计划较粗，在项目实施中必须不断地采用滚动的方法详细地安排近期计划；同时随着情况不断变化，每一个阶段（一个月、一周）都必须修改、调整原计划。

从以上分析可见，项目的计划是一个持续的、循环的、渐进的过程。而项目计划期（即项目批准后，设计阶段）的计划是最重要，也是最系统的。

二、工程项目计划工作流程

计划是项目管理系统的一个子系统，必须确立合理的计划工作程序，提出具体的规范化的计划文件要求。工程项目的计划工作流程如图 7-2 所示。

三、工程项目计划的内容

在管理学中，计划的内容十分广泛，包括选择任务和目标，以及完成任务和目标的行动，可分为目的或使命、目标、策略、政策、程序、规则、方案和预算等层次。[8]

不同的项目，不同的项目参加者所负责的计划的内容和范围不一样，它由项目任务书或合同规定的工程范围、工作责任确定。

（一）工程项目计划前准备工作

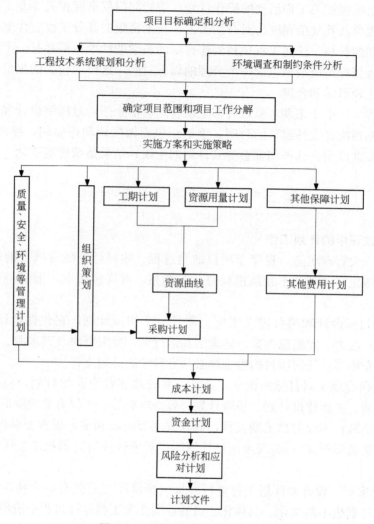

图 7-2 工程项目的计划工作流程

1. 确立项目目标，对目标研究分析。

2. 进行环境条件调查，分析制定计划的限制条件，掌握对工程项目的计划有影响的一切内外部因素，作调查报告。

3. 工程技术系统的设计和分析。研究工程的系统功能、系统结构、生产工艺方案、工艺流程、总平面布置、各种系统图、技术规范等。这是对项目对象系统的分析。

4. 确定项目范围，作项目工作结构分解和项目范围说明。

5. 制定项目的实施技术方案和总的实施策略。

(1) 完成工程项目任务的主要方法。包括主要施工工艺、施工设备、模板方案、运输方案、吊装方案等。

(2) 确定项目实施总的指导思想和策略，如：本项目的优先级，项目目标的权重和平衡目标关系，项目的实施方式，项目的管理策略，项目采购和供应的政策等。

(二) 各项职能计划工作

由于项目是多目标系统，同时有许多项目要素和管理职能，带来项目计划内容的复杂性。通常工程项目的职能计划包括如下内容：

1. 工期计划。将项目的总工期目标分解，确定项目范围内各工程活动的工程量、持续时间，通过逻辑关系安排和网络分析，确定各个工程活动开始和结束时间。

2. 成本和资金计划，包括：

（1）对各层次项目单元计划成本和各项费用进行估算和预算。

（2）项目"时间-计划成本"曲线和项目的"时间-累计计划成本"曲线。

（3）项目现金流量（包括支付计划和收入计划）。

（4）项目的资金筹集（融资或贷款）计划等。

3. 资源计划，包括：

（1）资源使用计划，包括劳动力、材料、设备等的使用总量计划和资源曲线。

（2）资源采购和供应计划。包括人力资源的招聘计划、培训计划等，物资（材料和设备）采购过程中的供应、订货、租赁、运输、储存计划等。

4. 项目组织策划。这在第四章中已经讨论过。

5. 质量、职业健康、安全、环境管理计划。

6. 其他保障计划，如现场平面布置、后勤（如临时设施、水电供应，道路和通讯等）管理计划、工程的运行准备计划。

7. 风险分析和应对计划。它是对上述各种计划中可能存在的风险（不确定性）进行评审，识别和分析，并提出风险应对措施。

（三）计划的审批和下达

1. 项目计划成果和编制的基础资料应形成可追溯的文件，以便沟通，并予以保存。

项目计划应采用适应不同层次需要的标准化的表达方式，如报告、图、表等形式。

2. 计划的批准。在作出决策之前，所有的计划仅是一种计划研究、分析或建议，还不是一种真正的计划，计划要在作出决策后才能真正落实。在对计划决策前应组织专家对计划的基础资料、计划过程、计划的结果文件进行评审，要检查计划对目标的满足程度和适应性，计划的完备性、科学性和可行性。

3. 要争取项目各方，包括业主、上层管理者、用户、项目经理、承包商、供应商对计划结果有共识。应将相应的计划作为信息提供给项目相关者，并争取他们的支持。

4. 计划编制后，作为目标的分解，成为各参加单位的工作责任，应落实到各部门或单位，得到他们同意，并形成承诺。计划的批准应体现项目各方为实现计划所承担义务的承诺。例如各承包商应承诺按计划的时间、工程量和质量完成工程；供应商应承诺及时供应；业主应承诺提供各种施工条件，如场地、图纸、工程款；项目经理负责提供必要的实施条件和管理服务。

5. 计划下达后，还要使人们了解他们面临的目标和应完成的任务，以及为完成目标和任务应当遵循的指导原则，他们完成计划所拥有的必要的权利、手段和信息。

四、工程项目计划中的协调

一个科学的可行的计划不仅在内容上要完整、周密，而且各种计划之间要协调，所以计划的过程又是沟通的过程。由于项目工作由不同的人员承担，他们之间大都有着合同关系，因此，在制定计划、编招标投标文件、合同谈判及签约时应注意以下问题：

1. 按照总目标、总任务和总体计划，起草招标文件、签订合同。承包商的计划（实施方案，工期安排，承包项目组织）也应纳入业主的整个项目计划体系中统筹考虑；分包商的计划应纳入到总承包商的计划体系中。

对于大型的建设项目，计划必须与整个国民经济计划协调，必须按照国家批准的文件进行计划工作。

2. 计划是沟通的渠道，是项目相关者联系和报告的工具。通过计划的协调可以增强人们对项目工作的兴趣，调动其积极性。

（1）在计划编制期间，应将有关情况通知项目参加者、用户和其他相关者，需要时，还应请他们参与编制工作。

（2）项目的计划应与企业的计划（如企业经营计划和其他部门计划）协调，通常企业或上层组织同时管理许多项目（如对工程承包企业），企业的计划常常是多项目计划的总和，企业总资源必须在各个项目上进行分配，必须保证整个计划的平衡。

（3）在项目组织内部各职能部门间的沟通。许多职能型计划，如进度计划、成本计划、采购计划、质量计划、财务计划等，常常都由不同的部门编制和完成，计划应是一个讨论的过程，而不是指令的过程，通过计划使人们对项目目标、工作深入了解，增进项目中专业之间、不同职能之间的相互理解。无论在计划阶段或实施阶段，要经常举行协调会议，以保证工程顺利实施。

3. 注意合同之间的协调。即应做好设计合同、土建承包合同、供应合同、安装合同和项目管理（监理）合同之间，在责权利关系、工作范围、工作程序和时间安排等方面协调工作。

例如：某工程，设备供应合同签订时未注意到总体计划、土建合同和安装合同之间的协调，工程刚开工生产设备就到场，由于土建未完成无法让供应商安装。供应比实际需要提前一年多，不仅造成资金被占用，损失资金时间价值，而且占用现场仓库，增加保管费，设备闲置造成损失；而且设备尚未安装和运行就已过了保修期，如果再发现问题也无法向供应商索赔。这属于计划的严重失调。

4. 注意不同层次的计划协调。随着项目的进展，各种计划是逐渐细化、深入，并由上层向下层不断展开（图7-1），所以就要形成一个上下协调的过程，既要保证上层计划对下层计划的控制，下层计划又要保证上层计划的落实。所以计划必须由高层与基层人员共同参与制定。

5. 注意长期计划和短期计划的协调，必须在长期计划的控制下编制短期计划；反之短期计划要能够帮助并推动相关联的长期计划取得成功，否则就没有编制的必要。

复习思考题

1. "计划必须符合实际"，这里的"实际"指什么？
2. 以自己熟悉的项目为例，描述项目的计划过程。
3. 为什么说"计划工作是一个渐进的过程"？
4. 在一些项目的计划过程中，人们常常使用过去实际工程的资料作为参照。这些资料在使用过程中应注意什么问题？
5. 讨论题：在我国工程项目中，"计划没有变化快"为什么？有什么影响？如何解决？

第八章 工 期 计 划

内容提要： 通过本章的学习掌握以下内容：
(1) 工期计划的一般过程。
(2) 工程活动之间的逻辑关系安排和持续时间的确定。
(3) 横道图和线形图的应用。
(4) 网络计划方法，包括双代号网络和单代号搭接网络的绘制和分析方法。
(5) 在工期计划中应注意的几个实际问题。

第一节 工期计划过程

工期计划的目的是按照项目的总工期目标确定各个层次项目单元的持续时间、开始和结束时间，以及它们在时间上的机动余地（即时差）。

工期计划是工程项目计划体系中最重要的组成部分，是其他计划的基础，目前许多项目管理软件包都以工期计划为主体。

从前述图 7-1 可见，工期计划是随着项目的技术设计的细化，项目工作结构分解的深入而逐渐细化的，它经历了由计划总工期、里程碑计划、粗横道图、细横道图、网络图，再输出各层次横道图（或时标网络）的过程（图 8-1）。

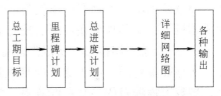

图 8-1 项目工期计划总体过程

一、总工期目标和项目主要阶段工期计划的确定

工程项目工期计划经过从总体到细节的过程：

1. 总工期目标。在项目目标设计时，工期目标一般仅是一个总值，例如，计划建设期 5 年，并预计在 2013 年 1 月～2017 年 12 月内进行。因为工程细节尚不清楚，所以无法作详细安排。

总工期作为项目的目标之一，对整个工期计划具有规定性。

2. 在可行性研究或项目任务书中一般要按总工期目标作总体计划和实施方案。总工期目标被分解、细化和修改。项目可以被分解为设计和计划、前期准备、施工、交付并投入运行等主要阶段，或将工程分为几个主要的建设阶段（如一期工程，二期工程），用横道图或里程碑计划表示项目的主要活动或阶段的时间安排。

3. 里程碑事件（Milestone）计划。在工期计划中，事件表示状态，它没有持续时间，一般为一个工程活动或阶段的开始或结束。项目的里程碑事件通常是指项目的重要事件，是重要阶段或重要工程活动的开始或结束，是项目全过程中关键的事件。工程项目常见的里程碑事件有：批准立项、初步设计完成、总承包合同签订、现场开工（奠基）、基础完成、主体结构封顶、工程竣工、交付使用等（图 8-13）。

里程碑事件与项目的阶段结果相联系,作为项目的控制点、检查点和决策点。通常它的确定是依据项目主要阶段的划分、项目阶段结果的重要性,以及过去工程的经验。

对于上层管理者,掌握项目的里程碑事件的安排对进度管理是十分重要的。他们确定进度目标、审查进度计划、进度控制就是以项目的里程碑事件为对象。

此外,各层次的承包商都有自己的里程碑计划。

4. 项目的总工期目标和几个主要阶段的工期安排通常可以通过如下途径确定:

(1) 分析过去同类或相似工程项目的实际工期资料。在使用这些资料时应核查在本项目条件下的适应性,并根据本工程的规模和特点调整估计值。

(2) 采用工期定额。一定种类和规模的工程项目,其总工期以及设计工期和施工工期有一定的行业标准。这种行业标准是在许多过去工程资料统计基础上得到的。例如《全国统一民用建筑设计周期定额》和《全国统一建筑安装工程工期定额》。[29]

工期定额标准可以作为工程项目工期计划的依据。但是由于技术的进步和管理水平的提高,工期定额与实际工期的差距越来越大。目前,在许多工程施工项目中合同工期仅为定额工期的60%。由此可见,现行的工期定额的参照价值越来越小。

(3) 在实际工程中,总工期目标通常由上层领导者从战略的角度确定,例如,从市场需求,从经营战略的角度确定。由于他们较少地了解项目,所以目标的科学性常常很难保证,常常会出现如下问题:

1) 上层管理者(如政府领导,企业经理)常常仅从战略的角度,或市场经营的角度确定项目的时间安排,而不顾工程项目自身的客观要求和规律性,提出过于苛刻的工期计划。而且要求项目管理者或承包商不顾一切地实现这个计划,最终会损害项目的质量目标和成本目标。这种现象在我国的政府工程项目中特别普遍。

2) 由于总工期很短,所以常常首先考虑压缩项目的前期策划、设计和计划、招标投标、实施准备时间。由于这些时期太短,使项目的前期研究、设计和计划、准备工作不足,导致工程项目的混乱和低效率,总工期常常反而延长,欲速则不达。

3) 上层管理者对项目(特别是重大或重点的政府项目)的工期提出了许多制约条件,例如常常具体确定:

① 奠基仪式的日期;

② 结构封顶的日期;

③ 工程竣工的日期,如道路和桥梁通车、机场通航的日期。

常常将这些日期定在重大的节日或重大的历史事件的纪念日,而且预先安排政府高层领导者参与这些活动。这样赋予这些活动以重大的政治意义和历史意义,不允许这些日期有丝毫的变更和拖延。这种计划的刚性太大,不仅造成整个项目计划和实施控制的困难,而且会极大地损害项目的功能目标和成本目标。

工程项目的工期计划通常以批准的项目使用和运行期限为目标,先安排工程施工阶段的里程碑计划,再以它为依据安排设计、设备供应、招标和现场施工的进度。

二、详细的工期计划

随着项目的进展,技术设计的细化,结构分解的细化,可供使用的数据越来越详细,越来越准确,工期计划(横道图)也更详细,因而提高了持续时间估算的准确性,工期计划质量逐步提高。

详细的工期计划通常在承包合同签订后由承包商作出，并经业主的项目经理（或监理工程师）批准或同意后执行。详细工期计划的过程可由图 8-2 表示。

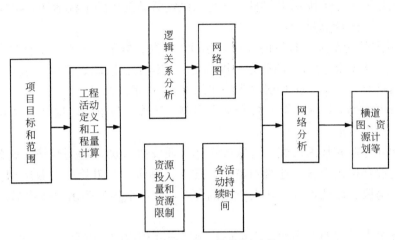

图 8-2 详细的工期计划过程

1. 在确定项目目标和范围的基础上，对 WBS 中的工程活动进行定义并计算工程量。

项目工作分解结构（WBS）中，项目单元的内涵差异很大，有的工作包，甚至更高层的项目单元内容比较简单，活动单一。有些工作包可以进一步分解到更细的工程活动。

某发电厂工程汽轮机组基础工程，工作包号 4A551ICWC02，其构成活动包括：

(1) ±0.00 以下的基础混凝土模板，工程量 $1520m^2$；

(2) 钢筋，工程量 60.2T；

(3) 混凝土浇筑，工程量 $752m^3$；

(4) 回填土，工程量 $4104m^3$。

为了论述的方便，在工期计划中可以将不同层次的项目单元统一称为"工程活动"。

2. 确定各工程活动之间的逻辑关系，即可得到网络图，它描述了工程项目的实施工作流程。

3. 按照各个工程活动的工程量和资源投入量等参数计算它的持续时间。在此前要确定各种资源的约束条件，包括总量限制、单位时间用量限制、供应条件和过程的限制，而不仅仅在网络分析的优化中考虑。这些约束条件由项目的环境条件，或企业的资源总量和资源的分配政策决定。

4. 用计算机分析这个网络图就可以确定各工程活动详细的时间安排。

5. 在网络分析后将计算结果按需要（如专业、工程小组、时间段等）输出不同层次的横道图（可以带逻辑关系），或时标网络。也可以得到相应的资源计划等。

在这个过程中需要不断地进行调整和优化。

第二节 工程活动持续时间的确定和逻辑关系分析

一、工程活动持续时间的确定

活动持续时间是活动开始和完成之间以工期计划单位表示的时间段。工程活动持续时间的确定是一个十分复杂的工作,应与本工程活动的负责人和其他有关人员商量。

(一)能定量化的工程活动

对于有确定的工作范围和工程量,又可以确定劳动效率的工程活动,可以比较精确地计算持续时间。一般计算过程:

1. 工程范围的确定及工程量的计算。这可由合同、规范、图纸、工程量表得到。

2. 劳动组合和资源投入量的确定。即确定完成该工程活动,需要什么工种的劳动力,什么样的班组组合(人数、工种级配和技术级配)。这里注意:

(1)项目可用的总资源限制。如劳动力限制、运输设备限制,这常常要放到企业的总计划的资源平衡中考虑。

(2)合理的专业和技术级配。可以按工作性质安排人员,达到经济、高效率的组合。如浇捣混凝土混合班组中各专业级别搭配,技工、操作工、粗壮工人数比例合理;上料、拌和、运输、浇捣、面处理等工序人数比例合理,使各个环节都达到高效率、不浪费人工和机械。

(3)保证每人一定的工作面。工作面小会造成互相影响,降低工作效率。

3. 确定劳动效率。劳动效率可以用单位时间完成的工程数量(即产量定额),或单位工程量的工时消耗量(即工时定额)表示。在具体工程项目中,劳动效率的确定是十分困难的。我国有通用的劳动定额,在使用时还要考虑如下因素,加以调整:

(1)该工程活动的性质、材料、工艺等方面的复杂程度和特殊性;

(2)过去工程的数据和积累的经验;

(3)本工程项目中对劳动效率有影响的主要因素,如:

1)劳动者的培训和工作熟练程度;

2)工作的季节、气候条件;

3)实施方案;

4)装备水平,工器具的完备性和适用性;

5)现场平面布置和条件;

6)人的因素,如工作积极性等。

在确定劳动效率时,通常考虑一个工程小组在单位时间内的生产能力,或完成该工程活动所需的时间,在其中也包括各种准备、合理休息、必需的间歇等因素。

4. 计算持续时间。

(1)单个工序的持续时间是易于确定的,它可由公式:

持续时间(天)=工程量/(总投入人数×每天班次×8小时×产量效率)

例如,某工程基础混凝土 300 m^3,投入三个混凝土小组,每组 8 个人,预计人均产量效率为 0.375 m^3/小时。则:

每班次(8小时)可浇捣混凝土=0.375 m^3/小时·人×8小时×8人=24m^3

则混凝土浇捣的持续时间为:

$T=300m^3/(24m^3/班次×3班次/天)=4.2$ 天 ≈ 4 天

(2)而一个工作包的情况就会复杂一点,有些工作包包括许多工序。首先,要将工作包进一步分解为工序,这种分解通常考虑:

1)工作过程的阶段性;

2）工作过程不同的专业特点和不同的工作内容；

3）工作不同的承担者，例如不同的工程小组；

4）建筑物不同的层次和不同的施工段等因素。

例如，通常基础混凝土施工可以分解为垫层、支模板、扎钢筋、浇捣混凝土、拆模板、回填土等；

设备安装可分为预埋、安装设备进场、初安装、主体安装、试车、装饰等。

这些工序的划分和安排一般由实际操作者提出，上层管理者不要将它规定得太细和太具体。对这种工作包持续时间的确定包括如下工作：

1）安排并确定工序间的逻辑关系，构成了一个子网络。最低层次的，又是最详细的网络分析就是从这里出发的。

2）根据所需的资源、具体的条件，估计各项活动的持续时间。

3）分析计算子网络的持续时间。

例如：某工程基础混凝土工程施工情况（表 8-1）。

某工程基础混凝土工程施工情况表　　　　　表 8-1

项目名称	工程活动表		建筑名称	建筑号		页数	
某发电厂			汽轮机房	55/93			
活动号	说明	数量	单位	工种	劳动生产率		数量		固定日期	备注
					工时/单位	总工时	工人数	天数		
4A551ICWC02	+0.00 以下的基础 混凝土模板 钢筋 混凝土浇筑 回填土	1520 60.2 752 4104	m² t m³ m³		2.80 75.00 2.70 1.00	4256 4515 2030 4104 14905	34	55		

要计算整个工作包的持续时间，需要考虑工作包内各工序施工次序的安排。例如该工作包的工作的安排方式可以为：

1）将这个工作包直接落实给一个混合班组，该组 34 人，采用一班制工作。

则该项活动的持续时间=14905 小时·人/34 人×8 小时/天=55 天

这就是该班组的工期目标为 55 天。至于详细活动就由该班组自己安排。

2）上述安排并不太恰当和符合实际，由于这些工作需要不同的工种，而各工种工作时间集中，如开始阶段主要用木工（支模板），然后是钢筋工，再混凝土工，最后粗壮工回填土。所以可以按次序作更详细地计划。可以考虑安排 26 个木工，40 个钢筋工，25 个混凝土工，85 个粗壮工按次序施工。则模板需要 20 天，钢筋需要 6 天（钢筋工程 60% 工程量为场外预制，则现场仅需 6 天，其余 8 天另外先行安排），浇混凝土需要 10 天，回填土需要 6 天。则它的子网络（图 8-3），总工期为 42 天。

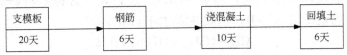

图 8-3　顺序施工安排子网络

3) 如果场地允许,在上述安排的基础上,可采用分两个施工段流水施工,施工组连续作业,则活动时间安排(表 8-2),则总工期为 33d。

某工程基础混凝土施工活动安排　　　　表 8-2

顺序	施工工序	施工段 I	施工段 II	4	8	12	16	20	24	28	32	36
1	模　板	10 天	10 天									
2	钢　筋	3 天	3 天									
3	浇混凝土	5 天	5 天									
4	回填土	3 天	3 天									

由上可见,不同的安排产生不同的持续时间,其工作效率没有变化,但在持续时间上劳动力投入量发生了变化。

在确定持续时间时应考虑工程活动交接处所需要的质量检查等管理工作所需时间。

(二) 非定量化的工作

有些工程活动的持续时间无法定量计算得到,因为其工程量和生产效率无法定量化。例如,工程技术设计,招标投标工作,以及一些属于管理人员的工作。对于这些可以考虑:

1. 按过去工程的经验或资料分析确定;

2. 充分地与任务承担者协商确定。特别有些活动由其他分包商、供应商承担,则在给他们下达任务,确定分包合同时应研究他们的能力,认真协商,确定持续时间,并以书面(合同)的形式确定下来。

(三) 持续时间不确定情况的分析

1. 有些活动的持续时间不能确定,这通常由于:

(1) 工程量不确定;

(2) 工作性质不确定,如基坑挖土,土的类别会有变化,劳动效率也会有很大变化;

(3) 受其他方面的制约,例如承包商提出图纸,合同规定监理工程师的审查批准期在 14 天之内;

(4) 环境的变化,如气候对持续时间的影响。

2. 确定方法。这些工作,在实际工程中很普遍,也很重要。在估计这些活动持续时间时,应考虑不确定性因素的影响。通常采用如下方法:

(1) 蒙特卡罗(Monte Carlo)模拟方法。即采用仿真技术对工期的状况进行模拟。但由于工程活动影响因素太多,实际使用效果不佳。

(2) 德尔菲(Delphi)专家评议法。即请有从事这些工作实践经验的专家对持续时间进行评议。在评议时,应尽可能多地向他们提供工程技术和环境资料。

(3) 用三种时间的估计办法,即对一个活动的持续时间分析各种影响因素,风险的大小,得出一个最乐观(一切顺利)的值(OD),最悲观(各种不利影响都发生)的值(PD),以及最大可能的值(HD)。则取持续时间(MD):

$$MD=(OD+4HD+PD)/6 \tag{8-1}$$

例如,某工程基础混凝土施工,施工期在 6 月份,若一切顺利(如天气晴朗,没有周边环境干扰），需要的施工工期为42天（即OD）；若出现最不利的天气条件，同时发生一些周边环境的干扰，估计施工工期为52天（即PD）；按照过去的气象统计资料以及现场可能的情况分析，最大可能的工期为50天。则取持续时间为：

$$MD=(OD+4HD+PD)/6=(42+4×50+52)/6=49 天$$

这种方法在实际工作中用得较多，也比较准确。这里的变动幅度（PD－OD）对后面工期压缩有很大的作用。人们常将它与德尔菲法结合，即用专家评议法确定OD、HD、PD。

对此，可用PERT网络技术进行工期分析。

（4）类比估算。以过去类似工程活动的实际持续时间为根据估算该活动的持续时间。

（四）工程活动和持续时间都不确定的情况

有时在计划阶段尚不能预见（或详细定义）后面的实施过程，例如在研究、革新、开发项目中，后期工作可能有多种选择，而每种选择的必要性、范围、内容、所包括的活动等，都依赖它前期工作所获得的成果，或当时的环境状态。通常可采用如下方法安排：

1. 采用滚动计划安排，对近期的确定性的工作作详细安排，对远期的计划不作确定性的安排，如不过早地订立合同。但为了节约工期常常又必须预先作方案概念准备，建立各种任务的委托意向联系。

2. 加强中间决策工作和决策点的控制。一般按照上阶段成果来确定下阶段目标和计划，进而详细安排下阶段的工作计划。

3. 对此，可以采用一些特殊的网络计划方法，如GERT网络技术（图形评审技术）。

二、工程活动逻辑关系的安排

在各工程活动之间存在着时间上的相关性，即逻辑关系。只有全面定义了工程活动之间的逻辑关系才能将项目的静态结构演变成一个动态的实施过程，才能得到网络计划。

（一）几种形式的逻辑关系

两个活动之间有不同的逻辑关系，逻辑关系有时又被称为搭接关系，而搭接所需的持续时间又被称为搭接时距。常见的搭接关系有：

1. FTS，即结束——开始（FINISH TO START）关系。

这是一种常见的逻辑关系，即紧后活动的开始时间受紧前活动结束时间的制约。例如混凝土浇捣成型之后，至少要养护7天

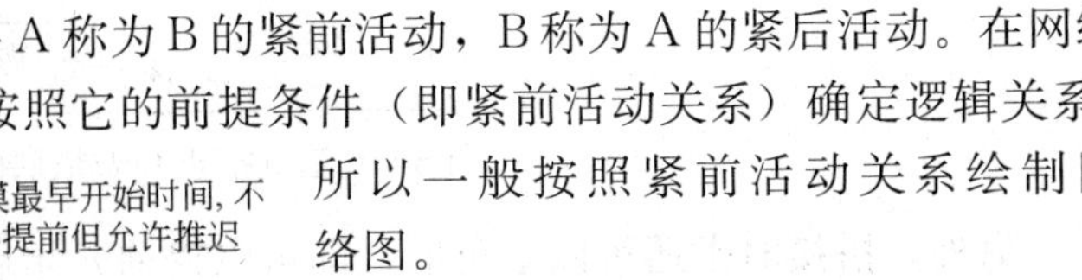

图8-4 FTS关系示意图

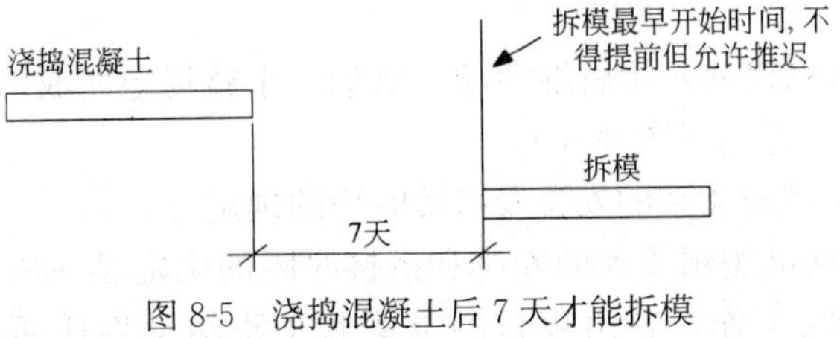

才能拆模（图8-4、图8-5）。通常将A称为B的紧前活动，B称为A的紧后活动。在网络计划分析中，对一个工程活动通常按照它的前提条件（即紧前活动关系）确定逻辑关系，所以一般按照紧前活动关系绘制网络图。

当FTS=0时，即紧前活动完成后就可以开始紧后活动。这是最常见的工程活动之间的逻辑关系。

图8-5 浇捣混凝土后7天才能拆模

2. STS，即开始——开始（START

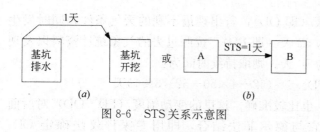

图 8-6 STS 关系示意图

TO START）关系。

紧前活动开始后一段时间，紧后活动才能开始，即紧后活动的开始时间受紧前活动开始时间的制约。例如，某基础工程采用井点降水，按规定抽水设备安装完成，就可以开始基坑排水，排水一天后，即可开挖基坑，在挖土过程中排水不间断地进行（图 8-6）。

3. FTF，即结束——结束（FINISH TO FINISH）关系。

只有当紧前活动结束后一段时间，紧后活动才能结束，即紧后活动的结束时间受紧前活动结束时间的制约。例如，基础回填土结束后基坑排水才能停止（图 8-7）。

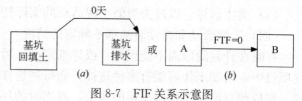

图 8-7 FIF 关系示意图

4. STF，即开始——结束（START TO FINISH）关系。

紧前活动开始后一段时间，紧后活动才能结束，这在实际工程中用的较少。

上述搭接时距是允许的最小值，即实际安排可以大于它，但不能小于它。例如，图 8-4、8-5 中，拆模开始时间至少在浇捣混凝土完成 7 天后才能进行，10 天可以，但 5 天不行。

搭接时距还可能有最大值定义，例如：按施工计划规定，材料（砂石、水泥等）入场必须在混凝土浇捣前 2 天内结束，不得提前，否则会影响现场平面布置（图 8-8（a））。

又如，按规定基坑挖土完成后，最多在 2 天内必须开始做垫层，以防止基坑土反弹和其他不利因素影响施工质量（图 8-8（b））。

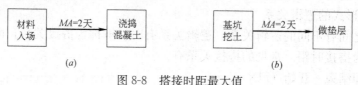

图 8-8 搭接时距最大值

即挖土完成后，可以立即或停 1 天，或停 2 天做垫层，但不允许停 2 天以上（图 8-9）。

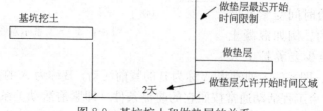

图 8-9 基坑挖土和做垫层的关系

另外，搭接时距还可以是负值，即可以提前开始后继活动。例如，平整场地完成前 2 天设备即可进场（图 8-10）。

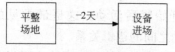

图 8-10 搭接时距为负值

（二）逻辑关系的安排及搭接时距的确定

工程活动逻辑关系的安排和搭接时距的确定是一项专业性很强的工作，它由项目的类型和工程活动性质所决定。通常对每项活动应考虑它与哪些活动之间存在何种搭接关系。它涉及工程寿命期过程、工程建设程序、劳动过程组织、技术规范要求等问题。这要求管理者对项目的实施过程，特别是技术系统的建立过程，以及项目的组织实施过程有十分深入的理解。一般从以下几个方面来考虑：

1. 按项目实施过程次序安排。任何工程项目必须依次经过"目标设计→可行性研究→设计和计划→施工→验收→运行"各个阶段，不能打破这个次序，这是由项目自身的逻辑性所决定的。

如果安排设计、采购、施工、试运行各阶段合理搭接（如采用 CM 模式，在初步设计完成后，先作基础工程设计，尽快开始基础施工），可以大大缩短建设周期，降低工程造价，为业主和总承包企业创造最佳的经济效益。但由于在施工前可能还没有取得完整、详细的工程施工图纸，这样安排往往会增加返工风险。

2. 专业活动之间（工艺上）的搭接关系，例如，各种设备（如水、电等）安装必须与土建施工活动交叉、搭接。

3. 专业工程系统自身的规律，如只有做完基础之后才能进行上部结构的施工，只有完成结构后才能做装饰工程等。这种逻辑关系是工程系统所固有的带着强制性的依存关系。

4. 技术规范的要求。如有些工序之间有技术间歇的要求，例如，前述混凝土浇捣之后，按规范至少需养护 7 天才能拆模。墙面粉刷后至少需 10 天才能上油漆，否则不能保证质量（图 8-11）。

5. 办事程序要求。例如，设计图纸完成后必须经过批准才能施工，而批准时间按合同规定最多 14 天（图 8-12）。通常在施工合同中有许多这样的规定。

图 8-11　技术间歇　　　　　　　　　图 8-12　办事程序对搭接时距的要求

又如在通常的招标投标过程中，从投标截止到开标，再到决标，从合同签订到开工，一般都有规定的最大时间间隔。

6. 施工组织上的关系。例如在一个工厂建设项目中有五个单项工程，是按次序施工，还是实行平行施工，还是采取分段流水施工，这由施工组织计划来安排。

7. 其他情况。如：

（1）施工顺序的安排要考虑到人力、物力的限制，资源的平衡和施工的均衡性要求，以求最有效地利用人力和物力。当资源不平衡时，常常要调整施工顺序。

（2）气候的影响。例如应在冬雨季到来之前争取主楼封顶等。

（3）对承包商来说，有时还会考虑到资金的影响。例如为了尽早收回工程款，减少资金占用，将有些活动提前安排，或提前结束。

（4）对有些永久性建筑建成后可以服务于施工的，可以安排先行施工，如给排水设施、输变电设施，现场道路工程等。

（5）政府许可证的办理程序要求，属于外部依赖关系。

在按照逻辑关系安排工程活动顺序时，可考虑加入适当的时间提前与滞后量，只有这样才能制订出符合实际、可以实现的项目进度表。

第三节 横道图和线形图

一、横道图

（一）横道图的形式

横道图，又被称为甘特（Gantt）图，是一种最直观的工期计划方法。在工程中广泛应用，并受到普遍的欢迎。

横道图的基本形式如图 8-13 所示。它以横坐标表示时间，工程活动在图的左侧纵向排列，以活动所对应的横道位置表示活动的开始与结束时间，横道的长短表示持续时间的长短。它实质上是图和表的结合形式。

（二）横道图的特点

1. 横道图的优点

（1）它能够清楚地表达活动的开始时间、结束时间和持续时间，一目了然，易于理解，并能够为各层次的人员（上至战略决策者，下至基层的操作工人）所掌握和运用；

（2）使用方便，制作简单；

（3）不仅能够安排工期，而且可以与劳动力计划、材料计划、资金计划相结合。

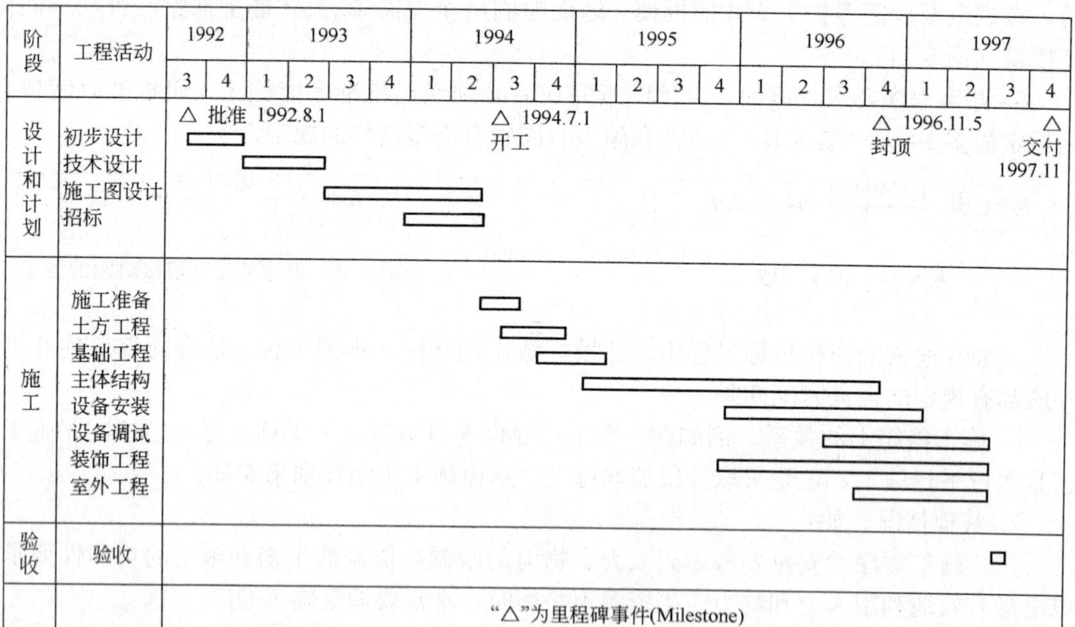

图 8-13 某工程项目工期计划

2. 横道图的缺点

（1）很难表达工程活动之间的逻辑关系。如果一个活动提前或推迟，或延长持续时间，很难分析出它会影响到哪些后续的活动。

（2）不能表示活动的重要性，如哪些活动是关键的，哪些活动有推迟或拖延的余地。

（3）横道图上所能表达的信息量较少。

（4）不能用计算机处理，即对一个复杂的工程项目不能进行工期计算，更不能进行工期方案的优化。

3. 横道图的应用范围。横道图的优缺点决定了它既有广泛的应用范围和很强的生命力，同时又有局限性。

（1）它可直接用于一些简单的小的项目。由于活动较少，可以直接用它排工期计划。

（2）项目初期由于尚没有作详细的项目结构分解，工程活动之间复杂的逻辑关系尚未分析出来，一般人们都用横道图作总体计划。

（3）上层管理者一般仅需了解总体计划，故都用横道图表示。

（4）作为网络分析的输出结果。现在几乎所有的网络分析程序都有横道图的输出功能，而且它被广泛使用。

二、线形图

线形图与横道图的形式很相近。它有许多种形式，如"时间—距离"图，"时间—效率"图等。它们都是以二维平面上的线（直线、折线或曲线）的形式表示工程的进度。它和横道图有相似的特点。

（一）时间—距离图

有些工程项目，如长距离管道、隧道、道路等建设，都是在一定长度上按几道工序连续施工，不断地向前推进，则各工程活动可以在图上用一根线表示，线的斜率代表着工作效率。

例如，一管道铺设工程，由 A 处铺到 B 处，共 4km，其中分别经过 1km 硬土段，1km 软土段，1km 平地，最后 1km 软土段。工程活动分别有：挖土、铺管（包括垫层等），回填土。工作效率（表 8-3）。

工作效率（m/天） 表 8-3

工序	硬土	软土	平地
挖土	100	150	—
铺管	80	80	160
回填土	120	150	—

施工要求：

平地不需挖土和回填土，挖土工作场地和设备转移需 1 天时间。

铺管工作面至少离挖土 100m，防止互相干扰；

任何地点铺管后至少 1 天后才允许回填土。

作图步骤：

1. 作挖土进度线。以不同土质的工作效率作为斜率，而在平地处仅需 1 天的工作面及设备转移时间。

2. 作铺管进度线。由于铺管离挖土至少 100m，所以在挖土线左侧 100m 距离处画挖土线的平行线，则铺管线只能在上方安排。由于挖硬土 100m/天，所以开工后第二天铺管工作即可开始。

3. 回填土进度线。由于在铺管完成 1 天后才允许回填土，所以在铺管线上方 1 天处作铺管线的平行线。按回填土的速度作斜线。从这里可见，要保证回填土连续施工要求，应在第 24 天开始回填。在这张图上还可以限制活动的时间范围。例如，要求回填土在铺管完成 1 天后开始，但 8 天内必须结束，而且可以方便地进行计划和实际的对比。

最后，计划总工期约为 46 天（图 8-14）。

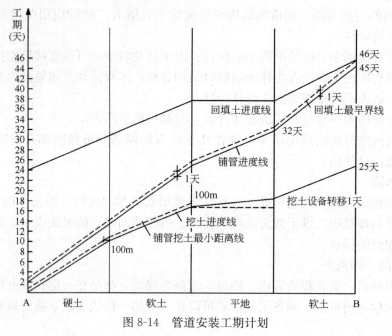

图 8-14 管道安装工期计划

（二）速度图

这又有许多种形式，其理解也十分方便。现举一个简单的例子如下：

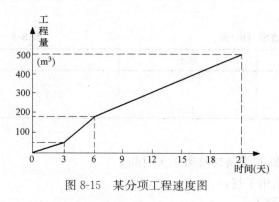

图 8-15 某分项工程速度图

在一个工程中有浇捣混凝土分项工程，工程量 500m³。计划第一段 3 天一个班组工作，速度为 17m³/天，第 2 段 3 天投入两个班组，速度为 40m³/天，后来仍是一个小组工作，速度为 22m³/天，则可用图 8-15 表示。

在上述图上可以十分方便地对计划值和实际值进行对比，从更广泛意义上说，后面（图 9-10）所述的"成本—时间"累计曲线即项目的成本模型也是属于这一类型的图式。

第四节 网络计划方法

一、网络计划的方法的优点

与横道图相比，网络计划有如下特点：

1. 网络计划所表达的不仅仅是项目的工期计划，而且它实质上表示了项目组织工作流程图。网络的使用能使项目管理者对项目过程有富于逻辑性的、系统的、通盘的考虑。

2. 通过网络分析，能够给人们提供丰富的信息，例如最早开始时间、最迟开始时间、各种时差等。

3. 可以十分方便地进行工期和资源的优化。

4. 给各层管理者以十分清晰的关键线路的概念。这对于计划的调整和实施控制是非常重要的。

因此，网络计划方法具有广泛的适用性。除极少数情况外，它是最理想的工期计划和控制方法，特别对复杂的大型项目更显示出它的优越性。它是现代项目管理中被人们普遍采用的计划方法。当然网络图的绘制、分析和使用比较复杂，需要计算机作为分析工具。

二、双代号网络

（一）基本形式

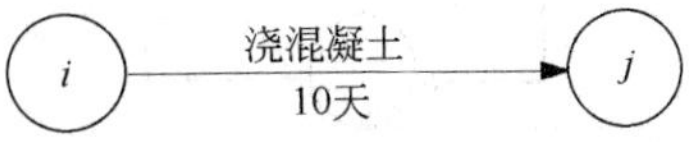

它以箭线作为工程活动，箭线两端用编上号码的圆圈标注（图8-16）。箭线上表示工作名称，箭线下表示工作的持续时间。

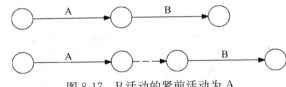

图8-16 双代号网络的基本形式

通常双代号网络只能表示两个活动之间结束和开始（即FTS=0）的关系。

当网络中工程活动的逻辑关系比较复杂时，在计划活动箭头不能全面或正确说明逻辑关系的情况下，常常用到虚箭线。它持续时间为零，不耗用资源，仅表达活动之间的逻辑关系，有时又被称为零杆（图8-17）。它常常用带箭头的虚线图形表示。

图8-17 B活动的紧前活动为A

常见的多个活动之间的逻辑关系表达形式为：

1. B活动的紧前活动为A，即A活动结束，B活动开始（图8-17）。

2. B、C活动的紧前活动都是A，即A活动结束，B、C活动开始（图8-18）。

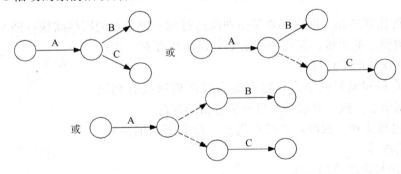

图8-18 C活动的紧前活动是A和B

3. C活动的紧前活动是A，D活动的紧前活动是A和B，（图8-19）。在本图中，虚箭杆不能没有。

双代号网络就是由这些基本的活动关系拼接起来的。

（二）双代号网络的绘制方法

如果用计算机进行网络分析，则仅需将工程活动的逻辑关系输入计算机，计算机可以自动绘制网络图，并进行网络分析。但有些小的项目或一些子网络需要人工绘制和分析。

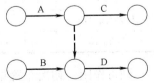

图8-19 C的紧前活动A，D的紧前活动A和B

在双代号网络的绘制过程中有效且灵活地使用虚箭线是十分重要的。双代号网络的绘制容易出现逻辑关系的错误，防止错误的关键是正确使用虚箭线。一般先按照某个活动的紧前活动关系多加虚箭线（图8-18），以防止出错。待将所有的活动画完后再进行图形整理，将多余的虚箭线去除。通常当一个工程活动（实箭线）的紧前或紧后仅有一根虚箭线时，该虚箭线就可以删除。

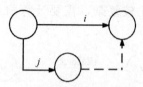

图8-20 不能删除虚箭线的情况

只有在如图8-20情况下实箭线前（或后）的一根虚箭线不能删除。因为如果删除虚箭线则两个活动有同样的节点编号，这是不允许的。

（三）双代号网络的绘制要求

1. 只允许有一个首节点，一个尾节点。首节点指只有箭线从它出发，没有箭头向着它的节点，如图8-23（b）中节点1；尾节点指只有箭头向着它，没有箭线从它出发的节点，如图8-23（b）节点12。如果出现多个首节点，或尾节点，则可以将节点合并，或增加虚箭线的方法解决（图8-21）。

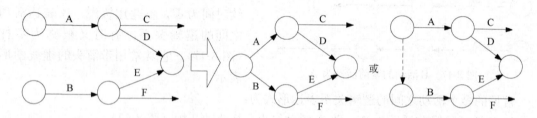

图8-21 多个首、尾节点处理方法

2. 不允许出现环路。网络环路是指两次通过同一个节点的网络路线（图8-22）。出现环路则表示逻辑上的矛盾。在有些网络中允许出现环路，用以表示确定循环次数的工作过程。

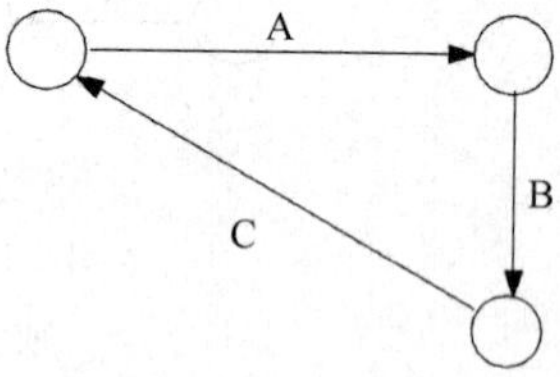

3. 不能有相同编号的节点，也不能出现两根箭线有相同的首节点和尾节点。这会导致计算机网络分析的混乱。

4. 不能出现错画，漏画，如没有箭头，没有节点的活动，或双箭头的箭线等。

图8-22 环路

（四）双代号网络绘制示例

例如，某工程项目活动及逻辑关系（表8-4）。

某工程项目活动及逻辑关系表　　　　　　表8-4

活动	A	B	C	D	E	F	G	H	I	J	K
持续时间（日）	5	4	10	2	4	6	8	4	3	3	2
紧前活动	—	A	A	A	B	B,C	C,D	D	E,F	G,H,F	I,J

则可作图。初次布置见图8-23（a）。在该图中，I、E、G、J、H等杆的紧前或紧后仅仅一个虚箭线，则这些虚箭线可以删去。

刚开始作图时很难布置得整齐，经过整理，并给节点编号，则可见图8-23（b）。

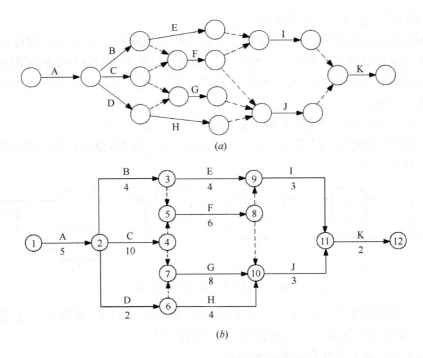

图 8-23 某工程项目双代号网络计划图

三、单代号搭接网络

（一）单代号搭接网络的基本形式

单代号搭接网络以工程活动为节点，以带箭头的箭线表示逻辑关系。活动之间存在各种形式的搭接关系（如 FTS、FTF、STS、STF）。在我国，单代号搭接网络的表示方法有专门的标准（详见本章附注）。但为了绘制的方便和利于读者理解，本书以框图的形式表达，而逻辑关系可以用字母，也可以直接用箭头和箭尾起始位置表达。（图 8-24）。

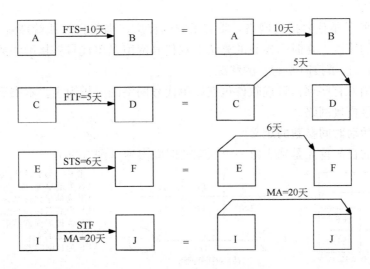

图 8-24 单代号网络搭接的表示办法

(二) 单代号搭接网络的基本要求

1. 不能有相同编号的节点。相同编号的节点即为相同的工程活动，同样的活动出现在网络的两个地方则会出现定义上的混乱，特别在计算机上进行网络分析的时候。

2. 不能出现违反逻辑的表示。违反逻辑即违反自然规律，不符合客观现状。它会导致矛盾的结果，例如：

(1) 环路。即出现活动之间在顺序上的循环（图 8-25 (a)）。

(2) 当搭接时距使用最大值定义时，要特别小心，有时虽没有环路，但也会造成逻辑上的错误（图 8-25 (b)）。

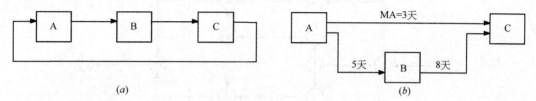

图 8-25 违反逻辑关系的表示

不管 B 持续时间几天，按 A—B—C 的关系，A 结束后到 13 天以上 C 才能开始，而 A—C 关系，A 结束必须在 0—3 天内开始 C。两者矛盾。

(3) 不允许有多个首节点，多个尾节点。

(三) 单代号网络的优点

除了具有网络共同的优点外，与双代号网络相比较，单代号搭接网络更有它的优点：

1. 有较强的逻辑表达能力。能清楚且方便地表达实际工程活动之间的各种逻辑关系，如搭接时距可以为最小值、最大值定义，也可为负值，且两个活动之间还可有多重逻辑关系。

2. 其表达与人们的思维方式一致，易于被人们接受。人们通常表达一系列活动的过程都用这种形式，例如工作流程图，计算机处理过程图等。

3. 绘制方法比较简单，按照逻辑关系将工程活动之间用箭线连接即可，不易出错，也不需要虚箭线。

4. 如果理解了单代号搭接网络，掌握了它的算法，则很自然地就理解了双代号网络，同时掌握了它的算法。在时间参数的算法上双代号网络是单代号搭接网络的特例，即它仅表示 FTS 关系，且搭接时距为 0 的状况。

所以现在国外有些项目管理软件包就以单代号网络的分析为主。本书后面的网络分析也主要对单代号搭接网络。

四、工程活动时间参数的定义

网络分析的目的首先是确定每一个活动的时间参数（图 8-26）。

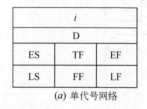
(a) 单代号网络

(b) 双代号网络

其中 i 为活动代码；D 为持续时间；
ES 为最早允许开始时间；
EF 为最早允许结束时间；
LS 为最迟允许开始时间；
LF 为最迟允许结束时间；
TF 为总时差；
FF 为自由时差。

图 8-26 网络时间参数标注

如果确定了活动的各个时间参数则完全定义了本活动的工期计划。各个时间参数的物理意义及它们的关系（图 8-27）。

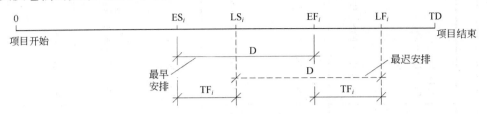

图 8-27　各时间参数的物理意义及它们的关系

（一）最早时间计算

对活动 i，ES_i 表示项目所允许该活动的最早开始时间，不得提前。如果提前，则该项目的开始期必须提前，所以工程活动的最早开始时间由项目的开始期定义。这样就决定了各工程活动的最早时间的计算根据网络逻辑关系由项目开始节点向后推算。

（二）最迟时间计算

LF_i 为活动 i 的最迟结束时间，i 必须在此时或此前结束不得推后，否则会延长总工期，所以工程活动的最迟结束时间由规定的项目结束时间，即总工期定义。这样就决定了各工程活动的最迟时间计算根据工程活动的逻辑关系，由结束节点反向推算确定的。

（三）时差

（1）总时差（TF_i）为活动 i 的最早开始日期在不影响总工期条件下的机动余地，或可以推迟的总时间量，表示活动 i 可以在这个时间段内推迟或延长不影响总工期。由于活动 i 可以在 ES 和 LS 之间任何时间开始，但不得超过这个期限（提前或推迟）开始。则总时差可以通过确定最早完成日期和最迟完成日期两者之差确定。

则几个时间参数的关系为：

$$EF_i = ES_i + D_i \tag{8-2}$$

$$LS_i = LF_i - D_i \tag{8-3}$$

$$TF_i = LF_i - EF_i = LS_i - ES_i \tag{8-4}$$

上述三式在任何情况下总是成立的。

（2）自由时差（FF_i）为 i 活动在不影响（不推迟）紧后其他活动的最早开始日期的情况下的机动余地，这跟 i 和它的紧后活动，或紧前活动的（当搭接时距为 MA 定义时）逻辑关系有关。则存在关系：

$$FF_i \leqslant TF_i$$

五、网络分析方法

通过项目的结构分解和逻辑关系的分析得到网络，然后再计算各个工程活动持续时间，即可进行网络分析，即计算各个工程活动的时间参数（图 8-26）。时间参数的计算公式除上述（8-2）、（8-3）、（8-4）三式以外，还有表 8-5 所列的公式。

现以一个单代号搭接网络为例，介绍网络分析过程和计算公式的应用。

某工程由表 8-6 所示的活动组成。

表 8-5 时间参数的计算公式

搭接关系	图式	MI			MA		
		最早时间	最迟时间	自由时差	最早时间	最迟时间	自由时差
FTS	i→j FTS	$ES_j = EF_i + FTS$ $EF_j = ES_j + D_j$	$LF_i = LS_j - FTS$ $LS_i = LF_i - D_i$	$FF_i = ES_j - FTS - EF_i$	(1) 令 $ES_j = EF_i$; (2) 若 $ES_j - EF_i \leq FTS$, 则满足; 否则令 $ES_j = EF_i - FTS$	(1) 令 $LF_i = LS_j$; (2) 若 $LS_j - LF_i \leq FTS$, 则满足; 否则令 $LS_j = LF_i + FTS$	$FF_i = ES_j - EF_i$; $FF_j = EF_i + FTS - ES_j$
STS	i,j STS	$ES_j = ES_i + STS$	$LS_i = LS_j - STS$	$FF_i = ES_j - STS - ES_i$	(1) 令 $ES_j = ES_i$; (2) 若 $ES_j - ES_i \leq STS$, 则满足; 否则令 $ES_j = ES_i + STS$	(1) 令 $LS_j = LS_i$; (2) 若 $LS_j - LS_i \leq STS$, 则满足; 否则令 $LS_j = LS_i + STS$	$FF_i = ES_j - ES_i$; $FF_j = ES_i + STS - ES_j$
FTF	i,j FTF	$EF_j = EF_i + FTF$	$LF_i = LF_j - FTF$	$FF_i = EF_j - FTF - EF_i$	(1) 令 $EF_j = EF_i$; (2) 若 $EF_j - EF_i \leq FTF$, 则满足; 否则令 $EF_j = EF_i + FTF$	(1) 令 $LF_j = LF_i$; (2) 若 $LF_j - LF_i \leq FTF$, 则满足; 否则令 $LF_j = LF_i + FTF$	$FF_i = EF_j - EF_i$; $FF_j = EF_i + FTF - EF_j$
STF	i,j STF	$EF_j = ES_i + STF$	$LS_i = LF_j - STF$	$FF_i = EF_j - STF - ES_i$	(1) 令 $LS_j = LF_i$; (2) 若 $EF_j - ES_i \leq STF$, 则满足; 否则令 $ES_j = EF_j - STF$	(1) 令 $LS_j = LF_i$; (2) 若 $LF_j - LS_i \leq STF$, 则满足; 否则令 $LF_j = LS_i + STF$	$FF_i = ES_j - ES_i$; $FF_j = ES_i + STF - EF_j$

某工程的活动组成表 表 8-6

工程活动	A	B	C	D	E	F	G	H	I	J	K
持续时间	2	12	6	10	4	4	6	4	6	4	2
紧前活动	/	A	A	A	A	B、C	F	D	E	G	H	I,J
搭接关系		FTS	FTS	FTS	FTS	FTS	STS	FTF	FTS	FTF	FTS	FTS	FTS
搭接时距		0	0	0	0	0	2	3	0	10	0	MA=2	0

分析步骤为：

（一）作网络图（图 8-28）

（二）最早时间计算

由于工程活动的最早时间（ES 和 EF）由项目的开始时间决定的，所以最早时间计算从首节点开始，按规定的项目开始日期，顺着箭头方向向尾节点逐步推算。

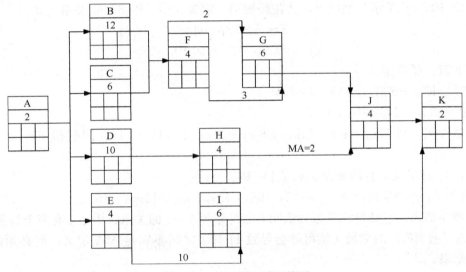

图 8-28 某工程活动网络图

1. 令首节点 $ES_A=0$，如果用日历表示，则定义 ES_A 为项目开始期。用（8-2）公式得：

$$EF_A=ES_A+D_A=0+2=2$$

2. 按活动之间的搭接关系用表 8-5 中公式计算 A 的紧后活动的 ES 及 EF。

(1) B：A、B 为 FTS 关系，则

$$ES_B=EF_A+FTS_{AB}=2+0=2$$
$$EF_B=ES_B+D_B=2+12=14$$

同理 C： $ES_C=2$，$EF_C=2+6=8$

D：$ES_D=2$，$EF_D=2+10=12$

E：$ES_E=2$，$EF_E=2+4=6$

由于活动之间存在复杂的逻辑关系，有可能导致有些活动的 ES<0 的情况，对此可令 ES=0。

(2) 对 F：F 有两个紧前活动（图 8-29），则 ES_F 必有两个计算结果。计算规则是：

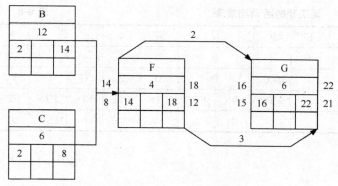

当一个活动有几个紧前活动时，最早时间计算取最大值。

由 B-F 关系定义得：
$ES_{F1}=EF_B+FTS_{BF}=14+0=14$
$EF_{F1}=ES_{F1}+D_F=14+4=18$

由 C-F 关系定义得：
$ES_{F2}=EF_C+0=8+0=8$
$EF_{F2}=ES_{F2}+D_F=8+4=12$

这时取最大值，即：$ES_F=\max\{ES_{F1},ES_{F2}\}=\max$

图 8-29 对于 F 和 G 活动

$\{14,8\}=14$，同时得 $EF_F=14+4=18$。

（3）对于 G：虽然 G 仅有一个紧前活动 F，但 F 和 G 之间是双重逻辑关系，则必须按照 STS 和 FTF 关系分别计算，再按照规则，取最大值。由 STS_{FG} 关系定义：

$$ES_{G1}=ES_F+STS_{FG}=14+2=16$$
$$EF_{G1}=ES_{G1}+D_G=16+6=22$$

由 FTF_{FG} 关系定义得：
$EF_{G2}=EF_F+FTF_{DG}=18+3=21$，
$ES_2=EF_{G2}-D_G=21-6=15$。

取最大值，则 $ES_G=\max\{ES_{G1},ES_{G2}\}=\max\{16,15\}=16$，同时得 $EF_G=22$（图 8-29）。

（4）对 H 活动，它的紧前活动是 D，则：
$ES_H=EF_D+FTS_{DH}=12+0=12$，$EF_H=ES_H+D_H=12+4=16$。

但须注意到：它又与它的紧后活动 J 之间是 MA=2 的关系，由于 J 有多个紧前活动，计算 ES_J（或 EF_J）时取最大值可能会导致 H 和 J 之间不满足 MA 定义，则必须修改 H 的计算结果。

（5）对 I 活动。E 和 I 之间是 FTF 关系，则：
$EF_I=EF_E+FTF_{EI}=6+10=16$，$ES_I=EF_I-D_I=16-6=10$。

（6）对 J 活动。它有两个紧前活动 G 和 H。它和 H 是 MA=2 的关系，在计算时，先将它作为 FTS=0 计算。

$ES_J=\max\{EF_G+0,EF_H+0\}=\max\{22,16\}=22$，同时得 $EF_J=22+4=26$。

现在须反过来检验 J 和 H 之间的关系，看其是否符合 MA=2 定义：

由于 $ES_J-EF_H=22-16=6>MA=2$，不符合搭接关系，必须修改 H 的时间参数。令：

$EF_H=ES_J-MA=22-2=20$，则：$ES_H=EF_H-D_H=20-4=16$。

这实质上是将 H 活动的最早开始时间向后推移，以保证满足 MA 关系。这种推移并不影响项目的开始时间（图 8-30）。

（7）对活动 K，它有两个紧前活动 J 和 K，都为 FTS=0 关系。

$ES_K=\max\{EF_J+0,EF_I+0\}=\max\{26,16\}=26$，同时得 $EF_K=26+2=28$。

至此，完成了所有活动的最早时间参数计算。

（三）总工期（TD）的确定

取项目的总工期为活动（有时可能非结束节点）的最早结束时间的最大值，即：

$$TD = \max\{EF_i\} = 28（周）$$

（四）最迟时间（LS、LF）的计算

最迟时间计算由结束节点开始，逆箭头方向向首节点逐个推算。从规定的完成日期开始，利用反向计算计算最迟开始和完成日期。

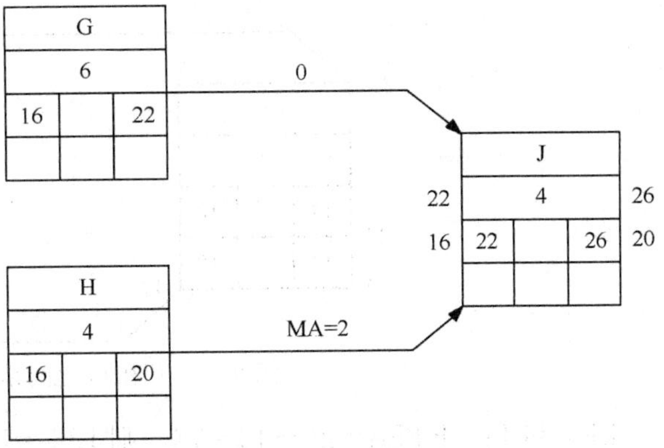

图 8-30 对于 H 活动

1. 令结束节点 $LF_K = TD = 28$，即定义项目的最迟结束时间为总工期，由公式（8-3）得：

$$LS_K = LF_K - D_K = 28 - 2 = 26$$

2. 按活动之间的搭接关系计算紧前活动的 LS 和 LF，计算公式见表 8-5。

计算规则是，当一个活动有几个紧后活动时，则有几个计算结果，取其中的最小值。

在一些特殊的搭接关系情况下，可能会出现 LF>TD 的情况时，可令 LF=TD。

（1）J 活动，仅有一个紧后活动 K：$LF_J = LS_K - FTS_{JK} = 26 - 0 = 26$，则 $LS_J = LF_J - D_J = 26 - 4 = 22$；

（2）I 活动仅有一个紧后活动 K：$LF_I = LS_K - FTS_{IK} = 26 - 0 = 26$，$LS_I = 26 - 6 = 20$；

（3）活动 G 仅有一个紧后活动 J：$LF_G = LS_J - FTS_{GJ} = 22 - 0 = 22$，$LS_G = 22 - 6 = 16$；

（4）活动 H 仅有一个紧后活动 J，但 H 和 J 之间是 MA=2 的关系。先就作为 FTS=0 的情况计算，则有：$LF_H = LS_J - FTS_{HJ} = 22 - 0 = 22$，则 $LS_H = LF_H - D_H = 22 - 4 = 18$；

再检验 H-J 的搭接时距是否符合 MA 定义。由于 $LS_J - LF_H = 22 - 22 = 0 < MA = 2$，满足限定，则不需要调整。

如果 H 还有其他的紧后活动，由于 H 的最迟时间计算取最小值，就可能导致 H 和 J 之间的关系不符合 MA 限定，即出现 $LS_J - LF_H > MA$ 的情况，则必须修改 J 的最迟时间，令：

$$LS_J = LF_H + MA, LF_J = LS_J + D_J$$

这实质上是将 J 活动的最迟时间向前移，使之满足 MA 关系。

（5）F 活动虽然仅有一个紧后活动 G，但 F 和 G 之间是双重逻辑关系。则必须计算两次。对 FTF_{FG} 关系：

$$LF_{F1} = LF_G - FTF_{FG} = 22 - 3 = 19，则 LS_{F1} = LF_{F1} - D_F = 19 - 4 = 15$$

对 STS_{FG} 关系：

$$LS_{F2} = LS_G - STS_{FG} = 16 - 2 = 14，则 LF_{F2} = LS_{F2} + D_F = 14 + 4 = 18$$

取最小值，则 $LS_F = 14$，$LF_F = 18$（图 8-31）。

（6）E 活动仅有一个紧后活动 I，它们之间是 FTF 关系，则：

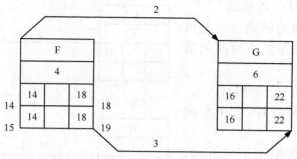

图 8-31　F 和 G 之间是双重逻辑关系

$LF_E = LF_I - FTF_{EI} = 26 - 10 = 16$，则 $LS_E = LF_E - D_E = 16 - 4 = 12$

（7）同样，对 D、C、B，它们都只有一个紧后活动，为 FTS 关系，则：

$LF_D = LS_H - FTS_{DH} = 18 - 0 = 18$，则 $LS_D = LF_D - D_D = 18 - 10 = 8$

$LF_C = LS_F - FTS_{CF} = 14 - 0 = 14$，则 $LS_C = LF_C - D_C = 14 - 6 = 8$

$LF_B = LS_F - FTS_{BF} = 14 - 0 = 14$，则 $LS_B = LF_B - D_B = 14 - 12 = 2$

（8）A 活动有四个紧后活动，都为 FTS 关系，则有四个计算值，取最小的。

$EF_A = \min\{ES_B + 0, ES_C + 0, ES_D + 0, ES_E + 0\} = \min\{2, 8, 8, 12\} = 2$，同时得 $ES_A = 2 - 2 = 0$。

（五）总时差（TF）计算

一个活动的总时差是项目所允许的最大机动余地，在总时差范围内的推迟不影响总工期。对所有的各个活动有：

$$TF_i = LS_i - ES_i = LF_i - EF_i$$

则有：

$TF_A = 0 - 0 = 2 - 2 = 0, TF_B = 2 - 2 = 0, TF_C = 8 - 2 = 14 - 8 = 6, TF_D = 8 - 2 = 18 - 12 = 6 \cdots\cdots$（其余略）

（六）自由时差（FF）计算

1. 自由时差定义与计算规则

一个活动的自由时差是指这个活动不影响其他活动的机动余地，则必须按该活动与其他活动的搭接关系来确定自由时差。一般有如下几种情况：

（1）对搭接时距为 MI 定义情况下，只考虑该活动与紧后活动的关系。例如对 FTS 关系（图 8-32）。i 的自由时差是指 i 可以推迟多少对 j 没有影响。

图 8-32　搭接时距 MI 情况下的自由时差　　　图 8-33　搭接时距 MA 定义下的自由时差

则　　　　　　　　　　$FF_i = ES_j - EF_i - FTS_{ij}$。

而 j 的推迟对 i 是没有影响的。

当 i 活动有几个紧后活动时，必可以得到几个自由时差 FF_i，最终取其中的最小值。

（2）对搭接时距 MA 定义情况下，由于搭接时距 MA 定义下的搭接关系，将两个活动以特殊的形式连接在一起（图 8-33）。它们之间的搭接时距只能在 0 与 MA 之间，则如果 j 推迟又可能会引起 i 一起推迟。则计算 j 的自由时差，不仅要考虑它的紧后活动，而且要考虑到与它具有 MA 搭接关系的紧前活动 i。

则对 i：
$$FF_i = ES_j - EF_i$$
即令搭接时距 $FTS_{ij}=0$，这里 MA 是 i 可以利用的时差。
对 j：
$$FF_j = EF_i + MA - ES_j$$
同样，当活动有几个紧前（MA 定义的）或紧后关系时，FF_j 取最小值。

（3）结束节点自由时差计算。对结束节点，由于总工期的限制，则：
$$FF_j = TD - EF_j$$

2. 自由时差计算

$FF_A = \min\{ES_B, ES_C, ES_D, ES_E\} - FTS - EF_A = \min\{2,2,2,2\} - 0 - 2 = 0$；
$FF_B = ES_F - FTS - EF_B = 14 - 0 - 14 = 0$；$FF_C = ES_F - FTS - EF_F = 14 - 0 - 8 = 6$；
$FF_D = ES_H - FTS - EF_D = 16 - 0 - 12 = 4$；$FF_E = EF_I - FTF - EF_E = 16 - 10 - 6 = 0$；
F 活动的紧后活动是 G，但它们有双重逻辑关系，则：
$FF_{F1} = ES_G - STS_{FG} - ES_F = 16 - 2 - 14 = 0$，$FF_{F2} = EF_G - FTF_{FG} - EF_F = 22 - 3 - 18 = 1$，

$FF_F = \min\{FF_{F1}, FF_{F2}\} = \min\{0, 1\} = 0$。

G 活动的紧后活动是 J，则 $FF_G = ES_J - FTS - EF_G = 22 - 0 - 22 = 0$

H 活动的紧后活动是 J，搭接关系是 FTS，搭接时距是 MA=2。则就将按照 FTS=0 计算：
$$FF_H = ES_J - 0 - EF_H = 22 - 0 - 20 = 2$$

I 的紧后活动是 K，$FF_I = ES_K - STS_{IK} - EF_I = 26 - 0 - 16 = 10$。

J 有一个紧后活动 K，另外与紧前活动 H 由 MA=2 连接，则有（图 8-34）：

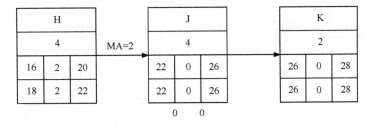

图 8-34 活动 J 与活动 H、K 的关系

$FF_J = \min\{ES_K - FTS - EF_J, ES_H + MA - EF_J\} = \min\{26 - 0 - 26, 20 + 2 - 22\} = 0$
$FF_K = TD - EF_K = 28 - 28 = 0$

上述计算和分析结果（图 8-35、图 8-36）。

六、双代号网络的算法

在我国双代号网络仍用得较多。实际上双代号网络的计算可以看作为单代号搭接网络的特例，即搭接关系仅为 FTS=0 的状况。所以它的计算是很简单和易于理解的。例如在前面的例子中（图 8-21），其计算结果及横道图、时标网络见图 8-37。

七、网络分析结果

（一）横道图和时标网络

将计算结果用横道图表示（图 8-37（b））。在上述的横道图中还可以加上逻辑关系和时差，则它的表达能力可以更强。从图中可见整个网络分析是正确的。

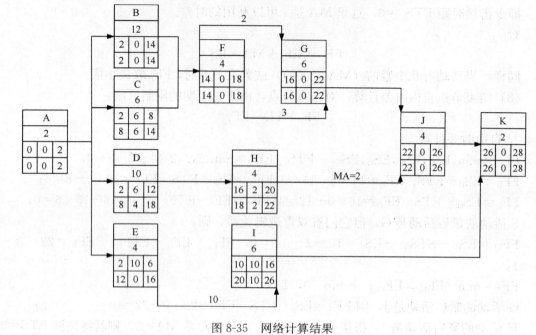

图 8-35 网络计算结果

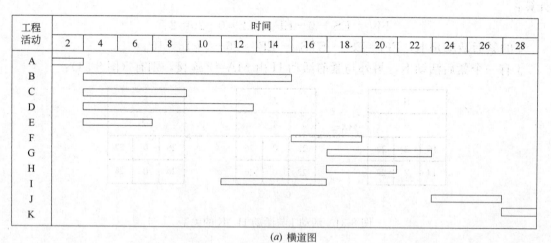

(a) 横道图

(b) 时标网络

图 8-36 网络分析结果输出

图 8-37（c）为本网络的时标网络表示法。时标网络是横道图和双代号网络的结合形式，以时间坐标为尺度直观表示工程活动的时间和有关参数，可以清晰表示活动之间的逻辑关系。它有网络和横道图的优点，通常作为网络分析的一种输出形式（绘制方法见本章附录）。

（二）关键线路和非关键活动

在网络计划图中，通过逻辑关系连接起来的任何连续的工程活动的序列被称为网络线路或线路。

1. 在其中，持续时间最长的线路被称为关键线路，它决定着总工期。在关键路线上

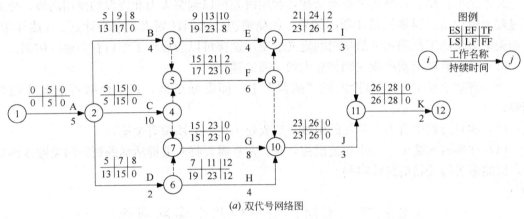

(a) 双代号网络图

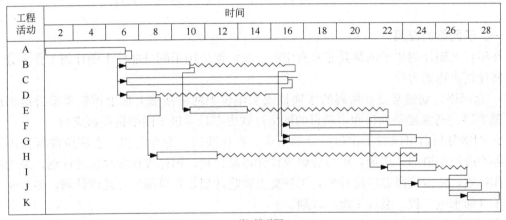

(b) 横道图

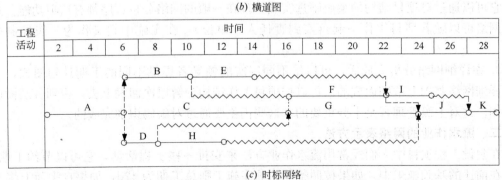

(c) 时标网络

图 8-37 某工程双代号网络分析结果

的工程活动叫做"关键活动"。关键活动通常总时差为0，它的持续时间延长或缩短，开始、结束时间的提前或推迟都必然会影响总工期。在图8-35中项目的关键线路由A、B、F、G、J、K组成，在图8-37中由A、C、G、J、K组成。

关键线路是项目最重要的活动集合线，在工期控制中对该线路上的活动必须予以特别的重视，在时间上、资源上予以特殊的保证。所以在工期计划中，它要被特别地标出。

2. 非关键活动。这些活动存在一定的时差，即开始期和结束期有一定的回旋余地。则这些活动在不影响总工期（或其他活动）的情况下，持续时间可在一定范围（时差值）内延长，开始时间可以推迟。

时差是项目赋予计划者的机动余地，利用时差可以调整人力和资源的使用高峰，使施工过程比较均衡。通常工期计划的结果，如横道图、工期计划表、网络计划、S曲线等，对非关键活动的工期都按照最早时间定义绘制。这样可以为后面工作留有余地，例如：

（1）有些后期活动可能时间估算太紧，需要延长；

（2）有些活动处于资源投入的"瓶颈"上，即高强度区，在平衡时可能要作适当调整；

（3）项目过程中有不可预见的困难会造成超工期，必须留有余地；

（4）在项目实施中，当出现进度拖延时，常常需要将非关键活动的资源向关键线路集中，以缩短关键线路的持续时间。

第五节　工期计划中的几个实际问题

一、子网络的应用

在项目工期计划中子网络是非常有用的。灵活地应用子网络能使工期计划工作十分方便，使计划表达能力强。

1. 总网络计划通常是在所属的子项目或工作包子网络基础上加上逻辑关系拼接而成的（图7-1）。通常复杂项目和多项目的网络计划也都是通过子网络拼接而成的。

2. 网络分析后可以按工作包、分部工程、责任部门、专业工程、实施阶段等输出子网络和相应的横道图。例如，可以分解成设计进度计划，招标投标阶段进度计划，施工准备工作计划，施工阶段总进度计划，工程交工验收计划，各单项工程进度计划，各专业工程施工（如水电工程、装饰工程）计划。

它可以通过对项目结构的编码筛选实现，现在一般的网络分析程序都有这项功能。这些子网络可以随着项目工作一起落实到责任人（单位），在实施中它又作为一级控制的对象。

3. 在详细网络分析完成后，可以给不同层次的领导者提供不同的工期计划图式，它是在详细网络基础上浓缩而成的。可以按项目工作结构分解层次回溯上去，得到各层横道图计划。这对上级管理者是十分重要的。这些仍主要通过对编码识别完成的。

二、流水作业的网络表示方法

在建设工程项目中人们经常用流水作业方法来安排一些工程活动，它可以节约工期。例如在前述的基础施工中，如果按照整体的顺序施工则总工期为42d，如果在平面上将工作面分为两段，各小组在施工段上按顺序连续施工，则将活动分解成模板1，模板2；钢筋1，钢筋2；混凝土1，混凝土2；回填土1，回填土2。如果各段的工程量相等则各工序及各工段工期（表8-7）。

工序及各工段工期表　表8-7

工序	施工段1(d)	施工段2(d)
模板	10	10
钢筋	3	3
混凝土	5	5
回填土	3	3

流水施工的要求是：

1. 各工种在施工段上顺序施工。即在施工段1上符合"模板1→钢筋1→混凝土1→回填土1"的顺序关系。在施工段2上亦然。

2. 每个工程小组按各施工段顺序且连续地施工。即"模板1→模板2"、"钢筋1→钢筋2"之间按顺序施工且不能中断。

利用横道图安排流水（图8-38）。在此图中钢筋1原可以在第11天开始，这时第一段模板已完成，但由于要求钢筋工程小组必须连续施工，则钢筋1后推至第17天开始；同样混凝土2原可以在第23天就开始（因钢筋2于第23天结束），但考虑到这时混凝土施工小组还在第一段上施工，则不能在第二段上同时进行施工。总工期为33天。

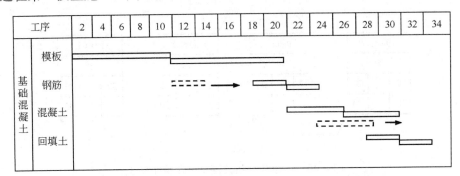

图8-38　某工程项目基础混凝土施工活动流水安排图

如果用双代号网络表示流水施工，每个工序在每一施工段（如模板1、模板2、钢筋1等）都为一个独立的工程活动，则工程活动的数量为施工段数与施工工序数的乘积，网络图形比较复杂（图8-39）。

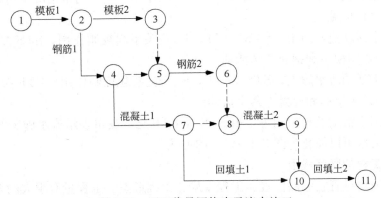

图8-39　用双代号网络表示流水施工

而且网络分析结果显示，这种流水安排并不能保证施工队连续施工。

如果用单代号搭接网络表示，由于工程小组必须连续施工，则模板、钢筋、混凝土、回填土等仍各自作为一个独立的活动。对于各活动之间的逻辑关系，现以模板和钢筋两个工程活动为例分析。因为只有模板组在第一个施工段完成后，钢筋组才可能开始（但不一定立即就开始，如本例），则模板和钢筋两个活动之间必然存在"STS＝模板 1"的关系；而模板结束后也只有在最后一个施工段上的钢筋扎完，整个钢筋活动才算结束，则它们之间必然存在"FTF＝钢筋 2"的关系。很显然它们的关系为图 8-40（a）。

该工作包的持续时间计算（图 8-40（a））。

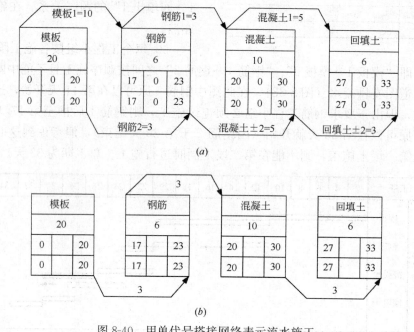

图 8-40　用单代号搭接网络表示流水施工

当然，施工段的数量还可以增加，各施工段上的工程量或持续时间也可以不等。

在一些项目管理软件包中，不容许两个活动之间存在双重逻辑关系，这样流水施工的网络分析就比较困难。对此可以作一些变通。

由于双重逻辑关系中只有一个关系真正起控制作用，则在通常情况下可以删去另一个逻辑关系。经分析可见：

（1）当两个活动流水施工，STS＞FTF，FTF 关系起控制作用，STS 关系可以删去；例如图 8-41（a）中模板和钢筋两个活动。

（2）当两个活动流水施工，STS＜FTF，STS 关系起控制作用，FTF 关系可以删去；例如图 8-41（a）中钢筋和混凝土两个活动。

（3）如果两个活动的节拍相等，由 STS 或 FTF 之一就可表示流水施工的关系；则上面的流水可以简化为图 8-40（b）的形式。

三、专业工程的网络模板

同类工程项目尽管它们的位置、工程布局、工程形态、工程量有很大的差别，但它们的功能面（单体建筑）结构是相似的，而专业工程系统结构几乎是相同的，例如，南京地铁与北京地铁都有车站、区间段（隧道）、车辆基地等，尽管它们形态有差异。而两个地铁的专业工程系统结构几乎相同，而且同类工程的建设过程又是相同的。

由于这些功能面和专业工程系统有相同的工程活动内容和工作流程，因此可以将这些工程活动和流程标准化，在项目结构分解中构造标准的功能面或专业工程系统的子结构图，同时构造标准的子网络图作为计划工作的模板。在具体工程项目的工作结构分解，以及编制项目工期计划时，可以直接调用这些模板进行拼接，这样可以减少管理工作量并提高工作效率，可以大大推进工程管理的标准化和规范化。

例如，对住宅小区建设工程、城市轨道交通工程、道路工程、变电站工程等都可以构建功能面和专业工程系统的子结构图和子网络图模板。

四、工程项目强制性日期的规定问题

1. 在项目的计划中，常常总工期或部分里程碑事件的时间是事先确定的，例如：

（1）承包商必须按批准的（招标文件或合同规定）总工期安排项目实施，即总工期限定。

（2）业主（或上级）指定工程项目（特别是重大或重点的项目）的某些里程碑事件的时间安排。例如，某条道路必须在国庆前通车，办公楼建设在厂庆那一天结构封顶或奠基。

（3）有的是其他方面的特殊要求，如：主体结构必须在雨季到来前封顶，主体混凝土工程必须在冬季到来前完成，特殊的供应商提出的时间要求等。

根据国外的调查，96%的网络技术分析人员都会遇到工期限定要求。[4]

2. 强制日期表达方式

对工期和里程碑事件上的强制性日期规定可能有：项目开始日期、整个工程计划完成日期、某个重要活动或阶段的开始或完成日期等。

3. 时间限定对项目工期计划的影响

在网络计划中，这些限定作为输入的约束条件，限定了某些活动（包括开始节点、结束节点）的开始或结束时间。通常按照项目网络计划分析，刚好与限定相符的情况一般很少，这种限定可能有两种结果：

（1）如果强制的时间有宽裕，如通过网络分析，得到的合理工期是 280 天，而合同规定是 300 天。则会导致网络中的活动都是正时差，没有总时差为零的线路。则工程活动都有调整余地，工期计划存在一定的余量。

（2）如果强制的时间小于按照正常分析得到的时间，例如按网络分析得到的总工期为 33 周，而业主在招标文件中规定的工期为 30 周。又如按分析结果，道路只能在 11 月 1 日通车，而上级要求在 10 月 1 日通车。

这种限定经计算机网络分析后会使有些活动（常常在一条线上）出现负时差，即某些工程活动的最迟开始时间小于最早开始时间，总时差为负值，不能确定自由时差。这表明，网络计划中已出现逻辑上的矛盾。为了使路线总时差为零或正值，有必要调整活动的持续时间、逻辑关系。这与在工程实施过程中工期压缩情况相似，将在第十二章第三节中讨论。当然，若有可能应尽量争取取消限制。

对工期计划中时间的强制性规定会导致计划的刚性太大，不仅造成整个项目计划和实施控制的困难，可能增加项目的风险，甚至在极端的情况下要求大规模修改项目的范围，会极大地损害项目的功能目标和成本目标。

五、不同阶段工期计划详细程度不同

对于一个工期很长的项目或研究性的项目，一般采用逐步完善的滚动计划方法，在实施过程中按阶段细化的，即一般对近期计划安排得较细，而对后期计划安排得较粗。这是由于人们一般对近期目标的边界条件和项目状况了解较清楚，这样近期计划才会比较准确可靠。而对于远期完成的工作的安排若过于详细反而没有实用价值。所以计划按阶段细化可以保证它的稳定性，可以避免大量的变动和不必要的计划费用（图8-41）。

所以，在项目过程中可以编制不同的详细程度的工期计划。

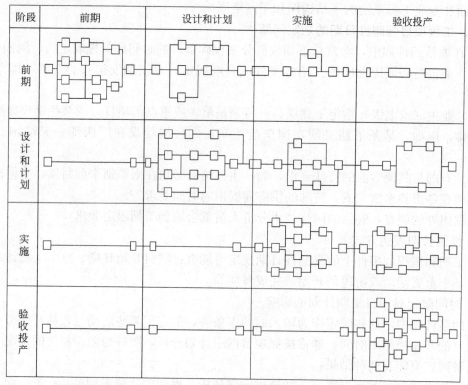

图8-41 分阶段工期计划

附注：我国行业标准《工程网络计划技术规程（JGJ/T 121—99）》对网络计划中的各种符号、代号、网络形式和参数标注方法有具体的要求和规定，本书从方便教学和理解的角度作了一些变动。[27]

复习思考题

1. 调查一个实际工程的工期情况，并绘制它的总进度横道图。
2. 什么是关键线路？它有什么作用？
3. 什么是非关键活动？它有什么作用？
4. 工程活动之间的逻辑关系是由什么决定的？
5. 确定工程活动的持续时间要考虑哪些因素？
6. 什么叫"里程碑事件"？试列举项目中常见的5个"里程碑事件"。
7. "活动"和"事件"有什么区别？并举例说明。
8. 流水施工为什么可以缩短工期？
9. 什么是"总时差"和"自由时差"？
10. 举例说明两个活动之间搭接关系FTS、STS、FTF。
11. 某工作包由三个工程活动组成，由三个小组负责施工，持续时间见表，现划分为三个等工程量的工作面，采用流水施工方法，要求施工队连续施工。试用单代号搭接网络表示三个活动的关系，并计算时间参数。

活动	A	B	C
持续时间	12	9	15

12. 某工程由如下表所列的工程活动组成：

单位：周

活动	A	B	C	D	E	F	G	H	I	J	K	L	M	N	P
持续时间	3	7	1	1	1	1	1	5	8	10	8	6	6	4	1
紧前活动		A			B			C,D	F	G	H	E,K	L	M	N,J	I
搭接关系					FTS			STS	STS	FTF	FTS	FTS	FTS	FTS
搭接时距					0			10	4	3	0	−4	0	0	MA=5

要求：(1) 画出单代号搭接网络图；
(2) 计算各时间参数；
(3) 确定总工期及关键线路；
(4) 画出横道图。

13. 某工程主体结构有工程活动：柱扎钢筋（代码 A），抗震墙扎钢筋（B），柱支模板（C），电梯井支内模板（D），抗震墙支模板（E），电梯井扎钢筋（F），楼梯支模板（G），电梯井支外模板（H），梁支模板（I），楼板支模板（J），楼梯扎钢筋（K），墙、柱等浇混凝土（L），铺设暗管（M），梁板扎钢筋（N），梁、板浇混凝土（P）。它们的逻辑关系和持续时间见下表。

活动代码	A	B	C	D	E	F	G	H	I	J	K	L	M	N	P
紧前活动	/	A	A	/	B,C	B,D	D	E,F	C	I,H	G,F	K,J	L	L	N,M
持续时间	2	2	3	2	2	2	2	2	3	2	1	3	1.5	2	2

请绘制该单层框架一个结构层钢筋混凝土工程施工的双代号网络图，并计算总工期。

14. 在一项目中有浇捣混凝土工程活动，计划工程量 $500m^3$，计划每天浇捣 $20m^3$。实际施工情况为：开始 3 天中进度 $18m^3$/天；接着因下雨停工 3 天；在下个 4 天中共浇捣 $86m^3$；最后以每天 $24m^3$/天的进度完成剩余的工程量。

试用线性图描述该工程活动"实际——计划"进度对比。

第九章 工程项目成本计划

内容提要：本章主要介绍如下内容：
(1) 在现代工程项目中，人们扩大了成本计划的范围，强化了成本管理的职能。
(2) 工程项目成本计划是一个渐进的过程，在这个过程中成本计划的精度逐步提高。
(3) 成本计划有很多角度，如按照项目的费用结构，按照工程成本要素，按照招标文件中工程量清单的划分，按照项目工作分解结构（WBS），按照责任人等。
(4) 工程项目的各阶段和各层次的计划成本的计算方法。
(5) 工程项目成本模型（S曲线，香蕉图）的绘制方法。
(6) 工程项目的资金计划的影响因素和方法。它对项目融资有很大的作用。

第一节 概 述

一、成本的基本概念

工程项目关于价值消耗方面的术语较多，人们常有一些习惯用法，从不同的角度有不同的名称，则常常有不同的含义。例如：

(1) 投资和投资计划。这一般都是从业主和投资者的角度出发的。
(2) 成本和成本计划。成本是为实施和完成工程项目所需要资源的货币表现。这通常承包商用得较多。
(3) 费用和费用计划。它的意义更为广泛，各种对象都可使用。但在财务上，"成本"和"费用"概念不一样，有些费用可以进入成本项目，有的不能作为成本开支。
(4) 其他。如造价，主要指工程的建设费用。

上述这几个方面含义都以工程项目的价值消耗为依据，它们在实质上具有统一性。无论从业主或从承包商的角度，其计划和控制方法都是相同的。因为本书主要讨论计划和控制方法，所以在此将它们统一起来，用国内外文献中常用的名称"成本"及"成本计划"。当然有时也会用到"投资"、"费用"和"造价"等术语，以区别不同的管理对象和角度。

二、现代工程项目成本计划的作用

成本计划应用于工程项目中已经有许多年了，可以说有悠久的历史。很久以前人们就对拟建的工程项目进行费用预算（或估算），并以此作为项目的经济分析和投资决策、签订合同或落实责任以及安排资金的依据。但在现代工程项目中，成本计划不仅不局限于事先的成本估算（或报价），而且也不局限于做工程的成本进度计划（即S曲线），其内涵和外延进一步扩展，体现在以下五个方面：

1. 成本计划不仅包括按照已确定的技术设计、合同、工期、实施方案和环境预算工程成本，而且包括对不同的方案进行技术经济分析，从总体上考虑工期、成本、质量和实施方案之间的互相影响和平衡，以寻求最优的解决。

2. 成本计划已不局限于建设成本，而且还要考虑工程的运行维护，或服务方面的成本，即采用工程全寿命期成本计划和优化方法。通常对确定的功能要求，若工程质量标准高，建设成本增加，运行费用则会降低；反之，如果建设成本低，运行费用就会提高。这如同买一辆新轿车，一次投资多，但油耗低，修理费少；而买一辆二手旧车，一次投资少，但使用费高。这需要通过工程全寿命期经济性比较和费用优化的办法解决。

3. 全过程的成本计划管理。不仅在计划阶段进行周密的成本计划，而且在实施中进行积极的成本控制，不断地按新的情况（新的实施状况，新的环境，工程变更）调整和修改成本计划，预测工程结束时的成本状态及工程经济效益，形成一个动态控制过程。在项目实施过程中，人们（投资者、业主、承包商）进行任何决策都要作相关的费用预算，评价该决策对成本和项目经济效益的影响。

4. 成本计划的目标不仅是工程建设成本的最小化，而且可以实现项目盈利的最大化。盈利的最大化经常是从整个工程（包括生产运行期）综合效益的角度分析的。

例如，对工业项目经过工期和成本的优化可以选取一个最佳的工期，以节约投资；但如果压缩工期，使工程提前投产，每提前一天带来的运行利润就可能有几百万元。尽管建设费用增加了，但项目的整体效益是最优的。

又如，承包商在决定工期方案时不仅应考虑资源投入量和成本的高低，而且应考虑工期拖延的合同违约金或工期提前的奖励，或合同中规定的其他奖励措施（如工程提前运行实现利润的分成），有时还要考虑到企业信誉和形象。

5. 成本计划的作用还体现在，不仅按照预定的工程规模和进度计划安排资金供应，保证项目顺利实施，而且还要按照可获得的资源（资金）量确定项目规模，编制进度计划。

以上表明，在现代工程项目管理中成本计划的职能已得到进一步加强。

三、防止两种错误倾向

在实际工程项目中，人们对成本计划常常有两种错误的倾向。

1. 人们（特别是业主和投资者）对项目的成本计划有较高要求

（1）期望在项目初期就能够快捷而又准确地预先获得将来的成本值。计划成本是项目经济分析和决策的依据，它往往决定一个项目能否成立。

（2）希望尽可能降低计划成本，人为将工程预算做得很低，以使项目容易获得批准。

（3）要求或希望实际成本低于计划成本，如果超支则归咎于成本计划的失误。

但是，由于如下原因，这些期望常常难以保证实现。

1）项目初期，工程的范围、技术设计、实施方案和各项安排等尚未落实，它们不详细、不具体，所以不可能有准确的成本计划。

2）在项目实施中，用户、业主对项目新的期望、工期提前的要求、质量提高和工程项目范围的扩大等，都必然导致成本的提高。

3）工程（如施工、供应、咨询等）合同价受市场竞争程度，双方经营策略的影响很大，所以即使最好的成本计划也不可能与招标结果100%符合；同时合同价格与最终工程实际价格也不可能完全相同。由于各种因素的影响，即使采用固定总价合同，在正常情况下实际结算价格与合同价还会有很大的差异。

4）工程建设过程中由于环境因素的影响，如通货膨胀、地质条件变化等，都可能导致承包商的索赔要求，使成本增加。

上述原因在任何工程项目中都存在，它们都会造成实际的成本大幅度增加。而上层的管理者往往对这些影响因素不重视，在作出新的决策，或提出变更指令时，常常没有成本的概念，不注意对成本的影响。

2. 项目的决策者和计划部门管理者心理因素的影响

计划是人们按照客观情况做出的，所以人为因素对计划的影响特别大。例如：

（1）对风险因素过于悲观的考虑，加大了风险准备金，或留有过大的余地。

（2）在计划期尽量扩大计划成本值，可以提高责任人的项目成本的承包额。这样在项目结束时的成本考核中，成本节约额较大，本部门或项目组成本控制的成果显著，以期获得较高的奖励。

（3）在项目初期，为了能够获得上级的批准，有意压低计划成本值，提高项目的预期收益，等项目上马后再要求追加投资（或费用）。在我国计划经济时代，许多地方政府部门普遍采用这种方法争"上项目"，而许多项目在实施过程中由于投资不足或等待追加投资而中途长期停工。

（4）业主和承包商在工程招标投标中的非理性行为，如业主一味地压低合同价格，使承包商无利可图，甚至亏本；而承包商为了中标有意压低报价，企图通过工程建设过程中的索赔追加补偿。

以上原因将会导致如下三个结果：

（1）直接影响项目的经济性分析的准确性，从而影响上层组织对资源有效的分配和项目决策的正确性、科学性和客观性，导致决策失误。

（2）成本计划是进行投资分解和进行限额设计的基础，是成本（投资）控制的尺度，所以它直接影响项目总目标。

（3）导致实施过程的混乱，影响项目其他目标的实现。

在许多工程中，特别是政府工程中，由于工程项目的决策者、计划工作者存在上述人为因素，最终导致计划失误。这种现象在国内外都十分普遍。

通常，在一个工程项目中如果环境未出现特殊情况，技术方案没有重大的修改，工程范围没有重大的变化，则大量节约成本或成本大幅度超支都属于不正常的现象。

因此，成本计划应是有根据的、科学的、符合实际的、有预见性的，能清楚地表达在假设条件下（工程范围、环境等）的成本花费。要达到这一目标，人们必须有理性思维，要鼓励所有计划工作者和项目参加者开诚布公、诚实守信，特别要防止与反对虚假行为。

四、项目成本计划影响因素和精度

1. 成本计划的影响因素

人们总希望制定精确的成本计划，但这是很困难的。因为，企业预算可以以往年数据为基础，可以做得比较精确；而项目却是一次性的，没有比较的基础。项目成本计划的精确度主要与以下因素有关。

（1）工程项目目标和范围的确定性、工程技术设计深度和工程技术标准的精细程度。

（2）所掌握的工程环境信息量和信息的准确性，如市场情况（如资源市场价格、通货膨胀、税率等）、地质条件等。

（3）实施方案，例如工期方案（参见本章附注1）、组织方案、技术措施、人员和资源计划的确定性。

(4) 所掌握的同类工程项目的历史资料、共用的项目成本数据库、国家或企业定额等的详细和精确程度。

(5) 其他制约因素,例如:环境、健康、安全保护标准,风险因素等。

计划成本的精确度完全依赖上述资料的可靠度、清晰度和精细程度。所以要进行大量的调查,同时应要求工程专业人员尽早地参与项目计划,并及早地拿出技术方案,尽可能详细地描述。但是业主常常对此缺乏理解,有时为了节约建设管理费(主要是咨询费),不愿意尽早地进行技术方案和其他计划的研究,却希望计划人员一开始就拿出准确的成本计划值,并保持到最后。正如前面所述,这是不可能的。

2. 成本计划精度

在项目全过程中,成本计划的准确性随着项目的进展而提高。与工程最终实际成本相比较,对于常见的项目(不包括特别新颖、风险大的项目),目标设计时的计划成本可能有±30%的误差,可行性研究时可能有±20%的误差,初步设计时可能有±15%,施工图预算误差可能有±(5%~10%)。在工程施工前,设计再精细,说明再清楚,但成本计划的精度一般却不可能再提高。其原因如下:

(1) 投标人报价的不确定。他们要考虑到竞争条件,企业的经营方针等。

(2) 工程建设过程中由于工程变更、设计错误、环境变化和业主失误等,会导致承包商和其他参与方提出追加费用的要求(索赔)。

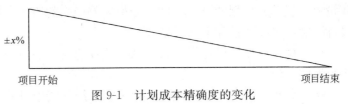

图 9-1 计划成本精确度的变化

只有到工程项目结束,才能得到准确的成本值(图 9-1)。

五、成本计划的过程

在项目过程中,成本计划有许多版本,它们分别在项目目标设计、可行性研究、设计和计划、施工过程、最终结算中产生,形成一个不断修改、补充、调整、控制和反馈的过程,通常用不同的术语表示,如:估算、概算和预算等。

成本计划工作与项目各阶段的其他管理工作融为一体,现在人们不仅将它作为一项管理工作,而且作为专业性很强的技术工作,由专职的成本工程师或估价师承担。

从总体上,成本计划经历自上而下分解,再自下而上反馈的过程(图 9-2)。

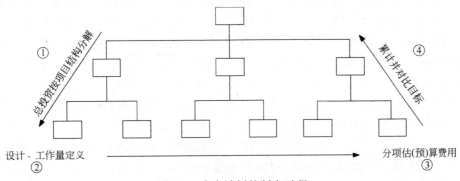

图 9-2 成本计划的制定过程

1. 在项目的目标设计时就提出总投资目标，经过可行性研究对总投资目标进行进一步分析论证。项目被批准立项，则确定了该项目的计划总成本（投资或费用）。它对以后每一步设计和计划将起总控制作用。

2. 总投资的分解。人们常常将总投资作为项目的约束条件，按照工程分解结构（EBS）和项目工作分解结构（WBS），分解到主要功能面和（或）专业工程系统以及项目的各个阶段上，作为限额设计和（或）计划的依据。

在设计过程中，设计人员根据分解指标开展限额设计，确定各部分工程的范围、功能、设计标准、质量要求、工程量等指标。在工程系统分解结构和项目工作分解结构中，成本限额应是平衡的，合理地分配。这种合理性是项目系统均衡性和协调的保证，是实现项目总体功能目标、质量目标和工期目标的重要条件。

3. 在设计完成后，进行投资预算，得到各个成本对象（例如各功能面和（或）专业工程系统、工程项目单元、成本要素等）的计划成本值。随着项目的深入、技术设计和实施方案的细化，成本计划会越来越细致。

这样就形成了一个自上而下的控制过程。

4. 按项目（或成本）结构图自下而上进行汇总，并与原计划（如设计限额）对比，衡量每一层单元计划的符合程度，分析偏差产生的原因。如果设计方案的概（预）算超过设计限额，可以通过如下途径解决。

(1) 优化或变更设计。实践证明，项目总投资的节约首先应着眼于工程方案的论证和多方案的比较。

(2) 调整各功能面和（或）专业工程系统投资限额分配。

(3) 追加投资等。

这样就形成了自下而上的保证和反馈过程。

5. 这种分解作为新的成本计划的版本，必须与相关的设计和计划一起经过规定的批准程序。一经批准，即作为成本控制的基准。

六、成本计划的内容和表达方式

通常一个完整的项目成本计划包括如下四个方面的内容。

1. 工程项目总成本和各个成本对象的计划成本值。
2. "成本-时间"表和曲线，即成本的强度计划曲线。它表示在各时间段上工程成本的完成情况。
3. "累计成本-时间"表和曲线，即 S 曲线或香蕉图，又被称为项目的成本模型。
4. 相关的其他计划。例如，工程款收支计划，现金流量计划，融资计划等。

成本计划应形成文件，计划的依据应能追溯其来源。这些信息对投资者、业主、项目经理和其他项目参加者都是十分重要的。成本计划应根据项目管理的需要采用简单易懂，便于成本控制的表达方式。常用的成本计划有如下三种表达方式。

1. 表格形式，例如"成本项目-时间"表、工程报价单和成本分析表等。
2. 曲线形式。它包含以下两种形式。
   (1) 直方图形式。如："成本-时间"图，它表达任一时间段内工程成本完成量。
   (2) 累计曲线。如："累计成本-时间"曲线。
3. 其他形式。如：表达各成本要素份额的圆（柱）形图等。

第二节 工程项目成本的结构分解

一、概述

1. 为了便于从各个方面和各个角度对项目成本进行精确地、全面地计划和有效地控制,必须多方位、多角度地划分成本项目,形成一个多维的严密的体系。在工程项目的各个职能管理中,成本管理的信息量最大,其基本原因就是成本计划和核算是多角度的。

2. 在项目管理的系统设计和运行中,成本的分解体系,核算过程必须标准化,并与会计、质量定义、项目工作结构分解、进度管理有良好的接口。

二、工程项目成本分解的角度

工程项目的成本(或投资)可以进行多角度的结构分解。作为项目系统分解方法之一,每一种成本结构的分解,都可以用树型结构的形式表达,都应保证完备性和适用性。

1. 项目工作分解结构(WBS)图。它们首先必须作为成本的估算对象,这对项目成本模型的建立、成本责任的落实和成本控制有至关重要的作用。项目结构分解是成本计划不可缺少的前提条件。

通常成本计划仅分解、核算到工作包,对工作包以下的工程活动,成本的分解、计划和核算都是十分困难的,一般采用资源(如劳动力、材料、机械台班)消耗量进行控制。

2. 工程建设投资分解结构。将项目总投资进行分解,则能得到项目的投资分解结构。在我国,建设项目总投资可以分为固定资产投资(即工程造价)和流动资产投资(即流动资金)。而工程造价又可以分解为:

(1) 建筑安装工程费用;

(2) 设备、工具、器具、家具购置费用;

(3) 工程建设其他费用(包括与土地有关的费用、与建设过程有关的费用、与生产经营有关的费用);

(4) 预备费(包括基本预备费、价差预备费等);

(5) 建设期贷款利息。

当然,对于具体类型的工程项目还可以按特点细分。

对民用建筑费用结构可以分得较细。比较科学和实用的是德国国家标准 DIN276,其结构图(图 9-3)。[15]

如果进行工程全寿命期费用计划、核算或分析,还必须包括工程运行费用的结构分解。

3. 按工程量清单分解结构。这通常是将工程按工艺特点、工作内容、工程所处位置细分成分部分项工程。这在招标文件的工程量清单中列出,承包商按此报价,作为业主和承包商之间实际工程价款结算的对象。

我国《建设工程工程量清单计价规范》GB 50500—2013[29]所描述的分解结构(图 9-4)。

在国际通用的工程量计算规则中,美国施工规范协会(CSI)和加拿大施工规范协会(CSC)联合制定的工程划分《标准格式》(图 9-5)也都属于这一类型。[21]

它应与技术规范、工程量计算规则一致,这样能够很好保证成本管理与质量管理的协调性。

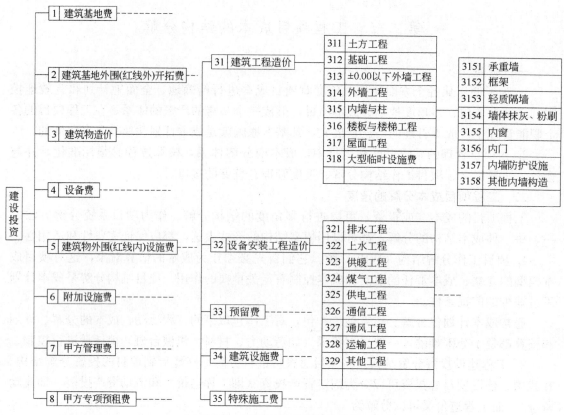

图 9-3 民用建筑费用结构分解

4. 按建筑工程成本要素分解结构。

（1）我国建筑工程费用可以分为人工费、材料费、机械费、企业管理费、利润、规费和税金等。每一项又有一个具体的统一的成本范围（细目）和内容（表 9-1）。[29]

我国建筑安装工程费用结构表　　表 9-1

我国建筑安装工程费用	人工费	计时工资或计件工资、奖金、津贴、补贴、加班加点工资、特殊情况下支付的工资
	材料费	材料原价、运杂费、运输损耗、采购及保管费
	施工机具使用费	施工机械使用费（折旧费、大修理费、经常修理费、安拆费及场外运输费、人工费、燃料动力费、税费）、仪器仪表使用费
	企业管理费	管理人员工资、办公费、差旅交通费、固定资产使用费、工具用具使用费、劳动保险和职工福利费、劳动保护费、检验试验费、工会经费、职工教育经费、财产保险费、财务费、税金、其他
	利润	—
	规费	社会保障费（养老保险费、失业保险费、医疗保险费、生育保险费、工伤保险费）、住房公积金、工程排污费
	税金	营业税、城市维护建设税、教育费附加、地方教育费附加

（2）国际工程的费用所包含详细的分项基本上与我国相同，但在归类和费用名称上略有差异。国际工程的费用由直接费、工地管理费、企业管理费、利润（包括风险）和税金等构成。其中：

图 9-4 我国《建设工程工程量清单计价规范》GB 50500—2013 分解结构

1) 直接费包括人工费、材料费、机械费；

2) 工地管理费不仅包括我国建筑工程费用中的与现场相关的部分规费（如工程排污费、相关保险），还包括现场管理人员的工资、办公费、差旅费、工器具使用费等；

3) 企业管理费是工程承包企业总部的经营和管理的相关费用；

利润通常还包括工程的风险准备金。

(3) 建筑工程成本要素分解结构的作用。承包商的成本计划和核算通常以它为基础，其主要作用体现在以下 4 个方面：

1) 我国预算定额以及取费标准的项目划分。

2) 承包商报价中详细的成本分项。

3) 承包商的会计成本核算通常以它为基础。

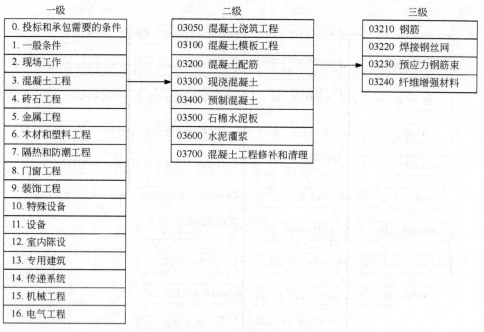

图 9-5 美国工程量表结构分解

4）承包商和业主之间涉及费用索赔的计算分项。

5. 按项目参加者（即成本责任人）分解结构。

成本责任通常是随合同、任务书（责任书）下达给具体的负责单位或个人的，例如，工程小组、承（分）包商、供应商、职能部门或专业部门。他们是各项相关工作的承担者，又是成本责任的承担者。计划成本可作为对他们工作的考核、评估、处罚的依据。例如：

（1）各工程小组的成本消耗指标；

（2）承（分）包合同价格；

（3）采购（供应）部门费用计划；

（4）各职能部门费用计划等。

对业主来说，各个独立的合同就是工程成本（造价、投资）计划和控制的对象。

6. 其他分解形式。例如，按项目阶段分为，可行性研究、设计和计划、施工、结束等各个阶段的费用计划，形成不同阶段的成本结构，还可以按照年度进行分解。

三、工程项目成本分解的规范化问题

为了使成本管理规范化、标准化，对于一定的工程领域，前述成本对象的划分应标准化，采用统一的划分方法、统一的编码和统一的实际成本的汇集方法，形成一个统一的国家（或行业）标准。这样在工程中，各参加者可以统一口径，做好计划，提出帐单，核算、汇集实际成本，并建立本工程成本数据库。工程项目结束可以按该标准进行成本统计、分析，这样才能进行不同工程的成本资料之间的对比参照。这是成本管理的基础工作之一。

标准化包括许多内容，例如，成本名称、范围和内容的定义，成本计划过程，成本项目的分解及统一编码（即 CBS 编码）等。如，美国和加拿大施工规范协会

联合制定的工程分项标准格式、德国 DIN276 和我国的建设工程工程量清单计价规范等。

四、各成本分解角度的信息沟通问题

在工程项目过程中，在可行性研究报告、项目任务书、招标文件、投标文件、会计核算、工程价款计算、索赔、各种统计报告和竣工决算中，应按照其工作内容和特点选择合适的角度估算成本和统计分析成本信息，并保证信息的一致性，数据的准确性和相容性。

1. 由于项目的成本分解是多角度的，但计划成本计算和实施过程中成本的核算应是一次性，并不是从不同的角度要作几个独立的计划、核算和统计，而是将一个详细的核算，如承包商的成本预算（报价），按不同的对象进行信息处理，以得到不同的成本结构。这就需要这些不同的分解结构之间应有很好的信息沟通，这是成本信息处理的基本要求。在此，成本编码体系是几种核算之间沟通的主要手段，特别在采用计算机数据处理过程中，应对不同角度的成本项目采用不同的编码体系，构建它们之间的沟通规则。只有这样，成本计划、合同价格、会计的成本核算，以及工程的成本核算才能相互协调并取得一致。

2. 业主、项目经理和承包商的成本信息沟通。由于业主和承包商对成本（投资）信息的要求不同，所以他们的成本信息角度是不同的（图9-6）。

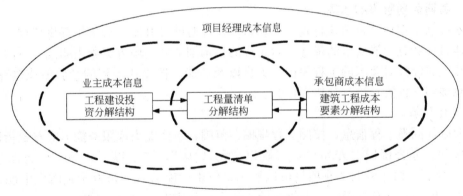

图 9-6　项目成本信息沟通

（1）业主主要需要工程建设投资分解的信息和工程量清单的价格信息。

（2）承包商主要需要工程量清单的价格信息和建筑工程成本要素的信息。

所以工程量清单价格的信息是业主的投资管理系统与承包商成本管理系统的信息交会点，是业主和承包商成本（投资）信息的沟通桥梁。

（3）项目经理在成本管理中必须兼顾业主和承包商，所以他需要各方面的信息。

3. 项目工作分解结构（WBS）与工程量清单分解结构常常不一致，其间存在着复杂的关系。例如一个住宅区工程建设项目，工程量表中分别有 300m³ 混凝土，1000m² 模板，30t 钢筋，而在项目工作分解结构表中它们分别隶属于不同的工作包（如栋号），它们之间是多对多的关系（图9-7）。

而且，它们之间的关系又是工程估价系统与工期管理系统（网络计划）的连接点。如果能够解决好这些关系，就能解决工程估价系统与工期管理系统的集成化问题。

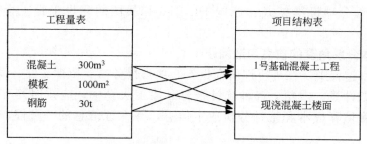

图 9-7 工程量表与项目工作分解结构（WBS）的关系

第三节 工程项目计划成本的确定

计划成本是指具体成本项目（成本对象）的预期成本值，成本计划的结果需要清楚列出各个成本对象的计划（预算）成本值。其结果和计算依据应形成文件，并能追溯其来源。

确定工程项目计划成本的具体工作属于工程估价或概预算的内容。它是专业性非常强的工作，必须由专门人员（估算师或预算员）承担。

不同阶段及不同成本对象的计划成本估算方法不同。

一、前期策划阶段的估算

成本计划工作在项目中执行较早，在目标设计时就已开始，为决策提供依据。该阶段仅有总体目标和总功能要求的描述，对工程的技术细节和实施方案尚未明确，所以无法精确地估算。只能针对要求的工程规模、类型以及功能，按以往工程的经验值或概算指标，对项目总费用（投资）进行分析和估算。

1. 类比估算

参照以往同类工程信息，按照工程规模、范围、生产能力或服务能力等参数指标进行估算。例如，办公楼以"元/m^2"，医院以"元/病床"，住宅以"元/m^2"，公路建设以"元/km"估算。而一般的工业项目可以按照单位生产能力（如每万千瓦时发电能力，每吨产品生产能力）估算总投资，并由此给出一个计划成本（投资）总值。

如在我国 21 世纪前 10 年，城市地铁建设费用约 3~7 亿元/km；我国铁路客运专线造价：6000 万元~10000 万元/km。

2. 按照国家或部门颁布的概算指标计算

概算指标通常是在以往工程建设投资统计的基础上获取的，它有较好的指导作用，在国民经济各部门中都有本部门工程的概算指标。但选择这个值时常需考虑特殊的环境情况可能带来的附加费用和专门开发费用（如占用农田或居民区，拆迁量和青苗赔偿量大，项目要建长距离输变电路和设施，特殊的建筑基础状况等）及特殊的使用要求（如由于天气太热或太冷所有建筑均需要配置空调）。

3. 专家咨询法

针对新项目，尚无系统的详细说明，或对研究开发性的项目，可用德尔菲（Delphi）法进行成本估算。这里的专家是从事实际工程估价、成本管理的工作者。可以采用头脑风暴法，也可以采用小组讨论的办法，应尽可能给专家以详细的资料，例如项目结构图，相应的工程说明，环境条件等（一般项目结构图出来较早，工程详细说明很迟），并在估价中提供专业咨询和说明。按项目结构图的层次引导各专家做出估计，并记录在卡片上，采用小组的办法让专家可有讨论和修改的可能。

若专家的意见非常离散，可以将各项目单元再分解，作更低层次的估价。一般地，随着假设状态的统一和项目单元说明的细化，专家意见会逐渐趋于一致。

4. 生产能力估算法。寻找一个近期内已建成的性质和规模相似的工程，可以根据该工程的生产能力 A_1 和实际总投资额 C_1，拟建工程的生产能力 A_2 来推算拟建工程的总投资额 C_2，公式为：

$$C_2 = C_1 \left(\frac{A_2}{A_1}\right)^n \cdot f$$

其中：A_1 和 A_2 必须采用统一的生产能力指标。

f 为考虑不同时期、不同地点引起的价格调整系数。

n 为生产能力指数，一般取 $0.6<n<1.0$，n 的取值一般考虑：

(1) 当 A_1 和 A_2 很相近时，即两个工程生产能力、规模差别不大，n 取值可趋近于1。

(2) 当 A_1、A_2 差别很大，而生产能力的扩大是通过扩大单个设备的生产容量实现的，则 n 取 $0.6 \sim 0.7$ 之间；若是通过增加与 A_1 相同规格的设备的数量扩大生产能力，则 n 取 $0.8 \sim 0.9$ 之间。

随着项目的进展，工程服务和主要技术方案逐步确定，调查进一步深入，有了进一步详细的资料，则可以按总工期划分的几个阶段和总工程划分的几个部分分别估算投资，并作成本（投资，费用）—时间图（表）。

可行性研究经过批准后即作为项目的任务书，批准的项目总投资估算作为后面投资控制的尺度，并在此基础上进行投资分解，限额设计。

二、设计和计划阶段的概预算

在项目审批后，进入了设计和计划阶段。在国内外，虽然名目各不相同，但设计都分为几个阶段。例如我国有初步设计、扩大初步设计和施工图设计；国外有方案设计、技术设计、详细设计等。伴随着每一步设计又都有相应的实施计划，同样就有相应的成本计划。在我国分为概算，修正总概算和施工图预算。它们必须与设计和计划文件一起经过批准。随着设计精度的深入和计划工作的具体化，预算不断细化，计划成本的作用越大，对设计和计划的变更的反应也就越灵敏。

1. 使用定额资料，如概（预）算定额

在我国以前很长时间，工程估价一直使用统一的概预算定额、规定的取费标准。所以计算方法就是按施工图算工程量，套定额单价，再计算各种费用。从理论上讲，概预算定额可作为业主进行投资估算和制定标底的依据；而承包商相应的计算结果作为投标报价的基础。

但定额是在一定时间和一定范围内工程实际费用统计分析的结果，它代表着常见的工程状况、施工条件、运输状况、设备、施工方案和劳动组合，而如果拟建工程有特殊性，会带来一定的、有时甚至是很大的误差。

2. 直接按专业工程系统，专项的供应或服务进行询价以作为计划的依据无论是业主或承包商都可采用这种方式。通常将所掌握的技术要求、方案、采购条件、环境条件等说明清楚，请一个或几个承包商或供应商提出报价，经分析后作为计划成本。

3. 采用已完工程的数据

在国外，业主、设计事务所、管理公司采用该方法较多。通常由专门的部门（学会、政府机关）公布出有代表性的实际工程成本资料，它按照统一的工程费用结构或工程成本结构分解标准进行统计并公布，包括了已完工程成本的特征数据。在我国，也开始开展这方面的工作，用它可以进行计划成本的估算或概算，也可以用作精细的成本计划。

在应用这些资料时，应检查其对拟建工程的可用性，并考虑如下因素作出相应调整。

（1）不同的年代有不同的市场环境和物价指数。如果所选择的工程资料太陈旧，则可比性差。虽然可以用物价指数进行调整，但各方面差异性仍然很大。价格指数不能完全反映工程价格的变化（因为国民经济中，价格指数是加权平均的）。因此，最好采用近期的工程资料。

如果通货膨胀率很高，或变动大，尽管为近期工程，其数据的可用性也同样很差。

（2）不同的地区。不同地区的物价，工程价格是不平衡的。当地的市场物价、运输条件、发展水平和地质条件等都会影响工程价格。

（3）建筑物的差异。通常对主体结构和一些常规的、标准的设施和专业工程系统，如给排水、照明电路和常规装潢等可以采用过去工程资料。而对特殊的装备要求和特殊的技术处理，必须独立计算。例如，选用特殊的建筑形式、复杂的平面布置和个性化的解决方案等，都会极大地提高成本。

（4）人们常常对以往工程信息了解甚少，即使作为标准工程公布的成本资料，人们也只能获得"硬信息"。例如，工程规模、建筑面积、建筑饰面要求、建设工期、各成本项目的实际成本值等等。而软信息很难获得，如承包商的企业方针、报价策略、合同双方友好合作程度、工程受到特殊干扰和经验教训，它们对实际成本有很大的影响。

（5）若是一个单体建筑，尚可直接参照，如办公楼、住宅楼等。但是，对于建筑群或大规模的群体项目，则很难把握。

（6）其他方面，如设备的国产化水平要求、特殊气候和地质条件、市场竞争状况等。

在国外，施工企业、管理公司除了使用公布的成本数据库外，还有企业内部最近完成的实际工程的成本统计信息，以这些信息作为参照系有许多优点。在实际工作中，常常选择几个相似工程，用它们的特征数据，计算拟建工程的成本值，以增加其结果的可靠度，有时也可以用它们来审查通过其他计算方法确定的工程计划成本的可信度，或者共同确定合理的计划成本。

通常，一定类型的工程，其项目单元或专业工程系统的费用结构有一定的比例。例如，在一个地区建造一个 20000m^2 三星级宾馆，其土建、水电、装饰和设备等投资有一定的比例，而且每平方米各费用项目值有一定的范围。

例如，某公司拟建一座办公楼，总体设计 3.9 万 m^2，项目竣工时间预定 2004 年 6 月，在 2003 年 1 月开始作总体设计，估算投资。从已完工程成本数据库中寻找四个类型、层数、面积、设计标准相似的办公楼，代号分别为 45、66、74、109。由于各项目建造期不同，必须调查各时期的物价指数，分析的对象是各工程费用项目的平方米费用。现期为 2003 年 1 月，预计到 2004 年 6 月物价指数在现期基础上上升到 110。

如第 45 号工程为 2002 年完成的，查得当时物价指数为 100，则现期物价指数为 104，其建筑费用分析表（表 9-2）。

第 45 号建筑费用分析表（单位：元/m²） 表 9-2

年代	2002 年	2003 年 1 月	2004 年 6 月	比例（%）
物价指数	100	104	104×1.10	
主体结构	896.85	932.72	1026.00	40.16
装饰工程	953.33	991.46	1090.61	42.69
技术系统	383.07	398.39	438.23	17.15
合计	2233.25	2322.57	2554.84	100

当然主体结构、技术系统还可以进行更详细的分项。例如，技术系统可以分为采暖、空调、通风、电、电梯、卫生设施等，按每平方米花费进行分析。通过分析各个工程的费用情况，并将它们总和取均值进行分析（分析表略）。

综合考虑本工程的特点，预计本工程的单价分析表（表 9-3）。

某办公楼费用分析表（单位：元/m²） 表 9-3

年代	2003 年 1 月	2004 年 6 月	比例（%）
物价指数	100	110	
主体结构	925.29	1017.82	37.41
装饰工程	1010.00	1111.00	40.83
技术系统	538.32	592.15	21.76
合计	2473.61	2720.97	100

通过以上分析预计总价格为：$2720.97 \text{ 元}/\text{m}^2 \times 39000 \text{m}^2 = 106117830 \text{ 元}$

三、承包商工程成本计划的编制方法

1. 承包商的投标价格应以完成承包工程范围内工作的计划成本为基础，这就要求承包商的计划成本应该是精确的，而且能反映如下内容。

（1）工程范围、技术标准。这由合同工程量表、规范、合同条件决定。

（2）招标文件和合同。合同规定承包商的责任和应承担的风险，合同对报价有具体要求。

（3）工程的环境条件，包括现场条件、市场条件、法律规定、现场和周边的环境等。

（4）工程实施方案，如技术方案、设备方案、组织方案、现场方案、工期方案等。

这些因素之间有不同的交互作用。通常这些方面信息多，而且比较确定，则工程报价的准确性就比较高。所以报价人员必须与工程设计人员、施工人员、现场管理人员共同工作，一起探讨对成本有影响的各种因素，并将它们转化为计划成本的各个因素。

2. 对承包商来说，一方面由于竞争激烈，既要求报价尽可能低于竞争对手，又要保证盈利；另一方面，签发投标书后，从投标截止期开始，承包商即对报价承担责任。一般招标文件和承包合同都规定，承包商必须对报价的正确性、完备性承担责任，承包商的报价应包括完成全部合同责任的所有花费。除了合同规定的情况外，工程合同价格是不允许调整的。

3. 但在投标报价中，承包商要精确计算成本常常是很困难的，主要原因如下：

(1) 时间紧迫,即做标期短,承包商没有充裕的时间进行详细的招标文件分析和环境调查、制定详细的实施方案、细致地计算工程量和各种费用。通常只有在中标后再作精细的内部控制用的成本预算(有些企业称为"标准成本"),详细分析盈亏,并作为内部项目经理部的责任成本和对项目进行成本控制的依据。

(2) 受所能获得的资料的限制。

(3) 由于竞争激烈,中标的可能性较小。如果不中标,则估价等工作白费,业主没有补偿的责任,所以在投标期又不能投入太多的时间、精力和费用作成本计划。

这就要求计划成本的计算既要精确,又要快捷。对报价单中不同的分项可选用不同的计算方法,例如,可采用 A、B、C 分类法。

A 类分项,即对工程成本有重大影响的工程分项应详细、精确地核算。这些分项数目少(一般仅占 10%左右),但工程量大,价格高,占工程总成本比例高(一般可占到 70%以上)。

B 类分项,其数目较多(一般占 20%以上),价格中等,占工程总成本的比例也处于中等水平(通常占 20%左右)。这类分项的核算不必非常精细,可以直接使用以往工程资料或定额。

对 C 类分项,它的数目很多(一般占 70%左右),而单项价格低,占工程总价的比例也很低(通常仅占 10%以下),可以较为粗略地匡算。如可以参考以往报价资料,参照其他工程的结算资料。它即使误差有 10%,然而对工程总价误差也在 1%以下。

4. 承包商工程报价的计算过程和方法

现在国际和国内的报价计算的方法逐渐趋于一致,承包商的工程量清单报价中报出的通常是完全单价,即每个分项工程的单价中有表 9-1 中所列的各个费用子项。下面以国际工程为例,介绍工程报价的计算过程和方法(图 9-8)。

(1) 分项工程直接费计算

1) 人工费

指直接从事建筑安装工程施工的生产工人开支的各项费用,内容包括:基本工资、工资性补贴、生产工人辅助工资、职工福利费、生产工人劳动保护费。

$$分项工程的人工费 = 人工工资单价 \times 工程量 \times 劳动效率$$

人工工资单价按照劳动力供应和投入方案,工程小组劳动组合,人员的招聘、培训、调遣、遣返费用、基本工资支付、解聘所支付的费用和社会福利保险等计算平均值(通常以日或小时为单位);劳动效率一般用每单位工程量的用工时(或日)数表示。

2) 分项工程材料费

是指施工过程中消耗的构成工程实体的原材料、辅助材料、构配件、零件、半成品的费用。材料预算价格是按照采购方案和材料技术标准,综合考虑市场供应价格、采购、存储、运输损耗、保险和海关税等各种费用计算得到的,内容包括:材料原价、材料运杂费、运输损耗费、采购及保管费、检验试验费等。

$$材料费 = 材料预算单价 \times 工程量 \times 每单位工程量材料消耗标准$$

$$材料预算单价 = [(供应价格 + 运杂费) \times (1 + 运输损耗率(\%))] \times (1 + 采购保管费率(\%))$$

3) 施工机械使用费

是指专业工程施工机械作业所发生的机械使用费。其组成为折旧费、调运、清关费

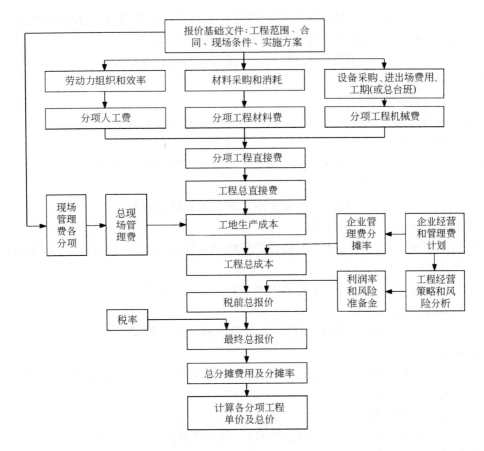

图 9-8 承包商工程报价计算流程

用、进出场安装及拆卸费用、大修理费、经常修理费及场外运费、人工费、燃料动力费、养路费及车船使用税等。再按照设备的计划使用时间（台班数），或工程量分摊到每台班或单位分项工程量上。

$$施工机械使用费 = \sum(施工机械台班消耗量 \times 机械台班单价)$$

机械台班单价是该种施工机械台班作业所发生的上述各项费用之和。

现场通用的设备的相关费用通常包含在现场管理费中。

4) 分项工程直接费

指施工过程中耗费的构成工程实体的各项费用，包括人工费、材料费和施工机械使用费。

$$直接工程费 = 人工费 + 材料费 + 施工机械使用费$$

(2) 工程总直接工程费

$$工程总直接费 = \sum 各分项工程直接费$$

(3) 工地管理费

工地管理费包括极其复杂的内容，而且不同的工程有不同的范围和划分方法。例如，有的工程将早期的现场投入作为"开办费"独立列项报价；有的将它作为一般工地管理费分摊进入单价中。一般该项主要包括：现场清理、进场道路费用，现场试验费，施工用水电费用，通用的施工机械、脚手架、临时设施费，交通费，现场管理人员工资，行政办公费、劳保用品费、保函手续费、保险费、广告宣传费等。这些费用一般都要根据工程情况、环境状况及施工组织状况分项独立预算，最后求和。即：

$$工地管理费总额 = \sum 工地管理费各分项数额$$

则：工地总成本 = 工程总直接费 + 工地管理费

（4）企业总部管理费

总部管理费一般由企业按其年度经营计划和年度的企业管理费计划，确定一个比例分摊到各个工程的报价上。则：

$$工程总部管理费 = 工程总成本 \times 总部管理费分摊率$$

（5）工程总成本

$$工程总成本 = 工地总成本 + 总部管理费$$

（6）利润和风险准备金

它由管理者按企业经营策略、工程投标策略和工程的风险因素确定，计算基础是工程总成本。

$$利润 = 工程总成本 \times 利润率（包括风险）$$

（7）税前工程总报价

$$税前工程总报价 = 工程总成本 \times (1 + 利润率)$$

（8）税金

税金是指国家税法规定的应计入建筑安装工程造价内的税金，在我国有营业税、城市维护建设税及教育费附加等。

（9）工程总分摊费用

$$工程总分摊费用 = 工地管理费 + 总部管理费 + 利润 + 税金等$$

总分摊率 = （总分摊费用/总直接费）× 100%

（10）各分项报价

即：

$$某分项总报价 = 该分项工程直接费 \times (1 + 工程总分摊率)$$

$$某分项单价 = 该分项总报价 / 分项工程量$$

（11）报价分析

按照前述的报价计算的结果分析，即在直接费基础上计算工地管理费，在工地总成本的基础上计算总部管理费，上述合同报价（表 9-4）。

某工程费用项目分析表 表 9-4

序号	费用项目	金额（美元）	比率
Ⅰ	直接费	1,339.097	
Ⅱ	工地管理费	269.251	20.107%（计算基础为Ⅰ）
Ⅲ	总部管理费	148.552	9.236%（计算基础为Ⅰ+Ⅱ）
Ⅳ	利润	100.000	5.69%（计算基础为Ⅰ+Ⅱ+Ⅲ）
Ⅴ	税前报价	1,856.900	Ⅰ+Ⅱ+Ⅲ+Ⅳ

上述计算的基础资料和结果是业主和承包商之间工程价款结算、工程变更调整和费用索赔的基础和依据。

5. 合同价。合同价是业主在分析许多投标书的基础上，评价各个投标人的工程报价，最终选择一个投标人中标，在双方签订的合同文件中确认工程承包价格，并作为工程结算的依据。合同价对承包商来说，是通过投标报价竞争获得承包资格而确定的工程价格；对业主来说还属于工程施工的计划成本。

在评标和合同谈判过程中，双方有可能再度商讨并修改工程报价。有时最终合同价与标底，与报价差距很大，如鲁布革水电站引水工程的最终合同价是业主标底的58%。

6. 在招标过程中业主应增加工程透明度，尽可能拿出确定性的工程系统说明文件，以防止误导；承包商应尽力弄清业主所要求的，或招标文件所表达的工程范围和细节。但现在在许多工程项目中，投标时经常尚无施工图，而是在合同签订后逐步地提出（有的由业主提供，有的由施工单位绘制，再经业主批准），这给双方确定计划成本和决定工程价格带来了许多问题，增加了许多不确定性。

四、工程施工中的成本计划工作

在工程施工中，成本计划工作仍在进行，一般包括以下几种类型。

1. 在各控制期末（如月末、年末），对下期的项目成本作出更为详细的计划和安排。

2. 追加成本（费用）计算。由于发生工程变更、环境变化、合同条件变化、业主干扰等，按照合同规定应该追加工程价款。对承包商来说，由于这些原因，成本相应增加，按照合同他有权向业主提出索赔。对业主来说，按照合同应给予承包商赔偿，则应追加合同价格。它经过了一个完整的工程成本计划、报价、价格谈判的过程。

3. 剩余成本计划，即按前锋期的环境，计算要完成余下工程（工作）还要投入的成本量。它实质上是项目前锋期以后的计划成本值。这样，项目管理者可以一直对工程结束时成本状态、收益状态进行预测和控制。

4. 其他，如出现新的情况，采用新的技术方案，则需要做新的成本计划工作。

五、成本数据库的建立和使用

对常规的已完工程项目建立成本数据库，对工程项目成本计划有非常大的好处，这在许多发达国家已很普遍。成本数据库的建立应注意以下3个问题。

1. 已完的进入成本数据库的工程应有代表性，并对其具体状况应有足够的说明。例如，对建筑工程应包括工程地点，工程开始时间、持续时间，工程规模，平立面图形，建筑面积，体积，层次，功能要求，建筑、土建、水暖、电和空调等专业工程的特殊说明，以及各种成本项目的实际成本值（绝对值、每平方米值、相对百分比等）。同时，对已完项目的成本数据可以按统一要求和标准定义储存，新项目也要能进行统一的分解，使它与已完工程成本数据库有良好的接口。

2. 这些划分应与实际成本的核算、工程成本的统计在性质上、内容上和范围上高度统一，即实际工程统一按此进行成本分解、计划、核算和统计。这样，以往工程的数据才有参考价值，才可能形成预测、计划、核算、跟踪、诊断、考核、评估和奖罚等统一而又完整的体系。否则，在控制中，计划和实际成本的对比没有实际意义。

3. 为了保证资料的可用性，实际工程成本资料的统计工作应规范化，甚至法制化。不仅必须按照标准的成本分解结构统计，而且按照划定的成本开支范围进行核算和统计，要保证数据的真实性、可靠性。我国目前尚无法做到这些。

第四节 工程项目成本模型

一、概述

早在20世纪60年代,成本计划与PERT网络结合,首先应用于美国和北约的军事工程项目并获得成功。人们在网络分析的基础上将计划成本分解落实到各个项目单元上,将计划成本在相应的工程活动的持续时间上平均分配,这样可以获得"工期——计划成本"累计曲线,它被人们称为该项目的成本模型。在项目管理中它对高层管理者(如企业管理者、投资者、业主)是十分重要的,给他们带来了一个十分清晰的工程过程价值形态的概念和工程进度的概念。

利用成本模型可以进行不同工期(进度)方案、不同技术方案的对比。同时,对项目经理实施目标控制十分重要。按实际工程成本和实际工程进度还可以构建项目的实际成本模型,可以进行整个项目"计划—实际"成本以及进度的对比。这对把握整个工程进度,分析成本进度状况和预测成本趋向十分有用。

因此,国外的许多项目管理专家认为,项目的成本模型对项目管理至关重要。

二、绘制方法

1. 在经过网络分析后,按各个活动的最早时间输出横道图(有时也按最迟时间或"最早—最迟"同时对比),并确定相应项目单元的计划成本(预算成本或委托合同价等)。

2. 假设工程计划成本在相应工程活动的持续时间内平均分配,即在各活动上"计划成本—时间"关系是直线,则可得各活动的计划成本强度。

3. 按项目总工期将各期(如每周、每月)的各活动的计划成本进行汇集,得项目在各时间段的成本强度。

4. 作成本—工期表(图)。这是一个直方图形。

5. 计算各期期末的计划成本累计值,并作曲线。

三、例子

在前述图8-35工期计划分析中,确定各工程活动的计划成本(表9-5)。

某项目各工程活动的计划成本(单位:万元)　　　　表9-5

工程活动	A	B	C	D	E	F	G	H	I	J	K	合计
持续时间	2	12	6	10	4	4	6	4	6	4	2	
计划总成本	4	48	60	60	24	32	30	20	48	16	6	348
单位时间计划成本	2	4	10	6	6	8	5	5	8	4	3	12.4

在网络分析后即可得到各时间段上项目的成本强度,它是在横道图上标出的(图9-9),体现为直方图。同时,算得各期末项目计划成本累计值,即可获得累计曲线。

项目的成本累计曲线理想化的图式(图9-10),被称为项目的成本模型。它从成本方面反映工程项目的进度。有时,为了便于对比和实施控制,将按最早时间和最迟时间的曲线图绘制于同一张图上,得到如图9-11所示的模型。人们将它形象地称为香蕉图。

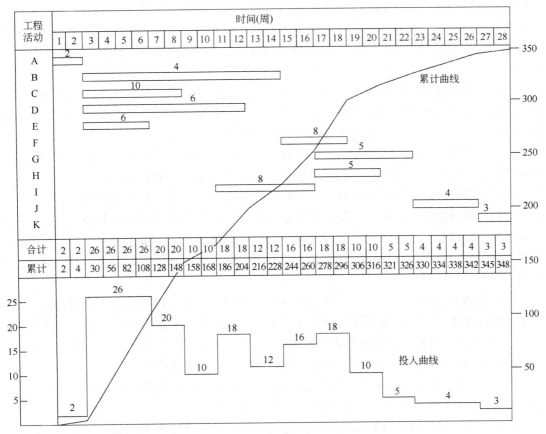

图 9-9 各时间段上项目的成本强度直方图及成本累计曲线

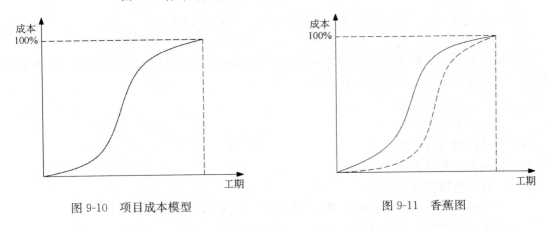

图 9-10 项目成本模型　　　　　　　　图 9-11 香蕉图

第五节　工程项目资金计划

一、基本概念

无论对业主还是承包商，项目的现金流量已越来越引起人们的重视，并将它纳入计划的范围。它是项目的财务问题。

1. 对业主来说，工程的建设期主要是资金支出，所以现金流量计划表现为支付计划，一般是阶梯状曲线。该计划不仅与工程进度（由成本计划确定）有关，而且与合同所确定的付款方式（特别是付款期）有关。可以按照这个计划筹集和安排资金。如果资金不能按计划落实，那么要考虑调整施工进度或改变付款方式，甚至采用项目融资形式（如BOT）。

业主必须在可以筹集的资金范围内安排工程规模、标准、实施时间，以实现收支平衡。同时，还要考虑在项目实施过程中特殊情况下的资金需求，安排一定量的应急准备金用于物价上涨、不可抗力、不可预见的复杂的地质条件等情况。

2. 对承包商来说，项目的费用支出和收入常常在时间上不平衡，对于付款条件苛刻的项目，承包商常常必须垫资承包。工程项目的现金流量计划有如下作用。

（1）安排资金以保障正常的施工，由现金流量计划即可安排借贷款计划。

（2）计算资金成本，即计算由于负现金流量（投入＞收益）带来的利息支出，这应该计入报价中。这对工程经济效益有很大的影响。自有资金投入太多会大大降低承包工程的利润。所以承包商必须在保证工程顺利完成的前提下，尽量减少自有资金的投入量和占用时间。

（3）考虑财务风险。垫资多，资金缺口大，则财务风险大，要考虑相应的对策。

对承包商来说，工程成本计划与资金支出、工程款收入有密切联系，但又不能等同：

1）按承包合同确定的付款方式可能提前取得工程款，如业主支付开办费、定金、预付款；也可能推迟收款，例如，工程进度付款按照合同一般滞后1～2月。

2）有些资金支出是超前的，有些是滞后的。例如，预先采购材料、预付分包款，也可能对材料远期付款，待分包工程完成后再对分包商付款。

涉及工程项目的资金计划都是按照收付实现制，而不是按照权责发生制进行计算的。

二、计划方法

由于承包商的资金计划最复杂，下面以它为对象进行论述。

1. 支付计划

工期计划确定了各工程活动的时间安排，由此确定的成本计划是按照计划进度的成本消耗。承包商的工程项目支付计划包括：

（1）人工费支付计划；

（2）材料费支付计划；

（3）设备费支付计划；

（4）分包工程款支付计划；

（5）现场管理费支付计划；

（6）其他费用计划，如上级管理费、保险费、利息等各种开支。

承包商的这些资金支出与前述的工程项目成本计划并不同步。例如，合同签订后即可以作施工准备，包括：调遣队伍、培训人员、调运设备和周转材料、搭设临时设施、布置现场等，并为此而支付了一些费用。而这些费用作为工地管理费、人工费、材料费、机械费等分摊在工程报价中，在工程进度款中收回，有时也可作为工程开办费预先收取。

又如，成本计划中的材料费是工程上实际消耗的材料价值，而在材料使用前有一个采购订货、运输、入库和贮存的过程，材料款的支付可能有许多方式，例如：

（1）订货时交定金，到货后付清；

（2）提货时一笔付清；

（3）供应方负责送到工地，货到后付款；

（4）在供应后一段时间内付款。

另外，设备购置费、租赁费等的支付与材料费相似，与设备在工程上的使用不同步。

2. 工程款收入计划

承包商工程款收入计划即为业主的工程款支付计划。承包商资金收入主要包括工程预付款收入、分期工程款结算收入、保留金收入、最终结算款收入等。它与以下两个因素有关。

（1）项目实施进度，即按照成本计划确定的工程完成状况；

（2）合同确定的付款方式。通常有以下四种：

1）工程预付款（备料款、准备金）的规定，即在合同签订后，工程开始前，业主先支付一笔款项让承包商做施工准备。这笔款项在以后工程进度款中按比例扣还。

2）按月进度付款，即在每月末将该月实际完成的分项工程量结算成当月的工程款，但这笔工程款一般在第二个月，甚至第三个月支付。例如，按照 FIDIC 合同条件，月末承包商提交该月完成的工程款账单，由工程师在 28 天内审核并递交业主；在工程师收到账单后 56 天内由业主支付。则工程款支付比成本计划滞后 1~2 月，而且许多未完工程还不能结算。

3）按形象进度分阶段支付。一般分开工、基础完工、主体完成和竣工等几个阶段，并各自支付一定的比例，工程款收入计划为阶梯状图形（图 9-12）。

4）其他形式带资承包。由于业主没有资金，由承包商垫资承包，工程款在工程结束后支付（如 BT 项目），或由工程运行收益支付（即类似 BOT 项目）等。

3. 现金流量

在工程款收入计划和工程资金支付计划的基础上可以得到工程的现金流量。它可以通过表或图的形式反映。通常按时间将工程支付和工程收入的主要费用项目罗列在一张表中，按时间计算出当期收支相抵的余额，再按时间计算到该期末的累计余额。在此基础上，即可绘制现金流量图。

4. 融资计划

由于工程支付计划与工程款收入计划之间存在差异，而且有时会有很大的差异，若差异为正，则为正现金流量，即承包商占用了他人资金进行工程施工，而且资金还有富余。由于现代工程付款条件越来越苛刻，该情况较少出现。若差异为负，则为负现金流量，即承包商自己必须垫入这部分资金。而对业主来说，在建设期主要是负现金流量。

当出现负现金流量时，必须同期注入相同量的资金，以保证工程项目顺利开展。这时要考虑如下问题。

（1）项目资金需求计划的确定，即何时需要注入多少资金才能满足工程需要，这可由现金流量表得到。

通常在安排工程的资金投入时，要考虑一些不确定因素（风险），留有一定的余地。例如，考虑到物价上涨，特殊的地质条件，工程收入可能推迟以及计划和预算的缺陷等。

（2）以什么样的融资方式取得资金。

项目的融资问题是现代战略管理和项目管理的重要课题。现在资金渠道很多，例如：自有资金；世行贷款、亚行贷款；国内外商业银行贷款；外国政府各种形式的信贷；发行股票；发行债券；合资经营；各种形式的合作开发，如各种形式的PPP项目；国内的各种形式的基金；国际租赁等。

但是，每一个渠道均有其特殊性，各种资金来源都有不同的借贷条件和使用条件，不同的资金成本，投资者（借贷者）有不同的权力和利益，有不同的宽限期，最终有不同的风险。通常要综合考虑风险、资金成本、收益等各种因素，确定本项目的资金来源、结构、币制、筹集时间，以及还款计划安排等，确定符合技术、经济和法律要求的融资计划或投资计划。

例如，某承包商承包某工程的主体结构施工，工期18个月，合同价460万美元，按照合同工程款支付过程为：开工47万美元，基础完工43万美元，8层结构完成135万美元，结构封顶135万美元，全部完工100万美元。按照工程施工进度确定的工程款收入计划以及支付计划，得到工程款收入和资金支付曲线（图9-12）。

因此，承包商编制该工程的贷款计划为：

施工准备期××年9月贷款人民币300万元，该年10月贷款100万元，该年11月贷款200万元，次年1月贷款200万元，次年5月贷款200

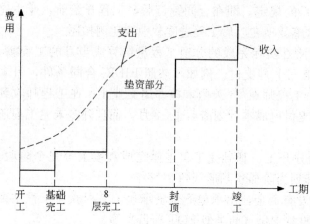

图9-12 工程款收入和资金支付曲线

万元，这样基本保证了工程的顺利实施。以后，随着工程款的收入分阶段归还贷款。

附注：工期与成本的优化

（1）成本与工期的关系。成本与工期的关系是十分复杂的，大致有如下几种：

1）与时间无关的成本。例如，与分项工程工程量直接相关的费用，如直接材料费；工程中的许多一次性费用，如施工设备的进出场费用、临时设施的建设费用、工人的调遣费用等。

2）与时间相关的费用。这种费用又分两类：

① 与时间成正比的费用。这一类费用按工程的持续时间和单位时间的成本计算，如租赁设备的台班费、周转材料的使用费、现场管理人员工资、临时设施的运行费等。

② 与时间成非正比关系的费用。例如，时间延长造成周转材料、劳动力、机械设备、现场临时设施一次性投入的减少。

3）其他类型的成本。例如，按照生产能力、总工时、工程量分摊的成本，为了压缩工期需要采取一些新的技术措施的成本，由于持续时间的压缩造成低效率和高费用支出。

例如，为了缩短工期，让工人夜间加班，需支付正常工资1.25～1.5倍的加班工资；而加班工作效率仅为正常工作效率的0.7～0.9。

当然，上述成本与时间的相关性仅是相对的，仅在一定范围内存在。

（2）项目总工期与总成本的关系。

从微观上，工程活动的成本与其持续时间存在一定的关系。随着活动持续时间的延长或缩短，成本会相应地变化。这样对工程活动不同的安排，就会有不同的总工期，就会有不同的总成本，由此引起项目总工期和总成本之间复杂的关系。通常工程项目工期和成本的关系模型（图 9-13）。

对一个具体的工程项目，要精确地绘制上述曲线是不可能的，这是由于工期压缩可选择的方案较多，而方案的组合就更不计其数。对一个具体的工程项目可以设计几套方案，如模板方案、设备方案、组织方案，以得到工期与成本关系的几个点，可以大致确定工期与成本的关系走向。

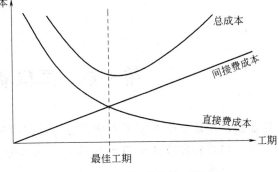

图 9-13 工期-成本关系图

复习思考题

1. 简要说明承包商的工程项目成本计划工作流程。
2. 在新项目的计划过程中，人们常用以往实际资料作为参照。这有什么使用条件？使用时应注意哪些问题？
3. 什么是项目的成本模型？如何绘制？
4. 在第八章复习思考题 12 中，各工程活动的总成本见下表：

工程活动	A	B	C	D	E	F	G	H	I	J	K	L	M	N	P
总成本（万元）	12	28	5	10	2	8	4	45	40	80	16	20	24	8	6

试绘制该工程的 S 曲线和"香蕉图"。

5. 解释成本计划中的"生产能力估算法"，并说明确定因子 f 时应考虑的因素。
6. 简述承包商的项目成本计划、支付计划和工程款收入计划的联系和区别。
7. 简述影响计划成本精确度的因素。
8. 简述环境对计划成本的影响。
9. 选择项目融资方案时应考虑哪些问题？
10. 承包商作资金计划的目的是什么？
11. 讨论：承包商如何才能减少自有资金的投入量？
12. 某企业经过市场调查发现一个极有前途的新产品，企业也具备上马这个项目的条件，但企业缺乏资金。问可以采用什么途径解决这个问题？这些解决方式各有什么优缺点？

第十章 工程项目资源计划

内容提要： 本章主要介绍工程项目资源计划相关内容，包括：
(1) 项目的资源计划与工程设计、实施方案、工期计划、成本计划互相制约，互相影响。
(2) 介绍劳动力、材料、设备计划方法。因为工程项目资源种类多、数量多、供应过程复杂、限制条件多，所以资源计划必须涉及所有资源的使用、供应和采购过程，要求建立完备的控制程序和责任体系。
(3) 介绍资源的采购和供应计划。
(4) 资源计划的优化有许多方法和数学模型，但最重要的是掌握大量的市场信息，多做对比分析。

第一节 概 述

一、工程项目资源的种类

资源作为工程项目实施的基本要素，它通常包括以下内容。

1. 人力资源，包括各专业、各种级别的劳动力，熟练的操作工人、修理工以及不同层次和职能的管理人员。

2. 原材料和工程设备。它构成建筑工程的实体，常见的有砂石、水泥、砖、钢筋、木材、生产设备等。

3. 周转材料，如模板和支撑、施工用工器具以及施工设备的备件、配件等。

4. 施工设备（如塔吊、混凝土拌和设备、运输设备）、临时设施（如施工用仓库、宿舍、办公室、工棚、厕所、现场施工用水电管网、道路等）和必需的后勤供应。

5. 其他，如计算机软件、信息资源、信息系统、管理和技术服务、专利技术和资金等。

本章的资源主要指项目所需的劳务、材料和设备等。

二、资源管理的任务和重要性

1. 资源管理的任务是按照项目的实施计划编制资源的使用和供应计划，将项目实施所需要的资源按正确的时间、正确的数量供应到正确的地点，保证人力、设备、材料、机具、技术、资金等资源的合理投入，并降低资源成本消耗（如采购费用、仓库保管费用等）。

2. 在现代工程项目中，资源管理具有如下重要作用：

(1) 资源对工期的重大影响

1) 资源作为工程项目实施必不可少的前提和网络计划的限制条件，在确定工程活动的持续时间和安排其逻辑关系时就要考虑到资源的投入量、限制条件和供应过程的影响，所以资源计划是项目整个实施计划的保证。此外，资源的供应状况和资源的技术状况还会影响项目的工作效率，进而影响工期。

2）在网络分析后，编制详细的资源计划以保证网络计划的实施，或对网络计划提出调整要求。

3）对特殊的工程，如大型工业建设项目，或者对特殊的资源，如成套生产设备、地铁工程中的盾构，这些资源的生产和供应计划常常是整个项目计划的主体。

4）资源的及时供应是项目顺利实施的前提条件，若资源得不到保障，工期计划考虑得再周密也不能实行。在工程项目中，由于资源计划失误，如供应不及时将造成工程活动不能正常进行，甚至造成整个工程停工或不能及时开工。所以资源管理又是进度控制的保证。

（2）资源对成本的重大影响

1）资源计划是成本计划的前提条件和计算基础。

2）资源费用占项目总成本的80%以上，资源消耗的节约是工程成本节约的主要途径。

3）在工程项目中常常由于不能经济地使用资源或获取更为廉价的资源造成成本增加，或由于采购未能符合规定要求，使材料或工程报废，或采购超量、采购过早造成资金占用和仓管费的增加等。

4）由于资源对成本的影响很大，要求在资源供应和使用中加强成本控制，进行资源优化，这样有利于提高工程项目的总体经济效益。

（3）资源的质量、技术标准直接决定工程的质量，所以资源管理与质量管理密切相关

由于资源对项目目标影响重大，资源的优化组合、供应和使用，对工程项目的经济效益具有很大的影响。

三、工程项目资源管理的复杂性

与其他工业生产过程相比，工程项目的资源管理是极其复杂的，主要原因如下：

1. 资源的种类多，供应量大。例如材料的品种、机械设备的种类极多，劳动力涉及各个工种、各种级别。一个普通的建设工程，其建筑材料消耗达成百上千种、成千上万吨。

2. 由于工程施工过程的不均衡性，使得资源的需求和供应不均衡，资源的品种和使用量在实施过程中大幅度的起伏。而且，计划采购量和采购时间无法精确计划安排，几乎无规律可循，其难度大大高于一般工业生产过程的资源管理。

这种资源使用的不均衡性不仅体现在整个项目上，甚至体现在一个小小的工作包上。

3. 资源供应过程的复杂性。按照工程项目的范围、工作分解结构（WBS）、工程量和工期计划确定的仅是资源的使用计划，而资源的供应是一个非常复杂的过程。例如，要保证工程的施工进度，要保证劳动力的供应，则必须安排招雇、培训、调遣以及安排相应的现场食住行的设施；要保证材料的正常使用，必须安排好材料的采购、运输和储存等。

只有上述每个环节都不出现问题，才能保证工程的顺利实施。所以要有合理的资源供应方案、采购方案和运输方案，并对资源供应全过程进行监督和控制。

4. 设计和计划（实施方案和工期等）与资源有复杂的交互作用。资源计划是总计划的一部分，它受整个设计方案和实施方案的影响很大。

（1）在作设计和计划时必须考虑设备和材料市场供应条件、供应能力，否则设计和计划会不切实际，造成变更。所以资源计划不是被动地受制于设计和计划（实施方案和工期），而应积极地对它们进行制约，并作为它们的前提条件。

（2）项目的范围、技术设计和实施计划的任何错误，或变更都可能导致材料积压、无效采购、多进、早进、错进和缺货等，造成资源使用的浪费，甚至影响工期、质量和工程经济效益，还可能产生争执（索赔）。例如，在实施过程中增加工程范围、修改设计、停工、加速施工等都可能导致资源计划的修改，资源供应和运输方式的变化，以及资源使用的浪费。

5. 项目资源的供应是一个动态的过程，它随着项目的范围、技术要求以及总体的实施计划和环境的变化而变化。资源供应受外界影响大，会有许多外部风险，而且这些风险常常不是项目本身能够控制的。例如：

（1）供应商不能及时交货。

（2）在项目实施过程中市场价格、供应条件变化大。

（3）运输途中由于政治、自然和社会环境等原因造成拖延。

（4）恶劣的气候条件，如冬雨季对资源供应的影响。

（5）用电高峰期造成施工现场停电等。

在国际工程项目中，材料、劳务、设备的入关，以及在竣工后设备和剩余材料的处理上受海关和海运的影响很大。

6. 对许多工程承包企业，资源的采购和供应主要是企业的工作，而且资源的计划和优化经常不是一个项目的问题，必须在多项目中协调平衡。例如，企业拥有的一定数量的劳动力和设备必须在同时实施的几个项目中均衡使用，所以应对这些有限的资源拟定一个能取得最佳整体效益的可行分配方案。

有时受资源的限制，使得一些可同时施工的项目必须错开实施，甚至不得不放弃可能获得的工程项目的机会。

7. 有时，在资源的限制方面，不仅存在上限定义，而且可能存在下限定义，或要求充分利用现有资源。在国际工程中，如果仅承包一个工程项目，没有多项目协调，则资源供应的刚性加大。例如，从国内派出100人，由于没有其他工程相调配，这100人必须安排在这项目中，既不能增加，也不能减少。在固定约束条件下，为使工程尽早结束，必须将一些工程活动分开，或提前（修改逻辑关系），或压缩工期以利用剩余的资源。这样会给项目的实施方案和工期计划的安排带来极大的困难。

在特殊情况下，资源的限制不是常值，而是变值。

四、资源计划中应注意的问题

1. 资源计划方法存在的基本问题

在20世纪60年代，项目管理软件能够提供资源的计划、组织与管理功能，可以进行资源的用量估算、资源计划曲线的绘制以及资源的平衡。但与工期、成本的计划和控制相比较，项目的资源管理未能得到应有的重视。据国外统计，资源和项目后勤管理的计算机软件的购买者比工期和成本管理软件的购买者少得多。根据对200名项目管理者调查，在项目管理软件系统中资源的计划和优化方法不太符合实际需要。[1]其原因如下：

（1）资源计划采用将资源消耗总量在工程活动持续时间上平均分配的模型。尽管这种模型在理论上是正确的，由于工程施工过程的不均衡性，造成资源使用是不均衡的，理想化的模型不能反映实际情况（参见本章附注2）。

(2) 现在计算机所提供的资源计划方法仅包括跟时间相关的资源使用计划，而项目的资源供应过程是十分复杂的，必须按使用计划确定供应计划，建立供应网络或供应链系统，这更重要。

(3) 用户对资源计划和优化方法，以及适用性了解不多，其结果又未被正确地、全面地解释。

因此，资源管理应引起实际项目管理者和研究人员足够的重视。近年来，供应链管理、物流管理引入工程项目和工程承包企业，大大拓展了项目资源管理的工作范围，提升了资源管理能力和水平。

2. 对大型工程项目和工程承包企业，资源应该统一计划、采购和库存管理，避免各部门或各项目，以及资源供应过程多头管理。我国许多大型工程项目，在结束时常常会积压大量的库存材料和零配件，而没有统一的资源管理体系是主要原因之一。

3. 资源的优先级问题

资源的种类繁多，管理者对资源的管理是区别对待的，在实际工作中用定义优先级的办法确定资源的重要程度。这样可以抓住主要矛盾，在资源计划、优化以及供应、仓储等过程中首先保证优先级高的资源。但是，不同的工程项目对优先级的定义通常有不同的标准。

(1) 资源的数量和价值量，即对价值量高、数量多的大宗材料必须优先特别重视。所以在项目初期必须进行ABC分类，在作计划时要抓住主要矛盾，如优先考虑A类材料和设备。

(2) 资源增加的可能性和获取过程的复杂性，即是否可以按需要增减。通常稀缺的资源，专门生产加工的、由专门采购合同供应的，或须到国外采购的材料，由于获取过程复杂、风险大，其优先级较高，而能在现场周围或当地市场可以随时采购的材料则优先级较低。

(3) 可替代性，即可以用其他材料代替的则优先级较低，而无替代可能的、专门生产的、使用面很窄的、不可或缺的材料，其优先级较高。

(4) 供应问题对项目的影响，有的货源短缺，或暂时供应不及时对项目的影响不大，如非关键线路上活动所需的资源。但有的资源是不可缺少的，否则会造成全部工程的停工，如主要机械设备、主要建筑材料和关键性的零部件。

资源的优先级常常不是根据一个项目上决定的，一般必须由企业管理层通盘考虑。

4. 项目资源使用的日历问题

某种资源的使用日历是指可以（或不可以）使用该资源（例如人员）的时间区段，例如，我国每周休息两天，通常在周六、周日休息，春节放假三天，中秋节放假一天，国庆放假三天等。

项目资源日历还可标识出该资源在可供使用期间内可供使用的数量限制。

第二节 资源需求计划

一、资源计划的主体

在工程项目中，最主要的资源计划主体（购买方）通常有：

1. 业主。在我国，业主承担大量的供应责任，如主要材料和生产设备的供应。

2. 承（分）包商。承（分）包商承担工程的施工任务，他可能需要原材料、周转材料、施工设备、劳务等。而 EPC 总承包商还负责成套生产设备的供应。

3. 资源供应方通常是材料和设备的供应商和生产厂家、劳务供应商等，他们有时也需要做资源供应计划。

二、资源计划过程

资源计划要确定资源的使用量和时间，以及对它们的采购、供应等工作全面、系统的安排，应纳入项目的整体计划和组织系统中。资源计划包括如下过程：

1. 按照项目目标、项目环境和供应条件，确定资源的采购和供应的策略。如哪些资源由自己组织采购和供应，哪些资源由承（分）包商组织采购和供应？所需的周转材料、设备和临时设施等是租赁还是购买？如何采购？通常有两种处理方法：

（1）将资源与工程施工结合委托出去，由承（分）包商承担相应承包范围内需要的材料、生产设备、施工设备和劳务等的供应责任，业主保持对资源供应过程监控的权利。

（2）业主（或总承包商）自行组织采购和供应，还可以分为两种方式：

1）由外部企业供应，必须通过招标方式选择资源供应商，签订正式合同；

2）由企业内部部门或子公司供应，如我国工程承包企业内部的材料和设备部门、劳务公司向施工项目供应原材料、周转材料、施工设备、劳务。通常按内部采购程序或内部合同获取相应资源，采购程序可以简化。

从项目管理的观点出发，无论是从外部供应商处购买，还是从企业组织内获得相关产品，其管理要求和过程是相同的，都需要在项目管理组织内设立相应的部门承担管理责任。

2. 在项目总目标、工程技术设计、项目结构分解和施工方案、总进度计划、质量要求和技术规范等的基础上确定各个工程活动的资源的种类、质量、用量要求。这可由工程量和单位工程量资源消耗标准得到，然后逐步汇总得到整个项目的资源总用量表。

3. 在工期计划的基础上，确定资源使用计划，即资源"投入量-时间"关系直方图（表），确定各种资源的使用时间和地点。

4. 资源供应情况调查和询价。要广泛调查，了解资源获得渠道，采购、供应和使用的制约条件，可供本项目使用的资源（例如人员、设备和物资）信息以及资源提供的能力、质量和稳定性，以此确定各个资源的单价，进而确定各种资源的费用。

对特殊的进口资源，应考虑资源的可用性、安全性、环境影响、国际关系和政策法规等。

5. 确定各类资源的供应方案、各个供应环节，并确定它们的时间安排。如制定材料设备的仓储、运输、生产、订货和采购计划，人员的调遣、培训、招雇和解聘计划等。这些供应活动组成供应网络，在项目的实施过程中，它与工期网络计划互相对应，互相影响。

6. 相关采购的招标工作过程和组织方面的安排。在项目的计划中，应为全部采购过程留出充分的时间。

7. 确定项目的后勤保障体系，如依据上述计划确定现场的仓库、办公室、宿舍、工棚和汽车的数量及平面布置，确定现场的水电管网及布置。

三、劳动力计划

（一）劳动力使用计划

劳动力使用计划是确定各类劳动力的需求量、投入量（劳动组合或投入强度），是劳动力计划的最重要的部分，它不仅决定劳动力招聘、培训计划，而且影响其他资源计划（如临时设施计划、后勤供应计划）。它又是成本计划中劳动力成本的计算依据。

1. 确定各活动工程量和劳动效率。在一个项目中，分项工程量一般是确定的，它可以通过图纸和规范计算得到，而劳动效率的确定十分复杂。劳动效率通常可用"产量/单位时间"，或"工时消耗量/单位工程量"表示。在建筑工程中劳动效率可以在《劳动定额》中查到，它代表社会平均先进的劳动效率。在实际应用时，必须考虑到具体情况，如环境、气候、地形、地质、工程特点、实施方案、现场平面布置、劳动组合等，进行适当调整。

2. 确定劳动力需求量。劳动力需求量是指完成一个项目、子项目、项目单元所需要的劳动力单位个数，通常以人时、人日、人周或人月为单位进行计算。项目劳动力投入总工时按照如下公式计算：

$$\text{项目劳动力投入总工时} = \Sigma \text{工程量}/(\text{产量}/\text{单位时间})$$
$$= \Sigma \text{工程量} \times \text{工时消耗}/\text{单位工程量} \qquad (10-1)$$

3. 确定各活动劳动力投入量（劳动组合或投入强度）。在确定每日班次，及每班次劳动时间的情况下：

$$\text{某活动劳动力投入量} = \text{劳动力投入总工时} \div (\text{班次}/\text{日} \times \text{工时}/\text{班次} \times \text{活动持续时间})\text{或}$$
$$= (\text{工程量} \times \text{工时消耗量}/\text{单位工程量})$$
$$\div (\text{班次}/\text{日} \times \text{工时}/\text{班次} \times \text{活动持续时间}) \qquad (10-2)$$

这里假设在持续时间内，劳动力投入强度是相等的，而且劳动效率也是一个常值。

在此，应注意如下几个问题。

(1) 在项目过程中，劳动效率不是一个常量，其变化是非常复杂的（参见本章附注1）。

(2) 在上式（10-2）中，工程量、劳动力投入量、持续时间、班次、劳动效率、每班工作时间之间存在一定的变量关系，在计划中它们常常可以互相调节。

(3) 在工程中经常安排混合班组承担一些工作包任务，则要考虑整体劳动效率。这里有时既要考虑到设备能力和材料供应能力的制约，又要考虑与其他班组的工作协调问题。

(4) 混合班组在承担工作包（或分部工程）时劳动力投入并非均值。例如，在第八章第二节基础混凝土浇捣的例子中，若采用顺序施工，则劳动力投入为图 10-1 (a)，而如果采用两个阶段流水施工，则劳动力投入为图 10-1 (b)。而专业工种投入的不均衡性更大。由于劳动效率不变，所以两图上面积（即代表劳动力总投入量）应是相等的。

4. 确定整个项目劳动力投入曲线。这与前面的成本计划相似。例如，在前面网络分析的例子中（图 8-36），各活动劳动力平均投入量见图 10-2 的横道上，将某一时间上项目在本时间段的所有活动劳动力投入量相加，就可得到如图 10-2 所示的劳动力投入曲线。

5. 制定现场其他人员使用计划，包括为工人服务的人员（如医生、厨师等），工地警卫、勤杂人员、工地管理人员等，可根据劳动力投入量计划按比例计算，或根据现场的实际需要进行安排。

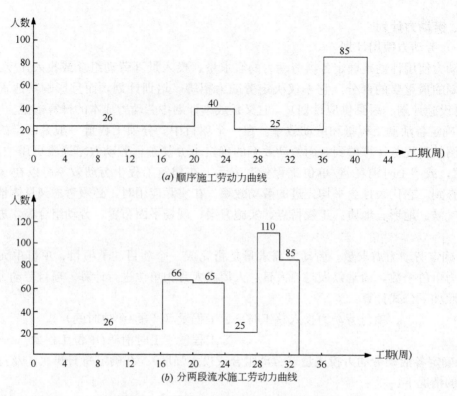

图 10-1 不同施工组织安排的劳动力曲线

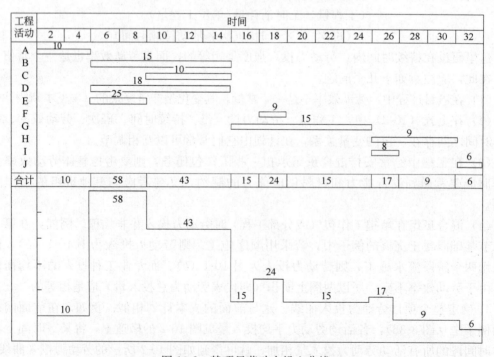

图 10-2 某项目劳动力投入曲线

（二）劳动力的招雇、调遣、培训和解聘计划

为了保证劳动力的使用，在此之前必须进行招雇、调遣和培训工作，工程完工或暂时

停工必须解聘或调到其他工地工作。这必须按照实际需要和环境等因素确定培训和调遣时间的长短，尽早安排招聘，并签订劳务合同或工程的劳务分包合同。这些计划可以根据具体情况以及招聘、调遣和培训方案，由劳动力使用计划向前倒排，做出相应的计划安排。

劳动力的招雇、调遣、培训和解聘计划应该被纳入到项目的准备工作计划中。

（三）其他劳动力计划

作为一个完整的工程建设项目，劳动力计划常常还包括工程运行阶段的劳动力计划，包括运行操作人员、管理人员的招雇、调遣、培训的安排，如对设备和工艺从国外引进的项目常常还要将操作人员和管理人员送到国外培训。

有的业主希望通过项目建设，有计划地培养一批项目管理和运行管理的人员。

四、材料和设备需求计划

（一）材料和设备的供应过程

1. 材料供应过程

材料供应计划的基本目标是将适用的材料，按照正确的数量在正确的时间内供应到正确的地点，以保证项目顺利实施。从材料的使用计划到实际使用之间，有一个复杂的采购和供应过程（图10-3），必须在整个过程的各个环节进行准确的计划和有效的控制。

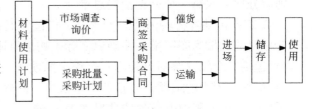

图 10-3　材料供应子网络

材料供应通常包括以下步骤。

（1）作材料需求计划表，包括各种材料说明、数量、质量、规格，并作需求时间曲线。

（2）市场调查。了解市场供应能力、供应条件、价格等，了解供应商名称、地址、联系人，有时也可直接向供应商询价。

（3）制定采购供应计划，筹划主要的供应活动。在施工进度计划编制的基础上，建立供应活动网络，确定各供应活动时间安排，形成工期网络和供应子网络的互相联系、互相制约。

（4）订货，签订采购合同。

（5）运输安排。为了保证及时供应，有时需要提前催货。

（6）进场及各种检验工作。

（7）安排仓储等事宜。

2. 设备供应过程

设备供应比材料供应更为复杂，主要体现在如下方面：

（1）生产设备通常是成套供应的，它是一个独立的工程系统，不仅要求各组成部分质量高，而且要保证系统的运行效率，达到预定的生产能力。

（2）为保证设备供应，有时要介入设备的生产过程，对其质量进行控制，而材料一般仅在现场作材质检验。

（3）要求设备供应商辅助安装、作指导，协助解决安装中出现的问题。

（4）有时还要求设备供应商为用户培训操作人员。

（5）设备供应不仅包括设备系统，而且包括一定的零配件和辅助设备，还包括各种操作文件和设备生产的技术文件,以及相关软件、维修手册,甚至包括设备运行的规章制度等。

(6) 设备在供应(或安装)后必须有一个保修期(缺陷责任期),供应方必须承担设备运行中的相关责任。

因此,设备供应过程更复杂,更具有系统性,常常需要一个更为复杂的供应子网络。

(二) 材料需求计划

需求计划是按照工程范围、工程技术要求和工期计划等确定的材料使用计划。它包括两个方面的内容。

1. 各种材料需求量的确定

(1) 对每个工作包(如某分项工程的施工),按照设计文件(图纸、设计规范)和实施方案,确定它的工程量,以及具体材料的品种、规格和质量要求。

(2) 按照材料消耗标准(定额)、历史工程资料或以往工程的经验,确定该工作包的单位工程量的材料消耗量,作为材料消耗标准。

则该分项工程每一种材料消耗总量为:

某工作包某种材料消耗总量=该工作包工程量×(材料消耗量/单位工程量)

若材料消耗量为净用量,在确定实际采购量时还必须考虑各种合理的损耗。例如:

1) 运输、仓储(包括检验等)过程中的损耗。

2) 材料使用中的损耗,包括使用中散失、破碎、边角料的损耗。

例如,一个工程中电梯预埋件尺寸为 A 种:$1200×80×12$,B 种:$400×150×12$,C 种:$700×80×12$,现总共需要 A 种 118 块,B 种 775 块,C 种 404 块,而市场上钢板定型尺寸为 $6000×1250×12$。则必须按市场定型尺寸放样,确定采购量。在此要应用运筹学的方法进行优化。

(3) 编制材料清单。按照上述计算结果,将该工程项目中不同分项工程的同种材料量进行汇集求和,可得该工程项目的材料用量表。同时,将材料消耗量作为消耗指标随任务下达作为材料控制标准。

工程设备的需求量的确定,一般由设计单位负责编制设备清单,并作为采购工作的依据。

2. 材料需求时间曲线

材料是按时、按量、按品种规格供应的。材料供应量与时间的关系曲线按以下步骤确定。

(1) 将各分项工程的各种材料消耗总量分配到各个分项工程的持续时间段上,通常是平均分配。但有时要考虑到在时间上的不平衡性,如基础工程施工,前期工作为挖土、支模、扎钢筋,混凝土的浇捣却在最后几天,所以钢筋、水泥和沙石的用量是不均衡的。

(2) 将各工程活动的材料耗用量按项目的工期求和,得到每一种材料在各时间段上的使用量计划表。

(3) 作使用量-时间曲线

材料供应的计划方法、过程和结果表达方式与前述的劳动力使用计划几乎完全相同。

由于一切材料供应工作都是为正常使用服务的,项目管理者必须将该计划下达给各个环节上的相关人员(如采购、运输、财务、仓储),以使大家目标一致。

第三节 资源供应过程安排

一、市场调查

采购要预先明确费用目标，对材料设备表所列的物资进行市场调查和询价，确定资源的供应渠道和可供选择的供应商。由于现代大型工程项目都采用国际采购，所以常常必须观察整个国际市场，在项目中进行国际性生产要素的优化组合。

1. 项目管理者必须对国内外市场一目了然，进行广泛调查、从各方面获取信息，建立产品供应商名录，及时准确地了解市场和供应商的供应能力、供应条件、价格、质量及其稳定性等。对大型工程项目和大型工程承包企业应建立全球化采购的信息库。

应考虑资源的约束条件，如可用性、安全性、环境和文化因素。同时，应尽可能地利用当地市场和自然资源，以提高资源供应的效率和经济性。

2. 由于各国、各地区资源供求关系、生产或供应能力、材料价格、运费、支付条件、保险费、关税、途中损失和仓储费用等各不相同，因此，确定材料采购计划时必须分析资源在各个环节的开支情况，计算它们的到岸价格，进行不同方案的总采购费用比较。

3. 在市场调查时要考虑到对资源采购有影响的风险，例如，海运的拖延、关税的变化、汇率的变化、国际关系、政府政策和法规的变化都将带来影响。

4. 对承包商负责采购的资源，由于在主合同工程报价时尚不能签订采购合同，只能向供应商询价。询价不是合同价，没有法律约束力，只有待承包合同签订后才能签订采购合同，应防止供应商寻找借口提高供应价格。为了保障供应和稳定价格，最好选择有长期合作关系的供应商。国际上许多大的承包商都在当地结识一些供应商或生产者，在自己的周围有一些长期的较为稳定的合作伙伴，形成稳定的供应网络。这对投标报价和保障供应是极为有利的，甚至有的承包商（供应商）为了保持稳定的供应渠道，直接投资参与材料生产。

二、资源采购计划

采购应有计划，以便进行有效的采购控制，并随着项目的实际工作进度修改供应计划，或根据采购情况调整施工进度。采购计划是在工期计划和资源计划的基础上对属于自己负责采购的材料、设备的采购工作进行总体的全面的安排。这种采购工作包括以下内容。

1. 确定各个资源的供应方案，分解采购活动，编制采购供应网络，并进行相应的时间安排。如材料设备的采购订货、运输、进场及各种检验工作、仓储、使用等，形成完整的供应网络，并建立采购管理组织，安排负责采购过程中各个环节管理工作的人员，明确采购分工及有关责任。

在采购计划中应特别关注对项目的质量、工期和成本目标等有重大影响的物品的采购。

2. 确定采购批量和采购时间

（1）采购批量。供应时间和批量存在重要的关系，在采购计划以及合同中必须明确材料供应的时间和数量。按照库存原理，供应的时间和数量之间存在如下关系：供应间隔时间长，则一次供应量大，采购次数少，可以节约采购人员的费用以及各种联系、洽商和合

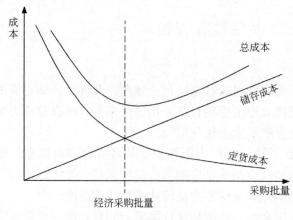

图 10-4 经济采购批量的确定

同签订费用。但是，大批量采购使仓库储存量增大，保管期延长，保管费用提高，资金占用时间拉长。

对每一个具体项目，理论上存在经济采购批量，它可以由图 10-4 确定。许多库存管理和财务管理的书籍对此均有介绍。但由于工程项目的生产过程是不均衡的，经济采购批量模型在其中的可用性较差，而且以下因素对采购批量将产生影响：

1) 大批量采购可以获得价格上的优惠。

2) 早期大批量采购可以减少通货膨胀对材料费用的影响。

3) 除经济性外，还要综合考虑项目资金供应状况、现场仓储条件和材料性质（如可保存期）等因素。

4) 对国际采购和供应比较困难的材料一般要求大批量采购。

(2) 采购时间。通常采购时间与货源有关。

1) 对具有稳定货源，市场上可以随时采购，随时供应的材料，采购周期一般 1~7 天。

2) 间断性批量供应的材料，两次订货期间可能会脱销的，周期为 7~180 天。

3) 订货供应的材料，如进口材料和生产周期长的材料，必须先订货再供应，供应周期为 1~3 个月。常常要先集中提前订货，再按需分批到达。

对需要特殊制造的设备，或专门研制或开发的成套设备（包括相关的软件），其时间要求与采购过程要专门计划。例如，地铁项目的盾构采办期需要 8~12 个月。

3. 选择采购方式。工程项目中所采用的采购方式较多，常见的有：

(1) 直接购买。即到市场上直接向供应商（如材料商店）购买，不签订书面合同。这适用于临时性的、小批量的、零星的材料采购。当货源比较充足且购买方便，则采购周期可以缩短，有时 1 天即可。

(2) 供求双方直接洽商，签订合同，并按合同供应。通常需方提出供应条件和要求，供方报价，双方签订合同。

这适用于较大批量的常规材料的供应。需方可能同时向许多供应商询价，通过货比三家，确定价格低而合理、条件优惠的供应商。为了保证供应质量，常常必须要求先提供样品认可，并封存样品，进货后对照检验。

(3) 采用招标的方式。这与工程招标相似，由需方提出招标条件和合同条件，由许多供应商同时投标报价。通过招标，需方能够获得更为合理的价格，取得条件更为优惠的供应。一般大批量材料和大型设备的采购、政府采购都采用该方式，但其供应时间通常较长，需要对招标投标过程进行详细的安排。

三、资源采购过程

1. 编制询价文件。根据材料和设备的采购计划编制询价文件，按照采购方式的不同，询价文件有如下几种：投标邀请书、征求建议书、询价书、招标通知、洽谈邀请等。

2. 进行供应商资格预审，确认合格供应商，编制项目询价供应商名单。

选择合格的供应商是项目采购成功的前提，建立完善、公开、严格的供应商选择程序，有利于保证项目供应，实现项目质量控制目标。供应商应符合如下基本条件。

（1）供应商应有生产许可证，有完整并已付诸实施的质量管理体系，对承压产品、有毒有害产品和重要机械设备等的采购，应要求供应商具备安全资质、生产许可证及其他特殊要求的资格。

（2）有满足产品质量要求的生产设施、装备、生产技术和管理人员。

（3）有良好的商业信誉、资信情况和财务状况。

（4）有能力保证按合同要求准时交货。

（5）类似产品具有成功的供货及使用业绩。

项目采购应尽量避免"独家供货"。

3. 评审投标文件，确定供应商。通常需要对投标文件进行有关技术标、商务标的评审，在此基础上，进行综合评审，确定中标供应商。

4. 签订采购合同

作为需方，在合同签订前应提出完备的采购条件，让供方获得尽可能多的信息，以使其及时地、详细地报价。采购条件通常包括以下技术要求和商务条件。

（1）技术方面要求，包括采购范围、使用规范、质量标准、品种、技术特征。

（2）交付产品的日期和批量的安排。

（3）包装方式和要求。设备材料的包装应符合合同规定或国家标准规定，满足多次装卸和搬运的要求及运输安全、防护的要求。

（4）交接方式。通常有在厂接货，或供货到港，或到工地，或其他指定地点。

（5）运输方式。

（6）相应的质量管理要求、检验方式、手段及责任人。

（7）合同价款及其包含的内容、税收的支付、付款期及支付条件。

（8）保险责任。

（9）双方的权利和违约责任。

（10）特殊物品，如危险品的专门规定。

对设备的采购还应包括生产厂家的售后服务和维修，配件供应网络等。

不同的合同条件，供方的责任不同，则其报价也有所不同。

5. 在国外大型工程项目中设置专门的催货人员，在采购合同签订之后，他负责协调、督促供货厂商按合同规定的进度交货。他的主要工作职责是：

（1）按供应计划和合同催促供应商及时发货，监督和跟踪货物的运输过程；

（2）预测（或推算）货物到达现场的日期，对供应和运输的拖延提出预先警告；

（3）发现供货进度已出现的或潜在的问题，及时报告；

（4）一旦某一批材料或设备出现供货进度拖延，应督促供应商采取必要的补救措施，或调整项目进度，或采取有效的财务手段和其他控制措施，防止进度拖延和费用超支；

（5）对设计和计划调整造成供应的任何变更（如提前、推迟、增加、减少发货要求）及时与供应商联系，并督促其他方面做好准备等。

四、运输安排

运输是指供应商提供的设备材料经验收后,从采购合同(或订单)规定的发货地点及时、安全运抵施工现场或指定仓库的过程,其工作内容一般包括:选择运输方式和运输公司、签订运输合同、包装、办理运输保险、运输、报关、清关、转运,以及现场交接手续等。

运输拖延会造成现场停工待料、工期拖延,并会引起索赔,而到货太早则不仅使材料价款提前支付,增加资金占用,而且会加大库存面积,有时还会造成现场秩序混乱和二次搬运。

通常按照不同的采购合同,有不同的运输责任人。例如:

(1) 工地上接收货物(即为供方最大责任)。

(2) 到生产厂家接收货物(即为供方最小责任、需方最大责任)。

(3) 在出口国港口交货。

(4) 在进口国港口交货等。

除了上述第一种情况外,需方都有运输的任务。在运输过程中涉及很多问题。

1. 运输方式的选择。通常有海(水)运、铁路、公路、航空等方式,不仅要符合工期要求,还要考虑到价格、气候条件、风险因素,货物的包装、形状、尺寸、供应方式等。

2. 承运合同的洽商。

3. 进出口海关税及限制。要及时准备进口审批文件及免税或补贴文件等。如果文件有错、不完全,则会延误进出口手续的办理,造成货物在港口积压。

4. 运输时间应纳入总工期计划中,应及早地订好仓位及交货时间,及时催货,并在运输过程中不断地跟踪货物。

5. 特殊运输要求,如对危险品,以及体积大、单位重量大的专有设备的运输,则要考虑到一些特殊方运输方案,进行专门的运输组织,如:

(1) 对危险品运输需要制定特殊的保护措施,特殊的运输包装以及特殊的运输设备;

(2) 对超限(如超长、超重、体积特大)的构件和设备的运输,要选择经济安全的运输路线,考虑隧道的可通行性,桥梁的承载力,道路的宽度、等级等;

(3) 有时需要加固沿途的桥涵、道路和进行交通管制;

(4) 特殊的装卸机械安排等。

这些不仅影响工程进度、成本和质量目标,而且会危及工程安全。对此要制定专门的计划,在运输前应准确了解运输包装图、装载图和运输要求等资料;对沿线情况进行全面调查,必要时进行实地考察;编制严格的"运输实施计划",对运输工具、线路、程序做出精确安排;编制运输工作子网络,有时需要以小时或分钟作为时间计划单位。

五、进场和工地储存

由于工程施工过程的不均衡性,材料不可能供应到现场就投入使用,即现场零库存。一般都要在工地上自觉地或不自觉地储存。现场仓储是必需的,但工地上的仓库通常很小(特别对场地紧张的工程、市区工程),费用高(由于仓库是临时建造的,费用摊销量大),而且可能导致现场的二次搬运。

1. 必须将材料使用计划、订货计划、运输计划和仓储量一齐纳入到工期计划体系中,用计算机进行全方位管理。这样可以减少仓储量，在国外项目中取得了很大的成功。

2. 应注意工程进度的调整和工程变更的影响，如由于设计变更、业主调整进度计划、承包商施工拖延时，则整个材料供应计划都要调整，否则会造成仓储空间不够，或大量材料涌入现场。同时，应注意及时发现采购订货、运输、分包商供应中的问题，及时调整施工过程，以减少或避免损失。

3. 仓储面积的确定及其布置。仓储面积按照计划仓储量和该类材料单位面积的仓储量计算。各种材料单位面积的仓储量有参考数字可以查阅（见参考文献16）。

4. 设备、材料进场应按合同规定对包装、数量及材质作检查和检验。检验工作是质量控制的关键环节。进场的材料设备必须做到质量合格，资料齐全、准确。

如果进场时发现损坏、数量不足、质量不符，应及时按责任情况通知承运部门、供应单位或保险公司调换、补缺、退还或索赔，同时对由于设计变更、工程量增（减）等问题造成进货损失的，也应及时提出索赔。

5. 选择合适的存放场地和库房，合理存放，确保储存安全。材料应堆放整齐，账卡齐全。应有材料发放和领用制度，明确领发责任，履行领发手续。

6. 保证有一定量的库存，既要符合施工要求，又要防止风险，而且项目结束时剩余量较少。

7. 现场应设仓储管理人员，进行全面库存管理。在实际工作中，尽管精心计划，但干扰因素太多，涉及单位较多，材料（设备）常常不能准时到货，或早或迟，所以要建立一整套材料使用、供应、运输、库存情况的信息反馈和报警系统。它能及时反映库存量、计划量，每日结算，每月（旬）提出报表，以发现材料的使用规律。

六、进口材料和设备的采购

进口材料必须符合工程所在国政府对进口管理的规定，不能计划使用不许进口的物品。由于进口材料和设备的供应过程十分繁杂，一般包括出口国国内运输、出关、海运、入关和进口国国内运输等，有一整套非常复杂的手续和工作程序，风险更大，所以应有更为严密的计划性，同时又应留有较大的余地。

1. 办理进口许可证。任何进口物品必须有许可证。如果按规定可以免税的，则要申请免税，批准后才能进口。

2. 运输保险，就进口材料的运输进行投保。

3. 清关。进口产品应按国家规定和国际惯例办理报关和商检等手续。清关有一套程序和手续，特别是单据应齐全，否则会被没收或罚款，例如，许可证、保险单、提货单、发票、产地证明书、装箱单、采购合同、卫生检查（或检疫）证明，有些发票或证明还必须经过公证或认证。有些进口材料和设备应会同有关部门进行检查和检疫。

4. 在合同的签订、生产制造和运输过程中应有一套更为严密的跟踪控制措施。

七、其他后勤保障计划

按照合同或任务书规定，项目管理者负责的范围一般还包括其他后勤保障工作，例如：

1. 现场工作人员生活设施的计划及其供应安排，如宿舍、食堂、厕所、娱乐设施等。

（1）生活设施需要量的确定。按劳动力曲线确定的现场劳动力最大需要量以及相应的勤杂、管理人员使用量为依据，人均占用面积可以按过去经验数据或定额计算。在有的国家，它不得小于法律规定的人均最小面积。

（2）供应量的确定。一般参考以下三个方面：

1）首先应考虑现场或现场周围已有的可以占用（如借用、租赁）的房屋，这一般比较经济。

2）在工程实施过程中可以占用的、已建好的永久性设施。如已建好的但未装修的低层房屋，可以暂时用作宿舍、办公室或仓库。这要综合考虑工程建设计划和资源需求计划。

3）准备在现场新建的临时设施，用以补充上述供应的不足。

（3）生活用品的供应，如粮食、蔬菜等，这些一般按现场人员数量以及人均需要量确定相应的供应计划，并确定相应的货源。

（4）按上述计划确定现场的仓库、办公室、宿舍、工棚、车库的数量及平面布置。

2. 现场水电管网的布置。这涉及水电专业设计问题。一般考虑工程中施工设施运行、工程供排需要、劳动力和工作人员的生活、办公、恶劣的气候条件等因素，设计施工现场的水电管网系统。

八、资源供应中的几个实际问题

1. 由于供应对整个工程工期、质量和成本产生影响，所以应将其作为整个项目甚至整个企业的工作，而不能仅由部门或个人垄断。例如，采购合同和采购条件的起草、商谈和签订要有几个部门共同参与，技术部门在质量上把关；财务部门对付款提出要求，安排资金计划；供应时间应保证工期的要求；供应质量要有保证。

2. 在国内外工程中采购容易产生违法乱纪行为，所以国家对工程项目的采购制定了专门的法律和法规，必须严格执行。同时，在企业内部和项目内部必须设置严密的管理组织和管理程序，对采购过程进行严格控制。作为项目经理、业主以及上层领导应加强采购的管理，特别要使采购过程透明，定标条件明确，决策公开。采购过程中，项目各职能部门之间应有制衡和监督，如，提出采购计划和要求、采购决策、具体采购业务、验收、使用等应由不同的人员负责，以避免违纪现象。采购中还价和折扣应公开，防止因关系户、计划失误等干扰因素而盲目采购、一次采购量过大或价格过高。

3. 为了确保设备、材料的质量符合合同的规定和要求，有时还要对设备、材料制造过程进行检验或监造，在出厂前做最终检验。在承包合同或供应合同中应明确规定相应的权利。

4. 在施工设备采购供应中应注意以下问题：

（1）对施工设备方案要考虑：是采购还是租赁？是修理旧设备还是购买新设备？采购什么样的设备（进口先进的或一般的，一套大设备或几套小设备）？采购哪个供应商的？

（2）设备操作和维修人员的培训及保障。在许多国际工程中常常由于操作人员不熟悉设备，不熟悉气候条件造成设备损坏率高，利用率低，折旧率高。

（3）保障设备配件的供应。施工设备零配件的储存量一般与以下因素有关：

1）供应商的售后服务条件，是否有完备的售后服务网络；维修点的距离，如工地附近有无维修站点，供应商保证在多少时间内提供维修服务；以及零配件供应价格。

2）工期的长短。

3）磨损量和更换频率等。

在许多工程项目中,由于零配件无法提供或设备维修问题而导致大量设备停滞,使用率降低;或设备买得起,但用不起。若供应商在工程项目附近有维修点、供应站,则可以大大减少备用设备和配件的库存量。

在国际工程中,由于零配件的海运期约为3~5个月,一般对3年以上的工程,开工时至少准备一年的零配件。对重要的工程或特别重要的设备零配件应有充足的储备。在某国际工程项目中,由于挖土机密封垫圈损坏,无法施工,而当地无法供应,承包商派专人花费1000多马克乘飞机,将仅仅值0.77马克的垫圈从国外送达工地。

第四节 资源计划的优化

一、概述

在资源计划过程中,各种资源的获得、供应、使用有许多种可供选择方案,则可以进行优化组合。在保证实现目标的前提下选择最合理的方案,或实现收益(利润)的最大化,或成本(或损失)的最小化。

资源计划的优化有时很简单,有时须进行非常复杂的技术经济分析和运筹学计算;有的可以从宏观角度,有的必须从微观角度进行分析;有时可以采用定性分析方法,有时需采用定量分析方法;有时是单一因素分析,有时是多因素分析等。其内容极其复杂,例如:

1. 选择资源消耗少的实施方案;
2. 优化资源计划,达到比较均衡地使用资源;
3. 充分利用现有的企业资源,即现有的人力、物力、设备;
4. 充分利用现场或周边可用的建筑材料、已有建筑,以及已建好但未交付的永久性工程;
5. 优化资源供应渠道,在采购中货比三家,广泛询价,以降低采购费用;
6. 优化采购批量和价格,综合考虑采购批量、价格折减、付款期、现场仓储条件和成本等因素;
7. 对大宗材料和高价设备采购,必须将合同价格与付款方式、付款期、资金成本、纳税方式、合同中的分配风险、运输责任等综合考虑,进行优化;
8. 采购时间与价格的优化,如春节前、圣诞节前,许多供应商会降低价格甩卖;
9. 如果预计物价会有大幅度上涨,可以在市场价位较低时进行大批量采购;
10. 对供应商投标的评价不仅应考虑供应价格,也应考虑其他相关费用,如使用、维护、执照、运输、保险、关税、兑换率变化、检验、质量审核和偏差解决等费用。

工程项目资源计划的优化问题最重要的是掌握大量的市场信息,多做对比分析。

二、资源的平衡及限制

在网络分析后通常按照最早开始与完成日期输出进度表,并按照这种进度表输出资源使用计划(曲线)。由于工程的建设过程是一个不均衡的生产过程,资源品种和用量常常会随时间进展发生很大的变化(图10-2)。资源的不均衡性对施工和管理影响很大。在实际工程项目中常出现如下问题。

1. 能否通过合理的安排,在保证预定工期的前提下,使资源的使用比较连续、均衡,如避免劳动力过于集中使用和脉冲式使用，或在特殊情况下能充分使用预定量的资源。

2. 在限定的资源用量的情况下，能否按照预定的工期完成工程建设，即某种资源的使用量不超过规定的条件（资源限制），并使工期尽可能地缩短。

以上这两个问题实质上又可以统一成一个问题：即在预定工期条件下削减资源使用的峰值，使资源曲线趋于平缓。

（一）资源计划优化的方法

资源的平衡一般仅对优先级高的几个重要的资源，其方法很多，但各个方法的使用和影响范围各不相同。

1. 对一个确定的工期计划，最方便、影响最小的方法是通过非关键线路上活动开始和结束时间在时差范围内的合理调整达到资源的平衡。例如在图 10-2 的劳动力计划曲线中，如果本工程劳动力可用量（限制）仅 45 人，要求保证工程的顺利实施，经分析 E 活动可以在第 5 周至 25 周之间实施。图 10-2 为按最早时间安排的劳动力计划最多需要 58 人，因在第 5 周至 10 周工程不能实施（资源不够），则可以将 E 活动安排在第 20 周至 24 周进行，得到图 10-5 所示的劳动力计划曲线，这时劳动力最高需要量为 43 人，符合限制要求。有时，这种优化活动要进行很多次，现在的一般项目管理软件均包括资源优化的功能。

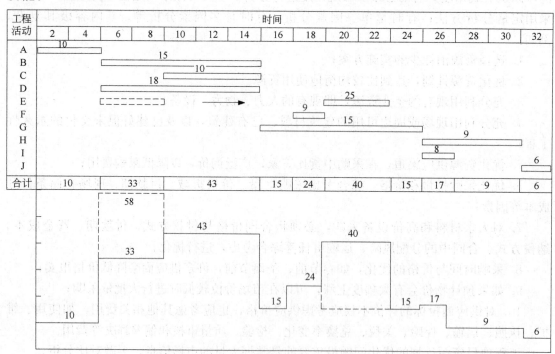

图 10-5 劳动力资源平衡进度表

经过资源平衡后编制的进度计划表，有时叫作资源平衡（制约）进度表。

2. 若非关键线路的活动经移动后仍未达到目标，或希望资源使用更为均衡，则可以采取以下措施。

（1）考虑减少非关键线路活动的资源投入强度，相应延长它的持续时间，自然这个延长必须在它的时差范围内，否则会影响总工期。

（2）也可以考虑根据不同的资源日历，利用延长日工作时间，或在周末工作或选定多班次工作的办法缩短关键活动的持续时间。

（3）提高劳动生产率也能在不改变工程活动持续时间的情况下减少资源的使用量。

例如，本例中如果劳动力限制为40人，调整后的计划中在11周至15周需43人，不能符合要求，再用非关键活动移动已很难解决该问题，这时可以考虑将C活动的劳动力由10人减少至7人，这样C的持续时间变为9周，则得到一个新的网络和符合要求的劳动力曲线。

这样资源投入强度为40人，符合限制条件。若总投入限制为35人，则可以用同样的方法压缩B和E活动的劳动力投入，达到目的。但经过这样调整后，可能会出现多个关键线路。

3. 如果非关键活动的调整仍不能满足要求，尚有如下途径。

（1）修改工程活动之间的逻辑关系，重新安排施工顺序，将资源投入强度高的活动错开施工。

（2）改变方案采取高劳动效率的措施，以减少资源的投入，如将现场搅拌混凝土改为商品混凝土以节约人工。

（3）压缩关键线路的资源投入，当然这必将影响总工期。

对此要进行技术经济分析和目标的优化。

（二）资源计划优化带来的问题

经过上述资源优化，会促使项目资源的使用趋于平衡。但它的副作用又是非常明显的。

1. 加大了计划的刚性，使非关键活动的时差减小或消失，或出现多条关键线路，或会改变原来的关键路线。在施工过程中一旦再出现微小的干扰，就会导致工期的拖延。

2. 资源投入的调整可能会引起劳动组合的变化，不能充分有效地利用设备，不符合技术规范等，甚至由于人员减少造成工程小组工作不协调，进而影响工作效率和工程质量。

三、多项目的资源计划和优化

工程承包企业和大型工程项目（或项目群）常常需要编制多项目的资源计划，这就存在多项目的资源分配和平衡问题。在多项目情况下，资源的优化更为复杂和困难，因为多项目需要同一种资源，而各项目又有自己的目标。通常有以下两种情况：

1. 如果资源没有限制，即有足够数量的资源，则可将各项目的各种资源的需要量按时间取和，统一安排资源计划。可以通过定义一个开始节点，将几个项目网络计划合并成一个大网络计划，或用高层次的横道图分配资源，综合安排资源的采购、供应、运输和储存。

2. 如果有资源限制，则资源管理部门要优化资源就存在双重的限制。

（1）尽可能满足每个项目的需求，保证每一个项目按照计划顺利实施。

（2）多项目（企业）的资源（特别是劳动力）供应尽可能均衡。

一般先在各个项目中进行资源优化，再统一纳入总网络计划中进行平衡，如果在某个时期企业某种资源确实无法保证供应，则可以按项目的重要程度定义优先级，首先保证优先级高的项目，而将优先级低的项目推迟实施，或将优先级较低的项目活动作为资源调节的余地。

附注1：在整个项目过程中，甚至在一个工程活动中，劳动效率并不是一个衡定的值，它在持续时间内不断变化。

1. 通常，劳动效率曲线可见图10-6。这种劳动效率曲线符合在第六章第二节中描述的项目团队建设过程的规律性。

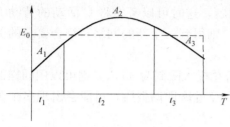

图10-6　劳动效率曲线

（1）在工程活动刚开始的一段时间内（t_1阶段），劳动效率处于比较低的水平，其原因为：

1）项目刚开始，项目成员的工作目标不明确，对计划不熟悉，角色不清楚，工人不熟悉施工工艺等。

2）项目组成员对本项目的管理规则不熟悉，对新的工作环境需要适应的过程。

3）项目组成员之间还不熟悉，沟通困难，组织相对松散。

4）项目前期工作比较琐碎，相当费时间，但在工作成果中又反映不出来。

5）项目的各项资源可能还未到位。

这些问题在项目的进行过程中会逐步改善，在一定时间内劳动效率会逐步提高。

（2）当运行到一定阶段（进入t_2阶段），其效率提高到一定程度后便相对稳定，维持在较高水平上，不能再无限提高了。

（3）在项目结束前（即t_3段），劳动效率会有所下降，这是由于存在如下问题：

1）客观原因，如项目结束前的一些扫尾工作比较烦琐且费事，如零星工程较多，工程量不足；须作工作总结、项目检查、文件收集整理、场地清理；有项目交接、设备材料的清点移交等手续。

2）心理原因。如由于项目组织行将解散，项目成员需寻找和适应新的工作，对留下的工作失去兴趣；有人尚未找到新的工作而采取拖延策略，使项目进度缓慢；对项目内的经济分配不满意等。

3）项目结束工作的计划性和受重视的程度。如果项目因快结束而不再受到上层的重视或其资源配置的优先级下降，t_3阶段就会较长。在实际工程中，许多项目都是虎头蛇尾。

通常无论怎样计划和管理，人们怎样积极工作，在t_1和t_3阶段相对低的效率都是不可避免的。

2. 项目组织效率曲线的特征及平均效率由如下因素所决定：

（1）项目组织自身素质。具体来说：

1）项目组织中每个个体的素质，包括敬业精神、人员的培训程度和专业技术的熟练程度；人们的劳动积极性等。

2）项目成员的合作关系，团队精神，组织目标的一致性。

3）项目的工作气氛。良好的工作气氛可以激发人们的工作热情，产生更高的劳动效率。

4）信息沟通情况。良好的信息沟通能加强群体的合作，能扩大资源共享空间，使劳动效率提高。

5）项目的组织程度。在劳动力计划中应考虑到班组的人员层次、专业和技术等级级配。在工程中，工人在不同的工种间和工作岗位上频繁的调动，高技术等级的人员做低技术等级的工作都会影响士气，降低劳动效率。

6）组织对环境的适应能力。环境的变化会对劳动效率产生冲击，若组织对变化的反应快，并能适应变化，则劳动效率较高。

（2）技术装备水平。设备和小型工器具的状态和配套情况、使用效率、维修状况、对环境的适用性。

（3）项目管理水平，项目组织和计划的科学性。除了通常的一些影响因素外还有：

1）计划期和准备期的长短。工程实践证明，如果项目计划期和准备期短，则t_1阶段时间会大大延长，项目会长期处在混乱的低效率状态下实施。

2) 项目受重视的程度。一个项目能长时期地受到上层组织或业主的重视和支持，不仅项目资源能得到保障，而且项目组能得到激励，则其效率能长时间维持较高水平。

3) 如果项目分解太细，分标太多，项目组织的专业化分工太细，则项目的组织效率较低。

① 下层组织单元太多，则组织协调困难；

② 与项目工作相关的前导性的工作（如招标、技术交底、实施准备）和前后工作之间的衔接工作（如阶段性检查、验收、评价）太多，太琐碎，而且不能穿插进行。

③ 单项工程量太小，使它的 t_2 时间段很短，造成平均劳动效率降低。通常一项工作的工程量越大，平均劳动效率就越高，主要是 t_2 持续时间较长。

(4) 环境条件，如场地的大小及舒适程度、气候适宜性、运输条件、项目与环境界面的复杂程度等。

(5) 其他因素，包括：工程项目的结构特性、项目的复杂程度和新颖性、工期的紧迫性。项目越复杂越新颖，t_1 阶段时间越长。因为组织需要对复杂的项目有一个较长的认知和熟悉的过程。

要想达到并保持高的劳动效率，就必须通过一定的手段和方法改善上述这些因素。

附注2：在一些项目管理软件中，用户可以根据活动的具体情况选择不同的资源分布规律模型，如：

1. 平均分布，即在持续时间上资源投入强度相等；
2. 正态分布，即按照正态分布曲线分布；
3. 递增式分布，即按算术级数递增；
4. 递减式分布，即按算术级数递减；
5. 梯形分布；
6. 三角形分布等。

复习思考题

1. 简述资源供应的要求及其重要性。
2. 举例说明项目可能存在资源的上限限制、下限限制。
3. 简述资源计划和工期计划的关系。
4. 简述资源计划与成本计划的关系。
5. 以国际工程承包项目为例，说明劳动力供应过程的复杂性。
6. 简述采购批量、定货成本和存储成本之间的关系。
7. 工程项目的劳动力曲线由哪些因素决定的？
8. 承包商劳动力使用计划的平衡对施工组织设计的其他内容有什么影响？对工程成本计划有什么影响？
9. 列举自己熟悉的资源优化方法并简述各种方法的优化思路。
10. 某工程由下表所列的工程活动组成：

活动	A	B	C	D	E	F	G	H	I	J
持续时间（日）	4	3	3	8	4	4	7	5	2	2
劳动力投入（人/日）	5	9	6	8	4	6	5	7	4	4
紧后活动	B,C,D	E	E,G	F,H	I	G	J	J	J	

要求：(1) 采用双代号网络图进行工期计划分析；

(2) 作劳动力曲线；

(3) 如果劳动力限制20人，请作新的工期安排。

11. 讨论题：减少施工现场材料库存有什么意义、风险和条件？

第四篇 实 施 控 制

第十一章 工程项目实施控制体系

内容提要：本章是"实施控制"篇的引导，其内容包括：
(1) 项目实施控制的基本概念。实施控制的内容包括进度控制、成本控制、质量控制等职能，还包括 HSE 管理、合同管理、风险管理等工作。
(2) 每一种管理职能都包括对实施过程的监督、跟踪、诊断和变更管理的过程。
(3) 工程变更管理。它是工程项目综合性管理工作。
(4) 工程项目结束阶段的管理工作。

第一节 概 述

一、工程项目控制的任务

在现代管理理论和实践中，控制的地位十分重要。在管理学中，控制包括提出问题、研究问题、计划、控制、监督、反馈等工作内容。[8]实质上它已包含了一个完整的管理全过程，是广义的控制。而本书中的控制是指在计划阶段之后对在项目实施阶段的控制工作，即实施控制，它与计划一起形成了一个有机的项目管理过程。

项目实施控制的总任务是保证按预定的计划实施项目，保证项目总目标和计划的圆满实现。

二、工程项目实施控制的必要性

在现代工程项目中，实施控制作为项目管理的一个独特的阶段，对项目的成败具有举足轻重的作用。其原因如下：

1. 项目管理主要采用目标管理方法，由前期策划阶段确定的总目标和经过设计和计划分解为详细目标，必须通过实施控制才能实现。目标是控制的灵魂：没有目标则不需要控制，也无法进行控制；没有控制，目标和计划就无法实现。

2. 现代工程项目规模大、投资大、技术要求高、系统复杂，其实施的难度很大，不进行有效的控制，必然会导致项目的失败。

3. 由于专业化分工，参加项目实施的单位多，项目的顺利实施需要各单位在时间上、空间上协调一致。但由于项目各参加者有自己的利益，有其他项目或其他方面的工作任务，会造成行为的不一致、不协调或利益的冲突，使项目实施过程中断或受到干扰，所以必须有严格的控制。

4. 正如前面描述，项目计划是基于许多假设条件对项目实施过程预先的安排，它会有许多错误。项目在实施过程中由于各种干扰会使实施过程偏离目标，偏离计划，这就要求项目计划在实施过程中必须不停地调整，如果不进行控制，会造成偏离增大，最终可能导致项目失败。这些干扰因素可能有：

（1）外界环境的变化，如恶劣的气候条件，使运输拖延造成材料拖延；或发生了一些人力不可抗拒的灾害。

（2）资源供应不足，如停水、断电、材料和设备供应受阻，资金短缺，或未达到实际的生产能力，各项目参加者的协调出现问题。

（3）设计和计划的错误，如设计频繁修改，使正常的施工秩序被打乱，实施过程中管理工作或技术工作失误，管理者缺少经验。

（4）业主新的要求，政府新的干预，均可能造成对项目目标的干扰。

通过动态控制能够不断预防和排除干扰因素，使项目的实施一直适应新的情况，适应外部环境的变化。

5. 近几十年来，工程项目失控的现象无论在国际上，还是在国内都十分普遍。如何进行有效控制仍然是我国工程项目管理的核心问题。

三、工程项目控制的矛盾性

工程项目控制并非在项目实施阶段才开始，它始于前期策划阶段。对项目构思、目标设计、建议书的审查、批准都是控制工作。而且按照工程寿命期的影响曲线（图 2-2），前期控制的效果最好，它能影响整个寿命期。所以控制措施越早做出对工程及其成本（投资）影响越大、越有效。但遗憾的是在项目初期，其功能、技术标准要求等目标和实施方法尚未明确，或没有足够的说明，使控制的依据不足，所以人们常常疏于在项目前期的控制工作。这似乎是很自然的，但常常又是非常危险的，应该强调项目前期的控制。项目前期的控制主要是投资者、企业（即上层组织）管理的任务，表现为在确定项目目标、可行性研究、设计和计划中的各种决策和审批工作。

在项目实施阶段，因为技术设计、计划、合同等已经全面定义，控制的目标和过程十分明确，所以人们十分强调这个阶段的控制工作，将它作为项目管理的一个独特的过程。它是项目管理工作最为活跃的阶段。

四、工程项目控制的特征

1. 多目标控制

由于项目是多目标系统，而且经常会产生目标争执，在控制过程中必须保证目标系统的平衡，包括子目标和总目标，阶段性目标与总目标，质量（及功能）、工期、成本（投资）三大目标的平衡。

2. 现场控制

项目管理者在项目的实施阶段不仅仅是提出咨询意见、作计划、指出怎样做，而且直接领导项目组织，在现场负责项目实施的控制工作，是管理任务的承担者。

项目管理注重实务，为了使项目管理有效，使控制得力，项目管理者必须介入具体的项目实施过程，进行过程控制，要亲自布置工作，监督现场实施，参与现场的各种会议，而不是作最终评价。因此，现场一经开工，项目管理工作的重点就转移到施工现场。

3. 动态控制

项目实施控制是一个高度动态的过程，原因如下：

（1）项目目标是有可变性的，即在项目实施中由于上层组织战略的变化，实施环境的干扰，新的技术的出现等原因需要修改目标。

（2）外界环境变化（如恶劣的气候条件、货币贬值、异常地质条件）造成对项目实施的干扰，使实施过程偏离目标。在项目实施的整个过程中应一直加强对环境的监控。

（3）原计划存在的失误、人们组织行为的不确定性也会导致实施状态与目标偏差。

因此，要求项目实施控制是动态的，多变的，要能按照工程具体情况不断进行调整。

4．综合采用事前控制、事中控制和事后控制方法

（1）事前控制。事前控制是对未来的控制，它可以改变偏差已经成为事实的被动局面，从而使控制更有效。在工程项目（或活动）开始前，就根据项目投入（如工艺、材料、人力、信息、技术方案）和外部环境条件，分析将产生的或可能产生的结果（问题），以确定影响目标实现和计划实施的各种有利和不利因素，将这种结果与目标相比较，再制定纠正措施，控制投入和实施过程，以便使系统的运行不发生偏离。

项目中常见的事前控制措施有：通过详细的调查研究、详细设计和计划，科学地安排实施过程；在材料采购前进行样品认可和入库前检查；对供应商、承（分）包商进行严格的资格审查；收听天气预报以调整下期计划，特别是在雨期和冬期施工中；加强项目前期的各种开发和研究性工作；设计事前审批程序；对风险进行预警等。

（2）事中控制。即在实施过程中采取控制手段，确保项目依照预定的计划进行。

例如，通过严密的组织责任体系，建立管理程序和规章制度，在各管理职能之间建立权力制衡；在施工过程中加强监督（如进行旁站监理），防止偷工减料，杜绝豆腐渣工程。

（3）事后控制。指根据当期项目实施状况的报告与目标（计划）进行分析比较，以发现问题，提出控制措施，在下一轮生产活动中实施控制的方式。控制的重点是今后的生产活动。其控制思想是利用反馈信息，总结过去的经验与教训，把今后的事情做得更好。这种方式在项目管理中有着广泛的应用，特别在质量控制与成本控制中。

但很显然，这种控制存在时滞，即已出现问题了再调整，往往难免造成损失。

5．主动控制和被动控制相结合

（1）主动控制，首先体现在上述的事前控制和事中控制上。另外，从组织角度，要求实施者发挥自己的主观能动性，自律，自己做好工作，自我控制。例如，通过合同加强承包商自我控制的责任和积极性，强化实施者的第一责任。

（2）被动控制。被动控制首先体现在上述的事后控制上，即从对实施状况的诊断中发现偏差，再采取措施纠正偏差。

另外，从组织角度，通过项目参加者之间的互相制衡，通过第三方监督检查，进行控制。

第二节 工程项目实施控制系统

现代工程项目要求系统的、综合的控制，并形成一个由总体到细节，包括各个方面、各种职能的严密的多维的控制体系。工程项目控制的对象与前述计划的对象和内容是一致的，项目控制的深度和广度完全依赖设计和计划的深度和广度以及计划的适用性。一般来说，计划越详细，越严密，则控制就必须越严密。

一、项目实施控制的要素

1．项目控制的对象

项目实施控制最主要的对象是项目工作分解结构各层次的单元，直到工作包和各个工

程活动。

2. 项目控制的内容

项目实施控制包括极其丰富的内容，以前人们将它归纳为三大控制，即工期（进度）控制、成本（投资、费用）控制、质量控制，这是由项目管理的三大目标引导出的。这三个方面包括了实施控制最主要的工作。现在随着项目管理目标的扩展，项目控制的内容也在扩展，例如：

(1) 项目范围控制。

(2) 项目实施过程中的安全、健康和环境方面的控制等。

(3) 合同控制。现代工程项目参加单位通常都用合同连接，以确定在项目中的地位和责权利关系，合同定义着工程的目标（工期、质量和价格）和各方的工作责任、义务和权利，它具有综合的特点。它的执行也应受到严格的控制。

(4) 风险控制等。

尽管按照项目管理职能的分解，控制系统可以分解为几个子系统，本书也是分别介绍各种职能管理工作内容。但在实际工程中，这几个方面是互相影响、互相联系的，要强调综合控制。在分析问题，作项目实施状况诊断时必须综合分析项目范围、成本、工期、质量和工作效率状况并进行评价；在考虑调整方案时也要综合地采取技术、经济、合同、组织、管理等措施，对工期、成本和质量等目标进行综合调整。

3. 项目控制的依据

项目控制的依据从总体上来说是定义工程项目目标的各种文件，如项目建议书、可行性研究报告、项目任务书、设计文件、合同文件等，此外还应包括如下三个部分：

(1) 对工程适用的法律、法规文件。工程的一切活动都必须符合这些要求，它们构成项目实施的约束条件之一。

(2) 项目的各种计划文件。

(3) 各种变更文件等。

具体地说工程项目的控制内容、目的、目标、依据（表 11-1）。

工程项目的控制内容、目的、目标依据一览表 表 11-1

序号	控制内容	控制目的	控制目标	控制依据
1	范围控制	保证按任务书(或设计文件,或合同)规定的数量完成工程	范围定义	范围规划和定义文件(项目任务书、设计文件、工程量表等)
2	成本控制	保证按计划成本完成工程,防止成本超支和费用增加,达到盈利目的	计划成本	各分项工程、分部工程、总工程计划成本,人力、材料、资金计划,计划成本曲线等
3	质量控制	保证按任务书(或设计文件,或合同)规定的质量完成工程,使工程顺利通过验收,交付使用,实现使用功能	规定的质量标准	各种技术标准、规范、工程说明、图纸、任务书、批准文件
4	进度控制	按预定进度计划实施工程,按期交付工程,防止拖延	任务书(或合同)规定的工期	总工期目标、工期计划、批准的施工进度计划、网络图、横道图等
5	合同控制	按合同规定全面完成自己的义务、防止违约	合同规定的各项义务、责任	合同范围内的各种文件、合同分析资料
6	风险控制	防止和降低风险的不利影响	风险责任	风险分析和风险应对计划
7	安全、健康、环境控制	保证工程的建设过程、运行过程和产品(或服务)的使用符合安全、健康和环境保护要求	法律、合同和规范	法律、合同文件和规范文件

4. 项目控制期的设定

在控制过程中，控制期的确定是十分重要的，按照控制期提供项目报告、作出阶段核算、召开协调会议。通常将项目全过程划分成几个大的阶段，是项目自然的控制期。由于项目的实施阶段时间很长，还必须进一步细分为许多控制期。通常按年、季、月、周划分控制期。

最小控制期的设定与总工期有关，通常一年以上的项目，控制期以月计。对工期较短的项目控制期可以为周或双周。控制期越短，越能早发现问题，并及早采取纠正措施，但计划和控制的费用会大幅度增加。

在特殊情况下，如项目出现失控现象，或对重要的、风险大、内容复杂、新颖的项目或项目单元，可以划小控制期，做更精细的计划和更严密的控制。

5. 项目控制点的设置

为了便于有效地控制和检查，对各种控制对象要设置一些控制点。控制点通常都是关键点，能最佳地反映目标。控制点一般设置在：

（1）重要的里程碑事件上；
（2）对工程质量、职业健康、安全、环境等有重大影响的工程活动或措施上；
（3）对成本有重大影响的工程活动或措施上；
（4）合同额和工程范围大、持续时间长的主要合同上；
（5）主要的工程设备和主体工程上。

二、项目控制系统过程

工程项目实施控制是一个积极的持续改进的过程。作为一个完整的控制过程，项目实施控制如图11-1所示，具体包括如下工作过程：

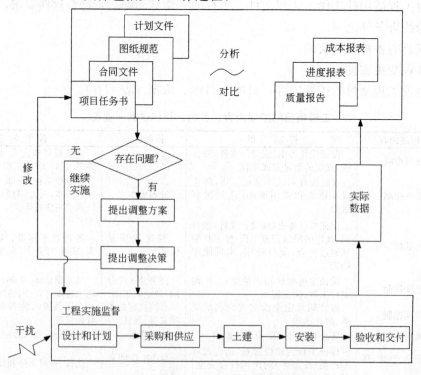

图 11-1 工程项目实施控制过程

(一) 工程项目实施前准备工作

项目实施控制的许多事务性管理工作和前提条件必须在实施前或在实施初期完成，作为项目实施的前导工作，它包括：

1. 各种许可证的办理

按照我国的建设法律和法规，工程建设项目必须获得批准，办理相应的许可证。如建设用地规划许可证、建设工程规划许可证、建筑工程施工许可证等。

2. 现场准备

现场准备是项目实施的一个重要阶段，即实施的前期阶段，有大量的现场准备工作和实施的一些物资准备工作。这些工作十分繁杂，造成工程延误的风险因素很多，必须作周密的计划，作为一个子项目来管理。

（1）现场实施所必需的各种手续和许可的办理，如建设及临时场地占用许可证等。

（2）现场原有建筑物的拆除和场地平整，包括现场及周边受影响的电力线路、水管、煤气管道的动迁，各种名木古树的移栽，文物的保护。

（3）现场及通往现场的道路的疏通，施工用给排水管道和通信线路的铺设。

（4）现场临时设施的布置及搭设。这一般在永久性建筑放线之后作现场平面布置。

3. 实施条件准备

（1）劳动力的调遣、培训工作，配备、培训项目管理人员；

（2）材料和工程设备的订货、采购、运输和进场；

（3）施工设备与设施的调遣及进场安装，资金安排等；

（4）全部必要的技术文件（包括规范、详细图纸等）的提供和相应的会审工作等。

前期工作必须有足够的时间，作详细的施工准备，不能盲目压缩该阶段工期。许多业主在工程招标后就急切地要求承包商开工。由于施工前准备期太短，承包商准备不足，现场仓促开工，人员和设备的调遣存在问题，结果导致在工程开工后相当长时间内施工现场混乱，达不到正常的施工秩序和工作效率，最终常常会使工期拖延得更长。对承包商来说也很被动，由于前期拖延，有可能被罚款，或后期必须加大资源投入，以赶回延误的工期。对此承包商和业主都应该有理性思维。

(二) 项目实施监督

实施控制的首要任务是监督，通过经常性的监督以保证整个项目和各个工程活动按照任务书、计划和合同要求（预定的质量要求、预计的费用、预定的工期）有效地、经济地实施，达到预定的项目目标。工程监督包括许多工作内容，例如：

1. 批准项目工作，做工作安排。为了保证项目目标的实现，不仅需要制定科学的符合实际的计划，而且要保证按照计划实施项目。项目的每一个阶段和每一项工作都要正式启动，确保每个项目工作有明确的组织，按计划规定的时间开始。

在我国工程项目中常常出现"计划不如变化快"的状况，人们（上层管理者、业主、承包商）不认真严肃地对待计划，随意变更和修改计划，导致工程项目失控、低效率和混乱。

2. 提供工作条件，沟通各方面的关系，划分各方面责任界面，解释合同，处理矛盾。

3. 监督项目的实施，开展各种工作检查，例如，各种材料和设备进场及使用前检查，施工过程旁站监理，隐蔽工程、部分工程及整个工程的检查、试验、验收，规范现场秩序。

4. 预测工程过程中的各种干扰和潜在的危险，并及时采取预防性措施。

5. 记录工程实施情况及环境状况，收集各种原始资料和项目实施情况的数据。例如，工程活动进度、成本记录，质量检测报告，劳动力、材料和设备使用及消耗报告，各工程小组和分包商的状况报告，工程中的气象记录，市场价格变动记录，交通情况记录，重大突发性事件或特殊事项的专门报告等。情况记录和报告要全面客观地反映实施状况。

6. 编制日报、周报、月报，并向项目相关者及时提供工程项目信息。

通过监督应能获得项目实施状况的第一手资料，这是控制工作的基础。

（三）项目实施过程跟踪

在项目过程中，项目管理者必须一直跟踪项目的实施过程，对它保持清醒的认识。

1. 通过对实施过程的监督获得反映工程实施情况的各种报告，获得有关项目范围、进度、费用、资源、质量与风险方面的信息，掌握现场情况。将它与项目的目标、计划相比较，可以确定实际值与计划值的差距，认识何处、何时、哪方面出现偏差。

（1）及时地认识偏差，可以及时分析问题，及时采取措施，保证有效的控制，使费用或损失尽可能地减小。通常项目控制过程中的反应时间由如下五个部分构成：

1) 偏差出现到识别的时间。这需要建立有效的早期预警系统，迅速提供信息，反映项目实施问题。

2) 原因分析和措施提出时间。

3) 决策时间，即要迅速选定纠正措施。

4) 措施应用时间。

5) 措施产生效果的时间。

实践证明，如果控制过程太长，反应太慢，措施滞后，会加大纠正偏差的难度，造成更大的损失。反应时间还与控制期的长短和控制对象的划分细度有关。

（2）对偏差的分析应是全面的，包括每个控制的对象，从宏观到微观，由定性到定量。偏差可能表现在：

1) 工程（整个工程、各部分工程）范围的完备性、工程量和质量的差异；

2) 生产效率：控制期内完成的工程量和相应的劳动消耗差异；

3) 费用/成本：各工作包费用、各费用项目、剩余成本等差异；

4) 工期：如里程碑事件时间、工作包最终工期、剩余工期等。

在控制中应注意并抓住重大的差异，特别是作为控制点的差异。

2. 进行跟踪比较，必须采用与计划相同的对象和相同的内容，同时要有与项目目标要求一致的、能反映实际情况的报告体系，并保证报告的正确性、真实性和实用性。

3. 在跟踪分析时应注意，由于计划和实际的计量单位不同（例如计划劳动力以"人·月"计，而实际核算以"人·小时"计），同时计划比较粗略（例如计划时工作包的技术方案，劳动力安排尚不清楚），而且可能预计的风险没有发生，却发生了新的风险等，都可能引起分析的错误。

（四）实施过程诊断

为了对项目实施过程进行持续改进，必须不断地进行实施诊断，以便把握整个项目的健康状况，并为采取纠正偏差或预防偏差的措施提供依据。实施诊断包括如下内容：

1. 对工程实施状况的分析评价

这是一个对项目工作业绩（项目过程和阶段输出结果）的总结和评价过程。按照计划、项目早期确定的组织责任和衡量业绩的指标（如实物工程量、质量、责任成本、收益等），评价项目总体的和各部分的实施状况。

2. 分析偏差产生的原因

偏差原因很多，可能有目标的变化，新的边界条件和环境条件，上层组织的干扰，计划错误、资源的缺乏、生产效率降低，新的解决方案，不可预见的风险发生等。

由于项目的实施计划是经过一定程度优化的，所以偏差大多数是消极的，很少是有积极作用的和有益的。原因的分析必须是客观的，注意定量和定性相结合，可以采用因果关系分析图等方法，有时对重要的偏差要提出专题分析报告。

3. 原因责任的分析

（1）责任分析的依据是原定的目标分解所落实的责任，它由任务书、任务单（对工程小组）、合同（分包合同），项目手册等定义。通过分析确定，是否是由于项目组织成员未能完成规定的责任而造成偏差。

（2）由于工程项目实施过程的复杂性，偏差常常由多方面责任引起，或是多种原因的综合，则必须按责任人、按原因进行分解。

4. 实施过程趋势分析

趋势分析是极为重要的，它是调控措施选择和决策的基点，比跟踪有更大的意义，特别对上层决策者。实施趋势分析是在目前实际状况的基础上对后期工程活动作新的费用预算、新的工期计划（或调整计划）。预测包括如下几方面：

（1）偏差对项目的结果有什么影响，即按目前状况继续实施工程，不采取新的措施会有什么结果。例如工期、质量、成本开支的最终状况，所受到的处罚（如合同违约金），工程的最终收益（利润或亏损），最终总目标的完成程度。

（2）如果采取调控措施，以及采取不同的措施，工程项目将会有什么结果。

（3）对后期可能发生的干扰和潜在的危险作出预测，以准备采取预防性措施。

在现代工程中，人们对预警的要求越来越高，已将其作为项目管理的一项基本工作。FIDIC 合同规定，承包商必须对可能引起工期拖延、成本超支的情况（业主的风险）提出预先警告，否则将承担一定的责任。只有当发生一个有经验的承包商不能预见的情况，才能给承包商免责。而且如果承包商提出预先警告，并提出预防的建议，经工程师批准后，产生工程变更。这不但要求尽早识别风险，而且要提出和实施风险应对计划。

在诊断中，项目管理者要踏勘现场，直接了解现场情况，特别注重软信息的收集和分析。如果不直接接触项目实际实施过程，仅依赖报告数据，容易产生误导，会出现对实际状况不客观的认识，会出现过于乐观的但却是错误的估计。

5. 采取调整措施，持续改进

控制的目的不仅仅是为了监督和追究责任，而是为了持续调整和改进项目实施过程，进行新的控制。对项目实施的调整措施通常有以下两大类：

（1）对项目目标的修改。即根据新的情况确定新目标或修改原定的目标。例如，修改设计和计划，重新商讨工期、追加投资等，而最严重的措施是中断项目，放弃原来的目标。

对于已发现项目决策存在重大失误，已明确项目是没有前途的，中断项目可能是一个较有利的选择，可以避免更大的损失。

(2) 按新情况（新环境、新要求、项目实施状态）作出新的计划，利用技术、经济、组织、管理或合同等的手段，调整实施过程，协调各单位、各专业的设计和施工工作。

在项目过程中调整是一个连续滚动的过程，在每个控制期结束，都有相应的协调会议，进行常规的工作调整，修改计划，安排下期的工作，预测未来的状况。当发现意外情况（发生重大偏差时），还必须进行特殊的调整会议。

采取调控措施又是一个复杂的新的决策过程，是新一轮控制过程的开始。

第三节　工程项目变更管理

目标的修改和实施过程的调整都会引起工程项目的变更。变更管理是工程项目综合性的管理工作。它既是项目实施控制的一部分，同时又包括新的决策、计划和控制。

一、工程项目变更的种类

项目的变更种类繁多，从工程项目系统的角度，工程项目的变更主要包括如下几种：

1. 工程项目环境系统和上层组织战略的变化。

2. 目标的变更（修改）。由于环境出现新的情况，上层组织有新的要求，需要对原定的目标系统进行修改，或确定新的目标。例如调整工程产品范围或定位、重新确定工期、追加投资等，而最严重的措施是中断项目，放弃原来的目标。

3. 工程技术系统的变更，如功能的修改、质量标准的提高、工程范围的扩大。

4. 工程施工方案、实施过程、实施计划的变更。

5. 项目范围的变更，即项目范围内的工程活动的增加、减少，逻辑关系的变化，工程活动内容、工程量的变化等。

6. 其他，如投资者退出、管理模式变更等。

工程项目变更的次数、范围和影响的大小与该项目所处环境的稳定性，项目目标设计的科学性、完备性和确定性，技术设计的科学性以及实施方案和实施计划的可行性等直接相关。

二、工程项目变更之间的联系

项目各种变更之间的关系复杂，对其分析是确定变更责任的基础（图 11-2）。

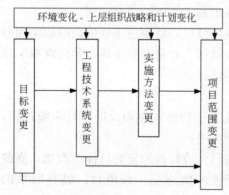

图 11-2　工程项目的变更关系

(1) 环境和上层组织的战略的变化可能会直接导致项目目标、工程技术系统、工程实施方案、项目范围的变化。

(2) 项目目标的变更可能会导致工程技术系统、实施方案、项目范围的变更。

(3) 工程技术系统的变更会直接导致实施方法和项目范围的变更。

(4) 工程实施方法的变更会导致项目范围的变更。

在一般情况下，引起反向变更的可能性不大。

三、工程项目变更的影响

不同的变更影响范围是不同的，有的仅需局部调整，有的却需要调整整个工程项目系统。通常，变更会导致项目系统状态的变化，其影响主要表现在以下五个方面：

1. 定义项目目标、工程技术系统和工程实施的各种文件（如图纸、规范、计划、合同、施工方案、供应方案等），都要作相应的修改，有些重大变更会打乱整个项目计划。

2. 工程项目变更引起项目组织责任的变化和组织争执。

3. 有些变更会对工程项目范围、时间、费用和质量产生全方位的影响，有些变更还会引起已完工程的返工，现场施工的停滞，施工秩序打乱，已购材料的损失等。

4. 变更导致项目控制的基础和依据发生变化，产生新的目标的分解和计划版本。这样实际工程施工状态与原计划甚至原目标（指实施前制定的）缺乏可比性，容易导致错误的结果。对项目控制（特别对成本分析和责任分析）更有实际意义的是在原计划的基础上考虑已经发生的各种变更的影响，将变更了的新计划和目标与实际状况进行比较。

5. 频繁的变更会使人们轻视目标和计划的权威性，而不认真做计划，也不严格执行计划，或不提供有利的支持，会导致项目的混乱和失控，又会引起更为频繁的变更。所以变更又不能太随意。

四、工程项目变更的处理要求

1. 项目组织要建立一套严格的变更管理制度。这涉及变更的审查、批准的授权、变更程序、变更的责任划分、变更相关的各种管理规定等。

2. 工程变更是对实施过程和目标的调整过程，常常有许多可选择的措施。如对工期拖延，就有许多供选择的措施。有的变更只需一个措施就可以完成，有的却要综合几个措施，有的仅需局部调整，有的却需要系统调整。

对措施（或其组合）的选择要进行技术经济分析，选择投入省、影响（损失）最小而且行之有效的方案。

3. 尽快作出变更决策。变更的影响程度常常取决于作出变更的时间，同样一个变更，若发生在项目初期，对项目目标和实施过程的影响要比发生在项目实施中小。

另外，变更决策时间过长和变更程序太慢会造成很大的损失，常有这两种现象：

（1）现场施工停止，承包商等待变更指令或变更会谈决议，造成拖延。

（2）变更指令不能迅速作出，而现场继续施工，造成更大的返工损失。

这就要求变更程序非常简单和快捷。

4. 变更指令作出后，应迅速、全面、系统地落实变更指令。

（1）全面修改（调整）相关的各种文件，例如图纸、规范、施工计划、采购计划等，使它们一直反映和包容最新的变更。

（2）在相关实施者的工作中落实变更指令，并提出相应的措施，对新出现问题进行解释，同时又要做好与项目其他工作的协调。

5. 工程变更是一个新的计划过程，要按照新情况（新环境、新要求、项目实施状态）作出新的（或修改原定的）计划。但它与项目初期不同，没有合理的计划期和计划过程，需要管理者"即兴而作"，毫不拖延地解决问题，因此对它进行管理是十分困难的。在实际项目中，由于变更时间紧，难以详细地计划和分析，使责任落实不全面，容易造成计划、安排和协调方面的漏洞，引起混乱，导致损失。

任何变更都会带来新的问题和风险，有附加的作用。例如，采用附加劳动力投入以解决工期的拖延，则需要增加劳动力投入，追加费用。所以新的计划一经形成，必须将它与原定目标进行比较，分析各种变量，以预测最终对项目目标的影响。

6. 在工程变更中，无论是业主或承包商都要最大限度地利用合同赋予的权利和可能性，将对方补偿的要求降到最小。

五、工程项目变更程序

变更是一个复杂的决策过程，会带来许多问题，所以变更管理应有一个规范化的程序，且应有一整套申请、审查、批准、通知（指令）等手续。变更的决策应避免个人决断的随意性，重大的变更决策必须通过决策会议。

1. 提出变更申请

变更申请可以由业主、设计单位、项目管理者提出，可以是书面形式，或先以口头形式，再用书面形式追加（如 FIDIC 对工程师的口头指令的规定）。在工程承包合同（如 FIDIC）中，业主在一定程度上授予工程师指令变更的权利，也可以由承包商以合理化建议（FIDIC 中称为"价值工程"）的形式提出。

变更通常要经过一定的申请手续，变更申请表的格式和内容可以按具体需要设计。

2. 变更审查与批准

（1）对变更的影响作出说明。任何变更措施都会带来新的问题和风险，有附加的作用。例如，采用附加劳动力投入以解决工期的拖延，则需要追加费用，同时可能影响工程质量。

（2）对变更进行全面评审，预测变更对项目目标的影响，如工期是否拖延，成本是否超过预算等。对重大的变更，应提出影响评价报告。

（3）变更必须经过相应层次的管理者审查与批准，这是项目目标控制的要求。应按照变更的种类和影响范围给相关管理部门或人员授予审议、评价、批准或否决的权利。

变更的批准权利应与项目相关的批准权利一致。通常承包商工程范围内的变更必须由工程师或业主批准；涉及项目总目标的变更、技术系统、重大技术方案的变更、实施过程重大的调整，必须经过上层组织的决策，并应经用户及其他相关者同意。

（4）应将变更的情况通知项目参加者。对一般的工程变更，项目经理必须与业主进行充分协商，在达成共识后，再发布正式变更令。对项目范围、进度计划和预算有重大影响的变更，则应通知项目各相关者。在采取变更措施前多听取相关者各方、职能人员，与下层的操作人员的意见，必须与他们充分沟通，取得共识。这是变更措施有效性的保证。

3. 发布变更令

变更文件一般由正式的变更令和变更令附件构成。变更令通常包括如下内容：

（1）变更令编号和签发变更令的日期。

（2）项目名称和合同号。

（3）产生变更的原因和详细的变更内容说明，包括依据合同的哪一条款发出变更令、申请人、变更的相关位置、标准、资料、变更的类型、变更工作实施时间。

（4）变更所涉及的工程设计、项目实施计划、合同等的调整，还可能要求调整费用估算，重新安排活动的顺序，提出新的资源要求，以及重新制定风险应对办法等。

（5）费用调整问题。变更涉及的费用调整问题是十分复杂的，它涉及变更责任的分析，费用索赔的程序和方法，项目经理（工程师）对价格最终决定的权利等问题。

在程序上，承包商总希望在变更工作开始前就能进行费用补偿谈判，确定变更费用补偿，使自己有较大的主动权。因为变更工作一旦完成，承包商就丧失了讨价还价的余地。但这样的变更程序比较复杂，持续时间较长，通常工程承包合同（如 FIDIC 合同）规定承包商在接到变更令后必须立即开始实施变更工作。如果业主和承包商对变更价格的调整有争议，最终由项目经理（即工程师）决定。

（6）项目各方，如投资者、业主、项目经理、承包商或用户等授权代表签字。

（7）变更令附件，一般包括变更涉及的工程量表、设计资料和其他有关文件。

4. 实施变更行动，进入新一轮的实施控制过程。

第四节　工程项目结束阶段的管理工作

工程项目建设过程结束，需要将完成的工程移交给业主或运行单位，工程就进入了运行阶段。这一阶段的管理工作主要包括对工程竣工收尾、竣工验收、工程移交、竣工决算、考核评价和回访保修等活动进行计划、组织、控制、协调等。

建设过程结束阶段的管理工作是综合性的，十分复杂。

一、工程竣工和移交工作

工程竣工和移交工作是承包商向业主汇报建设成果和交付工程的过程，是全面考核和检查项目交付成果（工程、最终产品或服务）是否符合设计要求和达到预定的质量标准的过程。

1. 工程竣工工作

主要包括以下几个方面：

（1）工程的竣工验收工作。经过工程竣工验收，正式签收工程验收文件，表明业主正式确认工程产品、服务或成果已经满足预定的要求，并正式接受合格的工程。

需要检查并确保工程已按设计文件及相关标准完成，项目范围内的建筑物、构筑物、生产系统、配套系统和辅助系统的施工安装及调试工作完备，并达到竣工验收标准。

（2）竣工资料的整理、总结、移交和存档等工作。

竣工资料是工程竣工验收和质量保证的重要依据之一，竣工资料也是工程交接、运行维护和项目后评价的重要原始凭据，有些资料还是重要的城市建设历史档案。因此，项目资料验收是工程竣工验收前提条件，只有项目资料验收合格，才能开始工程竣工验收。

竣工资料范围很广，包括工程项目的全部采购合同、设计任务书、设计文件、全部合格供应商的资料、全部合同变更文件（如变更申请、设计变更、现场签证、备忘录、附加协议等）、项目进展报告、项目质量报告、成本报告、现场环境报告、质量事故和安全事故调查资料和处理报告、各种第三方试验和检验报告等。

（3）竣工决算。项目竣工决算编制应按专门的程序进行。项目竣工决算通常包括项目竣工财务决算说明书、决算报表、工程造价分析表等资料。

2. 工程移交工作

工程由业主移交工程的运行单位，或工程进入运行状态，标示着工程建设阶段任务的结束，工程进入运行（使用）阶段。它是由建设转入生产、使用和运行的转折点，移交过程应正式通知项目相关者参加，应有各种手续和仪式。投资者、业主、项目管理者、项目任务承担者等都要参与这个过程。

二、工程试运行

工程的试运行是施工和运行两个重要阶段的中间环节，对许多工业工程建设项目来说，试运行本身也具有项目的特征，包括极其复杂的工作内容，可以作为一个独立的子项目进行全面的计划、准备、协调、控制。

1. 编制试运行计划和方案

（1）列出总体和各项具体试运行方案的清单、阶段工作内容及完成时间。

（2）明确业主、承包商、设备供应商及其他相关方的责任分工，通常应以业主为领导，构建统一指挥体系，编制人员配备计划，明确各相关方的责任和义务。

（3）安排试运行进度，应使施工计划与试运行计划协调一致。

（4）试运行实施方案。

2. 提供运行文件，包括系统运行（使用、操作）手册、维护要求、技术要求、使用条件说明、安全手册。这是作为项目交付成果由设计单位，或设备供应商，或总承包商完成。

3. 培训操作人员及维护人员，要求他们掌握操作技术和各种规程。对专业性强的工作常常必须经过正规的培训，避免操作失误，并防止由此造成的工程损坏。

4. 准备试运行所需资源。由承包（或供应）合同中注明的责任人提供试运行所需要的操作人员、原材料、机具、水、能源、设备的备用件等。

对于由新项目组建的企业或企业分部，则必须建立新企业的运行机制、生产管理规章制度，管理组织及管理系统。

5. 在运行初期，建设阶段的任务承担者（如设计单位、施工单位、供应商、项目管理单位）和业主按照项目任务书或合同还要继续承担因建设问题产生的缺陷责任，包括维护、维修、整改和进一步完善等。他们还要对工程项目做好回访工作，了解工程项目的运行情况、质量和用户的意见等。

三、工程项目的后评价

工程项目后评价通常在工程竣工以后，工程运行一段时间后进行。

1. 项目后评价指对已完成的，并已投入运行的工程的目标、实施过程、运行效益、作用和影响等进行系统而客观的总结、分析和评价，找出项目成败的原因，总结经验教训，并通过及时有效的信息反馈，为未来新项目的投资决策和管理水平的提高提出建议，同时，也为本工程运行中出现的问题提供改进意见，从而达到提高投资效益的目的。

2. 项目后评价应以事实为根据，必须反映真实情况，用数据说话，应吸收项目的相关者参加，或必须反映他们的意见。

3. 项目后评价的内容包括以下两个方面。

（1）项目效益后评价

项目效益后评价是与项目的可行性研究的内容和指标相对应的。它是以项目投产后实际取得的经济效益、环境效益、社会影响和可持续发展能力等为基础，测算项目的各项数据，得到相关的投资效果指标，然后将它们与项目可行性研究报告中预测的有关指标进行对比，分析项目的预期目标是否实现或实现的程度，项目的主要效益指标是否完成，评价偏差情况，分析其产生的原因。

对比指标通常包括经济效益指标（如净现值、内部收益率、投资回收期等）、社会效益和环境效益指标，还可能包括项目可持续能力评价和项目综合效益评价等。

（2）项目管理后评价

项目管理后评价是以竣工验收资料和项目效益后评价为基础，对项目全过程各阶段管理工作的实际情况进行评价。目的是评价项目管理的总体水平，分析其经验和教训，以保证更好地完成以后的项目管理工作。项目管理后评价可以从不同的角度进行。

1）项目前期工作后评价。主要客观评价项目前期工作的实绩，总结前期工作的经验教训，评判项目的目标和总方案的合理性、可行性研究的准确性以及项目的评价和决策的科学性，分析前期工作失误所导致的项目实际效益与目标效益的偏差程度。

2）项目实施工作的后评价。主要总结分析项目实施过程中的经验教训，分析实际投资完成额与计划投资额之间的偏差程度，评价项目设计和计划的科学性、合理性和有效性，考核项目实施过程中的组织、技术、经济和合同等管理状况。

3）项目运行管理后评价。主要是综合评价工程投入运行、试生产期的工作状况和存在问题，提出今后继续运行的注意事项以及将来管理新项目的建议。

复习思考题

1. 简述工程项目实施控制的工作过程。
2. 简述工程项目控制的目的、目标和依据。
3. 为什么说工程项目变更管理是一个综合性的管理工作？

第十二章 进度控制

内容提要:
(1) 工程项目进度是一个综合的概念,除工期以外,还包括实物工程量、成本、资源的消耗量等因素,所以对进度的控制必须是综合的、多角度的。
(2) 工程项目的工期控制方法。
(3) 工程进度拖延产生的原因常常是多方面的,对进度拖延必须采取综合措施。

第一节 概 述

一、进度的概念

进度通常是指工程项目实施的进展情况,在工程项目实施过程中要消耗时间(工期)、劳动力、材料、成本等才能完成项目任务。项目实施结果应该以项目任务的完成情况,主要是以项目的可交付成果数量来表达的。但由于工程项目对象系统(技术系统)的复杂性,常常很难选定一个恰当的、统一的指标来全面反映工程项目的进度。

在现代项目管理中,人们赋予进度以综合的含义,它将项目的任务、工期、成本和资源消耗等有机地结合起来,形成一个综合的指标,能全面反映项目的实施状况。进度控制已不仅仅是传统意义上的工期控制,它还将工期与实物工程量、成本、资源消耗等统一起来。

二、进度指标

进度控制的基本对象是项目范围内的工程活动。它包括项目工作结构分解图上各个层次的单元,上至整个项目,下至各个工作包,有时甚至分解到最低层次网络上的工程活动。进度指标的确定对进度的表达、计算、控制有很大影响。由于工程项目有不同的子项目、工作包,它们工作内容和性质不同,必须挑选对所有工程活动都适用的共同的计量单位。

1. 持续时间

持续时间(工程活动的或项目的)是进度的重要指标。人们常用已经使用的工期与计划工期相比较以描述工程完成程度。例如,计划工期2年,现已经进行了1年,则工期已达50%;一个工程活动,计划持续时间为30天,现已进行了15天,则已完成50%。但通常还不能说工程进度已达50%,因为工期与人们通常理解的进度是不完全一致的。工程的效率和速度不是一条直线,如通常项目开始时工作效率很低,进度较慢,到项目中期投入最大,进度最快,而后期投入又较少。所以工期已到一半,并不能表示进度达到了一半,何况在已进行的工期中还存在各种停工、窝工和干扰因素的影响,实际效率远低于计划效率。

2. 按工程活动完成的可交付成果数量描述

这主要针对交付成果简单的活动。例如：

设计工作按资料（图纸、规范等）数量；

混凝土工程（墙、基础、柱）按体积；

设备安装按照吨位；

管道、道路的铺设按照长度；

预制件构建按照数量，或重量、体积；

运输按照 t·km；

土石方以体积或运载量等。

特别是当项目的任务仅为完成这些分部工程时，以它们作指标比较能够反映实际。

3. 已完成工程的价值量

即用已经完成的工程量与相应的合同价格（单价），或预算价格计算。它将不同种类的分项工程统一起来，能够较好地反映工程的实际进度状况。这是最常用的进度指标。

4. 资源消耗指标

最常用的资源消耗指标有劳动工时、机械台班、成本的消耗等。它们有统一性和较好的可比性，即各个工程活动直到整个项目都可用它们作为指标，这样可以统一分析尺度。但在实际工程中要注意如下问题：

(1) 投入资源数量和进度有时会有背离，会产生误导。例如，某活动计划需100工时，现已用了60工时，则进度已达60%。这仅是偶然的，计划劳动效率和实际效率不会完全相等。

(2) 由于实际工程量和计划经常有差别，如计划100工时，由于工程变更，工作难度增加，工作条件变化，应该需要120工时。现已完成60工时，实质上仅完成50%，而不是60%。

(3) 常用成本指标反映工程进度，但应剔除如下因素：

1) 不正常原因造成的成本损失，如返工、窝工、停工。

2) 由于价格原因（如材料涨价、工资提高）造成的成本的增加。

3) 实际工程量，工程（工作）范围的变化造成的影响等。

三、进度控制和工期控制

工期和进度是两个既互相联系，又相互区别的概念。

由工期计划可以得到各项目单元的计划工期的各个时间参数。它们分别表示各层次项目单元（包括整个项目）的持续时间、开始和结束时间、容许的变动余地（时差）等，定义各个工程活动的时间安排，能反映工程的进展状况。

工期控制的目的是使工程实施活动与上述工期计划在时间上吻合，即保证各工程活动按计划及时开工、按时完成，保证计划的进度不推迟，进而保证总工期目标的实现。

进度控制的总目标与工期控制是一致的，但控制过程中它不仅追求时间上的吻合，而且还追求在一定的时间内工程量的完成程度（劳动效率和劳动成果）或消耗的一致性。

1. 工期常常作为进度的一个指标，它在表示进度计划及其完成情况时有重要作用，所以进度控制首先表现为工期控制，有效的工期控制才能达到有效的进度控制，但仅用工期表达进度是不完全的，会产生误导。

2. 进度的拖延最终将表现为工期的拖延。

3. 对进度的调整常常表现为对工期的调整，为加快进度，改变施工次序，增加资源投入，则意味着通过采取措施缩短总工期。

本章的重点主要放在对工期控制的描述上。

四、进度控制的过程

1. 审核和批准工程的实施方案和进度计划，采用各种控制手段保证项目及各个工程活动按计划及时开始，记录各工程活动的开始和结束时间、完成程度、实施状况，保证各方按计划完成工作。

2. 在各控制期末（如月末、季末，一个工程阶段结束）将各活动的完成程度与计划对比，确定各工程活动、里程碑计划以及整个项目的完成程度，并结合工期、交付成果的数量和质量、劳动效率、资源消耗和预算等指标，综合评价项目当前的进度状况，并对重大的偏差做出解释，分析其中的问题和原因，找出需要采取纠正措施的地方。

3. 评定偏差对项目目标的影响，应结合后续工作，分析项目进展趋势，预测后期进度状况、风险和机会。

4. 提出调整进度的措施。根据当前状况，对下期工作做出详细安排，如修改进度计划，指令暂停工程，或指令加速；提出下期详细的进度执行计划，对一些已开始但尚未结束的项目单元的剩余时间做估算，调整网络计划（如变更逻辑关系、延长/缩短持续时间，增加新的活动等），重新进行网络分析，预测新的工期状况。

5. 对调整措施和新计划进行评审，检查调整措施的效果，分析新的工期是否符合目标要求，并处理工期索赔要求等。

第二节 实际工期和进度的表达

一、工作包的实际工期和进度的表达

进度控制的对象是各个层次的项目单元，而最低层次的工作包是主要对象，有时进度控制还要细化到具体的网络计划中的工程活动。有效的进度控制必须能迅速且准确地在项目参加者（工程小组、分包商、供应商等）的工作岗位上反映以下进度信息：

1. 项目正式开始后，必须监控项目的进度以确保每项活动按计划进行，掌握各工作包（或工程活动）的实际工期信息，如实际开始时间，记录并报告工期受到的影响及原因。这些必须明确反映在工作包的信息卡（报告）上。

2. 工作包（或工程活动）所达到的实际状态，即完成程度和已消耗的资源。在项目控制期末（一般为月底）对各工作包的实施状况、完成程度和资源消耗量进行统计。

在此，若一个工程活动已完成或尚未开始，则可表达：已完成的进度为100%，未开始的为0；但这时必然有许多工程活动已开始但尚未完成，为了便于比较精确地进行进度控制和成本核算，必须定义其完成程度，这是非常复杂的问题。通常有如下几种方式：

(1) 0%～100%，即开始后完成前一直为"0"，直到完成才为100%。这是一种比较悲观的反映。

(2) 50%～100%，一经开始则认为已完成50%，直到完成前；完成后为100%。

(3) 按实物工程量或成本消耗，劳动消耗所占的比例，如按已完成的工程量占总计划工程量的比例计算。

(4) 按已消耗工期与计划工期（持续时间）的比例计算，适用于横道图计划与实际工期对比和网络计划调整的情况。

(5) 按工序（工作步骤）分析定义。在此要分析该工作包的工作内容和步骤，并定义各个步骤的进度份额。例如，一项基础混凝土工程，其步骤定义见表12-1。

某基础混凝土工程工序定义　　　　表 12-1

步　骤	时间(天)	工时投入	份额(按工时)	累计进度(%)
放样	0.5	24	3%	3
支模	4	216	27%	30
扎钢筋	6	240	30%	60
隐蔽工程验收	0.5	0	0%	60
浇捣混凝土	4	280	35%	95
养护、拆模	5	40	5%	100
合计	20	800	100%	

各步骤占总进度的份额由进度的描述指标的比例来计算，例如可以按工时投入比例，也可以按成本比例。若到月底隐蔽工程验收刚结束，则该分项工程完成60%，而若混凝土浇捣完成一半，则达77%。

当工作包内容繁杂，无法用统一的均衡的指标衡量时，可以采用该方法。

按工序分析定义的好处是可以排除工时投入浪费和初期的低效率等造成的影响，可以较好地反映工程进度，例如，上述工程活动中，支模已经完成，扎钢筋工程量仅完成70%，若钢筋全部完成则为60%。现钢筋仍有30%未完成，那么该分项工程的进度为：

$$60\% - 30\% \times (1-70\%) = 60\% - 9\% = 51\%$$

可见，该方法比前面的各种方法精确多了。

工程活动完成程度的定义不仅对进度描述和控制有重要作用，有时它还是业主与承包商之间工程价款中间结算的重要参数。

3. 预测完成该工作包尚需要的时间或结束的日期。在进度控制中，对已开始但尚未结束的活动，预测完成其剩余工作尚需要的时间比分析其完成程度具有更大的实际意义。这常常需要考虑剩余工程量，已有的拖延，后期工作计划安排和后期工作效率等因素。

二、项目实际工期和进度的表达

（一）用横道图反映项目进度状况

用横道图可以清楚地对比实际和计划工期（或进度）的情况，例如，前面图8—35所举的例子中，现在项目已进行了8周，实际状况为：A已经在0—3周中完成；B已于第三周初开始，现预计剩余工作还要4周可完成；C于第四周初开始，预计剩余工程量还需要1周完成；D已经于5周初开始，还需4周才能完成；E已于4—8周内全部结束；其他尚未开始。则可将实际的开始（结束）时间标在计划的横道图下面，用两种图例进行对比（图12-1）（图中的百分比是以工期作为尺度的）。

图12-1完全是工作实际开始、结束时间和完成程度情况的直观反映，是写实性的，显示哪些活动进展符合计划，或已经延误。但工程活动完成程度的对比并不强烈，对此又可以采用图12-2的表达方式。在该图中，不反映工程活动的实际开始和结束时间，仅反映与计划相比，实际完成的百分比。通过前锋线可以较好地反映工期的拖延或提前。如图

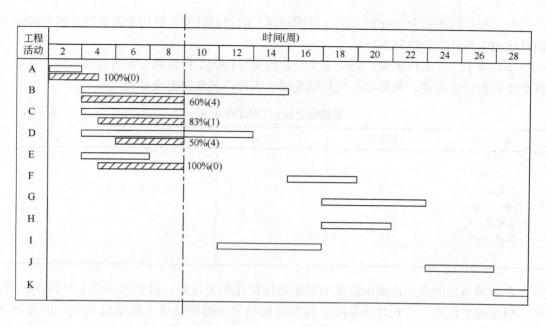

图 12-1 "计划-实际"进度对比（1）

中 A 已经完成；B 活动已经进行了 6 周，还剩 4 周，则完成 60%；C 已经进行了 5 周，还剩 1 周，完成了 84%；D 活动已经进行 4 周，还剩 4 周，完成 50%；E 活动已经结束。

从前锋线的变化状况可见，B 活动进度提前，而 C、D 活动拖延。

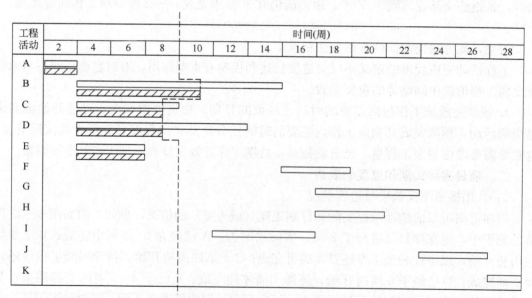

图 12-2 "计划-实际"进度对比（2）

（二）用网络反映工程进度状况

在单代号网络上，可以在活动节点的框上加上"×"表示该活动已经结束，在框上加上"/"表示该活动已经开始，但尚未结束，则上述项目的实施状态可用图 12-3 表示。

对双代号和时标网络也可以采用前锋线的形式表达工程进展情况。

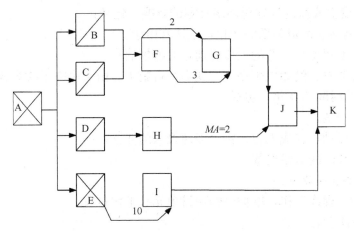

图 12-3　用单代号网络反映工程进展情况

三、项目的完成程度分析

在项目实施过程中，项目的完成程度是一个重要的指标。它不仅对进度控制，而且对成本控制也十分重要，若无法正确地表达项目进度，则不可能有准确的成本分析。

按统一的指标（例如成本、劳动力投入或工期等）进行测算则可以得到各个项目单元的进度情况，最后可以计算项目的进度，即到前锋期已完成的百分比。

例如，按工期分析，则

项目完成程度＝实际总工期/计划总工期＝8/28＝28.6%

而按劳动力投入比例为：

项目完成程度＝已投入劳动力工时/项目计划总工时×100%

按照已经完成的工程合同价格的比例：

项目完成程度＝已完工程合同价格/工程总价格×100%。

另外，人们常常用到前锋期上述指标计划的完成程度和实际完成程度的差异进行比较。

例如，合同总价格为 300 万元，总工期为 24 周，按照原计划到前锋期第 9 周应完成 100 万元，而现在实际完成工程量合同价为 90 万元。则：

工期进度＝9 周/24 周＝37.5%

项目计划完成程度＝100 万/300 万＝33.3%

而实际完成程度＝90 万/300 万＝30%

至前锋期完成计划的程度＝90 万/100 万＝90%

四、总工期预测

在分析每个工程活动进度状况的基础上，可以采用关键线路分析的方法确定各项拖延对总工期的影响。因为各工程活动在网络中所处的位置（关键线路或非关键线路）不同，所以它们对整个工期拖延的影响也不同。

总工期预测属于工期目标偏差分析的工作，通过预测工程项目完成日期，并与目标工期进行比较，以发现偏差，并考虑采取纠正措施。

利用网络分析方法测算总工期可以按照如下程序进行：

1. 将已完成的活动划去（如 A，E），将已开始，但未完成的活动的持续时间修改为预计还需要的时间，例如，$D_B=4$ 周，$D_C=1$ 周，$D_D=4$ 周。

2. 研究计划变更或新的计划对网络计划的影响，包括：

(1) 网络计划活动逻辑关系的变化，这通常由于：

1) 实施顺序发生变化。有的工作提前，有的推后；

2) 实施过程调整。例如由顺序施工变为平行施工，由顺序施工改为分段流水施工等。

(2) 活动持续时间的变化，包括：

1) 工程量的增减；

2) 实施方案变动，造成人力、物力资源投入的变化；

3) 计划的持续时间有错误等。

(3) 活动的增加或减少：

1) 新的附加工程或工作，增加新的项目单元（工作包）；

2) 删除部分工程；

3) 设计或计划出错，或结构分解出错，造成工程活动的变化等。

对计划的调整和总工期的预测应考虑项目后期的风险和机会。

3. 定义一个开始节点 P，它的持续时间为"0"，开始时间为前锋期，则得到一个新网络计划。分析计算该网络计划的时间参数，将得到一个新的工期（图12-4），与原工期相比较，总工期提前了2周。

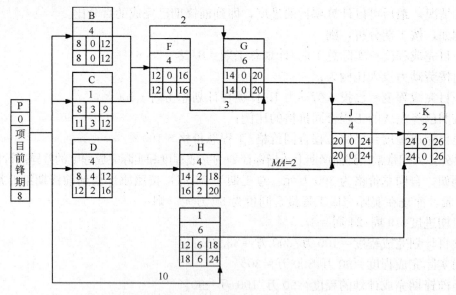

图 12-4 利用网络分析测算工程的总工期

由于计划期所作的初始网络图是基于许多假设的理想状态上的，因此经过不断的调整，使最终的实际执行网络图可能与它已大相径庭。

第三节 进度拖延原因分析及解决措施

一、进度拖延原因分析

进度拖延是项目过程中经常发生的现象，各层次的项目单元、各个项目阶段都可能出现延误。项目管理者应按预定的项目计划定期评审实施进度情况，分析并确定进度拖延的原因。

进度拖延的原因是多方面的，常见的有以下四种。

（一）工期及相关计划的失误

计划失误是常见的现象。人们在计划期往往将持续时间安排得过于乐观了，包括：

1. 计划时遗忘了部分必需的功能或工作。这往往是由于项目目标和设计修改、设计失误、业主新要求以及系统范围的扩展等原因造成的。

2. 计划值（例如计划工程量、持续时间）不足，相关的实际工程量增加。

3. 资源投入或能力不足，如计划时未顾及资源的限制或缺陷，未考虑工作的难度。

4. 出现了计划中未能预测的风险或状况，未能使工程实施达到预定的效率。

5. 上级（业主、投资者、企业主管）在项目一开始提出的工期目标太紧，使承包商或设计单位、供应商的合同工期不合理，无法按照计划完成。许多业主为了缩短工期，常常压缩承包商的做标期和前期准备的时间，导致项目长期在混乱、低效率状况下实施。

（二）环境条件的变化

1. 外界（如政府、上层组织）对项目新的要求或限制，周边民众抗议造成项目中断。

2. 未预料到的特殊地质条件，不利的施工环境造成对工程实施过程的干扰。

3. 发生不可抗力事件，如恶劣的气候条件、地震、台风、动乱和战争等。

（三）实施过程中管理的失误

1. 计划部门与实施者之间，总分包商之间，业主与承包商之间缺少沟通。

2. 工程实施者缺少工期意识，例如业主拖延图纸的供应和批准，任务下达时缺少必要的工期说明和责任落实，拖延了工期；承包商施工组织计划不合理。

3. 项目参加单位对各个活动（各专业工程和供应）之间的逻辑关系（活动链）未能清楚地了解，下达任务时也没有作详细的解释，同时对活动的必要的前提条件准备不足，各单位之间缺少协调和信息沟通，许多工作脱节，资源供应出现问题。

4. 由于其他方面未完成项目计划造成拖延。例如设计单位拖延设计、运输不及时、上级机关拖延批准手续、质量检查拖延、业主不果断处理问题等。

5. 承包商未能集中力量施工，材料供应拖延，资金缺乏，工期控制不到位。这往往是由于承包商同期工程太多和力量不足等原因造成的。

6. 业主没有及时提供资金，拖欠工程款，或业主的材料、设备供应不及时、不合格。

（四）其他原因

例如，由于采取其他调整措施造成工期的拖延，如由于设计缺陷产生变更，质量问题的返工，实施方案的修改。

国外有人曾对项目进度拖延的各种原因进行统计分析，得到一个分布图式（见参考文献1），但这是在一定国度一定环境下的统计结果，不能作为一种规律进行推广。

二、解决进度拖延问题的措施

（一）基本策略

对已产生的进度拖延有如下基本策略：

1. 采取积极措施赶工，调整后期计划，以弥补或部分地弥补已经产生的拖延。

2. 不采取特别的措施，在目前进度状态的基础上，仍按照原计划安排后期工作。但通常情况下，拖延的影响会越来越大。有时刚开始仅一两周的拖延，到最后会导致数月拖延。这是一种消极的办法,最终结果必然损害工期目标和经济效益,如被工期罚款,因不能及时投产无法实现预期收益等。

策略的选择,应符合项目的总目标与总战略。

(二) 工期压缩问题

在实际工程中,工期压缩一般在以下情况下发生。

1. 在计划阶段,当计划总工期大于限定总工期,或计算机网络分析结果出现负时差的情况下,必须进行计划的调整,压缩关键线路的工期。

2. 在实施阶段,出现工期拖延情况。按照拖延责任不同又可以分为:

(1) 由于承包商自己责任造成工期的拖延,他有责任采取赶工措施,使工程按原计划竣工。

(2) 由于业主责任,或业主风险,或不可抗力影响导致工程拖延,但业主或上级要求承包商采取措施弥补或部分弥补拖延的工期。

3. 工程正常进行,但由于市场变化,或业主和上层组织目标的变化,在项目实施过程中要求项目提前竣工,则必须采取措施压缩工期。

(三) 可以采取的赶工措施

在上述情况下,都必须进行工期计划的调整,压缩关键线路的工期。这是一项十分复杂的且计算机也无法取代的技术性工作。在实际工程中经常采用以下赶工措施。

1. 增加资源投入,如增加劳动力、材料、周转材料和设备的投入量以缩短关键活动的持续时间。这是最常用的办法。它会带来以下问题:

(1) 造成费用的增加,如增加人员的调遣费用、周转材料一次性费用、设备的进出场费。所以常常要权衡,如何在尽量少增加费用的前提下最大限度地缩短项目所需时间。

(2) 因增加资源造成资源使用效率的降低。

(3) 加剧资源供应的困难,如有些资源不具有增加的可能性,因此将加剧企业多项目之间或工序之间对资源的激烈竞争。

2. 重新分配资源,重新进行劳动组合。如在条件允许的情况下,减少非关键线路活动资源的投入强度,而将它们向关键线路集中。这样非关键线路在时差范围内适当延长不影响总工期,而关键线路由于增加了投入,缩短了持续时间,进而缩短了总工期。

例如,将服务部门的人员投入到生产中去,投入风险准备资源等。

3. 采用多班制施工,或延长工作时间。这会受到法定劳动时间的限制,另外,人们在加班期间的劳动效率降低,但又需对他们进行高额补偿,导致成本大幅度增加。

4. 减少工作范围,包括减少工程量或删去一些工作包(或分项工程)。采用该方法时,应注意如下两点。

(1) 对工程的完整性,以及经济、安全、高效率运行产生影响。

(2) 必须经过上层管理者,如投资者、业主的批准。

5. 通过员工培训、改善工具器具、优化工作过程等措施,提高劳动生产率。

(1) 加强培训,它将增加费用,且需要时间,通常培训应尽可能地提前;

(2) 注意劳动力组合中工人级别与工人技能的协调;

(3) 建立工作激励机制,例如奖金、团队精神、个人负责制、目标明确等;

(4) 改善工作环境及项目的公用设施;

(5) 避免项目组织中的矛盾,多沟通。

6. 将原计划由自己承担的某些分项工程分包给另外的单位,将原计划由自己生产的结构件改为外购等。当然这不仅有风险,产生新的费用,而且还增加了控制和协调工作。

7. 改变网络计划中工程活动的逻辑关系。具体措施如下。

(1) 将正常情况下前后顺序工作(例如设计阶段与施工阶段)改为并行工作;

(2) 流水作业能够很明显地缩短工期,所以在场地允许情况下,应尽可能采用流水施工的方法;

(3) 合理地搭接,例如,平整场地和设备进场在关键线路上的,如果采用－3 天的搭接(图 12-5),则比不搭接(即 FTS＝0)节约 3 天时间。

但是,上述这些安排可能产生以下问题。

(1) 工程活动逻辑上的矛盾性;

(2) 资源的限制,平行施工要增加资源的投入强度,尽管投入总量不变;

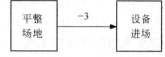

图 12-5 合理搭接

(3) 工作面限制及由此产生的现场混乱和低效率等问题。

8. 修改实施方案,采用技术措施,如将占用工期时间长的现场制造方案改为场外预制,场内拼装;采用外加剂,以缩短混凝土的凝固时间,缩短拆模期等。这样可加快施工速度,同时将自己的人力物力集中到关键线路活动上。当然,不仅要保证有可用的资源,而且又得考虑可能造成的成本超支。

例如,在一个国际工程中,原施工方案为现浇混凝土,工期较长。进一步调查发现该国技术木工缺乏,劳动力的素质和可培训性较差,无法保证原工期,后来采用预制构件,现场装配施工方案,则大大缩短了工期。

9. 将一些工作包合并,特别是在关键线路上按先后顺序实施的工作包合并,与实施者共同研究,通过局部地调整实施过程和人力、物力的分配,达到缩短工期的目的。

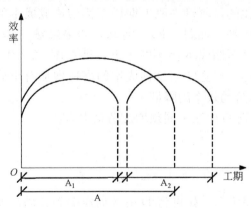

图 12-6 分开施工与合并施工的效率比较

通常,A_1、A_2 两项工作如果由两个单位分包按顺序施工(图 12-6),则它的持续时间较长。而若将它们合并为 A,由一个单位来完成,则持续时间就会大大缩短。主要原因如下:

(1) 两个单位分别承担,它们都经过前期准备低效率,正常施工和后期低效率等过程,则总的平均效率很低。

(2) 由于由两个单位分别承担,中间有一个对 A_1 工作的检查、打扫和场地交接和对 A_2 工作准备的过程,将使工期延长,这是由分包合同或工作任务单所决定的。

(3) 如果合并由一个单位完成,则平均效率会较高,而且许多工作能够穿插进行。

(4) 实践证明,采用"设计-施工"总承包,或项目管理总承包,比分阶段、分专业平行承包工期会大大缩短。

从上述分析可见,解决进度拖延有许多方法,但每种方法都有其适用和限制条件,且都将带来一些负面影响，如导致劳动效率的降低，资源投入的增加，出现逻辑关系的矛盾，工程成本的增加，质量的降低和安全事故等。管理者在选择时应作出周密的考虑和权衡，应将它作为一个新的综合的计划过程来处理，必须明确对项目其他目标可能产生的影响。

从总体上说，赶工措施应该是有效的、可以实现的，而且费用比较省，对项目的实施和对承包商、供应商等影响较小。

（四）压缩对象的合理选择

压缩对象，即被压缩的工程活动的选择，是工期压缩的又一个复杂问题。当然，只有直接压缩关键线路上活动（或时差小于0的活动）的持续时间，才能压缩总工期（或消除负时差）。在许多计算机网络分析程序中，事先由管理者定义工程活动的优先级，计算机再按优先级顺序压缩工期。

压缩对象的选择（或优先级的定义）一般考虑如下因素：

1. 首先选择持续时间较长的活动。因为相同的压缩量，对持续时间长的活动相对压缩比小，则通常影响较小。例如在图8-35的关键线路上的活动B的持续时间为12周，J为4周，要求压缩2周，如果选择B，则它仅压缩17%，而选择J，则它压缩50%。如果其他条件相同，则B压缩比小，影响较小，需增加的投入较少。而且持续时间长的工程活动可压缩性较大。

2. 选择压缩成本低的活动。工程活动持续时间的变化会引起该活动资源投入和劳动效率的变化，则最终会引起该活动成本的变化，而某活动因压缩单位时间所需增加的成本称为该活动的压缩成本（图12-7）。通常由于原来的持续时间是经过优化的，所以一般工期压缩都会造成成本的增加。而且，同一活动，如果继续压缩，其压缩成本会不断上升，即在图12-7中，$\triangle C_1 < \triangle C_2$。这种成本的高速增加有十分

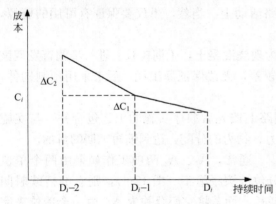

图12-7 工程活动的工期压缩成本

复杂的原因，最主要的原因是资源投入的增加和劳动效率的降低。

例如，D和H的劳动力投入量都是10人，则D压缩2周须增加劳动力为：

$\Delta L = 10 人 \times 10 周 / 8 周 - 10 人 = 2.5 人$

而H压缩2周须增加劳动力为：

$\Delta L = 10 人 \times 5 周 / 3 周 - 10 人 = 6.7 人$

显然，在劳动力费用方面H的压缩成本要高于D。如再将D由8周压缩到6周，即使假定劳动效率没有变化，则需要投入的人数为：

$\Delta L = 10 人 \times 10 周 / 6 周 - 12.5 人 = 16.7 - 12.5 = 4.2 人$

即D第一次压缩2周需增加投入2.5人，而第二次压缩2周需增加投入4.2人。而且在实际工程中，第二次压缩会造成劳动效率大幅度降低，需增加的人数超过4.2人。

由于各个活动的ΔC不同，则选其中ΔC最小的活动进行压缩。

3. 压缩所引起的资源的变化，如资源的增加量，必须增加的资源的种类、范围、可

获得性。尽量不要造成大型设备数量的变化，不要增加难以采购的材料（如进口材料），而且不要造成对计划过大的修改。

4. 可压缩性。无论一个工程项目的总工期，还是一个活动的持续时间都存在可压缩性或工期弹性问题。在不缩小项目范围的条件下，有些活动由于技术规范要求，资源限制，法律的限制，是不可压缩的，或经过压缩（优化）以后渐渐变成不可压缩的，它的工期弹性越来越小，接近最短工期限制。

例如，关键线路上有两个活动 I, J。其中对 I 的工期预测如下：

$OD_I=12$ 天，$PD_I=16$ 天，$HD_I=14$ 天。按照公式（8-1）得 $T_I=14$ 天。

而对 J 的工期预测如下：

$OD_J=10$ 天，$PD_J=18$ 天，$HD_J=14$ 天。同样，按照公式 8-1 得 $T_J=14$ 天。

现在要压缩两天，如果选择 I，将工期由 14 天改为 12 天，已成为最乐观（一切顺利）的工期，则以后它不能再被压缩；而如果选择 J，将工期由 14 天改为 12 天，它仍有一定的压缩余地。

5. 考虑到其他方面的影响。例如在定义优先级时，对需要较长前期准备时间的活动、持续时间长的活动，关键活动赋予较高的优先级。

选择压缩（调整）对象时，经常会遇到这个问题：选择前期（近期）活动还是选择后期活动。

（1）选择近期活动（图 8-35 中的 B），则以后工期需要再作调整（压缩）则仍有余地。但近期活动压缩的影响面较大，这可以从网络上看出来。项目初期活动的变化，会造成后面许多活动都要提前，如 B 的压缩会导致后面 F、G、J、K 工作都要提前。则与这些活动相关的供应计划，劳动力安排，分包合同等都要变动。

（2）选择后期（远期）的活动（例如结束节点）压缩则影响面较小。但以后如果再要压缩工期将很困难，因为活动持续时间的可压缩性是有限的。

一般在计划期，由于工程活动都未作明确的安排（如尚未签订合同，订购材料），可以考虑压缩前期活动；而在实施中尽量考虑压缩后期活动，以减小影响面。

（五）实际赶工中应注意的问题

在实际工作中，人们常常采取了许多事先认为有效的赶工措施，但实际效果却很小，常常达不到预期的缩短工期的效果，其原因如下。

（1）这些赶工计划是无正常计划期状态下做出的，常常是不周全的。

（2）缺少沟通协调，没有将加速的要求、措施、新的计划以及可能引发的问题通知到项目相关各方，如其他分包商、供应商、运输单位和设计单位等。

因此，应将调整后的进度计划及时通知项目相关者各方，若进度调整对其他方有影响，或需要其配合，则应让其参与进度调整的决策和计划过程。

（3）人们对此前造成拖延问题的影响认识不清。例如，由于外界干扰，到目前为止已造成两周的拖延，实质上，这些影响是有惯性的，还会继续扩大。因此，即使现在采取了措施，在一段时间内，其效果可能不明显，工期拖延的影响仍会继续扩大。

（4）人们在进行情况的分析和采取措施时，常常都将重点放在时间问题上，而忽视其他问题。

复习思考题

1. 解释:"工期"和"进度"的联系与区别。
2. 以您所熟悉的工程项目为例,列举反映进度的主要指标。
3. 导致工期拖延的原因有哪些?解决工期拖延有哪些主要措施?
4. 在解决工期拖延时应注意哪些问题?
5. 调查一个实际工程项目,了解其实际和计划工期情况,并进行对比分析。
6. 什么是工程活动的工期压缩成本?它是如何发生的?

第十三章 成 本 控 制

内容提要： 成本控制是在成本计划的基础上进行的。本章主要介绍：
(1) 成本控制的基本概念，成本控制时间区段的划分和主要工作。
(2) 工程承包项目成本控制流程。
(3) 项目成本核算与企业成本核算之间的信息沟通。
(4) 工程项目的成本分析（跟踪）和诊断方法。
(5) 挣值法，以及工期与成本的动态控制方法。

第一节 概 述

一、成本控制的重要性

成本控制是指通过控制手段，在达到预定质量和工期要求的同时，优化成本开支，将总成本控制在预算（计划）范围内。

项目的成本控制不仅是项目管理的主要工作之一，而且在整个企业管理中都占据着十分重要的地位。人们追求企业的经济效益，而企业的经济效益通常是通过项目的经济效益实现的，项目的经济效益是通过盈利的最大化和成本的最小化实现的。特别是承包企业，通过投标竞争取得工程，签订合同，确定了合同价格，其企业经济目标（盈利）主要是通过项目成本控制实现的。

在我国工程项目中，由于项目整体管理水平、控制方法和控制技术存在许多问题，项目成本控制工作经常被忽视，使项目成本处于失控状态，常常只有在结束时才能确定实际成本开支和盈亏，而此时其损失常常已无法弥补。

二、成本控制的特点

1. 项目参加者对成本控制的积极性和主动性与其对项目承担的责任相关

例如，承包商对工程成本的责任由合同确定，不同类型的合同其成本控制的积极性不同。如果订立的是成本加酬金合同，则他没有成本控制的兴趣，甚至有时为了增加自己的盈利千方百计扩大成本开支；而如果订立的是固定总价合同，则他就会严格控制成本开支。因此，严密的组织体系和合同是成本控制的重要手段。

2. 成本控制的综合性

(1) 成本目标不是孤立的，它只有与工程范围、质量目标、进度目标、效率和消耗等相结合才有它的价值。所以，成本目标必须与详细的工作范围、工程量、技术（质量）要求、进度要求等一起落实到责任承担者，才能形成完整的责任体系。

所以，不能片面强调成本目标，例如，为降低成本（特别是建设期成本）而使用劣质材料、廉价设备，或缩小工程范围，结果会损害工程的整体功能和效益。

(2) 为了综合地、清楚地反映成本状况，成本分析必须与完成的工程量、工期、效率和质量等分析同步进行，并互相对比参照，才能得到反映实际情况的信息，也才有实际意义和作用，否则容易产生误导。有时，虽然实际成本和计划成本相吻合，但却隐藏着很大危险。

（3）通常引起成本超支的许多原因不是成本管理人员能够控制的。如：质量标准的提高、进度的调整、工程范围（或工程量）的增加、由于业主工程管理失误造成的索赔、不可抗力因素等。因此，成本控制必须与质量控制、进度控制、合同控制（包括索赔和反索赔）同步进行，需要业主、设计单位、项目管理（如技术、采购、合同）人员等的共同工作。

（4）成本超支很难弥补。人们对超支的成本经常企图通过在其他工程子系统或工程活动上的节约解决，这是很难奏效的。因为要压缩这部分工程或工作的成本必然会影响工期和质量目标的实现。反之，如果不发生负面影响，则说明原成本计划尚未优化。

因此，对成本超支问题必须通过合同措施、技术措施和管理措施等综合解决，特别要加强对工程变更和合同的管理。管理者对此应有充分的认识。

3. 成本控制需要及时、准确和适当详细程度的信息反馈

由于工程项目成本的特殊性（如成本计划的对象多，项目过程中成本计划版本很多，成本的影响因素多），使得成本信息涉及面广，处理量大，容易造成信息处理费用增加、管理困难、信息泛滥，甚至误导。

由于成本控制的专业性很强，在国外的许多大项目中，常常设有成本工程师（或成本员）负责具体的控制工作，通常由精通预算、结算和技术经济方面的专业人员承担。

三、工程实施中的成本计划变更问题

1. 虽然原成本计划（预算）指标是控制的依据，但在实际工程中原设计和实施计划经常会有许多修改，这会造成项目计划成本模型的变化。即使通过招标投标，双方签订合同，确定了价格，但是在一般合同中，仍有许多价格调整的条款。例如，FIDIC施工合同规定，当发生以下情况，承包商成本增加，有权向业主提出索赔：

（1）增加合同工程量表中未包括的分项，即附加新的工程分项；

（2）图纸错误、变更造成工程数量、质量变化；

（3）发生业主风险范围内的事件造成损失；

（4）业主指令工程实施顺序变化；

（5）由于业主或其他方面的干扰造成工程停工、返工、低效率损失等；

（6）市场物价的变化、汇率变化、通货膨胀等。

业主必须按照合同条款的有关规定，给承包商追加合同价格。以上这些变化产生了一种新的计划状态，它既不同于原来的计划成本（初始的计划），又不同于实际成本（完全实际的开支）。所以，通常有以下三类数据的互相比较：

（1）原计划数据。即在项目初期由任务书、合同文件、合同分析文件、实施计划和预算确定。

（2）在原计划的基础上考虑到各种变更，包括目标的变化，设计、工程实施过程的变化等确定的状况。实施控制应使实际更符合变更了的计划。

（3）实际情况，即实际工程的进度、成本、工程量、质量的状况。

这三种状态的比较代表着不同的意义和内容。如果仅用实际和原计划对比可能会导致

错误的结果。

2. 由于以项目初期制定的成本计划与实际成本进行比较的实质意义已经不大，只有确定新的计划成本，并与实际成本相比较，才能获得项目损益的真正信息，也才更有实际意义。而这个新计划版本在项目建设过程中是一直变动的，因此，成本控制过程是动态的，必须一直跟踪最新的计划。[①]

3. 新计划编制的依据是项目任务书或合同及其相应的变更。对于工程承包项目，按照合同可以进行费用索赔（业主应追加费用）的各种因素都应作为对原计划的变更而纳入到新计划中。而对于分项工程的成本，新计划应按已完成的实际工程量和相应合同单价（或预算单价）计算新的计划成本（即可以从业主处获得的工程款），并将它与实际成本比较才有意义，才能反映承包商的实际施工成果。因此，成本控制过程中应一直把握实际工程量、实际市场价格、实际的质量要求。

4. 为了确保可比性，原计划、新计划和实际成本在成本结构、内容和范围等方面应始终保持一致。

四、成本控制时间区段的划分

进行成本控制必须建立一个强有力的控制系统，周期性地计算工程量和实际成本，并跟踪（分析）和诊断整个工程成本状况，预测工程最终成本。由于在实际工程中成本超支常常不能及时被发现，真实的状况和变化趋势也往往会被掩盖，这是非常危险的，而不断的对比分析可以缩短预警时间。因此成本控制的周期不能太长，通常在控制期（按月）末，或阶段结束期末进行核算、对比、分析。按控制要求可将项目成本控制时间分为三个区间段（见图13-1）。其中：

1. A 为上期末的实际控制结果。

2. B 为本期内的实际完成值。

3. C 为控制期末至项目结束完成剩余工作尚需的剩余成本预测（诊断）值。该估算是以控制期末工作效率、资源消耗状况和价格、环境状况等，以及对项目后期合理预测为基础的。

4. D（为 A+B），是至本期末项目全部实际成本值。

5. E（即 D+C）为整个项目的总成本预测（诊断）值。即在控制期末，估计完成项目所需的总费用（EAC）：

在上述区段划分中，进行成本控制重点是抓住 B 段（即本控制期内实际成本信息）和 C 段（即剩余成本预测信息），其他是已储存的信息（如 A）或经过处理得到的信息

[①] 为了细分成本的变更情况，使成本控制更为精确，在成本分析中可以将变更分为以下各种：
1. 已经批准的计划成本的变更，即变更已经发生，且已经获得批准；
2. 尚待批准的计划成本变更，即为已经发生，但尚未经过权力部门批准；
3. 预计计划成本的变更，即预计后期将要发生的成本变更；
4. 预算调整，即由于特殊原因（如物价因素）须调整计划成本。则：
整个项目最终总成本预测值＝原计划总成本＋已批准计划成本变更＋尚待批准的计划成本变更＋预计计划成本变更＋预算调整。

同样，对于一份合同：
预计最终合同额＝原合同额＋已批准合同变更＋尚待批准的合同变更＋预计合同变更＋合同价格调整

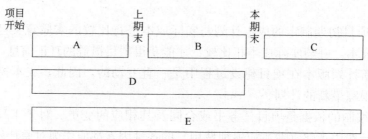

图 13-1 成本控制的实际区段划分

(如 D、E)。

B 段一般以月计,时间越长,成本信息的时效消失,就会使控制困难。但时间太短会导致信息量的大幅度增加。

第二节 工程承包项目成本控制工作流程

业主的工程成本(造价、投资)控制主要体现在合同支付控制、工程变更管理、费用索赔(反索赔额)等方面的工作。而工程承包商的成本控制工作更为复杂,专业性强,是成本控制工作的重点。

工程承包项目成本控制体系构建有如下要求:

(1) 符合项目管理实施控制的一般过程,即有成本的监督、跟踪、诊断、变更等工作;

(2) 符合生产过程的成本管理过程,即包括成本预测、成本计划、成本控制、成本核算和分析、成本修正措施决策、成本考核和信息反馈过程。

(3) 与工程估价,企业的会计核算系统,现场的工、料、机、费等管理融为一体。而且与施工企业项目责任制形式、施工项目实施方式和分包方式等相容。

由于施工项目成本的专业性、多角度和涉及面广等特点,成本管理工作流程是比较复杂的(图 13-2)。其中成本控制主要工作内容如下:

1. 成本控制前导工作

(1) 制定成本管理体系,包括对成本预测、计划、控制工作等详细具体的规定,规定成本批准、核算、审核和变更等程序,明确相关的控制权利和责任,并形成书面文件。

(2) 成本预测和成本计划工作。

1) 投标阶段主要为成本预测工作,其结果作为投标报价的依据。

2) 标准成本编制。在合同签订后编制详细的施工组织设计,按照施工组织设计、环境(市场价格、周边自然等)、实施计划(供应、分包、施工组织方式等)、企业定额等信息编制标准成本(我国有些施工企业称为"目标成本")。它是反映实际情况的详细的计划成本。

2. 责任成本分解和各方面详细的成本计划

根据施工项目实施组织和资源配置方式,以及企业项目责任制,将标准成本分解,落实各组织层次、工程活动、分包合同的责任成本。

(1) 对成本控制影响最大的是施工项目经理部的责任成本。它是经过分析的,与项目经理部责任制形式相关，体现了企业对项目经理部的目标责任成本的要求。

（2）项目经理部再将分项工程或项目单元的成本目标落实到工程小组或职能部门，还要下达与工程量相应的资源消耗（如用工、用料、费用）和工作效率指标。

（3）按照成本目标和责任成本，进行定额控制，落实资源的消耗和工作效率指标。

1）做好相应的资源的计划、各责任单位费用计划、专业工程分包计划、施工队（班组）实施计划等。

2）签订好相关的劳务供应、工程分包、材料采购、设备租赁合同等，要严格控制合同价，包括价格水准、付款方式和付款期、价格补偿条件和范围等。

由于我国大型施工项目有大量的工程分包、劳务分包、设备租赁，则在签订这些外包合同时，一定要在合同价方面进行严格控制，在施工中还应严格控制各款项的支付。这是施工项目成本控制最有效的措施。

3.成本监督工作

成本监督着眼于成本开支之前和开支过程中，并贯穿于项目全过程。

（1）在任何费用支出之前，应按照规定程序，进行审查和批准，并形成文件。即使已经作了计划或下达了费用限额，仍需加强事前批准，事中监督和事后审查。

（2）应依据合同约定，做好各类各期付款申报、分期结算和竣工结算等工作。监控成本开支，审核各项费用，确定是否按规定支付，有无漏洞，审查已支付的成本相关工作是否已完成，保证每月按实际工程状况定时定量支付（或收款）。

成本控制必须加强对工程变更和合同执行情况的控制。

（3）资源消耗控制是成本控制的基础。要控制成本必须对工程活动的人工、材料和机械消耗进行严格控制，建立定额用工、定额采购、定额领料和用料制度。对于超支，或超量使用的必须有严格的批准程序、手续，要追查原因，落实责任。

（4）应对项目实施过程中的资金流进行管理，按资金计划和规定程序对项目资金的运作实行严格的监控，包括控制支出，保证及时收入，降低成本和防范资金风险。

4.成本核算和分析

（1）汇集实际人、材、机、费等消耗信息，将成本计算到各个成本核算对象上。与前面成本分解和成本计划相对应，这里有大量的非常细致的信息收集和数据处理工作。

（2）作实际成本报告，进行成本分析。应编写详细的成本分析报告，从各个成本角度列明成本支出状况，确定实际与计划的偏差，确保成本报告能准确反映项目成本状况。

（3）由于工程变更等，会引起实际成本的增加，需要进行费用索赔，调整工程价款。

5.成本诊断，即评估成本执行情况

（1）成本超支量及原因分析。如果成本偏差超出规定的限度，应分析偏离原因并采取措施。对责任成本与实际成本的差异进行分析，应区分项目责任的（项目可控的）偏差和非项目责任的（项目不可控的）偏差。

（2）剩余工作所需成本预算和工程成本趋势总体分析，研究在总成本预算内完成整个后续工作的可能性，对后期工作可能出现的成本超支状况进行预警，制定调控措施，修订后续工作计划。

6.成本相关改进措施决策

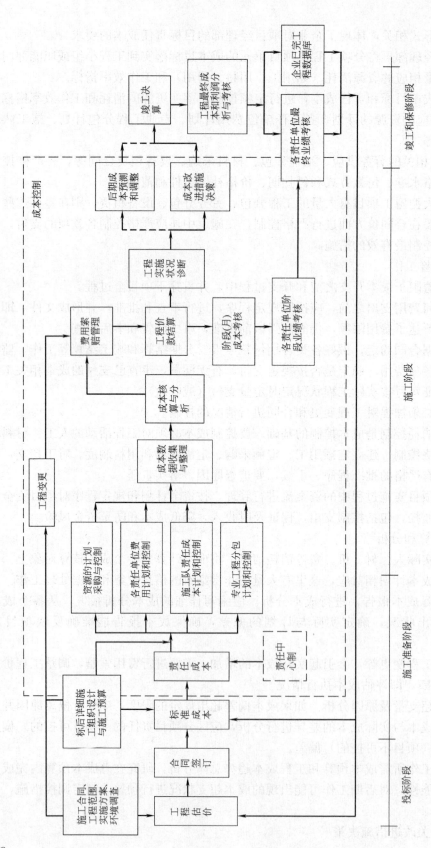

图 13-2 施工项目成本管理总体流程图

7. 工程竣工后成本管理工作：

（1）进行竣工决算；

（2）对整个工程最终成本和利润进行分析与考核，并对责任单位进行考核、奖励；

（3）工程成本信息反馈。将本项目实际成本数据进行分析整理，输入企业已完工程数据库，以作为将来工程项目投标报价和编制标准成本的依据。

第三节 工程成本核算

一、会计成本核算的问题

成本核算是成本管理的专业性工作，是整个工程项目成本控制的基础。

为了及时地进行成本控制，必须不断地了解实际成本的支出情况，这就要求做好成本核算工作。对此人们必然首先想到企业的会计核算系统。它包括了项目的成本核算，反映了项目的实际支付，这是企业对项目成本进行宏观控制的重要手段。项目的成本核算必须与企业会计的成本核算相结合形成一个系统。但将企业会计成本核算应用于项目的成本控制时，必须注意如下问题。

1. 会计作为企业经济核算的职能部门人员，他们不直接参与项目的控制过程，也不承担项目成本控制责任，即使要求他们承担该责任，他们也很难积极地参与和提供信息。

2. 会计所进行的成本核算资料只有在报告期结束（如月末）时，才形成信息，待传递到企业和项目管理者手中，一般又要拖延4～6周，这对项目控制来说，时间太长，失去控制的意义。而项目成本控制，需要针对目前情况及时、迅速而又精确地提供成本信息，进行分析和诊断，要求对成本超支及时采取措施，这样它的数据更有现实性和实用价值。

会计核算是静态的，反映控制期的各项开支，而成本控制是动态的，是跟踪的过程，要按目标变化，不断地进行成本分析、诊断、预测结束期成本状态。

3. 企业的会计核算科目的设立仅能分解到项目上，即以项目作为成本核算的对象，有时还可核算到成本分项（如总人工费、材料费、机械费等），这对项目成本控制是远远不够的。项目成本控制有自己的成本分项规则（见第九章），必须按照成本计划多角度地进行分析和控制。例如，工作包、合同报价、工程分项、各责任单位（或委托单位等）。成本控制需要与工期计划有较好的相容性，将成本引入到工程活动上。只有成本核算和分析深入到工作包和低层的成本分项，才能弄清超支的原因和责任。

在现代工程项目中，项目的成本管理子系统必须解决成本（投资）预测，成本计划（标底或投标报价），合同价格，工程中成本核算与分析以及竣工结算全过程的项目划分、内容、统计口径的一致性等诸多问题。

4. 按项目控制要求，成本管理必须深入到施工现场的各个地方，进行现场的已完工程的界定，工时、材料和设备消耗的记录和分摊，所以必须有现场的成本核算系统。预算和成本管理人员必须进入施工现场，按照现场记录，而不是按照图纸或工程量表进行成本管理。

当然，只有工地成本核算与企业的会计核算进行多方面的沟通，才能实现信息资源的共享，同时应防止信息的冗余和重复信息处理的现象。通过有效的编码系统，可以保证简单而迅速地、可变地分类统计，分析并提供成本信息报告。

二、成本数据及成本数据的沟通

由于业主和承包商的项目成本分项是不同的，因此他们有不同的成本数据。而承包商以工程量清单为依据的成本核算是最重要，也是最基础的。对承包商来说，存在三种数据。

1. 分项工程成本数据，它包括以下两种。

(1) 该分项工程的直接费，它的组成要素包括：

1) 直接在该分项工程上消耗的人工、材料、机械台班数量。

2) 人工费、材料费、机械台班费单价。它们由工程统一确定。

3) 相关的外包费用，如工程分包费。

(2) 工地管理费和总部管理费分摊，通常按直接费成本比例计算。

这样可得该分项工程的实际成本。该分项工程实现的利润是合同价与实际成本之差。

2. 整个工程的成本数据，包括：

(1) 工程直接费，即各分项人工工资、材料费、机械费及外包费用之和。

(2) 本工程的工地管理费核算。它由工地管理费开支范围内的各种账单、工资单、设备清单、费用凭证等得到。

(3) 由企业（总部）分摊来的经营管理费用（总部管理费）。这笔费用是企业总部的各项开支，通常与具体工程无关。一般将计划期（1年）企业开支总额按所有工程的工地总成本，或人工费、人工工时的比例分摊给各个工程。

而整个工程的实际利润是已完成的工程合同价（即收款）与实际总成本之差。

3. 企业成本数据。企业成本数据首先是从宏观上把握各个工程的人工费、材料费、机械费、外包费用，工地管理费之和，即工程工地总成本。再核算企业经营费用（即总部管理费），它可以从企业会计核算的资料，如费用凭证、会计报表、账目等获取，并将其分摊给各个工程，同样可以核算企业实现的工程承包利润。

以上三者之间应有很好的数据沟通（图13-3）。工程成本核算必须与企业成本核算集成才有效率。

从理论上讲，在该图中，只有分项工程的人工费、材料费、设备费、外包费、工程的工地管理费和企业的总部管理费是当期的实际计算数字，而其他数字是通过数据处理（如汇集、分配）得到的。

三、实际成本核算过程

1. 一旦项目开工就必须记录完成各工程分项或工作包消耗的人工、材料、机械台班及费用的数量，这是成本核算的基础工作。

有些消耗是必须经过分摊才能进入工程分项或工作包的，如在一段时间内几个工作包共用的原材料、劳务、设备，则必须按照实际情况进行合理的分摊。

在控制期末，许多大宗材料已经领用但尚未用完，对已消耗量（或剩余量）的估计是十分困难的，而且人为的影响因素很大，这就导致了实际成本核算的不准确。

2. 本控制期内工程完成状况的量度，必须按照工程量清单规定的单位测量实际完成的工程量。由于实际工程进度是作为成本花费所获得的已完产品，它的量度的准确性直接关系到成本核算、成本分析和趋势预测（剩余成本估算）的准确性。

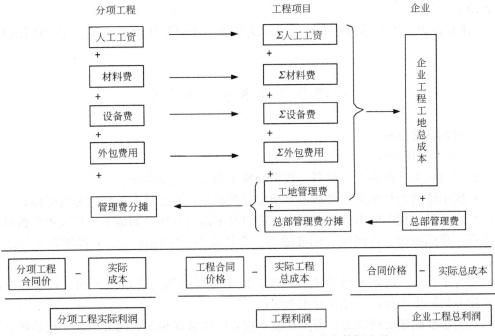

图 13-3 分项工程、工程项目和企业的成本数据沟通

在此,已完工程的量度比较简单,而对已开始但尚未结束的分项工程(或工作包)的已完成程度的客观估算也是困难的。在实际工程中人为的影响较大,可能会造成项目成本分析大起大落、喜忧无常。

人们可以按照工作包中工序的完成进度进行计算(表 12-1)。

3. 工程项目工地管理费及总部管理费实际开支的汇总、核算和分摊。

4. 各分项工程及整个工程的各个费用项目核算及盈亏核算,提出工程成本核算报表。

在以上的各项核算中,许多费用开支是经过分摊进入分项工程成本或工程总成本的,例如,周转材料、工地管理费和总部管理费等。

由于分摊是选择一定的经济指标按比例核算的,例如,企业管理费按企业同期所有工程总成本(或人工费)分摊进入各个工程项目;工地管理费按本工程各分项工程直接费总成本分摊进入各个分项工程,有时周转材料和设备费用也必须采用分摊方法进行核算。由于它是平均计算的,所以不能完全反映实际情况。其核算和经济指标的选取受人为因素的影响较大,这会影响成本核算的准确性和成本评价的公正性。因此,对能直接核算到分项工程的费用应尽量采取直接核算的办法,尽可能减少分摊费用值及分摊范围。

5. 项目费用决算。业主在工程项目结束时要确定从项目筹建开始到项目结束全部费用。

(1) 决算的内容包括项目全过程各个阶段支付的全部费用。

(2) 决算的依据主要是合同、合同的变更、支付文件等。

(3) 决算的结果是项目决算书,它经项目各参与方共同签字后作为项目验收的核心文件。项目决算书由两部分组成:

1) 文字说明。主要包括工程概况,设计概算,实施计划和执行情况,各项技术经济指标的完成情况,项目的成本和投资效益分析以及项目实施过程中的主要经验、存在的问题、解决意见等。

2）决算报表。竣工项目概况表、财务决算表、交付使用财产总表、交付使用财产明细表等。

第四节　成本跟踪和诊断

一、成本状况分析

（一）成本分析指标

工程项目成本分析的指标很多，数据处理量很大。这是由于：

（1）成本计划的对象多，要从各个角度反映成本，则必然有不同的分析指标；

（2）在项目过程中成本的版本很多，需要有不同的对比，如施工项目成本分析就涉及成本预算、投标报价、合同价、标准成本、责任成本、实际成本、工程款收入等之间的对比；

（3）为了综合、清楚地反映成本状况，成本分析必须与进度、工期、效率、资源消耗、质量分析同步进行，并互相对比参照；

（4）为了准确地反映情况，需要在成本报告中作微观和宏观的分析，如包括各个层次的项目单元和组织单元、各个生产要素的消耗、各分项工程及整个工程项目的成本分析。

成本分析指标通常有如下几大类：

1. 工期和进度的分析指标

时间消耗程度＝已用工期/计划总工期×100%

工程完成程度＝已完成工程量/计划总工程量×100%　或

　　　　　　＝已完成工程价格/工程计划总价格×100%　或

　　　　　　＝已投入人工工时/计划使用总工时×100%

2. 效率比，这仅对已完成的工程的各个成本项目：

机械生产效率＝实际台班数/计划台班数

劳动效率＝实际使用人工工时/计划使用人工工时

如当机械生产效率小于1时，说明实际台班数比计划台班数少，节约了。当劳动效率小于1时，说明实际人工消耗小于计划使用工时数。

与它们相似，还有材料消耗的比较及各项费用消耗的比较。

对工程成本的评价，效率指标比较准确、明了，无论对一个分项工程或整个工程均可以使用。由于它是以实际工程量为基础的，所以比较的尺度是统一的。

3. 成本分析指标。对已完成的工程：

成本偏差＝实际成本—计划成本

成本偏差率＝（实际成本—计划成本）/计划成本×100%

利润＝已完工程价格—实际成本

在各个成本要素、分部工程成本、总工程成本的比较分析中都可以采用偏差值和偏差率指标。它们可以比较直观地反映偏差的程度，这样管理者就可以始终把握每一个费用项目、每一分项工程以及总工程的成本状况和总利润状况。

4. 因素差异分析法。对一些分项工程费用，用因素差异分析法不仅可以确定实际值和计划值的差异，而且可确定差异影响因素以及它们各自的影响份额，因此可以用于责任分担。

例如，原计划安装 30000m² 模板，预计劳动效率力 0.8 工时/m²，工时单价为 20 元，则

计划人工费＝20 元/工时×30000m²×0.8 工时/m²＝480000 元

但是，最后实际工程量为 32000m²，实际劳动生产率为 0.7 工时/m²，工时单价 25 元/m²，则实际人工费＝32000×25×0.7＝560000 元

成本差异＝560000－480000＝80000 元

由于工程量增加造成的成本变化为：

(32000－30000)×20×0.8＝32000 元

由于工时单价引起的成本变化为：

32000×(25－20)×0.8＝120800 元

由于劳动效率引起的成本变化为：

32000×25×(0.7－0.8)＝－80000 元

更进一步可以分析工程量增加，工时单价增加，劳动效率提高的更细的原因，并明确其责任人。

（二）成本分析报告

1. 不同层次的管理人员需要不同的成本信息及分析报告。对工程小组组长、领班，要提供成本的结构、各分部工程的成本（消耗）值、成本的正负偏差以及可能采取的措施和趋向分析；对项目经理要提供比较全面的项目成本信息，主要包括项目实施的结果、项目的总成本现状、主要的节约和超支的成本项目和分析；而业主要求掌握已完成的工程价款和工程价款的变更信息等。

2. 不同版本成本之间的分析比较。由于成本计划是一个复杂的过程，产生不同的计划成本版本，如目标总成本、工程投资匡算、概算、修正总概述、预算、合同价、工程结算价、竣工决算等。所以，为了准确地反映项目成本变化情况，在成本分析报告中经常要进行不同版本成本数据的对比分析。

3. 成本报告通常包括各种分析报表、图和文字说明等。

（三）成本分析例子

1. 某工程计划直接总成本 2557000 元，工地管理费和企业管理费总额 567500 元。工程总成本为 3124500 元，则

管理费分摊率＝567500/25570000×100％＝22.19％

该工程总工期 150 天，现已进行了 60 天，已完成工程总价为 1157000 元，实际工时为 14670 小时，已完工程中计划工时 14350 工时，实际成本 1156664，已完工程计划成本 1099583 元，则至今成本总体状况分析：

工期进度＝60 天/150 天×100％＝40％

工程完成程度＝1157000 元/3124500 元×100％＝37％

劳动效率：14670 工时/14350 工时×100％＝102.2％

成本偏差＝1156664－1099583＝57081 元

成本偏差率＝57081/1099583×100％＝5.19％

已实现利润：1157000－1156664＝336 元

利润率＝336/1157000＝0

从总体上看，本工程虽未亏本，但利润太少，成本超支，劳动效率降低。

详细分析：其中有一个分项工程，模板为 30000m²，报价 900000 元，该分项工程施工的计划工期 130 天，计划工时 24000 小时，平均投入 23 人，则

计划平均生产速度＝30000m²/130 天＝231m²/天

计划劳动生产效率＝24000 小时/30000m²＝0.8 工时/m² 或 1.25m²/工时

现该活动已工作 45 天，消耗工时 6290 小时，直接成本花费 243100 元，已完成工程量 8500m²，平均 189m²/天，而本期完成 4900m²，工时消耗为 3310 工时，则：

平均实际劳动生产率＝6260 工时/8500m²＝0.74 工时/m²

本期劳动生产率＝3310 工时/4900m²＝0.68 工时/m²

则，该分项工程成本状况为

工期进度＝45 天/130 天×100％＝35％

工程完成程度＝8500m²/30000m²×100％＝28％

劳动效率＝0.74/0.8×100％＝92.5％

实际总成本＝243100×(1＋0.2219)＝297044 元

实际工程价格＝30 元/m²×8500m²＝255000 元

则该分项工程已盈利润＝255000－297044＝－42044 元

由于

该分项工程单位成本＝297044 元/8500m²＝34.95 元/m²

而报价仅 30 元，则每单位工程量亏损 4.95 元，亏损的进一步原因可以分析对比人工、材料、机械的消耗。从上面可见，人工的劳动效率比计划还是提高的（节约了劳动工时消耗）。进一步详细分析，可以得出人工费用、材料费用、机械费用各占的份额，而且还可以分析人工费用中，由于工资单价变化、工程量变化和劳动生产率变化所引起的成本变化的份额。

2. 某工程成本控制报告如下：

某项目成本控制报告

报告期 某年 8 月 31 日

至控制期成本状况如下：

(1) 总收支情况

1) 工程款总额：4418529 元，其中包括费用追加 343000 元

2) 实际成本额：3574710 元

3) 计划成本（新计划） 3206729 元

4) 完成原投标工程价 2997128 元。

(2) 经营成果

            绝对差   差异率（比工程款）

工程款－实际成本＝843819 元 19.1％

工程款－计划成本＝1211800 元 27.4％

(3) 生产成果

	差值	差异率
计划成本—实际成本=	−367931元	−11.5%（比计划成本总额）
		−8.3%（比工程款）

该工程主要成本项目差异分析见表13-1。

主要成本项目差异分析表　　　　　　　　　　　　　表13-1

成本项目	计划值	实际值	偏差	偏差率（比本项计划成本值）	偏差率（比计划成本总额）
直接费			−335982		−10.5%
其中					
人工费	…	…	…		
材料费	…	…	…		
机械费	…	…	…		
现场管理费			−31999		−1.0%
总部管理费			0		0
合计			−367981		−11.5%

该工程各分项工程直接成本比较见表13-2。

各分项工程直接成本比较　　　　　　　　　　　　　表13-2

分项工程编号	分项名称	计划值	实际值	偏差	偏差率（比本项计划成本值）	偏差率（比计划成本总额）	完成程度
	负偏差分项			−48030	−78.7%	−1.6%	98%
	工地临时设施	…	…	−23410	−192.2%	−0.8%	85%
	工地清理	…	…	−24792	−15.3%	−0.8%	95%
	正偏差分项						
	…	…	…				
	…	…	…				

该分析表仅列出了成本偏差较大的分部工程。

二、挣值法

（一）工程项目成本累计曲线（S曲线）的应用问题

实际成本与计划成本模型（S曲线）的对比反映项目总成本的进度状况。在实际工程中由于计划的成本模型是人们从工期和成本综合控制的角度和要求出发的，人们对实际和计划成本模型的对比寄予很大的希望，认为它对成本控制十分重要[1]，但在对成本模型（即工期—累计成本）的计划和实际情况进行比较时要注意，若不分析其他因素，仅在这个图上分析差异，则常常不能反映出项目存在的问题和危险。

1. 如果在图上计划和实际两条曲线完全吻合，或基本吻合，如实际成本曲线在香蕉图范围内（图13-4），也不能说明项目实施一定没有问题。例如，可能由于工程进度较慢，未完成计划工程量，同时物价上涨，工作效率降低，花费增加，也会导致两曲线吻合或接近。另外，实际曲线位于计划曲线的下侧，也不能保证运行良好，当工程量不能保证（如外界干扰、低工作效率），使实际工程量未达到预定要求，则虽然总成本未超支，但最终工期将会延长，总成本也会超支。

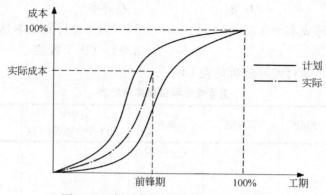

图 13-4　实际成本曲线在香蕉图范围内

另外，施工次序的变化、设计的变更、工程量的增加以及质量的变化等也会导致实际曲线和计划曲线两者的可比性较差。

2. 若图中计划和实际曲线完全不吻合，偏差较大，也不能说存在很大的问题。一般偏离是正常的，例如，由于成本模型是以计划成本在工程活动上平均分配为前提的，这与实际的成本在时间上的分布差距很大。有些活动早期成本很低，给人们以降低成本的感觉，而后期成本很高。这样使项目计划成本模型本身的科学性不大。

通常，只有在实施过程中完全按工程初期计划的顺序和工程量施工，不发生逻辑关系变化，没有实施过程或次序的改变或工期不正常推迟，才能从计划和实际的成本模型对比图上反映出成本差异的信息，才能反映成本本身的节约或超支。而这些条件在实际工作中很难保证，因此，在作上述分析时一定要谨慎地对项目进行综合分析，防止误导。

3. 在实际工程中，将实际成本核算到工程活动上是比较困难的，也常常是不及时的。在控制期末，对未完成的分项工程已花费的成本量和完成程度进行估算比较困难。通常在控制期末，未完的分项工程越多，实际成本的数值越不准确，成本状况评价越困难。

以上问题导致项目的实际和计划的成本模型的比较意义不大。为此国外有人主张不必再作时间-成本累计曲线，不再用它作为控制的手段[1]。

（二）挣值法概念

挣值法在一定程度上克服了成本模型的局限性，考虑项目的实际工程量完成情况对成本的影响，是对项目进度和费用进行综合控制的一种有效方法。挣值法最初由美国国防部于1967年首次提出，长期以来它一直作为工程项目费用和进度综合控制的一种颇为有效的方法，被人们普遍采用。

1. 挣值法的三个基本参数

（1）计划工程量的预算费用（BCWS—BudgetedCostforWorkScheduled）。BCWS是指项目实施过程中完成某阶段计划要求的工程量所需要的预算费用，它按照计划工程量和预算单价计算。表示按照原定的计划应该完成的工程量。计算公式为：

BCWS＝计划工程量×预算单价

BCWS主要是反映按照进度计划应当完成的工程量，对业主，就是计划工程投资额。

（2）已完成工程量的实际费用（ACWP—ActualCostforWorkPerformed）。ACWP是指项目实施过程中某阶段实际完成的工程量所消耗的费用。ACWP主要是反映项目执行的实际消耗指标。

(3) 已完工程量的预算成本（BCWP—BudgetedCostforWorkPerformed）。BCWP 是指项目实施过程中某阶段按实际完成工程量及按预算单价计算出来的费用，是"实际工程价值"。BCWP 的计算公式为：

BCWP＝已完工程量×预算单价

对业主而言，BCWP 是完成工程预算费用或实现了的工程投资额，如果采用单价合同，也就是应付给承包商的工程价款，对承包商来说就是他有权能够从业主处获得的工程价款，即他的"挣得值"（EarnedValue）。

2. 挣值法的三条曲线

在项目的成本模型图中将过去每个控制期末的上述三个值标出，则形成三条曲线：

(1) BCWS 曲线，即计划工程量的预算值曲线，简称计划值曲线。它是按照批准的项目进度计划（横道图），将各个工程活动的预算成本在活动的持续时间上平均分配，然后在项目持续时间上累加得到的，即前面第九章所述的 S 曲线（项目成本模型）。这条曲线是项目控制的基准曲线。

(2) BCWP 曲线，即已完工程量的预算值曲线，亦称挣得值曲线。它按控制期统计已完工程量，并将此已完工程量的值乘以预算单价，逐月累加得到。挣得值与实际消耗的费用无关，它是用预算单价计算已完工程量所取得的实物进展的值，能较好地反映工程实际进展所取得的绩效。

(3) ACWP 曲线，即已完工程量的实际费用消耗曲线，简称实耗值曲线。按照对应已完工程量实际消耗的费用，逐项记录逐月累加得到。

3. 挣得值方法的评价指标

通过图 13-4 中 BCWS、BCWP、ACWP 三条曲线的对比，可以直观地综合反映项目费用和进度情况（图 13-5）。

(1) 费用偏差分析

1) 费用偏差值 CV（CostVariance），是指检查期间 BCWP 与 ACWP 之间的差异：

$$CV=BCWP-ACWP$$

由于两者均以已完工程量作为计算基准，因此两者的偏差即反映出项目的费用差异，

当 CV＝0，表示实际消耗费用与预算费用相符；CV 为负值时表示执行效果不好，即实际消耗费用超过预算值，即超支。反之，表示有节余或效率高。

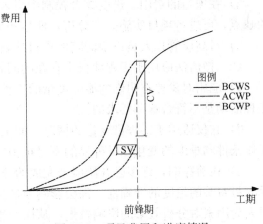

图 13-5 项目费用和进度情况

2) 费用完成指标（CPI-CostPerformedIndex）是指预算费用与实际费用值之比：

$$CPI=BCWP/ACWP$$

它反映费用完成情况。当 CPI＝1 时，表示实际费用与预算费用吻合，说明效益或效率达到预定目标。

3）费用指数（CI—Costindex）。CI 是指费用差异值 CV 除以 BCWP，即
$$CI=CV/BCWP$$
CI 表示费用超支或节省的百分数，当 CI=0 时，表示实际效果达到预定目标。

（2）进度偏差分析

1）进度偏差值 SV（ScheduleVariance）。SV 是指 BCWP 与 BCWS 之间的差异。
$$SV=BCWP-BCWS$$
由于 BCWP 和 BCWS 都是以预算单价作为计算基础，因此两者的偏差即反映出前锋期计划和实际完成工程量的差异，即进度差异。

当 SV 为正值时，表示进度提前；当 SV 为负值时，表示进度延误；当 SV=0 时，表示项目实际进度与计划进度相吻合。

2）进度完成指标（SPI—SchedulePerformedIndex）。公式如下：
$$SPI=BCWP/BCWS$$
它反映进度完成情况，当 SPI=1 时，表示实际进度等于计划进度。

3）进度指数（SI—ScheduleIndex）。SI 是指进度差异值 SV 除以 BCWP，即
$$SI=SV/BCWP$$
SI 表示进度提前或推迟的百分比，当 SI=0 时，表示实际进度等于计划进度。

4. 挣值法的应用

（1）挣值法的优点

1）运用挣值法，可以对成本、工程量、工期进行综合分析和控制，可以形象地用 S 曲线对进度表中各项活动的计划要求、实际支出与实际进展相比较，可以很直观地发现项目实施过程中费用和进度的差异，能对项目的实施情况进行客观的评价，很快发现项目在哪些方面出了问题，有利于查找问题的根源，并能判断这些问题对进度和费用产生影响量及程度。

2）在项目的费用、进度综合控制中引入挣值法，可以克服以往进度、费用分开控制的缺点，可进行项目实施效率分析，使控制更加准确有效。

3）对高层管理人员以很清晰的项目计划和实际进度形象的对比。

（2）挣值法应用于工程项目中存在的问题

1）应用对象要有明确的能够度量的工程量和单位成本（或单价），但在项目中有许多工程活动是不符合这一要求的。

2）它仅适用于工程量变化的情况，而工程中不仅有工程量的变更，而且还会有质量、工作条件和难度的变化以及外界的不可抗力的影响。它们都会导致实际成本的变化。

3）在前锋期，许多已开始但未完成的分项工程的完成程度，以及已领用但未完全消耗的材料等的量度的准确性，都会影响挣值法的分析结果。虽然对此可采用折算的办法，但人为因素对分析效果的影响较大，从而产生偏差。

三、成本超支的原因分析

在成本控制中，应按规定定期进行成本状况评价。成本状况评价是根据成本分析指标做出判断，由于指标很多，从不同侧面反映了工程成本状况，所以必须正确地分析评价。

经过对比分析，发现某一方面已经出现成本超支，或预计最终将会出现成本超支，则

应将它提出，作进一步的原因分析。成本超支的原因可以按照具体超支的成本对象（费用要素、工作包、工程分项等）进行分析。原因分析是成本责任分析和提出成本控制措施的基础，成本超支的原因是多方面的，如出现以下几种情况。

1. 原成本计划数据不准确，估价错误，预算太低，不适当地采用低价策略；承包商（或分包商）报价超出预期的最高价；原工作范围定义不正确。

2. 外部原因，如上级、业主的干扰，阴雨天气，物价上涨以及不可抗力事件等；

3. 实施管理中的问题，例如：

（1）不适当的控制程序，费用控制存在问题，许多预算外开支，被罚款。

（2）成本责任不明，实施者对成本没有承担义务，缺少成本（投资）方面限额的概念，同时又缺乏节约成本的奖励措施。

（3）劳动效率低，工人频繁地调动，施工组织混乱。

（4）采购了劣质材料，工人培训不充分，材料消耗增加，浪费严重，发生事故，返工，周转资金占用量大，财务成本高。

（5）合同不利，在合同执行中存在失误，承包商（分包商、供应商）提出赔偿要求。

4. 工程范围的增加，设计修改，功能和建设标准提高，以及工程量大幅度增加等。

成本超支的原因很多，不胜枚举。一旦在项目的目标设计、可行性研究、设计和计划、建设实施等某一阶段，或者在技术、组织、管理和合同等某一方面出现问题，都会反映在成本上，造成成本超支。

原因分析可以采用因果关系分析图进行定性分析，在此基础上又可利用因素差异分析法进行定量分析。

四、对项目结束时成本状态的预测

在项目实施过程中，项目管理者必须持续地对项目结束时成本状态、收益状态进行预测和控制。它是在前锋期有已完成或已支付成本（实际成本消耗）基础上，按照目前实施情况，估计到项目结束时所需的总成本（EAC）。

这项工作并不是在每个控制期（如按月）都做，一般根据工期的长短可以每3个月，或半年系统地做一次，或在出现重大调整或成本出现异常情况下做。其关键问题是做好剩余工程量的成本计划，即预算项目前锋期以后的计划成本值（剩余成本）。它应按前锋期的环境，以及要完成剩余的工程还要投入的成本量计算。通常有以下几种处理方法：

1. 如果预计未来的实施不会发生变更，则剩余成本就是剩余工程量的预算。即

EAC＝已完成成本＋剩余工程量的预算

2. 剩余工程的情况（如范围、性质、要求）变化不大，仅有些条件（如市场状况、环境状况）发生变化，则可以按照目前的实际情况对剩余预算进行调整。即

EAC＝已完成成本＋按照实施情况调整后的剩余预算

3. 剩余工程的情况（如范围、性质、要求、市场条件）与原计划时的假设条件完全不同，原来的预算已不再适用。即：

EAC＝已完成成本＋对剩余工程量新的预算

施工结束后，必须按照统一成本分解规则（一般按建筑要素）对工程项目的成本状况进行统计分析，确定最终实际成本和结算价格，并储存资料以作为以后制定工程成本计划的依据。

五、降低工程项目成本的措施

成本偏差若影响了项目目标的实现,就要决定是否需要采取措施纠正偏差,使成本偏差控制在允许的范围内。通常,要压缩已经超支的成本,且不损害其他目标是十分困难的,压缩成本的措施必须与工程的功能、工期、质量和合同等目标统一考虑。

1. 降低成本的具体措施

(1) 寻找更经济、效率更高的技术方案,采用符合规范而成本较低的原材料。

(2) 购买部分产品,而不采用完全由自己生产但其成本较高的产品。

(3) 重新选择供应商,以降低采购费用,但会产生已签订合同的供应商索赔,造成供应风险,且重新选择需要时间。

(4) 改变实施过程,改变工程质量标准,如降低工程装修档次。

(5) 变更工程范围,删去部分工作包,减少项目范围内的工程量。这可能损害工程的最终功能,降低质量。

(6) 索赔,如向业主,承(分)包商,供应商索赔以弥补费用超支等。

2. 采取降低成本的措施应注意如下问题:

(1) 一旦成本失控,要在原计划成本范围内完成项目是非常困难的。在项目一开始,就必须牢固树立成本观念,密切关注导致成本超支的任何迹象,提倡事前控制。

(2) 发现成本超支时,人们常常通过其他手段,在其他工作包上节约开支。这会损害工程质量和工期目标,甚至有时贸然采取措施,主观上企图降低成本,但最终却导致更大的成本超支。

(3) 在设计和计划阶段采取降低成本的措施是最有效的,不会引起工期问题,且对质量的影响较小。

(4) 成本的监控的重点应放在:

1) 超支最大的工作包或成本项目;

2) 近期将要实施的活动;

3) 具有较大的预算成本的活动等。

(5) 成本计划(或预算)的修订、成本措施的选择应顾及项目的其他目标和工作(如进度、实施方案、设计、采购),注意与项目参与各方的沟通协调。

第五节 成本和工期动态控制方法

成本和工期动态控制是通过网络技术进行的。在目前工程实施状况下,考虑到剩余工程(包括工程量、质量、实施方案等)的修改,工期推迟和风险等因素,应用项目的成本模型进行后期的成本趋向预测,分析项目结束时总成本和收益状况,这项工作十分重要,具体方法如下所述。

1. 以到本期末的实际工期和实际成本状况为基点,用表列出每一期的实际完成成本值,绘制项目"实际成本-工期"曲线,并与计划成本模型进行对比。

2. 以目前的经济环境(最主要是价格)、近期的工作效率和实施方案为依据,对后期工程活动进行成本预算。如考虑采取加速措施,就需对人力、物力、施工过程、费用等进行调整。这里包括后期尚未订购的材料和设备、尚未签订的合同、尚未完成的项目单元,可能发生的合同处罚或奖励以及各种新的调整措施。这是一个新起点的工程成本计划工作。

在对剩余成本的预算以及对最终总成本预测后,应对它们进行检查、分析和评价,应确定偏离成本目标的程度,若超出规定的标准,应分析偏离原因并采取相应措施。

3. 按后期工程活动的安排和工期计划,再次沿用前面的计划过程和方法,以目前的工期和实际成本为基点(即图 13-6 中 O′点)作后期的成本计划,即"S"曲线。

在进度与成本预测时可以考虑现有拖延引起的成本超支,现有的干扰事件的影响及可能的、持续的影响,后期可能采取的赶工和降低成本的措施等。

图 13-6 是某工程项目的成本分析和预测图。它是基于实际和计划成本模型的对比基础上,到了控制期(即前锋期),经分析发现主要活动拖延,如果不采取任何措施(即图中 A 方案),仍按原计划执行,则工期延长 15%,到最后成本增加了(包括因工期拖延的违约金)5%。如果采取加速措施(即如图中 B 方案)则工期仍按计划(合同)完成,但由于增加了投入,成本增加了 10%。当然还可以采用不同的方案进行对比。

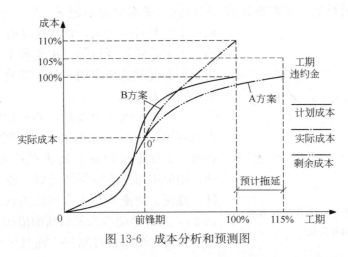

图 13-6 成本分析和预测图

由于工程一直在进行中,不断地接近终点,所以这个预测的可信度在逐渐增大,比项目初期的成本计划更有意义。

4. 最终状态描述。将图 13-6 中不同方案的结果状态汇集到图 13-7 中。

在图 13-7 中,坐标平面分为四个象限。

第 1 象限:工期延长,成本增加;

第 2 象限:工期缩短,成本增加;

第 3 象限:工期缩短,成本下降;

第 4 象限:工期延长,成本下降。

而 O 点为原计划方案。

图 13-6 反映各控制期实际和计划成本及工期差异,而在图 13-7 上可以反映各控制期预测项目最终状态点的系列,而从这些点分布和发展趋向,即可以判断并分析项目成本和工期的动态变化情况,从而进行动态控制。例如,在上面所述的工程中出现如下情况:

(1) 项目开始后的几个控制期,预测点分布在 O 点周围,则说明项目实施是正常的。

(2) 随着项目的进展,预测点逐渐向右上方运动,到达 A(图 13-8),则说明,工期拖延逐渐严重,成本也在不断增加,且这种趋势尚未得到遏制。

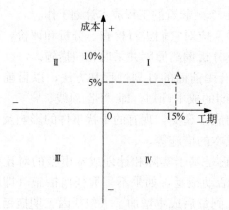

图 13-7 不同方案的结果状态

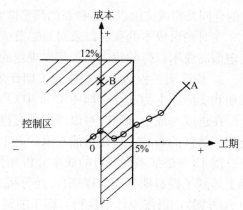

图 13-8 形成工期和成本控制目标区

(3) 到达 A 点后,发现最终工期拖延达 15%,成本增加 5%,这是不允许的。经研究决定总体控制目标为,工期拖延在 5%以内,成本增加不超过 12%,则在图 13-8 上形成一个控制目标区间,显然这时的 A 是不符合目标的。为了达到控制目的,拟定多个方案进行比较分析,若 B 是符合要求的。经上级批准,采取加速措施,实施 B 方案。

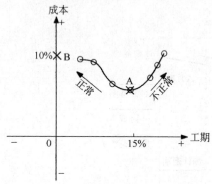

图 13-9 由预测点的移动进行预测、控制和分析

(4) 自实施 B 方案后,新的预测点应分布在 B 点的周围,或由 A 向 B 移动,说明运行正常,措施有效。而如果后期新的预测点仍由 A 向右上方移动,则说明加速措施仍然无效,或由于新的干扰事件,致使工期拖延和成本增加的状况继续恶化(图 13-9),这时必须考虑采取新的措施。因此,通过图示不仅可以预测最终结果,而且可以对控制方案的效果进行分析。

这样不仅可以分析项目总成本的变化趋势,而且可以分析它与控制措施的关系,显示对项目最终经济效益的冲击,并有助于项目管理者和上层决策人员优化方案。

复习思考题

1. 什么叫"追加成本"和"剩余成本"?
2. 简述工程项目成本超支的主要原因。
3. 解决工程项目成本(投资)超支可采取哪些措施?
4. 某模板工程,原计划支模 $1000m^2$,工时消耗 $0.82h/m^2$,计划人工单价为 15 元/h。而实际工程量增加到 $1200m^2$,总工时消耗为 1010h(其中等待变更人工消耗 50h),实际人工单价 17 元$/m^2$。试分析:
   (1) 模板工程人工费实际消耗和计划的总差异。
   (2) 由于工程量增加造成的人工费差异;
   (3) 由于劳动效率差造成的人工费差异;
   (4) 由于单价差造成的人工费差异。
5. 有人认为,如果实际成本曲线位于香蕉图所确定的两条控制线之间,则工程成本没有失控。您认为,这个论断正确吗?

第十四章　工程项目质量管理

内容提要： 本章主要包括如下内容：
(1) 工程项目质量的基本概念，包括工程质量和项目的工作质量。
(2) 工程项目质量管理体系的建立和运行。
(3) 工程项目中设计、施工和项目结束阶段质量管理。在工程项目质量控制中应注意实施者的选择和培训，注意通过合同达到有效的控制。

第一节　概　　述

一、工程项目质量管理的概念

（一）工程项目质量的概念

在现代社会，人们赋予"质量"以综合的含义。质量通常是指所具有的能满足明确的和隐含的需要，与能力相关的所有特性的总和，是"内在系列特征满足要求的程度"。[2] 在工程项目中，质量的概念主要包括两方面：

1. 项目的最终可交付成果—工程—的质量。工程质量是指工程的使用价值及其属性，是一个综合性的指标，体现符合项目任务书或合同中明确提出的，以及隐含的需要与要求的功能。它包括如下几个方面：

（1）工程投产运行后，所生产的产品（或服务）满足预定的使用功能、特性、质量要求、技术标准和产出效益等。如对小汽车制造厂工程，产品的质量是指小汽车的质量。

（2）工程的技术系统（如小汽车制造厂的结构、材料、设备、工艺、各专业工程系统）都达到预定的质量要求（如国家法律、法规、技术标准），具有可靠性、安全性、稳定性和耐久性，达到工程的设计寿命。

（3）工程所提供的服务质量。工程能够提供完备的、人性化的服务，保证不损害用户身体健康，使用户满意。

（4）工程的其他方面，如造型美观、与环境的协调、不破坏生态、工程运行费用低、节约使用资源，以及工程的可维护性、可扩展性等。

2. 项目工作质量。它是指为了保证工程质量，项目的实施者和管理者所从事工作的水平和完善程度。项目工作质量体现在两方面：

（1）项目范围内各阶段专业性工作的质量，如各专业工程的设计、施工、供应（制造）。

（2）项目过程中的管理工作的质量。

（二）工程项目质量管理的目的

工程质量是工程项目整个实施和管理工作成果的综合体现，项目工作质量是工程质量的保证。所以，要实现项目总目标，必须达到过程（工作）质量和结果（工程）质量的统一。

工程项目质量管理的目的是为项目的用户（顾客）和其他项目相关者提供高质量的工程和服务，使工程项目达到要求的质量标准。要实现项目目标，建成高质量的工程，必须对整个项目过程实施严格的质量管理。

二、工程项目质量管理的特殊性

在我国的工程项目管理中十分重视质量管理，一再强调其重要性，上至国家领导人，下到工程小组长都在抓工程质量，许多书籍中都介绍了先进的质量管理方法和手段。目前在我国工程建设过程中，监理工程师的主要工作和职责就是质量管理，这是符合我国国情的。

现代工程项目质量管理十分困难，尽管人们已经付出很多努力，但效果不明显，问题依然大量存在。这是由于工程项目质量管理与通常的制造业企业的产品生产质量管理有很大的区别，具有如下特殊性：

1. 制造业产品生产是一个不断循环优化的过程，在不断的产品使用、市场反馈、设计和制造改进过程中，产品日臻成熟，其生产过程也是标准化的、重复性的过程。而每一个工程都是个性化的、常新的，项目初期质量目标（功能、技术要求等）的定义不是很清晰，很难做到与工期、成本目标的协调统一，可能存在设计不完善，施工计划不周全等问题。而工程的建设过程又是一次性的、不可逆的，如果出现质量问题，不能重新回到原状态。

2. 工程项目质量形成过程是项目相关者共同参与的过程。对一般制造业，用户在市场上直接购买最终产品，不介入该产品的生产过程。而工程的建设过程是十分复杂的，它的用户（业主、投资者）直接介入整个建设过程，参与全过程、各个环节的质量管理，做出决策，指令变更。社会相关方对工程的实施过程会有许多干预。因此，工程项目质量管理过程是各方面共同参与的过程，同时又是一个不断变更的过程。

3. 工程建设任务有许多单位共同参与，存在各种专业的承包（如设计、土建施工、供应、安装等）和多级的分包（如专业工程和劳务分包、租赁），是高度的社会化生产和专业化分工的过程，但同时其生产方式又非常落后，有大量的手工和现场湿作业，需要非常完备的经济承包责任制。这是工程建设过程自身的矛盾性。

4. 工程质量出现问题常常不仅仅影响工程的使用效果和经济性等问题，会给用户带来不便，或不能正常使用，而且会涉及工程的安全性和稳定性。重大的工程质量问题和事故常常会造成人员伤害和财产的损失，造成工程"短命"，甚至未建好的工程就被拆除和炸毁。这会造成资源的极大浪费，产生重大的社会影响。所以，工程质量又具有社会性和历史性。

5. 合同对质量管理的决定作用。工程项目是根据业主的要求进行建设的，业主的意图反映在工程合同中，质量要求、组织责任、质量控制过程、质量承诺等都是通过合同规定的。因此，合同是进行项目质量管理的主要依据。不同的合同，工程承包商有不同的质量管理积极性。既要利用合同达到对质量进行有效的控制，又要在合同范围内进行质量管理，超过合同范围的质量要求和管理措施会导致赔偿问题。为此应注意以下几点：

（1）合同中对质量要求的说明文件，如图纸、规范、工程量表等应正确、清楚、详细、不矛盾，应有定量化的、可执行、可检查的指标，应给参与项目各方一个清晰的质量目标，防止因质量问题产生争执。

（2）在合同中应规定承包商的质量责任，划分界限，赋予项目管理者以绝对的质量检查权，并定义检查方法、手段及检查结果的处理方式。

现在，工程承包合同、供应合同都赋予了项目经理（监理工程师）对承包商和供应商质量体系审查的权利，以及对材料、工艺、设备、工程质量绝对的检查权。

（3）在合同中应定义材料采购、图纸设计、工艺使用的认可和批准制度，即采购前先送样品认可，图纸在使用前必须先经过批准，但若存在质量问题仍应由实施者负责。

（4）应避免多层次的分包和将工程肢解得太细发包，这会严重损害工程的质量。

（5）有些施工过程所形成的质量特性不能通过在施工中的测量、检验验证其是否达到规定的要求，只有在后续施工过程甚至在工程运行时才显露出来。对这些特殊工程，不仅要加强过程控制，采用过程确认办法，而且要通过合同强化实施者对工程运行效果的责任。

6. 质量问题大多是技术性的，如设计、施工方案、采购等工作，甚至许多书本中介绍的质量管理的数理统计方法、检测方法和统计分析方法等实质上在很大程度上属于技术和技术管理问题。项目质量管理的技术性很强，但它又不同于技术性工作。长期以来人们过于注重质量技术方面的问题，而忽视管理方面的问题。项目质量管理应着眼于质量管理体系的建立，质量控制程序的编制，质量、工期和成本目标的协调和平衡，以及工作监督、检查、跟踪、诊断，以保证技术工作的有效性和完备性。

7. 质量目标的脆弱性。在项目管理目标系统中，质量目标的许多指标描述工程的内在的隐含的特性，属于软性指标，有些只有在工程使用阶段才能展示出来。所以在建设过程中，它最容易被削弱或放弃。在项目的目标设计中，人们（承包商、供应商，甚至业主）常常重视工期和成本（投资）目标，追求工期短，成本低，客观上就削弱了质量目标；当项目实施过程中出现工期拖延、成本超支时，就会有意识或无意识地放弃了质量目标。这是我国目前大量工程质量问题的深层次的根源之一。

项目经理对此要有充分的认识和思想准备，应防止实施者为了追求高速度和低消耗而牺牲质量，发现工期拖延、费用超支时，应防止以牺牲质量为代价赶工和降低费用。

三、质量与成本、工期之间的关系

对质量、成本、工期三者关系科学和理性的认知和定位是取得高质量工程的基础条件。在工程项目整个过程中，应关注质量、进度、成本三大目标的协调性。

（一）工程质量与成本之间的关系

1. 工程质量包括工程功能的可用性、安全性、耐久性、用户的满意度等，具有综合性，很难用一个指标来描述。假设：完全符合预定目标的尽善尽美的工程质量为100%，则实际工程的质量状态应在0~100%之间。当然，任何工程不可能达到100%的质量状态。

2. 工程成本是指整个工程寿命期的成本，包括建设成本和运行维护成本等。

在工程总成本中，与工程质量密切相关的成本被称为质量成本，它包括：

（1）为了保证和提高工程质量、满足用户需要而支出的费用，包括在技术改进方面的投入（如使用高质量的材料、工艺、设备）和管理方面的投入（即质量控制和质量保证的成本，包括人员培训费用、检测费用以及工程检查验收消耗的费用）。

（2）因工程未达到质量标准或质量低劣而产生的一切损失费用，如返工成本、维修费用、赔偿费用、运行中增加的能耗和材料消耗，以及名誉的损失等。工程符合质量要求能够减少返工，这就意味着提高劳动生产率，降低成本。

所以，许多工程建设和运行费用是与工程质量相关的。

3. 通常，建设成本和运行维护成本之间存在一定的关系。例如，对于城市轨道交通工程，每年运行维护费用约为投资总额的 $1\%\sim3\%$。增加建设投资，能够提高工程的质量，降低运行维护成本；但是如果建设成本低，工程质量差，运行维护费用就会提高。

这样，对一个具体的工程项目，在概念上存在工程总成本与工程质量的关系曲线，存在最佳（最经济）质量的选择（图14-1）。

4. 对于一些特殊的工程项目，例如：

（1）有高费用的设备（如高技术的、尖端的设备）的工程；

（2）有保养维修比较困难的设备（如航天空间站、大型水电站和核电站）的工程；

（3）不允许出现质量问题的工程（若发生将造成极大损害），如航天飞机、火箭、核工业工程、大型水力发电工程等，用户要求它必须一次运行

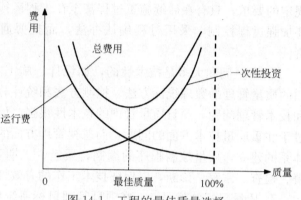

图14-1 工程的最佳质量选择

成功，并保证运行的可靠性和安全性，甚至要求减少运行维护工作，尽管其成本很高。对这些工程，质量目标优先于成本和工期目标。这就要求，必须按照工程规模和质量要求安排足够的费用（投资）预算。

更具体地说，对工程项目的招标，不能一味地追求低的报价或将任务委托给报价过低的承包商。工程实践已经证明，报价过低，很难取得高质量的工程。

（二）工程质量与工期之间的关系

工程质量与工期是直接相关的。在一定的社会、技术、环境条件下，建设一定规模和一定质量要求的工程所要求的时间消耗（工期）是有一定范围的。不仅仅是总的建设时间（总工期），项目各阶段的时间分布（即前期策划、设计、招标、现场准备、施工各部分所要求的时间）也有一定的要求，这也是工程自身的逻辑性。总体上说，工期很短的工程就像"早产儿"，很难保证是"健康的"。工期越短，工程质量越难得到保证。质量要求越高，所需要的工期就越长（图14-2）。这就是老话"慢工出细活"。

我国近几十年来，工期受到普遍压缩。这是我国工程质量和安全问题的重要原因之一。在这方面人们常常显得弱智和自欺欺人。工期压缩的具体影响有如下方面：

1. 前期策划时间短，会造成项目仓促上马，

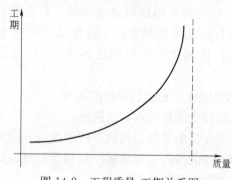

图14-2 工程质量-工期关系图

影响项目决策的科学性，市场定位、选址的正确性，工程总体方案的可行性。这会给项目各方面带来根本性影响。

2. 勘察时间短，对工程水文地质条件不清楚，勘察报告不准，影响基础设计方案、基础施工方案，进而影响建筑的安全性、稳定性。许多工程建成后沉降开裂常常与此相关。

3. 设计时间短，影响设计的科学性，工程的可施工性、可用性、人性化、专业协调性。现代工程设计注重细节，需要一定的时间才能做好。

4. 招标时间短，合同双方不能很好地互相理解，合同签订风险大，工程施工中争议大。

5. 施工时间短，影响工程实体的耐久性、安全性，直接影响建筑物寿命。

我国现在许多高层建筑施工每层平均施工天数 5 天甚至更短，导致混凝土浇筑过多使用外加剂；养护达不到规范要求，容易导致混凝土表面干缩开裂，抗渗性差，强度不够；或拆模和施工加荷载过早，产生裂缝，影响主体结构的强度和耐久性；由于工期太短，常常夜间赶工，工人节假日不休息，工程质量和安全都不能保证。

四、工程质量管理的基本原则

工程项目的质量管理有如下一些基本原则：

1. 项目的质量管理是全面的综合性工作，涉及所有的项目工作（WBS）、项目组织成员、管理职能（范围管理、工期管理、成本管理、组织管理、沟通管理、人力资源管理、风险管理、采购管理等[2]）和过程（包括项目前期策划、设计和计划、施工和供应等）。

2. 工程项目管理不是追求最高的质量和最完美的工程，而是追求符合预定目标的，符合合同要求的工程。工程质量是按照工程使用功能的要求设计的，它是经过与工期、费用优化后确定的，符合项目的整体效益目标。如果片面追求高质量就会损害成本和工期目标，而最终会损害工程整体效益。

同时，在符合项目功能、工期和费用要求的情况下，又必须追求尽可能高的质量，通过质量管理避免或减少损失和错误，不发生质量安全事故，保证一次性成功。

3. 质量控制的目标不是发现质量问题，而是应提前避免质量问题的发生，防患于未然，以降低质量成本。所以，工程项目质量管理应注重事前控制和事中控制，如在各项工作之前应有明确的质量要求，通过良好的规划、设计、施工做出高质量的工程。

4. 通过完善质量管理体系和信用体系建设，严格的质量管理制度实现质量目标，加强主动控制，尽可能减少现场监督工作和重复性的质量管理工作。

项目的质量目标应该通过任务承担企业质量管理体系实现，在各个阶段建立严格的质量控制程序，通过实施者主动地对材料、设备、人员、工艺、环境进行全面控制确保工程质量，发现工程质量问题要严格认真处理。

在许多大型工程项目，特别是多层次承（分）包的项目中，质量管理的重复性工作普遍存在，如工程小组进行工程施工，监理工程师要进行旁站监理，完成一工作包后，小组首先要作自检，承（分）包商要作检查，监理工程师还要验收，有些重要工程部位政府质检部门还要检查。这不仅会导致管理人员的浪费、费用的增加、时间的延长和信息的泛滥，而且过度监督会产生对监督的依赖，削弱监督的有效性。所以应该避免过度监督，应调动实施者的积极性和主观能动性。

通常，分部工程的施工（工作包的任务）由承（分）包商负责完成，承（分）包企业应配备专门从事生产和技术管理的人员，有完备的质量管理体系。他们对工程质量的管理工作属于合同内的工作，是企业内部领导、协调、计划、培训和组织的任务。项目管理者不必具体地重复这些工作（除了发现重大问题），应着眼于监督各参加单位的质量管理体系的有效运作，在他们各自负责的范围内采用适当的措施、工具和方法保证工程质量。

5. 虽然项目是一次性的，但按照 PDCA 循环原理，项目质量管理应是一个持续改进的过程。可以通过如下途径，形成循环往复的过程，以持续地改进质量管理：

（1）应建立项目信息系统，收集项目实施过程中测量检查所得到的数据，运用适宜的方法进行统计、分析，识别质量缺陷，提出和实施纠正缺陷措施，以不断提高工程质量。

（2）通过收集、分析过去同类项目的经验和反面教训，如以往工程的用户、业主、设计单位和施工单位反映出来的对技术、质量有重大影响的关键性问题，寻求项目质量管理改进和不断完善的措施，形成大循环。

（3）在项目结束时应对项目的质量管理体系的运作状况和效果进行全面评价，为今后其他项目提供有用的经验。

第二节 工程项目质量管理体系构建

一、概述

为了实现质量目标，必须建立项目质量管理体系，在项目过程中按照质量管理体系进行全面控制。

现在，许多企业都进行或已通过 ISO 9000 贯标，建立企业的质量管理体系，它包含了质量管理的所有要素。企业的质量管理体系文件包括质量手册、程序文件、作业指导书和记录等，其中质量手册规定了企业的管理承诺、质量方针、质量目标、计划、实施过程控制、监督和检验以及持续改进等。由于工程项目的特殊性，项目的质量体系与企业的质量体系既有联系又有区别，有如下特殊性：

1. 项目质量管理体系主要针对项目的整个实施过程和项目管理过程，要根据项目特点对涉及各方的活动都有全面的规定，通过严密的全方位的计划和控制保证项目过程和工程的质量都能满足项目的目标。

2. 由于项目的参加者众多，包括了使用单位、业主、监理单位、承包企业、供应（制造）商和设计单位等，工程项目的质量管理体系涉及业主的工程建设质量管理体系和承包商（包括设计单位、供应单位、监理单位）的企业质量管理体系。这就要求项目的质量管理体系能够满足项目目标的要求，树立互利互惠、合作共赢的理念，建立"多赢"关系，最重要的是满足业主、顾客（使用单位）和其他利益相关者的明确的和隐含的需要，使他们满意。

3. 对许多项目参加者来说，项目工作又是企业业务的一部分，它的质量管理体系也是企业质量管理体系的一个组成部分，必须严格按照企业的质量管理体系文件的要求建立并实施项目质量管理体系。项目的质量方针政策、质量目标、质量要求、质量工作计划和指示、质量检查的规定，质量工作程序应与企业的相同，必要时可作适当修改。

所以，工程项目应尽可能采用项目所属企业的质量管理体系，遵循相应的工作程序，这样最容易为上层组织接受，也最容易贯彻执行。

4. 项目质量管理体系又是项目管理系统的组成部分，应和项目管理系统的其他组成部分（如进度管理、成本管理、合同管理、资源管理等）相互兼容，并共同组成"一体化"管理体系，应反映在合同、项目实施计划、项目管理规范中。

二、工程质量主要影响因素

工程的质量影响因素一直是研究的热点，可以从多个角度进行分析和描述。

1. 从工程质量的相关宏观要素进行分析，我国建筑工程质量的主要影响因素有，勘察设计、施工管理、建筑材料、项目人员、工程技术、工程费用、工程进度、施工机具、施工环境、社会环境和制度等。[44]

2. 工程质量是在工程项目的过程中形成的，根据国外实际工程项目统计，工程质量问题产生的主要原因及其所占比例为[1]：

设计问题占 40.1%；

施工责任占 29.3%；

材料问题占 14.5%；

使用责任占 9.0%；

其他占 7.1%。

这样从总体上看，设计、施工、材料和使用是造成质量问题的根本原因，进行质量控制同样必须从这几个方面着手。

3. 工程质量最关键的影响影响因素是人（组织）。项目工作是由各个项目参加单位和人员完成的，所以在上述影响因素中，人（组织）是最重要、最积极的因素，甚至许多本属于技术、管理和环境等原因造成的质量问题，最终常常还是归结到人的因素上。

要获得高质量的工程，必须重视对人及其工作的控制，提高参加者的质量意识：不仅重视质量目标，而且应具备质量管理的知识、经验和能力。

（1）认真选择任务承担者，重视被委托者的能力。无论是选择咨询公司、设计单位，还是选择施工单位、供应商，不仅要审查他们的资质等级、业务范围，还要审查他们的质量能力及信誉，审查他们以往工程的质量水平、技术水平和装备水平，审查质量管理体系（如企业经过 ISO9000 贯标），切不可将工程任务委托给那些缺乏质量管理能力的单位和部门。

（2）与承包商（分包商）、供应商和其他项目参加者建立互利的双赢关系，以调动各方面质量管理的积极性。

（3）由于项目参加者来自不同的单位，通过合同落实质量责任，确定各自的责权利关系。所以，在合同、委托书或任务单中明确质量的要求，确定质量的标准，检查和评价方法，奖惩办法和标准，不能采用含糊不清的笼统的质量要求或标准。

（4）重视对从业人员的资格要求，加强培训，提高人员的素质和能力。

对业主来说，招聘的各种项目管理人员及为工程运行招聘的各种操作和管理人员，都要求经过培训。有时还要对承包商或分包商的人员进行培训或为其培训提供帮助。

对承包商来说，各种操作人员、管理人员的上岗培训是质量保证的前提。通过培训可以增加项目管理和技术知识，以防止出现施工、操作、保养和维修等方面的问题。

（5）向项目管理人员和实施人员灌输质量意识，以对社会和历史负责任的精神做好工作，建设高质量的工程。

（6）设计单位、承包商、分包商、供应商、业主、运营方，应形成一体化的组织，大家共同工作。如承包商、供应商、运行单位介入设计；各方介入计划的制定过程；施工方案在设计阶段完成，作为设计任务的一部分；设计单位介入施工过程和使用过程，参加施工方案制定；各方都参与施工进度的安排。这样才能有高质量的工程。

三、工程项目质量管理过程

质量管理作为项目的职能管理工作之一，经历如下一般过程：

1. 设置质量目标。

2. 构建质量管理体系和编制质量计划。

3. 监督项目的实施过程，检查实施结果，记录实施状况，将项目实施的结果与事先制定的质量标准进行比较，找出其存在的差距。经过检查、对比分析，决定是否接受项目的工作成果，对质量不符合要求的工作责令重新进行（返工）。

4. 分析质量问题的原因，采取补救和改进质量的措施。使用合适的方法，纠正质量缺陷，排除引起缺陷的原因，以防止再次发生，确保所采取措施的有效性。

在工程项目的实施过程中，质量管理的总体过程（图14-3）。

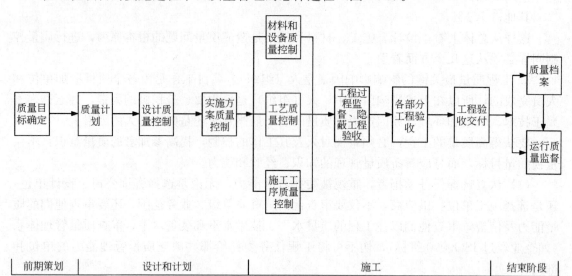

图14-3 工程项目质量管理总体过程

四、项目质量管理体系建设

项目经理是项目质量管理体系的设计者，通过建立项目质量监督、跟踪和诊断系统，保证对项目实施过程进行严密的、全方位的控制，使项目工作过程和工程的质量都满足项目的目标；同时必须履行其管理者的职责，营造良好的质量环境，具体地运行项目质量管理体系。

项目的质量管理体系包括如下内容：

（一）质量管理体系的依据

1. 项目目标文件。如项目任务书、合同文件等。从中可以分解出项目质量目标和相应的指标，确定各实施阶段的工作目标。

2. 工程技术文件，包括设计文件、工艺文件、研究试验文件、工程涉及的标准、规范和规则，是对项目交付成果的描述文件。

为保证技术文件的完整性和统一性，设计单位、施工单位、项目经理应根据技术文件的管理规定，在实施工作开始时，列出技术文件目录。

3. 项目范围描述。它主要说明业主（或投资者）的需求、工程范围和项目范围。它也是项目质量管理的范围。

4. 其他，如环境资料、项目实施策略、总体的实施安排、采购计划、分包计划等。

（二）质量方针

质量方针是对项目的质量目标所作出的总体指导原则。由于工程项目涉及许多企业（例如合资者、用户、业主、承包商），项目组织需要为项目制订一个共同的质量方针。它应符合所属企业、用户和业主（或投资者）的要求，并由项目参加者达成共识。

（三）质量计划

质量计划是具体实施质量方针，完成项目目标所制定的实施方案、质量措施、资源和活动的安排、相关管理工作的安排文件。它是按照项目的质量目标（项目任务书或合同）要求、相关的质量标准，规定满足这些目标和标准的实施工作要求，以及质量管理工作的安排，为项目的正常实施提供全部有计划、有系统的质量管理活动。项目质量计划通常反映在项目实施计划、项目手册、项目管理规范、投标文件、施工组织设计中。质量计划的内容：

1. 完成工程系统的实施方案文件

（1）主要工程实施方法（施工方案、设备方案等）、具体操作说明、相关的施工标准、规范、规程。

（2）列出工程质量评价或对质量有影响的参数，确定质量检查和度量过程和方法等。

（3）确定对项目质量有重大影响的过程及主要的质量控制点。提出质量控制点和需要进行特殊控制的要求、措施、方法及相应的完成标识和评价标准、质量控制关键点的说明。

（4）提出在实施过程中避免故障、预防偏差，或保证（或提高）质量的措施。对存在重大质量隐患（风险）的工程分项，建立质量预警和防错系统，避免操作错误。

2. 质量管理组织设置

质量管理体系应根植于项目组织中，应保证有质量能力和资质的人员实施、监测及控制质量过程，实施保证质量的措施，并向他们提供必要支持。

（1）由于质量管理工作涉及所有的项目实施过程和管理过程，必须有整个项目组织团队的投入。所以，质量管理组织与工程项目组织是一致的，通过计划、合同、工作说明表、管理规程等明确项目组织各方面的质量责任，要求各组织成员对质量做出承诺，对相应的工作过程和产品负责。

（2）质量管理又是项目管理主要的职能之一，要建立完善的项目质量管理部门负责质量管理的具体工作。

（3）在我国目前的工程建设过程中，监理工程师主要承担质量管理任务，旁站监理是保证工程质量的重要措施之一。

3. 项目质量管理工作流程和方法设计

质量管理流程包括极其广泛的内容：对承包商质量管理体系的审查程序；对设计技术交底和施工工艺的评审程序；对材料、工艺的事先认可程序；材料进场检查程序；隐蔽工程的验收程序；工程竣工验收和试运行程序等。

质量控制方法和控制技术，包括在一般质量管理里面经常使用的各种抽样检查、统计方法和质量控制方法，如控制图、统计分析、流程图、趋势分析方法等。

4. 质量信息管理

（1）质量管理体系要求将项目的实施和质量管理过程中的文件、程序、验证、记录、评审和审核规范化，达到可追溯性的要求。现在许多企业和大型项目上都有标准的质量计划执行体系和检查表格。

（2）在项目实施过程中必须按规定对项目实施状况和质量控制结果进行记录、分析、评价，编写相应的评价报告。需要建立项目质量信息的收集、存贮、更新和检索系统，做好工程资料的收集、整理和归档工作，保持质量记录的完整性和真实性。

（3）评价结果应及时反馈在后期工作上，确保相应的人员及时获得实际质量信息，及时采取措施，并能为今后其他项目所利用的经验。

五、质量管理体系的运行

质量管理体系的关键是有效运用，不能仅仅将它作为书面文章。

1. 加强质量管理体系运行有效性的控制，经常性评价质量管理体系的适宜性和有效性，保证质量体系有效运行并不断完善，提高质量管理水平。发现现场质量管理程序运转不实、人员力量不足或难以胜任、施工作业质量控制不力等情况时，及时要求相关单位进行调整或加强，确保各项施工作业或质量管理工作处于受控状态。

FIDIC 工程施工合同明确赋予工程师（项目管理者）审核承包商质量管理体系的权利。

2. 在项目过程中按照实施状况，经常检查和评价材料、工艺、设备、工程实施过程和工程质量状况，确定质量活动及其有关结果是否符合质量管理体系的要求和安排。

3. 在项目结束时应对项目的质量管理体系的运作状况和效果进行全面评价。

第三节　设计质量的控制

一、概述

设计的任务是定义工程的技术系统，定义工程的功能、工艺等各个总体和细节问题。这些工作包括功能目标设计、工程系统规划和各专业工程系统设计。工程设计决定工程的"形象"，是工程建设的灵魂。工程的设计质量不仅直接决定了工程最终所能达到的质量水准，而且决定了工程实施的秩序程度和费用水平。在现代工程中，要求设计提供的信息越来越多。设计中的任何错误都会在计划、制造、施工、运行中扩展、放大，引起更大的失误。所以，业主和项目经理都应舍得在设计工作上花时间、金钱和精力，进行严格的设计质量控制。

涉及工程质量（技术、功能等）方面的设计质量包括如下两个方面：

1. 工程的质量标准，如工程质量定位、所采用的技术标准、规范、设计使用年限、工程规模和特性，达到的生产能力，它是设计工作的对象。工程质量的标准应符合项目目标的要求，保证在设计寿命期内工程运行的可靠性、安全性和耐久性等。

2. 设计工作质量，即工程系统规划的科学性、设计成果的正确性、各专业设计的协调性、文件的完备性、设计计算的正确性。设计文件要清晰、易于理解、直观明了，符合规定的详细程度和设计成果的数量要求。

二、工程质量要求的确定

工程质量（功能、技术）的要求是为工程使用的总目标服务的。确定工程质量要求通常包括如下过程：

1. 确定工程总功能目标和总体技术标准

在项目前期策划阶段，工程总功能目标和总体技术标准的确定应考虑如下因素：

（1）必须在平衡项目进度、造价与质量三者之间关系的基础上对项目的质量目标与要求作出总体性、原则性的规定和决策，确定总功能目标和工程的总质量标准。

（2）项目产品或服务的定位（产品功能和性能要求，产品标准等）。它是由工程项目的总目标、利益相关者（特别是用户）的需求和市场调研信息转化而来的。

（3）由市场、生产部门提出产品数量、生产技术和质量要求。这是通过对市场需求分析、产品价格和工艺综合考虑确定的。这属于企业的市场战略和工艺战略的一部分，应选择最新的（保证先进性）但又应是成熟的生产工艺（防范风险），同时确定建筑工程及生产设备的质量标准及使用年限。

（4）适用的法律法规和技术标准要求。

（5）以前同类工程提供的信息。

（6）环境状况资料等。

2. 编制设计任务书

设计任务书应明确项目产品的特性、系统的标准、生产规格，并尽可能用可以测量的指标表示，以此作为设计的依据。它是进行设计质量控制、工程质量控制和投资控制的依据。

3. 工程系统规划

（1）由各方面，或各部门提出对建筑的空间、位置、功能、质量的要求，形成工程功能面的要求。

对工业项目，按产品计划和方案确定生产规划，并确定各个部分（各个车间）生产能力、生产设备及配套的供应和附属生产工艺的要求，形成各部分的功能要求。

（2）对设计质量标准重要的影响因素之一是投资的限额及其分配。按批准的总投资限额控制工程质量，进行限额设计是工程中常用的方法。

项目可行性研究被批准并下达后，就确定了投资总额。人们常常将项目控制总投资按照工程系统分解结构（分厂、各个建筑或各个专业工程系统）进行切块分配，进而确定各项工程费用，编制"限额设计投资及工程量表"，作为各部分设计的依据，则总体的以及各部分的工程质量标准就由这个投资分解确定。这对以后详细的技术设计起控制作用。

应规范限额设计控制程序，明确各阶段及整个项目的限额设计目标，通过优化设计方案实现对项目费用的有效控制。

（3）功能面的系统布置。将各功能面、建筑物、空间、生产（或服务流程）、环境一齐纳入目标系统中进行优化，最终确定工程的系统布置。

（4）对功能面提出具体的空间、位置、子功能、技术要求、安全等说明，最终形成工程的质量要求文本。这对以后详细的技术设计起控制作用。

4. 工程设计

（1）设计是按照对工程的功能面（单体建筑）和专业要素进行详细的定义和说明。最后通过设计文件，如规范、图纸、模型，对拟建工程的各个专业要素进行详细描述。

项目早期质量目标的定义是不清楚的，只有通过工程设计才使之具体化、细致化。

（2）工程设计工作分步骤逐渐细化的。对一般的工程，设计分为两个阶段：初步设计和施工图设计。对技术上比较复杂的工业工程，分为三个阶段设计：初步设计、技术设计和施工图设计。在每阶段设计结束后都要有严格的控制过程。

（3）通用规范和专用规范

1）在现代工程中各种专业设计都有相应的技术标准（规范），这些规范作为通用规范，是设计的依据。由于通用规范经常有标准的生产工艺、标准的成品（半成品），供应者、施工者都熟悉，所以能提高工程实施效率，降低施工和供应的费用。

2）按照工程的特点、环境的特点还必须对各专业工程系统进行专门的技术设计，作出图纸和特殊的（专用）规范，以及各方面详细的技术说明文件。

对一些新的带有研究性工程项目，没有或很少有现存的质量标准，则特殊（专用）规范起主导作用。

5. 其他工作. 例如在相应的设计文件中还要指出达到质量目标的途径和方法，工程竣工验收时质量验收评定的范围、标准与依据、质量事故的处理程序和措施等。

三、设计单位的选择

设计工作属于高智力型的、技术与艺术相结合的工作，其成果评价比较困难。设计方案以及整个设计工作的合理性、经济性、新颖性等常常不能从设计文件，如图纸、规范、模型的表象反映出来。因此，工程设计质量很难控制。设计单位对设计的质量负责，设计单位的选择对设计质量具有根本性的影响，要予以特别重视。

为了保证工程设计质量，国家对从事建设工程设计活动的企业实行资质管理制度。建设工程勘察、设计单位应当在其资质等级许可的范围内承揽建设工程勘察、设计业务。《建设工程勘察设计管理条例》明确规定：禁止建设工程设计单位超越其资质等级许可的范围或者以其他建设工程设计单位的名义承揽建设工程设计业务，禁止建设工程设计单位允许其他单位或者个人以本单位的名义承揽建设工程设计业务。

设计单位必须具有与项目相符合的资质等级证书，而且本项目的设计必须在其业务范围内，还应具有本项目设计所需要的成熟的技能和成功经验。

四、工程全寿命期设计要求

（一）概述

近年来，我国大力提倡科学发展观，发展循环经济，建设和谐社会和资源节约型社会。落实在工程建设过程中，就是要在工程的建设和运行中能够节约资源、优化费用、与环境协调和可持续发展，使工程在全寿命期内都经得起社会和历史的推敲。

在这些方面，设计起着最重要的作用。工程全寿命期设计就是以工程的设计、施工、运行直至拆除的全过程作为一个整体，使工程系统设计更符合"全寿命周期"的要求。

(二) 工程全寿命期设计的要求

1. 工程设计的基本要求

（1）通过设计，使工程满足预定的功能目标，符合法律和环境的要求，在设计年限内实现它的使用价值。

（2）保证工程功能的可靠性。可靠性是指系统性能得以"保证"与"可信赖"的能力。可靠性高是指工程在运行时性能是稳定的，不会下降或消失，即不会出现"故障"。

工程的可靠性主要通过提高结构的可靠性和系统的可靠性实现的。

1）结构的可靠性，如对公路工程，通过高水平的设计和施工保证路基、路面、桥梁、立交结构、控制中心和服务区等结构的可靠性。

2）工程系统的可靠性，如保证供应系统、通信系统、信号系统、防灾和报警系统等的可靠性。

（3）工程的安全性。安全性是指工程在施工和运行过程中要保障人身安全不受威胁，不发生事故。

（4）工程系统的协调性，使之能方便、高效率运行。

2. 环境友好型设计。又可以被称为"绿色工程设计"，注重节约资源、保护环境，注重"人口、经济、社会、资源和环境"的协调发展。

（1）节能化设计。当今社会能源短缺，国家大力推广节能化建筑、设备和材料。工程应节约使用资源，特别是不可再生的资源，选用低能耗产品和设备，尽可能使用太阳能。

（2）减少工程总建筑面积，节约使用土地。在满足生产运行基本要求的前提下，通过优化生产车间的工艺布置，压缩非生产性房间的设置、数量及尺寸，减小建筑物的面积、体积，以减少占地和能耗。

（3）尽可能使用环保的材料和部件。

（4）尽可能采用生态工法，保证工程的生态功能。

（5）按照循环经济的要求，应高效率利用资源，不仅在工程中减量化使用，而且应尽可能再使用、再循环利用。因此，从工程全寿命期管理的角度，工程设计中应考虑工程在拆除后废弃物的可回收利用，以及方便在原址重建新工程。

3. 人性化设计。人性化设计是指在工程布局、专业工程系统设计等方面都应该体现以人为本，处处方便用户，使人们能舒适、方便、快捷地使用工程，并充分关注工程运行维护人员、施工人员和周边居民。

4. 可施工性设计。可施工性设计是指将施工知识和经验最佳地应用到工程设计中，使工程设计方案便于施工。工程的可施工性包括许多内容：

（1）工程结构在满足功能的条件下，应追求简朴，不人为追求高难度和怪异的形态。

（2）对当地的建筑材料、土源、水源、运距等进行调查，分析所需物资的可供性，提高设计对自然环境的适应性，尽可能就地取材，方便施工和将来的维修。

（3）应用标准化设计，尽可能多地采用工厂生产的预制建筑部件、装配式结构等。使施工便捷，减少现场湿作业，保证高效率、高质量、节能环保，同时可实现工厂化生产、标准化施工，以满足建筑工业化的要求。

（4）采用施工周期短，施工方便的方案。

(5) 避免施工过程中设计变更,保证项目的工期和成本的节约。

5. 可维护性设计。可维护性是指工程的运行维护、维修保养和设备更新方便可达,工程量减少,检测诊断准确、快速便捷,维修时间短、低成本、不影响运行和安全。

6. 可扩展性设计。由于社会的发展对工程的产品和服务的要求会逐步提高,大量的工程在寿命期中需要扩建、功能更新、系统置换和改造,这就要求设计的工程具有可扩展性。

(1) 工程规划和总平面布置,应预留远景扩建的场地,保留工程规模扩大的可能性。

(2) 工程专业系统的可扩展性,不能因为扩建而必须更换整个工程系统。

(3) 扩建边界的预留,使将来扩建时界面处理方便,低成本。

(4) 尽可能使将来的扩展不影响使用。

7. 防灾减灾设计

(1) 应充分考虑承受各种自然灾害(地震、水灾、冰灾、火灾等)给工程的正常运行带来的危害,以确保在这些不可抗拒的自然灾害面前,工程可以最大程度维持运行。

(2) 严格执行防灾规范,设计灾害预警、预报系统,工程备用防灾或灾害处理系统。

(3) 工程结构形式的选择应考虑灾害易损性小,灾后恢复重建方便。

(三) 工程全寿命期设计的落实

1. 规划、设计、施工(制造)和运行维护管理高度的交融和一体化

由于传统的设计单位、施工单位和运行单位各自独立,彼此之间的交流较少,这导致了设计、施工和运行的脱节,工程中出现了明显的重建设过程、轻运行过程的现象。这就要求打破传统的项目阶段、专业领域和工程管理体制界限,形成工程全寿命期一体化的管理过程。

鼓励用户和施工单位参与设计工作。在设计过程中应积极听取用户和施工单位的意见,鼓励其提出合理化建议,以提高方案的可用性和可施工性,保证质量目标实现。

2. 在前期策划中要对工程进行全寿命期评价

设计准备阶段要给设计单位充分的现场和周边情况的信息,组建业主、设计、施工和运行单位协调组织,共同参与制定总体设计方案、总体进度计划,并协商选取主要的施工方法,以保证设计方案与进度计划相匹配,具有良好的实用性。

3. 在设计合同提出全寿命期设计的要求,以此作为设计单位的基本责任

在设备和施工招标文件和合同文件中也应提出相关的要求,并在制造和施工中贯彻落实,如健康—安全—环境(HSE)要求、生态工法、工程废料再利用、应用环保材料,以及对设备全寿命期费用的要求等。

4. 在工程运行过程中进行全寿命期监控,包括持续地记录运行维护费用,持续进行工程健康诊断,将工程运行、扩建和健康诊断信息迅速反馈到后续工程的规划、设计和施工工作中,为新工程设计、招标、施工和管理的改进提供信息。

5. 围绕工程全寿命期设计的各项要求,进行各个工程专业的技术创新和工程系统的集成创新,使工程全寿命期设计的要求转化为具体的各专业工程的技术规范,这样才能保证工程全寿命周期设计理念的实现。

五、设计工作质量控制

工程设计工作质量控制点主要包括以下内容:

1. 对设计基础资料的审查。设计基础资料的准确性、完备性、适用性和及时性是保证工程设计质量和工期的前提条件。

2. 由于设计分为几个阶段，逐渐由总体到详细，对各阶段设计成果应进行检查、审批、签章，包括评审、验证和确认，再进行更深入的设计，否则无效。设计评审的目的是确保设计满足设计任务书的要求。这是一项十分细致，同时又是技术性很强的工作。

(1) 设计工作以及设计文件的完备性，应包括说明工程形象的各种文件，如各种专业图纸、规范、模型、概预算文件，设备清单和工程的各种技术经济指标说明以及设计依据的说明文件、边界条件的说明等。设计文件必须能够为施工单位和各层次的管理人员所理解。

(2) 从宏观到微观上分析设计构思、设计工作、设计文件的正确性、全面性、安全性，识别系统错误和薄弱环节。评价包括工程功能组合的科学性、工程的数量和质量符合项目的定义。分析这样的设计若付诸实施，建成的工程能否安全、高效率、稳定、经济地运行，以及是否美观，能否与环境协调一致等。

(3) 按照评审对象不同，可以将评审工作分为以下三个层次：

1) 专业设计技术方案由本专业所在部门组织评审。

2) 项目中综合设计技术方案由设计单位组织评审。

3) 重大的工程设计技术方案由业主组织评审，常常需要组织许多单位专家参与。

(4) 检查设计是否符合规范的要求，特别是强制性的规范，如防火、安全、环保、抗震的标准，以及其他质量标准、卫生标准。

(5) 设计工作的检查常常不仅要有业主、项目经理、设计监理（咨询）参与，而且有可能让施工单位、制造厂家、将来工程的运行使用单位参加，作各种会审。

在检查中必须找出各种问题和薄弱环节，以确保实施前所有的设计文件的正确性。

3. 因为设计工作的特殊性，对一些规模大、技术复杂的工程，业主和项目经理常常不具备相关的知识和技能，所以常常必须委托设计监理或聘请专家咨询，对设计进度和质量、设计成果进行审查，这是十分有效的控制手段。实践证明，在设计阶段发现问题和错误，纠正是最有效和最经济的，影响也最小。

4. 由于设计单位对项目的经济性不承担责任，因此常常会从自身效益的角度出发尽快出方案、出图，不希望也不愿意做多方案的对比分析，这对项目的经济效益是不利的。为了推动多方案的论证和优化，可以采取如下措施：

(1) 采用设计招标，可以对比多家设计方案，选择中标单位。这样确定一个设计单位就等于选择了一个好的方案。但这需要投入时间和经费。

(2) 采取奖励措施。鼓励设计单位进行设计方案优化，从优化所降低的费用中取出部分资金作为奖励。

(3) 邀请科研单位专门对方案进行试验或研究，进行全面技术经济分析，最后选择技术先进、经济合理的设计方案。

多方案的论证不仅对项目的质量产生很大的影响，而且对项目的经济性有很大作用。

5. 构建涵盖工程涉及的各个专业的集成化设计团队，保证各个专业之间有效沟通和协调配合，保障工程专业系统的协调性。

6. 尽量采用标准化的设计，采用标准的工艺和构件，降低项目的复杂性。

第四节　工程施工质量的控制

一、概述

（一）施工阶段质量管理的特点

施工阶段是将设计蓝图付诸现实的过程，是工程实体禀赋的形成过程，决定了工程实体的质量。这个阶段质量管理有大量的现场工作，非常细致，也最为重要。

1. 工程施工中的质量控制属于生产过程的质量控制。施工质量控制不仅要保证工程的各个要素（材料、设备、工作、工艺等）符合规定（合同、设计文件、质量管理体系）要求，而且要保证各部分的成果，即分部分项工程符合规定，还要保证最终整个工程符合质量要求，达到预定的功能，整个系统能够经济、安全、高效率地运行。

这个阶段质量管理的重点是承（分）包商、供应商或工程小组。

2. 施工阶段工程质量影响因素多，过程和环节复杂，质量波动大，如材料、机械、环境、施工工艺、管理制度以及人员素质等均直接或间接地影响质量。

3. 隐蔽性强，质量检查的局限性大。如混凝土表面上质量很好，但由于施工过程存在问题，可能已经失去了强度；使用已经锈蚀的钢筋，结构耐久性不足。在最后检查时这些问题很难通过肉眼判断出来，有时即使利用检测工具，也不一定能发现。

4. 我国施工生产方式落后，管理水平偏低，管理难度大。我国目前房屋建筑工程中普遍存在的质量问题，如屋面渗漏、墙体收缩裂缝、墙体渗漏、空鼓裂缝、受力构件裂缝等都与施工质量有关。这些问题对工程的安全性、耐久性、可靠性等产生影响。

（二）施工阶段质量主要影响因素

工程施工是在一定的环境中通过人工、材料、设备以及方法（施工工艺）等的投入完成分项工程，进而完成分部工程、单位工程、单项工程，以至整个工程项目的。按照质量管理的基本理论，工程质量的主要影响因素是4M（人、机、料、法）1E（环境）。质量管理必须着眼于各个要素、各个分项工程的施工，并直接深入到工艺方案的选择，劳动力的培训，以及材料的采购、供应、储存和使用过程中。

1. 人的因素

（1）项目经理和技术人员的综合能力：专业技能、管理能力、职业素养、交流能力和号召力等综合素质。

（2）一线施工操作人员综合素质，如专业水平和文化素质，从业时间，技术培训状况，敬业精神等。

2. 机械因素

施工机械效率、故障率、安全性、配套状况、维修服务系统状况等。

3. 材料因素

使用符合质量要求的原材料及半成品，有效的材料供应系统等。

4. 施工方法

科学的施工程序安排；施工方法、技术措施和工艺正确；不折不扣地按照规范和图纸施工，工人操作不能有随意性；施工质量控制要到位等。

5. 环境方面问题

需要在适宜的环境条件施工,如果在特殊环境状态下施工,需要采取特殊的技术措施,如在冬天、夏季及大风天气浇捣混凝土,由于温差大,表面失水加速,容易出现裂缝,要控制入模温度,浇筑后的混凝土要在其表面进行覆盖和养护。

二、工程施工质量控制的要点

1. 施工质量控制的关键因素是实施者,即施工承(分)包商

业主与项目经理应重视对承(分)包商、供应商的选择。在委托任务、商讨价格、签订合同时应注意考查他们的质量能力和信誉,考查内容包括:

(1) 承包商的技术水平、装备水平,所采用的措施和方法的适用性、科学性、安全性。

(2) 管理能力,特别关注施工项目经理、总工程师的经历、经验。

(3) 承包企业的质量管理体系,如是否经过国际质量管理标准认证。

(4) 以往工程的质量标准、企业等级、资信及企业形象、声誉等,将其作为评标、授予合同的一个重要指标。

要建立工程分包商的审查制度。施工单位应向项目经理申报其选择的分包商的资料(包括资质等级、能力、信誉、技术力量、施工人员人数及技术级别、施工机具、管理系统、财务情况、关键岗位人员证件等)和分包合同等,并获得认可,确保分包商的资格满足合同要求,能力满足分包工程质量要求。

若承(分)包商、供应商的选择失误,则业主以及项目经理对质量的控制将十分困难。

2. 确定质量控制程序和权利

(1) 质量控制程序和权利由合同条件、规范和项目管理规程规定,通常合同中确定质量控制权利和责任的划分,确定主要控制过程,工程的检查验收的规定;在规范中常常包含专业分项的质量检查标准、过程、要求、时间、方法;项目管理规程包含了涉及项目参与各方的协调方法和过程。

(2) 应赋予项目管理者(监理工程师)绝对的质量检查权,如:

1) 对承包商质量管理体系审查的权利。

2) 行使对质量文件的批准、确认、变更的权利。

3) 工程质量的常规检查、专项检查、非常规检查、现场检查以及现场以外的结构件、设备、生产场地检查的权利。

4) 对不符合质量标准的工程(包括材料、设备、工程)的处置的权利。要做到隐蔽工程不经签字不得覆盖;工序间不经质量验收,下道工序不能施工;已完的分项工程未经质量检查不能验收、不能量方,也就不能结算工程价款。

5) 对返修的工程进行重新检验,按照检验结果再决定是否接受或拒绝。

这些必须在工程承包合同中明确规定,并要求在实际工作中不折不扣地执行。

(3) 实现有效的质量控制,必须与其他控制手段相结合,如工程款支付、量方、合同处罚等,明确规定(合同中)项目经理对不符合质量的工程材料和工艺的处置权,如拒绝验收和付款、指令拆除不合格工程、重新施工等,由此产生的一切费用和工期拖延由相关责任者负责。与此同时,对高质量的工程应有相应的奖励措施。

3. 技术文件的会审

在将工程设计付诸实施前，应进行技术设计会审。业主、设计单位、监理单位、施工单位共同对设计图纸进行全面审核，发现其中的问题，寻找解决方案。

（1）设计单位应对施工单位进行全面技术交底，让承包商了解设计的意图，鼓励承包商就设计文件提出合理化建议。这对于解决设计文件的可施工性问题有重要作用。

（2）施工单位应重视并积极参加设计交底与图纸会审活动，在事前就应认真研究设计文件，全面理解设计意图。如发现设计文件存在问题，如矛盾、错误、二义性、说明不清楚或无法实施的地方，须在会审中提出，向设计单位质询或要求修改。

（3）如果施工单位很多，通过会审可以解决他们之间的沟通问题，有利于发现各专业工程图纸的不一致、错误和遗漏问题，能使各个承包商的实施方案协调一致，在质量措施上达成共识，并在时间上合理搭接。

（4）在施工过程中，业主、设计单位和施工单位之间应建立畅通的沟通渠道，应有计划地沟通，及时解答施工单位对设计方案的疑问，解决设计变更、环境变化等问题。

4. 编制科学的有可行性的施工组织设计

施工组织设计是承包商的施工实施规划，包括组织机构方案、施工技术方案（进度安排、关键技术预案、重大施工步骤预案等）、材料供应方案等。

（1）应按照工程的特点环境条件（如气候、地形、地质等）、现场施工条件（水、电、路等）状况编制，不能随意拷贝其他项目的方案。

（2）对施工组织设计文件应进行审查，确保施工技术文件在技术上可行，有利于保证施工安全，满足工程质量和施工进度的要求。

（3）施工方案、技术措施、工艺应是先进的，同时又是成熟的。

（4）合理安排施工顺序，使相似的工作重复。这有利于工程质量的提高。

（5）采用模拟方法，预先了解施工过程，现在通过 BIM 技术可以比较好地使施工过程可视化。这对于科学地进行施工组织，优化施工方案，防范施工风险有很大的作用。

三、材料质量控制

材料是构成工程实体的要素，它决定了工程的内在质量。所以，若材料不合格，则工程必然不合格。

我国工程质量通病相当大部分是由于材料不合格造成的，如主体结构和墙体开裂，门窗气密性差，墙、板隔音和隔热性能不佳，装潢采用劣质材料导致室内空气污染严重，网络/电话/电视以及对讲、门禁等设备故障频发等。材料质量控制的措施如下：

1. 防止偷工减料，杜绝假冒伪劣材料进入工程项目中，这是材料质量控制最基本的要求。采购前必须将项目所需材料的质量要求（包括品种、规格、规范、标准等）、用途、投入时间和数量等说明清楚，编制材料计划表并在采购合同中明确规定该内容。

2. 采购选择。对各种材料的供应商的质量状况应有深入的了解

（1）采购前要求提供样品，特别是对承包商（或分包商）自己采购的材料。样品经认可后必须封存，在供应到现场时，再作对比检查。

（2）尽可能选择有长期合作伙伴关系的供应商。一个大型的承包公司应和一些商誉好的供应商建立战略合作伙伴关系，这将有利于保证质量、保证供应、抗御风险。

（3）要求供应商提供该产品相关证书，如说明书或产品介绍、经过认可或批准的质量文件和证明、生产许可证、质量认证书，也可以走访其以前的用户。

（4）对重要的、大批量供应或专项物资供应，可以派专门人员在生产厂区进行巡视，检查产品质量及生产管理系统，与供应商或生产厂家一起研究质量改进措施，验收产品。

（5）了解供应的可靠度，即供应商的生产（供应）能力，现已承接的业务数量和供应时间。这不仅影响工程质量，而且会影响工期。通常地，若供应商超过能力进行生产和供应，不仅供应时间得不到保证，质量也无法保证。

3．入库和使用前的检查。不合格的材料不得进入工地，更不得使用

材料质量检查是一个面非常广，非常细致的工作。要建立严格的验收制度，并不折不扣地执行制度。例如要浇捣出符合质量的混凝土，涉及原材料的质量检查就有：

（1）所有影响混凝土质量的原材料，如水泥、粗细骨料、外加剂（减水剂、早强剂、速凝剂、引气剂、加气剂、膨胀剂、胶粘剂、防渗剂等）、掺合料（如粉煤灰）、水等。

（2）每种材料都有许多检查和控制指标。如水泥要检查：规格型号、安定性、种类、细度、比重与热容、早期强度、矿物含量、比表面积；粗细骨料要检查：颗粒级配、含泥量、针片状颗粒含量、强度、化学指标（如碱性等）、砂率、含水率等。

（3）在材料进场、储存、使用的全过程中常常需要多次检查和复检。

（4）符合规范对材料的检查批次、试样采集点、采集方式、试验条件等的规定。

对检查发现的问题，要按照规定进行严格的处理，切实保证工程使用合格的材料。

四、施工过程质量检查和监督

工程施工是一个渐进的过程，质量控制必须在整个过程中发挥作用。

1．实施单位（如承包商、供应商、工程小组）内部具有质量管理职能，通过生产过程的内部监督和调整及质量检查达到质量管理的效果，这里有许多技术监督工作和质量信息的收集、判断工作。

2．精益化施工过程，严格按照规范做好每一项工作，完善每一个环节。如钢筋混凝土结构的施工：

（1）严格按照规范分段分层顺序浇筑。

（2）严格技术措施和工艺的控制。如：

1）对现场钢筋绑扎控制：焊接质量或搭接长度、骨架尺寸、间距、弯起点位置、箍筋密度、弯钩长度、搭接长度、预埋件位置、保护层措施和厚度；

2）对模板质量控制：支撑强度和刚度、截面尺寸、接缝严实程度、模板表面状况等；

3）混凝土搅拌要严格按照设计的配合比配料、计量、拌合；

4）混凝土从搅拌机中卸出至浇筑完毕的时间控制；

5）现场浇筑要控制：自由倾落高度、入模温度、每个点的振动时间，每次移动的距离；

6）混凝土浇筑完毕后，覆盖时间、养护时间、浇水次数、养护所用水来源。

（3）保证工作之间的技术间歇，如混凝土浇捣好后到拆模，到加载必须符合规范的最短时间要求。

（4）施工过程中的质量检测。如在混凝土浇筑地点，即入模地点随机取样做试块，以检测混凝土质量（如抗压和抗剪强度）。

在拆模后进行外观质量检查，如是否存在混凝土的蜂窝、麻面、裂缝和孔洞等问题。

3．隐蔽工程验收制度。对隐蔽工程必须确保其在进入下道工序施工前，其质量情况

获得验证,符合工程质量要求。

4. 应严格控制设计变更,并评价其对费用和进度的影响,过多的变更必然会导致工程质量的损害。根据项目需要或业主的要求,组织相关人员按规定程序处理设计变更。

五、工程验收和移交

(一) 质量验收的含义

质量验收是对项目的工作和成果质量进行认可、评定和办理验收交接手续的过程。质量验收是控制工程质量最终的重要手段。质量验收必须在确定的项目范围中,依据质量计划、质量指标的要求和合同中的质量条款,遵循相关的质量检验评定标准进行。

项目的过程是十分复杂的,验收是广义的,不仅仅针对最终成果,而且要针对整个过程,包括项目生产要素的验收(如材料、设备、工艺,以及设计方案、图纸等),工程的中间验收(如隐蔽工程、分项工程、部分工程的验收),以及整个工程的竣工验收。

在不同阶段,工程项目的质量验收内容不同。

1. 设计阶段的质量验收

由于项目的全部质量标准及验收的详细依据都是在设计阶段完成的,因此不仅要检验设计文件的质量,同时还要对质量验收评定标准与依据的合理性、完备性和可操作性作检验。验收标准包括工程必须满足的性能要求和基本条件。如果工程满足所有验收标准,则意味着用户需求得以满足。

2. 工程施工阶段的质量验收

工程施工阶段是工程质量的形成过程。施工阶段的质量验收要根据项目范围、工作分解结构和质量计划,分别对材料、工艺、设备、每一个工序和工作包进行单个的评定和验收,然后根据各单个质量验收结果进行汇总统计,最终形成整个工程施工阶段的质量验收结果。

3. 工程竣工阶段的质量验收

施工阶段的质量管理是分散的,主要针对每一个特定的对象,而工程竣工验收是综合性的,重点放在工程的整体是否达到设计生产能力和规范的要求,检查系统的完整性。在工程竣工前双方就应商讨安排验收和移交问题,由项目经理组织各单位、各专业人员进行。

在以上验收过程中分别形成各个层次的质量验收评定报告和项目技术资料。

(二) 工程竣工验收过程

工程竣工验收一般分为以下三个阶段:

1. 检查阶段

检查包括对工程实体的检查和各种质量文件的检查。检查工作包括两个最主要的方面。

(1) 对工程项目的完整性进行检查,保证工程系统的功能齐全。它是项目范围确认的过程,保证正确地、圆满地完成合同规定的全部工作。

1) 工程系统的完备性。检查是否已经完成项目任务书(或设计文件)规定的所有工程系统,最终交付的工程是否能安全、稳定、高效率运行,哪些方面还未完成等。

2) 有关的项目文件的检查。这些文件主要是指项目计划、规范、技术文件、图纸、竣工文件、运行维护手册等。在此主要是检查全部文件是否按合同规定提交,文件的格式以及文件内容是否满足合同的要求，以及各种文件的内容是否相互一致等。

同时，用于描述项目阶段成果的文件必须整理、保存，并能用于工程竣工检查。尤其应注意描述对原任务书（或合同）、工程系统的修改和变更情况。

（2）对工程质量的检查，检查其是否达到设计和规范的要求，如结构、地面、油漆工程、门窗、建筑垃圾的处理、绿化工程等。对查找出来的问题应限期解决，既可以边移交边解决，也可以推迟移交，再作复查。

2. 试验阶段

通过各种手段对已完成的工程系统进行测量和试验，把测试的结果与合同（设计、规范）规定的测试标准进行对比分析，以判断是否符合规定的质量要求。

试验必须按规范规定采用检验方法，对一些工程进行功能方面的检查，如管线的试压和气密性试验，对一些材料和设备的特殊检验等。试验可以分为：

（1）室内试验，指从现场取样后在室内进行试验，以确定现场的工作结果是否满足合同规定的质量指标，如对各种材料进行的材质检验。

（2）室外现场检查。室外现场检查的主要方法有：

1）现场观察。检查人员可到现场进行实地观测，其方法主要有外观目测、手感检查、工具测量、工具敲击等。

2）现场原位试验。对大型项目或试验性项目，往往需要进行现场原位测试，以增加其可信度。

通过对工程的检查和试验，可以确定是否可以接收工程。如果工程不完备，或未达到预定的质量要求，可以指令在限期内采取补救措施，或者有条件接收工程。

3. 移交阶段

全部工程完成以后，业主组织力量或委托某些专业工程师对整个工程的实体和全部的施工记录资料进行交接检查，找出存在的问题，并为下一步的质量评定工作做好准备。

在竣工阶段，竣工图纸和文件的移交是一项十分重要的工作。竣工图不仅作为工程实施状况和最终工程技术系统状况的证明文件，而且是一份重要的历史文件，对工程以后的使用、修理、改建以及加固都有重要作用。

最终由项目经理签发证书，则工程正式移交。至此，承包商的工程施工任务才算结束，工程也就进入了保修阶段，工程的照管责任由承包商转移给业主。此后，承包商才能进行竣工结算。

（三）工程项目的竣工验收报告

竣工验收报告可以按项目需要编写，通常工业工程项目的竣工验收报告应包括以下几方面的内容：

1. 总说明

（1）项目情况介绍。包括项目立项依据、建设规模、设计依据、设计单位、批准部门、重大设计变更、施工单位、总形象进度、施工大事记、设计概算、竣工决算等。

（2）生产准备情况。包括组织机构、人员培训、原材料供应、水电气的供给和生产技术准备等。

（3）试运行结果的考核，各项技术指标分析。

（4）总的工程质量评定。

(5) 三废处理情况。
(6) 影响生产的遗留问题及处理意见。
(7) 合同各方面的执行情况。
(8) 投资效果分析。
(9) 项目的经验和教训等。

2. 竣工验收报告附表

(1) 竣工工程概况表。
(2) 竣工工程验收清册及交付使用的固定资产表。
(3) 移交的工、器具和家具表。
(4) 库存结余的设备材料表。
(5) 重大事故一览表。
(6) 重大设计变更表。
(7) 单位工程质量表。
(8) 设计质量评定表。
(9) 关键设备质量评定表。
(10) 三废治理情况表。

3. 工程验收鉴定书。包括工程名称、建设规模、工程地址、移交日期、验收委员会名单、工程建设总说明、验收委员会鉴定意见和验收签章等。

第五节 项目结束阶段质量管理

一、运行条件准备

工程的运行条件准备是工程施工和运行两个重要阶段的中间环节，并涉及很大的费用。对许多复杂的工业建设项目，试运行本身包括极其复杂的工作内容，它具有项目的特征，可以作为一个独立的子项目进行全面的计划、准备、协调、控制。

1. 提供运行文件，包括工程运行（使用、操作）手册、维护要求、技术要求、使用条件说明。这可作为项目可交付成果，具体由总承包商或/和设备供应商承担并完成。

2. 培训操作人员及维护人员。他们必须掌握操作技术和各种规程，对专业性强的工作常常必须经过正规的培训，避免操作失误，并防止由此造成的工程损坏。

3. 物资准备。包括生产用原材料、能源、设备运行的备用件等一切必要的生产条件，在承包（或供应）合同中应注明这些物资供应的责任人。

对于由新项目组建的企业或企业分部，则必须建立新企业的运行机制，生产管理规章制度，管理组织及管理系统。

二、试运行

1. 工程试运行是对整个项目的设计、计划、实施和管理工作综合性的检验。作为使用单位，应尽可能地按设计生产能力满负荷运行，以检验工程的实际运行功能。因为保修期（缺陷责任期）是从移交开始的，所以一经移交就应进入使用状态。有的工程是分批移交的，则在计划期就应考虑到移交后能够进行局部运行，否则会减轻施工单位的保修责任。

2. 在保修期中应定期派人进行系统检查，做好各种监测，因为项目运行初期（一般一年中）几乎所有的质量问题都能暴露，所以能及时地按合同解决出现的问题。

3. 试运行必须完全按照操作规程和规定的条件正常操作，否则质量问题的责任由运行单位负责。

4. 运行中的质量管理更重要的是通过各种措施保证工程设备良好的运行状态和高生产效率、低费用。通过采用质量保证措施使产品质量好，竞争能力强，销量增加，废品少，返修少，设备运行期延长。

5. 做好运行状态的全部记录，为落实保修责任做好准备。

三、缺陷责任和保修

对运行初期的质量保证在很大程度上仍属于工程承包者的责任，一般工程承包合同都有保修期的规定，为了让承包商承担缺陷责任，常常有一笔保留金作为维修的保证。

由于投产初期工程仍处于"孩提"时代，因此运行时很容易出现各种问题，这里的毛病可能是许多原因造成的，如工程设计的问题、施工问题、设备问题、操作或运行管理问题等。

对具体的问题，必须进行原因分析，找出解决办法。

在保修阶段一定要进行工程质量跟踪，及时找出运行中的问题，精确描述问题，以分析原因和责任。有许多问题的解决和质量问题的原因的分析要重新研究过去工程资料和文件，有的甚至要请专家进行技术鉴定或认证。

复习思考题

1. 简述工程项目质量管理的全过程。
2. 简述质量管理体系的内容。
3. 简述设计质量控制的内容。
4. 简述施工阶段质量的控制过程。
5. 工程产生质量问题的主要原因是什么？
6. 合同对质量控制有什么影响？
7. 阅读 FIDIC 合同，分析工程师的质量管理工作和权利。

第十五章 工程项目的环境、健康和安全管理

第一节 概 述

一、HSE 管理在现代工程项目中的地位

早期的项目管理是以质量、进度和成本管理为最主要内容,这主要是从业主和承包商等项目参加者角度出发的。由于工程项目的社会影响大,历史责任大,社会各方面对工程项目有许多新的要求。现代管理领域的许多新内容,如 ISO 14000(国际标准——环境管理体系),OHASA 18000(安全管理体系),以及劳动(健康)保护的法规,都要求在工程项目中反映出来。人们将它们统一为工程项目的"健康-安全-环境"(以下简称"HSE")管理体系。

1. HSE 管理体现了工程项目的社会责任和历史责任

(1) 工程是人造系统,需要永久性占用土地,改变生态环境。

(2) 工程需要大量的水泥、混凝土、钢材和自来水等,特别是建筑工程是资源和能源的消耗大户,也是碳排放大户,且建筑垃圾污染严重,是当前最大的污染源之一。

(3) 工程建设属于事故多发领域,经常出现安全事故和健康问题,对国家和人民生命财产带来严重损害,造成很大的社会影响。

HSE 管理是保护人类生存环境,保障人们身体健康和社会文明,保证社会和企业可持续发展的需要,是对工程项目更高层次的要求,体现了工程项目的社会责任和历史责任。

2. HSE 管理推动了科学发展观和"以人为本"方针在工程项目中的贯彻落实

近几年国家提出科学发展观、建设资源节约型社会和环境友好型社会的口号,促进经济健康发展。工程领域对此承担特别重大的责任,应该积极贯彻落实。

通过 HSE 管理,促进环境友好型工程、资源节约型工程、人性化工程建设,推动"以人为本"方针的贯彻落实,在保障人们的身心健康和生命安全的基础上提高生产力水平,促进社会安定、和谐、有序地发展,其影响惠及千家万户,甚至影响整个社会和国家的面貌。

3. HSE 管理是法律对工程界的要求

HSE 管理涉及国家有关的法律法规、工程建设的强制性标准。国家有关项目 HSE 管理的法律法规、工程建设强制性标准主要包括:《建筑法》、《劳动保护法》、《环境保护法》、《安全生产法》、《消防法》、《职业病防治法》、《建设工程安全生产管理条例》、《建设项目(工程)职业安全卫生预评价管理办法》、《建设项目环境保护管理条例》、《建筑施工安全检查标准》,以及《职业健康安全管理体系要求》(GB/T 28001)和《环境管理体系要求及使用指南》(GB/T 24001)等。

4. HSE 管理有利于实现建筑业的可持续发展

在现代工程承包领域，建筑企业的形象已经不再是简单地追求好的产品质量和高的经济效益，更重要的是承担社会责任和历史责任。加强工程项目 HSE 管理能够促进企业经营管理的进步，使企业走向良性和长期发展的道路。

推行 HSE 管理能够促进工程技术、施工管理、环境保护技术、材料技术以及资源和能源的合理利用等方面的创新，这将会推动工程科学技术的进步和产业的合理调整。

5. HSE 管理已成为工程承包商（包括供应商）的基本责任

在工程承包合同（如 FIDIC 工程施工合同）中，对工程质量，要求承包商提出质量管理体系，由业主的项目经理审查；而对环境保护，要求施工项目的废弃物排放必须低于法律和规范规定的较小值；对职业健康保护，要求必须按照工程所在地的法律规定保护劳务人员的健康。可以将它们纳入统一的管理体系中，即采用 HSE 的管理体系进行管理。这些工作已经成为承包商（包括供应商）的基本责任。将 HSE 管理水平和业绩作为评价或者是衡量工程承包企业的标准之一是必然的趋势。

目前，与发达国家相比，我国政府和社会对 HSE 监督力度不大，承包商与建设单位 HSE 管理的意识不强，工程项目中 HSE 管理体系的落实尚不到位，相关的技术措施还比较落后，管理水平总体不高、成效不明显，进而影响了 HSE 管理效果。

二、工程项目 HSE 管理要求

1. 应从工程全寿命期的角度强化 HSE 管理

HSE 管理体系必须包括工程的设计、施工、运行和拆除的各个方面，即不仅仅针对工程的建设过程，要保证工程投产后的产品的生产，产品的使用或服务的提供过程，以及工程最后拆除，都要符合法律、规范、用户、业主和社会各方面对 HSE 的要求。必须持续不断地对项目各个阶段可能出现的 HSE 问题实施管理。否则，一旦在某个阶段出现问题，就会造成投资的巨大浪费，产生很大的社会影响和历史影响。

2. 应建立全面的 HSE 管理体系

HSE 管理是项目相关者的共同责任，需要项目各相关方和项目部全体人员参与，不能单纯地认为仅仅是承包商的任务。

项目部应积极开展全过程的 HSE 目标管理，落实项目 HSE 方针，编制环境影响报告，落实项目 HSE 管理需要的资源、过程和组织责任。

（1）在工程项目组织内应建立 HSE 管理责任制，设置专职管理人员，明确其职责和权限，在项目经理领导下，具体负责项目 HSE 管理的组织与协调工作，应注重项目内部各个环节的密切配合和成功协作。

（2）项目部具体履行企业对项目 HSE 管理目标及其绩效改进的承诺。

（3）对工程分包商和供应商，在相关合同中必须包含相关的 HSE 要求的条款，并对工程、供货、检验和运输的 HSE 要求做出明确的规定，应加强对分包商的指导与监督，将有关程序与要求通报给供应商和分包商，以促使他们提供符合 HSE 要求的产品或服务。

（4）积极推行工程承包企业的 HSE 管理体系。

3. HSE 管理需要建立良好的企业文化和项目管理环境

（1）工程界对 HSE 管理要有足够的认识，有强烈的 HSE 意识，戒除形式主义，不能将 HSE 管理看作企业的负担，或是塑造企业形象的要求，以及对上级和社会舆论的应付。

（2）HSE 管理需要高水平的技术手段支持，包括风险管理技术、污染监测和处理技术等，要有完善的应急预案和相应的 HSE 管理硬件设施，保证管理的系统性和科学性。

（3）建立 HSE 培训机制，确保各种应急措施到位。

三、HSE 与传统的三大目标（质量、成本、工期）之间的辩证关系

项目部应保证 HSE 管理与工程项目的进度、成本、质量等目标控制和合同管理融为一体，使其相互促进，协调统一。

不可否认，推进 HSE 管理会带来工程费用的增加，可能会对工期产生一定的影响。一般地说，要提高 HSE 管理水平必须以比较成熟的质量管理、进度管理和成本管理为基础。在我国的许多工程项目和企业中，质量、成本和进度三大目标控制尚未成熟，再要求推广 HSE 管理，常常难以收到实效。但推行 HSE 管理可以大大提高整个项目的管理水平，有力推动项目总目标的圆满实现。

1. HSE 管理比传统的三大目标管理具有更大的强制性

传统的三大目标（质量、成本、进度）是要求在工程项目中尽可能争取实现的，而在工程中 HSE 管理一旦出现问题，就会对项目、企业带来很大的影响，甚至会涉及重大的社会和法律问题。因此，HSE 目标具有更高的优先级，HSE 管理应有更大的强制性。

2. HSE 管理有利于降低企业的损失、其他社会成本与环境成本

现代工程项目实践证明，HSE 方面一经发生事故，工程承包企业就要承担重大的经济损失，如人身伤亡赔偿、周边建筑物或财产损害赔偿，会造成工期长期拖延；会给企业带来法律责任，带来社会形象的损害，进而影响企业的经营和发展。

通过 HSE 管理，可以控制现场的各种粉尘、废水、废气、固体废弃物以及噪声、振动对环境造成的污染和危害，可以降低工程的社会成本和环境成本。

3. 能够实现以人为本的工程项目管理

加强 HSE 管理体现了以人为本的管理理念，要求人性化设计和施工，建设人性化的工程，能够改善劳动者的作业条件，有效预防和减少伤害事故、职业病和安全事故的发生，保障劳动者身心健康，提高劳动效率，调动员工工作的积极性，改善工程界人员的整体素质。这是工程本原的回归，对社会的健康发展和文明进步能产生长期的促进作用。

4. 提升企业的品牌和形象，增强企业的竞争力

HSE 管理体现了建筑业的可持续发展的观念和人性化管理的特征。全球经济一体化对现代工程承包企业提出了更高的要求，工程承包市场中的竞争已不再仅仅是资本和技术的竞争，更是企业综合素质的竞争。国外的工程承包企业将 HSE 管理作为第一目标、第一要务，以 HSE 的管理水平和绩效作为反映企业品牌、形象和综合素质的标志，可以为企业带来直接和间接的经济效益。

5. HSE 管理促进工程项目管理现代化

HSE 管理极大地推动了工程项目管理理念和价值体系的提升，促进了工程项目管理理论和方法体系的完善，使其更适应现代社会的客观要求。

第二节 工程项目的环境、健康和安全管理体系

在现代工程项目中,健康、安全、环境管理虽然有着各自丰富的内容,有着相应的管理对象,但是它们三者之间具有高度的关联性。它们的管理过程是相同的,管理方法是相似的,许多组织、程序、资源、技术措施都是统一的。因此人们常常把它们综合起来,形成系统化、结构化、程序化的 HSE 管理体系。

HSE 管理体系遵循 PDCA 程序并以文件支持相应的管理制度和管理办法,包括以下工作过程(图 15-1):

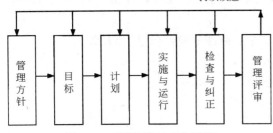

图 15-1 HSE 管理工作流程

1. 管理方针

(1) 管理方针是项目组织确定 HSE 管理的总方向和总原则,并形成文件对外公布,作为制定与评审管理目标和指标的框架,以便于项目组织成员理解和相关方获取。

(2) 制定 HSE 方针是上层管理者的责任,它表明各层组织对 HSE 管理的承诺,是 HSE 管理的动力源泉。

(3) 通常,HSE 管理必须坚持"人与自然和谐"、"以人为本"的方针。

2. 管理目标

(1) 按照管理方针中的承诺制定 HSE 目标。

从总体上说,环境管理的目的是保护生态环境,减少污染,使社会经济发展与人类的生存环境相协调。职业健康和安全管理的目的是保护产品生产者、使用者和其他相关人员(如工地及周边的员工、临时工作人员、访问者和其他有关部门人员)的职业健康、生命及财产安全,使他们面临的风险减少到最低限度,消除和避免造成健康和安全方面的危害。

(2) HSE 管理目标主要依据环境因素、法律要求、工程合同和其他要求设立,应有可测量的指标。如工程承包合同规定,承包商的环境管理目标通常要达到环境保护法所规定的和项目目标所要求的排放标准(两者中取小值,即较严格的数值)。

HSE 管理目标应该与项目的其他目标(如质量、成本、工期)相协调。

(3) 项目管理组织各层次、各有关部门人员均应有相应的目标和指标,以书面表示,并加以宣传、贯彻。

3. HSE 管理计划

(1) 组织结构和职责

1) 企业(或业主)应指定项目经理承担相应的 HSE 任务,明确职责、权限,并为 HSE 管理体系的实施提供各种必要的资源。

2) 项目经理负责现场 HSE 管理工作的总体策划和部署,以及管理体系的建立、实施。

3) 项目部应建立 HSE 管理责任制。HSE 管理必须依靠项目组织的所有部门,所以 HSE 管理组织与项目组织一致。同时要建立 HSE 管理的专门职能部门。

4) 通过组织结构和责任矩阵把 HSE 目标分解落实到各组织层次，制定相应的制度和措施，对各组织层次明确 HSE 管理责任、任务、职责、权限，形成文件并予以传达。

(2) 控制点设置

1) 针对项目工作（WBS），列出可能产生重大污染或危险的工程活动，作为 HSE 关键活动。

2) 根据工程实施过程的特点和条件，辨识与评价危险源。危险源是可能导致人身伤害或疾病、财产损失、污染环境等的危险因素和有害因素，它们是 HSE 控制的主要对象。

3) 风险评价。根据发生的可能性和可预见后果的严重程度，评价项目中的危险源所带来的 HSE 风险大小及可承受程度。

危险源及危险等级的大小评价通常采用"作业条件危险评价法"（LEC）：

$$D = L \times E \times C$$

其中，L：事故或危险性事件发生的可能性；

E：人体暴露于危险性环境中的频繁程度；

C：发生事故可能会造成的后果严重程度；

D：危险等级。

任何一项危险源按 D 值确定危险性大小。D 值越大，说明系统危险性越大，必须加强防范，采取有效可靠的措施控制风险，从而达到要求的安全范围。

4) 制定风险对策。根据评价结果对危险源进行分级，按不同级别的风险有针对性地制定风险对策，采取风险控制措施。

5) 以清单的形式罗列有重大影响的危险源，作为控制的对象。重大影响的危险源是指可能对环境有重大影响的事件，或可能出现重大安全事故的隐患和紧急情况。

项目部应成立危险源辨识小组，负责对其管理范围内的重大危险源进行识别和评价，编写《危险源辨识与评价表》，对重大危险源列明其名称、性质、风险评价、可能的影响后果以及应采取的对策或措施。

(3) 控制技术和管理措施

针对危险源编制完备的无漏洞执行方案和必要的备选方案。

1) 为 HSE 管理配置所需的资源，包括人力、物力、财力和技术等。

2) 建立并保持一套完整的管理工作程序，保证所有文件的贯彻实施。能有效确定潜在的事故或紧急情况，并能在其发生前预警，一旦紧急情况发生时及时做出响应，避免、减少或消除可能伴随的影响。

3) 通过合同落实 HSE 的控制责任。如通过施工承（分）包合同，明确承（分）包商应承担的 HSE 责任和义务，检查、落实 HSE 防范措施的可靠性和有效性。

同时，应对从事危险作业的人员办理人身意外伤害保险，并制定应急预案，落实救护渠道与措施，以保证在事故发生时及时组织实施。

4) 对各层次管理人员和现场观众人员进行 HSE 相关的系统培训，提升大家的 HSE 意识和突发事件的处置能力。

5) 对重大的危险源分别制定应急处理预案。即在危险事故发生时组织实施，防止事故扩大，减少与之有关的伤害和损失。通常，应急预案的内容包括：

① 应急救援的组织和人员安排;
② 应急救援器材、设备与物资的配备及维护;
③ 作业场所发生安全事故时,对保护现场、组织抢救的安排;
④ 内部与外部联系的方法和渠道;
⑤ 预案演练计划;
⑥ 预案评审与改进等。

(4) 管理体系文件

HSE 管理方针、目标和实施计划具体落实在管理体系文件上。它应具有系统性、可操作性。HSE 管理体系文件包括:

1) 管理手册。它是阐述企业 HSE 管理方针和描述其 HSE 管理体系整体信息的文件,也是企业体系运行中应长期遵守的纲领性文件。它对内是实施 HSE 管理的基本法规和共同遵守的行为准则;对外是向相关方表明其 HSE 管理准则和管理能力达到规定要求的证明,通常为企业统一的标准化管理文件。

2) 程序文件。它是管理手册的支持性文件,是企业进行 HSE 活动的依据,具有法规性,各部门、岗位必须严格执行。

程序文件规定了企业内部 HSE 活动的目的、职责和权限、工作流程和活动结果,内容包括:目的和适用范围,引用的标准及文件,术语和定义,职责,工作程序,报告和记录的格式以及保存期限,相关文件等。它必须具体描述每个程序、每一个管理要素、每一组活动,必须具备可操作性和可检查性。

通过对程序文件的审核,可以证明企业的 HSE 管理与体系标准的符合程度。

3) 作业文件。它是程序文件的支持性文件,描述具体的工作岗位和工作现场如何完成工作任务的具体做法,供基层单位、个人使用。

作业文件一般包括作业指导书(操作规程)、管理规定、监测活动准则及程序文件引用的表格,其核心部分是管理内容或作业步骤,应明确各项活动由谁做、什么时间做、什么地点做、做什么、怎么做、如何控制及达到什么要求,需要形成哪些记录,出现意外或紧急情况如何处理等,必要时有管理或作业流程图。

(5) 对重大工程项目,有时还需要开展 HSE 专项技术研究、开发、攻关以及风险专项论证等工作。

4. HSE 管理体系的实施和运行

HSE 管理体系必须得到全面而有效的执行,重点抓好如下活动。

1) 教育和培训。培养和增强各层次人员的 HSE 意识和能力,必须建立分级的 HSE 教育制度,实施公司、项目经理部和作业队三级 HSE 教育,明确培训要求和应达到的效果,规范培训程序,未经教育的人员不得上岗作业。这是企业和项目部基本的法律责任。

对 HSE 管理可能产生重大影响的工作,如对需要特殊培训的工作岗位和人员要专门进行教育、培训,做好对危险源及其风险规避的宣传与警示工作,以保证他们能胜任所承担的工作。

2) 在相关的工作开始前,必须向有关人员逐级进行 HSE 管理和技术交底,并保存交底记录,保证项目经理部和承(分)包商等人员能正确理解 HSE 管理实施计划的内容和要求。

3) 确保项目的相关方在 HSE 管理方面的信息相互沟通，并鼓励所有项目相关方的人员参与 HSE 管理事务，对 HSE 管理方针和目标予以支持。

4) 运行控制。根据 HSE 的方针、目标、法规和其他要求开展工作，使与危险源有关的运行活动均处于受控状态。

① 项目组织应更多采用预防措施，做到预防为主，防治结合。

② 确保 HSE 管理体系文件得到有效运行，保证管理体系文件中写到的要做到，做到的应有有效记录。

③ 项目部应制定并执行项目 HSE 管理日常巡视检查和定期检查的制度，记录和保存检查的结果，对安全事故和不符合相关要求的情况进行处理。

5) 应急准备和响应

① 在项目实施过程中应积极主动评价潜在的事故或紧急情况，识别应急响应需求，随时准备启动应急准备和响应计划，以预防和减少可能的突发事件造成的伤害。

② 当现场发生事故时，项目部应按照规定程序积极组织和参与救护管理，遏制事故不良影响的继续扩大。

5. 检查和纠正措施

（1）监督和测量。持续不断地对 HSE 绩效进行监督和测量，以保证 HSE 管理体系的有效运行，及时发现问题，并采取纠正措施，实施有效的运行控制。

1) 定期对项目 HSE 管理体系进行例行检查、监测和测量，分析不安全行为及影响健康、环境和安全的部位和危害程度。

2) 采用随机抽样、现场观察和实地检测相结合的方法开展 HSE 检查，记录检测结果，及时纠正发现的违章指挥和操作行为，并要求在每次检查结束后及时编写检查报告。

3) 对可能引发重大 HSE 问题的关键运行活动按规定进行持续性监督和测量。

（2）不符合状况的纠正、处理与预防措施。严格执行对不符合或违反 HSE 规定的事件的调查和处理程序，明确有关职责和权限，实施纠正和预防措施，并防止问题再次发生。

1) 对检查出的偏离方针和目标的运行、违反 HSE 规定的行为应及时启动相应的控制程序，发出整改通知单，要求责任单位、部门或人员限期纠正。一旦发现有潜在的事故或危险，要结合管理方案提前采取防御措施，并对其进行跟踪反馈。

2) 分析不符合或违反 HSE 规定的事件的原因，并预测其问题的严重性。

3) 针对产生问题的原因采取相应的纠正与预防措施，以减少由此产生的影响。

4) 执行纠正措施，对不符合或违反 HSE 规定的事件进行整改，并跟踪验证其有效性。

5) 进行深入的分析和调查，预防事故和不良事件的进一步发生。

6) 对已经出现的 HSE 事故应按合同约定和相关法规组织事故的调查、分析和处理。

（3）建立 HSE 信息管理程序，全面、真实地记录 HSE 管理体系的运行状态。资料要清楚、标识要明显、有可追溯性，应具有法律证明效力。

（4）管理体系审核

项目部要经常性评估 HSE 管理体系运行的有效性（即 HSE 管理体系是否得到正确实施和保持）、符合性（即 HSE 管理体系是否符合相关工作的预定安排和规范要求）。有定期开展 HSE 管理体系内部审核的程序、方案、步骤和具体要求，以形成自我保证和自我监督机制。

6. 管理评审

由上层组织对项目 HSE 管理体系进行系统评价，以判断管理体系对内部情况和外部环境的变化是否适用和有效，评价管理体系是否完全实施并继续保持，管理方针是否依然合适，管理方案是否需要进行相应的调整。

7. 持续改进

HSE 管理体系应是一个持续不断的循环改进的管理过程。

第三节　工程项目环境管理

一、工程项目环境管理概述

1. 工程项目环境管理内涵

工程项目环境管理的目标是，在工程的建设和运行过程中保护自然和生态环境，按照法律法规、合同和企业的要求，保护和改善作业现场环境，控制和减少现场的各种粉尘、废水、废气、固体废弃物、噪声、振动等对环境的污染和危害。

2. 工程项目对环境的影响以及与环境的交互作用

自 20 世纪中叶以来，环境危机被列为全球性的严重问题，这些危机的根源与工程建设项目有着紧密的联系，大规模的工程建设和运行造成资源的浪费以及环境的污染，如破坏植被和生物多样性，建筑垃圾、粉尘、废气、污水排放导致严重的环境污染，由于大量的资源和能源消耗引起的高碳排放。工程项目已逐渐成为影响环境的重要污染源之一。

同时，项目与环境之间是相互制约的，工程项目对环境有很大的依赖性，环境影响着工程项目的实施，只有促进环境与项目协调发展，才能取得项目的成功。

3. 环境保护是现代工程领域的各工程技术和工程管理专业研究和开发的热点。

二、我国工程项目环境评价制度

我国自 2003 年 9 月 1 日开始实施《中华人民共和国环境影响评价法》，要求在前期策划阶段应进行环境影响评价，提出环境影响评价报告。

1. 依法进行严格的环境影响评价。根据工程建设项目对环境影响程度编制环境影响评价报告，通常包括环境影响报告书、环境影响报告表、环境影响登记表。国家相关主管部门根据所提交的评价报告对建设项目进行分类管理。

环境影响评价报告和总体环保规划应评价项目对环境的影响，包括环境污染、对生态的影响和对人文景观的影响等内容，全面制订并实施环境保护计划，有效控制污染物及废弃物的排放，并进行有效治理；保护生态环境，防止因工程建设和运行引发的生态变化与扰民问题；防止水土流失；进行绿化规划等。

2. 评价文件应由具有相应环境影响评价资质的机构提出，并报相关行政主管部门审批。

3. 在项目总投资中必须明确保证有关环境保护设施建设的投资安排。

4. 只有在环境影响报告批准后，建设项目设计任务书才能获得批准。

5. 所有的新建、改建、扩建和技术改造项目以及开发项目都必须实现"三同时"，即污染治理的设施与主体工程同时设计、同时施工、同时投产运行。

三、设计阶段的环境管理

在工程设计阶段，环境管理的主要目标是最大程度地做好资源和环境的规划设计，以便合理利用，根据环境影响评价文件里对环境产生影响的因素进行仔细地考虑，并结合工程设计要求，提出相应的技术和管理措施，并且反映在设计文件中。

1. 设计必须严格执行有关环境管理的法律、法规和工程建设强制性标准中关于环境保护的相应规定，应充分考虑环境因素，防止因设计不当导致环境问题的发生。

2. 工艺设计和生产设备的选择应该符合规定的污染物排放标准。

3. 现代工程中都有独立的环保专业工程系统（如污水处理系统、中水回收系统、粉尘吸附系统、二氧化硫回收系统等），它的设计应符合项目目标和法律规定的污染处理标准。

4. 设计审查应将环保设施设计和环保方案作为审查重点，不能走过场。

5. 加强设计人员的环境教育，提高其环境保护意识和职业道德。

四、施工阶段的环境管理

（一）施工阶段对环境的影响

施工阶段是工程项目环境管理的关键阶段。施工阶段一般时间都比较长，工序复杂，很多的环境问题都集中在施工现场。

1. 需要大量的临时用地，会损害原地动植物，破坏生物多样性。

2. 需要消耗大量的自然资源和能源，直接或间接产生大量的碳排放。

3. 施工过程常常会对现场及周边环境产生影响。如：

（1）有大量的粉尘、建筑垃圾等，这会给城市的污染带来严重影响，如我国许多城市严重的雾霾与目前所有的大量的施工工地有很大的关联性；

（2）产生噪声会对周边居民生活和学习产生影响；

（3）可能造成周边建筑不均匀沉降，甚至倒塌；

（4）危害地下管线、文物古迹；

（5）污水会危害江河水生态等。

4. 施工材料有毒有害物质含量直接污染环境，影响施工人员和工程使用者的身体健康。

（二）施工现场环境管理的基本要求

1. 严格执行相关的法律法规和标准规范，建立施工环境保护方面的管理制度。

2. 在开工前必须按照法律规定向工程所在政府环境保护管理部门申报登记。

现场污水排放必须按照规定与所在地政府市政管理部门签署污水排放许可协议，申领《临时排水许可证》。泥浆、污水未经处理不得直接排入城市排水设施和河流、湖泊、池塘。

施工中如需要停水、停电、封路而影响环境时，必须事先经有关部门批准，并进行公告，在现场设有标志。

如需要夜间施工，需事先办理夜间施工许可证明，并公告附近社区居民。

3. 文明施工现场管理，内容包括了施工现场的场容管理、现场机械管理、作业环境、文化与卫生环境等全方位管理。

4. 对施工中可能产生的污水、烟尘、噪声、强光、有毒有害气体、固体废弃物、火灾、爆炸和其他灾害等有害于环境的因素，实行信息跟踪、预防预报、明确责任、制定严格的控制措施，以消除或降低影响。

（三）施工现场环境管理的主要内容

施工现场环境管理涉及大量的细致的工作。现在许多施工企业在这方面已经标准化，有很细致的文明施工现场的管理规范。

1. 施工准备阶段主要要做好环境调查和施工组织设计工作。

（1）应在施工前对施工现场的环境因素进行分析。

（2）在施工组织设计中应强化环境管理方面的内容，综合考虑节能、安全、防火、防爆、防污染等因素，应详细具体化地提出环保措施，做好环境方面的预案。

（3）拆除旧建筑物、构筑物时，应采用隔离、洒水等措施。

2. 施工过程中重点做好现场文明施工工作。

（1）现场应按照施工组织设计和规范设定办公、生产和生活临时设施、警卫室、施工临时道路和水、电、气管线、排水系统、设备和材料堆场及仓库、变配电间、消火栓、土方及建筑垃圾堆放区等。

（2）施工现场出入口处的醒目位置应有企业名称或企业标识，应公示：项目概况牌、安全纪律牌、防火须知牌、安全无重大事故牌、安全生产、文明施工牌、施工总平面图、项目经理部组织架构及主要管理人员名单图及监督电话牌等制度牌。

（3）施工现场必须实施封闭管理，设立门卫，根据需要设置警卫。

（4）施工现场使用的水泥和其他易飞扬的细颗粒建筑材料应密闭存放或采取覆盖等措施。混凝土搅拌场所应采取封闭、降尘措施。

（5）施工现场土方作业，以及装载建筑材料、垃圾或渣土的车辆，应采取防止尘土飞扬、洒落的措施。根据施工现场的需要还应设置机动车辆冲洗设施并对冲洗污水进行处理。

（6）施工时发现文物、古迹、爆炸物、电缆等，应当停止施工，保护现场，及时向有关部门报告，按照规定处理后继续施工。

（7）建筑垃圾和渣土应集中堆放在指定地点，分类存放，并采取措施定期及时清理，及时搬运，保持场容场貌的整洁。不得在施工现场熔化沥青和焚烧油毡、油漆及其他可产生有毒有害烟尘和恶臭气味的废弃物等。

3. 竣工后现场管理。

（1）在规定期限内将废弃物清理完毕，建筑垃圾的清运必须采用相应的容器或管道运输，严禁凌空抛掷。

（2）应按规定有效地处理有毒有害物质，禁止将有毒有害废弃物作为土方回填。

（3）对建筑垃圾应做处理和回收再利用，以减少填埋量。

（4）做好施工临时用地的生态复原工作等。

五、项目结束阶段的环境管理

工程项目结束阶段的环境管理是一个薄弱环节。在该阶段的主要工作如下：

1. 在主体工程竣工验收的同时，进行环境保护设施竣工验收，保证项目配套的环境保护设施与主体工程同时投入试运行。

2. 向环境保护行政主管部门申请与工程配套建设的环境保护设施的竣工验收，并对环境保护设施运行情况和建设项目对环境的影响程度进行监测，如对周边大气、水体、生物等生态环境指标的监测，必须确保其污染排放量限制在国家规定的标准范围内。

3. 在工程运行阶段，环保设施必须同步运行，并对运行效果进行持续监控与测量。这是对整个环境管理体系的运行效果进行监督的重要手段。为了保证监测结果的可靠性，应定期对监测和测量设备进行校准和维护。

4. 在项目后评价中应该对工程项目环境设施的建设、管理和运行效果进行调查、分析、评价，若发现实际情况偏离原目标、指标，应提出进一步改进的意见和建议。

第四节　工程项目职业健康和安全管理

一、相关概念

1. 职业健康安全事故

职业健康安全事故即职业伤害事故与职业病。职业伤害事故是指因生产过程及工作原因或与其相关的其他原因造成的伤亡事故。职业病是指经诊断因从事接触有毒有害物质或不良环境的工作而造成急慢性疾病。

2. 职业健康管理

职业健康管理是为了有效控制工作场所内的员工、临时工作人员因受劳动条件及职业活动中存在的各种有害化学、物理、生物因素和在职业工作中产生的其他职业有害因素的影响而引发的职业健康问题，设立职业健康卫生管理机构，对职业健康相关工作实施管理。

3. 安全生产和安全管理

（1）安全生产是指使生产过程处于避免人身伤害、设备损坏及其他不可接受的损害风险（危险）的状态。而不可接受的损害风险（危险）是指超出了法律、法规和规章的要求，超出了方针、目标和规定的其他要求，超出人们普遍能够接受（或隐含要求）的风险（危险）。

（2）建筑工程领域由于其特殊性，存在着许多不安全因素，是安全事故高发的领域。

安全管理是在工程项目中，组织安全生产的全部管理活动，其目的是，消除人的不安全行为和物的不安全状态，预防发生人身伤害、设备损毁等事故，保证项目的顺利实施。

二、健康和安全管理的范围

1. 危险源

对工程项目健康和安全危险源辨识，要从根源和状态两方面着手，包括：

（1）物的不安全状态，如材料、设备、机械等；

（2）人的不安全行为（主要指违章行为）；

（3）管理技术缺陷，包括设计方案、结构上的缺陷、作业环境的安全防护措施设置不合理、防护装置缺乏等。

2. 对危险源，要区分项目活动的"三种状态"

（1）正常状态，如正常的施工活动；

（2）异常状态，如加班加点、抢修活动等；

（3）紧急状态，如发生突发事件。

3. 施工现场活动涉及的范围与内容

(1) 施工作业区，还包括加工区、办公区和生活区；

(2) 危险源辨识与评价活动必须包括所有使用的设备、材料、物资；

(3) 各种作业活动，如常规作业活动和非常规作业活动；

(4) 进入施工现场的相关方。

4. 对危险源的处理

(1) 针对人的不安全行为，从心理学和行为学方面研究解决，可通过培训和提高人的安全意识和行为能力，以保证人行为的可靠性。

(2) 针对物的不安全状态，从研究安全技术入手，采取安全措施来解决，也可通过各种有效的安全技术系统保证安全设施的可靠性。

(3) 对结构复杂、施工难度大、专业性强的项目，必须制定专门的安全施工措施。

(4) 对高空作业等非常规性的作业，应制定单项职业健康安全技术措施和预防措施，并对管理人员、操作人员的安全作业资格和身体状况进行合格审查。

三、工程项目职业健康和安全管理具体要求

(一) 工程项目职业健康和安全管理的特殊性

1. 工程项目安全管理是"人命关天"的事，如果发生安全事故不仅会导致经济损失，常常还会带来社会影响和法律责任，所以它在项目管理体系中有更大的权重。有些工程项目，如核电工程建设其安全管理是整个管理体系的重点。

由于我国处于一个大规模的建设时期，且存在人们过度追求经济利益，农民工缺少培训，整个社会浮躁和缺少职业操守等问题，工程项目安全问题突出，重大安全事故频发，是伤亡事故最严重的领域之一。

2. 安全管理与质量管理、环境管理具有一致性，许多质量事故和环境事故会引起安全事故，许多安全事故也是质量事故或环境事故。所以，它们的管理组织体系、管理程序、责任都是相同的，管理体系文件都是相似的，许多管理措施都是相同的。

3. 工程项目安全目标的实现需要各方面的共同努力。从总体上说，我国法律对项目参加者各方的安全管理责任有明确的法律规定。业主、项目管理（监理）、设计单位、承包商都有与其工作范围、权利、合同义务相关的安全责任。

相关企业和项目部应建立工程项目安全管理体系。

4. 安全管理是高度细致的具体的工作，必须按照安全管理体系，把责任目标层层分解落实到个人，将安全管理的措施落实到各个环节上。一经出现安全事故，就要追溯安全措施的落实情况，如工作人员是否经过安全培训，操作人员是否有上岗证，安全设施和器具是否完备，安全检查是否到位等，并以此划分各方面的法律责任。

(二) 工程项目安全管理的具体工作

1. 工程设计阶段

(1) 工程设计要考虑结构、地质条件、气象环境等因素，考虑施工和运行安全和防护的需要，采取有利于施工人员、运行操作人员和管理人员健康与安全的设计方案。

(2) 对涉及施工和运行安全的重点部位和环节，在设计文件中应明确注明，并进行交底，对防范安全事故提出指导意见。

（3）采用新结构、新材料、新工艺，或引进技术、设备的建设工程，以及特殊结构形式的工程，应对职业健康和安全防护有专题研究，提出保障安全和预防事故的措施。

（4）根据法律规定，有些安全系统设计，如工程的消防设计图纸和资料需经过公安消防机构审批，才能实施。

2. 工程施工准备阶段

（1）应按规定向工程所在地的县级以上地方人民政府建设行政主管部门报项目安全施工措施的有关文件，以及在取得安全行政主管部门颁发的《安全施工许可证》后才可开工。总承包单位和每一个分包单位都应持有《施工企业安全资格审查认可证》。

（2）项目实施人员应熟悉相关的安全法律法规，并在项目实施过程中严格执行。应针对项目的特点，制定相应的安全管理制度，使安全法规变为实际行动。

（3）全面制订并实施安全管理计划，建立安全管理组织机构，将安全目标责任进行分解，明确各部门、人员的安全职责，形成安全管理责任体系。

（4）施工组织设计中应将安全管理放在重要的位置，组织安全技术交底，制定安全技术措施，并进行审查。

（5）对危险源进行分析、汇总、评价，针对重大危险源制定控制措施和应急预案。

对达到一定规模的危险性较大的基坑支护及降水工程、土方开挖工程、模板工程、起重吊装工程、脚手架工程、拆除、爆破工程和其他危险性较大的工程，应编制专项施工方案，并进行安全审查。

（6）进行系统的安全教育与培训，增强人的安全生产意识和素质，提高搞好安全生产的自觉性和责任感。

（7）保证现场安全等方面设施和器具的投入，施工现场安全设施和用品齐全，符合国家及地方有关规定。

1）进行施工平面图设计和计划应充分考虑安全、防火、防爆和职业健康等因素。如：

① 施工现场的通道、消防出入口、紧急疏散楼道等必须符合消防要求，设置明显标志；

② 储存、使用易燃、易爆器材时，应采取特殊的消防安全措施，有明显标志及围挡设施；

③ 临街脚手架、临近高压电缆以及起重机臂杆的回转半径达到街道上空的，均应按要求设置安全隔离设施；

④ 施工现场的用电线路、用电设施的安装和使用必须符合安装规范和安全操作规程。

2）现场应当设置各类必要的生活设施，并符合卫生防疫标准要求，采取防暑、降温、取暖、消毒、防毒等措施。应建立施工现场卫生防疫管理网络和责任系统，落实专人负责管理并检查职业健康服务和急救设施的有效性。施工现场应配备紧急处理医疗设施。

对传染病、食物中毒等突发事件，应制定卫生防疫应急预案。同时，应积极做好灾害性天气、冬季和夏季的流行疾病的防治工作。

3）施工现场的各种安全设施和劳动保护器具，必须定期进行检查和维护，及时消除隐患，保证完好的备用状态。

3. 工程施工阶段

（1）进行经常性安全检查，以发现施工中的不安全因素（人的不安全行为和物的不安全状态），从而采取对策，下达隐患通知书，消除不安全因素，纠正不安全行为。

（2）在施工目中，人们也会因工作或其他原因造成伤害，或因从事接触有毒有害物质或不良环境的工作而引起急慢性疾病，如水泥搬运、投料、拌合人员有患水泥尘肺的可能，油漆作业人员有甲苯中毒，甚至白血病的可能。需定期组织对这些特种岗位作业人员，以及女职工及炊事人员进行体检等。

（3）项目实施过程中必须把好安全生产"六关"，即措施关、交底关、教育关、防护关、检查关、改进关。对查出的安全隐患要做到"五定"，即定整改责任人、定整改措施、定整改完成时间、定整改完成人、定整改验收人。

（4）对从事危险作业和特殊作业安全管理要求

1）必须为从事危险作业的人员在现场工作期内办理意外伤害保险。各类人员必须具备相应的执业资格才能上岗。

2）特殊工种作业人员（如高空作业、井下作业、水上作业、水下作业、爆破作业、脚手架上作业、有害有毒环境作业、特种机构作业，以及从事电气、压力容器、起重机、金属焊接、井下瓦斯检验、机动车和船舶驾驶等特殊工种的作业）必须持有特种作业操作证，并对身体状况进行合格审查，以及定期进行复查。

3）施工机械（如起重设备等）必须经安全检查合格后方可使用。

4）施工中需要进行爆破作业的，必须向所在地有关部门办理进行爆破的批准手续，由具备爆破资质的专业组织进行施工，还应将作业计划、影响范围、程度及有关措施等情况，向有关的居民和单位通报说明；对施工机械的噪声与振动扰民，应有相应的措施予以控制。

4. 项目结束前

（1）竣工验收中，应对工程安全功能系统同时验收，对不符合要求的部分指令纠正。

（2）在工程运行维护手册中应包括运行安全和消防管理体系，制定相应的管理制度。

（3）对工程的运行维护和生产设备操作人员也应进行安全培训。

第五节 某工程 HSE 管理文件示例

一、HSE（健康、安全与环境）管理体系

1. 项目 HSE 方针及领导承诺

（1）项目 HSE 方针。确定工程的 HSE 方针，如以人为本，健康至上，安全第一，预防为主，科学管理，保护环境，保证健康，全面提高经济效益、社会效益、环保效益，走可持续发展的道路。

（2）企业和项目领导承诺。

1）为 HSE 管理体系有效运行提供强有力的领导、组织和必要的资源保证。

2）全面贯彻执行国家的有关健康、安全与环境的法律、法规，执行公司的 HSE 方针、目标以及业主提出的相关要求。

3）最大限度地满足员工 HSE 的需求，关心员工的健康和安全，创造良好的作业环境，树立一流的企业形象。

4）营造良好的 HSE 企业文化，强化员工的 HSE 意识，不断提高员工的 HSE 表现

水平。

5) 指定项目部各级组织作 HSE 监督，加强项目 HSE 管理体系运行的监督管理。强化风险管理，运用风险管理技术，减少和避免人员伤害和对环境的破坏。

6) 运用科学的管理和先进的技术，实现 HSE 管理体系的持续改进。

2. 项目 HSE 目标

（1）健康目标。

（2）安全目标。

（3）环境目标。

二、项目 HSE 管理机构

1. 项目部 HSE 领导小组的组成。

2. 项目 HSE 组织机构图。

3. 项目 HSE 管理网络图。

三、HSE 责任制

分别描述项目经理、分管 HSE 工作的项目副经理、项目主任工程师、项目 HSE 监督、项目 HSE 部、项目施工部（技术、调度、质量、设备）、项目财务部、项目部办公室、项目劳动人事部、项目物资部、作业班组长的职责。

四、安全保证措施

包括施工人员居住地安全保证、施工现场用电作业安全保证、管材运输及堆放安全保证、起重作业安全保证、各种主要专业的安全保证。

五、健康保证措施

1. 工程开工前，项目部安排所有临时和永久员工进行身体检查，建立员工健康档案。

2. 项目部设立专职医疗保健人员和设施。

3. 健康教育培训内容。

4. 营地卫生保证措施。

5. 现场急救措施。

6. 传染病防治措施。

7. 营养卫生保证措施。

8. 饮食卫生保证措施。

9. 炊事人员卫生管理措施。

10. 厨房、食堂卫生保证措施。

11. 员工健康保健。

12. 浴室卫生保证措施。

13. 厕所卫生保证措施。

14. 劳动环境卫生保证措施。

15. 施工现场健康保证措施。

六、主要工种及重点工程施工安全措施

1. 工种，如焊工、起重工、机械操作工、推土机操作工的安全措施。

2. 安全教育和培训。

3. 重点工程的施工安全措施。

七、环境保护措施

1. 环境保护培训计划和培训内容。
2. 施工现场环境保护措施。
3. 设备、管材搬迁的环境保护。
4. 营地的环境保护。
5. 施工作业中环境风险的预防。
6. 保安。包括：现场保安设置、人员和车辆的进出场控制、现场人员的秩序和防止打架斗殴等。

八、分承包商的 HSE 管理

九、培训

1. 工程开工前培训的主要内容。通常为 HSE 基础知识、有关法律、法规和标准、公司的 HSE 政策、相关方对 HSE 表现的要求、隐患识别技术、操作技能、特殊工种技能、消防知识、救生知识等。
2. 应急培训的主要内容。包括项目事故险情类别、性质和危害特点；事故先兆的识别和判断知识；事故报告；事故抢险；人员救生；紧急撤离等。
3. 培训要求。施工班组到达新的施工作业地区，针对地区的情况进行培训；使用新设备前进行培训；采用新的工艺技术前应进行培训；新员工上岗前或岗位转换前应培训；员工技能或素质不满足要求应培训。

十、风险评价与危害管理

1. 项目风险和危害清单。
2. 项目危害的识别、控制和消除。
3. 危害及影响的确认、评价及削减措施的制定。

十一、HSE 监督检查和审核

1. HSE 监督检查

（1）检查频率。

（2）现场检查。

2. HSE 审核

（1）项目部为保证 HSE 管理体系持续有效地运行，定期或不定期地对项目部 HSE 管理体系的适宜性、符合性和有效性进行审核。

（2）审核组织。

（3）审核频率。

（4）审核实施。

十二、应急计划

1. 应急程序。
2. 应急范围，通常指以下情况：火灾、交通事故、触电事故、洪涝灾害等。
3. 应急组织机构。
4. 各组织成员职责，包括现场应急指挥、项目部 HSE 监督、应急小组、医务人员。
5. 应急措施，包括火灾、人员落水的急救措施，交通事故应急措施，触电急救措施，工伤疾病急救措施。

十三、附件

1. 医疗急救流程图（即在出现医疗事故情况下的处理过程）。
2. 营地火灾急救流程图。
3. 项目部撤离流程图（在天气恶劣、洪水爆发、战争爆发等紧急事件情况下的紧急撤离）。
4. 污染环境处理流程。
5. 主要施工作业危险、险情识别和评价表，包括对施工中容易出现的危险和险情主要控制、治理原则，列出主要危险和险情，对危险、险情作出评估（危险评估分类、事故易发性分级、危险评估分类矩阵）。
6. 危险、险情登记及控制、消除要点表，包括针对主要危险和险情，列出危险登记、危险类别与范围、危险识别与描述、危险评估、出现频率、潜在危害、恶化因素、危险控制措施。
7. 施工中 HSE 常见风险清单，包括风险描述、风险场所、风险升级的因素、关键控制人、可能产生的后果、预防措施及判定准则、危害评价等级等。

复习思考题

1. 将 HSE 管理水平作为评价工程承包企业的标准之一是必然趋势，为什么？
2. 简述工程项目 HSE 管理体系的内容。
3. 简述工程项目 HSE 管理工作的流程。
4. 简述 HSE 与传统的三大目标（质量、成本、工期）之间的辩证关系。
5. 简述工程项目对环境的影响以及与环境的交互作用。

第十六章　工程项目合同管理

内容提要：业主通过合同委托工程任务，并以合同作为组织纽带和项目运作规则。这是工程项目区别于其他类型项目最显著的标志，工程合同管理也是工程项目管理的难点之一。本章主要介绍如下内容：
(1) 工程合同管理的概念、工作内容和工作流程。
(2) 合同总体策划工作的内容和依据。
(3) 工程招标投标管理的工作内容和过程。
(4) 在项目实施过程中的合同分析、合同控制和索赔管理、合同后评价等。

第一节　概　　述

一、合同在工程项目中的基本作用

在工程项目中合同具有特殊的作用，对项目的设计、计划和实施过程有着决定性影响。

1. 合同分配着工程任务，项目目标和计划的落实是通过合同来实现的。它详细地、具体地定义着与工程任务相关的各种问题。例如：
(1) 责任人，即由谁来完成任务并对最终成果负责；
(2) 工程任务的规模、范围、质量、工程量及各种功能要求；
(3) 工期，即时间的要求；
(4) 价格，包括工程总价格、各分项工程的单价和合价及付款方式等；
(5) 不能完成合同任务的责任等。

2. 合同确定了项目的组织关系和项目参加者各方面的经济责权利关系，确定项目的管理职能、程序和规则，所以它直接影响着整个项目组织和管理组织的形态和运作。

3. 合同作为项目任务委托和承接的法律依据，是项目过程中双方的最高行为准则。双方的一切活动都是为了履行合同，都必须按合同办事，各方面行为主要靠合同来约束。

合同具有法律效力，受到法律的保护和制约。订立合同是双方的法律行为。合同一经签订，只要合同合法，双方必须全面地完成合同规定的责任和义务。如果不能履行自己的责任和义务，甚至单方面撕毁合同，则必须接受经济的，甚至法律的处罚。除了特殊情况（如不可抗力因素等）使合同不能实施外，合同当事人即使亏本，甚至破产也不能摆脱这种法律约束力。因此，合同是工程施工与管理的要求与保证，同时又是工程项目强有力的控制手段。

4. 合同将工程所涉及的生产、材料和设备供应、运输、各专业设计和施工的分工协作关系联系起来，协调并统一工程各参加者的行为。如果没有合同和合同的法律约束力，就不能保证工程的各参加者在工程的各个方面、工程实施的各个环节上都按时、按质、按量地完成各自的义务;就不会有正常的工程施工秩序;就不可能顺利地实现工程总目标。

5. 合同是工程过程中双方争执解决的依据。由于双方经济利益的不一致,在工程过程中难免发生争执,合同和争执有不解之缘。合同争执是经济利益冲突的表现,它常常起因于双方对合同理解的不一致,合同实施环境的变化,以及有一方违反合同或未能正确履行合同等。合同对争执的解决具有两个决定性作用:

(1) 争执的判定以合同作为法律依据。即以合同条文判定争执的性质,谁对争执负责,应负什么样的责任等。

(2) 争执的解决方法和解决程序由合同规定。

二、合同管理的复杂性

由于合同在现代工程项目中的重要作用,合同管理越来越受到人们的重视,已成为与进度管理、质量管理、成本(投资)管理和信息管理等并列的一大管理职能。其原因如下:

1. 在现代工程项目中合同越来越复杂,主要体现在如下几个方面:

(1) 合同标的物——工程是十分复杂的,合同实施中要求较高的技术水平和管理水平。

(2) 工程合同体系复杂。在工程中相关的合同多,一般都有几十份、几百份,甚至几千份合同,它们之间有复杂的关系。

(3) 工程合同的文件多,包括合同条件、协议书、投标书、图纸、规范、工程量表等;且合同条款越来越多。

(4) 合同生命期长,实施过程十分复杂。由于工程项目持续时间长,这使得相关的合同,特别是工程承包合同生命期长,一般至少两年,长的可达五年或更长的时间。合同管理必须与工程项目的实施过程同步地、连续地、不间断地进行。

(5) 合同是在工程实施前签订,常常很难将工程、工程实施过程、环境的影响和各方面责任等描述清楚。在合同实施过程中环境的多变性,干扰事件多,造成合同变更多、争执多、索赔多。

2. 因为合同中包括了项目的整体目标,所以在项目管理中合同管理居于核心地位,对项目的进度控制、质量管理和成本管理有总控制和总协调作用,作为一条主线贯穿始终。

3. 由于工程价值量大,合同价格高,合同管理对工程经济效益影响很大。实践证明,合同管理得好,可使承包商避免亏损,赢得利润,否则,承包商将蒙受较大的经济损失。

4. 严格的合同管理是现代工程惯例。工程招标投标制度、建设工程监理制度和国际通用的 FIDIC 合同条件等,都与合同管理有关。

三、工程合同的生命期

不同种类的合同有不同的委托和履行方式,它们经过不同的过程,就有不同的生命期。在项目的合同体系中比较典型的且最为复杂的是工程承包合同,它经历了以下两个阶段(图16-1):

(1) 合同的形成阶段。合同一般通过招标投标来形成。它通常从起草招标文件开始直到合同签订为止。

(2) 合同的执行阶段。这个阶段从签订合同开始直到承包商按合同规定完成工程,直

图 16-1 承包合同生命期

至保修期结束为止。

四、工程项目合同管理工作过程

合同管理作为项目管理工作的一部分,贯穿于整个项目全过程中,其工作内容包括(见图 16-2):

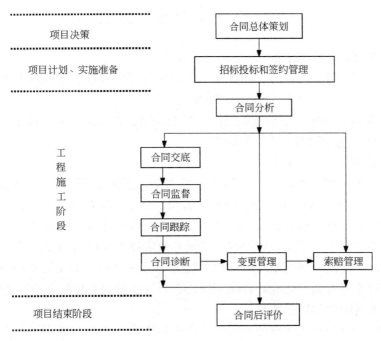

图 16-2 合同管理过程

1. 按照项目的总目标和总体计划进行合同策划。

(1) 在项目结构分解(WBS)、实施策略、承发包策划、项目管理模式、工期计划和资源计划等基础上确定项目的招标的对象,进而形成工程的合同体系。

(2) 确定具体的合同类型,选择合同条件,确定招标方式等。

(3) 编制招标文件和合同文件。

2. 招标投标工作。这是合同双方商签合同的过程,也是工程承发包市场的交易过程。

对可能的投标人进行资格预审;

经过资格预审的投标人获取招标文件、编制投标书、投标;

在开标后经过评审选择中标单位;

发出中标函,签订相应的工程合同。

对承包商来说,上述是一个投标过程。

3. 项目实施过程中的合同控制,确保承包商(供应商)的工作满足合同要求。对各

个合同的执行进行监督、跟踪、诊断,包括:
　　(1) 进行合同分析和交底;
　　(2) 对工程开工、实施过程的控制;
　　(3) 监督承包商和供应商完成合同责任;
　　(4) 对各个合同的实施过程进行跟踪;
　　(5) 对合同实施状况和存在问题进行诊断;
　　(6) 工程的变更管理和索赔管理等。
　　4. 在项目结束阶段后对合同管理工作进行总结和评价,以提高以后新项目的合同管理水平。

第二节　工程合同策划

一、工程合同策划的基本概念

合同总体策划的目的是通过合同保证工程项目目标和项目实施战略的实现,主要确定对整个工程项目的实施有重大影响的以下问题:
　　1. 如何将项目分解成几个独立的合同?每个合同有多大的工程(或工作)范围?
　　2. 采用什么样的合同种类和合同条件?
　　3. 采用什么方式委托工程任务?
　　4. 合同中一些重要条件的确定,即如何通过合同实现对项目实行严格的全面的控制。
　　5. 项目相关的各个合同在内容、时间、组织、技术、价格的协调等。

正确的合同策划不仅有利于签订一个完备的、有利的合同,而且可以保证各个合同圆满地履行,并使它们之间能完善地协调,以顺利地实现工程项目的总目标。

从总体上说,合同策划属于项目组织策划的一部分(见本书第四章第三节),必须根据组织策划进行合同策划。此外,合同策划还有更为细致和具体的专业性工作内容。

二、工程项目的合同体系策划

根据项目的承发包模式和管理模式(见本书第四章)对项目的 WBS 进行分标(分解或整合),以确定每个合同的工程(工作)范围,由此形成工程项目的合同体系。

由于现代社会化大生产和专业化分工,一个规模较大的工程项目,其相关的合同就有几十份,几百份,甚至几千份。这些合同都是为了完成项目目标,定义项目的活动,它们之间存在复杂的关系,形成项目的合同体系。在这个体系中,业主和承包商是两个最重要的节点。

　　1. 业主的主要合同关系

业主必须将经过项目目标分解和结构分析所确定的各种工程任务通过合同委托出去,由专门的单位来完成。与业主签订的合同通常被称为主合同。根据工程承发包方式的不同,业主可能订立几十份合同,例如将各专业工程分别甚至分段委托,或将材料和设备供应分别委托;也可能将上述委托以各种形式进行合并,只签订几份甚至一份主合同。所以对一个具体的工程项目订立合同的数量变化很大,一份合同的工程(工作)范围的差别有很大。通常业主必须签订咨询(监理)合同、勘察设计合同、供应合同(业主负责的材料和设备供应)、工程施工合同、贷款合同等。

2. 承包商的主要合同关系

承包商要承担合同所规定的义务,包括工程量表中所确定的工程范围的设计(可能有)、施工、竣工及保修,并为完成这些义务提供劳动力、施工设备、建筑材料、管理人员、临时设施。当然任何承包商不可能,也不必具备所有专业工程的施工能力和材料、设备供应能力,他可以将一些专业工程和工作委托出去。所以围绕着承包商常常会有复杂的合同关系,他必须签订工程分包合同、设备和材料供应合同、运输合同、加工合同、租赁合同和劳务合同等。

3. 其他方面的合同关系

(1) 分包商有时也可把其工作再分包出去,形成多级分包合同;

(2) 设计单位,供应单位也可能有分包;

(3) 承包商有时承担部分工程的设计任务,他也需要委托设计单位;

(4) 如果工程的付款条件苛刻,承包商须带资承包,他也必须订立贷款合同;

(5) 在许多大型工程中,特别是 EPC 总承包工程中,承包商往往是几个企业的联营体,则这些企业之间必须订立联营承包合同。

因此,在工程项目中,特别是在大型工程项目中合同关系是极为复杂的。

4. 工程项目合同体系

上述合同便构成了工程项目的合同体系。在该体系中有不同层次的合同(见图16-3)。

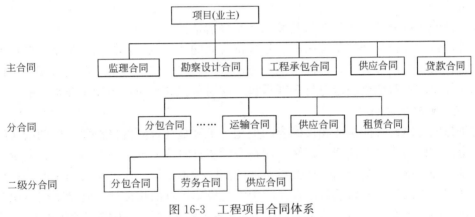

图 16-3 工程项目合同体系

三、合同种类的选择

在工程项目中,合同计价方式有十多种。不同种类的合同,有不同的应用条件、不同的权利和责任分配、不同的付款方式,对合同双方有不同的风险。应按照具体情况选择合同类型。最典型的合同类型有:

1. 单价合同

单价合同的特点是单价优先,业主在招标文件中给出工程量表,它通常是按照规定的工程量清单编制方法和工程计量方法编制的。但其中的工程量是参考数字,实际合同价款按实际完成的工程量和承包商所报的单价计算。单价合同又分为固定单价和可调单价等形式。

这是最常见的合同类型,适用范围广,FIDIC 施工合同和我国的建设工程施工合同都属于该类合同。承包商仅按合同规定承担报价的风险,即对报价(主要为单价)的正确性和适宜性承担责任；而工程量变化的风险由业主承担。由于风险分配比较合理，能够适应大多数工程，能调动承包商和业主双方的管理积极性。

2. 固定总价合同

这种合同以一次包死的总价格委托，除了设计有重大变更，一般不允许调整合同价格。所以在固定总价合同中承包商承担了工程量和价格的全部风险。在现代工程项目中，业主喜欢采用该合同形式，因为工程中双方结算较为简单、省事，承包商的索赔机会较少（但不可能根除索赔）。在正常情况下，可以免除业主由于要追加合同价款、追加投资带来的需上级（如董事会、甚至股东大会）审批的麻烦。

但是，由于承包商承担了全部风险，报价中不可预见风险费用较高。承包商报价必须包含施工期间物价变化以及工程量变化带来的影响。

在以前很长时间中，固定总价合同的应用范围很小：

（1）工程范围清楚明确，报价的工程量应准确而不是估计数字。

（2）工程设计较细，图纸完整、详细、清楚。

（3）工程量小、工期短，估计在工程过程中环境因素（特别是物价）变化小，工程条件稳定。

（4）工程结构、技术简单，风险小，报价估算方便。

（5）工程投标期相对宽裕，承包商可以详细作现场调查、复核工程量，分析招标文件，拟定计划。

（6）合同条件完备，双方的权利和义务十分清楚。

但是，目前在国内外的工程中，固定总价合同的使用范围在扩大，甚至一些大型工业工程项目，采用总承包方式，也使用固定总价合同。在有些工程中，业主只用初步设计资料招标，却要求承包商以固定总价合同承包，这对承包商来说，风险是非常大的。

3. 成本加酬金合同

这是与固定总价合同截然相反的合同类型。工程最终合同价格按照承包商的实际成本加上一定比率的酬金（间接费）计算。而在合同签订时不能确定一个具体的合同价格，只能确定酬金的比率。因为合同价格按承包商的实际成本结算，在这类合同中业主承担了全部工程量和价格风险，所以承包商在工程中没有成本控制的积极性，常常不仅不愿意压缩成本，相反期望提高成本以提高自己的工程经济效益，这样会损害工程的整体效益。因此，这类合同的使用应受到严格限制，通常应用于如下情况：

（1）投标阶段依据不准，工程的范围无法界定，无法准确估价，缺少工程的详细说明。

（2）工程特别复杂，工程技术、结构方案不能预先确定。例如在一些带研究、开发性质的工程项目中。

（3）时间特别紧急，要求尽快开工。如抢救，抢险工程，人们无法详细地计划和商谈。

为了克服成本加酬金合同的缺点，扩大它的使用范围，人们对该种合同又作了许多改进，以调动承包商成本控制的积极性，例如：

1）事先确定目标成本，实际成本在目标成本范围内按比例支付酬金，如果超过目标成本，酬金不再增加；

2）如果实际成本低于目标成本，除支付合同规定的酬金外，另给承包商一定比例的奖励；

3）成本加固定额度的酬金，即酬金是定值，不随实际成本数量的变化而变化等。

在这种合同中，合同条款应十分严格。业主应加强对项目的控制，参与工程方案（如施工方案、采购、分包等）的选择和决策，否则容易造成损失。同时，合同中应明确规定成本的开支范围，规定业主有权对成本开支作决策、监督和审查。

4. 目标合同

目标合同是固定总价合同和成本加酬金合同相结合并加以改进的形式。

目标合同也有许多种形式。通常合同规定承包商对工程建成后的生产能力（或使用功能），工程总成本（或总价格）和工期目标承担责任。如果达到生产能力（或使用功能），而实际总成本低于预定总成本，则节约的部分按预定的比例给承包商奖励；反之，超支的部分由承包商按比例承担。如果工程投产后一定时间内达不到预定的生产能力，则按一定的比例扣减合同价格；如果工期拖延，则承包商承担工期拖延违约金。如果承包商提出的合理化建议被业主认可，该建议方案使实际成本减少，则合同价款总额不予减少，这样成本节约的部分在业主与承包商之间分成。

目标合同能够最大限度地发挥承包商工程管理的积极性，适用于工程范围没有完全定界或项目风险较大的情况。在一些发达国家，目标合同广泛使用于工业项目、研究和开发项目、军事工程项目中。在这些项目中承包商在项目可行性研究阶段，甚至在目标设计阶段就介入工程，并以全包的形式承包工程。

四、合同条件的选择

合同协议书和合同条件是合同文件中最重要的部分。业主可以按照需要自己（通常委托咨询公司）起草合同条件，也可以选择标准的合同条件。在具体应用时，可以根据自己的需要通过特殊条款对标准的文本作修改、限定或补充。

对一个工程，有时会有几个同类型的合同条件可供选择，在国际工程中更是如此。合同条件的选择应注意以下问题：

1. 合同条件应该与双方的管理水平相配套

大家从主观上都希望使用严密的、完备的合同条件，但合同条件应该与双方的管理水平相配套。如果双方的管理水平很低，而使用十分完备、周密，同时规定又十分严格的合同条件，则这种合同条件没有可执行性。

2. 最好选用双方都熟悉的标准的合同条件

选用双方都熟悉的标准的合同条件，以便合同顺利执行。如果双方来自不同的国家，因为承包商是工程合同的具体实施者，所以选用合同条件时应更多地考虑承包商的因素，使用承包商熟悉的合同条件，而不能仅从业主自身的角度来考虑。

在实际工程中，许多业主都希望选择自己熟悉的合同条件，以保证自己在项目实施中处于有利的地位，掌握主动权，但这可能会导致工程不能顺利进行。

3. 合同条件的使用应注意到其他方面的制约

例如，我国工程估价有一整套定额和取费标准，这是与所采用的施工合同文本相配套的。如果在我国工程中使用 FIDIC 合同条件，或在使用我国标准施工合同文本时，业主要求对合同双方的责权利关系作重大的调整，则必须让承包商自由报价，不能使用定额和规定的取费标准。

五、招标方式的确定

工程招标投标有专门的法律规定。目前招标方式主要有公开招标、邀请招标（选择性竞争招标）等，各种方式有其特点及适用范围。一般要根据承包形式，合同类型，业主所拥有的招标时间（工程紧迫程度）等决定。

1. 公开招标。业主选择范围大，承包商之间充分地平等竞争，有利于降低报价，提高工程质量，缩短工期。但招标期较长，业主有大量的管理工作，如准备许多资格预审文件和招标文件。资格预审、评标、澄清会议工作量大。在这个过程中，严格的资格预审是十分重要的，可防止不合格承包商混入。

实践中，不限对象的公开招标会导致许多无效投标，导致社会资源的浪费。众多承包商竞争一个标，除中标的一家外，其他各家的努力都是徒劳的。这会导致承包商经营费用的增加，最终导致整个市场上工程成本的提高。

2. 选择性竞争招标，即邀请招标。业主根据工程的特点，有目标、有条件地选择邀请三个以上（含三个）承包商参加工程的投标竞争，这是国内外经常采用的招标方式。采用该招标方式，减少了业主的事务性管理工作，缩短了招标所用的时间，降低了成本，同时业主可以获得一个比较合理的价格。

国际工程经验证明，如果技术设计比较完备，信息齐全，签订工程承包合同最可靠的方法是采用选择性竞争招标。

3. 议标。即业主直接与一个承包商进行合同谈判，一般在以下一些特殊情况下采用：

（1）业主对承包商十分信任，可能是老主顾，承包商资信很好。

（2）由于工程的特殊性，如军事工程、保密工程、特殊专业工程和仅由一家承包商控制的专利技术工程等。

（3）有些工程采用成本加酬金合同的情况。

（4）在一些国际工程中，承包商帮助业主进行项目前期策划，作可行性研究，甚至作项目的初步设计。当业主决定上马这个项目后，一般都采用全包的形式委托工程，采用议标形式签订合同。

在议标中，直接进行合同谈判，业主比较省事，无须准备大量的招标文件，无须复杂的管理工作和程序，时间又很短，能大大地缩短工期，甚至许多项目一边议标，一边开工。但由于缺乏竞争，承包商报价较高，工程合同价格自然较高。

六、重要的合同条款的确定

任何工程合同都包含一些对合同的起草、执行以及工程的实施有重要影响的条款。

1. 适用于合同关系的法律，以及合同争执仲裁的地点、程序等。

2. 付款方式。如采用进度付款、分期付款、预付款或由承包商垫资承包。这是由业主的资金来源保证情况等因素决定的。让承包商在工程上过多地垫资，会对承包商的风险、财务状况、报价和履约积极性有直接影响。当然如果业主超过实际进度预付工程款，又会加大业主的融资压力和融资成本，还会给业主带来风险。

3. 合同价格的调整条件、范围、调整方法，特别是由于物价上涨、汇率变化、法律变化、海关税变化等对合同价格调整的规定。

4. 合同双方风险的分担，即将工程项目中的风险在业主和承包商之间合理分配。基本原则是，通过风险分配激励承包商努力控制三大目标、控制风险，达到最好的工程经济效益。

5. 对承包商的激励措施。恰当地采用奖励措施可以鼓励承包商缩短工期、提高质量、降低成本，提高管理积极性。各种合同中都可以订立奖励条款，通常有：

（1）提前竣工的奖励。这是最常见的，通常合同明文规定工期提前一天业主给承包商奖励的金额，或将项目提前投产实现的利润在合同双方之间按一定比例分成。

（2）承包商如果能提出新的设计方案、新技术，使业主节约投资，则按一定比例分成。

（3）质量奖。如工程质量达到预定标准，业主另外支付一笔奖励金。这在我国应用较多。

（4）对具体的工程范围和功能要求，在成本加酬金合同中，确定一个目标成本额度，并规定，如果实际成本低于这个额度，则业主将节约的部分按一定比例给承包商奖励。

6. 设计合同条款，通过合同保证对工程的控制权利，并形成一个完整的控制体系。

（1）控制内容。明确规定业主及其项目经理对工期、成本（投资）、质量及工程成果等各方面的控制权利。

（2）控制过程。各种控制必须有一个严密的体系，形成一个前后相继的过程，例如：

1）工期控制过程，包括开工令，对详细进度计划的审批（同意）权，工程中出现拖延时的指令加速的权利，拖延工期的违约金条款等。

2）质量控制过程，包括图纸的审批程序及权利，方案的审批（或同意）权，变更工程的权利，材料、工艺、工程的认可权、检查权和验收权，对分包和转让的控制权。

3）成本（投资）控制，包括工程量量方程序、付款期、账单的审查过程及权利、付款的控制、竣工结算和最终决算、索赔的处理、决定价格的权利等。

（3）对问题或特殊状态的处置权利，例如：材料、工艺、工程质量不符合要求的处置权，暂停工程的权利，在极端状态下中止合同的权利等。例如，在承包商严重违约情况下，业主可以将承包商逐出现场，而不解除他的合同责任，让其他承包商来完成合同，费用由违约的承包商承担。

以上内容都有了具体的详细的规定，才能形成对实施控制的合同保证。

7. 为了保证双方诚实守信，必须采取相应的合同措施。例如：

（1）工程中的保函、保留金和其他担保措施的规定。

（2）承包商的材料和设备进入施工现场，即作为业主的财产，没有业主（或工程师）的同意不得移离现场。

（3）合同中对违约行为的处罚规定和仲裁条款。

七、其他重大问题的决定

1. 确定资格预审的标准和允许参加投标的单位的数量。业主应保证在工程招标中有比较激烈的竞争，则必须保证有一定量的投标单位。这样能取得一个合理的价格，选择余地较大。但如果投标单位太多，则管理工程量大，招标期较长。

2. 定标的标准。确定定标的指标对整个合同的签订（承包商选择）和执行影响很大。实践证明，如果仅选择低价中标，又不分析报价的合理性和其他因素，项目过程中争执会较多，工程合同失败的比例较高。因为它违反公平合理原则，承包商没有合理的利润，甚至要亏损，当然不会有履约积极性。所以，人们越来越趋向于采用综合评标，从报价、工期、方案、资信、管理组织等各方面综合评价，以选择中标者。

3. 标后谈判的处理。一般在招标文件中业主都申明不允许进行标后谈判。这是为了不留活口，掌握主动权。但从战略角度出发，业主应欢迎标后谈判，因为可以利用这个机会获得更合理的报价和更优惠的服务，对双方和整个工程都有利。这已为许多工程实践所证明。

八、合同策划中应注意的其他问题

1. 做好工程各相关合同的协调。为了一个工程的建设，业主和承包商都要签订许多合同，如设计合同、施工合同、供应合同等。这些合同中存在十分复杂的关系，工程合同体系的协调就是各个合同所确定的工期、质量、技术要求、成本和管理机制等之间应有较好的相容性和一致性。这个协调必须反映项目的目标系统，技术设计和总计划（如成本计划、工期计划）等内容。在项目实施中必须顾及各合同之间的联系，如工程变更不仅要顾及相关的承包合同，而且要顾及与它平行的供应合同，以及它所属的分包合同、供应合同及租赁合同等。在采取调控措施时，也要考虑对整个合同体系中各个合同的影响。

2. 由于各合同不在同一个时间内签订，容易引起失调，所以它们必须纳入到一个统一的、完整的计划体系中统筹安排，做到各合同之间互相兼顾。

3. 在许多企业及工程项目中，不同的合同由不同的职能部门（或人员）管理，如采购合同归材料科管，承包合同和分包合同归经营科管，贷款合同归财务科管，则在管理程序上应注意各部门之间的协调。例如提出采购条件时要符合承包合同的技术要求，供应计划应符合项目的工期安排，与财务部门一齐商讨付款方式；签订采购合同后要报财务部门备案，安排资金，并就运输等工作做出安排（签订运输合同）。这样才能形成一个完整的项目管理过程。

第三节 工程项目招标投标

一、基本目标

工程项目的主要合同都是通过招标投标方式签订的。招标投标是双方互相选择的过程，也是承包商之间互相竞争的过程，又是合同的形成过程。

由于工程和项目实施过程的复杂性，项目中大量问题、争执、矛盾，以及工程失败的原因大都起源于招标投标过程。为了顺利地实现项目总目标，招标投标必须符合以下要求：

1. 符合法律和法规规定的招标程序，并保证各项工作、各文件内容、各主体资格的合法性、有效性，签订一份合法的合同。

2. 通过招标投标过程，双方在互相了解、互相信任的基础上签订合同，形成合同关系。

从业主的角度，通过资格预审、澄清会议等了解承包商的资信、能力、经验，以及承包商为工程实施所作的各项安排，确认承包商是合格的，能圆满完成合同责任；通过竞争选择，并接受承包商的报价。在所有的投标人中，中标者的报价是低而合理的。

从承包商和供应商的角度，全面了解业主对工程、对投标人的要求和工程责任，理解招标文件、合同文件的详细情况；了解业主的资信，确认业主的支付能力；了解所承担的工程的范围以及所面临的合同风险、工程难度，并已作了周密的安排；合同价格是有利的，已包括了合理的利润。

3. 招标人和中标人签订一份完备的、严密的，同时又是责权利关系平衡的合同，以减少合同执行中的漏洞、争执和不确定性。

4. 双方对项目的目标、工程范围、具体要求及合同的理解一致。如果在招标投标过程中双方对此存在歧义，必然会导致项目实施过程中的争端和纠纷。

二、招标投标程序

在现代工程项目中，已形成十分完整的招标投标程序和标准化的文件。在我国施行招标投标法，住房城乡建设部以及许多地方的建设管理部门都颁发了建设工程招标投标管理和合同管理法规，还颁布了招标文件以及各种合同文件范本。国际上也有一整套公开招标的国际惯例。

对于不同的招标方式，招标投标程序会有一定的区别。通常，公开招标有如下工作程序（图16-4）。

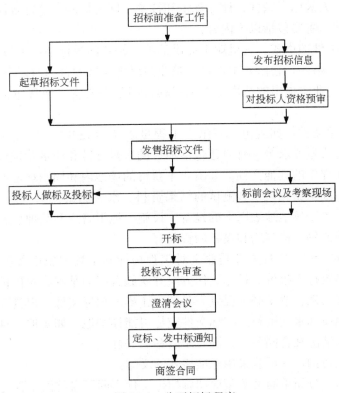

图16-4 公开招标程序

三、招标投标的主要工作

（一）招标准备工作

1. 组建招标机构，委托招标任务。
2. 完成工程的各种审批手续，如规划、用地许可、项目的审批等。
3. 向政府的招标投标管理机构提出招标申请等。

（二）发布招标信息

公开招标一般在公共媒体上发布招标公告，介绍招标工程的基本情况、资金来源、工程范围、招标投标工作的总体安排和资质预审工作安排。邀请招标则要在相关领域中广泛调查，以确定拟邀请的对象。

（三）起草招标文件，并编制标底

通常公开招标，由业主委托咨询工程师起草招标文件，并编制标底。在整个工程的招标投标和施工过程中招标文件是最重要的文件之一。

招标文件是业主对工程招标和工程实施中各种问题的规定，是业主的期望，也是投标人报价、投标、做方案并实施合同的基础。

1. 招标文件的内容。按工程性质（国内或国际）、工程规模、招标方式、合同种类的不同，招标文件的内容会有很大差异。工程施工招标文件通常包括如下内容：

（1）投标人须知。它是用来指导投标工作的文件，主要包括以下内容：

1）对招标工程的综合说明，如工程项目概况、工程招标范围等。

2）招标工作安排，如业主联系人、联系方式、投标书递送日期、地点、投标要求、对投标人的规定、无效标书条件、评标规定和授予合同的标准、签定合同的程序等。

（2）合同文件。主要包括以下内容：

1）投标书及附件的格式。这里业主提供的统一格式的投标书，承包商可以直接填写。

2）合同协议书格式。它由业主拟定，是业主对将签署的合同协议书的期望和要求。

3）合同条件。业主提出的适用于本工程的合同条件文本，通常包括通用条件和专用条件。

4）合同的技术文件，如规范、图纸、工程量表及相关的文件。它们确定工程范围、工程特性、相应的质量要求等。有时还包括项目的质量方针和质量管理体系要求。

（3）业主可能提供的其他文件。如由业主获得的场地内和周围环境的情况报告（包括地形地貌图、地质勘探钻孔记录和测试的结果资料、水文测量资料等），场地及周围自然环境的参考资料，关于场地地表以下的设备、设施、地下管道和其他设施的资料；毗邻场地和在场地上的建筑物、构筑物和设备的资料等。

2. 招标文件的要求。招标文件是业主对工程招标和工程实施中各种问题的规定，是业主的期望，也是投标人报价、投标、作方案并实施合同的基础。对招标文件的要求有：

（1）按照工程惯例，业主必须提供完备的、正确的招标文件，出具准确的、全面的规范、图纸、工程地质和水文资料。招标文件应尽可能详细地、如实地、具体地说明拟建工程、供应或服务的情况和合同条件，没有矛盾和二义性。

（2）符合工程惯例，尽可能采用标准格式的文本。

（3）使承包商十分简单而又清楚地理解招标文件，明了自己的工程范围、技术要求和合同责任，方便且精确地做实施方案、计划和报价，能够正确地执行。

3. 标底。它通常由业主委托造价咨询单位编制，是业主对拟建工程的预期价格。

（四）对投标人的资格预审，售（发）标书

资格预审是招标方（业主）和投标人的第一次互相选择：投标人有意参加工程投标竞争；业主通过对投标人资格的审查，确认投标人是符合条件的单位。业主通过资格预审不仅可以防止不合格的投标人混入，而且可以减少招标工作量。但这要作出权衡：如果投标人多，则竞争激烈，业主可以获得一个有利的价格，但招标工作量加大，招标时间较长；而如果投标人太少，竞争不充分，合同价较高。

在资格预审期要对投标人有基本的了解和分析。一般从资格预审到开标，投标人会逐渐减少，甚至有的单位投标后又撤回标书。业主应保证最终有一定数量的投标人参加竞争，否则在开标时，投标人数不满足法律规定的最小数量，就会很被动。

一般资格预审包括对投标人企业概况，近几年来所承建工程情况、财务状况、目前劳动力、管理人员和施工机械设备情况、企业资信情况的审查。

只有资格预审合格的承包商才有资格购买或获得招标文件。

（五）标前会议和现场考察

1. 标前会议是双方又一次重要的沟通。标前会议的目的是保证所有投标人对工程合同的目的和要求（技术要求、合同要求等等）有清楚的、正确的认识。

通常在标前会议前，投标人已阅读并分析了招标文件，将其中的问题及做标中发现的问题在标前会议上向业主提出，由业主统一、全面、公开、公正地做出回答，这些解答内容可作为修正案纳入招标文件中。

业主应积极鼓励投标人提出问题，并多作解释，以帮助投标人正确理解招标文件和业主意图。只有双方相互了解得越深，投标人的报价和计划才越具科学性和合理性，也才能保证工程的顺利进行。

2. 在做标期间，业主提供察看现场的机会和条件。为了使投标人及时弄清招标文件和现场情况，以便于做标，标前会议和考察现场应安排在投标截止日期前的一段时间进行。

（六）投标人做标

从购得招标文件到投标截止期，投标人的主要工作就是做标和投标，其主要工作包括：分析招标文件、环境调查、合同评审、编制实施方案和施工组织计划、估算工程成本、投标决策、起草投标文件，并按时将投标书送达投标人须知中规定的地点等（图16-5）。

按照惯例，承包商必须对招标文件的理解、环境调查以及实施方案和报价的正确性负责。但是，本着诚实信用原则，从工程项目的整体目标和双方合作的角度出发，业主应为投标人提供条件与帮助，以防止其投标失误，进而影响项目总目标的实现。同时，在安排招标计划时，应按工程的规模和复杂程度给予投标人适当的做标时间（即发售标书至投标截止期）。若做标期太短，承包商的投标风险加大。

投标文件是承包商提供的对招标文件的响应文件。它作为一份要约，一般从投标截止期之后，承包商即对它承担法律责任。这个法律责任通常是由承包商随投标书提交的投标保函（或保证金）来保证的。通常工程承包项目投标文件包括以下内容：

1. 投标书，通常是以投标人给业主保证函的形式。这封保证函由业主在招标文件中统一给定，投标人只需填写数字并签字即可。

在投标书中，投标人声明，完全接受招标文件的要求，按照总报价金额完成招标文件规定的工程施工、竣工及保修责任，保证在规定的开工日期开工，或保证及时开工，受招标文件和合同条件的约束。

投标书必须附有投标人法人代表签发的授权委托书，用以委托承包商的代表（项目经理）全权处理投标及工程事务。

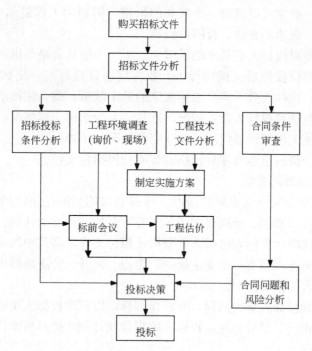

图 16-5　投标工作过程

2. 投标书附录。它通常是以表格的形式，由投标人按照招标文件的要求填写，是对合同文件中一些量化指标的定义。一般包括：履约担保的金额、第三方责任保险的最低金额、开工期限、竣工时间、误期违约金的数额、误期违约金的最高限额、提前竣工的奖励数额、工程保修期、保留金百分比和限额、每次进度付款的最低限额以及拖延付款的利率等等。

按照合同的要求还可能有外汇支付额度、预付款数额、汇率和材料价格调整方法等规定。

3. 标有价格的工程量表。该工程量表一般由业主在招标文件中给出，由投标人填写单价和合价后，作为一份报价文件，对单价合同来说，即作为最终工程结算的依据。

4. 投标保函。它依据招标文件要求的数额，并由规定的银行出具，按照招标文件给出的统一格式填写。

5. 投标人提出的与报价有关的技术文件，例如施工组织与计划文件，主要包括：施工总体方案、具体施工方法的说明、总进度计划、质量和安全的措施、主要施工机械表、材料表及报价、供应措施、项目组织人员详细情况、劳动力计划及点工价格、现场临时设施及平面布置等。

如果承包商承担设计任务，还应包括设计方案资料（即标前设计），承包商须提供图纸目录和技术规范。

6. 属于原招标文件中的合同条件、技术说明和图纸。承包商将它们作为投标文件提出，表示它们在性质上已属于承包商提出的要约文件。

7. 业主要求的其他文件，如项目经理及项目组成员的资历证明文件，投标人企业资质、财务状况、现有工程状况、所有设备状况、获奖状况、过去工程状况等证明材料。

8. 有些投标人在投标书后还应附上一些投标的特别说明。

其中，投标书及附件、合同条件、规范、图纸和报价的工程量表等都属于有法律约束力的合同文件。

（七）投标截止、开标

1. 在招标投标阶段和工程施工中，投标截止期是一个重要的里程碑事件：

（1）投标人必须在此前提交标书，否则投标无效。

（2）投标人的投标书从这时开始正式作为要约文件，如果投标人不履行投标人须知中的规定，业主可以没收其投标保函；而在此之前，投标人可以撤回、修改投标文件。

（3）国际工程规定，投标人做标是以投标截止期前 28 天当日（即"基准期"）的法律、汇率、物价状态为依据。如果基准期后法律、汇率等发生变化，承包商有权调整合同价格。所以基准期对这个"合同状态"具有规定性。

2. 开标。开标通常只是一项事务性工作。工程项目通常都采用公开开标方式，当众检查各投标书的密封及表面印鉴，宣布一些不合格的标书，即不符合招标文件或投标人须知规定的标书，例如：

（1）投标书未密封；

（2）无投标单位和法人代表（或法人代表的委托代理人）印鉴；

（3）未按规定格式填写，内容不全，字迹模糊，辨认不清；

（4）逾期送达；

（5）投标单位未参加开标会议等。

之后宣读所有合格的投标书的标价、工期等指标。

（八）投标文件分析

通常开标后业主不能当场确定中标单位，囫囵吞枣地接受某一报价，即使它是最低报价，在未弄清投标文件的各个细节问题之前，不能授标，需要对投标文件进行全面分析。这是业主在签订合同前最重要的工作之一，在市场经济条件下特别对专业性较强的大型工程，其重要性怎么强调也不过分。

1. 投标书中可能存在的问题

由于做标期较短，投标人对环境不熟悉；或由于竞争激烈，投标人不可能花许多时间、费用和精力做标；或由于不同投标人选用不同的投标策略等等，使得每一份投标书中都会有这样或那样的问题。例如：

（1）报价错误，包括运算错误、打印错误等。

（2）实施方案不科学、不安全、不完备、过于粗略。

（3）投标人对招标文件理解错误，未按招标文件要求做标，缺少招标文件要求的内容。

（4）投标人不适当地使用了一些报价策略，例如有附加说明，严重的不平衡报价等。

2. 投标文件分析的重要性

（1）保证评标的正确性和公正性，是正确授标的前提。只有全面正确地分析了投标文件，才能正确地评标、决标，也才会有一个比较统一的、公平合理的尺度评价各个投标人。

（2）投标文件分析是澄清会议和标后谈判的依据。全面分析投标文件能使澄清会议更有的放矢、更有效果，使标后谈判更有针对性。

（3）促使双方更为深入地互相了解，保证合同顺利实施。从投标文件分析中可以看出投标人对招标文件和业主意图理解的正确程度。若投标文件出现大的偏差，如报价太低、施工方案不安全合理、工程范围与合同要求不一致，则必然会导致合同实施中的矛盾、失误和冲突。

（4）防止对业主不利的投标策略，特别是报价策略。例如过度的不平衡报价、开口升级报价、多方案报价，以及承包商在投标文件中使用的保留条件等。这些投标策略常常是承包商在工程过程中通过索赔增加工程收益的伏笔。如果对这些问题不作分析处理，必然会导致工程过程中的争执。

国内外工程实践表明，不作投标文件分析，仅按总报价授标是十分盲目的行为，必然导致工程中的合同争执，甚至造成项目的失败。

通常在发出中标函之前，业主拥有主动权，有选择的余地，这时如果他要求投标人修改实施方案、修改报价中的错误和调整工期等，一般投标人会积极响应，因为这时他必须与几个投标人竞争。而一经中标函发出，则业主摒弃了其他投标人，确定了某一承包商，则业主就不再有选择余地了。如果这时再发现该投标书中有什么问题，则业主将极为被动。

投标文件分析的时间太短，或工作不够细致会加大业主的风险。业主应在这项工作上舍得投入时间、精力和金钱，因为它是避免合同争端，保证工程顺利实施的非常有效的手段。

在我国的建筑工程中，开标后仅在两三个小时之内就决定中标人。尽管也请来一些专家评标，也有一套评标办法、打分的标准、计算的公式，但它缺少严格的投标文件的分析过程，或者这个过程太短。任何专家都不可能在这么短的时间内对四至五份甚至更多的投标文件进行全面的分析，甚至浏览一下都不可能。则这种授标有很大的盲目性。

3. 投标文件分析的内容

投标文件分析是一项技术性很强，同时又十分复杂的工作，一般由咨询单位（项目管理者）负责完成。投标文件分析的内容如下：

（1）投标文件总体审查

1）投标书的有效性审查，如印章、授权委托书是否符合要求。

2）投标文件的完整性审查，即投标文件中是否包括招标文件规定应提交的全部文件，特别是授权委托书、投标保函和各种业主要求提交的文件。

3）投标文件与招标文件一致性审查。一般招标文件都要求投标人完全按照招标文件要求投标报价，完全响应招标要求。在此必须分析投标人是否完全报价，有无修改或附带条件。

通过总体审查确定了投标文件是否合格。如果合格，即可进入报价和技术性评审阶段；如果不合格，则作为废标处理。一般按工程规模选择3～5家总体审查合格、报价低而合理的投标文件进行详细的审查分析，对报价明显过高，缺乏竞争力的投标可不作进一步的详细评审。

（2）报价分析

报价分析是通过对各个投标报价进行数据处理，作对比分析，找出其中的问题，作出评价。报价分析必须是细致的、全面的，即使签订的是总价合同，也不能仅仅分析总价。

对单价合同，报价分析更为重要，因为单价合同存在着一个基本矛盾，即合同结算是单价优先，但评标却是评总价，而总报价不能反映真实的合同价格水平。

报价分析一般分为三个步骤：

1) 分别对各个报价的正确性和完整性进行分析。通过对各报价的详细复核、审查，找出存在的问题，例如：明显的数字运算错误，单价、数量与合价之间不一致，合同总价累计出现错误等。

对此，一般在投标人须知中已经赋予业主修正的权利，可以按修正后的价格作为投标人的报价，作为评标的依据，并进行重新排序。

2) 对各个报价进行对比分析。分析各家投标人报价的科学性、合理性，看是否平衡，是否隐藏着不正常的"报价策略"，有无过高或过低的分项报价等。如果某一项报价是最低报价，且远低于其他投标人的报价，则应进一步分析其中的原因，了解该投标人的报价意图或施工方案的独到之处。在市场经济中，对于没有统一定额、没有统一估价标准的工程项目，则这项分析更为重要，是整个报价分析的重点。若标底编制工作比较细致，则可以将其纳入各投标人的报价中一起分析。

这种分析的作用在于：

① 通过各个报价之间的对比分析，可以确定本工程以及各个分项基本的市场价格水平，它不仅可以用于衡量一个报价（如最低报价）的合理性，而且对工程过程中决定工程量增加的价格，以及决定平均劳动生产效率（在处理一些索赔中人们常常要考虑市场价格水准和平均劳动效率）有很大的作用。

② 可以确定各个报价之间的相对水平，分析各个总报价以及各分项报价的不平衡性，以找出其中的问题，特别是承包商的投标策略。

由于各个投标人对招标文件的理解程度、报价意图和选用策略等不同，管理水平、技术装备、劳动效率各有差异，如果他们在投标报价时没有相互联系、串通（当然这是违法的），则他们各自的报价必然是不平衡的。例如总报价最低的标，其中有些分项报价可能偏高，甚至最高或明显不合理。

如果总报价过低，则要分析投标人的报价有无依据，因为报价中可能有重大错误，或有可能导致重大危险的报价策略。同时，报价分析时应特别注意工程量大、价格高、对总报价影响大的分项。

按招标工程的范围和规模不同，各个报价之间的对比分析可分为以下五个层次：

① 总报价对比分析；

② 各单位工程报价对比分析；

③ 各分部工程报价对比分析；

④ 各分项工程报价对比分析；

⑤ 各专项费用（如间接费率）对比分析等。

有时，不仅应考虑投标人的报价，还应考虑其他因素，如工程全寿命周期成本（包括建造成本和运行维护成本），业主需要支付的其他费用，如运输费、保险费、关税、兑换率变化、检验费以及质量审核费等。

3) 写出报价分析报告。将上述报价分析的结果进行整理、汇总，对各家报价进行评价,并对议价谈判、合同谈判和签订提出意见和建议。

通过报价分析,将各家报价解剖开来分析对比,使决标者一目了然,能够有效地防止决标失误。通过议价谈判,可以使合同价格更趋于合理。

(3) 技术评审

1) 技术评审主要是对施工方案、施工组织与计划的审查分析。它们是投标人为承担合同责任所做的详细的计划和安排。施工方案及其相关文件不作为合同的一部分,承包商对施工方案的安全、稳定和效率负责。

在开标后、定标前,业主审查施工方案,发现其中有问题可要求投标人作出说明或提供更详细的资料,也可以建议投标人修改。当然投标人可以不修改(不过业主可以考虑不授标),也可以在修改方案的同时要求修改报价(因为原投标价格是针对原方案的)。不过在通常情况下,投标人会积极修改,而不提高报价,因为投标人要争取中标,还必须与几个投标人竞争,在中标前常常必须迎合业主的意愿,这对业主来说是最有利的和主动的。

2) 技术评审主要分析投标人是否具备工程所需的技术能力与知识。评审的主要内容如下:

① 投标人对该工程的要求、性质、工程范围、难度及其所承担责任的理解的正确性。评价施工方案、施工进度计划和作业计划的科学性和可行性,以及保证合同目标实现的可能性。

② 总工期是否符合要求,是否科学、合理;投标人的技术经验、生产能力和质量体系等能否保证在规定的工期内圆满地完成合同。

③ 实施方案的效率、科学性、安全保证、稳定性,对环境的影响和可能存在的风险;

④ 项目管理方案中施工的安全、劳动保护、质量保证措施以及现场布置的科学性。

⑤ 投标人用于该工程的人力、设备、材料计划的准确性以及各供应方案的可行性。

⑥ 投标人的项目组成员状况,特别是项目经理、总工程师的年龄、经历、学历及工程实践经验等能否满足项目管理需要。

3) 技术分析必须是综合的、系统的,如对工期的分析,必须将它与施工方案一起考虑。

(4) 企业资信及能力

尽管各投标人都已通过了资格预审,但各个公司的规模、设备能力、财务能力及其稳定性、同类工程的经验和经历等是有区别的。企业资信及能力在决标时占一定权重。

(5) 其他方面的因素的分析

1) 潜在的合同索赔的可能性。投标文件分析中,应找出投标文件中所有偏离投标要求之处,如投标人提出的保留条件,在评价中予以考虑,并明确说明有效或无效。

2) 对承包商拟雇用的分包商的评价。

3) 投标人提出对业主的优惠条件,如赠予、新的合作建议,双方技术经济合作的机会。

4) 投标文件的总体印象,如条理性,正确性,完备性等。

(6) 编制投标文件分析报告

(九) 澄清会议

澄清会议是投标人项目经理的一次答辩会,是双方的又一次重要接触,业主可以弄清投标文件中的问题,明晰投标人意图,详细了解投标人的能力、管理水平和工作思路,对投标文件分析中发现的问题,如报价问题、施工方案问题、进度计划和项目组织问题等,不理解或不清楚的地方,可以要求投标人澄清,特别是拟定的承包项目经理解答,甚至可要求投标人进行修改。这又是对承包项目经理的一次很好的面试机会,可以全面考察他的能力和素质。

(十)评标、定标、发中标函

1. 评标

业主通过对各投标文件的分析和澄清会议的召开,全面了解了各投标人的标书内容,包括报价、方案和组织的细节问题,在此基础上进行评标,作评标报告。它是按照预定的评价指标作出的。评标的指标反映业主的项目目标和实施策略,这对合同的签订(承包商的选择)和执行有重大影响。

现在一般多采用多指标评分的办法,综合考虑价格、工期、实施方案、企业能力和资信、项目组织等方面因素,并对其分别赋予不同的权重,进行评分,以确定中标单位。业主必须综合评定,选择实施者,绝不能仅考虑价格条件,或考虑关系因素委托工程任务。

实践证明,如果仅选择最低价中标,又不分析报价的合理性和其他因素,项目过程中争执较多,工程合同失败的比例较高。因为它违反公平合理原则,承包商没有合理的利润,甚至要亏损,当然不会有好的履约积极性。

2. 定标

按照评标报告的分析结果,根据招标规则确定中标单位。

定标一般由招标委员会负责,现在通常也吸收各方面的专家一起参与,以保证其科学性和公正性。定标必须公正,符合招标文件和法律的规定。

3. 发中标函

确定一个中标人后,业主必须在法律和招标文件规定的时间内签发中标函。中标函是业主的承诺文件,按照法律和工程惯例,这时合同已成立。

(十一)商签合同

按照工程惯例,在中标函发出后一定时间内,合同双方还要签订书面的合同协议书。在此期间,通常双方还可以进一步接触进行标后谈判。一般在招标文件中业主都申明不允许进行标后谈判,这是为了掌握主动权。但是,为了确保工程更为顺利实施,合同双方都希望进行标后谈判,这对双方都有利。一方面业主可以借此机会获得更合理的报价和更优惠的服务;另一方面承包商也可以利用这个机会修改合同条件,特别是风险条款。

通常在标后谈判中,双方都会有各种各样的要求和方案,甚至讨价还价,但最终结果双方必须一致同意。若商谈不成,则必须返回到原来的价格和合同条件上。

第四节 合同实施控制

工程项目的实施过程实质上是与项目相关的各个合同的履行过程。要保证项目正常、按计划、高效率地实施,必须正确地执行各个合同。按照法律和工程惯例,业主的项目管理者负责各个相关合同的管理和协调,并承担由于协调失误而造成的损失责任。因此,在工程现场需委托专人来负责各个合同的协调和控制,通常监理工程师的职责之一就是合同管理。

一、合同分析和交底工作

在合同实施前，必须对相关合同进行分析和交底，包括以下工作内容：

1. 合同履行分析

合同履行分析主要是对合同的执行问题进行研究，分析合同要求和对合同条款进行解释，并将合同中的有关规定落实到项目实施的具体问题和各工程活动中，使合同成为一份可执行的文件。它主要分析以下内容：

（1）承包商的主要合同责任、工程范围和权利；
（2）业主的主要责任和权利；
（3）工期、工期管理程序和工期补偿条件；
（4）工程质量管理程序、工程的验收方法；
（5）合同价格、计价方法、工程款支付程序、价格补偿条件；
（6）工程中一些问题的处理方法和过程，如履约保函、预付款程序、工程变更、保险等；
（7）双方的违约责任和争执的解决程序；
（8）合同履行时应注意的问题和风险。

2. 合同交底

对项目管理班子、相关的工程负责人宣讲合同精神，落实合同责任，使参与项目的各个实施者都了解相关合同的内容，并能熟练地掌握它。并将合同和合同分析文件下达落实到具体的责任人，例如各职能人员、相关的工程负责人和分包商等。

二、合同控制

（一）"漏洞工程师"

在施工现场，项目部中必须配备专职的合同管理人员，他起着"漏洞工程师"的作用。但他并不是寻求与其他方面的对抗，因为任何对抗只会导致项目实施的困难，而是以积极合作的精神，协助各个方面完成各个合同，防止合同执行中的争执，减少索赔事件的发生。

1. 实施前寻找合同和计划中的漏洞，以防止对工程造成干扰，对工程实施起预警作用，使计划、工作安排做得更周密些。
2. 及时地寻找和发现自己在合同执行中出现的漏洞、失误，确保自己不违约。在发出一个指令，作出一个决策时要考虑是否会违反合同，是否会产生索赔。
3. 监督对方正确履行合同，寻找对方合同执行中的漏洞，及时提出警告或索赔要求。
4. 寻找各个合同协调过程中的漏洞。

（二）合同实施控制的主要工作

1. 给项目经理、各职能人员、所属承（分）包商在合同关系上以帮助，解释合同，开展工作指导，对来往信件、会谈纪要和指令等进行合同和法律方面的审查。
2. 协助项目经理正确行使合同规定的各项权利，防止产生违约行为，及时地向各层次管理人员提供合同实施情况的报告，并对合同的实施提出建议、意见甚至警告。
3. 协调工程项目的各个合同关系，确保正常执行。
4. 作合同文档管理，做好合同相关文件（包括招标文件、合同文件、工程记录、函件、变更、报告、批准、通知、会谈纪要、规范、图纸资料及相关法规等）的整理、分类、归档、保管或移交工作，执行合同文件的管理制度，以满足合同相关方的要求。

5. 对合同实施过程进行监督，对照合同监督各工程小组和各承包商的施工，做好组织协调工作，定期检查，以确保业主、承包商和项目管理单位都能正确履行合同。

6. 处理合同变更，对变更请求进行审查和批准，对变更过程进行控制。

7. 处理索赔与反索赔事件，处理合同争端，包括各个合同争执以及合同之间界面的争执。

8. 合同结束前，参与工程的竣工验收和移交，验证工程是否符合合同的条件和要求。

（三）合同控制的注意点

1. 由于工期、成本、质量、HSE 为合同所定义的目标，因此，合同控制必须与进度控制、成本（投资）控制、质量控制和 HSE 管理等协调一致地进行。

2. 利用合同控制手段对参与项目各方进行严格管理，最大限度地利用合同赋予的权利，如指令权、审批权、检查权等来控制工期、成本和质量。

3. 在对工程实施进行跟踪诊断时，要利用合同分析工程问题的原因，处理好工程实施中的差异问题，并落实责任。

4. 在对工程实施进行调整时，首先要考虑应用合同措施来解决问题，要充分利用合同将对方的要求（如赔偿要求）最小化。

三、索赔管理

（一）索赔的起因

由于项目各参加者属于不同的单位，其经济利益不一致，而且合同是在工程实施前签订的，合同规定的工期和价格是基于对内外环境和工程状况预测基础上的，同时又假设了合同各方都能正确地履行合同所规定的义务，但在工程项目中经常会发生以下现象：

1. 业主（包括其项目管理者）未能正确履行合同义务。例如，未及时交付场地、提供图纸，未及时交付业主负责提供的材料和设备，下达了错误的指令，或错误的图纸、招标文件，以及超出合同规定干预承包商的施工过程等。

2. 业主委托的某个单位不能完成合同义务而造成连锁反应。例如，由于设计单位未及时交付图纸，造成土建、安装工程中断或推迟，土建和安装承包商向业主提出索赔。

3. 业主因行使合同规定的权利而增加了承包商的费用和延长了工期，按合同规定应该给予补偿。例如，业主指令增加工程量，附加工程；或要求承包商作合同中未规定的检查，而检查结果表明承包商的工程（或材料）完全符合合同要求等。

4. 环境变化。例如，战争、动乱、物价上涨、法律变化、反常的气候条件、异常的地质条件等，则按照合同规定应该延长工期，调整相应的合同价格。

5. 承包商未能按照合同要求施工，造成工期拖延、工程质量缺陷而造成业主费用的增加，或造成业主在缺陷通知期不能按照预定的要求使用工程，业主可以向承包商提出费用和缺陷通知期延长的索赔。

（二）索赔管理

由于工程的特殊性和环境的复杂性，索赔是不可能完全避免的。业主与承包商之间、承包商与分包商、业主与供应商、承包商与其供应商之间以及业主（或承包商）与保险公司之间都可能发生索赔。在现代工程中索赔金额往往很大，甚至在国际工程中超过合同价

100%的索赔要求也不罕见，因此项目参与各个方面都应十分重视索赔管理。

索赔管理包括索赔和反索赔两种。

1. 索赔。索赔是对自己已经受到的损失进行追索。包括以下工作内容：

(1) 在日常的合同实施过程中预测索赔机会，即对引起索赔的干扰事件作预测。

(2) 在合同实施中寻找和发现索赔机会。

(3) 处理索赔事件，及时提出索赔要求，妥善解决争端。

2. 反索赔。反索赔着眼于防止和减少损失的发生。通常反索赔有两方面：

(1) 反驳对方（合同伙伴）不合理的索赔要求，即反驳索赔报告，推卸自己对已发生的干扰事件的责任，否定或部分否定对方的索赔要求。

(2) 防止对方提出索赔，通过有效的合同管理，使自己不违约，处于不能被索赔的地位。

(三) 索赔管理工作过程

项目实施中，承包商向业主的索赔是最为常见的，处理起来也最困难。涉及这方面的索赔工作包括两个层次：

(1) 合同双方索赔的提出和解决过程。它一般由合同规定，如果未按合同规定的程序提出，常常会导致索赔无效。

(2) 承包商内部的索赔（或反索赔）管理工作。

总体上，按照国际惯例（例如 FIDIC 合同），索赔工作过程如下：

1. 索赔意向通知。在引起索赔的干扰事件发生后，承包商必须迅速做出反应，在一定时间内（FIDIC 规定为 28 天），向业主（或监理工程师）发出书面索赔意向通知，声明要对干扰事件提出索赔。

2. 起草并提交索赔报告。在引起索赔的干扰事件发生后的一定时间内（FIDIC 规定 42d），承包商必须提交正规的索赔报告（包括索赔报告、账单以及各种书面证据）。在该阶段承包商有大量的管理工作（图 16-6）：

(1) 事态调查。即对干扰事件的起因、过程、状况进行调查。这样可以了解干扰事件的前因后果，只有存在干扰事件，才可能提出索赔。

(2) 干扰事件的原因分析。即干扰事件由谁引起的，是谁的责任。只有是属于对方，或其他方的责任才能提出索赔。

(3) 索赔根据分析和评价。索赔要求必须符合合同，必须有合同的支持，即按合同条款规定进行赔偿。在此常常要作全面的合同分析。

(4) 损失调查。索赔以赔偿实际损失为原则，如果没有损失，则不存在索赔。这主要是通过对干扰事件的影响分析，对关键线路和工程成本的分析得到的。

(5) 收集证据。没有证据，索赔要求是不能成立的。这里的证据包括极其广泛的内容，主要为反映干扰事件发生及其影响的各种工程文件，支持其索赔理由的各种合同文件、分析文件等等。

(6) 起草索赔报告。索赔报告是上述工作的总结。

(7) 提交索赔报告。

3. 解决索赔

从递交索赔报告到最终获得（或支付）赔偿是索赔的解决过程。从项目管理的角度，

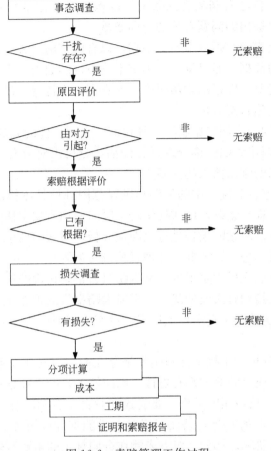

图 16-6 索赔管理工作过程

索赔应得到合理解决，无论是不符合实际情况的超额赔偿，或通过强词夺理、对合理的索赔要求置之不理，都不是索赔的合理解决。

由于合同双方的利益不一致，索赔解决过程中会有许多争执，通常可通过协商、调解和仲裁等手段加以解决。

（四）反索赔

在接到对方索赔报告后，就应着手进行分析、反驳。按照 FIDIC 合同，承包商可以向业主索赔，则业主需要反索赔；业主也可以向承包商索赔，则承包商就需要反索赔。通常，业主（项目经理）主要以反索赔为主。反索赔与索赔有相似的处理过程，如图 16-7 所示。

（1）制定反索赔的策略和计划，即考虑如何对待所提出的索赔？采用什么样的基本策略？并从总体上对反索赔的处理做出安排。

（2）合同总体分析。反索赔同样是以合同作

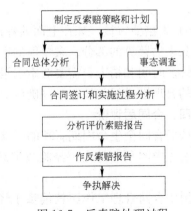

图 16-7 反索赔处理过程

为反驳的理由和根据。合同分析的目的是分析、评价对方索赔要求的理由和依据。在合同中找出对对方不利，对自己有利的合同条文，以构成对对方索赔要求否定的理由，重点是，与对方索赔报告中提出的问题有关的合同条款。

(3) 事态调查。反索赔必须以事实为根据，以合同实施过程、跟踪和监督的结果，即各种实际工程资料作为证据。通过调查，确定干扰事件的起因、事件经过、持续时间、影响范围等真实详细的情况，以指认索赔报告中不真实、不肯定、没有证据的索赔事件。

(4) 合同签订和实施状态分析。

1) 全面地评价合同、合同实施状况，评价双方合同责任的完成情况。

2) 对对方有理由提出索赔的部分进行总概括，分析出对方有理由提出索赔的干扰事件有哪些，有理由提出的索赔值大约为多少。

3) 对对方在合同签订和施工中的失误和风险范围进行具体指认。并针对这些失误进行分析，以准备向对方提出索赔，即在反索赔中同时使用索赔手段。

(5) 索赔报告分析。对索赔报告进行全面地分析，对索赔要求、索赔理由进行逐条分析评价，进而提出反驳的理由、证据、处理意见或对策等。

(6) 起草并向对方递交反索赔报告。反索赔报告也是正规的法律文件。在调解或仲裁中，反索赔报告应递交给调解人或仲裁人。反驳索赔报告的重点在于以下几个方面。

1) 索赔事件的真实性。不真实，不肯定，没有根据或仅出于猜测的事件是不能提出索赔的。

2) 干扰事件责任分析。干扰事件和损失是存在的，但责任在索赔者自己，或其他方面，不应由我方赔偿；或合同双方都有责任，则应按各自的责任分担损失。

3) 索赔理由分析。反驳索赔报告，要能找到对自己有利的合同条文，推卸自己的合同责任；或找到对对方不利的合同条文，使对方不能推卸或不能完全推卸自己的合同责任，以否定对方的索赔要求。例如：对方未能在合同规定的索赔有效期内提出索赔，故该索赔无效；该干扰事件在合同规定的对方应承担的风险范围内，不能提出索赔要求等。

4) 干扰事件的影响分析。确认索赔事件对项目实施过程、工程范围、实施方案、资源投入量的影响范围，最终确认对工期和成本的影响量。这是索赔值审核的前提。

5) 证据分析。索赔需要提出完备的、有效的、充分的证据。对证据不足、证据不当或仅有片面的证据，或无法律效力的证据，索赔是不成立的，必须剔除，或要求补充证据。

6) 索赔值审核。如在上面的各种分析、评价基础上，对索赔值进行认真细致的审核，以剔除多估冒算的部分。索赔值的审核工作量大，涉及资料多，过程复杂，技术性强，要花费许多时间和精力。需要对索赔报告中各数据的准确性，各个计算基础数据来源，计算方法的合理性进行审核，最终确认对方有理由提出索赔的部分。

四、合同后评价

按照合同全生命周期管理的要求，在合同执行后必须进行合同后评价。将合同签订和执行过程中的利弊得失、经验教训总结出来，提出分析报告，作为以后工程合同管理的借鉴。

由于合同管理工作比较偏重于经验，只有不断总结经验教训，才能不断提高管理水平，也才能不断培养出高素质的合同管理者。因此合同后评价工作是十分重要的，但现在人们对此还不够重视，或尚未有意识、有组织地做好这项工作。合同的后评价包括如下内容：

1. 合同签订情况评价

（1）预定的合同战略和策划否正确？是否已经顺利实现？

（2）招标文件分析和合同风险分析的准确程度；

（3）该合同环境调查，实施方案，工程预算以及报价方面的问题及经验教训；

（4）合同谈判中的问题及经验教训，以后签订同类合同的注意事项；

（5）各个相关合同之间的协调问题。

2. 合同执行情况评价

（1）本合同执行战略是否正确？是否符合实际？是否达到预期的效果？

（2）在本合同执行中出现了哪些特殊情况？应采取什么措施防止、避免或减少损失？

（3）合同风险控制的利弊得失；

（4）各个相关合同在执行中的协调问题。

3. 合同管理工作评价

（1）合同管理工作对工程项目的总体贡献或影响；

（2）合同分析的准确程度；

（3）在招标投标和工程实施中，合同管理子系统与其他职能的协调问题，需要改进之处；

（4）索赔处理和纠纷处理的经验教训。

4. 合同条款分析

（1）本合同的具体条款，特别对本工程有重大影响的合同条款的表达和执行的利弊得失；

（2）本合同签订和执行过程中所遇到的特殊问题的分析结果；

（3）对具体的合同条款如何表达更为有利。

复习思考题

1. 阅读 FIDIC 工程施工合同和我国的工程施工合同标准文本。
2. 合同策划的依据是什么？
3. 成本加酬金合同有什么应用条件？它对业主的项目管理有什么要求？
4. 说明标前会议及其作用。
5. 简述投标文件分析的内容。
6. 说明澄清会议及其作用。
7. 如何通过合同管理实现项目的三大控制？
8. 简述索赔处理的过程。

第十七章 工程项目全面风险管理

内容提要： 由于现代工程项目风险增大，风险管理已成为项目管理的一个热点，越来越引起人们的重视。本章主要包括以下内容：
(1) 全面风险管理的基本概念。
(2) 风险因素的分析方法。采用系统分析方法从几个角度分析、罗列风险因素，对项目风险进行全方位的透视。
(3) 风险评价方法。引入风险位能和风险级别的概念，介绍常用的风险评价方法。
(4) 风险控制，主要包括常见的风险分配方法和风险对策措施。

第一节 概　　述

一、现代工程项目中的风险

1. 风险是项目系统中的不确定因素

工程项目的构思、目标设计、可行性研究、设计和计划都是基于对将来情况（政治、经济、社会、自然等）的预测之上的，基于正常的、理想的技术、管理和组织之上的。而在工程建设以及运行过程中，这些因素都有可能发生变化，在各个方面都存在着不确定性。这些变化会使得原定的计划和方案受到干扰，既定的目标不能实现。人们将这些事先不能确定的内部和外部的干扰因素称之为风险。

2. 风险与机会共存

人们通常将对项目目标有负面影响的可能发生的事件称为风险，而将对项目目标有正面影响的可能发生的事件称为机会。在工程项目中，风险和机会同在，具有连带性和相同的规律性。通常只有风险大的项目才能拥有较高的盈利机会，所以风险又是对管理者的挑战。风险控制得好能够使项目获得非常高的收益，同时它有助于增强竞争能力，提高管理者素质和管理水平。

3. 风险是普遍客观存在的

工程项目中普遍存在风险，它会造成项目的失控，如工期延长、成本增加、计划修改等，最终导致工程经济效益的降低，甚至项目失败。现代项目风险产生的原因如下：

(1) 现代工程项目的特点是规模大、技术新颖、结构复杂、技术标准和质量标准高、持续时间长、与环境接口复杂，这些都会导致实施和管理难度的增加。

(2) 由于工程实施时间长、涉及面广，受外界环境的影响大，如经济条件、社会条件、法律和自然条件的变化等都会产生风险。

(3) 工程项目的参与和协作单位众多，即使一个简单的工程就涉及业主、总包、分包、材料供应商、设备供应商、设计单位、监理单位、运输单位和保险公司等，少则十几家，多则几十家。各方面责任界限的划分和权利、义务的定义异常复杂，设计、计划和合同文件等出现错误和矛盾的可能性增大。

（4）现代工程项目不再是传统意义上的建筑工程，科技含量较高，集研究、开发、建设和运行于一体。项目投资管理、经营管理和资产管理的任务加重，难度增大。

（5）由于市场竞争激烈和技术更新速度加快，产品从概念形成到进入市场的时间缩短，人们面临着必须在短期内完成项目建设（如开发新产品）的巨大压力。

（6）新的融资方式、承包方式和管理模式不断涌现，使工程项目的组织关系、合同关系以及实施和运行的程序越来越复杂。

（7）项目所需资金、技术、设备、工程承包和咨询服务的国际化，如国际工程承包、国际投资和合作，增加了项目的风险。

（8）项目管理必须服从企业战略，满足用户和相关者的需求。现在企业、投资者、业主和社会各方面对工程项目的期望和要求越来越高，且干预也越来越多。

许多工程领域，由于它的项目风险大，风险的危害性大，被人们称为风险型项目领域。特别在国际工程承包领域，人们将风险作为项目失败的主要原因之一。[18]在我国的许多项目中，由风险造成的损失也是触目惊心的。

二、工程项目风险的特征

分析现代工程项目的许多案例，可以看出，工程项目风险具有以下四个特点。

1. 风险的普遍性

工程项目中普遍存在风险，涉及项目的全过程，而不仅仅局限在实施阶段。例如：

（1）在目标设计中可能存在构思的错误、重要边界条件的遗漏以及目标优化的错误；

（2）可行性研究中可能存在方案失误、调查不完全和市场分析错误等；

（3）技术设计中存在专业不协调、地质不确定以及图纸和规范错误等；

（4）施工中物价上涨，实施方案不完备，资金缺乏，气候条件变化；

（5）运行中市场需求变化，产品不受欢迎，运行达不到设计能力，操作失误等。

2. 风险的多样性

即在一个项目中存在许多种类的风险，如政治风险、经济风险、法律风险、自然风险、合同风险和合作者风险等。这些风险之间有复杂的内在联系。

3. 风险影响的全局性

风险造成的影响常常不是局部的，而是全局的。例如，反常的气候条件造成工程的停滞，则会影响整个后续计划，影响后期所有参加者的工作。它不仅会造成工期拖延，而且会造成费用的增加，对工程质量带来危害。项目中的许多风险影响会随着时间推移有逐渐扩大的趋势，一些局部的风险也会随着项目的进展影响全局。

4. 风险的规律性

项目风险具有客观性、偶然性、可变性，同时又有一定的规律性。因为工程项目的环境变化和项目的实施有一定的规律性，所以风险的发生和影响也有一定的规律性，是可以进行预测的。重要的是人们要有风险意识，重视风险，对风险进行全面地控制。

三、全面风险管理的概念

在现代项目管理中，风险管理问题已经成为研究的热点之一。无论在学术领域，还是在应用领域，人们对风险都作了很多研究。它已成为项目管理的一大职能，作为PMBOK的十大知识体系之一。

人们对风险的研究历史悠久。起初人们用概率论、数理统计方法研究风险发生的规律，后来又将风险引入网络，提出不确定型网络；并研究提出决策树方法，在计算机上采用仿真技术等，研究风险的规律。现在它们仍是风险管理的基本方法。

全面风险管理首先是在软件开发等项目管理中应用的。直至近十几年，人们才在项目管理系统中提出它的概念。全面风险管理是用系统的、动态的方法进行风险控制，以减少项目过程中的不确定性。

（一）全过程的风险管理

1. 风险管理强调事前的识别、评价和预防措施。在项目目标设计阶段就应开展风险识别工作，对影响项目目标的重大风险进行预测，提出应对措施。

2. 在可行性研究中，对风险的分析必须细化，进一步预测风险发生的可能性和规律性，同时必须研究各风险事件对项目目标的影响程度，这即为项目的敏感性分析。

3. 在设计和计划过程中，随着技术设计的不断深入，实施方案也逐步细化，项目的结构分析逐渐清晰。这时风险分析不仅要针对风险的种类，而且必须细化（落实）到各项目结构单元直到最低层次的工作包上。要考虑对风险的防范措施，例如风险准备金的计划、备选技术方案，在招标文件（合同文件）中应明确规定工程实施中的风险的分担。

4. 在工程实施中加强风险控制，包括以下工作：

（1）建立风险监控系统，能及早地发现风险，及早做出反应。

（2）及早采取预定的措施，控制风险的影响范围和影响量，以减少项目的损失。

（3）在风险发生情况下，采取有效措施保证工程正常实施，维护正常的施工秩序，及时修改方案、调整计划，以恢复正常的施工状态，减少损失。

（4）在阶段性计划调整过程中，需加强对近期风险的预测，并纳入近期计划中，同时要考虑到计划的调整和修改会带来新的问题和风险。

5. 项目结束后，应对整个项目的风险及其管理效果进行评价，以此作为以后同类项目风险管理的经验和教训。

（二）对全部风险的管理

在实施全过程的风险管理的同时，在每一阶段开展风险管理时都要罗列各种可能产生的风险，作风险分解结构（RBS），并将它们作为管理对象，尽量避免遗漏和疏忽。

（三）全方位的风险管理

1. 要分析风险对各方面的影响，例如，对整个项目，对项目的工期、成本、施工过程、合同、技术和计划等各个方面的影响。

2. 采用的对策措施也必须考虑综合手段，从合同、经济、组织、技术和管理等方面确定解决方法。

3. 对各种风险进行全过程管理，包括风险识别、风险分析、风险文档管理、风险评价和风险控制等。

（四）全面的风险组织措施

对已被确认的有重要影响的风险，应落实专人负责风险管理，并赋予相应的职责、权限和资源。在组织上全面落实风险控制责任，建立风险控制体系，将风险管理作为项目各层次管理人员的任务之一。让大家都有风险意识，都参与风险的监控工作。

四、工程项目风险管理的特点

1. 风险管理尽管有一些通用的方法,如概率分析方法、模拟方法、专家咨询法等。但若针对某一具体项目的风险,则必须与该项目的特点相结合,例如:

(1) 项目的类型及其所在的领域。不同领域项目的风险有其特有的规律性,其行业特点也不相同。例如,计算机开发项目的风险与建筑工程项目就截然不同。

(2) 该项目的复杂性、系统性、新颖性、规模、工艺的成熟程度。

(3) 项目所处的地域,如国度、环境条件等。

在风险管理中,应高度重视以往同类项目的资料、经验和教训。

2. 风险管理需要大量地占有信息,对项目系统以及系统的环境有十分深入的了解,并要进行预测,所以不熟悉情况是不可能进行有效的风险管理的。

3. 虽然人们通过全面风险管理,在很大程度上已经将过去凭直觉、凭经验的管理上升到理性的全过程的管理,但风险管理在很大程度上仍依赖于管理者的经验及以往工程的经历,对环境的了解程度和对项目本身的熟悉程度。同时,在整个风险管理过程中,人的因素至关重要,人的认识程度、精神和创造力等都会影响风险管理的效果。因此,风险管理中要注意调查分析,向专家咨询,吸取经验和教训。这不仅包括向专家了解其对风险范围和规律的认识,而且还包括应对风险的处理方法、工作程序和思维方式,并将它们系统化、信息化和知识化,以便于对新项目进行决策支持。

4. 在项目管理中风险管理属于高层次的综合性管理工作。它涉及企业管理和项目管理的各个阶段和各个方面,涉及项目管理的各个子系统。风险管理不仅已经深入到企业战略管理、合同管理、成本(造价、投资)管理、工期管理和质量管理等体系中,形成集成化的管理过程,而且还有许多新的延伸,如 HSE 管理、危机管理、突发事件管理、公共关系管理等。

5. 在工程项目中大多数风险是不可能由项目管理者消灭或排除的,风险管理的目的并不是消灭风险,而在于有准备地、理性地进行项目实施,预防和减少风险的损失。

五、风险管理的主要工作

项目风险管理是对项目风险进行识别、分析和应对的系统化过程。

1. 风险识别。确定可能影响项目的风险的种类,即判断可能有哪些风险发生,并按照风险特性对其进行系统化归纳。

2. 风险分析,包括定性分析和定量分析。对项目风险发生的条件、概率及风险事件对项目目标的影响等进行分析和评估,并按它们对项目目标的影响程度进行排序。

3. 制定风险管理计划。风险管理计划是组织与实施项目风险管理的文件,通常包括项目风险管理程序、风险应对计划和风险控制组织责任分担等。

4. 实施中的风险监测与控制。在项目全寿命期的各个阶段,跟踪已识别的风险,进行风险预警,在风险发生情况下,实施降低风险计划,保证对策措施应用的有效性,监控残余风险,识别新的风险,更新风险计划,以及评价这些工作的有效性等。

第二节 工程项目风险因素识别

全面风险管理强调事前分析与评价,迫使人们提前关注,预测风险并为此做准备,把干扰减至最少。风险因素识别是确定项目的风险范围,即存在哪些风险,将这些风险因素逐一列出,作项目风险目录表,以作为全面风险管理的对象。在不同的阶段,由于项目的目标设计、技术设计和计划以及环境调查的深度不同,人们对风险的认识程度也不尽相同,经历了一个由浅入深逐步细化的过程。

在风险因素识别中,通常首先罗列对整个工程建设有影响的风险因素,然后再注意对管理者自身有重大影响的风险。要从多角度、多方面罗列风险因素,以形成对项目系统风险的多方位的透视。风险因素分析可以采用结构化分析方法,即由总体到细节、由宏观到微观,层层分解。通常可以从以下几个角度进行分析。

一、项目环境系统的风险

按照前面项目环境系统分析的基本思路,分析各环境要素可能存在的不确定性和变化,它往往是其他风险的根源,它的分析可以与环境调查相对应,所以环境系统结构的建立和环境调查对风险分析是有很大帮助的。从这个角度,最常见的风险因素如下:

1. 政治风险。如政局的不稳定性,战争、动乱和政变的可能性,国家的对外关系,政府信用和廉洁程度,政策及其稳定性,经济的开放程度或排外性以及国有化的可能性、国内的民族矛盾、保护主义倾向等。

2. 法律风险。如法律不健全,有法不依、执法不严,相关法律内容变化,法律对项目的干预;可能对相关法律未能全面、正确理解,工程中可能有触犯法律的行为等。

3. 经济风险。如国家经济政策的变化,产业结构的调整,银根紧缩,项目的产品市场需求变化;工程承包市场、材料供应市场、劳动力市场的变动,工资的提高,物价上涨,通货膨胀速度加快,原材料进口限制,金融危机以及外汇汇率的变化等。

4. 自然条件风险。如地震,风暴,特殊的未预测到的地质条件(如泥石流、河塘、垃圾场、流砂等),反常的雨、雪天气,冰冻天气,恶劣的现场条件,周边存在对项目的干扰源,工程建设可能造成对自然环境的破坏,不良的运输条件可能造成的供应中断。

5. 社会风险。包括宗教信仰的影响和冲击、社会治安的稳定性、社会禁忌、劳动者的文化素质、社会风气等。

二、工程技术系统的风险

现代工程技术新颖,结构复杂,专业系统之间界面处理困难,存在如下两方面的风险。

1. 工程的生产工艺和流程出现问题,新技术不稳定,对将来生产和运行产生影响。

2. 施工工艺在选择和应用过程中也可能出现问题,新技术和新工艺带来的风险。

三、项目实施活动的风险

1. 项目范围的不确定,如不完备、整体不协调、有可能需增加新的分项、删除或减少工程量等。

2. 项目结构图上各个层次的项目单元在实施中可能遇到的各种障碍、异常情况。如工期拖延,技术问题,质量问题,人工、材料、机械和费用消耗的增加等。

四、项目行为主体产生的风险

项目的行为主体产生的风险是从项目相关者和组织角度进行分析的。

1. 业主和投资者。例如:

(1) 业主的支付能力差,企业的经营状况恶化,资信不好,企业倒闭,撤走资金,或改变投资方向，改变项目目标；

（2）业主违约、苛求、刁难、随意变更但又不赔偿，错误的行为和指令，非程序地干预工程；

（3）业主不能完成合同责任，不及时供应他负责的设备、材料，不及时交付场地，不及时支付工程款。

2. 承包商（分包商、供应商）。例如：

（1）技术能力和管理能力不足，没有适合的技术专家和项目经理，不能积极履行合同，因管理和技术方面的失误，造成工程中断；

（2）缺乏有效的措施保证工程进度、安全和质量等相关要求；

（3）财务状况恶化，无力采购和支付工资，企业处于破产境地；

（4）工作人员罢工、抗议或软抵抗；

（5）错误理解业主意图和招标文件，实施方案错误，报价失误，计划失效；

（6）设计单位设计错误，工程技术系统之间不协调、设计文件不齐全、不能及时交付图纸，或无力完成设计工作。

3. 项目管理者（如监理工程师）。例如：

（1）管理能力、组织能力、工作热情和积极性、职业道德以及公正性等出现问题；

（2）管理风格、文化偏见，可能导致其不正确地执行合同，提出苛刻要求；

（3）起草错误的招标文件、合同条件，下达错误的指令。

4. 其他方面。例如：中介人的资信、可靠性差，政府机关工作人员、城市公共供应部门（如水、电等部门）的干预、苛求和个人需求，以及项目周边或涉及的居民或单位的干扰、抗议或苛刻的要求等。

五、项目管理过程的风险

项目管理过程风险包括极其复杂的内容，常常是风险责任分析的依据。例如：

1. 高层战略风险，如指导方针、战略思想失误而造成项目选择和目标设计错误。

2. 环境调查和预测的风险。

3. 决策风险，如错误的方案选择，错误的投标报价决策等。

4. 工程规划和/或技术设计风险。

5. 计划风险，包括对目标（任务书，招标文件）理解错误，合同条款不严密、错误、二义性，过于苛刻的、单方面约束性的、不完备的条款，以及实施方案、报价（预算）和施工组织措施等方面的错误。

6. 实施控制中的风险。例如：

（1）合同风险。合同未正确履行，合同伙伴争执，责任不清，产生索赔要求；

（2）供应风险。如供应拖延、供应商不履行合同、运输中的损坏以及在工地上损失。

（3）由于分包层次太多，造成计划执行和调整控制的困难。

（4）施工现场控制失误。

7. 运行管理风险。如准备不足，工程无法正常运行，运行操作失误，销售渠道不畅等。

六、项目目标的风险

项目目标风险是按照项目目标系统结构进行分析的，是上述风险共同作用的结果。

1. 工期风险。即造成工程不能及时竣工，不能按计划投入使用。

2. 费用风险。包括：财务风险、成本超支、投资追加、报价失误、收入减少、投资回收期延长、回报率降低。

3. 质量风险。包括材料、工艺、工程不能通过验收、工程试生产不合格、工程质量未达标准。

4. 生产能力风险。工程建成后达不到设计生产能力，可能是由于设计、设备问题，或生产用原材料、能源、水、电供应问题。

5. 市场风险。工程建成后产品未达到预期的市场份额，销售不足，销路不畅，缺乏竞争力。

6. 信誉风险。即造成对企业形象、职业责任、企业信誉的损害。

7. 造成人身伤亡、安全、健康以及工程或设备的损坏。

8. 法律责任。即可能被起诉或承担相应法律或合同的处罚。

9. 对环境和对项目的可持续发展的不良影响和损害。

七、风险分解结构图

在风险因素列出后，可以采用系统分析方法，进行归纳整理，即分类、分项、分细目，形成相应的风险分解结构表（RBS），作为后面风险评价和落实风险责任的依据。

第三节 风险评价

一、风险评价的内容和过程

风险评价是对风险的规律性进行研究和量化分析。由于每一个风险都有自身的规律和特点、影响范围和影响量，可以通过分析将其统一为对成本目标和工期目标的影响，按货币单位和时间单位来计量。因此，应对罗列出来的每一个风险作如下分析和评价：

1. 风险存在和发生的时间分析

许多风险有明显的阶段性，有的风险直接与具体的工程活动（工作包）相联系。应分析风险可能在项目的哪个阶段、哪个环节上发生。这对风险的预警有很大的作用。

2. 风险的损失和影响分析

（1）风险损失分析。风险损失通常主要用对目标指标的影响表示，最常见的是成本（造价、投资、费用）的增加、工期的延长等。因为风险对目标的干扰常常首先表现在对工程实施过程的干扰上，所以对风险的影响分析，一般经历以下三个过程：

1) 考虑没有发生该风险的项目实施状况，如工期、费用、收益等。

2) 将风险加入这种状态，看有什么变化，如实施过程、劳动效率、消耗的变化。

3) 以上两者的差异则为风险的影响。所以这实质上是一个新的计划、新的估价，但风险仅是一种可能，所以通常又不必十分精确地进行估价和计划。

（2）风险的影响分析。这是个非常复杂的问题，有的风险影响面较小，有的风险影响面很大，可能导致整个工程的中断或报废。

例如，某个工程活动受到干扰而拖延，则可能影响它后面的许多活动（图17-1）。

（3）不同风险间的交互作用分析。上述罗列的风险因素具有不同的特性。有些风险是根源型的，有些风险是结果型的。

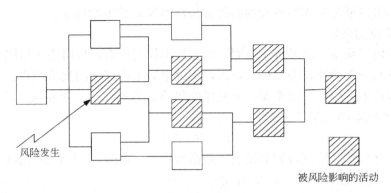

图 17-1 工程活动受风险干扰后的影响

1) 环境风险是根源型的,它会引起其他所有风险;
2) 行为主体风险会引起管理过程风险、技术风险和实施过程风险;
3) 技术系统问题会引起实施过程风险;
4) 上述各种风险的最终表现是目标风险,即对项目目标的影响。

以上各类风险存在内在联系(图 17-2),而图中箭头反向影响的情况通常较少。

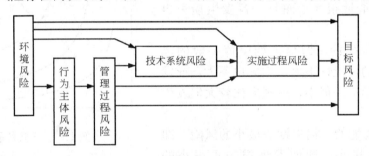

图 17-2 各类风险之间的关系

(4) 风险相关性分析。不同风险之间常常是有联系的,其关系可以分为三种情况:

1) 两种风险之间没有必然联系。例如,国家经济政策变化不可能引起自然条件变化。

2) 有的风险是相克的,其作用可以相互抵销。例如,反常的气候条件、设计图纸拖延、承包人设备拖延等在同一时间段发生,则它们之间对总工期的影响可能是有重复的。

3) 一种风险出现后,另一种风险发生的可能性增加。例如:

① 经济形势的恶化不但会造成物价上涨,而且可能会引起业主支付能力的变化;

② 通货膨胀引起物价上涨,则不仅会影响后期的采购、人工工资及各种费用支出,而且会影响整个后期的工程费用。

③ 设计图纸提供不及时,不仅会造成工期拖延,而且会造成费用提高(如人工和设备闲置、管理费开支),还可能使项目在原来可以避开的冬雨季施工,造成工期更大的拖延和费用增加等。

④ 地质条件发生变化有可能会导致承包商的技术方案不能满足实际需要。

3. 风险发生的可能性分析

即分析研究风险自身的规律性,通常可用概率表示。既然被视为风险,则它必然在必然事件(概率=1)和不可能事件(概率=0)之间。它的发生有一定的规律性,但也有不确定性。人们可以通过后面所提及的各种方法预测风险发生的概率。

4. 风险级别的确定

虽然风险因素众多，涉及各个方面，但人们不能对所有的风险都予以同样的重视。否则，将大大提高管理费用，而且谨小慎微，反过来会干扰正常的决策过程。

（1）风险位能的概念。通常对一个具体的风险，若它发生，则损失为 R_H，发生的可能性为 E_w，则风险的期望值 R_w 为：

$$R_w = R_H \times E_w$$

例如，一种自然环境风险如果发生，则损失达 20 万元，而发生的可能性为 0.1，则损失的期望值 $R_w = 20 \times 0.1 = 2$ 万元

引用物理学中位能的概念，损失期望值高的，则风险位能高。可以在二维坐标上作等位能线（即损失期望值相等）（图 17-3），则具体项目中的任何一个风险都可以在图上找到一个表示其位能的点。

（2）ABC 分类法。按照风险位能的不同，可将项目风险进行分类。

A 类：高位能的，即损失期望很大的风险。通常发生的可能性很大，而且一旦发生损失也很大。

B 类：中位能的，即损失期望值一般的风险。通常发生的可能性不大，损失也不大，或发生可能性很大但损失极小，或损失比较大但发生可能性极小。

C 类：低位能的，损失期望极小的风险，即发生的可能性极小，即使发生损失也很小的风险。

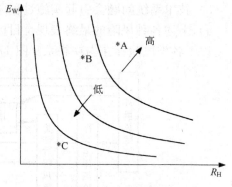

图 17-3 风险位能线

因此，在风险管理中，A 类是重点，B 类要顾及到，C 类可以不考虑。当然有时不采用 ABC 分类法，而是按照级别形式划分，如 1 级，2 级，3 级等，其意义是相同的。

5. 风险的起因和可控制性分析

（1）任何风险都有发生的动因。实质上在前面的分类中，有的就是从产生根源上进行分类的，如环境的变化、人为的失误等。对风险起因的研究是为风险预测、对策研究（即解决根源问题）和责任分析服务的。

（2）风险的可控性，是指人们对风险影响干预的可能性。有的风险是业主、项目经理或承包商可以控制的，例如，承包商对招标文件理解的风险，实施方案的安全性和效率风险，报价的正确性风险等；而有的是不可以控制的，如物价风险、反常的气候风险等。

二、风险评价方法

风险评价通常是凭经验、靠预测进行的，但也可以借助一些基本的分析方法。风险分析方法通常分为两大类，即定性风险分析方法和定量风险分析技术。具体方法如下：

1. 列举法

通过对同类已完工程项目的环境、实施过程进行调查分析、研究，可以建立该类项目的基本的风险结构体系，进而可以建立该类项目的风险知识库（经验库）。它包括该类项

目常见的风险因素。在对新项目决策，或在用专家经验法进行风险分析时给出提示，列出所有可能的风险因素，以引起人们的重视，或作为进一步分析的基础。

2. 专家经验法（Delphi法）

这是收集专家们对风险的意见和看法的一种有效方法，因为许多风险常常是"旁观者清"。这不仅用于风险因素的罗列，而且应用于对风险影响和发生可能性的分析。一般可以采用两种方式：

（1）采用提问表的形式。专家以匿名方式参与此项活动，主持人用问卷征询项目有关重要风险的见解。问卷的答案交回并汇总后，随即在专家之中传阅，请他们进一步发表意见。此项过程进行若干轮之后，就可以获得关于主要项目风险的一致看法。

（2）专家会议法

1）召集有实践经验和代表性的专家组成风险管理专家小组，集体讨论项目风险问题。专家通常是有经验的项目参加者、相关者或某项问题的专家。

2）主持人应让专家尽可能多地了解项目目标、项目结构、所处环境及工程状况，详细地调查并提供信息，尽可能领专家进行实地考察，并对项目的实施、措施的构想进行说明，使大家对项目形成共识，否则容易增加风险分析结果的离散程度。

3）主持人有目的地与专家合作，一起定义风险因素及结构以及可能的影响范围，作为讨论的基础和引导。专家对风险进行讨论，按以下次序逐渐深入：

① 讨论各个风险的原因；

② 风险对实施过程的影响；

③ 风险对具体工程活动的影响范围，如技术、质量、费用消耗等；

④ 将影响统一到对成本和工期的影响上，预估影响量。

4）风险评价。各个专家对风险的影响程度（影响量）和出现的可能性，给出评价意见。在这个过程中，如果有不同的意见，可以提出讨论，但不能相互指责。为了获得真正的专家意见，可以采用匿名的形式发表意见，也可以采用辩论方法分析。

5）统计整理专家意见，得到评价结果。对各个专家意见按统计方法进行信息处理，得到各个风险影响值 R_H 和出现的可能性 E_w，进而获得各个风险期望值 R_w。总风险期望值 R_v 为各单个风险期望值 R_w 之和：

$$R_v = \sum R_w = \sum f(R_H \times E_w)$$

3. 头脑风暴法

这是一种通用的数据收集和激发创造性的方法，即召集一批成员或具体问题专家集体献计献策，激发个人的灵感，找出各种风险因素或解决问题的办法。

4. SWOT（优势、弱点、机会与威胁）分析

这是从项目的每一个强项、弱项、机会和威胁的角度对项目风险进行全面考察。

5. 蒙特卡罗（Monte-Carlo）法分析

蒙特卡罗（Monte-Carlo）法也称为随机模拟法、统计试验法等，是目前在很多领域已经得到广泛应用的风险分析方法。这种方法以概率统计理论为其主要理论基础，以随机抽样（随机变量的抽样）为其主要手段，对可能发生的风险规律进行模拟。

6. 敏感性分析

这是用以确定某种风险对项目目标影响的定量分析和建模技术。敏感性分析可以考察

在所有其他风险因素基准数值不变时,某风险因素变动(如物价上涨)对项目目标(如投资回报率)的影响程度。它经常被用于工程项目的可行性研究中。

7. 决策树方法

决策树常常用于不同方案的选择。例如,某种产品市场预测,在10年中销路好的概率为0.7,销路不好的概率为0.3。相关工厂的建设有两个方案:

方案A:新建大厂需投入5000万元,如果销路好每年可获得利润1500万元;销路不好,每年亏损20万元。

方案B:新建小厂需投入2000万元,如果销路好每年可获得600万元的利润;销路不好,每年可获得300万元的利润。

则可作决策树(图17-4)。

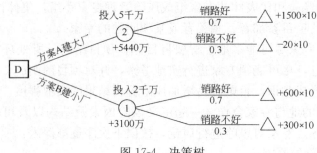

图17-4 决策树

对A方案的收益期望为:
$$E_A = 1500 \times 10 \times 0.7 + (-20) \times 10 \times 0.3 - 5000 = 5440 \text{ 万元}$$

对B方案的收益期望为:
$$E_B = 600 \times 10 \times 0.7 + 300 \times 10 \times 0.3 - 2000 = 3100 \text{ 万元}$$

由于A方案的收益期望比B方案高,所以选择A方案是有利的。

8. 风险相关性评价

从以上分析可见,有些风险之间存在着相关性,即一种风险出现后,另一种风险发生的可能性增加。例如,自然条件发生变化有可能会导致承包商技术能力不能满足实际需要;金融危机会导致业主支付能力不足等。

这些风险是相互关联的,具有交互作用。用概率来表示各种风险发生的可能性,设某项目中可能会遇到i个风险,$i=1,2,\cdots\cdots$,P_i表示各种风险发生的概率($0 \leqslant P_i \leqslant 1$),$R_i$表示第$i$个风险一旦发生给承包商造成的损失值。其评价步骤为:

(1) 找出各种风险之间相关概率P_{ab}

设P_{ab}表示一旦风险a发生后,由此导致风险b发生的概率($0 \leqslant P_{ab} \leqslant 1$)。则$P_{ab}=0$,表示风险$a$、$b$之间无必然联系;当$P_{ab}=1$表示风险$a$出现,必然会引起风险$b$发生。根据各种风险之间的关系,就可以找出各风险之间的P_{ab}(表17-1)。

各风险的发生概率 P_{ab} 表17-1

风险		1	2	3	...	i	...
1	P_1	1	P_{12}	P_{13}	...	P_{1i}	...
2	P_2	P_{21}	1	P_{23}	...	P_{2i}	...

续表

风险	1	2	3	...	i	...
:	..	...	...	...	...	...
i	P_i	P_{i1}	P_{i2}	P_{i3}	...	1	...
:	..	...	...	...	...	...

(2) 计算各风险发生的条件概率 $P(b/a)$

已知风险 a 发生概率为 P_a，引起风险 b 的相关概率为 P_{ab}，则在 a 发生情况下，b 发生的条件概率 $P(b/a) = P_a \cdot P_{ab}$（表 17-2）

风险发生概率及风险条件概率表　　　　表 17-2

风险	1	2	3	...	i	...
1	P_1	$P(2/1)$	$P(3/1)$	...	$P(i/1)$	...
2	$P(1/2)$	P_2	$P(3/2)$	...	$P(i/2)$	...
:	...	...	...	...	...	...
i	$P(1/i)$	$P(2/i)$	$P(3/i)$	...	P_i	...
:	...	...	...	...	...	...

(3) 计算各种风险损失情况 R_i

R_i = 风险 i 发生后的工程成本 — 工程的正常成本

(4) 计算各风险期望损失值 W_i

$$W = \begin{bmatrix} P_1 & P(2/1) & P(3/1) & \cdots & P(i/1) & \cdots \\ P(1/2) & P_2 & P(3/2) & \cdots & P(i/2) & \cdots \\ \cdots & \cdots & \cdots & \cdots & \cdots & \cdots \\ P(1/i) & P(3/i) & P(3/i) & \cdots & P(i) & \cdots \\ \cdots & \cdots & \cdots & \cdots & \cdots & \cdots \end{bmatrix} \times \begin{bmatrix} R_1 \\ R_2 \\ \cdots \\ R_i \\ \cdots \end{bmatrix} = \begin{bmatrix} W_1 \\ W_2 \\ \cdots \\ W_i \\ \cdots \end{bmatrix}$$

其中　$W_i = \sum p(j/i) \cdot R_j$

(5) 将期望损失值按从大到小进行排列，并计算出各期望值在总期望损失值中所占的百分率。

(6) 计算累计百分率并分类。期望损失值累计百分率在 80% 以下所对应的风险为 A 类风险，显然它们是主要风险；累计百分率在 80%~90% 的那些风险为 B 类风险，是次要风险；累计百分率在 90%~100% 的那些因素为 C 类风险，是一般风险。

9. 风险状态图分析

有的风险有不同的状态、程度。例如，某工程实施过程中发生通货膨胀的概率可能为 0、3%、6%、9%、12%、15% 六种状态，由工程估价分析得到相应的风险损失为 0，20 万元，30 万元，45 万元，60 万元，90 万元。现请四位专家进行风险咨询，预估的各种状态发生的概率（表 17-3）。

对四位专家的估计，可以采用取平均值的方法作为咨询结果（如果专家较多，可以去掉最高值和最低值，再平均）。则可以得到通货膨胀风险的影响分析表（表 17-4）。

某工程通货膨胀风险概率表   表 17-3

专家	风险状态:通货膨胀(%)						Σ
	0	3	6	9	12	15	
	风险损失(万元)						
	0	20	30	45	60	90	
1	20	20	35	15	10	0	100
2	0	0	55	20	15	10	100
3	10	10	40	20	15	5	100
4	10	10	30	25	20	5	10
平均	10	10	40	20	15	5	100

通货膨胀影响分析表   表 17-4

通货膨胀率(%)	发生概率	损失预计(万元)	概率累计
0	0.1	0	1.0
3	0.1	20	0.9
6	0.4	30	0.80
9	0.2	45	0.40
12	0.15	60	0.20
15	0.05	90	0.05

将发生通货膨胀的各种状态的概率进行累计则可作通货膨胀风险状态图（图 17-5）。

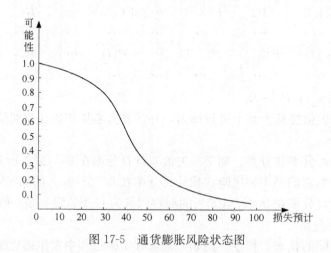

图 17-5　通货膨胀风险状态图

从图中可见通货膨胀率损失大致的风险状况。例如，损失预计达 45 万元，即为 9%的通货膨胀率约有 40%的可能性。一个项目不同种类的风险，可以在该图上叠加求和。

一般认为在图 17-6 中概率（可能性）为 0.1~0.9 范围内，风险发生的可能性较大。

因此，从风险状态曲线上可反映风险的特性和规律，如风险的可能性及损失的大小，风险的波动范围等。

例如,图 17-6 中,A 风险损失的主要区间为 (A_1,A_2),B 风险损失主要区间为 (B_1,B_2)。A 的风险损失区间较大,而 B 比较集中。

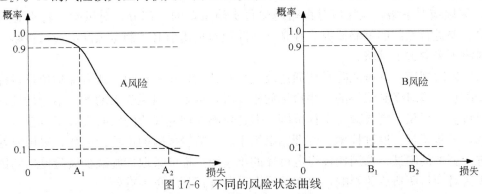

图 17-6 不同的风险状态曲线

三、风险分析说明表

风险分析结果必须用文字、图表的形式表示,作为风险管理的文档保存。这个结果不仅作为风险分析的成果,而且应作为人们风险管理的基本依据。表的内容可以按照分析的对象进行编制,如以项目单元(工作包)作为对象的风险分析表(表 17-5)。这是对工作包的风险研究,可以作为对工作包说明的补充分析文件。

以项目单元(工作包)作为对象的风险分析说明表　　　　表 17-5

工作包号	风险名称	风险的影响范围	原因	损失		可能性	损失期望	预防措施	评价等级(A、B、C)
				工期	费用				

同时,也可以按风险分解结构进行分析研究(表 17-6)。它是按照潜在风险存在的各个领域和产生的多种原因的风险类别和子类别,形象而又有条理地说明已经识别的项目风险的层次结构,是工程项目的风险分解结构(RBS),特别是对以下两类风险:

按照风险分解结构进行分析说明表　　　　表 17-6

风险编号	风险名称	风险的影响范围	原因	损失		可能性	损失期望	预防措施	评价等级(A、B、C)
				工期	费用				

(1) 在项目目标设计和可行性研究中分析的风险。
(2) 对项目总体产生影响的风险,如通货膨胀影响、产品销路不畅、法律变化、合同风险等。

此外,风险应在各项任务单(工作包说明)、决策文件、研究文件、项目报告等文件中予以说明。

第四节　风险应对计划和风险控制

一、概述

1. 风险应对计划是研究和选择消除、减小或转移风险的方法,或做接受风险的决定,它是项目计划的一部分，应与项目的其他计划，如进度计划、成本计划、组织计划和实施方案等通盘考虑，重点是考虑风险对各计划的不利影响。

2. 风险应对策略。风险应对策略是项目实施策略的一部分，对风险，特别是对重大的风险，要进行专门的策略研究。在选择风险应对措施前必须制定风险的应对策略。通常应对风险可采取如下策略：

（1）风险规避。规避风险是指通过改变项目计划以排除风险，或者保护项目目标，使其不受影响，或对受到威胁的一些目标放松要求，例如，对风险大的项目不参加投标，放弃项目机会；延长工期或减少工程范围。但这可能在回避风险的同时失去了机会。

（2）风险减轻。通过技术、管理、组织手段，减轻风险的影响。例如，采用成熟的工艺、进行更多的测试、选用比较稳定可靠的承包商。提前采取措施减少风险发生的概率或者减少其对项目所造成的影响，比在风险发生后进行补救更为有效。

（3）风险自担。即不采取任何行动，也不改变项目管理计划，准备自己承担风险产生的损失。

（4）风险转移。通过合同和保险等方法将风险可能产生的后果连同应对的责任转移给第三方。

（5）风险共担。即由合作者（如联营方、分包商）各方共同承担风险。

二、风险的分配

一个工程项目总的风险有一定的范围和规律性，这些风险必须在项目参加者（如投资者、业主、项目经理、各承包商、供应商等）之间进行分配。对已被确认的、有重要影响的风险应指定专人负责风险管理，并赋予相应的职责、权限和资源。

风险分配通常在任务书、责任证书、合同以及招标文件等中定义。只有合理地分配风险，才能使各方通力合作，能使项目取得高效益。正确的风险分配具有以下作用。

1. 可以最大限度地发挥各方面风险控制的积极性。每个参加者都必须承担一定的风险责任，才有进行管理和控制的积极性和创造性。否则，则其积极性和创造性不高，项目就不可能优化。例如，对承包商采用成本加酬金合同，因承包商无风险责任，承包商就会千方百计提高成本以争取工程利润，从而最终损害工程的整体效益。

2. 合理的风险分配有助于对项目进行准确的、主动的计划和控制，减少工程项目中的不确定性。

3. 业主可以得到一个合理的报价，承包商报价中的不可预见风险费减少。

但让承包商承担全部风险责任也是不可行的，他会提高报价中的不可预见风险费。如果风险不发生，业主多支付了费用；如果风险发生，这笔不可预见风险费又不足以弥补承包商的损失，承包商得不到合理利润或者亏本，则他履约的积极性不高，甚至想方设法地偷工减料、降低成本、拖延工期，并想方设法索赔，损害工程整体效益。而业主因不承担任何风险，便随意决策，随便干预，对项目进行战略控制的动力不足，即使风险发生时也不积极地提供帮助，则同样也会损害项目整体效益。

对项目风险的分配，业主起主导作用，因为业主作为买方，负责起草招标文件、合同条件、确定合同类型、制定管理规则。但业主不能随心所欲，不能不顾主客观条件把风险全部推给对方，而对自己免责。风险分配应遵从以下基本原则。

（1）从工程整体效益的角度出发，最大限度地发挥各方的积极性从工程的整体效益的角度进行风险分配的准则如下：

1）谁能有效地防止和控制风险，或通过一些风险管理措施（如保险、分包）将风险转移给其他方面，或对风险能进行有效处理，则应由其承担相应的风险责任；

2）风险承担者控制相关风险是经济的、有效的、方便的、可行的，只有通过他的努力才能减少风险的影响；

3）通过风险分配，强化项目参加者责任，能更好地进行计划和组织，发挥双方管理的和技术革新改造的积极性等。

（2）体现公平合理，责权利平衡

1）风险责任和权利应是平衡的。风险的承担是一项责任，即承担风险控制以及风险产生的损失。但风险承担者应有控制和处理风险的权利。例如，银行为项目提供贷款，由政府作担保，则银行风险很小，它只能取得利息，而如果银行参与BOT项目的融资，它承担很大的项目风险，则它有权利参加运行管理及重大决策，并获取相应的利润；承包商承担施工方案的风险，则它就有权选用更为经济、合理和安全的施工方案。

同样，享有一项权利，就应该承担相应的风险责任。例如，业主起草招标文件，就应对它的正确性负责；业主指定分包商，则应承担相应的风险；若采用成本加酬金合同，业主承担全部风险，则他就有权选择施工方案，干预施工过程；若采用固定总价合同，承包商承担全部风险，则承包商就应有相应的权利，业主不应过多地干预施工过程。

2）风险与机会对等。风险承担者应享受风险控制获得的收益和机会收益。例如，承包商承担物价上涨的风险，则物价下跌带来的收益也应归承包商所有。若承担工期风险，拖延要支付误期违约金，则工期提前就应奖励。

3）承担的可能性和合理性。应赋予承担者对风险进行预测、计划和控制的条件和可能性，给其迅速采取控制风险措施的时间、信息等条件，否则对他来说风险管理就成了投机行为。例如，要承包商承担招标文件的理解、环境调查、方案拟定和实施以及报价的风险，就必须给他合理的做标时间，业主应向其提供现场调查的机会，提供详细且正确的招标文件，特别是设计文件和合同条件，并及时地回答承包商做标中发现的问题。

（3）符合工程项目惯例，符合通常的处理方法

一方面，惯例一般比较公平合理，较好地反映双方的要求；另一方面，合同双方对惯例都很熟悉，工程更容易顺利实施。如果明显地违反国际（或国内）工程惯例，则常常显示出一种不公平，甚至会出现危险。

三、风险应对措施

工程项目参加者对自己承担的风险（明确规定的和隐含的）应有思想准备和相应对策，应制定计划，充分利用自己的技术、管理、组织的优势和过去的经验制定计划并贯彻实施。当然，不同的人员对风险有不同的态度，有不同的对策。通常的风险对策有：

1. 回避风险大的项目，选择风险小或适中的项目

放弃明显导致亏损的，或风险超过自己的承受能力、成功把握不大的项目，如不参与投标，不参与合资。甚至有时在工程进行到一半时，预测到后期风险很大，必然有更大的亏损，则采取中断项目的措施。

2. 技术措施

如选择有弹性的、抗风险能力强的技术方案，一般不采用新的未经过工程检验的不成

熟的施工方案；对地理、地质情况进行详细勘察或鉴定，预先进行技术试验、模拟，准备多套备选方案，采用各种保护措施和安全保障措施。

3. 管理和组织措施

对风险很大的项目加强计划工作，选派最得力的技术和管理人员，特别是项目经理；广泛收集信息，进行风险计划和控制，将风险责任落实到各个组织单元，使大家树立风险意识；在资金、材料、设备和人力上对风险大的工程予以更多的支持，在同期项目中提高其优先级别，并在实施过程中进行严密控制。

4. 保险

对一些无法排除的风险，如常见的工作损坏、第三方责任、人身伤亡和机械设备的损坏等，可以通过购买保险的办法解决。当风险发生时由保险公司承担（赔偿）损失或部分损失。其前提条件是必须支付一笔保险金。对任何一种保险均要注意其保险范围、赔偿条件、理赔程序和赔偿额度等。

5. 要求对方提供担保

这主要针对合作伙伴的资信风险。例如，由银行出具投标保函、预付款保函、履约保函，在BOT项目中由政府提供保证条件。

6. 风险准备金

风险准备金是从财务的角度为风险做好准备。在计划（或合同报价）中额外增加一笔费用。例如，在投标报价中，承包商经常根据工程技术、业主的资信、自然环境、合同等方面风险的大小以及发生的概率，在报价中加上一笔不可预见风险费。

一般地说，风险越大，则风险准备金越高。从理论上说，准备金的数量应与风险期望损失值相等，即为风险发生所带来的损失与发生的可能性（概率）的乘积。

但是，风险准备金存在如下基本矛盾：

（1）在工程项目过程中，经济、自然、政治等方面的风险的发生是不可捉摸的。许多风险突如其来，难以把握其规律性，有时预计仅5%可能性的风险发生了，而预计95%可能性的风险却未发生。

（2）风险若未发生，风险准备金则造成一种浪费。例如，合同风险很大，承包商报出了一笔不可预见风险费，结果风险未发生，则业主损失了一笔费用。有时，项目风险准备金会在无风险的情况下被用掉。

（3）如果风险发生，这一笔风险金又不足以弥补损失，因为它是仅按一定的折扣（概率）计算的，所以仍然会带来许多问题。

（4）准备金的数量是一个管理决策问题，除了要考虑到理论值的高低外，还应考虑到项目边界条件和项目状态。例如，对承包商来说，决定报价中的不可预见风险费，要考虑到竞争者的数量、中标的可能性以及项目对企业经营的影响等因素。

如果风险准备金很高，报价竞争力降低，中标的可能性很小，即不中标的风险增大。

7. 采取合作方式共同承担风险

任何工程项目不可能完全由一个企业或部门独立承担，须与其他企业或部门合作。

（1）有合作就有风险的分担。但不同的合作方式，风险分配不同，各方的责权利关系也不一样。例如，借贷、租赁业务、分包、承包、合伙承包、联营和BOT项目，它们有不同的合作紧密程度，有不同的风险分担方式，则有不同的利益分享。

（2）寻找抗风险能力强的、可靠的、信誉好的合作伙伴。双方合作越紧密，则要求合作者越可靠。例如，合资者为政府、资信好的大型公司、金融集团等，则双方合作后，项目的抗风险能力会大大增强。

（3）通过合同分配风险。在许多情况下通过合同排除（推卸）风险是最重要的手段。合同规定风险分担的责任及谁对风险负责。例如，承包商要减少风险，则在工程承包合同中要明确规定以下内容：

1）业主的风险责任，即哪些情况应由业主负责；
2）承包商的索赔权利，即要求调整工期和价格的权利；
3）工程付款方式、付款期，以及对业主不付款的处置权利；
4）对业主违约行为的处理权利；
5）承包商权利的保护性条款；
6）采用符合惯例的、通用的合同条件；
7）注意仲裁地点和适用法律的选择。

8. 采取其他方式

例如，采用多领域、多地域、多项目的投资以分散风险。因为理论和实践都证明：多项目投资，当多个项目的风险之间不相关时，其总风险最小，所以抗风险能力最强。许多国际投资公司通过参股、合资、合作，既拓展了投资面，扩大了经营范围，提高了资本的效用，能够进行独自不能承担的项目，同时又能与许多企业共同承担风险，进而降低了总经营风险。

上述风险的预测和对策措施应包括在项目计划中，对特别重大的风险应提出专门的分析报告。对选用的风险对策措施，应考虑是否可能产生新的风险，因为任何措施都可能带来新的问题。

四、工程项目实施中的风险控制

风险监测与控制贯穿于项目的全过程，体现在项目的进度控制、成本控制、质量控制和合同控制等过程中。

1. 对已经识别的风险进行监控和预警，定期召开风险分析会议。这是项目控制的主要内容之一。在项目中不断地收集和分析各种信息，捕捉风险前奏的信号，判断项目的预定条件是否仍然成立，了解项目的原有状态是否已经改变，并进行趋势分析。

通常借助以下方法可以发现风险发生的征兆和警示。例如：

（1）天气预测警报；
（2）股票信息，各种市场行情，价格动态；
（3）地质条件信息；
（4）政治形势和外交动态；
（5）各投资者企业状况报告。

在项目中通过工期和进度的跟踪、成本的跟踪分析、合同监督、各种质量监控报告、现场情况报告等手段，及时了解工程风险。

在工程的实施状况报告中应包括风险状况报告。鼓励人们预测、确定未来的风险。

2. 风险一经发生就应积极地采取措施，执行风险应对计划，及时控制风险的影响，降低损失，防止风险的蔓延，保证工程的顺利实施。包括：

(1) 控制工程施工,保证完成预定目标,防止工程中断和成本超支;
(2) 迅速恢复生产,按原计划执行;
(3) 尽可能修改计划、修改设计,按照工程中出现的新的状态进行调整;
(4) 争取获得风险的赔偿,如向业主、保险单位、风险责任者提出索赔等。

由于风险是不确定的,预先分析、应对计划往往不能适用,因此在工程中风险的应对措施常常主要靠管理者的应变能力、经验、所掌握工程和环境状况的信息量以及对专业问题的理解程度等进行随机处理。

3. 进一步加强风险管理。在工程中还会出现新的风险,如:
(1) 出现了风险分析表中未曾预料到的新的风险;
(2) 由于风险发生,实施某些应对措施时而产生新的风险,如工程变更会引发新风险或导致已识别的风险发生变化;
(3) 已发生的风险的影响与预期不同,出现了比预期更为严重的后果;
(4) 在采取风险应对措施之后仍然存在风险,或存在"后遗症",需监视残余风险。

4. 对于大型复杂的工程项目,在风险监控过程中要经常对风险进行再评价。

这些问题的处理要求人们灵活机动,即兴发挥,及时并妥善处理风险事件,实施风险应对计划并持续评价其风险管理的有效性。

五、某工程项目风险管理流程

某城市地铁1号线工程建设项目,通过可行性研究以及相关项目调查得出,最大的风险是地下工程施工风险。针对该风险设计管理流程(图17-7),包括如下风险管理工作。

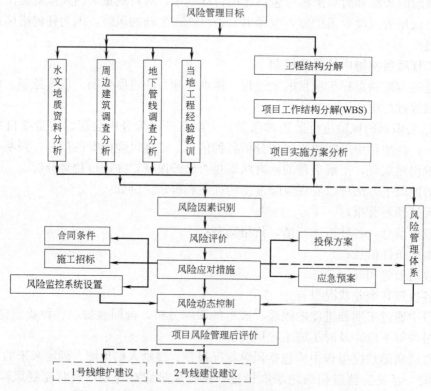

图 17-7 某城市地铁 1 号线工程建设项目风险管理流程

1. 风险管理目标设置

根据本项目的前期策划过程中的风险分析，以及项目总目标，结合其他同类工程的经验教训，设置地下工程施工风险管理目标。

2. 周边环境调查

（1）沿线水文地质资料分析。本市沿线地质条件复杂，地貌类型涉及冲积平原区（有河漫滩、古河床）和低山丘陵区。

（2）沿线及周边建筑状况调查分析。地铁工程施工过程中常常会引起周边建筑不均匀沉降，甚至倒塌，必须对可能影响范围内的建筑进行具体分析。

（3）沿线地下管线、可能的文物、障碍物调查分析。该市为我国著名古城，地下有许多不明地下管线和古文物，会诱发地下工程施工风险。

（4）当地过去地下工程经验教训调查分析。

3. 工程项目系统分析

（1）1号线工程结构分解（EBS）。

（2）项目工作结构分解（WBS）。

（3）地下工程施工方案分析。根据不同的地质条件，本项目隧道施工方法涉及矿山法、明挖法、盾构法等。车站施工方法主要有盖挖逆作和明挖顺作两大类，并采用不同的维护结构，如地下连续墙复合墙、钻孔桩桩间锚喷、挖空咬合桩、钻孔咬合桩、土钉墙等。

4. 风险因素识别

根据前面研究的结果，对具体标段和工程施工方案预测可能发生的地下工程施工风险因素。

5. 风险分析评价

对风险发生的可能性、发生的时段、风险发生会产生的损失进行分析。

特别要分析重大施工风险的诱因。

6. 风险应对

综合采用如下措施：

（1）施工招标。由于本工程为该市第一条地铁，风险大，所以必须委托能力强有经验的施工单位，在招标中要提高施工单位资质和过去同类工程经验的分值；设置对施工项目经理的资质要求，并赋予一定的分值，降低合同价格分值。

（2）合同条件。在施工合同条件中调动承包商风险管理的积极性，合理分配风险，加强承包商的风险责任，同时给承包商更多的盈利机会，如奖励措施、合同价调整条件。

（3）风险监控系统设计。采用现代信息技术，在地上、地下、施工现场及周边设置检测点，对施工过程中地质状况进行实时监测，不断进行预警，定期重点分析。

（4）风险管理体系。在工程建设项目管理体系中，构建风险管理体系，包括风险管理的方针、组织责任、流程、控制点、管理文件等。

（5）应急预案。对重点标段、重点风险型施工方案，编制应急预案，有相应的应急处理计划，并准备一定量的备用资源。

（6）投保方案。购买保险，在保险合同中包括相应的条款。

7. 施工过程中的风险动态控制。

8. 项目后风险管理评价。在项目结束后，总结风险管理经验和教训，提出分析报告。还包括：

（1）对1号线后续的工程运行维护提出意见和建议。

（2）对本地将来后续地铁线路建设的意见和建议。

复习思考题

1. 全面风险管理包括哪些内容？
2. 风险分配应遵循哪些基本原则？
3. 通常可以从哪几个角度进行风险分析？
4. 对常见的风险因素有哪些对策措施？

第五篇　沟通和信息管理

第十八章　沟通管理

内容提要： 项目和项目组织的特殊性带来了沟通的困难。组织协调和沟通不仅是一个信息过程，而且是一个组织过程，同时又是一个心理过程。本章内容包括：

(1) 协调和沟通的概念，项目沟通的难度。
(2) 项目组织行为分析。
(3) 以项目经理为中心的几种重要的沟通过程。
(4) 项目沟通中常见问题分析和冲突管理。
(5) 项目中常用的几种正式和非正式的沟通方式。
(6) 作为有效沟通工具的项目手册的内容。

第一节　概　　述

一、协调

从前面的分析可见，工程项目涉及环境、目标、工程技术、实施过程、组织等各个系统，而且在项目实施过程中会遇到各种各样的干扰因素，存在大量的系统性矛盾和冲突。要使项目高效顺利实施，必须使项目的各个系统之间，系统与环境之间协调一致。

协调是指使项目各个系统的界面畅通，消除它们之间的不一致和冲突，使系统结构均衡，这是工程项目顺利实施和成功的重要保证，是项目管理努力追求的一种状态。

项目中最重要的协调工作有：

1. 项目目标因素之间的协调；
2. 各工程专业系统的协调；
3. 项目实施过程的协调；
4. 各种职能管理方法和过程，如成本管理、合同管理、工期管理和质量管理等的协调；
5. 项目实施过程与环境之间的协调；
6. 项目参加者之间，以及项目经理部内部的组织协调等。

在各种协调中，组织协调占据独特的地位，它是其他协调有效性的保证，只有通过积极的组织协调才能实现整个系统全面协调。

现代项目中参与单位非常之多，常常有几十个、几百个甚至几千个，形成了非常复杂的项目组织系统。项目的成功需要各方的支持、努力和合作。但由于各单位有着不同的目标和利益，它们都企图指导、干预项目实施过程。项目中组织利益的冲突比企业中各部门的利益冲突更为激烈和难以调和，而项目管理者必须使参与各方协调一致、齐心协力地工作，进而实现项目目标。

二、沟通

（一）沟通的概念

沟通是组织协调的手段，也是解决组织成员间障碍的基本方法。组织协调的程度和效果常常依赖于各项目参加者之间沟通的程度。通过沟通，不但可以解决各种协调的问题，如在目标、技术、过程、管理方法和程序之间的矛盾、困难和不一致，而且还可以解决各参加者心理的和行为的障碍，减少争执。通过沟通可达到以下目的。

1. 使总目标明确，项目参加者对项目的总目标达成共识。项目经理一方面要研究业主的总目标、战略、期望以及项目的成功准则，另一方面在作系统分析、计划及控制前，把总目标通报给项目组织成员。通过这种沟通，使大家把总目标作为行动指南。沟通的目的是要化解组织之间的矛盾和争执，以便在行动上协调一致，共同完成项目的总目标。

2. 鼓励人们积极地为项目工作。因为项目组织成员目标不同容易产生组织矛盾和障碍，通过沟通使各成员互相理解、了解，建立和保持良好的团队精神。

3. 提高组织成员之间的信任度和凝聚力，达到一个较高的组织效率。

4. 增强项目的目标、结构、计划、设计和实施状况的透明度，特别当项目出现困难时，通过沟通可增强大家信心、积极准备，全力以赴。

5. 沟通是决策、计划、组织、激励、领导和控制等管理职能的基础和有效性的保证，是建立和改善人际关系必不可少的条件和重要手段。项目管理工作中产生的误解、摩擦和低效率等问题很大程度上源自于沟通的失败。

（二）项目沟通管理过程的特殊性

沟通管理是涉及工程项目全过程的综合性管理工作。沟通过程具有如下特殊性：

（1）沟通过程是项目相关者和项目组织各方利益的协调和平衡的过程。在工程项目中，大量的沟通障碍（争执）是由利益冲突引起的。

（2）沟通过程又是一个信息流通和交换过程，各种沟通方式最基本的功能就是信息交换，所以要确定项目组织各方面和其他项目相关者的信息需求，沟通过程和规则。

（3）沟通又是工程项目的组织过程，工程项目的计划、控制，以及实施工作流程和管理工作流程设置等都有解决组织间的沟通问题的职能。

（4）沟通过程又是人们的组织行为和心理的协调过程，以解决人们之间由于利益冲突、信息孤岛、组织文化不一致导致的心理和行为障碍。

（三）项目沟通的困难

由于项目组织和项目组织行为的特殊性，使得在现代工程项目中沟通是十分困难的，尽管有现代化的通信工具和信息收集、储存和处理手段，减小了沟通技术上的和时间上的障碍，使得信息沟通非常方便和快捷，但仍然不能解决人们心理上的许多障碍。项目组织沟通的困难体现在以下九个方面。

1. 现代工程项目规模大，参加单位众多，且需要多企业的合作，造成项目参与各方关系复杂，沟通面大，沟通渠道或沟通路径多，信息量大，为此需要建立复杂的沟通网络。

2. 由于现代工程项目技术复杂，要求高度的专业化和社会化的分工。专业化造成语义上的障碍、知识经验的限制和心理方面的影响，容易产生专业隔阂，对项目目标和任务可能产生不完整的、甚至错误的理解。而且，专业技能差异越大，沟通和协调越困难。项目管理的综合性特点和工程中的专业化分工的矛盾加大了交流和沟通难度，特别是项目经理和各职能部门之间常常难以做到很好的沟通协调。

3. 项目组织具有整体的统一的目标和利益，要取得项目的成功，各参加者必须精诚合作，发挥各自的能力优势、积极性和创造性。但是由于项目参加者（如业主、项目经理、设计人员、承包商）来自不同的企业，隶属于不同的部门，承担着不同的项目任务，有着各自不同的利益，对项目有不同的期望和要求，而且项目目标与他们的关联性各不相同，从而造成了项目组织成员之间动机的不一致和利益冲突，这就要求项目管理者在沟通过程中不仅应关注总目标，而且要顾及各方面的利益，推动不同主体之间的利益平衡，使项目相关者各方满意。调解相关者的利益矛盾是项目沟通管理的重要工作内容。

4. 项目的一次性和临时性特征，使得人们在工作中容易出现短期行为，即只考虑，或首先考虑眼前的本单位（本部门）的局部利益，而不顾整体的、长远的利益。同时，因为项目组织是常新的，人们不断地遇到新的、陌生的、不同组织文化的合作者，所以与企业组织相比，项目组织摩擦增大，行为更为离散，协调和沟通更为困难。在项目开始后的很长时间，人们互相不适应，不熟悉项目管理系统的运作，容易产生沟通障碍。而项目结束前因组织即将解散，组织成员要寻求新的工作岗位或新项目，人心不稳，组织涣散。

5. 在一次性、临时性的项目组织中，人们的归属感和安全感不强，团队的凝聚力较弱，项目组织的下级人员对项目组织的忠诚度不如职能组织的下级人员。同时由于参加者来自不同企业，组织文化不同，项目组织很难像企业组织一样形成自己的组织文化，即项目参与各方很难构成较为统一的行为方式、共同的信仰和价值观，从而加大了项目沟通难度。

6. 反对变革的态度。项目组织是一个崭新的系统，它会对企业组织、外部周边组织（如政府机关、周边居民等）和其他参加者组织产生影响，需要他们改变行为方式和习惯，适应并接受新的结构和过程。这必然对他们的行为、心理产生影响，容易产生对抗。这种反对变革和对抗的态度常常会影响他们对项目的支持程度，甚至会造成对项目实施的干扰和障碍。

7. 人们的社会心理、文化、习惯、专业、语言对沟通产生影响，特别在国际工程中，项目参加者来自不同国度，不同的社会制度、文化、法律背景和语言等均会产生沟通的障碍。

8. 在项目实施过程中企业和项目的战略方针和政策应保持稳定性，否则会加大协调难度，造成人们行为的不一致，而这种稳定性是很难保证的。

9. 合同作为项目组织的纽带，是各参加者的最高行为准则，但业主与项目各方签订合同。在一个项目中相关的合同有几十份，几百份，而通常一份合同仅对两个签约者（如业主与某一承包商）之间有约束力，因此项目组织缺少一个统一的、有约束力的行为准则。从而导致了组织行为不一致、界面划分困难、管理效率低下。这是项目组织管理的基本问题之一。

由于合同在项目实施前签订，不可能将什么问题都考虑到，而实际情况又会千变万化，合同中和合同之间常常存在矛盾和漏洞，而项目各方均站在自己的立场上分析和解释相关合同，决定自己的行为，因此，项目的组织争执通常都表现为合同争执，而合同常常又是解决组织争端的依据。

长期以来，由于认识和行为上的问题，人们不重视项目的组织行为、沟通方式、组织争执和领导方式等问题，常常忽视使各项目相关者满意，以及如何使他们满意的问题。人们仅将沟通看作一个信息过程，而忽视了它又是心理的和组织行为的过程，忽视了项目组织沟通的特殊性。在项目沟通中信息过程是表面的，而心理过程是内在的、实质性的。

早期的项目管理文献侧重于项目管理工作手段和技术的研究、开发和论述。近几十年来，人们已逐渐地认识到项目组织协调、沟通方式、组织争执和领导方式等问题的重要性。人们把研究的重点逐步放在组织结构、组织行为等方面问题。这些领域包括：

（1）领导类型/人际关系技巧。
（2）冲突管理。
（3）决策方式和建立项目组织的技巧。
（4）组织设计和团队建设。
（5）项目管理中的信息沟通。
（6）项目组织与企业、顾客和其他外部组织的关系。
（7）人们在工程项目组织中的行为，以及不同国度和文化背景的人的行为和合作问题；

人们曾总结项目成功的十大规则，其中涉及这方面的问题就有"小组工作"、"各方良好的合作"、"沟通"、"争执的处理"、"公开的信息政策"、"激励"等。[1]

第二节 项目的组织行为问题

由于项目组织的特殊性，使得项目组织行为有其特点，同时带来了项目沟通的特殊性和复杂性。在现代项目管理中，对项目组织行为的研究是一个热点。

一、项目组织行为的主要影响因素

从上节分析可知，项目组织沟通存在许多障碍，其主要原因是项目的组织行为问题，如在项目组织中特别容易产生短期行为，项目的组织摩擦大，在项目组织中人们的归属感和组织安全感不强以及反对变更的态度等。此外，项目的组织行为的主要影响因素还表现在以下四个方面：

1. 项目参加者由所属企业派出，通常不仅承担本项目工作，而且同时承担原部门工作（特别在项目初期和结束前），甚至同时承担几个项目工作，则存在项目和原工作岗位之间或多项目之间的资源（还包括物资、时间和精力）分配的优先次序问题。这会影响其对一个项目的态度和行为。同时，参加者在工作中又不得不经常改变思维方式和工作方式，以适应不同的工作对象。

2. 项目的组织形式影响项目的组织行为。人们在独立式项目组织中的组织行为与在矩阵式的项目组织行为是不同的。

3. 项目的实施运作必须得到高层的支持，项目上层组织（军队、企业、政府）的组织模式、管理机制以及上层领导者的管理风格等，会影响项目的组织行为。

4. 合同形式影响项目的组织行为。特别对于承包商，对项目控制的积极性主要是由其与业主选用的合同形式决定的。

二、业主的组织行为问题

业主对工程项目承担全部责任，行使项目的最高权利，不直接具体地管理项目，仅作宏观的、总体的控制和决策，通常不是工程管理专家。

1. 许多业主希望或喜欢较多地、较深入地介入工程项目管理，将许多项目管理的权利集中在自己手中，如明文限制项目管理者的权利，经常对项目管理者和承包商进行非程序干预和越级指挥，该行为的出发点可能出自以下四个原因。

（1）业主对项目管理者信任程度不够，对项目管理者的能力、责任心、职业道德和公正性等产生怀疑。

（2）业主主观上希望将工程做得更为圆满。

（3）业主自信有较强的项目管理能力，但其知识、能力、时间和精力等实际上常常不能满足需要，因此引发很多问题。

（4）业主追逐权利的心理，不了解责权利平衡的原则，主观上希望自己拥有较多的权利而又不想承担责任。

工程实践证明，业主干预项目过多、太具体，会对项目的实施将产生负面的影响，将损害项目目标。这是我国工程项目中经常出现的现象。

2. 在工程实施中许多业主过于随便地行使决策权，随便改变主意，如修改设计、变更方案等等。由于经验和能力的限制，业主在作决策时常常不能顾及项目的整体的和长远的利益，不能预测对其他参加者的影响和对工程实施过程的冲击，因此容易造成工期延长和费用增加，引起合同争端，但却常常反过来责怪项目管理者管理不力。特别当业主比较自负时，更容易发生这些情况。

3. 在实际工作中经常还存在项目所属企业（业主的企业）其他相关部门对项目的非程序化干预，而且合作或合资项目中各投资者都喜欢非程序化地干预项目的实施，从而造成项目的多业主状态，破坏了统一领导和指令唯一性的原则；有许多业主很喜欢行使属于项目经理的权利，直接给承包商下达指令、付款。这使得项目经理和承包商的工作十分艰难。

4. 由于由业主发包、选择项目管理者和承包商并支付款项，且属于买方市场，承包商竞争激烈，因此业主常常产生高人一等的气势，不能正确对待项目管理者和承包商，有时不能以平等、公平的态度，而是以雇主的身份，居高临下地对待合作者。业主的性格、能力、商业习惯、文化传统、偏见都会影响其组织行为。

三、承包商的组织行为问题

1. 承包商的责任是圆满地履行合同，并获得合同规定的价款，而工程的最终效益（运行状态）与其没有直接的经济关系。他的主要目标是完成合同责任，降低成本消耗，以争取更大的工程收益（利润）。因此较多考虑到本企业成本的优化，而较少关注项目的整体的、长远的利益。一旦遇到风险或干扰，首先考虑采取措施避免或降低自己的损失。

2. 承包商项目目标控制的积极性与其所签订的合同类型和责任有关，例如：

（1）对工期控制的积极性是由合同工期及其拖延的罚款条款和提前奖励额度等因素决定的。

（2）对成本控制，若订立固定总价合同或目标合同，则其积极性高；而若订立成本加酬金合同，则其不仅缺乏积极性，而且会想方设法增加成本，以提高自己的收益。

(3) 对质量控制的积极性通常由出现质量问题的处罚条款、保修期和保修条款等决定。

承包商项目管理中的三大目标优先次序一般为成本、进度、质量。当目标产生矛盾时，承包商容易牺牲或放弃质量目标。

3. 项目中各承包商之间存在着复杂的界面联系。各承包商为了各自的利益，推卸界面上的工作责任，极力寻找合同中的漏洞和不完备的地方以及业主和项目经理的工作失误并进行索赔，获取收益。遇到干扰（风险）则首先考虑采取措施避免或降低自己的损失。

4. 承包商一般同时承担多个项目，在这些项目中有自己的资源分配优先级别。因此，本项目的特点、在企业经营中的地位，以及与业主、项目经理的关系等都会直接影响其对本项目的重视程度，资源保证程度。而这一切直接影响项目能否顺利实施。

四、项目经理的组织行为问题

项目经理接受业主的委托管理工程，行使合同赋予的权利，通常除管理合同规定的价款（包括奖励）外，他不应再从项目参加者任何一方获得其他利益。由于项目组织的特殊性，使得项目管理者的组织行为十分复杂，对整个项目组织和项目都有很大的影响。因此，人们常常从项目管理者角色的特殊性和对项目经理的要求透视其组织行为。

1. 对整个项目而言，项目经理具有参谋的职能，即作咨询、作计划，给业主提供决策的信息、分析研究、提供咨询意见和建议，这些工作属于顾问性质的。但另一方面他又承担直接管理的职能，即执行计划，对工程项目直接进行控制、监督、下达指令、检查工作，作评价。因为他不仅是项目的导演者、策划者，而且直接参与项目的实施，所以人们常常要求项目经理既是注重创新、敢冒风险、重视远景、挑战现状的领导者，又是勤恳敬业、重视成本、处事谨慎、按照规则办事的管理者。这是两种角色往往是矛盾的。

2. 项目管理属于咨询和服务工作，国外很多项目管理公司、监理公司被称为咨询公司，其工作很难量化，其工作质量也很难评价。因为项目是一次性的，常新的，有特殊的环境和不可预见的干扰因素，所以项目管理绩效的可比性差。这给项目经理的工作委托、监督和评价带来困难。实践证明，项目能否顺利实施，不仅依赖项目经理的水平和能力，更重要的是依靠他的敬业精神和职业道德。

3. 项目管理者本身责权利不平衡。按照管理的基本原理，任何组织单元应体现责权利平衡的原则，这是保证管理系统正常运行和有效控制的前提。但正如前面第六章的分析，项目经理，特别是专业化、社会化的项目经理却存在责权利不平衡，这会在很大程度上影响他的行为。

4. 由于项目是一次性的，项目组织、项目管理组织也是一次性的，业主对项目经理的委托是一次性的。项目经理也可能会有短期行为。

5. 由于项目经理部是临时性的短期组织，特别容易产生组织摩擦。专业职能管理人员在项目中难以充分发挥作用，难以晋升和受到上层重视，他会因经常性组织变动而产生不安全感，更希望在职能部门中工作。通常情况下，隶属于职能部门比在项目中更有利于提高业务水平，并受到重视。

6. 项目经理领导项目工作，作指挥和协调，但他对组织成员没有奖励和提升的权利。与企业领导相比，其吸引力、权威以及所能采取的组织激励措施是很有限的，使其缺乏足够的影响力,只能通过合同赋予的权利(如指令权、检查权、签发证书的权利)运作项目。

第三节 项目中几种重要的沟通

一、工程项目中主要的沟通关系

在项目实施过程中,项目管理组织内部、项目组织成员之间,以及项目组织与项目相关者之间都有沟通问题,所以项目存在多重沟通关系,项目的沟通渠道是网络状的,非常复杂的。项目经理和项目经理部是整个项目沟通的中心,围绕着项目经理和项目经理部有如下几种最主要的沟通关系(图18-1)。

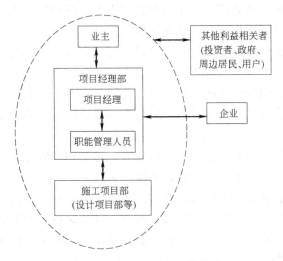

图 18-1 几种重要的沟通关系

1. 项目管理组织(项目经理部)内部的项目经理与职能人员之间的沟通。

2. 项目经理部与业主的沟通。

3. 项目经理部与项目实施任务承担单位(包括承包商、设计单位和供应商等)之间的沟通。

4. 项目经理部与所属企业部门之间的沟通。无论是业主聘请的项目管理单位,还是承包商的项目经理部,都存在与所属企业的各个部门的沟通问题。

5. 与其他项目利益相关者的沟通。如与政府、投资者、周边居民(社区组织)、工程产品或服务的用户等之间的沟通。这属于项目组织的外部沟通。

二、项目经理与业主的沟通

业主作为项目的所有者,行使项目的最高权利,对工程项目承担全部责任,但业主不直接具体地管理项目,仅进行宏观决策和总体的控制控制。项目经理受业主委托管理项目,必须服从业主的决策、指令及其对工程项目的干预。要取得项目的成功,使业主满意,项目经理必须加强与业主的沟通,取得业主的支持,但项目经理与业主的沟通可能存在诸多障碍,为此项目经理必须做好以下工作。

1. 项目经理首先要理解项目总目标、理解业主的意图、反复阅读合同或项目任务文件。对于未能参加项目决策过程的项目经理,必须了解项目构思的起因、出发点,了解目标设计和决策背景,否则对目标及完成任务可能产生不完整的,甚至错误的理解,给其工作带来很大的困难。如果项目管理和实施状况与投资者或业主的预期要求不同,业主将会干预,将要改变这种状态。因此,项目经理必须花很大气力来研究业主,研究项目目标。

2. 让业主一起参与项目全过程,而不仅仅是给他一个结果(竣工的工程)。尽管有预定的目标,但项目实施中必须执行业主的指令,使业主满意。而业主通常是其他专业或领域的人员,可能对项目懂得很少。许多项目经理常常嗟叹:"业主什么也不懂,还要乱指挥、乱干预。"这是事实,也确实是令项目经理十分痛苦的。但这并不完全是业主的责任,很大一部分的责任源自项目经理。解决这个问题较好的办法如下:

(1)向业主多做解释说明,帮助业主理解项目、项目过程,使他掌握项目管理方法,成为工程管理专家,减少其非程序的干预和越级指挥。特别应防止业主内部的其他部门人员随便干预和指令项目,或将企业内部的矛盾、冲突带入项目中。

许多项目经理不希望业主过多地介入项目,实质上这是不可能的。一方面项目经理无法,也无权拒绝业主的干预;另一方面业主介入也并非是一件坏事。业主对项目过程的参与能加深对项目过程和困难的认识,使决策更为科学和符合实际,同时能使之有成就感,从而积极地为项目提供帮助,特别是当项目与上层系统产生矛盾和争端时,更应充分依靠业主去解决问题。

(2)项目经理作决策时要考虑到业主的期望、习惯和价值观念,经常了解业主所面临的压力,了解业主的项目意图及其对项目关注的焦点。

(3)尊重业主,随时向业主报告情况。在业主作决策时,向他提供充分的信息,让他了解项目的全貌、项目实施状况、方案的利弊得失以及对目标的影响。

(4)项目经理应不断强化项目的计划性和预见性,让业主了解承包商、了解其非程序干预的后果。

业主和项目经理双方沟通越多,理解越深入,双方期望越清晰,则争执越少。否则业主将成为项目的一个干扰因素。而业主一旦成为干扰因素,尽管项目经理很辛苦,项目的最终成果可能比较完美,但他同样不能得到大家的认可,也就不能称之为成功的项目经理。

3. 业主在委托项目管理任务后,应将项目前期策划和决策过程向项目经理作全面的说明和解释,提供详细的资料。国际项目管理经验证明,在项目过程中,项目经理越早介入项目,项目实施越顺利,最好能让他参与目标设计和决策过程,在项目的全过程中尽可能保持项目经理的稳定性和连续性。

4. 项目经理工作过程中,有时会遇到业主所属企业的其他部门,或合资者对项目的指导、干预,这是非常棘手的。项目经理应很好地倾听这些人的忠告,并对他们进行耐心的解释和说明,但不应当让他们直接指导实施和指挥项目组织成员,否则会对整个工程产生巨大危险。

三、项目经理与承包商的沟通

这里的承包商是指工程的承包商、设计单位、供应商。他们与项目经理(监理)没有直接的合同关系,但他们必须接受项目管理者的领导、组织、协调和监督。承包商是工程建设项目的实施者。项目经理与承包商的沟通应注意以下几点。

1. 应让各承包商理解总目标、阶段目标以及各自的目标、项目的实施方案、各自的工作任务及职责等,应向他们解释清楚,作详细说明,增加项目的透明度。这不仅体现在技术交底和合同交底中,而且应贯穿于项目实施的全过程。

在实际工程项目中,许多技术型的项目经理常常将精力放在追求完美的解决方案上,进行各种优化。但实践证明,只有得到承包商充分的理解,才能发挥他们的积极性和创造性,否则即使有最优化的方案也不可能取得最佳的效果。因此,国际项目专家告诫:应把精力放在对实施者最佳的理解和接受上。

2. 指导和培训各参加者和基层管理者,使其适应项目工作,向他们解释项目管理程序、沟通渠道与方法,指导他们并与他们一起商量如何开展工作,如何把事情做得更好。经常地解释目标、解释合同、解释计划。发布指令后要做出具体说明,防止产生对抗情绪。

3. 业主将具体的项目管理事务委托给项目经理,赋予他很大的处置权利(例如按照FIDIC工程施工合同)。但项目经理在观念上应该认为自己是提供管理服务,不能随便对承包商动用处罚权(例如合同处罚),或经常以处罚相威胁(当然有时不得已也必须动用处罚权)。应经常强调自己的职责是提供服务、帮助,强调各方面利益的一致性和项目总目标。

4. 在招标、商签合同、工程施工中应让承包商掌握信息、了解情况,以做出正确的决策。

5. 为了减少对抗、消除争端,取得更好的激励效果,项目经理应欢迎并鼓励承包商将项目实施状况的信息、实施结果和遇到的困难、意见和建议向他汇报,以寻找和发现对计划、控制有误解,或有对立情绪的承包商,消除可能的干扰。各方面了解得越多、越深刻,项目中的争执也就越少。

6. 与承包商的沟通依据有项目计划、有关合同和合同变更资料、相关法律法规,可采用交底会、协调会、协商会、恳谈会、例会、联合检查和项目进展报告等方式。

四、项目经理部内部的沟通

项目经理领导的项目经理部是项目组织的领导核心。通常项目经理不直接控制资源和完成具体工作,而是由项目经理部中的相关职能人员具体实施,特别在矩阵式项目组织中,项目经理和职能人员之间及各职能人员之间应有良好的工作关系,应当经常沟通。

在项目经理部内部的沟通中,项目经理起着核心作用,如何协调各职能工作,激励项目经理部成员,是项目经理的重要工作。

项目经理部成员的来源与角色是复杂的,有不同的专业目标和兴趣,承担着不同的职能管理工作。有的专职为本项目工作,有的还同时承担多项目工作,或原职能部门工作。

1. 项目经理与技术专家的沟通是十分重要的,他们之间也存在许多沟通障碍。技术专家常常对基层的具体施工了解较少,只注意技术方案的优化,对技术的可行性过于乐观,而且不注重经济、社会和心理方面因素,项目经理要因势利导,发挥技术人员的作用,同时应注重方案实施的可行性和专业协调。

2. 建立完备的项目管理系统,明确划分各自的工作职责,设计比较完备的管理工作流程,明确规定项目中正式沟通的方式、渠道和时间,使大家按程序、按规则办事。

许多项目经理(特别是西方国家的),对管理程序寄予很大的希望,认为只要建立科学的管理程序，要求大家按程序工作，职责明确，就可以比较好地解决组织沟通问题，实践证明，这是不全面的。原因如下：

（1）管理程序过细，过分依赖程序容易使组织僵化。

（2）项目具有特殊性，实际情况千变万化，项目管理工作很难定量评价，它的成就主要依靠管理者的能力、职业道德、工作热情和积极性。

（3）过分程序化会造成组织效率低下，组织摩擦增大，管理成本提高，工期延长。

（4）国外有人主张不应将项目管理系统设计好了在项目组织中推广，应鼓励项目组织成员一起投入参与管理系统设计和运行的全过程，这样的管理系统更具实用性。

3. 由于项目和项目组织的特点，项目经理更应注意从心理学、行为科学的角度激励组织成员的积极性。虽然项目工作富有创造性，有吸引力，但在有些企业（特别是采用矩阵式项目组织形式的企业）中，项目经理没有强制性的权利和奖励的权利，资源主要掌握在部门经理手中。项目经理一般不具有对项目组成员提升职位和提薪的权利，这会影响他的权威和领导力，但他可采用自己的激励措施，例如：

（1）发扬民主，不独断专行。在项目经理部内适当放权，让组织成员独立工作，充分发挥他们积极性和创造性。通过让职能人员制定方案和安排计划，使他们对工作富有成就感。项目经理应少用正式权威，避免产生与职能部门的冲突，减少对项目经理部内部沟通产生消极的影响；多用专业知识、精神品格、忠诚和挑战精神等影响和鼓舞其成员。

（2）改善工作关系，关心每个成员，礼貌待人。鼓励大家齐心协力，与他们一起研究目标、制定计划，探讨问题，广泛听取他们的意见，鼓励他们多提建议、设想，甚至质疑，营造相互信任、轻松和谐的工作氛围。

（3）公开、公平、公正地处理事务。如透明地分配任务，合理地分配资源；公平地进行奖励，鼓励先进；客观公正地接受反馈意见；对上层指令、决策应清楚地、快速地通知项目组织成员和相关职能部门；应该经常召开会议，让大家了解项目的进展情况、遇到的问题或危机，鼓励大家同舟共济、精诚合作。

（4）在向上级和职能部门提交报告中，应包括对项目经理部成员的考核、评价和鉴定意见，项目结束时应对成绩显著的成员予以表彰，使他们有自我实现的成就感。

4. 处理好职能人员的双重忠诚问题。项目经理部是个临时性的管理小组。特别在矩阵式组织中，项目经理部成员在原职能部门保持其专业职位，他可能同时为多个项目提供管理和咨询服务。

有人认为，项目组织成员同他所属的职能部门关系密切会不利于项目经理部开展工作，这是不正确的。应鼓励他们同时忠诚于项目组织和职能部门，这是项目成功的必要条件。

5. 建立公平、公正的考评工作业绩的方法、标准和易于考核的目标管理标准，对组织成员进行绩效考评，其中应剔除运气、不可控制和不可预期的因素。

6. 项目经理部内部可依据项目计划和项目手册，采用委派、授权、例会、培训、检查、项目进展报告、思想工作、考核与激励等方法，实现良好的沟通、协作。

五、项目经理与企业职能部门的沟通

项目经理与企业职能部门经理之间的界面沟通是十分重要同时又是十分复杂的，特别在矩阵式组织中。职能部门必须对项目提供持续的资源和管理工作支持，项目才能够获得

成功。他们之间具有高度的相互依存性。

1. 在企业组织设置中，项目经理与职能经理之间在权力和利益的平衡上存在许多内在的矛盾。项目的每个决策和行动都必须跨过该界面进行协调，而项目的许多目标与职能管理差别很大。项目经理靠自身只能完成很少的任务，他必须依靠职能经理的合作和支持，因此，在此界面上的协调是项目成功的关键。

2. 项目经理必须保持与职能经理良好的工作关系，这是他工作顺利进行的保证。两个经理间有时意见相左，甚至会出现矛盾。职能经理常常不了解或不同情项目经理的紧迫感，职能部门都会扩大自己的作用，以自己的意愿来管理项目，这有可能使项目经理陷入困境，受强势的职能部门左右。

当与职能部门经理不协调时，有的项目经理可能被迫到企业最高管理层处寻求解决途径，将矛盾上交，但这样常常会进一步激化他们之间的矛盾，使以后的工作更难开展。他们可以通过以下方式建立良好的工作关系：

（1）项目经理在计划制定时应该与职能部门经理交换意见，就项目需要供应的资源，或职能服务问题与职能经理达成共识。

（2）职能经理在给项目分配人员与资源时，应与项目经理商量。若在资源分配时不让项目经理参与商讨，可能将导致组织争执。

3. 项目经理与职能经理之间应有一个清楚的、便捷的信息沟通渠道。项目经理和职能经理不能发出相互矛盾的命令，两位经理必须每天交流沟通。

4. 项目经理与职能经理之间产生矛盾的根源是他们之间权利和地位的竞争。职能经理成为项目经理的任务接受者，他的作用和任务是由项目经理来规定和评价的，同时他还对其职能范围的全面业务和他的正式上级负责。因此，职能经理感到项目经理有潜在的"侵权"或"扩张"的动机，意识到他们固有的价值和自主地位降低了，由项目经理指派工作，因而不愿意对实施活动承担责任。另外，职能经理对项目目标的理解一般有局限性，他通常按照自己的方式和已建立的目标优先级工作。

5. 人们倾向于对组织变化进行抵制。项目管理给原企业组织带来变化，必然要干扰已建立的企业管理规则和组织结构。建立项目组织，并设项目经理，机构模式是双重的，会对职能经理增加了一个压力来源。

6. 职能管理是企业管理等级的一部分，职能经理被认为是"常任的"，代表"归宿"。他可直接与公司的总裁联系，因此他容易获得高层的支持。

7. 项目经理和职能经理之间应进行项目计划、企业的规章制度、项目管理目标责任书和控制目标等方面的沟通和交流。项目经理制订项目的总体计划后应取得职能部门资源支持的承诺。这应作为计划过程的一部分。一旦计划发生变动，首先应通知相关的职能部门。

第四节 项目沟通中的问题和冲突管理

一、常见的沟通问题

如果在项目管理组织内部和组织界面之间存在的沟通障碍，常常会产生以下问题。

1. 项目组织或项目经理部中出现混乱，总体目标不明确，不同部门和单位兴趣与总目标不同，各人有各人的打算和做法，且尖锐对立，而项目经理无法调解争端或无法解释。

2. 项目经理部经常讨论不重要的非事务性主题，协调会议经常被一些能说会道的职能部门人员打断，干扰或偏离了议题。

3. 信息未能在正确的时间内，以正确的内容和详细程度传达到正确位置，人们抱怨信息不够，或信息量过大，或不及时，或不着要领，或无反馈。

4. 项目经理部中没有应有的争执，但却存在于潜意识中，人们不敢或不习惯将争执提出来公开讨论。

5. 项目经理部中存在着不安全、不稳定、甚至绝望的气氛，特别在项目遇到危机，或上层组织准备对项目作重大变更，或指令项目不再进行，或对项目组织作调整，或项目即将结束时。

6. 实施中出现混乱，人们对合同、对指令、对责任书理解不一致或不能理解，特别在国际工程以及国际合作项目中，由于不同语言的翻译造成理解的混乱。

7. 项目得不到企业职能部门的支持，无法获取资源和管理服务，项目经理花大量的时间和精力周旋于职能部门之间，与外界不能进行正常的信息沟通。

二、原因分析

上述问题普遍存在于许多项目中，其原因如下：

1. 项目初期，项目决策人员或某些参加者刚介入项目组织，缺少对目标、责任、组织规则和过程等统一的认识和理解。在制定项目计划方案、作决策时未听取基层实施者和职能经理的意见，项目经理自恃经验丰富、武断决策，不了解实施者的具体能力和情况等，致使计划不符合实际。在制定计划后，项目经理未和相关职能部门协商，就指令人们执行。

项目经理与业主之间缺乏沟通，对目标和项目任务理解不完整，甚至失误。另外，项目前期沟通太少，如在招标阶段给承包商的做标期太短。

2. 目标对立或表达上有矛盾，而各参加者又从自己的利益出发诠释目标，导致理解混乱，项目经理又未能及时做出解释，使目标透明。组织成员对项目目标的理解越不一致，冲突越容易发生。

参加者来自不同的国度、专业领域和专业部门，习惯不同，概念理解也不同，甚至存在不同的法律参照系，而在项目初期却未作出统一的解释。

3. 缺乏对组织成员工作明确的结构划分和定义，人们不清楚自己的职责范围。项目经理部内工作模糊不清，职责冲突，缺乏授权。通常，职责越不明确，冲突越容易发生。

在企业中，同期的项目之间优先级不明确，导致项目之间资源争执，不同的职能部门对项目优先级的看法不同。有时，项目有许多投资者，他们对项目进行非程序干预，形成实质上的多业主状况。

4. 管理信息系统设计功能不全，信息渠道不通畅，信息处理有故障，没有按层次、分级、分专业进行信息优化和浓缩，当然也可能存在信息分析评价问题和不同的观察方式问题。

5. 项目经理的领导风格欠佳，项目组织的运行风气不正，主要表现在：

（1）业主或项目经理独裁，不允许提出不同意见和批评，内部言路堵塞。

（2）信息封锁，上级部门人员或职能部门人员故弄玄虚或存在幕后问题。

（3）项目经理部内有强烈的人为冲突，项目经理和职能经理之间互不信任，互不买账，使项目经理部成员无所适从。

（4）不愿意向上级汇报坏消息，不愿意倾听那些与自己观点相左的意见，采用封锁的办法处理争执和问题，盲目乐观，以为问题会自行解决。

（5）项目组织成员兴趣转移，不愿承担义务。

（6）将项目管理看作是办公室的工作，作计划和决策时仅依靠报表和数据，不注重与实施者直接面对面的沟通。

（7）项目经理经常以领导者居高临下的姿态出现在成员面前，不愿多作说明和解释，喜欢强迫命令，对承包商经常动用合同处罚权或以合同处罚相威胁。

在实际过程中，项目经理的不同来历（如军人、企业经营人员、技术人员等）及其专业特点、性格、动机、兴趣和心理因素等都会影响他的沟通方式。

6. 协调会议主题不明，项目经理权威性差，或不能正确引导，与会者不守纪律，或职能部门领导过于强势（如年龄大、工龄长、经验丰富、老资格、有后台），或个性缺陷、组织观念不强，在协调会议上拒绝任何批评和干预，而项目经理无权干涉。

7. 下层单位滥用分权和计划的灵活性原则，随意扩大自由处置权，过于注重发挥自己的创造性，违背或不符合总体目标，并与其他同级部门造成摩擦，与上级领导产生权利纷争。

8. 企业或项目采用矩阵式组织，但组织运作规则设计不好或根本没有设计，人们尚未从直线职能式组织的运作方式上转变过来，项目经理与企业职能部门经理的权利和责任界限不清晰。项目组织运作还没有被企业、职能部门所认同。

9. 项目经理缺乏管理技能、技术判断力，或缺少与项目相应的经验，没有威信。通常，项目经理的决策权越小、威信越低，项目越容易发生冲突。

10. 高级管理层对项目的实施战略不明，不断改变项目的范围、目标、资源条件和项目的优先级。

11. 项目出现重大变更、环境混乱、危机等，会激化矛盾，更强烈显现沟通障碍。

三、组织争执

1. 项目中的争执

沟通障碍常常会导致组织争执。项目组织是多争执的组织，这是由项目、项目组织和项目组织行为的特殊性决定的。项目组织和实施过程一直处于冲突的环境中，项目经理是争执的解决者。争执在项目中普遍存在，常见的争执有：

（1）目标争执，即出现项目目标系统的矛盾，如同时过度要求压缩工期，降低成本，提高质量标准；项目成本、进度、质量目标之间优先级不明确；项目组织成员各有自己的目标和打算，对项目的总目标缺乏了解或共识。

（2）专业争执，如存在技术上的矛盾，各专业对工艺方案、设备方案和施工方案的设计和理解存在不一致，建筑造形与结构之间存在矛盾。

（3）角色争执，如企业任命总工程师作为项目经理，他既有项目工作，又有原部门的工作，常常以总工程师的立场和观点看待项目，解决问题。

（4）过程争执，如决策、计划、控制之间的信息、实施方式存在矛盾性，管理程序发生冲突。

（5）项目组织争执，如组织结构问题、组织间利益纷争、行为不协调、合同中存在矛盾和漏洞。项目组织内，以及项目组织与外界存在权利的争执和互相推诿责任，项目经理部与职能部门之间的界面争执，业主与承包商之间出现索赔与反索赔。

（6）由于资源匮乏导致的项目在计划制定和资源分配上的争执等。

2. 正确对待争执

在项目的全过程中，组织争执普遍存在、不可避免而且千差万别，项目经理需要花费大量的时间和精力处理和解决争执，这已成为项目经理的日常工作之一。

（1）组织争执是一个复杂的现象，它会导致人际关系紧张和意见分歧。通常争吵是争执的表现形式。若产生激烈的争执或尖锐的对立，这就会造成组织摩擦、能量的损耗和低效率。

（2）组织争执有积极性与消极性。处理得好，不仅可以解决矛盾，还可以产生新的激励；处理得不好，会激化矛盾，不仅本身矛盾没解决，还可能引发更多冲突。

在现代管理中，人们发现，没有争执不代表没有矛盾。有时表面上没有争吵，但风险潜在，如果没有正确的引导就会导致更激烈的冲突。一个组织适度的争执是有利的，没有争执，过于融洽，就没有生气和活力，可能导致竞争力丧失，不能优化。

正确的方法不是宣布禁止争执或让争执自己消亡，而是通过争执发现问题，让大家公开自己的观点，暴露矛盾和意见分歧，获取新的信息，并通过积极的引导和沟通达成共识。成功的冲突管理可以提高管理效率，改善工作关系，推动项目实施。

（3）对争执的处理首先取决于项目经理的性格和对争执的认识程度。项目经理要有效地处理争执，必须有意识地做好引导工作，通过讨论、协商和沟通，以求顾及各方面的利益，达到项目目标的最优实现。

3. 解决争执的措施。对争执有多种处理策略，例如：

（1）回避、妥协、和解的方法。

（2）以双方合作，利益共享的方法解决问题。

（3）通过协商或调停的方式解决。

（4）由企业或高层领导裁决。

（5）采用对抗的方式解决，如进行仲裁或诉讼。

（6）通过成熟的组织规则减少冲突。

第五节 项目沟通方式

一、沟通方式

项目中的沟通方式精彩纷呈，可以从许多角度进行分类，例如：

1. 双向沟通（有反馈）和单向沟通（不需反馈）。
2. 按组织层次分为：垂直沟通，即按照组织层次上下之间沟通；横向沟通，即同层次的组织单元之间的沟通；网络状沟通。
3. 正式沟通和非正式沟通。
4. 语言沟通和非语言沟通。

语言沟通，即通过口头面对面沟通，如交谈、会谈、报告或演讲。面对面的语言沟通是最客观的，也是最有效的沟通。因为它可以进行即时讨论、澄清问题，理解和反馈信息。人们可以更准确、便捷地获取信息，特别是软信息。

非语言沟通，即书面沟通，包括项目手册、建议、报告、计划、政策、信件、备忘录以及其他表达形式。

5. 项目组织可以以面对面的方式进行沟通，还可以在虚拟的环境下进行沟通。现代社会的沟通媒介很多，如电话、电子邮件、互联网、视频会议以及其他电子工具。

二、正式沟通

（一）正式沟通的概念

1. 正式沟通是通过正式的组织过程来实现或形成的，有既定的目标和有计划的活动。它由项目的组织结构图、项目工作流程、项目管理流程、信息流程和确定的运行规则构成，并且采用正式的沟通方式。

2. 有固定的沟通方式、方法和过程。正式沟通方式和过程必须经过专门的设计，有专门的定义，它一般在合同中或在项目手册中被规定，作为大家的行为准则。

3. 大家一致认可，共同遵守，作为组织的规则，以保证行动一致。组织的各成员必须遵守同一个运作模式，必须是透明的。

4. 这种沟通结果常常具有法律效力，它不仅包括沟通的文件，而且包括沟通的过程。例如，会议纪要若超过答复期不作反驳，则形成一个合同文件，具有法律约束力；对业主下达的指令，承包商必须执行，但业主也要承担相应的责任。

（二）正式沟通的方式

1. 项目手册

项目手册的内容极其丰富，它是项目和项目管理基本情况的集成，其基本作用就是便于项目参加者之间的沟通。一本好的项目手册，会给项目各方带来诸多方便，包括以下内容：项目的概况、工程规模、业主、项目目标、主要工程量；各项目参加者；项目结构；项目管理工作规则等。其中，应说明项目的沟通方法、管理程序，文档和信息应有统一的定义和说明，统一的WBS编码体系，统一的组织编码、统一的信息编码、统一的工程成本细目划分方法和编码、统一的报告系统。

项目手册是项目的工作指南。在项目初期，项目经理应将项目手册的内容和规定向各参加者作介绍，使大家了解项目目标、状况、参加者和沟通机制，让大家明了遇到什么事应该找谁，应按什么程序处理以及向谁提交什么文件等。

2. 各种书面文件，包括各种项目范围文件、计划、政策、过程、目标、任务、战略、组织结构图、组织责任矩阵、报告、请示、指令、协议。

（1）项目计划是主要的沟通工具之一，项目经理在制定项目的总体计划后应通报给整个组织，应取得职能部门资源支持的承诺。没有进行这样的沟通，项目经理就很可能在资源分配、人力利用和进度等方面与其他职能部门之间会有持续的争执。

（2）在实际工作中要形成文本交往的合作风气，尽管大家天天见面，经常在一起商谈，但对工程项目问题的各种磋商结果（指令、要求）都应落实在文本上，项目参与各方都应以书面文件作为沟通的最终依据，这是法律和工程管理的基本要求，可避免出现争执、遗忘和推诿责任等现象。

(3) 定期报告制度，建立报告系统，及时通报工程的基本状况。

(4) 对工程中的各种特殊情况及其处理，应做好记录，并提出报告。特别对一些重大事件，特殊困难或自己无法解决的问题，应呈具报告，使各方面了解。

(5) 对涉及各方面的工程活动，如场地交接、图纸交接、材料和设备验收等，都应有相应的手续和签收的证据。

在项目过程中注重界面上的交接工作，如各种交底工作，包括设计单位对施工单位的图纸交底，负责合同签订的部门对项目经理部的合同交底等。

3. 协调会议

(1) 协调会议是正规的沟通方式，包括以下两种类型：

1) 常规的协调会议，一般在项目手册中规定每周、每半月或每月举办一次，在规定的时间和地点举行，由规定的人员参加。

2) 非常规的协调会议，即在特殊情况下根据项目需要举行的。例如：信息发布会；解决专门问题的会议（发生特殊的困难、事故时召开会议紧急磋商）以及决策会议（业主或项目经理对一些问题进行决策、讨论或磋商）。

(2) 协调会议的作用

项目经理对协调会议要足够重视，亲自组织、筹划，因为协调会议是一个沟通的极好机会，作用如下：

1) 可以获取大量信息，以便对现状进行了解和分析，它比通过报告文件能更好、更快、更直接地获得有价值的信息，特别是软信息，如各方面的工作态度、积极性和工作秩序等。

2) 检查任务、澄清问题，了解各子系统的完成情况、存在问题及影响因素，评价项目进展情况，及时跟踪。

3) 布置下阶段工作，调整计划，研究问题的解决措施，选择方案，分配资源。在这个过程中可以集思广益，听取各方意见，同时又可以贯彻自己的计划和思路。

4) 产生新的激励效果，动员并鼓励各参加者努力工作。

(3) 协调会议的组织过程

会议也是一项目管理活动，也应当进行计划、组织和控制。组织好一个协调会议，使它富有成果，达到预定的目标，需要有相当的管理知识、艺术性和权威。在项目中应确定会议规则和指南。

1) 事前筹划

在开会之前，项目经理必须做好准备，包括：

① 应分析召开会议的必要性，确定会议目的、会议类型、议事日程、与会人员、时间地点；

② 信息准备，了解项目状况、困难，各方面的基本情况，收集数据；

③ 准备好讨论的议题，需要了解的信息，期望会议的作用或效果，设计问题解决方案；

④ 应考虑大家的反应，能否接受自己的意见，若有矛盾冲突，应有备选的方案或措施以达成共识；

⑤ 准备工作，如时间安排、会场布置、人员通知，有时需要准备直观教具、分发的

材料、仪器或其他物品、准备必要的文件、资料，会议日程应提前分发给参加人员。

对一些重大问题为了更好地达成共识，避免在会议上的冲突或僵局，或为了更快地达成一致，可以先将议程打印后发给各个参加者，并可以就议程与一些主要人员进行预先磋商，进行非正式沟通，听取修改意见。一些重大问题的处理和解决，往往要经过许多回合，许多次协调（预备）会议，最后才能得出结论，这些都需要进行很好的计划。

2）会中控制

① 会议应按时开始，指定记录员（录音或录像），简要介绍会议的目的和议程。

② 驾驭整个过程，鼓励讨论、防止不正常的干扰，如跑题，讲一些题外话，干扰主题；有些人提出非正式议题进行纠缠，或挑起争吵，影响会议的正常秩序。项目经理必须不失时机地提醒切入主题或过渡到新的主题。

③ 善于发现和抓住有价值的问题，倾听他人观点、集思广益，补充、完善解决方案。

④ 创造和谐的会议气氛，鼓励参加者讲出自己的观点，反映实际情况、问题和困难，一起研究解决途径。

⑤ 通过沟通、协调，使大家意见统一，使会议富有成果。

⑥ 当出现不一致甚至冲突时，项目经理必须不断地解释（宣传）项目的总体目标和整体利益，明确共同的合作关系，相互认同。这样不仅使大家取得协调一致，而且要争取各方面心悦诚服地接受协调，并以积极的态度完成工作。

⑦ 项目经理在必要时应适当动用权威。如果项目参加者各执己见，互不让步，在总目标的基点上不能协调或达成一致，他就必须动用决定权，但这必须向业主作解释。

⑧ 记录会议过程和内容。

⑨ 在会议结束时总结会议成果，作出决议，确认后期应采取的行动和责任、具体实施人员及实施约束条件、并确保所有参加者对所有的决策和行动有一个清楚的认识。

3）会后处理

① 回顾会议情形，评价会议进展情况和结论，努力完成会议安排的各项任务。

② 会后应尽快整理并起草会议纪要或备忘录，作为决议。

③ 会议纪要或备忘录应在确定的时间内分发到有关各方进行核实并确认。一般各参加者在收到纪要后如有反对意见应在规定的时间内提出反驳意见，否则便作为同意会议纪要内容的情况来处理。这样，该会议纪要才能成为有约束力的协议文件。对重大问题的决议或协议常常要在新的协调会议上签署。

4. 工作检查

通过各种工作检查，特别是工程成果的检查验收进行沟通。各种工作检查、质量检查和分项工程的验收等都是非常好的沟通方法。它们由项目过程或项目管理过程规定。通过这些工作不仅可以检查工作成果、了解实际情况，而且可以协调各方面、各层次的关系。因为检查过程常常是解决存在问题，使组织成员之间互相了解的过程，同时常常又是新的工作协调的起点，所以它不仅是技术性工作，而且是一个重要的管理工作。

5. 其他沟通方法，如指挥系统、建议制度、申诉和请求程序、申诉制度、离职交谈。有些沟通方式处于正式和非正式之间。

三、非正式沟通

1. 非正式组织的内涵

非正式组织是指没有自觉的共同目标（即使也可能产生共同的成果）的一些个人之间的活动统称为非正式组织，如业余爱好者相聚。在项目组织和企业组织中，正式组织和非正式组织是共存的。

2. 非正式沟通的形式

非正式沟通是通过项目中的非正式组织关系形成的。一个项目组织成员在正式的项目组织中承担着一个角色，另外他同时又处于复杂的人际关系网络中，如非正式团体，由爱好、兴趣组成的小组，人们之间的非职务性联系等。在这些组织中人们建立起各种关系来沟通信息、了解情况，并影响着对方的行为。

（1）通过聊天，一起喝茶等传播小道消息，了解信息、沟通感情。

（2）在正式沟通前后和过程中，在重大问题处理和解决过程中进行非正式磋商，其形式可以是多样的，如聊天、喝茶、吃饭、非正式交谈或召开小组会议。

（3）通过到现场进行非正式巡视和观察，与各种人接触、座谈、旁听会议，直接了解情况，这通常能直接获取项目中的软信息，并可了解项目团队成员的工作情况和态度。

（4）通过大量的非正式横向交叉沟通，能加速信息的流动，促进成员间的相互理解。

3. 非正式沟通的作用

非正式沟通的作用有正面的，也有负面的。管理者可以利用非正式沟通方式达到更好管理效果，推动组织目标的实现。

（1）非正式沟通更能反映人们的态度。管理者可以利用非正式沟通了解参加者的真实思想、意图、看法及观察方式，了解事件内情，以获得软信息。在非正式场合人们比较自由和放松，容易讲真话。

（2）折射出项目的文化氛围。通过非正式沟通可以解决各种矛盾，协调好各方面的关系。例如，事前的磋商和协调可避免矛盾激化，解决心理障碍；通过小道消息透风可以使大家对项目的决策有思想准备。

（3）可以产生激励作用。由于项目组织的暂时性和一次性，大家普遍没有归属感、缺乏组织安全感，会感到孤独。而通过非正式沟通，能够满足人们的感情和心理的需要，使大家的关系更加和谐，融洽，也能使弱势人员获得自豪感和组织的温暖。人们能够打成一片，会使大家对项目组织产生认同感、满足感、安全感、归属感，对管理者有亲近感。

（4）非正式沟通获得的信息具有参考价值，可以辅助决策，但这些信息没有法律效力，而且有时有人会利用它来误导他人，所以在决策时应正确对待，谨慎处置。

（5）承认非正式组织的存在，有意识地利用非正式组织，可缩短不同组织层次之间的距离，使大家亲近，增强合作精神，形成互帮互助的良好氛围，还能规范行为，提高凝聚力。

（6）有助于更好的进行正式沟通。在作出重大决策前后采用非正式沟通方式，集思广益、通报情况、传递信息，以平缓矛盾，而且能及早地发现问题，促使管理工作更加完美。

（7）不少小道消息的传播会使人心惶惶，特别当出现项目危机，或项目要结束的时候。这样会加剧人心的不稳定、困难和危机。对此，可采用公开信息的办法，使项目过程、方针、政策透明，从而减弱小道消息的负面影响。

（8）非正式组织常常要求组织平等，降低组织压力，反对组织变更，使组织惰性增加。也束缚了成员的能力和积极性，冲淡了组织中的竞争气氛，进而对正式组织目标产生损害。

第六节 项目手册

项目手册在项目的实施过程中具有重要作用，它是项目参加者、项目管理者沟通的依据和项目管理的依据。

一份好的项目手册可以使项目的基本情况透明，有利于程序化、规范化工作，使各参加者，特别是刚进入这个项目的参加者很快熟悉项目的基本情况和工作过程，方便与各方面进行沟通。项目手册内容可以按需要设计。对工程建设项目，通常它包括如下信息：

一、项目概况

主要说明项目名称、地点、业主、项目编号。

二、项目总目标和说明

1. 项目的特征数据：

（1）工程规模：如工程的生产能力、建筑面积、使用面积、面积的总体分配、体积、工程预算、总投资、预算平米造价、总平面布置图。

（2）主要工程量，如土方量、混凝土量、墙体面积、装饰工程量、安装工程吨位数等。

2. 项目工作分解结构图及表。

3. 总工期计划（横道图及其说明）。

4. 成本（投资）目标与计划。按成本项目、时间、工程分部等列出计划成本表，并简要说明。这表明总成本（投资）的分配结构。

5. 工程说明。按工程部分和各专业说明设计及实施要求，质量标准，规模等，说明建筑面积的分配，如各科室所占面积和各专业功能面积。

三、项目参加者

这里主要说明各项目参加者的基本情况，如名称、地点、通讯、负责人。

1. 业主；

2. 业主企业的相关各职能部门和单位；

3. 官方审批部门（如城建部门、环保部门、水、电部门，监督机构等）；

4. 项目管理者（监理公司或项目管理公司）；

5. 设计单位；

6. 施工企业和供应单位等。

四、合同管理

1. 有效合同表；

2. 有效合同文本、附件目录及合同变更和补充；

3. 合同结构图、合同编号及相关图纸编码方法；

4. 各合同主要内容分析；

5. 各合同工程范围、有效期限；

6. 业主的主要合作责任，应完成的工作；

7. 合同以及工程中的常用缩写及专有名词解释；
8. 合同管理制度。

五、信息管理

1. 报告系统。包括项目内部以及向外正规提交的各种报告的目录及标准格式。
2. 项目信息编码体系。如所采用的项目工作编码（WBS）、合同编码（CBS）、组织编码（OBS）、成本编码（CBS）、资源（RBS）编码、文件编码等。
3. 项目资料及文档管理。
（1）各种资料的种类，如书信、技术资料、商务资料、合同资料；
（2）文档系统描述；
（3）资料的收集、整理、保管责任体系。

六、项目管理规程

项目参加者之间的责权利关系是通过合同规定的。在项目实施中，项目参加者之间的信息流通、沟通、协调方式，由项目管理工作规程确定。项目管理工作规范通常由项目经理起草，由业主和各项目参加者共同确认后执行。

项目管理工作规程一般分为设计阶段和施工阶段两部分。某办公楼建设工程管理工作规则基本内容如下：

1. 引言。简要介绍该工程的地点、名称，为了顺利进行工程的设计和施工，业主与所有设计和施工的参加者订立管理工作规则，共同遵守。
2. 项目参加者各方。分别介绍项目及项目管理各方，包括业主、业主单位的相关部门、项目管理（咨询）单位、建筑师、各专业设计师（包括结构、供暖、空调、通风、卫生设备工程、电器工程、运输设施、厨房设施、地面交通设施、其他专业工程）、技术鉴定单位、各施工企业（包括总包和分包及其他施工单位）、供应单位、其他相关单位（如城建部门、水电供应单位、邮政局、环保局等）。
3. 项目各参加者的责任

（1）业主。工程的业主及授权代表作出与本项目相关的一切决策，特别是关于项目目标、成本、财务、工期以及工程招标。

（2）业主单位的相关部门。例如：

1）组织部门负责为业主提供办公楼空间分配计划要求（如各办公室房间面积），布置方案和办公设备要求，它们经业主确认后作为设计的基础。

当项目管理者要与业主的其他部门商谈时，应通知组织部门，它有权参加会谈。

2）其他部门。当业主或项目管理者遇到该新办公楼的设计和施工相关专业领域问题时，可以向相关部门提出，由他们负责解释。与这些部门会谈的纪录、纪要应送达这些部门。

（3）项目管理者

1）项目管理者直接服从业主领导，在与承包商、政府机关、水电供应部门交往中代表业主。

2）项目管理者从内容、质量、时间和费用方面负责对设计和施工过程进行具体的计划、组织、监督和控制。明确规定项目管理单位的工作任务、职责和权利，如与业主一起确定项目目标及目标的执行和跟踪；从事信息工作，协调业主委托的各承包商之间的工作，行使协调的职能；与业主的相关专业部门和批准机关、水电供应部门合作；为业主决策提供准备和建议，并执行这些决策；工期和费用的计划和控制；代表业主作现场管理，对承包商具有指令权，负责现场工程的协调和总体质量控制；主持经常性协调会议；向业主提交项目月报表；检查承包商提交的账单并递交业主等。

在这些范围内项目管理者对承包商有指令权，特别当工期、成本与计划相违背需采取特别措施时。为了保证协调任务的完成，各项目参加者应向项目管理者传递大量信息，所有与项目有关的会谈、会议都应在事前及时通知他。项目管理者向业主提交报告，同时应能获得设计、施工所必需的信息。

3）项目经理部部门的划分及责任矩阵表。

（4）建筑师。在设计工作中，建筑师处于中间位置，他对设计和施工有特殊的协调责任：

1）按建筑设计合同及业主和项目管理者提出的设计要求完成设计任务；

2）与其他专业设计者一起提供相关专业问题的建议；

3）其他各专业设计的协调应服从建筑师的要求；

4）他应参加经常性协调会议；

5）为了实现项目总目标，所有与第三方的会谈（如其他设计者、主管部门、水电供应单位等）都应事先向项目管理者通报并一齐商定，并向项目管理者递交会议纪要或文件；

6）他的设计文件在交业主审批前先交项目管理者；

7）如出现阻碍、中断和其他拖延，应直接向项目管理者报告，以使他能采取措施；

8）应将他的设计进展通报项目管理者；

9）审查与他专业相关的施工企业的施工图设计，并应在5天内完成；

10）在施工阶段应与项目管理者一齐研究工程变更决定。

（5）专业设计工程师。对他们的规定与建筑师相似。专门规定有：

1）他们应配合建筑师，设计和专业协调应符合建筑师的要求；

2）专业工程师在完成专业设计后，应先交建筑师作建筑相关方面的审查，后交项目管理者，再转交业主。

（6）施工企业

1）总包。总包按总承包合同进行工程施工，它直接受项目管理者和业主领导。总承包企业的分包商由他负责协调。工程中如果出现障碍、中断或其他干扰应直接通知项目管理者，以便及时采取措施。总包应将工程进度向项目管理者作报告。他负责作出的设计文件，应按设计任务归属，送项目管理者。为了赶工期，允许将设计图纸直接交建筑师或结构工程师审查，这种转交应按要求记档。总包对施工期间的工地安全负责。

2）其他施工单位由项目管理者协调，工程由业主委托。

4. 项目组织及协调关系。列出项目组织结构图和在工程中的主要协调关系图。

5. 事务性管理

（1）协调会议。规定常规协调会议的日期、时间、地点、参加人。

特别的协调会议时间由项目管理者按需要通知。

会议由项目管理者作记录，会议纪要在1周内送达业主，会议参加者和其他相关项目参加者，如果有反对意见，必须在收到纪要 3 天内将反驳意见送达项目管理者，否则，该纪要对所有项目参加者有约束力。

（2）给业主的报告。业主收到项目管理者每月"项目情况报告"的时间，报告中应包括项目状况、设计和施工进度、成本、支出、批准过程和特殊情况说明。对重大意义事件，项目管理者应及时报告业主。

项目管理者应为业主决策准备所需资料，并于决策前 14 天送达业主。

（3）图纸的递交和签发。包括设计图纸提供和审批程序，图纸上必须包括的信息，如建设项目、说明（平面图，剖面图等）、建筑物分部、内容（装饰、电器安装等）、序号、作者、审查印记、设计阶段（初步设计、技术设计、施工图设计等）、出图方式、日期、修改部分的修改标志、比例、与图纸有横向联系的图纸序号等。

特别规定：修改部分应在图纸中加图形标志说明；图纸的递交应将样张送项目管理者，项目管理者在收到图纸和资料后应复印两份，设计原件应随时按项目管理者需求供他使用；某个设计阶段所出的全部图纸（如初步设计、技术设计），只有在项目管理者盖上印章后才允许使用或继续深入设计；所有施工详图，图纸虽经项目管理者签发，但设计者仍承担合同规定的义务和责任。

（4）账单的提交和审查程序。设计单位或施工单位按规定时间向项目管理者提交付款账单，项目管理者在规定时间内作出审核，并递交业主，由业主在规定时间内支付。

（5）材料、设备、工程等验收程序。

复习思考题

1. 工程项目组织沟通中有哪些困难？
2. 业主的组织行为有什么问题？
3. 承包商的组织行为有哪些问题？
4. 列举出项目经理的几种主要沟通方式。
5. 非正式沟通有哪些形式？
6. 正式沟通有哪些形式？
7. 如何利用非正式组织进行沟通和协调？
8. 组织一个协调会议应进行哪些准备工作？
9. 为您所参与的一个工程项目编制一份项目手册大纲。

第十九章 信 息 管 理

内容提要：
(1) 工程项目中的信息、信息流。
(2) 工程项目管理信息系统的结构、流程的总体描述。
(3) 工程项目报告系统的结构形式和内容。
(4) 工程项目文档管理系统的基本内容。
(5) 项目管理中软信息问题。
(6) 某工程承包企业项目管理系统设计案例。

第一节 概 述

一、项目中的信息流

（一）工程项目实施中的几种流动过程及其相互关系

在工程项目的实施过程中产生了以下四种主要流动过程。

1. 工作流

由项目工作结构分解得到项目的所有工作，通过任务书（委托书或合同）确定了这些工作的实施者，再通过项目计划具体安排它们的实施方法、实施顺序、实施时间以及实施过程中的协调。这些工作在一定时间和空间内实施，便形成了项目的工作流。工作流构成项目的实施过程和管理过程，主体是工程实施人员和管理人员。

2. 物流

工作的实施需要各种材料、设备、能源，它们由外界输入，经过构件等生产、施工转换成工程实体，最终得到项目产品，则由工作流引起物流，表现出工程的物质生产过程。

3. 资金流

资金流是项目过程中价值的运动。例如，从外部投入资金，通过采购变为库存的材料和设备，支付工资和工程款，再转变为已完工程，投入运行后作为固定资产，通过工程的运行取得收益。

4. 信息流

工程项目的实施过程需要并不断地产生大量信息。这些信息伴随着上述几种流动过程按一定的规律产生、转换、变化和被使用，并被传送到相关部门或单位，形成项目实施过程中的信息流。项目管理者设置目标，作决策，作各种计划，组织资源供应，领导、激励、协调各项目参加者的工作，控制项目的实施过程都是依靠信息实施的。

以上四种流动过程之间相互联系、相互依赖又相互影响，共同构成项目实施和管理过程。

在这四种流动过程中，信息流对项目管理有特别重要的意义，它将项目的工作流、物流、资金流，各个管理职能和项目组织，以及项目与环境结合在一起。它不仅反映，而且控制、指挥着工作流、物流和资金流。例如，在项目实施过程中，各种工程文件、报告、报表反映了工程项目的实施情况，反映了工程实物进度、费用、工期状况，各种指令、计划、协调方案又控制和指挥着项目的实施。在项目实施全过程，项目组织成员之间，以及与项目相关者之间都需要进行充分、准确、适时的信息沟通，及时采取相应的组织协调措施，以减少冲突和变更，保证工程项目目标的顺利实现。因此，它是项目的神经系统。只有信息流通畅，有效率，才会有顺利的、有成效的项目实施过程。

（二）工程项目的信息交换过程

工程项目中的信息流通方式多种多样，可以从许多角度进行描述。项目中的信息流包括两个最主要的信息交换过程：

1. 项目与外界的信息交换。项目作为一个开放系统，它与外界环境有大量的信息交换。这里包括：

（1）由外界输入的信息，如物价信息、市场状况信息、周边情况信息以及上层组织（如企业、政府部门）给项目的指令、对项目的干预等，项目相关者的意见和要求等。

（2）项目向外界输出的信息，如项目状况的报告、请示、要求等。

在现代社会，工程项目对社会的各个方面有都很大的影响，其大量信息必须对外公布，让项目相关各方有知情权。同时项目相关者、市场（如工程承包市场、材料和设备市场等）和政府管理部门、媒体也需要项目信息，如项目的需求信息、项目实施状况的信息，项目结束后的各种统计信息等。

对于政府项目、公共工程项目更需要让社会各相关方面了解项目的信息，使项目在"阳光"下运作。

2. 项目内部的信息交换，即项目实施过程中项目组织成员和项目管理各部门因相互沟通而产生的大量的信息流。项目内部的信息交换主要包括：

（1）正式的信息渠道。信息通常是在组织机构内部按组织程序流通，它属于正式的沟通。一般有以下三种信息流。

1）自上而下的信息流。通常，决策、指令、通知和计划是由上向下传递的，但这个传递过程并不是一般的翻印，而是进行逐渐细化，具体化，直到基层成为可执行的操作指令。

2）由下而上的信息流。通常各种实际工程的情况信息，由下逐渐向上传递，这个传递不是一般的叠合（装订），而是经过逐渐归纳整理形成的逐渐浓缩的报告。项目管理者就是做好浓缩工作，以保证信息虽经浓缩而不失真。通常，信息若过于详细容易造成处理量大、重点不突出，且容易遗漏；而过度浓缩又容易产生对信息的曲解，或解释出错的问题。

实际工程项目中常发生以下情况：上级管理人员，如业主、项目经理，一方面哀叹信息太多，桌子上一大堆报告没有时间看，另一方面他们又不了解情况，决策时缺乏应有的、可用的信息。这是信息传递和浓缩中的通病。

3）横向或网络状信息流。按照项目组织结构和管理工作流程设计的各职能部门之间存在的大量的信息交换。例如，技术人员与成本员，成本员与计划师，财务部门与计划部门，与合同部门等之间都存在着信息流。

在矩阵式组织中以及在现代高科技状态下，人们已越来越多地通过横向和网络状的沟通渠道获得信息。

(2) 非正式的信息渠道，如通过闲谈、小道消息，通过非组织渠道了解情况。

二、项目中的信息

1. 信息的定义

信息的定义很多，通常是指经过加工处理形成的对人们各种具体活动有参考价值的数据资料。在现代工程项目中，信息也作为一种资源。

2. 信息的种类

项目中的信息很多，一个稍大的项目结束后，作为信息载体的资料就汗牛充栋，许多项目管理人员整天就是与纸张和电子文件打交道。项目中的信息大致包括如下几种：

(1) 项目基本状况的信息。它主要存在于项目建议书、可行性研究报告、项目手册、各种合同、设计和计划文件中。

(2) 现场工程实际实施信息，如实际工期、成本、质量、资源消耗情况的信息等。它主要存在各种报告，如日报、月报、重大事件报告、资源（设备、劳动力、材料）使用报告和质量报告中。在此还包括对问题的分析、计划和实际的情况对比以及趋势预测的信息等。

(3) 各种指令、决策方面的信息。

(4) 其他信息。外部进入项目的环境信息，如市场情况、气候、外汇波动、政治动态等。

3. 信息的基本要求

信息是项目决策、计划、控制、沟通、评价的基础，它必须符合管理的需要，要有助于项目管理系统的运行，不能造成信息泛滥和污染。一般它必须符合如下基本要求：

(1) 适用性、专业对口

不同的项目管理职能人员、不同专业的项目参加者，在不同时间，对不同工作任务，有不同的信息要求。信息首先要专业对口，按专业的需要提供和流动。

(2) 准确性、可靠性、反映实际情况

信息必须符合实际应用的需要，符合目标要求，这是开展正确、有效管理的前提。其中包含两个方面的含义：

1) 各种工程文件、报表、报告要实事求是，反映客观。

2) 各种计划、指令、决策要以实际情况为基础。

不反映实际情况的信息容易造成决策、计划、控制的失误，进而损害项目目标。

(3) 及时提供

信息应满足接受者的需要，严格按规定时间提出并分发。只有及时提供信息，才能实现及时反馈，管理者也才能及时地控制项目的实施过程。信息一旦过时，会错失决策良机，造成不应有的损失。

(4) 简单明了，便于理解

信息要让使用者易于了解情况，分析问题。所以信息的表达形式应符合人们日常接收信息的习惯，而且对于不同的人，应有不同的表达形式。例如，对于不懂专业，不懂项目管理的业主，宜采用更直观明了的表达形式，如模型、表格、图形、文字描述等。

信息作为项目的资源之一,应在组织中共享。信息的共享能够提高管理效率,消除组织中的信息孤岛现象。

三、信息管理

1. 概述

(1) 信息管理就是对项目的信息进行收集、整理、储存、传递与应用的总称。

信息管理作为项目管理的一项重要职能,通常在项目组织中要设置信息管理人员。现在一些大型工程项目或项目型的企业中均设有信息中心。但信息管理又是一项十分普遍的、基本的项目管理工作,是每一个参与项目的组织成员或职能管理人员的一项常规工作,即他们都要担负收集、提供、传递信息的任务。

(2) 信息管理是为工程项目的总目标服务的,目的是为了通过有效的信息沟通保证项目的成功,保证项目管理系统高效率地运行。信息沟通的具体作用如下:

1) 使上层决策者能及时准确地获得决策时所需的信息。

2) 实现项目组织成员之间高度协调。

3) 能有效地控制和指挥项目的实施。

4) 让外界和上层组织了解项目实施状况,更有效地获得各方面对项目实施的支持。

5) 在项目组织中,实现信息资源的共享,消除组织中的信息孤岛现象,防止信息的堵塞。信息的共享能够提高管理效率。

2. 项目信息管理的主要任务

项目经理部承担着项目信息管理的任务,它是整个项目的信息中心,负责收集项目实施情况的信息,作各种信息处理工作,并向上级、向外界提供各种信息,其信息管理的主要任务如下:

(1) 建立项目信息管理系统,设计项目实施和项目管理中的信息流和信息描述体系。

1) 按照项目实施过程、项目组织、项目管理组织和工作过程建立项目的信息流程;

2) 按照项目各方和环境组织的信息需求,确定与外界的信息沟通;

3) 制定项目信息的收集、整理、分析、反馈和传递等规章制度;

4) 将项目基本情况的信息系统化、具体化,编制项目手册,制定项目信息分类和编码规则与结构,确定资料的格式、内容、数据结构要求。

(2) 在项目实施过程中保证信息系统正常运行,并控制信息流。通过各种渠道收集信息,如现场调查问询、观察、试验,通过阅读报纸、杂志和书籍等。

(3) 项目信息的加工与处理

1) 对信息进行数据处理、分析与评估,确保信息的真实、准确、完整和安全。

2) 编制项目报告。

(4) 项目信息的传递,向相关方提供信息,保证信息传递渠道畅通。

(5) 信息的储存和文档管理工作。

第二节 项目管理信息系统

一、概述

在项目管理中,管理信息系统是将各种管理职能和管理组织相互沟通并协调一致的神经系统。项目管理信息系统是由项目的信息、信息流通和信息处理等各方面综合而成的，它包括项目过程中信息管理的组织（人员）、相关的管理规章、管理工作流程、软件、信息管理方法（如储存方法、沟通方法、处理方法）以及各种信息和信息的载体等。

项目经理作为项目的信息中心和控制中心，他需要一个强有力的项目管理信息系统的支持。建立管理信息系统，并使它顺利地运行，是项目经理的责任，也是他完成项目管理任务的前提。

项目管理信息系统有一般信息系统所具有的特性。它的总体模式如（图19-1）所示。

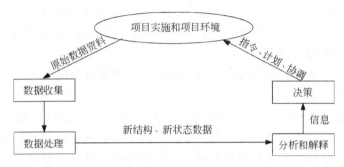

图19-1 项目管理信息系统总体模式

项目管理信息系统包括如下主要功能：

1. 在项目进程中（包括前期策划、设计和计划过程、实施过程），不断收集项目实施状况和环境的信息，特别是项目实施状况的原始资料和各种数据。

2. 对数据进行整理，得到各种报告。

3. 对数据进行分析研究并得到供决策的信息。

4. 针对项目的实施状况和环境状况的信息，作出对项目实施过程调整的决策，发出指令，或调整计划，或协调各方面的关系，以控制项目的实施过程。

有效的项目管理更多地依靠信息系统的结构和运作。信息管理影响组织和整个项目管理系统的运行效率，是人们沟通的桥梁，项目管理者应对它有足够的重视。

二、项目管理信息系统的建立过程

项目管理信息系统必须经过专门的策划和设计，在项目实施中进行有效运行。

管理信息系统是项目管理系统的一部分，所以它的设计必须纳入项目管理系统设计中统一考虑。项目管理系统设计通常有两个角度：

（1）工程建设项目管理系统，即站在业主的角度，以工程的整个建设过程为对象设计管理系统。

（2）工程承包企业的项目管理系统设计。它是实质上属于工程承包企业的管理系统设计的一部分。它也应该包括施工项目管理系统。

一般市场上有这两方面的系统软件，但这些商品化的软件都是解决相关的项目管理工作中的信息处理功能的，解决各种管理职能的专业计算，以及信息的统计、分析、传输等问题。一般不能直接在一个工程建设项目或工程承包企业中使用，需要进行相应的管理系统设计。

从总体上说，管理信息系统是在项目实施流程、项目管理流程、项目组织结构、责任体系、规范化的管理体系基础上建立的，它们之间互相联系，又互相影响（见本章第六节)。它的建立要明确以下几个基本问题。

1. 信息的需要

按照项目组织结构和相关者范围分析,确定项目相关者的信息和沟通需求,即通过调查确定信息系统的输出。

(1) 分析项目相关者各方,以及社会其他方面在项目过程的各个阶段的信息需求,并考虑如何及时地将信息提供给他们。特别应该注意需要向项目上层组织和投资者提供的信息和可能的信息渠道,以帮助他们决策、计划和控制。

(2) 项目组织的各个层次和各个职能部门的信息需求是按照他在组织系统中的职责、权利和任务设计的,即他要完成他的工作,行使他的权利应需要哪些信息,当然他的职责还包括他对其他方面提供信息。

(3) 不同层次的管理者对信息的内容、精度、综合性有不同的要求。

2. 信息的收集和加工

(1) 信息的收集。在项目实施过程中,每天都要产生大量的数据,如记工单、领料单、任务单、图纸、报告、指令、信件等,必须确定这些原始数据记录的负责人;这些资料、数据的内容、结构、准确程度;获得这些原始数据、资料的渠道,由责任人对原始资料的收集、整理,并对它们的正确性和及时性负责。通常由专业班组的班组长、记工员、核算员、材料管理员、分包商、秘书等承担这个任务。

对工作包和工程活动,需要收集如下数据或信息:

1) 实际执行的数据,包括活动开始或结束的实际时间。

2) 使用或投入的实际资源和成本等。

3) 反映质量状况的数据。

4) 有关项目范围、进度计划和预算变更的信息。

(2) 信息的加工和处理过程。原始资料面广量大,表达方式多种多样,必须经过信息加工才能符合管理需要,满足不同层次项目管理者的需求。

信息加工的概念很广,包括:

1) 一般的信息处理方法,如排序、分类、合并、插入、删除等。

2) 数学处理方法,如数学计算、数值分析、数理统计等。

3) 逻辑判断方法,包括评价原始资料的置信度、来源的可靠性、数值的准确性,以进行项目诊断和风险分析等。

(3) 原始资料经过整理后形成不同层次的报告,必须建立规范化的项目报告体系。

3. 编制索引和存贮,建立文档系统

许多信息作为工程项目的历史资料和实施情况的证明,不仅在项目实施过程中要被经常使用,有些还要作为工程资料持续保存到项目结束,而有些则要作长期保存。这就要求必须按不同的使用和储存要求,将数据和资料储存于一定的信息载体上,做到既安全可靠,又使用方便。为此,要建立项目文档系统,将所有信息分解、编目。

(1) 在项目中信息的存档方式

1) 文档组织形式:

①集中管理,即在项目或企业中建立信息中心,集中储存资料。

②分散管理,由项目组织各方面以及项目经理部的各个部门保管资料。

2) 监督要求，包括对外公开和不对外公开。

3) 保存期，有长期保存和非长期保存。有些信息暂时有效，有些则在整个项目期有效，有些信息要长期保存，如竣工图等必须一直在工程的运行期中保存。

(2) 信息载体

1) 纸张，如各种图纸、各种说明书、合同、信件、表格等。

2) 磁盘、磁带，以及其他电子文件。

3) 照片，微型胶片，X 光片。

4) 其他，如录像带、电视唱片、光盘、网络系统等。

(3) 选用信息载体受如下几方面因素的影响：

1) 随着科学技术的发展，新的信息载体不断涌现，不同的载体有不同的介质技术和信息存取技术要求。

2) 项目信息系统运行成本的限制。不同的信息载体需要不同的投资，运行成本也不相同。在符合管理要求的前提下，尽可能降低信息系统运行成本，是信息系统设计的目标之一。

3) 信息系统运行速度要求。例如，气象、地震预防、国防、宇航之类的工程项目要求信息系统运行速度快，因此必须采用相应的信息载体和处理、传输手段。

4) 特殊要求。例如，合同、备忘录、工程变更指令、会谈纪要等必须以书面形式，由双方或一方签署才有法律证明效力。

5) 信息处理技术、传递技术和费用的限制。

4. 信息的使用和传递渠道

信息的传递（流通）是信息系统的最主要特征之一，即让信息流通到需要的地方。信息传递的特点是仅传输信息的内容，而保持信息结构不变。在项目管理中，要设计好信息的传递路径，按不同的要求选择快速的，误差小的，成本低的传输方式。

(1) 使用的目的

1) 决策，如各种计划、批准文件、修改指令、执行指令等。

2) 证明，如描述工程的质量、工期、成本实施情况的各种信息。

(2) 信息的使用权限

对不同的项目参加者和项目管理人员，应明确规定其不同的信息使用和修改权限，权限混淆容易造成混乱。通常须具体规定，有某一方面（专业）的信息权限和综合（全部）信息权限，以及查询权、使用权、修改权等。

5. 信息收集和保存

信息收集和保存，以及传递过程中组织责任的落实，必须由专门人员对上述信息管理负责，并将此作为项目管理系统的一部分。

三、项目管理信息系统总体描述

项目管理信息系统可以从以下角度进行总体描述。

1. 项目管理信息系统的总体结构

项目管理信息系统的总体结构描述了项目管理信息的子系统构成。例如，某项目管理信息系统由编码子系统、合同管理子系统、物资管理子系统、财会管理子系统、成本管理子系统、工程设计管理子系统、质量管理子系统、组织管理子系统、计划管理子系统、文档管理子系统等构成（图 19-2）。

2. 项目参加者之间的信息流通

项目的信息流就是信息在项目参加者之间的流通，通常与项目的组织形式相关。在信息系统中，每个参加者均为信息系统网络上的一个节点。它们都负责具体信息的收集（输入），传递（输出）和信息处理工作。项目管理者要具体设计这些信息的内容、结构、传递时间和程序等。

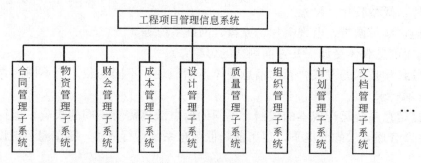

图 19-2 某工程项目管理信息系统总体结构

例如，在项目实施过程中，业主需要如下信息：

（1）项目实施情况月报，包括工程质量、成本、进度总报告；

（2）项目成本和支出报表，一般按分部工程和承包商作成本和支出报表；

（3）供审批用的各种设计方案、计划、施工方案、施工图纸、建筑模型等；

（4）决策前所需要的专门信息、建议等；

（5）各种法律、规定、规范，以及其他与项目实施有关的资料等。

业主提供的信息有：

（1）各种指令，如变更工程、修改设计、变更施工顺序、选择承（分）包商等；

（2）审批各种计划、设计方案、施工方案等；

（3）向投资者或董事会提交工程建设项目实施情况报告等。

项目经理通常需要的信息有：

（1）各项目管理职能人员的工作情况报表、汇报、报告、工程问题请示。

（2）业主的各种口头和书面的指令，各种批准文件。

（3）项目环境的各种信息。

（4）工程各承包商、供应商的各种工程情况报告、汇报、工程问题的请示。

项目经理通常提供的信息有：

（1）向业主提交各种工程报表、报告。

（2）向业主提出决策用的信息和建议。

（3）向社会其他方面提交工程文件。这些文件通常是按法律必须提供的，或为审批用的。

（4）向项目管理职能人员和专业承包商下达各种指令，答复各种请示，落实项目计划，协调各方面工作等。

3. 项目管理职能之间的信息流通

项目管理系统是一个非常复杂的系统。它由许多子系统构成，可以建立各个项目管理信息子系统。例如，在前面图 7-2 所示的计划管理工作流程中，可以认为它不仅是一个工作流程，而且反映了一个管理信息的流程，反映了各个管理职能之间的信息关系。每个节点不仅表示各个项目管理职能工作，而且代表着一定的信息处理过程，每一个箭头不仅表示管理职能工作顺序，而且还表示一定的信息流通过程。

按照管理职能划分，可以建立各个项目管理信息子系统。如成本管理信息系统、合同管理信息系统、质量管理信息系统、材料管理信息系统等。它是为专门的职能工作服务的，用来解决专门信息的流通问题。它们共同构成项目管理系统。

例如，成本计划可由（图 19-3）表示。

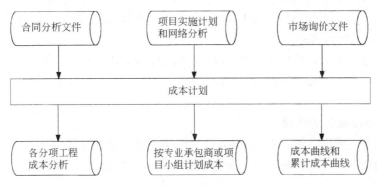

图 19-3　成本计划信息流通过程

又如，图 16-1 中的合同分析工作的信息流程可由图 19-4 表示。

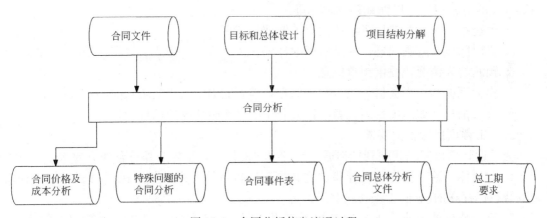

图 19-4　合同分析信息流通过程

在此必须对各种信息的结构、内容、负责人、载体以及完成时间等作专门的设计和规定。

4. 项目实施过程的信息流通

项目过程中的工作程序既可表示项目的工作流，又可以从一个侧面表示项目的信息流。它涵盖了在各工作阶段的信息输入、输出和处理过程及信息的内容、结构、要求、负责人等。按照项目的过程分解，项目管理还可以划分为可行性研究子系统、计划管理信息子系统、实施控制管理信息子系统等。

第三节　工程项目报告系统

一、工程项目报告的种类

在工程项目中报告的形式和内容丰富多彩，它是人们沟通的主要工具。报告的种类很多，例如：

1. 日常报告。日常报告是有规律地报告信息，按控制期、里程碑事件、项目阶段提出报告，按时间可分为日报、周报、月报、年报以及主要阶段报告等；

2. 针对项目工作结构的报告，如工作包、单位工程、单项工程、整个工程项目报告；

3. 专门内容（或特殊事件）报告，为项目管理决策提供专门信息的报告，如质量报告、成本报告、工期报告；

4. 特殊情况的报告，常用于宣传项目取得的特别成果，或是对项目实施中发生一些问题进行特别评述。如风险分析报告、总结报告、特别事件（如具体的安全和质量事故）报告、比较报告等。

二、工程项目报告的作用

1. 作为决策的依据。通过报告可以使人们对项目计划和实施状况以及目标完成程度深入了解，由此可以预测未来，使决策迅速而且准确。报告首先是为决策服务的，特别是上层的决策。但报告的内容仅反映过去的情况，在时间上是滞后的。

2. 用来评价项目，评价过去的工作以及阶段成果。

3. 总结经验，分析项目中的问题，特别是在每个项目阶段或项目结束时都应有一个内容详细的分析报告，以保证持续地改进。

4. 通过报告激励各参加者，让大家了解项目成果。

5. 提出问题，解决问题，安排后期的计划。

6. 预测将来情况，提供预警信息。

7. 作为证据和工程资料。报告便于保存，因而能提供工程实施状况的永久记录。

8. 公布信息。如向项目相关者、社会公布项目实施状况的信息报告。

三、工程项目报告的要求

为了达到项目组织间顺利的沟通，起到报告的作用，报告必须符合如下要求：

1. 与目标一致。报告的内容和描述必须与项目目标一致，主要说明目标的完成程度和围绕目标存在的问题。

2. 符合特定的要求。不同的参加者需要不同内容、频率、描述、详细程度的信息，要确定各个层次的管理人员、专业技术人员、外界其他相关者对项目信息的需求，以此确定报告的形式、结构、内容、处理方式和用途。

3. 规范化、系统化。在管理信息系统中应完整地定义报告系统结构和内容，对报告的格式、数据结构进行标准化，并在项目中要求各参加者采用统一形式的报告。

4. 真实有效。应确保工程项目报告的真实性、有效性和完整性。

5. 清晰明确。应确保内容完整、清晰，不模棱两可，各类人员均能正确接收，并完整理解，尽量避免造成理解和传输过程中的错误。

6. 报告的侧重点要求。报告通常包括概况说明和重大的差异说明，主要的活动和事件的说明，而不是面面俱到。它的内容较多地是考虑到实际效用，如可信度、易于理解，而较少地考虑到信息的完整性。

四、工程项目报告系统

在项目初期，建立项目管理系统时必须包括项目的报告系统。这就要解决两个问题：

1. 罗列项目过程中应有的各种报告，并系统化；
2. 确定各种报告的形式、结构、内容、数据、信息采集和处理方式，尽量标准化。

报告的设计事先应向各层次的有关人员列表提问：需要什么信息？应从何处来？怎样传递？怎样标识它的内容？最终，建立如表 19-1 所示的报告目录表。

在编制工程计划时，就应当考虑需要的各种报告及其性质、范围和频次，并在合同或项目手册中予以确定。

原始资料应一次性收集，以保证相同的信息有相同的来源。资料在归纳整理进入报告前应进行可信度检查，并将计划值引入以便对比分析。

原则上，报告应从最低层开始，其资料最基础的来源是工程活动，包括工程活动的完成程度、工期、质量、人力消耗、材料消耗、费用等情况的记录，以及试验验收检查记录。上层的报告应由各职能部门总结归纳，按照项目工作分解结构和组织结构层层归纳、浓缩，进行分析和比较，形成金字塔形的报告系统，如（图 19-5）所示。

报告目录表　　　　　　　　　　　　　表 19-1

报告名称	报告时间	提供者	接收者			
			A	B	C	D…

图 19-5　金字塔形的报告系统

这些报告是自下而上传递，其内容不断浓缩，如（图 19-6）所示。

项目月报是最重要的项目总体情况报告，它的形式可以按要求设计，但内容比较固定。通常包括以下几个方面。

1. 项目概况

（1）简要说明在本报告期中项目及主要活动的状况，如设计工作、批准过程、招标、施工、验收状况。

（2）计划总工期与实际总工期的对比，一般可以在横道图上用不同颜色和图例进行比

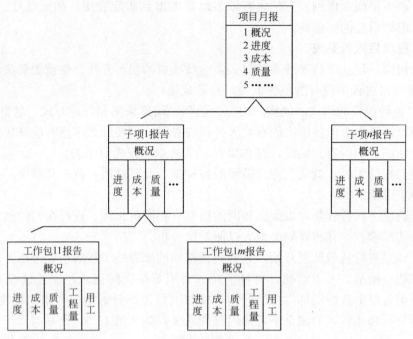

图 19-6 自下而上报告内容不断浓缩

较,或采用前锋线方法。

(3) 总的趋向分析。

(4) 成本状况和成本曲线,包括如下层次:

1) 整个项目的成本总结分析报告。

2) 各专业范围或各合同的成本分析。

3) 各主要部门的费用分析。

在此,应分别说明原预算成本,工程量调整的结算成本,预计最终总成本,偏差量、原因及责任,工程量完成状况,支出等。同时,可以采用对比分析表、柱形图、直方图和累计曲线的形式进行描述。

(5) 项目形象进度。它通常包括项目的进展情况、项目实施过程中存在的主要问题及其解决办法、计划采取的措施、项目的变更以及项目进展预期目标等。用图描述建筑和安装的进度,体现已经完成与尚未完成的可交付成果,显示已经开始与已经完成的计划活动,形成工程进展情况报告。

(6) 对质量问题、工程量偏差、成本偏差、工期偏差的主要原因进行说明。

(7) 说明下一报告期的关键活动。

(8) 下一个报告期必须完成的工作包。

(9) 工程状况照片。

2. 项目进度详细说明

(1) 按分部工程列出成本状况以及实际进度曲线和计划的对比。同样采用上述所采用的表达形式。

(2) 按每个单项工程列出以下内容:

1）控制性工期实际和计划对比（最近一次修改以来的），采用横道图形式。
2）其中关键性活动的实际和计划工期对比（最近一次修改以来的）。
3）实际和计划成本状况对比。
4）工程状态。
5）各种界面的状态。
6）目前的关键问题及解决的建议。
7）特别事件说明。
8）其他。
3．预计工期计划
（1）下阶段控制性工期计划。
（2）下阶段关键活动范围内详细的工期计划。
（3）以后几个月内关键工程活动表。
4．按分部工程罗列出各个施工单位
5．项目组织状况说明

第四节　工程项目文档管理

一、文档管理的任务和基本要求

在实际工程中，许多信息在文档系统中储存，由文档系统输出。文档管理指对作为信息载体的资料进行有序地收集、加工、分解、编目、存档，并为项目各参加者提供专用的和常用的信息的过程。文档系统是管理信息系统的基础，是管理信息系统高效率运行的前提条件。在项目中就要建立象图书馆一样的文档系统，对所有文件进行有效的管理。

文档系统应满足以下要求：

1．系统性，即包括项目相关的、应进入信息系统运行的所有资料。事先要罗列各种资料并进行系统化。项目部应按照有关档案管理的规定，将项目设计、采购、施工、试运行和项目管理过程中形成的所有文件进行归档。

2．各个文档要有单一标志，能够互相区别，这通常通过编码实现的。应随项目进度及时收集、整理，并按项目的统一规定进行标识。

3．文档管理责任的落实，即要有专门的人员或部门负责资料管理工作。

对具体的项目资料要确定的要素（图19-7）有：

谁负责资料工作？什么资料？针对什么问题？什么内容和要求？何时收集、处理？向谁提供？

通常文件和资料是集中保存、处理和提供的。在项目过程中文档一般有三种形式：

（1）企业保存的关于项目的资料，这是在企业文档系统中的，如项目经理提交

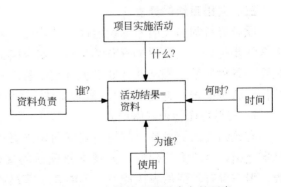

图 19-7　文档管理需要确定的要素

给企业的各种报告、报表，这是上层系统需要的信息。

（2）项目集中管理的文档，这是关于全项目的相关文件，必须有专门的地方并由专门人员负责管理，应配备专职或兼职的文件资料管理人员。

（3）各部门专用的文档，它仅保存本部门专门的资料。

当然这些文档在内容上可能有重复，例如一份重要的合同文件可能复制三份，部门保存一份、项目文档一份、企业一份。对此应注意信息的安全，做好保密工作。

4. 内容正确、实用，在文档管理过程中不失真。

二、项目文件资料的特点

资料是数据或信息的载体。在项目中资料中的数据有以下两种（图 19-8）。

1. 内容性数据

内容性数据作为资料的实质性内容，如施工图纸上的图，信件的正文等。其内容丰富，形式多样，通常有一定的专业意义，在项目过程中可能发生变更。

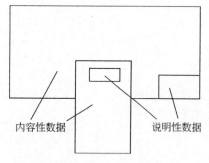

图 19-8 两种数据资料

2. 说明性数据

为了方便资料的编目、分解、存档、查询，必须对各种资料进行说明和解释，通过一些特征加以区别。该内容一般在项目过程中不改变，由文档管理者设计，如图标、各种文件说明、文件的索引目录等。

通常，文档按内容性数据的性质分类；而文档管理，如生成、编目、分解、存档等以说明性数据为基础。

项目中的文档资料面广量大，形式多样。为了便于进行文档管理，首先应对它们分类。通常的分类方法如下。

（1）按照重要性分类：必须建立文档；值得建立文档；不必存档。

（2）按照资料的提供者分类：外部；内部。

（3）按照登记责任分类：必须登记、存档；不必登记。

（4）按照特征分类：书信；报告；图纸等。

（5）按照产生方式分类：原件；复印件。

（6）按照内容范围分类：单项资料；资料包（综合性资料），例如综合索赔报告、招标文件等。

三、文档系统的建立

项目资料的分类应考虑稳定性、兼容性、可扩展性、逻辑性和实用性。工程建设项目中常常要建立一些重要的资料的文档，如合同文本及其附件、合同分析资料、信件、会谈纪要、各种原始工程文件（如工程日记，备忘录）、记工单、用料单、各种工程报表（如月报，成本报表，进度报告）、索赔文件、工程的检查验收、技术鉴定报告等。

1. 资料特征标识（编码）

有效的文档管理是以与用户友好和较强表达能力的资料特征（编码）为前提的。在项目实施前，就应专门研究，并建立该项目的文档编码体系。最简单的编码形式是采用序数，但它没有较强的表达能力，不能表示资料的特征。一般对项目编码体系有如下要求：

（1）统一的、对所有资料适用的编码系统。

(2) 能区分资料的种类和特征。
(3) 能"随便扩展"。
(4) 对人工处理和计算机处理有同样效果。

通常,项目管理中的资料编码有如下几个部分:

(1) 有效范围。说明资料的有效范围和使用范围,如属某子项目、功能或要素。

(2) 资料种类。外部形态不同的资料,如图纸、书信、备忘录等;特点不同的资料,如技术的、商务的、行政的资料等。

(3) 内容和对象。资料的内容和对象是编码的重点。对一般项目,可用项目工作分解结构作为资料的内容和对象。但有时它并不适用,因为项目工作分解结构是按功能、要素和活动进行的,与资料说明的对象常常不一致。在这时就要专门设计文档结构。

(4) 日期或序号。相同有效范围、相同种类、相同对象的资料可通过日期或序号来表达,如对书信可用日期/序号来标识。

以上这几个部分对于不同规模的工程要求不一样。例如,对一个小工程,或仅一个单位工程的,则有效范围可以省略。

这里必须对每部分的编码进行设计和定义。例如,某工程用 11 个数码作资料代码,如图 19-9 所示。

图 19-9 某个工程资料编码结构

2. 索引系统

为了方便使用资料,必须建立资料的索引系统,它类似于图书馆的书刊索引。

项目相关资料的索引一般可采用表格形式。在项目实施前,它就应被专门设计。表中的栏目应能反映资料的各种特征信息。不同类别的资料可以采用不同的索引表,如果需要查询或调用某种资料,即可根据索引寻找。

例如,信件索引可以包括信件编码、来(回)信人、来(回)信日期、主要内容、文

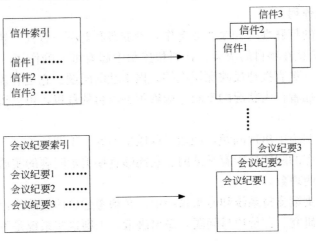

图 19-10 索引和文档的关系

档号、备注等栏目。在此要考虑到来信和回信之间的对应关系，收到来信或回信后即可在索引表上登记，并将信件存入相应的文档中。

索引和文档的对应关系如图 19-10 所示。

第五节　项目管理中的软信息

一、软信息的概念

前面所述的在项目系统中运行的一般都为可定量化的，可量度的信息，如工期、成本、质量、人员投入、材料消耗、工程完成程度等，它们可以用数据表示，可以写入报告中，通过报告和数据人们即可获得信息，了解情况。

但另有许多信息是很难用上述信息形式表达和通过正规的信息渠道沟通的。这主要是反映项目参加者的心理行为，项目组织状况的信息。例如：

1. 参加者的心理动机、期望和管理者的工作作风、爱好、习惯、对项目工作的兴趣、责任心；
2. 项目组织成员之间的融洽程度，热情或冷漠，甚至软抵抗；
3. 项目的软环境状况；
4. 项目的组织程度及组织效率；
5. 项目组织与环境（周边居民、政府部门等）的关系融洽程度，友好或紧张；
6. 项目经理领导的有效性；
7. 业主或上层领导对项目的态度、信心和重视程度；
8. 项目经理部成员的精神，如敬业、互相信任；
9. 项目实施的秩序程度等。

这些情况无法或很难定量化，甚至很难用具体的语言表达。但它同样作为信息反映着项目的情况。

许多项目经理对软信息不重视，认为不能定量化，不精确。1989 年在国际项目管理学术会议上，曾对 653 位国际项目管理专家调查，94% 的专家认为在项目管理中很需要那些不能在信息系统中储存和处理的软信息。[1]

二、软信息的作用

由于工程项目的特殊性（如多企业合作，参加者利益不一致性、普遍存在短期行为和责任盲区等），软信息在项目的决策、计划和控制中起着很大的作用，这是项目管理系统的特点。它能更快、更直接地反映深层次的，根本性的问题。它也有表达能力，主要是对项目组织、项目参加者行为状况的反映，能够预见项目的危机，可以说它对项目未来的影响比硬信息更大。

如果工程项目实施中出现问题，例如工程质量不好、工期延长、工作效率低下等，则软信息对于分析现存的问题是很有帮助的。它能够直接揭示问题的实质，根本原因。而通常的硬信息只能说明现象。

在项目管理的决策支持系统和专家系统中，必须考虑软信息的作用和影响，通过项目的整体信息体系来研究、评价项目问题，做出决策，否则这些系统是不科学的，也是不适用的。

软信息还可以更好地帮助项目管理者研究和把握项目组织，造成对项目组织的激励。在趋向分析中应考虑硬信息和软信息，描述必须与目标系统一致，符合特定的要求。

三、软信息的特点

1. 软信息尚不能在报告中反映或完全正确的反映（尽管现在人们强调在报告中应包括软信息），缺少表达方式和正常的沟通渠道。所以只有管理人员亲临现场，参与实际操作和小组会议时才能发现并收集到。

2. 因为它无法准确地描述和传递，所以它的状况只能由各自领会，仁者见仁，智者见智，不确定性很大，这便会导致决策的不确定性。

3. 由于很难表达，不能传递，很难进入信息系统沟通，则软信息的使用是局部的。真正有决策权的上层管理者（如业主、投资者）由于不具备条件（不参与实际操作），所以无法获得和使用软信息，因而容易造成决策失误。

4. 软信息目前主要通过非正式沟通来影响人们的行为。例如人们对项目经理的专制作风的意见和不满，互相诉说，以软抵抗对待项目经理的指令、安排。

5. 软信息必须通过人们的模糊判断，通过人们的思考来作信息处理，常规的信息处理方式是不适用的。

四、软信息的获取

目前由于在正规的报告中比较少地涉及软信息，它又不能通过正常的信息流通过程取得，而且即使获得也很难说是准确的，全面的。它的获取方式通常有：

1. 观察。通过观察现场以及人们的举止、行为、态度，分析他们的动机，分析组织状况；
2. 正规的询问，征求意见；
3. 闲谈、非正式沟通；
4. 要求下层提交的报告中必须包括软信息内容并定义说明范围。这样上层管理者能获得软信息，同时让各级管理人员有软信息的概念并重视它。

五、目前要解决的问题

项目管理中的软信息对决策有很大的影响。但目前人们对它的研究尚远远不够，有许多问题尚未解决。例如：

1. 项目管理中，软信息的范围和结构，即有哪些软信息因素，它们之间有什么联系，进一步可以将它们结构化，建立项目软信息系统结构。
2. 软信息如何表达、评价和沟通。
3. 软信息的影响和作用机理。
4. 如何使用软信息，特别在决策支持系统和专家系统中软信息的处理方法和规则，以及如何对软信息量化，如何将软信息由非正式沟通转变为正式沟通等。

第六节 某工程承包企业项目管理系统设计案例

一、项目背景

某企业主要承担某专业领域工程施工项目，这类项目是专业特色明显，有重大社会和历史影响的特大型项目，在项目目标中，安全有最高的优先级。由于本领域工程数量和规模增大，企业承担的施工项目数量也快速增长，传统的施工项目管理已经明显不适应；另外根据国家要求在本领域企业实施"走出去"战略,需要提升施工项目管理水平,彻底改变过去粗放型管理的状况。企业领导决定进行企业的施工项目管理系统建设。

二、系统建设目标

1. 实现企业项目管理的集成化、标准化、信息化、精益化,赶上本领域施工管理的国际先进水平,在国内施工项目管理方面保持着领头和标杆的地位,提升企业的核心竞争力。

2. 改进企业现有项目管理模式,实现组织结构、管理流程和管理制度的优化,进一步提高的施工项目管理水平、效率和效益。

3. 按照国际通行的项目管理标准建立项目管理体系,推动项目管理的国际化,制定标准化通用的施工项目各职能管理体系,以规范项目管理工作。

4. 提升项目管理信息化的水平和效果。

三、企业管理系统设计流程

该企业项目管理系统设计流程见图19-11。

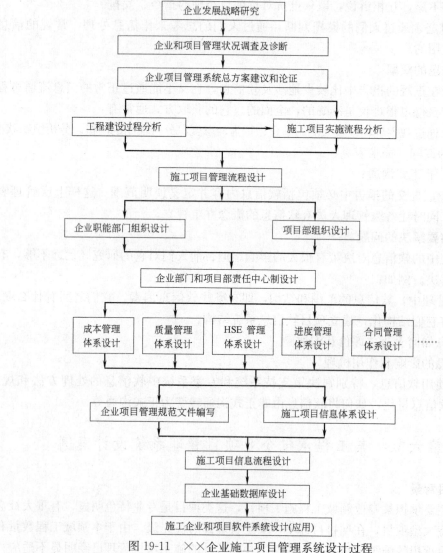

图19-11　××企业施工项目管理系统设计过程

四、企业项目管理系统设计主要工作

1. 企业发展战略研究和企业顶层管理体系分析。

2. 企业和项目部管理现状调查和问题分析。

通过对典型项目部、企业本部与施工项目相关的各职能管理部门进行调查，分析现状，从项目管理组织系统，责任中心制定位，项目上的财务、成本、资源、人事管理主要管理职能，项目计划和控制体系，定额管理，现场管理和企业基础数据库等方面诊断存在的问题。

3. 企业项目管理系统总方案建议和论证。经多次对管理系统建设目标、建设工作范围和工作分解、总体策略定位、原则、建设组织等进行讨论和认证，企业领导批准实施该管理系统建设计划。

4. 工程建设过程分析。从该领域工程和业主的角度分析建设过程、建设实施组织方式和市场（招标投标）方式，承发包模式，管理模式和主要合同关系，使施工项目管理系统能够与工程的整个建设过程相衔接。

5. 施工项目实施流程分析。通过该领域招标文件和施工合同分析，划定施工项目范围，进行施工项目工作分解，构建施工项目实施过程。

（1）划分施工项目阶段：投标过程、前期准备、施工、竣工、保修。

（2）划定各阶段施工项目工作范围（主要为专业性工作和事务性工作），列出工作目录（WBS）。

（3）由于该领域工程专业性很强，可以构建比较标准化的实施工作流程。

6. 按照施工合同的要求和工程项目管理原理，进行管理流程设计。

（1）确定施工项目管理工作范围。

（2）从施工项目阶段划分和施工项目的主要管理职能（质量、进度、成本、HSE、资源、合同、人事、信息等）二维确定管理工作详细目录。

（3）设计施工项目管理总体流程和具体细部流程。

1）施工项目计划和控制综合流程。如计划综合流程主要是施工组织设计和计划流程。

2）按照施工阶段确定各个管理职能总体流程。如对成本管理有施工项目成本管理总体流程，各阶段成本管理总体流程等。

3）按照项目管理工作详细目录编制各个阶段管理工作细部流程。

7. 企业部门和项目部组织结构设计。在企业战略分析、企业和项目部组织问题诊断、国内外工程承包企业组织调研基础上，提出企业部门和项目部组织设置建议方案。

组织设计的逻辑过程：先施工现场组织、再项目部组织，后企业部门组织。在设计中要考虑三个层面组织机构的对应性和差异性，以及后面企业的项目责任中心制形式。

（1）该类施工项目工程量大，施工现场工作面大，有许多单体工程同时施工，项目部宜采用矩阵式组织。现场实施组织应该有更大的可变性（柔性）。

（2）按照施工项目管理职能要求设置项目部管理部门。

（3）企业部门设置。在企业组织层面，主要构建企业与施工项目相关的，或为项目实施服务和提供支持的部门。

目前企业承担十个左右的施工项目，采用矩阵式组织形式。由于项目的特殊性，对目标优先级高的管理职能必须加强企业部门对项目部的管理，强化施工项目管理职能，使企业组织机构清晰。提出部门设置和主要权责设置建议，以形成企业部门与项目部部门清晰的内外部组织关系。

（4）企业部门和项目部在施工项目5个阶段管理工作划分原则。

8. 企业责任中心制设置。构建企业责任中心体系，明确各部门、项目部和项目部各部门的责任中心定位，确定各责任中心的管理责任和经济责任范围，以及相应的考评方式，构建完整的管理责任和经济责任的分解和考核体系。

（1）依据责任中心制设计基本原理和方法，组织设计基础上责任中心涉及如下层面：

1）项目部、企业相关部门、维修公司、钢结构制造厂等；
2）项目部内部门、钢结构队、工程队、现场车间；
3）工程专业班组。

责任中心可分为收入中心、成本中心（费用中心）、利润中心和投资中心。

（2）责任中心设计必须依据企业经营管理的顶层设计，对如下重大问题作出决策：

1）企业对施工项目管理的深度；
2）项目经理的责任制形式；
3）施工项目的主要供应方式；
4）在施工项目各阶段事业部部门和项目部主要工作的划分等。

（3）责任制构建主要工作

1）项目部责任中心的定位．这是整个责任中心制的核心。由于本领域施工项目的特殊性，确定项目部为成本中心，强调企业的集权控制。
2）确定企业各职能部门、项目部各职能部门、施工队和班组各个层次的责任中心，厘清它们之间的关系。
3）各中心责任范围及考评。责任指标应包括成本、费用、收入、质量、安全、进度、公共关系等。

9. 各职能管理体系建设。这里有非常细致的管理工作。

（1）对各项目管理细目工作做详细说明，编制项目管理工作说明表，内容包括管理工作名称、简要说明、工作成果、前提条件、控制点、负责人（部门）、后续工作等。

（2）按照质量管理体系的范式，编制施工项目各职能管理体系文件，实现各职能管理体系的一体化、规范化，使各个职能管理之间界面清晰，又有集成性。

通过这项工作将各职能管理体系还原成一个整体。重点构建如下职能管理体系：成本管理体系、HSE管理体系、质量管理体系、合同管理体系、人力资源管理体系、技术管理体系、采购和物项管理体系、信息管理体系。

10. 施工项目管理信息化体系构建

（1）施工项目信息体系设计。分析和罗列上述工程项目实施和管理工作中产生的和需要的各种原始资料、报表、报告、文件，进行分类、结构化。

（2）施工项目信息流程设计。将项目管理过程转变为信息流程。

（3）企业基础数据库设计。如工程承包市场数据、生产要素市场数据、企业定额数据库、劳动效率数据、过去工程档案库、在建工程数据库、企业规章制度数据库、工程标准库等。

（4）施工企业和项目软件系统设计（应用）。在引用标准化的商品项目管理软件时，要根据企业和项目的需求进行二次开发。

复习思考题

1. 简述信息流的作用。简述项目中物流、资金流、工作流、信息流的关系。
2. 试起草一个索赔文件的索引文件结构。
3. 简述工程项目中软信息的范围,上层领导如何获得软信息?
4. 简述项目报告的主要内容。
5. 项目信息的基本要求是什么?项目中获取信息的渠道有哪些?

第二十章　现代信息技术在项目管理中的应用

本章内容提要：在项目管理中，现代信息技术的应用主要以计算机技术、软件和网络技术等为代表。现代信息技术发展速度极快，在项目管理中占据着独特的地位，是项目管理现代化的标志之一。本章主要介绍国内外项目管理信息技术的发展、应用情况及其主要功能。

第一节　概　　述

一、信息技术在工程项目管理中的应用情况

现代信息技术的广泛应用是项目管理现代化的主要标志之一。在工程项目中，所应用现代信息技术最主要的是，计算机技术、通信技术和传感技术，具体是计算机硬件、工程项目相关的应用软件及管理信息系统、互联网和通信工具等。

在过去的几十年里，信息技术在工程项目管理中的研究、开发和应用得到长足的发展。它与项目管理的研究和应用互相促进、互相影响，已成为项目管理理论研究和实践应用中不可或缺的部分。

在 20 世纪 50 年代，项目管理领域研究的重点是网络计划。网络分析软件首先在中、小型计算机上开发成功，使人们能将网络计划技术由理论研究转变为实际应用，能对大型工程项目进行系统分析、工期计划和控制。到了 20 世纪 60 年代中后期，网络分析程序已经十分成熟，人们完善和扩展网络模型分析软件的应用功能，如成本和资源的平衡和优化。到 20 世纪 70 年代，提出并研究了项目管理信息系统。但由于当时计算机不普及，软件的应用范围很窄，一般的中小企业和中小项目还不能应用计算机进行项目管理。

20 世纪 80 年代初，PC 机的普及给现代信息技术的应用开辟了广阔的空间，促进了项目管理应用软件的开发和应用。由于 PC 机的普及，项目管理软件的标准化、与用户友好、功能增强、价格下降，使一般中小企业、中小项目也可用计算机进行管理，这时网络计划技术才真正在项目管理中得以普遍应用。同时，计算机的使用功能得到进一步扩展，各种项目管理应用软件和信息管理信息系统被开发，这大大促进了项目管理水平和工作效率的提高。

20 世纪 90 年代中期，互联网开始在全世界普及。同时，由于现代工程项目具有周期长、投资大、技术复杂、项目实施工作和项目参与方在地域上分布分散等特点，对项目各参与方间的信息交流与协同工作提出了很高的要求，则需要构建网络协同工作环境。基于互联网的项目管理模式和项目管理软件也开始出现，并迅速得到推广普及。很多大型工程建设项目和工程承包企业都将管理信息系统的范围由企业内部的 Lan（局域网）扩展到 Internet（企业内部互联网）和 Extranet（企业外部网），几乎所有项目管理软件都有互联网的功能。

目前，在大型工程项目、工程承包企业、工程项目管理公司、咨询公司，现代信息技术已广泛应用于项目管理的可行性研究、计划、实施控制等各个阶段，应用于进度控制、成本管理、质量管理、合同管理、风险管理、工程经济分析、信息管理和库存管理等各个方面。它已成为日常项目管理工作和辅助决策不可缺少的工具。

二、现代信息技术对项目管理的影响

现代通信技术、计算机和互联网技术的应用给项目管理带来了革命性的变化，它不仅为项目管理的现代化提供了一个有效的工具和手段，而且也带来了现代项目管理理念、理论和方法的变革，对当代项目管理产生了极大的影响：

1. 采用现代信息技术可以大量地储存信息，快速地处理和传输大量信息，实现项目信息的实时采集和快速传输，使项目管理系统能够高速有效地运行，使人们能更高效地进行资源优化配置，提高项目实施和管理效率。

与传统的信息处理和传输方法相比，现代信息技术有了更大的信息容量，拓展人们信息来源的宽度和广度。不仅在项目内部，而且在项目和企业及企业各职能部门之间，参与工程项目的各个企业之间，以及项目与社会环境之间，信息能够高度网络化流通。例如，项目管理职能人员可以从互联网上直接查询最新的工程招标信息、原材料市场行情；施工企业可以通过互联网直接监控施工现场；企业财务部门直接可以通过计算机查阅项目的成本和支出，查阅项目采购订货单；子项目负责人可直接查阅库存材料状况等。

这在很大程度上提高了信息的可靠性和项目的透明度，不仅可以减少信息的加工和处理工作，而且能避免信息在传输过程中的失真现象，为项目实施提供高质量的信息服务。

2. 现代信息技术加快了项目管理系统的反馈速度和反应速度，人们能够及时地地发现问题，及时作出正确决策，从而降低了项目管理的成本，提高了项目管理的水平和效率。

3. 现代信息技术能够进行复杂的计算和信息处理工作，如网络分析、资源和成本的优化、线性规划等，促使一些现代化的管理手段和方法在项目中卓有成效地应用，如系统优化方法、系统控制方法、预测决策方法、模拟技术等。能使项目管理高效率、高精确度、低费用，减少管理人员数目，使得管理人员腾出更多的时间从事更有价值、更重要的计算机不能取代的工作。

4. 现代信息技术的应用，实现了项目参加者之间、项目与社会各方面、项目的各个管理部门的联网。这对项目组织结构、组织程序、沟通方式、组织行为和管理方式都产生了根本性变革。

（1）便于贯彻落实总目标。项目经理和上层领导容易发现问题，下层管理人员和执行人员也能更快、更容易地了解和领会上层的意图，使得各方面的协调更为容易。

（2）促进了虚拟组织的形成和运作。虚拟组织就是一种以现代信息技术作为基础的项目组织。如通过网络建立一个虚拟的项目办公空间，使得处于不同地域的项目团队成员能够"聚集"在一起，及时地交换项目信息，从而克服地域分散性带来的阻碍。

（3）现在人们可以在群体项目和企业多项目上，甚至在全球范围内进行物流组织和供应链管理，在世界范围内进行资源优化组合等。

5. 通过计算机虚拟现实，使项目的实施过程和管理过程可视化，使项目计划的准确性增加，同时为风险管理提供了很好的方法，手段和工具，使人们能够对风险进行有效而迅速的预测、分析、防范和控制，使项目风险管理的能力和水平大为提高。

6. 为项目管理系统集成提供了强大的技术平台。

7. 现代信息技术使人们能够更科学、方便地开展以下类型的项目管理。

（1）大型的、特大型的、特别复杂的项目，以及群体项目。

（2）能够进行多项目的计划、优化、控制和综合管理。

（3）能够实现工程项目实施的远程控制，如国际投资项目、国际工程等。

信息技术的应用是项目管理研究、开发和应用的主要领域之一。任何新的信息采集、信息储存、信息流通技术的出现必然会带来在项目管理中相关应用的研究和开发。

三、现代信息技术应用的条件

尽管在我国工程项目和工程承包企业中，计算机和互联网已经相当普及，信息技术的硬件和软件与国外没有差异，在这方面耗资巨大，但在实际应用时，还存在很多问题，尚未发挥其应有的作用。例如，网络技术在20世纪60年代初就已被介绍到中国，但至今依然很少真正应用于实际工程的进度计划和控制中。

现代信息技术的应用要有一定的条件，在我国工程项目管理中还有许多的薄弱环节。

1. 缺少项目管理系统设计，包括目标、流程、组织结构和责任体系、管理体系构建。我国工程建设项目和工程承包企业很少对项目管理系统进行体系化的设计和创建。

2. 项目管理工作的标准化和规范化。例如，缺少标准化的流程、标准化的管理体系，各种报告、信息、数据及各种费用项目的划分，各种文本的标准化程度不高。这带来计算机应用上的困难，信息也很难共享。

在项目管理的信息化过程中，人们不仅要注重计算机和网络系统硬件、项目管理工具软件（如P6）的投入，更要重视企业或工程项目管理系统标准化的研究、开发和应用。

3. 工程项目基础管理工作薄弱，如缺少精细的规范化的成本核算体系，缺少精细化的现场信息管理体系。

4. 各层次的管理人员以及实施者需要掌握现代化的管理手段和方法。

5. 现代信息技术虽然加快了工程项目中信息的传输速度，使人们的沟通更为快捷，可以方便地获得信息，但对项目组织要求越来越高，需要人们有高的素质，自律和诚实守信，团队精神。否则会带来如下问题：

（1）削弱正式信息沟通方式的效用，容易造成各个部门各行其事，造成总体协调的困难和行为的离散。

（2）容易带来信息污染，上层领导被无用的、琐碎的信息包围，同时又没有决策所需要的信息。人们被埋在一大堆文件、报告、报表以及各种预测数据中，信息超负荷，容易导致信息消化不良。

（3）会干扰其对上层指令、方针、政策、意图的理解，造成执行上的不协调。如果项目中发现问题、危机或风险，随着信息的传递会漫延开来，造成恐慌，会造成行为的离散，使项目经理难以控制局面。

（4）人们更多地依赖计算机和互联网获取信息，忽视面对面的沟通，使项目管理的过程和工作环境缺乏人性化。这会使项目的组织关系冷漠，影响项目组织行为。

第二节 项目管理中应用软件的主要功能

项目管理中的应用软件非常之多，国际市场上已商品化的应用软件就有几百个，另外还有众多的研究者和应用者自己开发的大量软件。

一、以网络技术为核心的项目管理软件包

网络技术软件包是工程项目管理中开发和应用最早的软件，是对项目进行计划和控制过程中最重要的软件。它目前在技术上已相当成熟，应用也十分广泛。许多软件包，被称为"项目管理软件包"，尽管功能有些增加，但实质上都属于这一类。如 P6、Project2013、ARTMIS、PLUSEINS、OPEN PLALN、ASSURE 以及我国的梦龙软件等。这一类软件包的主要功能包括以下几个方面。

1. 项目的定义

项目的定义即对项目的总体和各个细节进行定义，通常包括：

（1）项目总体定义，包含项目名称、代码、地点、企业名称、开始时间、限定结束时间、备注等。

（2）计划时间单位和日历的定义，一般工程项目可以以小时、日、周、月作为计划单位。

项目的各种工期、成本、资源等计划和控制都可以定义日历。定义日历即标明了可以正常工作的时间段，或不可以使用的节假日。例如，我国春节放假，而在不同年份，春节的公历日期不同；又如，因为天气原因，一年当中某些时间段不宜进行现场施工；在国际工程中不同国家的项目参加者节假日是不同的。因此，在一个项目中可能要定义多套日历。

（3）工程活动及其持续时间的定义。工程活动是网络技术的基本单元。有的软件包容许的工程活动数量有限制，有的则没有限制。

网络的种类，常见的有单代号搭接网络和双代号网络。现在单代号搭接网络应用较多，可以通过逐个工程活动输入信息，也可通过标准图形以及用户自己在屏幕上作图输入网络。网络允许有多个首节点和多个尾节点。在此，可以定义活动的优先等级及特别的文字说明，也可以定义（限定）活动的开始和/或结束时间，包括"开工不早于"、"竣工不早于"、"开工不晚于"、"必须开始于"、"必须结束于"等。不同的活动可以选用不同的日历。

在输入最低层次的工程活动后，可以通过编码识别定义里程碑事件，并自动生成综合的工程活动（工作包或子任务、任务，子项目）。

有的软件包还有非肯定型网络的分析功能，可以输入最乐观、最悲观和最大可能的持续时间，如 OPEN PLAN、OPS-TOPAS、ASSURS 等软件包。

（4）成本的定义。对项目可以定义任意数量的成本项目。计划成本可以通过按工程活动或工作包的成本总额，"成本额/单位时间"等形式输入。可以按照挣得值概念定义工程活动的成本形态；可以进行成本特性的说明，如变动或固定成本；还可以定义不同的货币种类和比价，程序自动进行多种货币换算。

（5）资源定义。每个活动可以纳入计划的资源的种数有限制，一般有12种或24种，可以任意定义，但整个项目的资源种数一般不限。在此，用户可以定义资源的使用量限制和优先等级，以便进行资源的平衡和优化。同时，对不同的资源使用还可以定义不同的日历和使用期限，即在哪个时段，哪几种资源是可以使用的。

（6）逻辑关系的定义。通常对单代号搭接网络通常可以定义各种搭接关系，搭接时距可以定义为正、负、最大、最小和紧前活动完成程度（%）。搭接时距也可以定义日历。两个活动之间可以有多重逻辑关系，且一般软件都有自动识别环路和识别逻辑关系错误的功能。

2. 工期计划和控制

工期计划和控制是软件包最主要的功能，主要工作如下：

（1）网络计算，即计算各工程活动的各个时间参数，包括最早开始和结束时间，最迟开始和结束时间，总时差和自由时差，报告关键线路。

（2）在最低层网络分析的基础上计算各个里程碑事件，各上层工作包、任务、子项目的时间参数。

（3）工程活动开始后，可以将各个活动的实际开始时间及完成程度输入，软件包可以计算已开始，但未结束活动的持续时间，并自动调整网络，计算各活动、任务、子项目、项目的完成程度，进行"计划-实际"工期对比分析，自动报告工期拖延。

（4）在项目执行过程中可以进行后期进度模拟，即预测最后进度状况。

3. 成本计划和控制

这里的成本计划和控制的对象可以分为工程活动、工作包、任务、子项目、项目及各个成本项目。

在工期分析后，可以编制成本计划，包括统计计算各成本对象、成本项目在各时间段上的计划成本值，以及各计划期末的累计值。可以作"时间-计划成本"曲线和项目的计划成本模型（S曲线）。也可以按月、季、年统计成本。

在项目过程中，按照实际施工进度可以计算实际成本完成程度和"计划-实际"成本偏差量，进行"实际-计划"成本对比；可以预测项目结束时的成本状态；还可以进行项目现金流量计算。但是，在国内外工程项目管理实践中，这种成本计划和控制的功能用得较少，人们常用专业的成本管理软件。

4. 资源计划与控制

这方面的功能与成本计划和控制功能相似，其对象是所定义的各种资源。此外还有：

（1）资源的优化，按用户定义的资源优先次序进行。优化主要考虑活动的优先次序、活动持续时间长短、自由时差和总时差的大小等。

（2）可以输入实际资源的使用情况，进行资源计划值和实际值的对比。

（3）资源计划可以选择采用不同的分配模式，如平均分配、正态分配、梯形分配等。

5. 输出功能

成熟的、商品化的项目管理软件包都有极强的输出功能，输出形式多种多样，包括：有标准格式，用户也可自己定义；用户可以自己选择和限定输出内容；可以在不同的输出设备，不同的地方、不同的联网计算机上输出。输出内容包括以下五个方面。

（1）项目结构图及表。项目结构分解是项目管理的重要方法。软件包一般通过所定义的最基层的工程活动，通过编码识别生成上层工作包、任务、子项目等，编排打印出项目结构图或子结构图及相应的结构表。

（2）网络图。可以输出整个项目的网络或用户定义的子网络，以及上层次的网络。

（3）横道图。可以带逻辑关系或不带逻辑关系，可以是整个项目的横道图或用户自己限定的部分活动的横道图；也可输出时标网络，以及横道图与工期表的结合形式。

（4）工程活动、工期表及逻辑关系表、日历表、错误提示等各种基本情况。

（5）成本和资源计划和控制的结果。例如：

1）成本和资源计划表。

2）成本和资源使用计划图（直方图）及表。

3）成本（资源）累计曲线，及其计划和实际的对比图及表。

6．其他功能

（1）可以一次完整地输入另一个项目的全部信息，拼接成一个大网络。这样可以进行多项目管理。

（2）可以对已完的项目进行统计、分析、计算，以得到并保存该项目的特征信息。

（3）文字的编辑功能，可以对项目作各种说明、备注。

（4）与其他系统（如操作系统）有良好的信息接口。

（5）可以选择多种语言状态。这在软件安装时可以选择屏幕所提示的语言。

二、专用的工具软件

专用的工具软件给项目管理者提供了专业方面的功能，以满足某些专门的需要。许多单位自己研究、开发和应用的软件大多数属于这一类。这方面的软件开发、使用的范围较广，应用前景良好。

1．合同管理软件

合同管理软件采用系统方法将项目管理的一些事务性工作串接起来，具有较强的事务管理功能，如：

（1）进行合同管理，对各类合同、费用项目、物资、来往信函、图纸、变更文件、工程量清单等进行编码和登录，即进行文档管理。

（2）核算管理，包括费用预算、费用调整、进度款中保留金和其他应扣费用的扣留、进度款审查、发票与支付管理。

（3）变更管理，包括变更权限的设置、变更通知、变更文件生成、变更费用处理、批准变更。

（4）图纸管理，包括图纸登记、编辑图集、记录图纸分发和修改情况、设计审查跟踪。

（5）文件管理，如来往文件的登记存档，会议纪要和送审文件的处理、跟踪和修改。

（6）材料物资的分类、到货、领用管理。

（7）其他，如现场日报、来访记录、现场作业记录的管理等。

2．风险分析软件

风险分析软件可用于蒙特卡罗模拟分析，决策树的绘制、分析和计算以及风险状态图的绘制。

3．项目评价软件

例如，工程项目财务评价软件，项目实施状况评价软件，项目后评价软件。

4. 文档管理软件

文档管理软件在项目中应用较多，使用频率很高，主要是索引的功能，用于对合同文件、信件、图纸、会谈纪要和变更文件等各种工程资料进行储存、存档、查询等。有时还可以与扫描仪、光盘合用，进行大量图像文件储存，可以直接查阅原文件内容。

5. 项目后勤管理软件

项目后勤管理软件主要用于解决工程项目所需资源的安排。例如，模板统计、钢筋放样及统计、材料统计、材料采购、运输、库存管理，现场临时设施安排及平面布置，以及运筹学方面的一些应用软件，如线性规划软件等。

6. 成本结算、预算和成本控制软件

前述软件包中的成本管理是将成本核算、分配到工程活动上，而这里是按照工程量清单进行工程预算和控制。这必须与工程的专业特点相结合，没有通用的系统软件。

7. 工程师应用软件

这属于一些专业软件，如绘图软件及一些专业的设计软件。在国际工程中，设计单位提出的设计文件比较粗略，许多施工详图必须由承包商设计，因此必须使用这方面的专用软件，如各种专业用 CAD 软件。

8. 其他专用软件

例如，库存管理软件、现场管理软件、质量管理软件、索赔管理软件等。

三、工作岗位软件

这些软件通常与项目管理的职能工作无关，作为日常工作和信息处理的工具，仅在日常工作中起辅助作用，但它使用频繁，能大大地提高管理者的工作效率和工作质量。目前，这些软件在我国的使用也很普遍。经调查，95%以上的专家认为这类软件可以改善并提高项目小组的工作效率。

1. 文本处理软件。
2. 表处理软件。这主要用作各种统计、运算工作。在成本管理中经常用到这种软件。
3. 制图软件。这是通用的制图软件。
4. 数据库软件。数据库软件有两种：

（1）像 FoxbASE，Visual Basic 这样的数据库编程语言。

（2）专用的数据库，如已完工程成本数据库、工程定额数据库等。

5. 集约化的工作岗位软件，包括上述各种功能。现在它已形成一个功能十分完备的集成化的办公自动化系统（OA），为现代办公提供十分强大的功能，满足事务管理、人员管理、物资管理和文件管理的需要。具体功能如下：

（1）个人办公，如文字处理、个人邮箱、日程安排、名片管理等。

（2）文件管理，包括收文管理、发文管理、签报管理、简报管理等。

（3）公共信息管理，包括公告栏、电子论坛、留言板、电子刊物等。

（4）事务管理，包括会议管理、车辆管理、活动安排管理、接待管理、计划总结、固定资产管理。

（5）档案管理，包括档案管理、公文查阅。

（6）部门事务管理等。

办公自动化系统不仅实现了无纸化办公，而且在网络系统上实现了网上办公、网络会议、可视电话会议、文件的异地会签等。它已经由过去以文件管理、事务管理为主的功能发展到工作流程管理，进一步向知识管理发展，更进一步地实现了它与工程项目管理系统的集成。

四、计算机辅助项目管理教学软件

这种软件主要用于对新的项目管理者进行培训，90%以上的项目管理专家对这一类软件作模拟教学的应用和发展前景评价很高。其中包括：

1. 项目管理软件包使用的教学软件。一般每个软件包都有相应的教学软件，以对购买者进行教学培训。它有软件操作的各种提示。

2. 模拟决策系统。

3. 训练专家系统，它应用于许多领域。例如，可以模拟各种环境状况，提供各种方案，让学生进行对策研究，综合评判。

五、计算机联网软件

计算机之间的联网不仅能实现信息的远距离传输，加强了远程控制，提高了信息的流通和系统的反馈速度，增强了项目信息的共享程度和项目实施状况的透明度，而且还能通过联网进行多项目网络的拼接，用PC机实现对大项目、多项目进行管理。这在近几年发展迅速，并发挥着巨大的作用。包括：

1. 通讯软件。

2. 局域网和广域网。许多项目管理软件包都有网络版，可以联网使用。

3. 电子邮件（E-mail）。许多项目管理软件包都有直接收发电子邮件的功能。

目前，企业内部或项目总部各部门之间，总部和项目之间，办公室和现场之间均可通过网络进行信息流通。实际工程施工现场的信息也可以通过手提机在现场直接采集，进入网络系统。

实践证明，计算机网络系统能够使企业的各个职能管理部门、大型工程项目以及企业管理的所有项目形成一个有机的管理系统，为项目管理的集成化提供了一个信息共享平台。

第三节　信息技术在项目管理中应用的新发展

近年来，现代信息技术在项目管理中的应用有许多新的发展，促进了现代工程项目实施过程和管理过程数字化、网络化、个性化、集成化、智能化、虚拟化。

1. 集成化项目管理系统软件的开发和应用。目前，项目管理系统的集成化是计算机应用研究和开发的重点之一。它不仅是前述各种功能的集合，而且已形成一个由计算机提供全面的项目管理功能的有机整体。例如：

（1）面向企业的项目管理系统软件。如房地产公司、设计单位、施工企业的项目管理系统软件，它们实质上是属于企业管理系统软件。

（2）面向专门工程项目开发的项目管理系统软件。例如，我国的三峡工程开发总公司开发的三峡工程项目管理系统（TGPMS）就是一个大型的项目管理系统软件，它包括编码管理、合同管理、物资与设备管理、工程财务与会计管理、工程设计管理、资金与成本管理、进度与计划管理、质量管理、安全管理、施工区与公共设施管理、岗位管理等子

系统。

(3) 通用的集成化的工程项目管理系统软件。例如，将建筑工程项目的技术设计（设计 CAD）、概预算、网络计划、资源计划、成本计划、会计核算、现场管理、采购管理、施工项目的事务性管理软件等综合起来，提供完备的事务处理过程和信息处理过程。

集成化的项目管理系统在信息技术层面上实现了如下几方面的要求：

(1) 使业主和承包商、设计单位、项目管理单位在统一的系统平台上实现信息无障碍沟通。

(2) 使工程全寿命期（从前期策划、设计和计划，到施工准备，到施工、竣工和运行）的信息沟通无障碍。

(3) 项目的各个职能管理部门之间无障碍的信息处理和流通过程。

集成化管理能够提高项目管理的系统效率，大大提升项目管理的水平。但同时对项目管理规范化的要求也越来越高，因为它需要高度规范化的项目管理。

在这方面有代表性的是项目信息门户（PIP—Project Information Portal）的应用。它为项目参与各方在互联网平台上提供一个获取个性化项目信息的单一入口，从而为项目参与各方提供一个高效率信息交流和共同工作的平台。它是基于互联网的一个开放性工作门户，它的功能与我们每天都用的搜狐、新浪网相似。人们可以从门户中通过下载获得信息，也可以将自己的信息贴上去，让大家共享，可以共同讨论问题。

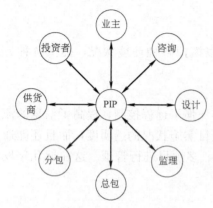

图 20-1 基于 PIP 信息沟通方式

PIP 是在项目主题网站（PSWS）和项目外联网（Project Extranet）的基础上发展而来的，是基于 Internet 技术标准的项目信息沟通系统的总称。它将项目信息以数字化的形式集中存储起来，为项目参与各方在互联网平台上提供一个在任何时间和任何地点获取个性化项目信息的单一入口（图 20-1），从而为项目参与各方提供一个信息共享、信息交流和协同工作的环境。一般 PIP 主要提供项目文档管理、项目信息交流、项目协同工作以及工作流程管理四个方面的基本功能。

目前市场上提供 PIP 软件的商家众多，用户可以购买商品化的软件，也可以租用 PIP 系统，也可以自行开发 PIP 系统。

2. 建筑信息模型（Building Information Modeling，BIM）的发展与应用。

BIM 是以三维数字技术为基础，用数字化模型描述和表现建筑工程系统，将空间（几何）数据、物理（功能）特性、施工要求、物料消耗、价格资料等相关信息组织起来，作为整个工程的数据资料库或信息集合。通过数字化技术，将工程系统的三维（3D）空间信息扩展到多维（nD），如进度维、费用维、光维、热维、安全管理维、节能维、运行维和设施管理维等。

BIM 技术能够从根本上改变建筑工程信息的构建方式和过程，能保证在工程全寿命期中数据的一致性，有利于设计-施工-运行维护的一体化、工程全寿命期信息的集成化。

BIM 不仅仅是一种新的信息构建方式，而且是一个新的高度集成化的、可视化的具有强大功能的工程系统软件。BIM 包含了整个工程系统的基本形象、物理、功能、技术、经济、管理、合同等各方面信息，能够满足工程规划、各专业工程设计、施工方案设计、工程建设管理、工程运行维护和设施管理等方面的信息需要（图 20-2）。还可用于数字化城市，能建构更完整的、高层次的工程信息系统。

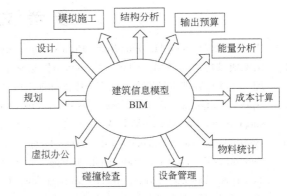

图 20-2　建筑信息模型（BIM）基本功能图

目前，BIM 在工程规划、设计阶段的方案评审、火灾模拟、应急疏散、能耗分析、碳排放测算、施工过程模拟、施工的进度、成本、质量、安全等的计划、运行维护管理等方面有许多应用。它在工程全寿命期各个阶段，对各个工程专业，对各个工程管理职能有很广阔的发展前景。

目前，国际上广泛采用、技术比较成熟的基于 BIM 技术的应用系统主要有 Graphisoft 公司的 ArchiCAD，Bentley 公司的 Microstation TriFoma，Autodesk 公司的 Revit 等。

3. 其他方面。如物联网、云计算、大数据、智慧城市等新技术对工程和工程项目将会有很大的影响。

（1）对工程有许多新的要求，增加新的工程类型、新的功能、新的专业工程系统，增加工程系统的复杂性。

（2）工程的运行作为城市的一部分，所以"数字城市"就需要"数字工程"作为基础，"智慧城市"需要"智慧工程"提供支撑。如智慧型的城市基础设施，把感应器嵌入到电网、铁路、地铁、桥梁、隧道、公路、建筑、供水系统、油气管道等各种工程中，可以进行运行功能检测、健康诊断和维护、安全检测等，实现对工程运行状态进行自动、实时、全面的感知，实现工程系统之间、工程系统与城市系统、社会系统之间高度的集成化。通过 BIM 技术在工程全寿命期中应用，能够将工程与城市融为一体。

（3）扩展信息处理能力和存储能力，扩大信息的范围和集成性，能够解决项目相关者信息孤岛和信息不对称问题。工程建设过程的计划和控制能够使用的信息量更大，更大层面上的的系统集成，项目相关者对项目有更深入的共同参与。

（4）实现建设过程高度的数字化，将设计、施工技术、施工过程、组织、材料、设备、现场、环境状况进行数字化表达，信息实时收集、传递、处理、执行，以实现智能化监督、跟踪、诊断和问题处理，可以以更加精细化和动态化的方式管理施工过程，特别是能够促进知识管理、危机管理、库存管理、风险管理等水平的提升。

现代信息技术的应用不仅能够改变着项目管理的方式和手段，而且能够改变工程项目与其他项目、与企业、与城市系统，以及整个社会系统的关系。

复习思考题

学会 P6 或 Project2013 系统软件的操作。

参 考 文 献

[1] Resche H, Schelle H. Handbuch Projektmanagement. Verlag TuV Rheinland [德], 1989.
[2] 国家质量技术监督局. 中华人民共和国国家标准 GB/T 19016-2000 idt ISO 10006: 1997 质量管理——项目管理质量指南. 北京: 中国标准出版社, 2000.
[3] Appel Wolfgang. Towards the Theory of Virtual Organizations: A Description of Their Formation and Figure, Newsletter Vol. 2, No. 2 virtual-organization. net.
[4] Smith P B. Re-engineering Life-cycle Management of Products to Achieve Global Success in The Changing Marketplace. Industrial Management & Data Systems. 1997, (4): 90-98.
[5] Tenah K. Design-build Approach: an overview. Cost Engineering, 2000, (2): 31-37.
[6] Chua D K H, Loh P K. Critical Success Factors for Different Project Objectives. Journal Of Construction Engineering and Management. 1999, 5-6.
[7] 徐绳墨. 评英国建造学会的《项目管理实施规则》. 建筑经济, 1994, (05): 43-46.
[8] 哈罗德·孔茨. 管理学. 北京: 经济科学出版社, 1993.
[9] 大卫·I·克莱兰. 项目管理手册. 董少绩译. 北京: 北京经济学院出版社, 1989.
[10] 联合国工业发展组织编. 工业可行性研究编制手册. 北京: 中国财政经济出版社, 1999.
[11] 项目管理学会. 项目管理知识体系指南（第5版）. 北京: 电子工业出版社, 2013.
[12] 王雪青. 国际工程项目管理. 北京: 中国建筑工业出版社, 2000.
[13] 邱苑华. 项目管理学. 北京: 科学出版社, 2001.
[14] Rinza Peter. Projektmanagement. VDI—VerlagGmbH, Dusseldorf, 1982.
[15] Branderberger J. Ruosch E. Projekt Management im Bauwesen. Kuln, Braunsfeld, 1990.
[16] GPM Gesellschaft für Projektmanagement. Marktspiegel Projektmanagement Software. Germen, 1990.
[17] Degoff Robert A. Construction Management. Newyork: Wiley, 1985.
[18] 国际咨询工程师协会. 施工合同条件. 国际咨询工程师协会, 中国工程咨询协会译. 北京: 机械工业出版社, 2002.
[19] 黄如宝, 杨德华, 顾韬. 建设项目投资控制: 原理、方法与信息系统. 上海: 同济大学出版社, 1995.
[20] Ruskin A M. 工程师应知: 工程项目管理. 北京: 机械工业出版社, 1987.
[21] Ahuja H N. 网络法施工管理. 袁子仁, 袁宁, 阎继成等译. 北京: 中国建筑工业出版社, 1987.
[22] 中国建设监理协会. 建设工程进度控制. 北京: 中国建筑工业出版社, 2003.
[23] Raymond Kaiser Engineers Inc. 工程项目经营管理. 谢光渤译. 北京: 冶金工业出版社, 1985.
[24] 钱昆润, 葛筠圃, 张星. 建筑施工组织与计划. 南京: 东南大学出版社, 1992.
[25] 成虎. 建筑工程合同管理与索赔. 南京: 东南大学出版社, 2000.
[26] 乐云. 国际新型建筑工程CM承发包模式. 上海: 同济大学出版社, 1998.
[27] 中国建筑学会建筑统筹管理分会编著. 工程网络计划技术规程教程. 北京: 中国建筑工业出版社, 2000.
[28] 华人民共和国建设部. 建标[2000]38号全国统一建筑安装工程工期定额. 北京: 中国计划出版社, 2000.
[29] 中华人民共和国建设部. GB 50500—2013 建设工程工程量清单计价规范. 北京: 中国计划出版社, 2013.
[30] 英国土木工程师学会. 新工程合同条件（NEC合同）——工程施工合同与使用指南. 方志达等译. 北京: 中国建筑工业出版社, 1999.
[31] 丛培经. 《施工项目管理概论》（修订版）. 北京: 中国建筑工业出版社, 2001.

[32] 丛培经. 《工程项目管理》（第三版）. 北京：中国建筑工业出版社，2006.
[33] 成虎. 工程全寿命期管理. 北京：中国建筑工业出版社，2011.
[34] 蒋景楠. 项目管理. 上海：华东理工大学出版社，2006.
[35] 盛天宝. 工程项目管理与案例. 北京：冶金工业出版社，2005.
[36] 格雷戈里 T. 豪根（美）. 项目计划与进度管理. 北京广联达慧中软件技术有限公司译. 北京：机械工业出版社，2005.
[37] 胡志根，黄建平. 工程项目管理. 武昌：武汉大学出版社，2004.
[38] 中华人民共和国住建部. 建设工程项目管理规范. 北京：中国建筑工业出版社，2006.
[39] 戴大双. 项目融资. 北京：机械工业出版社，2005.
[40] 宋淑启，杨奎清，冯美军，王有志. 现代项目管理理论与方法. 北京：中国水利水电出版社，2006.
[41] 王卓甫. 工程项目风险管理——理论、方法与应用. 北京：中国水利水电出版社，2003.
[42] 戚安邦. 项目成本管理. 天津：南开大学出版社，2006.
[43] 关罡，孙钢柱. 我国住宅工程质量问题的群因素分析. 建筑经济，2008，5.
[44] 住建部研究项目. 施工阶段质量对工程全寿命期影响研究.
[45] 任宏. 巨项目管理. 北京：科学出版社，2012.
[46] 国际标准组织. ISO21500《项目管理指南（Guidance on Project Management）》. 百度文库，2011.
[47] ISO 14001 环境管理体系法规及标准手册（第 2 版），中国标准出版社，2010.
[48] 中华人民共和国教育部. 普通高等学校建筑规划面积指标（2008）. 百度文库.
[49] 斯蒂芬·P·罗宾斯，蒂莫西·A·贾奇. 组织行为学. 孙健敏（译）. 北京：中国人民大学出版社，2012.